# DROIT MATÉRIEL DE L'UNION EUROPÉENNE

## LIBERTÉS DE MOUVEMENT, ESPACE DE CONCURRENCE ET SECTEUR PUBLIC

**CHAHIRA BOUTAYEB**

Maître de conférences à l'Université Paris 1
Panthéon-Sorbonne

École de droit de la Sorbonne

# DROIT MATÉRIEL DE L'UNION EUROPÉENNE

## LIBERTÉS DE MOUVEMENT, ESPACE DE CONCURRENCE ET SECTEUR PUBLIC

4e édition

LGDJ une marque de Lextenso

Du même auteur

*Droit institutionnel de l'Union européenne. Institutions, ordre juridique, contentieux*, Paris, LGDJ, coll. Manuel, 4e éd., 2016.

*Les grands arrêts du droit de l'Union européenne*, Paris, LGDJ, coll. Les grandes décisions, Paris, 2014.

*La Constitution, l'Europe et le droit, Mélanges en l'honneur de Jean-Claude Masclet. Liber amicorum discipulorumque* (dir.), Paris, Éd. Publications de la Sorbonne, 2013.

*La solidarité dans l'Union européenne. Éléments constitutionnels et matériels* (dir.), Paris, Dalloz, coll. Thèmes et commentaires, 2011.

*L'Union européenne. Union de droit, union des droits, Mélanges en l'honneur de Philippe Manin* (en codirection avec J.-C. Masclet, H. Ruiz Fabri et S. Rodrigues), Paris, Pedone, 2010.

*Droit européen*, Paris, éd. Ellipses, coll. Universités-Droit, 2007.


70, rue du Gouverneur Général Éboué • 92131 Issy-les-Moulineaux Cedex
ISBN : 978-2-275-05104-8 • ISSN 0990-3909

# Sommaire

# Sigles et abréviations

| | |
|---|---|
| ACP : | Afrique, Caraïbes, Pacifique |
| AELE : | Association européenne de libre-échange |
| *AJDA :* | *Actualité juridique – Droit administratif* |
| aff., aff. jtes : | Affaire, affaires jointes |
| ANC : | Autorités nationales de concurrence |
| BCE : | Banque centrale européenne |
| BEI : | Banque européenne d'investissement |
| CBE : | Convention sur le brevet européen |
| CDC : | Code des douanes communautaires |
| *CDE :* | *Cahiers de droit européen* |
| CDUE : | Code des douanes de l'Union européenne |
| CE : | Communauté européenne |
| CECA : | Communauté européenne du charbon et de l'acier |
| CEE : | Communauté économique européenne |
| CEEA : | Communauté européenne de l'énergie atomique |
| CEDH : | Convention européenne des droits de l'Homme |
| CEN : | Comité européen de normalisation |
| CENELEC : | Comité européen de normalisation électrotechnique |
| CFS : | Code frontières Schengen |
| CJCE : | Cour de justice des Communautés européennes (jusqu'à l'entrée en vigueur du traité de Lisbonne, le 1er décembre 2009) |
| *CJEG :* | *Cahiers juridiques de l'électricité et du gaz* |
| CJUE : | Cour de justice de l'Union européenne (depuis l'entrée en vigueur du traité de Lisbonne) |
| *Contrats, conc. consom. :* | *Contrats Concurrence Consommation* |
| *D. :* | *Recueil Dalloz* |
| *Dr. adm :* | *Droit administratif* |
| *DPCI :* | *Droit et pratique du commerce international* |
| EEE : | Espace économique européen |
| ELSJ : | Espace de liberté, sécurité et de justice |
| ETSI : | Institut européen des normes de télécommunication |
| GATT : | Accord général sur les tarifs douaniers et le commerce |
| *Gaz. Pal :* | *Gazette du Palais* |
| GIF : | Gestion intégrée des frontières |
| *JCP :* | *Juris-Classeur périodique – La Semaine juridique* |
| *JOCE :* | *Journal officiel des Communautés européennes* (jusqu'à l'entrée en vigueur du traité de Nice, le 1er février 2003) |
| *JORF :* | Journal officiel de la République française |
| *JOUE :* | *Journal officiel de l'Union européenne* (depuis l'entrée en vigueur du traité de Nice) |
| *JTDE :* | *Journal des tribunaux Droit européen* |

| | |
|---|---|
| MEERQ : | Mesure d'effet équivalent à des restrictions quantitatives |
| OEB : | Office européen des brevets |
| OEN : | Organisme européen de normalisation |
| OMC : | Organisation mondiale du commerce |
| OMD : | Organisation mondiale des douanes |
| OMS : | Organisation mondiale de la santé |
| OPOCE : | Office des publications officielles des Communautés européennes (remplacé, depuis l'entrée en vigueur du traité de Lisbonne, par l'Office des publications officielles de l'Union européenne) |
| OPOUE : | Office des publications officielles de l'Union européenne |
| PAC : | Politique agricole commune |
| PE : | Parlement européen |
| PIEEC : | Projet important d'intérêt européen commun |
| RABIT : | Rapid Border Intervention Team |
| *RAE :* | *Revue des affaires européennes* |
| *RDC :* | *Revue des contrats* |
| RDI : | Recherche, développement et innovation |
| *RDLF :* | *Revue des droits et libertés fondamentaux* |
| *RDSS :* | *Revue de droit sanitaire et social* |
| *RDT :* | *Revue de droit du travail* |
| *RDUE :* | *Revue du droit de l'Union européenne* (anciennement *Revue du marché unique européen RMUE)* |
| *Rec.* : | *Recueil de la jurisprudence de la Cour de justice et du Tribunal* |
| REC : | Réseau européen de la concurrence |
| *Rec. soc. :* | *Revue des sociétés* |
| *RFDA :* | *Revue française de droit administratif* |
| RGEC : | Règlement général d'exemption par catégorie |
| *RIDE :* | *Revue internationale de droit économique* |
| *RJ com. :* | *Revue de jurisprudence commerciale* |
| *RLC :* | *Revue Lamy Concurrence* |
| *RLDA :* | *Revue Lamy Droit des affaires* |
| *RMCUE :* | *Revue du Marché commun et de l'Union européenne* |
| *RMUE :* | *Revue du marché unique européen* |
| *Rev. sc. crim :* | *Revue de science criminelle* |
| *RTD com :* | *Revue trimestrielle de droit commercial* |
| *RTDE :* | *Revue trimestrielle de droit européen* |
| *RUE* : | *Revue de l'Union européenne* (anciennement *Revue du Marché commun et de l'Union européenne RMCUE*) |
| SIEG : | Service d'intérêt économique général |
| TDC : | Tarif douanier extérieur commun |
| TEE : | Taxe d'effet équivalent à un droit de douane |
| TFUE : | Traité sur le fonctionnement de l'Union européenne |
| TPI : | Tribunal de première instance (devenu le Tribunal depuis l'entrée en vigueur du traité de Lisbonne) |

| | |
|---|---|
| Trib. UE : | Tribunal de l'Union européenne |
| TUE : | Traité sur l'Union européenne |
| TVA : | Taxe sur la valeur ajoutée |
| UD : | Union douanière |
| UE : | Union européenne |
| UEM : | Union économique et monétaire |
| UMC : | Union des marchés des capitaux |
| ZLE : | Zone de libre-échange |

# Introduction générale

**1.** Le droit matériel porte sur l'examen des règles de fond propres à l'Union européenne. Celles-ci se caractérisent, pour l'essentiel, par deux tendances majeures, une forte production normative et, de manière parallèle, une importante arborescence. Il s'agit là une double évolution du droit substantiel, qui peut parfois en rendre la lecture complexe.

Ce droit se distingue, dans son objet, ses principes et sa mise en œuvre, du droit institutionnel, appelé également fonctionnel, lequel s'attache à régir la constitution et le fonctionnement de l'Union.

## 1. La densification du droit matériel

**2.** Il est communément admis que le droit matériel s'est amplifié[1] au fur et à mesure de la construction européenne, et ce pour deux raisons, l'une à caractère historique tandis que l'autre relève de la dynamique inhérente à l'intégration européenne.

Sous un angle historique, l'accroissement quantitatif de l'Union a naturellement accentué sa production normative. Ceci s'est notamment vérifié pour les États parties au 1^er^ mai 2004, dont les règles applicables en matière de concurrence étaient quasi inexistantes dans le cadre de l'économie planifiée qui était la leur.

Du point de vue de la dynamique de l'intégration européenne, le droit de l'Union, loin d'être figé, s'inscrit dans la recherche d'un dépassement perpétuel. En effet, les Communautés et l'Union européennes ont abordé de nouveaux champs d'action, exigeant l'adoption et la mise en œuvre de réglementations indexées au corpus initial.

En réalité, depuis leur création, les Communautés et l'Union européenne n'ont eu de cesse de se développer. Le processus de réformes est la caractéristique principale de l'Union qui se distingue des autres organisations internationales, plutôt statiques[2]. La progressivité de l'intégration[3] induit une véritable dynamique de la construction européenne que les États membres ont pris l'engagement de préserver et renforcer, particulièrement en signant différents traités de révision.

**3.** De manière plus précise, la quête du perfectionnement puise sa source dans les traités fondateurs. En effet, ces derniers mettent en

1. Sur la densification des sources du droit en général, v. J. Rivero, « État de droit, état du droit », in *Mélanges Guy Braibant*, Dalloz, 1996, p. 609.

2. Sur le sujet, lire avec intérêt P. Pescatore, *Le droit de l'intégration. Émergence d'un phénomène nouveau dans les relations internationales selon l'expérience des Communautés européennes*, Bruylant, 2005. V. aussi J. Habermas, *L'intégration européenne. Essais de théorie politique*, Fayard, 1998, spéc. p. 67 et s. ; et du même auteur, *Federalism in a changing world*, McGill Univ. press, Baskerville, 2003 ; R. Schwok, *Théories de l'intégration européenne*, Montchrestien, 2005.

3. Sur l'intégration comme méthode, v. Ph. Manin, « La méthode communautaire : changement et permanence », *in Mélanges Guy Isaac*, PU Toulouse, 2004, p. 213.

avant l'idée que le marché est une première étape qu'il faudra dépasser à la faveur d'un processus de révision.

Le dépassement, dénommé effet d'entraînement ou *spill over*, a pour corollaire l'effet de cliquet qui vise le caractère irréversible de la construction européenne. En effet, le processus d'intégration connaît un tel degré d'intensité qu'il devient difficile pour les États membres, collectivement ou isolément, de le remettre en cause ou d'opérer, dans certains domaines, une régression. Ce perfectionnement fait dès lors naître une irréversibilité de l'appartenance à l'Union. Ce point de non-retour se manifeste notamment par la forte interdépendance économique qui lie désormais les États membres en termes de politiques publiques à l'échelle européenne ou infra-européenne, et de convergence ou discipline budgétaire.

**4.** À cet égard, méritent d'être soulignés deux traités récents, adoptés dans des contextes nationaux houleux, qui entrent dans une logique d'approfondissement du projet européen à vocation fédérative.

D'une part, les États membres de l'Union, à l'exception du Royaume-Uni et de la République tchèque et de la Croatie (non membre de l'Union à l'époque), soit 25 États, ont signé à Bruxelles, le 2 mars 2012, le traité sur la stabilité, la coordination et la gouvernance (TSCG). Celui-ci a pour objet de renforcer la discipline budgétaire des États de la zone euro, notamment par l'introduction de la règle budgétaire de l'équilibre, mettant en place un mécanisme de convergence de l'Union économique et monétaire. Il est entré en vigueur le 1er janvier 2013.

D'autre part, au regard des nouveaux mécanismes de solidarité financière au sein de l'Union, le traité instituant le mécanisme européen de stabilité a été signé par les États membres de la zone euro le 2 février 2012, prenant ainsi le relais du Fonds européen de stabilité financière (FESF), prévu pour trois ans. Le traité MES est entré en vigueur le 27 septembre 2012.

**5.** Le Fonds européen de stabilité financière a pour mission de mobiliser des ressources financières et de fournir, sous une stricte conditionnalité de politique économique, un soutien à la stabilité de ses membres. Pour autant, il est nécessaire que ceux-ci connaissent ou risquent de connaître de graves problèmes de financement. De plus, le soutien doit être indispensable pour préserver la stabilité financière de la zone euro dans son ensemble et de ses États membres.

À cette fin, le Fonds européen est autorisé à lever des fonds en émettant des instruments financiers ou en concluant des accords ou des arrangements financiers avec ses membres, des institutions financières ou d'autres tiers. En contrepartie, les États bénéficiaires devront s'engager à prendre des mesures précises qui conditionneront l'octroi du prêt. Soulignons que le MES repose sur une structure de capital propre, souscrit par les États membres de l'Union européenne dont la monnaie est l'euro, selon une clé de souscription des banques centrales nationales des membres du MES au capital de la Banque centrale européenne (BCE).

**6.** Au-delà de la stricte question budgétaire, le premier traité ouvrant le processus de densification du droit matériel reste indéniablement l'Acte unique européen, signé les 17 et 28 février 1986, qui accroît les champs de compétences ou en crée de nouveaux.

L'apport le plus massif au regard de la production normative reste néanmoins le traité de Maastricht qui jettera les fondements de l'intégration économique et monétaire. Et il ira plus loin puisqu'il instaurera de nouveaux dispositifs, législatifs et plus largement décisionnels, ouvrira de nombreux champs de compétence comme la protection des consommateurs et la santé publique, ou renforcera ceux déjà existants, tels que la protection de l'environnement ou la politique régionale.

Ces multiples bases juridiques, établies ou consolidées, généreront une production substantielle, relayée par la jurisprudence qui en renforcera l'assise.

## 2. L'arborescence du droit matériel

**7.** Parallèlement à l'amplification de la matière, plutôt rapide dans le temps, a émergé un processus de diversification de ce droit, qui s'est exprimé de deux manières : d'une part, la définition et la mise en place à l'échelle de l'Union de nouvelles actions ou politiques, jusqu'à présent inexistantes ou embryonnaires et, d'autre part, le dépassement des libertés économiques classiques. En effet, il apparaissait nécessaire de surmonter une lecture exclusive des traités, notamment par la promotion de mesures sanitaires ou environnementales régulièrement instituées en matière de mobilité des produits, ou de la citoyenneté pour la libre circulation des personnes.

Ce renouveau du droit matériel, empreint d'une forte modernité, fera émerger ou renforcera des concepts plus généraux, inclusifs et détachés de la sphère économique. Citons notamment la sécurité sanitaire ou environnementale, ou les droits fondamentaux.

**8.** La volonté de décliner différemment les règles de fond communautaires s'inscrit dans la recherche d'une dimension nouvelle que l'on voudrait donner à l'Union européenne. Elle dépasserait le schéma initial, comme en témoigne, de manière exemplaire, la citoyenneté.

En effet, au début de la construction européenne, et ce précisément jusqu'au traité de Maastricht, les Communautés retenaient une approche fondamentalement utilitariste de l'intégration, privilégiant ouvertement la mise en place des libertés économiques afin de parfaire le marché en voie d'unification.

Progressivement, s'impose l'idée que l'intégration ne peut connaître un succès que si elle est véhiculée *par* et *pour* les destinataires du projet européen. Aussi se doit-elle d'intégrer le concept de citoyenneté et viser les ressortissants qui sont certes des agents économiques mais avant tout des citoyens. Dès lors, d'une lecture initiale restreinte, portée sur un enjeu économique, les Communautés évoluent rapidement vers la satisfaction d'ambitions plus élevées, plus proches des ressortissants, au moyen de la conceptualisation d'un bien commun européen à promouvoir. Une telle approche constitue indéniablement un point de rupture avec la démarche suivie jusqu'alors.

Ces nouvelles priorités, plus attentives aux ressortissants, s'exprimeront de deux manières, par une affirmation expresse de politiques de *proximité* (santé publique, protection des consommateurs, environnement, éducation, culture) et, indirectement, par la mise en avant, lors de la mobilité des personnes ou des biens, de l'intérêt impérieux à protéger la santé ou la sécurité des destinataires de ces flux d'échanges.

## 3. La pénétration du droit matériel dans les ordres juridiques nationaux

**9.** Le perfectionnement de l'intégration économique[4] et la richesse de la production normative ne sont pas restés anodins au niveau interne. Bien au contraire, l'on peut en mesurer certains effets sous l'angle de la confrontation.

La réactivité de l'Union face aux défis contemporains est souvent perçue, à tort nous semble-t-il, comme l'expression d'un véritable interventionnisme économique, diligenté par une administration jugée opaque ou éminemment technocratique qui se cristallise autour de la Commission.

En réalité, en se ramifiant ou en approfondissant certains champs d'action, le droit matériel est devenu, malgré lui, le produit d'une confrontation. Celle-ci oppose une conception communautaire de l'activité économique, de l'entreprise ou encore de la souveraineté nationale, aux conceptions propres au droit interne, en particulier au regard du droit des interventions publiques et de l'étendue de l'action publique pour les États porteurs d'un droit fortement protecteur à cet égard.

**10.** La dualité des lectures de l'action économique, notamment dans le champ public, se développe surtout à partir de la décennie 1980. S'intensifient alors les objectifs d'intégration économique, ressentis de manière plus pressante et contraignante par les États qui présentent une tradition historique de services publics. Les autorités de l'Union prennent alors pleinement conscience de la dimension publique de l'activité économique de certains États, et des conséquences en découlant, à savoir la nécessaire atténuation des contours de l'intégration européenne dans certains domaines.

L'impact du droit économique de l'Union sur le droit national est d'autant plus sensible que le droit matériel bénéficie des principes dégagés par le juge, en l'occurrence la primauté et l'effet direct. En effet, les règles de droit économique de l'Union ont une autorité supérieure à celle des législations

4. V. M.-E. Streit et W. Mussler, « The Economic Constitution of the European Community », *in* F. Snyder (dir.), *Constitutional Dimensions of European Economic Integration*, Kluwer Law International, 1996.

nationales depuis l'arrêt *Costa c/ ENEL*[5]. De même, la possibilité d'invoquer devant les autorités nationales les dispositions matérielles est reconnue par la Cour si, toutefois, la norme répond à certaines conditions d'invocabilité. L'activité normative de l'Union se trouve ainsi fortement consolidée dans les ordres internes par la double reconnaissance de la primauté et l'effet direct.

## 4. L'essoufflement du projet européen

**11.** Il semble que le projet économique que propose et défend l'Union européenne auprès de ses ressortissants, qu'il reste certes à parfaire ou à approfondir sur certains aspects, démontre depuis quelques années ses limites. Il s'essouffle, non sur le fond, mais sur l'orientation d'une telle entreprise.

L'idée, de plus en plus partagée, notamment par la société civile, est de réfléchir aux moyens de s'affranchir du seul cadre économique, d'aller plus loin, de le dépasser et d'ouvrir de nouvelles perspectives. Celles-ci s'inscriraient davantage dans une conception sociétale du projet européen. En effet, il n'est plus possible aujourd'hui pour le ressortissant de se contenter de l'apport ou des bienfaits économiques. Il apparaît que, dans un contexte de crise comme celui que nous connaissons aujourd'hui depuis 2008, les outils économiques que propose le traité ne sont plus aussi protecteurs que par le passé, ou tout simplement ne peuvent plus répondre aux impératifs résultant de la crise. La quête d'une société de progrès sur plusieurs plans est toujours persistante.

**12.** Et la crise économique et financière impose une lecture fondamentalement solidaire du projet européen. À cet égard, elle révèle la forte centralité de l'Union européenne dans la gestion de la crise sur le plan mondial. Elle ouvre, de manière subtile, de nouveaux champs de réflexion et d'action pour une Union plus forte.

L'approfondissement de l'intégration européenne sous l'angle de la valorisation de considérations attentives aux citoyens, comme la politique sociale, la solidarité sous diverses formes[6], la cohésion[7], la protection de l'environnement, particulièrement la question climatique, la politique régionale, notre rapport avec les autres régions du monde, notamment dans le cadre de la politique européenne de voisinage, la politique éducative et culturelle, ou la qualité de vie, sont devenus aujourd'hui, dans une économie mondialisée et, dans une large mesure, financiarisée et dématérialisée, des enjeux aussi fondamentaux que la prospérité économique ou la gestion des crises.

---

5. CJCE, 15 juill. 1964, *Costa c/ ENEL*, aff. 6/64, *Rec.* p. 1141.

6. Sur le principe de solidarité en droit de l'Union, v. C. Boutayeb (dir.), *La solidarité dans l'Union européenne. Éléments constitutionnels et matériels*, Dalloz, Thèmes et commentaire, 2011. Sur certains aspects de la solidarité dans le droit matériel, v. par exemple, O. A. Macovei, « L'intégration des personnes handicapées dans l'Union européenne » *RUE* 2016, p. 37 : A. Meyer-Heine, « La solidarité à l'égard des personnes âgées en droit de l'Union européenne », *RUE* 2016, p. 6.

7. Sur ce point, notamment au regard des perspectives, v. H. Pongérard-Payet, « La politique de cohésion de l'Union européenne en faveur des régions ultrapériphériques », *Europe* janv. 2013, Étude, p. 5.

Le schéma économique, proposé par les pères fondateurs et né dans un contexte de reconstruction au lendemain de la Seconde Guerre mondiale, a démontré ses limites dans le contexte actuel. Il convient d'y adosser d'autres impératifs, notamment celui de placer le citoyen au cœur du système de l'Union, et mettre à la marge une conception purement économique et financière de la construction européenne.

**13.** À partir de ce constat, une prise de conscience a gagné depuis quelques années les instances de l'Union. En témoignent les travaux en matière de services d'intérêt économique général ou services universels.

Pour autant, cette attention n'est pas perçue comme convaincante par les citoyens. Les symptômes les plus éclatants de la crise de confiance à l'égard de l'Union sont certainement la désaffection des citoyens à chaque consultation électorale européenne, les multiples résistances, notamment politiques, exprimées ici et là[8], ou le rejet du processus constitutionnel. Celui-ci n'a pas été hélas interprété comme un essor pour placer les citoyens au cœur de l'espace européen, mais uniquement comme la confiscation par l'Union des dernières prérogatives étatiques dans l'intérêt du seul objet économique.

Est-il besoin de rappeler que le traité constitutionnel accordait une place inédite à la concurrence, en l'élevant au rang d'objectif de l'Union. Fort heureusement, cette maladresse textuelle a été aussitôt corrigée par le traité de Lisbonne. Le lien quasi « affectif » qui doit être restauré entre le projet européen et ses ressortissants sera certainement le défi de l'Union pour les années à venir.

## 5. Articulation et contenu du droit matériel

**14.** Le droit matériel de l'Union peut être appréhendé selon deux manières. L'on peut se livrer à un examen de l'ensemble des règles de fond, à savoir celles relatives au marché intérieur et à l'espace concurrentiel. À ces règles, s'ajoute l'examen de chaque politique[9] de l'Union européenne, qu'elle soit fortement ou peu intégrée.

Dans une approche sensiblement différente, plus ramassée, qui sera la nôtre, l'examen se concentre sur la double articulation de ce droit matériel. Il s'agit d'étudier la mise en place d'un espace intégré à la faveur des libertés de mouvement (première partie : un espace de libertés), et la réalisation d'un

8. Sur le sujet, lire tout particulièrement, J. Lacroix et R. Coman (dir.), *Les résistances à l'Europe. Cultures nationales, idéologies et stratégies d'acteurs*, Éd. de l'ULB., 2007, spéc. p. 167 et s. V. aussi B. Olivi, *L'Europe difficile. Histoire politique de l'intégration européenne*, Gallimard, 2001, p. 47.

9. Sur la notion de politique commune, nous renverrons aux études suivantes : J.-Cl. Gautron, « Présentation théorique des politiques communautaires », *in* D. Lazok et P. Soldatos (dir.), *Les Communautés européennes en fonctionnement*, Bruylant, 1981, p. 217 ; J. Boulouis, « Sur la notion de politique commune et ses implications juridiques », *in* J. Schwarze et H. G. Schermers (dir.), *Structures et dimensions des politiques communautaires*, Baden-Baden, Nomos-Verlagsgesellschaft, 1988, p. 55 ; C. Philip et C. Boutayeb, « Politiques communes », *in* A. Barav et C. Philip (dir.), *Dictionnaire juridique des Communautés européennes*, PUF, coll. Les grands dictionnaires, p. 830. Sur le traitement doctrinal du droit matériel et ses subtiles nuances, v. M. Fartunatova et C. Marzo, « Le classement des libertés de circulation en doctrine – aperçu de droit comparé », *in* E. Dubout et A. Maitrot De La Motte (dir.), *L'unité des libertés de circulation. In varietate concordia*, Bruylant, 2013, p. 333.

espace concurrentiel qui se décline, selon une dualité, au travers d'un *accès* des opérateurs privés à l'espace de concurrence et une *soumission* des entités publiques à une logique concurrentielle (deuxième partie : un espace de concurrence).

# PREMIÈRE PARTIE
# UN ESPACE DE LIBERTÉS

**15.** L'un des moyens proposés par les traités fondateurs pour parvenir à une société de progrès s'appuie sur la réalisation d'un espace territorial. Celui-ci présente une intégration économique intense. On parle d'interpénétration des marchés nationaux.

**16.** L'Union européenne est un marché très ouvert à l'échelle internationale, reposant principalement sur deux instruments, une intégration douanière et un espace concurrentiel. Elle est aujourd'hui une grande puissance économique mondiale.

## 1. L'Union européenne, première puissance économique mondiale : l'asymétrie avec son rang politique

**17.** L'Union est le premier exportateur mondial de biens et de services et la première source d'investissements directs étrangers, ce qui lui accorde le premier rang sur le marché mondial. Elle représente près de 15,9 % des exportations mondiales de marchandises (soit 1 790 milliards d'euros), près de 19 % des exportations mondiales de services (soit 811 milliards d'euros) et 46 % des flux d'investissements directs à l'étranger (soit 341 milliards d'euros)[1]. Plus de 63 % des exportations de l'Union sont intracommunautaires[2].

Les produits manufacturés, pour moitié des machines et du matériel de transport, représentent 82 % des exportations européennes, le reste étant constitué des produits énergétiques et autres produits d'extraction (6 %) et des produits agricoles (8 %). Néanmoins, les importations de l'Union constituent une part importante de l'économie européenne, de sorte que la balance commerciale européenne (différence entre exportations et importations) est excédentaire de 246 milliards d'euros.

1. V. Statistiques du commerce extérieur de l'Union européenne – Organisation mondiale du commerce (OMC).

2. V. Commerce international, à consulter sur http://ec.europa.eu/eurostat/web/international-trade/data/database

Sur le plan agricole, l'Union européenne est également la première puissance mondiale puisqu'elle est le premier importateur et le premier exportateur de produits agro-alimentaires, ce qui place l'agriculture européenne en concurrence directe avec l'agriculture américaine.

L'essentiel de ses relations s'établit avec les deux autres pôles dominants, les États-Unis et le Japon mais aussi les pays de l'Accord de libre-échange nord-américain (ALENA), ainsi que les pays industrialisés émergents et, dans une moindre mesure, l'Europe de l'Est.

En dépit de sa place majeure sur le plan économique à l'échelle mondiale, l'Union présente une sévère asymétrie au regard de ses rangs politique et diplomatique. Ceux-ci ne correspondent précisément pas à sa puissance économique, même si des progrès notables ont été accomplis en la matière, notamment depuis le traité de Lisbonne. En effet, alors que le traité de Maastricht définissait les objectifs de la PESC de manière spécifique, le traité de Lisbonne les intègre dans un ensemble plus étendu intitulé « Action extérieure de l'Union européenne » (Titre V du TUE et cinquième partie du TFUE).

## 2. Du marché commun au marché intérieur : variation sémantique et élargissement conceptuel

**18.** La convergence économique repose habilement sur la mise en place d'un marché commun qui demeure un moyen, et non un objectif, pour parvenir au progrès économique et social.

La notion de marché commun s'est prêtée à une construction intellectuelle fortement évolutive. Elle a progressé particulièrement à partir de l'Acte unique, vers la notion de marché intérieur qui, au-delà de la simple variation sémantique, témoignera en réalité d'un élargissement conceptuel. Celui-ci n'est naturellement pas anodin car il démontre clairement la volonté des auteurs de l'Acte unique d'assimiler le marché européen à un marché national, affranchi de toute barrière.

Une telle assimilation présente une nouvelle configuration. En effet, jusqu'à l'Acte unique, la Communauté a agi principalement en œuvrant pour la suppression des obstacles aux échanges, sous diverses formes. À partir de l'affirmation de cette nouvelle entité de nature économique, le marché intérieur, les institutions de l'Union se sont attelées à soutenir et renforcer un processus de convergence entre les ordres juridiques nationaux par la mise en place de politiques communautaires[3]. Ces dernières permettront de parfaire l'intégration économique. En d'autres termes, l'évolution conceptuelle de la notion de marché commun vers celle de marché intérieur n'est en réalité que le reflet de l'évolution que traverse le projet global d'intégration européenne, et notamment économique. Ainsi, alors que la notion originaire de marché commun[4] vise des prescriptions, tantôt positives, tantôt négatives

3. La protection de l'environnement, la recherche et le développement, la protection des consommateurs ou celle de la santé publique.

4. Les termes de « marché commun » ont été supprimés par le traité de Lisbonne et ont été substitués systématiquement par ceux de « marché intérieur ».

(obligations de faire ou de ne pas faire), la notion de marché intérieur se décline davantage et plus densément. Outre ces mêmes prescriptions, elle intègre l'obligation à la charge de l'Union et des États membres de mener à bien conjointement des politiques et actions de l'Union. Celles-ci constituent une articulation supplémentaire de l'intégration normative.

## 3. La mutation vers un marché approfondi et plus équitable

**19.** De manière générale, le marché intérieur, régi par les articles 4, paragraphe 2, point a), et 26, 27, 114 et 115 TFUE, est une notion plutôt complexe car elle est le réceptacle de plusieurs aspects de l'intégration européenne, les libertés de circulation, le droit économique et certaines politiques de l'Union.

Or, en dépit des progrès majeurs accomplis par la réalisation du marché intérieur depuis 1986, notamment dans le cadre de l'ouverture des marchés des transports, des télécommunications, de l'électricité, du gaz ou encore des services postaux, subsistent de nombreux obstacles. Ceux-ci ne permettent pas une application effective du droit de l'Union, ni un plein bénéfice pour les citoyens qui, il est vrai, ne saisissent pas toujours la portée des règles au quotidien.

Les raisons de ces limites persistantes dans l'accomplissement du marché intérieur sont certes diverses. Mais, elles reposent en grande partie sur les difficultés d'application du droit de l'Union, notamment au regard de la lenteur de la transposition des directives, sinon l'absence ou la mauvaise transposition, ainsi que du mode de gouvernance du marché qui doit s'articuler entre deux autorités, l'Union et l'État membre.

**20.** Aussi, ces dernières années, notamment à compter de la décennie 2000, une nouvelle réflexion a-t-elle été engagée par les institutions, particulièrement sous l'égide de la Commission et du Conseil. L'idée est d'approfondir le marché intérieur selon deux grands axes : consolider des piliers essentiels comme la libre circulation des marchandises, l'intégration des marchés des services, la maîtrise des obstacles fiscaux et la simplification du cadre réglementaire, et ouvrir d'autres champs qui permettent aux citoyens, aux consommateurs et aux entreprises, notamment les PME, d'être à la fois acteurs et bénéficiaires de ce marché dont ils méconnaissent parfois les atouts et les leviers.

À ce titre, plusieurs initiatives ont été menées par la Commission dans le cadre de plusieurs communications qui livrent une réflexion substantielle sur la manière dont le marché intérieur doit évoluer au profit des intéressés et ce dans un contexte de forte globalisation économique.

L'un des textes annonciateurs d'un tel mouvement est certainement le Rapport de la Commission du 9 mai 2010, « *Une nouvelle stratégie pour le marché unique – Au service de l'économie et de la société européennes* »[5]. Ce document propose une stratégie globale pour le marché unique, se déclinant autour de

5. COM(2010) 0608 final.

la croissance, la compétitivité et le progrès social. Sont notamment visées des politiques comme la concurrence, les consommateurs, le numérique, ou encore fiscalité[6].

**21.** Loin d'être resté lettre morte, ce texte a servi de plateforme pour une Communication de la Commission dans le cadre de son travail de réflexion, celle du 27 octobre 2010, « *Vers un Acte pour le marché unique – Pour une économie sociale de marché hautement compétitive* »[7]. Peu de temps après, la Commission énonce, au sein d'une nouvelle Communication en date du 13 avril 2011[8], « *Vers un Acte pour le marché unique I – Douze leviers pour stimuler la croissance et renforcer la confiance* », toute une série de mesures économiques de relance de l'Union. Cette Communication témoigne de la forte évolution conceptuelle de la notion de marché intérieur. Elle décline les grands champs d'actions prioritaires de l'Union, en prenant appui sur un train de mesures denses (50 propositions) autour de douze leviers d'actions. Il s'agit de l'accès au financement pour les PME, la mobilité des citoyens, les droits de propriété intellectuelle, les consommateurs, les services, les réseaux européens (énergie et transports), le marché unique numérique, l'entreprenariat social, la fiscalité, la cohésion sociale, l'environnement réglementaire des entreprises et les marchés publics.

L'*Acte I* a été suivi d'un nouveau plan d'action, l'« *Acte pour le marché unique II – Ensemble pour une nouvelle croissance* », du 3 octobre 2012[9]. Celui-ci s'inscrit dans la continuité de la première série de mesures et dans la même logique d'approfondissement du marché unique. Y sont définies douze actions prioritaires, devant être adoptées rapidement par les institutions de l'Union. Ces actions s'articulent autour de quatre grands axes de croissance : les réseaux intégrés, la mobilité des citoyens et des entreprises, l'économie numérique et le renforcement de la cohésion et des avantages pour les consommateurs.

**22.** Dans ce sillage, d'autres textes intéressants ont été adoptés. Citons la Communication du 11 janvier 2012, « *Un cadre cohérent pour renforcer la confiance dans le marché unique numérique du commerce électronique et des services en ligne* »[10], et celle du 8 juin 2012, « *Une meilleure gouvernance pour le marché unique* »[11], document dans lequel la Commission propose des solutions pratiques afin d'écourter les procédures d'infraction et appliquer des sanctions lors de la mise en œuvre des arrêts de la Cour de justice. Elle y propose également des mesures de nature horizontale, notamment une transposition plus efficace des nouveaux actes législatifs,

6. Quelques années auparavant, la Commission avait adopté une Communication qui dressait un bilan critique de l'accomplissement du marché intérieur et un plan d'actions à mener, « *Un marché unique pour l'Europe du xxi*e *siècle* », COM(2007) 724 final.

7. COM(2010) 608 final.

8. COM(2011) 206 final.

9. COM/2012/0573 final.

10. COM(2012) 0942 final.

11. COM(2012) 0259 final.

une meilleure utilisation des outils informatiques pour permettre aux acteurs du marché d'exercer leurs droits, et la mise en place de centres nationaux en charge de la surveillance du fonctionnement du marché intérieur. La Commission propose d'accorder la priorité aux secteurs qui présentent un fort potentiel de croissance, à savoir les réseaux (énergie et télécommunications) et des secteurs tertiaires majeurs (commerce, services aux entreprises, intermédiation financière et transports).

**23.** Plus récemment, la Commission a publié, le 28 octobre 2015, une autre Communication, « *Améliorer le marché unique : de nouvelles opportunités pour les citoyens et les entreprises* »[12]. Celle-ci décrit un ensemble d'actions centrées sur les marchés de services et des produits et ce dans trois secteurs : consommateurs, professionnels et entreprises ; modernisation et innovation ; vie quotidienne des citoyens.

Au gré de ces multiples initiatives, la notion de marché intérieur démontre qu'elle est en pleine mutation, s'attachant à établir un délicat équilibre entre son approfondissement, nécessaire, et un meilleur partage de ses bienfaits au profit de ses destinataires que sont les consommateurs, les entreprises et les citoyens plus largement. Ce partage doit s'accompagner d'une plus grande effectivité du droit de l'Union, notamment des directives, mais aussi d'une plus grande lisibilité (clarté et facilité) du fonctionnement de ce marché que doivent s'approprier ces mêmes destinataires comme le souligne régulièrement la Commission dans ses diverses communications. Et, c'est assurément par ce biais que se reconstruira en partie la relation entre l'Union européenne et ses citoyens.

## 4. Les libertés de mouvement : une relative hiérarchisation

**24.** L'espace économique intégré, auquel tend le traité, repose sur un principe de liberté de circulation. Il présente quatre déclinaisons majeures liées aux facteurs de production d'un marché, à savoir les biens, les personnes, les services et les capitaux. Le traité confère indirectement une relative hiérarchie entre ces quatre libertés qui, en théorie, doivent soutenir le marché de manière complémentaire. Or, il apparaît nettement que la libre circulation des biens prédomine sur les autres libertés.

Cette hiérarchie, habilement dissimulée, s'explique principalement par la place qu'occupe la libre circulation des marchandises au sein du traité. En effet, elle est placée au premier chef, et est suivie de celle des personnes, des services et des capitaux.

**25.** Le regard privilégié porté à la liberté de circulation des marchandises est à nouveau souligné, indirectement, dans le traité de Lisbonne, dont la troisième partie a pour intitulé « Politiques et actions internes de l'Union ». Jusqu'au traité de Lisbonne, la libre circulation des marchandises faisait l'objet du titre premier de la deuxième partie relative aux

12. COM(2015) 550 final.

fondements des Communautés. Aujourd'hui, elle fait partie du Titre II qui lui est entièrement consacré.

Au sein de la troisième partie, le marché intérieur renvoie au titre premier, se composant des articles 26 et 27 TFUE (anc. art. 14 et 15 CE) tandis que la libre circulation des marchandises, rappelons-le, se voit consacrer à elle seule le titre II (art. 28 à 37 TFUE).

Cette valorisation avait été pressentie dans le cadre du traité constitutionnel. En effet, celui-ci avait placé, dans une section II, la libre circulation des marchandises dans le chapitre I qui portait sur le marché intérieur au sein du titre III. Les règles régissant le marché intérieur disposaient désormais d'une autonomie et d'un emplacement propre.

Il semble que le traité de Lisbonne soit allé plus loin. Il a tenu à signifier l'importance de la libre circulation des marchandises : elle dispose d'un titre spécifique à l'instar du marché intérieur dont elle n'est pourtant qu'une déclinaison.

**26.** Il apparaît ainsi que cette liberté a toujours occupé une place centrale au sein de l'édifice économique. Ceci explique dans une large mesure la production normative dense la concernant, et l'abondante jurisprudence qui éclaircit les conditions de son régime. L'inflation normative et jurisprudentielle relative aux marchandises est tout simplement la conséquence de leur place textuelle dans le traité, sans pour autant que celui-ci se livre à une hiérarchisation explicite.

La seconde raison de la prééminence des marchandises peut s'expliquer par leur développement historique. Il a connu une accélération exceptionnelle, dans sa mise en œuvre, à partir de 1970, au travers de l'achèvement de l'Union douanière, permettant ainsi au législateur de s'attacher au démantèlement d'autres obstacles, de toute autre nature.

**27.** La libre circulation des personnes, qui s'accompagne de la libéralisation des activités professionnelles, est, elle, tardive puisque les premiers textes en ce sens ne sont intervenus qu'à partir de 1990. Pour sa part, la libre circulation des capitaux n'a été complètement réalisée qu'après l'avènement de l'Union économique et monétaire à la faveur du traité de Maastricht.

La réalisation de la libre circulation des marchandises, déjà bien entamée, se renforce dans les décennies 1980 et 1990. En effet, nous assistons à la naissance du grand marché unique qui donne lieu à une nouvelle accélération du processus normatif, notamment au niveau interne. Les États membres étaient appelés à éradiquer toute forme d'entraves aux échanges au 1er janvier 1993, date butoir.

Dès lors, l'ascendant historique de la libre circulation des marchandises sur les autres libertés la place *de facto* au-devant de l'espace économique intégré.

## 5. La vitalité de la notion de marché intérieur

**28.** La notion de marché intérieur révèle une forte attractivité, ce qui peut paraître inattendu en ces temps de scepticisme européen au sein des opinions publiques nationales.

La vitalité s'est particulièrement manifestée par son extension géographique à d'autres territoires. Ce fut le cas avec la création de l'Espace économique européen qui est le fruit d'un accord[13] signé le 2 mai 1992 à Porto, et entré en vigueur le 1er janvier 1994. Cet accord a pour effet d'opérer un élargissement géographique pertinent du champ d'application des règles résultant des traités. L'Espace économique européen entend supprimer les obstacles aux échanges pour créer un espace de liberté de circulation et de libre concurrence. Il étend ainsi le marché intérieur à des États qui, pour diverses raisons, ne sont pas encore prêts à intégrer l'Union européenne.

Plus précisément, l'objet de cet accord est de mettre en place et organiser les relations économiques entre deux parties, l'Union européenne et des États tiers qui sont l'Islande, le Liechtenstein et la Norvège, trois des quatre États de l'AELE. Il rassemble dès lors 31 États européens, les 28 de l'Union et les trois de l'AELE. La Suisse, signataire, n'a pas ratifié l'accord, suite au résultat négatif du référendum du 6 décembre 1992. L'accord met en place des institutions spécifiques chargées de mettre en œuvre les dispositions de fond.

**29.** Classiquement, l'EEE repose sur deux types d'instruments, d'une intensité moindre que celle que présente le marché intérieur, les quatre grandes libertés de circulation du marché intérieur (personnes, marchandises, services et capitaux) d'une part, et les politiques communautaires qualifiées de politiques « horizontales » d'autre part. Il s'agit au principal de la politique de concurrence, des transports, des marchés publics, du droit des sociétés, de la propriété intellectuelle, de la politique sociale, de la protection des consommateurs, et de l'environnement.

En revanche, l'EEE n'est pas applicable aux produits agricoles non transformés ni à la pêche. De plus, l'extension du marché intérieur n'est que partielle. En effet, la libre circulation des personnes ne prévaut que pour les travailleurs salariés et non, comme dans le cadre de l'Union, pour l'ensemble des ressortissants de l'Union. Les contrôles aux frontières entre l'Union et les trois pays AELE sont, en outre, maintenus.

Notons également l'absence d'éléments symptomatiques du processus d'intégration comme la constitution d'une Union douanière, notamment l'absence d'un tarif extérieur commun et corrélativement d'une politique commerciale commune, le rapprochement des législations fiscales, l'Union économique et monétaire, la politique extérieure et de sécurité commune ou la coopération en matière de justice et d'affaires intérieures.

13. Décision n° 94/1/CE, CECA du Conseil et de la Commission du 13 déc. 1993 relative à la conclusion de l'accord sur l'Espace économique européen, *JOCE* n° L 1, 3 janv. 1994.

# Titre 1

# Le support matériel : la mobilité des marchandises

**30.** Le principe de libre circulation des marchandises est formulé par les articles 3 et 4 TFUE. Ces textes citent, respectivement, la compétence exclusive de l'Union en matière d'Union douanière (art. 3 § 1 lettre a) TFUE) et la compétence partagée avec les États membres pour le marché intérieur (art. 4 § 2 lettre a) TFUE).

**31. La rigoureuse application d'un principe général de liberté de circulation. –** La mobilité des biens repose, au sein des traités, sur un principe général d'interdiction des obstacles aux échanges afin d'assurer l'effectivité du mouvement des marchandises. Ce principe n'est pas posé en tant que tel. Il résulte en réalité de l'économie des dispositions de fond qui imposent aux État membres une interdiction des taxes d'effet équivalent aux droits de douane et des mesures d'effet équivalent à des restrictions quantitatives.

De plus, l'extrême vigilance de la Cour sur les comportements attentatoires des États, et la diligence de la Commission quant à la poursuite des comportements illicites, en sa qualité de gardienne des traités, confèrent au principe de libre circulation une densité et un statut. Ces qualités autorisent à l'ériger au rang de principe général[1] et de liberté fondamentale[2] comme se plaît à le rappeler la jurisprudence.

**32. L'articulation de trois approches : intégrative, répressive ou préventive. –** Le principe général de liberté de circulation est mis en œuvre selon trois approches, dont les deux premières sont dominantes

1. CJCE, 5 juin 2007, *Rosengren*, aff. C-170/04, *Rec.* p. I. 4071.
2. CJUE, 17 nov. 2009, *Regione Sardegna*, aff. C-169/08, *Rec.* p. I. 10821 ; CJUE, 9 déc. 2010, *Humansplasma*, aff. C-421/09.

dans l'action de l'Union : une première, intégrative, par la mise en place d'une Union douanière, et une deuxième, répressive, au travers de l'éradication des obstacles, les uns ordinaires, les droits de douane et restrictions quantitatives, les autres atypiques et insidieux, les taxes d'effet équivalent et mesures d'effet équivalent. Ces obstacles seront principalement conceptualisés par un travail doctrinal constant émanant à la fois de la Cour de justice de l'Union et de la Commission.

À ces deux déclinaisons majeures, vient s'en greffer une troisième de nature préventive. Elle vise à anticiper la constitution de l'obstacle au moyen d'un arsenal législatif de plus en plus conséquent. Ces trois approches peuvent être appliquées de manière alternative ou complémentaire dans un même champ.

De manière plus précise, l'approche répressive tend à sanctionner toute atteinte au principe général de libre circulation des marchandises. L'approche préventive, pour sa part, permet de créer, sur le terrain, les conditions nécessaires à un rapprochement des droits nationaux ou du moins à une convergence des positions nationales.

Les deux approches, répressive et préventive, sont devenues complémentaires uniquement à partir de la décennie 1980, même si l'on peut encore observer une relative asymétrie entre elles au profit de la première.

Mais avant l'Acte unique européen, l'action de l'Union par voie de sanction dominait la mise en œuvre de la mobilité des biens. En effet, il fallait avant tout s'affranchir de tous les obstacles tarifaires et fiscaux qui pesaient sur le flux des échanges avant d'envisager une quelconque approche préventive.

Il demeure qu'à terme, la marginalisation de l'approche répressive au profit d'une action par voie normative est peu probable. Nous savons en effet que dans la pratique économique, les États membres demeurent malgré tout encore enclins à dresser indirectement des obstacles aux échanges, sous des formes déguisées. Si la prévention a certes gagné du terrain ces dernières années, elle n'aura toujours agi qu'en complémentarité avec l'action par voie de sanction. Celle-ci demeure *in fine* l'instrument le plus efficace dans ce domaine, théâtre de nombreux comportements protectionnistes.

CHAPITRE 1

# L'approche intégrative : la régulation des échanges

**33.** De manière générale, en matière de mouvements des marchandises, il est possible de concevoir alternativement la mobilité des biens, au moyen d'une union douanière ou d'une zone de libre-échange. La première notion présente un degré d'intégration normative très élevé, mettant à la marge l'initiative étatique. À l'inverse, la seconde se caractérise par une grande attention portée aux prérogatives nationales. Le droit de l'Union européenne optera pour le moyen le plus pertinent et efficace en termes d'intégration économique, l'union douanière.

## Section 1 L'Union douanière

**34.** L'Union douanière de l'Union européenne est un exemple de territoire singulier au monde. En effet, les États signataires y appliquent un système uniforme quant aux mouvements des marchandises que sont l'importation, l'exportation et le transit. Et, dans le cadre d'un Code des douanes de l'Union, un ensemble de règles communes est mis en œuvre.

### §1. Les éléments de définition : une double composante

**35.** L'Union douanière présente dans ses éléments de définition une double composante, interne et externe. De la composante interne, résulte l'obligation pour les États membres de supprimer les entraves à l'occasion des échanges commerciaux. La composante externe établit l'obligation de mettre en place un tarif douanier commun qui deviendra un des instruments de la politique commerciale de l'Union européenne vis-à-vis des États tiers.

**36.** La conjugaison des deux dimensions, interne et externe, comme c'est le cas avec l'union douanière, constitue un atout majeur. En effet, elle est un facteur de stimulation du processus d'intégration économique. Les conditions de convergence, créées à l'intérieur du territoire douanier, seront applicables aux produits originaires des États tiers, à la condition qu'ils se soumettent à diverses prescriptions communautaires. Ils circuleront alors sous le régime de libre pratique.

## A. Une composante de nature interne

**37.** Il importe de comprendre que l'Union douanière se définit dans un premier temps par une composante interne, à savoir la suppression de l'ensemble des obstacles douaniers au sein de l'entité économique. Ces obstacles sont tarifaires (droits de douane et taxes d'effet équivalent) et non tarifaires (restrictions quantitatives et mesures d'effet équivalent). Même s'il faut bien prendre soin de préciser que l'élimination des restrictions quantitatives est régie par les articles 34 et 35 TFUE alors que celle des droits de douane relève de l'article 30 TFUE, l'élimination de ces deux types d'obstacles s'inscrit dans une logique d'ensemble qui forge la construction de l'Union douanière.

## B. Une composante de nature externe

**38.** À ce processus de démantèlement interne, s'associe une composante externe à l'entité territoriale, à savoir la définition homogène, pas nécessairement uniforme, des conditions d'entrée et de sortie des marchandises en provenance ou à destination des États tiers. À travers le système économique que propose l'Union douanière, les États membres peuvent se permettre ainsi de constituer une force économique unique et solidaire face à l'extérieur.

L'Union douanière offre dès lors un contenu plus large que la zone de libre-échange qui se caractérise exclusivement par une dimension interne, qui est, rappelons-le, l'abolition des droits de douane et des restrictions quantitatives pour les produits à l'intérieur de la zone.

Les membres parties à la ZLE conservent leur entière compétence quant à l'entrée et à la sortie des marchandises à l'égard des États tiers. Aussi les États demeurent-ils souverains au regard de la définition de leur politique commerciale externe.

**39.** À titre d'exemple, l'Association européenne de libre-échange (AELE), instituée par la Convention de Stockholm signé le 20 novembre 1959, est précisément une zone de libre-échange. Chacun de ses membres détermine librement ses tarifs douaniers et sa politique commerciale à l'égard des pays tiers. L'AELE compte aujourd'hui quatre États : la

Norvège et la Suisse (membres originaires), l'Islande et le Liechtenstein, respectivement depuis 1970 et 1991.

## §2. Typologie des barrières douanières aux échanges

**40.** Les barrières douanières sont polymorphes. Il existe une réelle difficulté pour le droit de les appréhender et de saisir à cet égard les diverses situations, dont la neutralité est souvent trompeuse. Néanmoins, classiquement, il est possible de les distinguer selon qu'il s'agit de barrières tarifaires ou non tarifaires.

### A. Les mesures tarifaires : le prélèvement d'un droit

**41.** Les mesures tarifaires sont des mesures douanières permettant de prélever une taxe sur les importations ou les exportations.

Le droit est prélevé soit sur le prix CIF (*Cost, insurance and freight*) soit, lorsque le coût de transport est exclu, sur le prix FOB (*Free on board*).

Le droit de douane peut être prélevé sur la valeur de la marchandise (*ad valorem*) ou bien par unité de produit importé. Il s'agit alors d'un droit de douane spécifique.

En outre, notons qu'il existe les contingents tarifaires qui sont la combinaison d'un quota et d'un tarif, prévoyant qu'au-delà d'une certaine quantité les importations sont autorisées à la faveur d'un droit de douane substantiel.

### B. Les mesures non tarifaires : la mise en place d'une restriction quantitative

**42.** Les restrictions non tarifaires, dites quantitatives, se définissent comme des mesures ayant le caractère de prohibition, totale ou partielle, d'importation, d'exportation ou de transit[1]. Il peut s'agir, par exemple, d'un système de contingents[2] appliquant des restrictions quantitatives dès l'instant que certains plafonds d'importation ou d'exportation sont atteints.

Il convient de souligner que l'article 34 TFUE vise les contingents qui n'ont pas un caractère tarifaire tandis que les contingents tarifaires sont régis par l'article 30 TFUE.

**43.** Poursuivant un objet identique aux barrières tarifaires, celui de restreindre les échanges, les barrières non tarifaires présentent une

1. CJCE, 12 juill. 1973, *Geddo*, aff. 2/73, *Rec.* 1973, p. 865.
2. CJCE, 9 déc. 1968, *Salgoil*, aff. 13/68, *Rec.* 1968, p. 661.

grande typologie. Nous retiendrons ici les instruments les plus ordinaires, les quotas ou contingents d'une part, et les prohibitions d'autre part[3].

Observons que dans les traités, contingents et prohibitions sont en fait confondus, les restrictions quantitatives s'entendant comme l'un ou l'autre. En effet, il y a une indifférence sémantique sur ce point. Ils sont indistinctement perçus comme des mécanismes économiques visant à assurer la protection d'un marché ou contrôler le flux d'une catégorie de produit.

## 1. Les quotas ou contingents

**44.** Les *quotas* ou *contingents* sont la forme la plus classique des restrictions quantitatives. Ils visent une limitation de la quantité autorisée à l'importation qui peut aboutir dans certaines hypothèses à une prohibition ou, à l'inverse, à l'exportation.

Il convient néanmoins de distinguer le quota, qui limite en pourcentage une catégorie de marchandises importées annuellement, du contingentement, limitation quantitative annuelle des marchandises importées.

Mais de manière générale, le quota/contingent constitue une restriction directe sur la quantité du bien importé ou exporté. Les conditions de mise en œuvre de la restriction sont définies dans le cadre d'une licence octroyée aux entreprises locales importatrices ou directement aux gouvernements des États exportateurs. En outre, le quota/contingent peut ne concerner que les importations d'un État ou d'un groupe d'État.

L'établissement du quota/contingent aura pour conséquence d'augmenter le prix intérieur du produit importé en raréfiant l'offre. En effet, le prix intérieur augmente du même montant qu'un droit de douane limitant les importations au même niveau.

## 2. Les prohibitions

**45.** Autre instrument de restriction, la prohibition s'oppose au contingent dans la mesure où est instituée une interdiction justifiée pour des raisons de police, notamment de santé publique, de moralité publique ou encore de protection du patrimoine artistique. Par exemple, la France connaissait en vertu du décret du 30 novembre 1944[4] un régime de prohibition pour certaines marchandises, qui a été abrogé en 1958, lors de l'entrée en vigueur des traités de Rome.

La prohibition vise un nombre limité de marchandises, principalement les stupéfiants, les objets à caractère pornographique et certaines espèces animales ou végétales.

Comme nous le relèverons dans les développements suivants, de telles prohibitions peuvent être maintenues dans le cadre du droit de l'Union en

3. Il existe d'autres instruments de restrictions qui entrent dans la catégorie des barrières non tarifaires. Il s'agit par exemple des dépôts préalables en vertu desquels les importateurs sont tenus au préalable de s'acquitter d'une fraction du paiement de leurs importations, ce qui représente un coût important pour l'opérateur dans un contexte d'inflation élevée.

4. *JORF*, 1er déc. 1944.

vertu de l'article 36 TFUE. En effet, celui-ci autorise les États, selon de sévères conditions, à écarter une marchandise du mouvement des échanges en invoquant la défense d'intérêts publics.

## §3. Le caractère attractif de la notion de marchandise

**46.** Alors que le traité interdit toute forme d'entrave lors des échanges de marchandises, il ne définit nullement la notion de marchandise ; cette dernière est pourtant au cœur de l'accomplissement de la liberté de circulation visée.

### A. Le laconisme de l'article 28 TFUE

**47.** L'article 28 TFUE dispose, de manière sommaire, que l'Union douanière « s'étend à l'ensemble des échanges de marchandises », tandis que d'autres dispositions du traité utilisent invariablement le terme de marchandise ou de produit. Il s'agit d'une double terminologie dont useront également la Cour dans ses arrêts, de manière tout aussi indifférente, et le législateur lors de l'adoption des actes dérivés. Le libellé de l'article 28 TFUE montre qu'il vise tout type de marchandises à l'exception des armes qui font l'objet d'un régime spécifique (art. 346 à 348 TFUE)[5].

Comment expliquer ce laconisme si ce n'est, une fois de plus, par la volonté des auteurs du traité de prendre de la distance au regard des qualifications nationales sur lesquelles le traité ne s'aligne pas de manière systématique ? Les rédacteurs tiennent ainsi à signifier que le traité n'en dépend pas.

Par cette formulation extensive, le traité offre alors la possibilité aux autorités de l'Union, à l'occasion de la mise en œuvre de l'article 28 TFUE, et au juge, lors de son contrôle, d'accorder un champ relativement étendu à la notion de marchandise.

### B. L'apport de la jurisprudence : l'arrêt *Œuvre d'art*

**48.** Affranchie de toute contrainte textuelle, la Cour de justice s'est précisément inscrite dans une approche pragmatique. Elle a opté pour une conception extensive qui revêt à bien des égards un caractère attractif.

C'est dans l'arrêt *Commission c/Italie* du 10 décembre 1968, communément appelé *Œuvre d'art*, que la Cour définit la marchandise comme tout produit appréciable en argent et susceptible, comme tel, de former l'objet de

5. En effet, selon l'article 346, paragraphe 1, sous b), TFUE, un État membre peut prendre les mesures nécessaires à la protection des intérêts essentiels de sa sécurité et qui se rapportent à la production ou au commerce d'armes, de munitions et de matériel de guerre v. en ce sens, CJUE, 15 déc. 2009, *Commission c/Finlande*, aff. C-284/05, *Rec.* p. I. 11705 ; CJUE, 7 juin 2012, *Ins Tiimi*, aff. C-615/10 ; plus récemment, CJUE, 4 sept. 2014, *Schiebel Aircraft*, aff. C-474/12.

transactions commerciales[6]. En ce sens, on peut considérer que la notion de marchandise est attractive puisque est soumis aux règles de l'Union douanière tout bien quelle que soit sa nature[7], son caractère matériel ou immatériel[8], ou sa destination[9].

C'est ainsi que sont qualifiées de marchandises les œuvres d'art[10], les pièces d'argent n'ayant plus cours légal[11], les billets de banque et les chèques au porteur[12], les déchets qui, même s'ils ne sont pas recyclables, font cependant l'objet de transactions commerciales, l'électricité[13] et le gaz naturel[14].

**49.** En revanche, l'attractivité de la notion est inopérante lorsqu'il s'agit d'appliquer le régime juridique propre aux marchandises aux autres libertés. En effet, de manière systématique, le traité prend clairement soin de faire le départ entre la notion de marchandise et celle de service, afin de différencier leurs régimes juridiques. Il en est de même pour la Cour qui a été amenée à se prononcer sur des litiges mettant en présence à la fois le principe de libre circulation des marchandises et celui des services ou des personnes. Elle a considéré qu'il convenait de distinguer les régimes respectifs. Seules les marchandises demeurent soumises aux règles de circulation des marchandises, et en aucun cas les autres libertés, sauf s'il ressort que les marchandises en cause constituent un accessoire nécessaire à une autre liberté[15]. Ainsi, ne peuvent être considérés comme marchandises les signaux de télévision[16], les droits de pêche et les permis de pêche[17].

## §4. Une réalisation progressive

**50.** Le principe d'une union douanière ayant été arrêté, le traité CEE, dans sa rédaction originaire, indique avec précision la procédure à suivre. Un calendrier de désarmement douanier est établi en application des articles 9 à 35. Ces dispositions sont aujourd'hui abrogées par le traité d'Amsterdam compte tenu de leur évidente caducité.

6. CJCE, 10 déc. 1968, *Commission c/ Italie*, aff. 7/68, *Rec.* p. 617.

7. Les déchets (CJCE, 9 juill. 1992, *Commission c/ Belgique*, aff. C-2/90, *Rec.* p. I. 443 ; CJCE, 8 nov. 2007, *Frohnleiten*, aff. C-221/06, *Rec.* p. I. 9643) ; les animaux domestiques ou sauvages (CJCE, 10 sept. 2009, *Commission c/Belgique*, aff. C-100/08, *Rec.* p. I. 140) ; le sang humain (CJUE, 9 déc. 2010, *Humanplasma*, préc.).

8. Toutes les formes d'énergie.

9. CJCE, 9 juill. 1992, *Commission c/ Belgique*, préc., à propos de déchets.

10. CJCE, 23 nov. 1978, *Thompson*, aff. 7/78, *Rec.*, p. 2247.

11. V. à propos des pièces de monnaie qui peuvent être, selon les cas, considérées comme des marchandises si elles ont cessé d'avoir cours légal, ou au contraire constituent des moyens de paiement et sont dès lors régies par d'autres règles du traité ; CJCE, 23 nov. 1978, *Thompson*, préc.

12. CJCE, 23 févr. 1995, *Bordessa*, aff. C-358/93, *Rec.* 1995, p. I. 361.

13. CJCE, 27 avr. 1994, *Commune d'Almelo*, aff. C-393/92, *Rec.* p. I. 1477.

14. CJCE, 23 oct. 1997, *Commission c/ France*, aff. C-159/94, *Rec.* 1997, p. I. 5815.

15. V. en ce sens à propos de la distinction entre le support matériel d'une émission de télévision et le message télévisuel qui constitue une prestation de services, régie par les articles 56 TFUE et s., CJCE, 30 avr. 1974, *Sacchi*, aff. 155/73, *Rec.* p. 409.

16. CJCE, 30 avr. 1974, *Sacchi*, préc.

17. CJCE, 21 oct. 1999, *Jägerskiöld*, aff. C-97/98, *Rec.* p. I. 7319.

## A. Une démarche habile : un calendrier de désarmement douanier

**51.** L'instauration de l'Union douanière repose sur quatre leviers qui se sont révélés pertinents puisqu'ils ont permis sa réalisation avant l'échéance prévue :

- *le maintien des situations existantes* : les États membres étaient liés par l'obligation de respecter un *statu quo* au travers une clause de *standstill* (processus dit effet de blocage) et ce tant en matière de droits de douane que de restrictions quantitatives, à l'importation ou à l'exportation. Cette mesure les obligeait implicitement à les maintenir au même niveau ;
- *l'élimination programmée des droits de douane et restrictions quantitatives* : le traité établissait un calendrier qui s'étalait sur une période de transition, décomposée en trois étapes, subdivisées de la manière suivante : 1^re^ étape : 1^er^ janvier 1958 – 1^er^ juillet 1962 ; 2^e^ étape : 1^er^ juillet 1962 – 1^er^ juillet 1967 ; 3^e^ étape : 1^er^ juillet 1967 – 1^er^ janvier 1970. Pour chaque étape de la période de transition, un dispositif de mesures était défini et mis en œuvre. La définition d'un échéancier est une approche probante. En effet, elle a pour intérêt de permettre aux États de s'adapter aux nouvelles règles et de les rendre compatibles avec l'ordre juridique interne. C'est pour cette raison qu'à l'occasion de chaque élargissement, le traité d'adhésion prévoit une période de transition. Elle permet le passage vers le nouvel ordre économique qui est celui de l'Union. L'étendue de la transition sera variable selon la capacité de l'État entrant à intégrer les règles de l'économie de marché ;
- *l'accélération du calendrier* : les États membres avaient la faculté, toujours en application de ces dispositions, d'accélérer, au regard des progrès accomplis, le processus de désarmement douanier. Ils le feront de sorte que l'Union douanière a pu être achevée au 1^er^ juillet 1968 pour l'ensemble des produits industriels, et au 1^er^ janvier 1970 pour les autres produits ;
- *la mise en place du Tarif douanier extérieur commun* : un règlement du Conseil du 28 juin 1968[18] a instauré le TDC qui a été établi par une moyenne arithmétique ayant pour base un rapprochement des quatre tarifs douaniers en vigueur à l'époque (Allemagne, France, Benelux et Italie).

## B. L'ouverture parallèle des contingents

**52.** Concernant l'ouverture des contingents (restrictions quantitatives), avant la date d'entrée en vigueur des traités de Rome, le 1^er^ janvier 1958, la maîtrise des contingents nationaux relevait exclusivement des autorités publiques. Celles-ci exerçaient un contrôle assidu sur le flux

18. Règl. (CEE) n° 950/68, 28 juin 1968, *JOCE* n° L 172, 22 juill. 1968.

des échanges en exigeant, par exemple, des documents particuliers telle une licence d'importation, document alors obligatoire.

À partir de l'avènement des Communautés et pendant la période de transition, la politique des contingents a pris progressivement fin à l'instar de ce qui s'est produit pour le démantèlement douanier. En effet, les États membres étaient tenus, aux termes des articles 31 et 32 CEE, aujourd'hui abrogés, de s'abstenir d'introduire de nouvelles restrictions. Il s'agit à nouveau de l'*effet de blocage* à partir duquel nous avons assisté, presque mécaniquement, à une ouverture des contingents d'abord bilatéraux, puis multilatéraux, de sorte qu'au 31 décembre 1969, les contingents avaient disparu.

# Section 2
# Une gestion en bloc de la politique douanière de l'Union européenne

**53.** Aujourd'hui, dans sa mise en œuvre, l'Union douanière se déploie sur un territoire étendu, nécessitant à cet égard une gestion matérielle en bloc. Celle-ci prend appui sur une réglementation douanière, notamment à la faveur d'un Tarif douanier extérieur commun.

## §1. L'instrument de l'intégration douanière : le Code des douanes de l'Union

**54.** Le Code des douanes constitue assurément l'instrument majeur de l'intégration douanière. Il permet de rassembler les règles, régimes et procédures applicables aux marchandises faisant l'objet d'échanges entre l'Union et les pays tiers.

### A. La lente codification douanière

**55.** La codification douanière constitue une étape déterminante dans la mise en œuvre de l'Union douanière. En effet, son grand intérêt est de codifier dans un texte unique le champ d'application, les définitions, les dispositions de base et le contenu du droit douanier de l'Union. Pour autant, la codification a connu un processus plutôt lent puisque le premier code remonte à 1992. Celui-ci fera l'objet de deux révisions, l'une en 2008 et l'autre en 2013. Cette dernière révision a donné naissance à l'actuel Code des douanes de l'Union européenne.

#### 1. Les premières initiatives de codification

**56.** Le Code des douanes communautaires (CDC), très attendu, a été adopté en vertu du règlement (CEE) n° 2913/92 du Conseil du 12 octobre

1992[19]. Par la suite, ce premier essai de codification a fait l'objet d'une révision le 23 avril 2008 par le Conseil et le Parlement. Ce Code de douane modernisé (CDM) a été adopté en vertu du règlement (CE) n° 450/2008 du Parlement européen et du Conseil[20]. Il avait pour ambition d'opérer à la fois une modernisation du droit douanier au regard de ses procédures, ainsi qu'une simplification des opérations douanières. Ces objectifs s'inscrivaient déjà dans la tendance générale à produire à l'échelle de l'Union une législation moins complexe, plus simplifiée et moderne, et pour une plus grande accessibilité aux normes.

### 2. La révision du Code des douanes

**57.** Le Code des douanes a fait l'objet d'une nouvelle révision. En effet, a été adopté, le 9 octobre 2013, le règlement (UE) n° 952/2013[21], établissant les dispositions d'un Code des douanes de l'Union. Il est entré en application le 1er mai 2016[22].

Le nouveau Code des douanes abroge donc le Code des douanes communautaire de 1992, lequel est cependant resté le texte de référence pour les opérateurs jusqu'au 1er mai 2016. Quant au Code des douanes modernisé de 2008, il est abrogé depuis le 30 octobre 2013[23].

Le CDU s'inscrit dans les mêmes objectifs de modernisation du CDM, quant aux politiques et objectifs existants en ce qui concerne les échanges de marchandises entrant ou sortant de l'Union et du territoire douanier de l'Union.

**58.** Sur le plan pratique, la mise en œuvre du nouveau règlement dépend de l'utilisation de procédés informatiques de traitement des données et de systèmes électroniques qui doivent être mis en place à la date du 31 décembre 2020. Cette date butoir permet de préparer la mise en œuvre intégrale des composantes du règlement, qui sont fondées sur des moyens informatiques importants figurant dans le *programme Douane 2020*.

## B. La délimitation géographique du territoire douanier

**59.** L'Union douanière repose avant tout sur un territoire à l'intérieur duquel circulent librement les biens. À l'extérieur, lors du franchissement des frontières externes, le tarif douanier uniformisé est mis en place. La

19. Règl. (CE) n° 2913/92 du Conseil, 12 oct. 1992, *JOCE* n° L 302, 19 oct. 1992. Il sera complété par un règlement d'application n° 2454/93 de la Commission du 2 juillet 1993, *JOCE* n° L 253, 1er oct. 1993

20. *JOUE* n° L 145, 4 juin 2008.

21. Règl. (UE) n° 952/2013 du Parlement européen et du Conseil, 9 oct. 2013 établissant le code des douanes de l'Union, *JOUE* n° L 269, 10 oct. 2013.

22. Certaines de ces dispositions sont en vigueur depuis le 30 octobre 2013 afin de permettre à la Commission d'adopter des dispositions d'application nécessaires (actes délégués et actes d'exécution).

23. Notons que le CDU a des conséquences sur d'autres actes, comme le règlement (CE) n° 1207/2001 du 11 juin 2001 visant en particulier à faciliter l'établissement, dans l'Union, des preuves de l'origine et la délivrance de certaines autorisations d'exportateurs agréés.

délimitation du territoire douanier est plutôt source de complexité et dès lors de contentieux[24]. En effet, le traité n'aligne pas les limites du territoire douanier sur les frontières physiques des États (art. 349 TFUE, ex-299 CE) compte tenu des particularismes géopolitiques propres à chaque État.

À la faveur des élargissements successifs, le territoire douanier de l'Union comprend aujourd'hui le territoire des 28 États membres, à l'exception de certains territoires : les îles Féroé et du Groenland, l'île d'Helgoland et le territoire de Büsingen, de Ceuta et Melilla, la Nouvelle-Calédonie, Mayotte, Saint-Pierre-et-Miquelon, les îles Wallis-et-Futuna, la Polynésie française et les Terres Australes et Antarctiques françaises, les communes de Livigno et Campione d'Italia. Ne font pas non plus partie du territoire de l'Union les eaux nationales du lac de Lugano comprises entre la rive et la frontière politique de la zone située entre Ponte Tresa et Porto Ceresio, et les zones sur lesquelles Chypre n'exerce pas un contrôle effectif.

En revanche, sont considérés comme faisant partie du territoire douanier de l'Union la Principauté de Monaco et le territoire des zones de souveraineté du Royaume-Uni à Chypre (Akrotiri et Dhekelia) ainsi que les îles Anglo-normandes et l'île de Man.

Le territoire douanier de l'Union comprend également les eaux territoriales, les eaux maritimes intérieures et l'espace aérien des États membres, à l'exception de ceux des territoires qui ne font pas partie du territoire douanier de l'Union.

## C. Une exécution matérielle à la charge des États membres

**60.** L'Union douanière constituée, s'est ouverte alors une nouvelle ère, celle d'une gestion en bloc de la politique douanière. Celle-ci n'a pas pour autant dessaisi les États de leurs tâches liées à la matérialité des opérations douanières sur le territoire douanier.

### 1. L'effort de communautarisation par les traités de révision

**61.** L'Union a tenté, à la faveur des traités de révision, d'avancer dans la voie d'une coopération plus intense, voire d'une communautarisation de la gestion matérielle de la politique douanière et ce à deux reprises.

En effet, dans un premier temps, le traité de Maastricht a placé la coopération entre les services douaniers dans le champ de la coopération intergouvernementale, en l'intégrant dans le troisième pilier (coopération policière ou judiciaire en matière pénale, anciennement dénommée affaires et justices intérieures). Pour sa part, le traité d'Amsterdam a approfondi la coopération, en la communautarisant puisqu'elle passe du troisième au premier pilier de l'Union européenne (Titre X, art. 135). Mais la communautarisation ne

24. CJCE, 12 févr. 1992, *Leplat*, aff. C-260/90, *Rec.* p. I. 643 ; CJCE, 26 sept. 1996, *Allain*, aff. C-341/94, *Rec.* p. I. 4649.

concerne pas le volet répressif de la politique douanière qui relève encore de la simple coopération (ex-troisième pilier).

Sur le fond, en vertu de l'article 28 TFUE qui dispose que « L'Union comprend une union douanière (...) », les États membres se sont aussitôt vus dessaisis de leurs compétences en matière douanière, qui échoient de manière exclusive à l'Union. Dès lors, la compétence de l'Union lui permet d'avoir toute latitude en matière de négociations avec les pays tiers sur la politique tarifaire. Elle a également compétence quant à la définition des principes régissant le fonctionnement du TDC et au contenu à lui donner.

### 2. Les limites de la communautarisation

**62.** Mais il va de soi que l'efficacité du nouveau système douanier ne pouvait se permettre de reposer de manière intégrale sur les autorités de l'Union quant à son fonctionnement quotidien et matériel. En effet, ces dernières ne disposent pas précisément des moyens logistiques ni d'une administration dotée à cet effet, comme pour un État.

En application du principe de coopération loyale qui pèse notamment sur les États membres (art. 4 § 3 TUE), les autorités nationales sont dès lors appelées à contribuer au fonctionnement du TDC. Et, elles sont appelées à agir de manière plus globale en vue de la mise en œuvre de la politique douanière, à travers, par exemple, l'organisation de l'administration douanière qui relève de la compétence nationale, les contrôles à l'occasion du franchissement des frontières ou encore les aspects judiciaires à savoir la poursuite des infractions.

## §2. La réglementation douanière

**63.** Comme il est possible de l'imaginer, à partir de son avènement, l'Union douanière a donné naissance à de nombreux textes sous forme de règlements. L'amplification des textes s'explique par la masse de marchandises à régir, la spécificité de certaines branches, notamment au regard des questions liées à la santé publique, et les élargissements successifs de l'Union. Il s'agit d'une somme de facteurs qui ont approfondi le champ matériel de l'Union douanière.

Rappelons que ces règlements ont fait l'objet d'une codification très attendue sous la forme d'un Code des douanes communautaires (TDC), adopté le 12 octobre 1992 et abrogé par le nouveau Code de l'Union depuis le 1er mai 2016. Celui-ci constitue aujourd'hui la norme de référence.

### A. L'objet de la réglementation

**64.** L'objet de la réglementation douanière est double : opérer une taxation uniformisée sur les biens qui entrent ou sortent du territoire de l'Union sous la forme d'un Tarif douanier commun (TDC), établi par voie de règlement[25], et anciennement régi par les articles 18 à 29 du traité CEE, et, en même temps, libérer de toute entrave tarifaire ou administrative, les biens qui bénéficient de la libre circulation au sein de ce même territoire.

Pour pénétrer sur le territoire de l'Union, ou bien le quitter, le bien doit avant tout se soumettre à un processus douanier. Il se décompose en plusieurs opérations dont l'objectif est de le situer dans la nomenclature douanière, d'en apprécier la valeur et de lui appliquer une taxation.

Aussi, le TDC s'attache-t-il, d'une part, à déterminer les caractéristiques du produit qui permettra son positionnement au sein d'une nomenclature et, d'autre part, à établir la taxation à laquelle cette classification donne lieu.

## B. Le classement tarifaire de la marchandise

**65.** Lors de l'établissement de la déclaration en douane, l'opérateur est tenu de procéder à la désignation commerciale de sa marchandise par l'espèce tarifaire correspondante.

### 1. Les sources textuelles de la classification douanière

**66.** Le classement tarifaire des marchandises s'opère en application de différents textes figurant dans le tarif douanier commun régi par un règlement de base, le règlement (CEE) n° 2658/87 du 23 juillet 1987 du Conseil relatif à la nomenclature tarifaire et statistique[26]. Objet de nombreuses modifications, ce règlement reprend en réalité la classification des produits telle qu'elle fut établie par la Convention du 14 juin 1983 signée à Bruxelles entre la CEE et les États membres ; cette dernière vise à établir un système harmonisé de désignation et de codification des marchandises (SH), géré par l'Organisation mondiale des douanes (OMD).

**67.** Concrètement, le système harmonisé répertorie l'ensemble des produits sous la forme d'une classification très détaillée, à partir de laquelle les États membres appliqueront uniformément un droit de douane déterminé par le taux établi par la nomenclature. La liste systématique des produits est la base sur laquelle s'appuient les négociations commerciales internationales. Elle est aujourd'hui applicable par la plupart des pays dans leurs échanges.

Il y a une double présentation qui conduit à décrire et classifier les produits existants d'une part, et à fixer le taux de droit de douane applicable d'autre part. Cette démarche peut constituer une tâche ardue. Elle peut être source de position erronée[27] dans certaines circonstances pour les autorités douanières. En effet, celles-ci sont souvent confrontées soit à une forte

25. V. Règl. (CEE) n° 2658/87 du 23 juill. 1987, *JOCE* n° L 256, 7 sept. 1987.

26. L'annexe I du règlement fixe les taux des droits conventionnels et, lorsqu'ils sont inférieurs aux taux conventionnels, les taux autonomes du tarif douanier commun, ainsi que les unités supplémentaires statistiques.

27. V. pour un exemple de position tarifaire incorrecte, CJUE, 20 juin 2013, *Agroferm*, aff. C-568/11.

sophistication et technicisation des marchandises[28], soit à des produits qui requièrent un examen minutieux des dimensions[29].

## 2. La nomenclature combinée (NC)

**68.** Au niveau de l'Union, la classification douanière prend le nom de nomenclature combinée (NC) qui est constituée au moyen de positions à huit chiffres, soit les six premiers du système harmonisé et deux chiffres complémentaires.

La NC permet à la fois de déterminer les droits de douane à l'importation dans l'Union et de répondre aux besoins des statistiques du commerce extérieur[30]. Elle est traduite dans le cadre du tarif intégré communautaire (TARIC) au moyen des sous-positions à dix chiffres. Les six premiers chiffres indiquent les positions et sous-positions de la nomenclature du système harmonisé. Les septième et huitième chiffres identifient les sous-positions de la nomenclature combinée tandis que les deux derniers déterminent les réglementations communautaires douanières et commerciales (suspensions et préférences tarifaires, prohibitions, licences ou droits anti-dumping) à l'importation dans l'Union, *via* des codes additionnels communautaires (CACO).

La NC comprend également des dispositions préliminaires, des notes complémentaires de section ou de chapitre et des notes de sous-positions.

**69.** Aujourd'hui, la NC, régulièrement actualisée, constitue un document déterminant pour l'entrée et la sortie des marchandises du territoire douanier afin de pouvoir leur appliquer un droit de douane.

Aussi est-elle essentielle pour les autorités douanières afin d'être en mesure de désigner de façon adéquate les biens. Les marchandises importées et exportées sont alors déclarées avec l'indication de la sous-position de la nomenclature dont elles relèvent, ce qui permet de déterminer le taux de droit de douane applicable ainsi que la manière dont elles seront traitées à des fins statistiques.

**70.** La Commission adopte annuellement un règlement reprenant une version complète de la nomenclature combinée et des taux des droits du tarif douanier commun, en tenant compte des modifications récentes. Ce règlement est publié au *Journal officiel de l'Union européenne* au plus tard le 31 octobre[31]. Il s'applique à partir du 1^er^ janvier de l'année suivante. Et

28. V. par exemple sur la difficulté de définir le modem afin de le situer dans la classification tarifaire, notamment celle d'établir la distinction entre modem séparé qui entre dans une sous-position en exemption des droits de douane, et modem intégré qui correspond à une autre sous-position tarifaire soumise à tarification, CJUE, 22 nov. 2012, *Digitalnet*, aff. jtes C-320/11, C-330/11, C-382/11 et C-383/11.

29. V. par exemple sur la difficulté de définir la position tarifaire ou sous-tarifaires des sacs de couchage pour bébés et jeunes enfants (gigoteuses), CJUE, 6 sept. 2012, *Lowlands*, aff. C-524/11. V. aussi à propos de la position tarifaire d'imprimantes multifonctions, CJUE, 17 janv. 2013, *Hewlett-Packard Europe*, aff. C-361/11.

30. En fait, la nomenclature combinée est le produit de la fusion des nomenclatures du tarif douanier commun et de la Nimexe (nomenclature statistique de l'Union).

31. V. la version actualisée de la nomenclature combinée, règlement d'exécution (UE) n° 2015/1754 de la Commission du 6 octobre 2015 modifiant l'annexe I du règlement (CEE) n° 2658/87 du Conseil relatif à la nomenclature tarifaire et statistique et au tarif douanier commun, *JOUE* n° L 285 du 30 oct. 2015.

c'est également la Commission qui est en charge de la dissémination et de la gestion informatisée du TARIC.

Ces mises à jour prennent en compte les modifications arrêtées au niveau international, soit par l'Organisation mondiale des douanes (OMD) en ce qui concerne la nomenclature au niveau du SH, soit dans le cadre de l'OMC pour ce qui est des droits de douane conventionnels. En effet, certains changements peuvent être nécessaires du fait de l'évolution, par exemple, de la politique commerciale, des technologies ou des exigences statistiques.

En outre, l'Union publie des notes explicatives pour la nomenclature combinée, les NENC[32]. Ces notes constituent un instrument essentiel d'interprétation de la nomenclature combinée. Elles sont publiées au *Journal Officiel de l'Union européenne* (*JOUE*) partie C. La Commission publie également des règlements de classement spécifiques à certaines marchandises, lesquels ont force légale.

**71.** Par ailleurs, l'Organisation mondiale des douanes (OMD) publie à son tour des notes explicatives du système harmonisé (NESH). Sans avoir force légale, ces notes constituent à leur tour un instrument essentiel d'interprétation et d'harmonisation de la nomenclature à six chiffres (SH). L'OMD publie également des avis de classement spécifiques à certaines marchandises. Ceux-ci n'ont cependant pas force légale.

Pour la réalisation de ces tâches, la Commission est assistée dans le cadre de la comitologie par le « Comité du Code des douanes » composé de représentants des pays de l'Union et présidé par un représentant de la Commission. Le comité est compétent pour examiner toute question relative à la nomenclature combinée, la nomenclature du TARIC ou à toute autre nomenclature reprenant la nomenclature combinée.

## 3. La traduction informatique de la nomenclature tarifaire : le TARIC

**72.** Le Tarif douanier commun[33] comporte près de 15 500 rubriques de classement. Pour en simplifier la compréhension et l'usage, il se décline, sur la base de la nomenclature combinée que nous venons de décrire, au travers du TARIC (Tarif intégré de l'Union européenne, anciennement Communautés européennes). Il s'agit d'un outil informatique essentiel pour la gestion douanière au quotidien. Le TARIC reprend notamment les subdivisions du TDC (sous-positions TARIC), utilisées pour la désignation des marchandises et leur numéro de code, les taux des droits de douane selon l'origine des marchandises et de nombreuses mesures de politique commerciale. De plus, il permet le dédouanement automatique des marchandises ainsi que la collecte, l'échange et la publication de données concernant les statistiques du commerce extérieur de l'Union. Mais il ne

32. NENC : Notes explicatives pour la nomenclature combinée.

33. Le tarif douanier 2016 est paru au *JOUE* n° L 285, 30 oct. 2015.

peut contenir d'informations sur les prélèvements fiscaux nationaux, comme les taux de TVA et d'accises.

**73.** De surcroît, le TARIC permet de prendre en compte et d'intégrer l'ensemble des réglementations spécifiques établies par l'Union, telles que les régimes préférentiels. Son grand atout est d'être une base de données multilingue du tarif douanier communautaire, accessible en ligne.

## C. L'établissement de la valeur en douane

**74.** Avant de faire supporter à une marchandise un droit de douane, il est essentiel de déterminer la valeur en douane la plus juste possible. Cette opération permet de la situer dans la nomenclature et de lui faire ainsi correspondre le droit applicable.

S'alignant sur la valeur en douane dans les échanges internationaux, déterminée par un accord à la suite du Tokyo Round de 1979, la valeur en douane en droit de l'Union est définie par l'actuel Code des douanes. Son article 70 dispose que la valeur en douane est « la valeur transactionnelle. Il s'agit du prix effectivement payé ou à payer pour les marchandises lorsqu'elles sont vendues pour l'exportation à destination du territoire douanier de la Communauté ». Cette valeur en douane est exprimée en coût, assurances et fret (CAF - CIF - Cost, insurance and freight), c'est-à-dire qu'elle est établie en intégrant dans le mode de calcul ces trois types de frais.

## D. La délicate détermination de l'origine du produit

**75.** L'origine du produit est tout aussi importante à établir de manière appropriée. Elle se distingue de la notion de provenance qui ne revêt qu'un caractère géographique dans la mesure où elle désigne en fait les États par lesquels sont acheminées les marchandises. Elle n'emporte dès lors aucune conséquence sur l'établissement des droits de douane.

En revanche, l'origine est un critère déterminant. En effet, elle désigne l'État au sein duquel la marchandise a été produite ou fabriquée ou composée, ce qui permettra d'établir la taxation douanière. Lorsque l'origine et la provenance se confondent, ce qui est souvent le cas, aucune difficulté ne se pose pour l'autorité douanière.

### 1. Une réponse à la sophistication croissante des marchandises

**76.** Il peut arriver que l'origine soit différente de la provenance, et ce en raison notamment de la diversification et l'éclatement des lieux de fabrication à l'échelle internationale, qui sont des conséquences directes de la mondialisation des échanges. Cette dissociation des lieux a alors des effets sur le montant de la taxation, d'où la nécessité d'établir avec précision l'origine de la marchandise afin d'éviter que certaines règles du TDC ne soient détournées.

**77.** Il faut bien comprendre que le TDC ne s'applique qu'à l'égard des États tiers. Or, ceux-ci sont multiples, hétérogènes et comptent parmi eux de nombreux États ou groupes d'États qui bénéficient de régimes préférentiels. L'origine préférentielle confère ainsi certains avantages tarifaires (entrée à droit de douane réduit ou nul) aux marchandises échangées entre les États qui ont conclu un tel accord, ou lorsqu'une partie les a octroyés de façon autonome. Ces États attirent, malgré eux, des opérateurs économiques dans le seul souci de bénéficier des tarifs favorables en finalisant le produit dans cet État, et d'échapper à l'application des règles non préférentielles[34].

**78.** De même, hormis la question du bénéfice des régimes préférentiels, la délocalisation de la production peut être recherchée afin d'échapper à la politique que mène l'Union en matière de mesures anti-dumping ; celle-ci permet d'établir pour des produits originaires de certains États des droits spéciaux antidumping[35]. Ce sont des droits de douane institués sur un produit particulier importé d'un ou plusieurs États tiers déterminés. Ils s'ajoutent au droit normal ou préférentiel. Le droit spécial peut être introduit lorsque le prix à l'exportation est inférieur à la valeur normale et pour autant qu'une telle importation cause ou menace de causer un préjudice important à une production communautaire concurrente.

## 2. Le cadre légal des règles d'origine non préférentielle

**79.** Le cadre légal des règles d'origine non préférentielle est constitué par le Code des douanes. Pour déterminer l'origine des marchandises, il convient de faire appel à deux notions fondamentales, à savoir les produits « entièrement obtenus », et les produits ayant subi une « dernière transformation substantielle ».

Dans l'hypothèse d'un seul État concerné, est alors applicable la notion « entièrement obtenu ». Dans la pratique, cette notion est limitée essentiellement aux produits obtenus dans leur état naturel et aux produits dérivés de produits entièrement obtenus.

En revanche, si deux ou plusieurs États interviennent dans la production des marchandises, la notion de « dernière transformation substantielle » déterminera l'origine des marchandises. Le critère de la dernière transformation substantielle est exprimé à l'aune de trois critères qui sont alternatifs :

- le critère du changement de (sous-) position tarifaire dans la nomenclature du SH ;

34. Les règles non préférentielles servent à appliquer diverses mesures de politique commerciale, comme les droits antidumping et les droits compensateurs, les embargos commerciaux, les mesures de sauvegarde et de rétorsion, les restrictions quantitatives mais aussi certains contingents tarifaires, les statistiques commerciales, les marchés publics, le marquage de l'origine.

35. Règl. (CE) n° 384/96 du Conseil, du 22 déc. 1995, relatif à la défense contre les importations qui font l'objet d'un dumping de la part de pays non membres de la Communauté européenne, *JOCE* n° L 56, 6 mars 1996. Ce règlement a été maintes fois modifié.

- le critère de l'opération d'ouvraison ou de transformation qui confère ou non aux marchandises l'origine du pays dans lequel ces opérations ont été effectuées ;
- le critère de la valeur ajoutée lorsque l'augmentation de valeur engendrée par les opérations d'assemblage et l'incorporation de matières originaires représente un niveau spécifique du prix « départ usine du produit », c'est-à-dire du prix de la marchandise hors transport.

## 3. L'application du critère de la dernière transformation substantielle

**80.** Précocement, l'Union s'est attachée à lutter contre le phénomène frauduleux des « usines tournevis ». Ce sont des usines d'assemblage de produits qui sont fabriqués à partir de pièces importées. Le seul intérêt pour l'opérateur de créer de telles usines est de pénétrer le marché protégé, en faisant passer sa production pour une production interne[36]. L'opérateur est ainsi en mesure de contourner les droits antidumping et la taxation douanière de droit commun. Dans son règlement du 27 juin 1968 relatif à la définition commune de la notion d'origine des marchandises[37], le Conseil a retenu le critère de la dernière transformation substantielle, repris par l'article 24 de l'ancien Code des douanes, sur lequel il convient de s'attarder.

Selon la lettre de l'article 24, une marchandise est originaire du pays où a lieu la dernière transformation ou ouvraison substantielle, économiquement justifiée, effectuée par une entreprise équipée à cet effet et ayant abouti à la fabrication d'un produit nouveau, ou représentant un stade de fabrication important[38].

**81.** La rédaction proposée par le Code des douanes de 2008, au travers de l'article 36, est moins technique. En effet, celui-ci dispose seulement, dans son paragraphe premier, que « les marchandises entièrement obtenues dans un même pays ou territoire sont considérées comme originaires de ce pays ou territoire ». La formulation est moins précise. Ce laconisme n'ôte naturellement rien à la difficulté de la tâche qui consiste toujours pour les services compétents à déterminer dûment l'origine du produit, issu parfois d'un processus de fabrication ou de commercialisation complexe, et ce dans un contexte économique globalisé.

L'article 36 paragraphe 2 précise que « les marchandises dans la production de laquelle sont intervenus plusieurs pays ou territoires sont considérées comme originaires de celui où elles ont subi leur dernière transformation substantielle ». Le législateur poursuit en indiquant, dans l'article 37, qu'il appartient, en cas de doute sur l'origine de la marchandise, à l'opérateur économique d'apporter la preuve de l'origine effective.

36. Ce sera notamment le cas d'opérateurs japonais qui avait créé en Europe de nombreuses « usines tournevis ». Il en sortait des produits certes fabriqués sur le sol européen mais avec des pièces japonaises.

37. Règl. (CEE) n° 802/68, *JOCE* n° L 148, 28 juin 1968.

38. V. par ex. CJCE, 10 déc. 2009, *Heko*, aff. C-260/08, *Rec.* p. I. 11571.

**82.** Depuis l'entrée en vigueur le 1er mai 2016 du nouveau Code des douanes, adopté par le règlement (UE) n° 952/2013 du 9 octobre 2013[39], l'article 36 est devenu l'article 60 lequel dispose, dans son paragraphe 1, que les marchandises entièrement obtenues dans un même pays ou territoire sont considérées comme originaires de ce pays ou territoire.

Le paragraphe 2 établit que les marchandises dans la production de laquelle interviennent plusieurs pays ou territoires sont considérées comme originaires de celui où elles ont subi leur dernière transformation ou ouvraison substantielle, économiquement justifiée, effectuée dans une entreprise équipée à cet effet et ayant abouti à la fabrication d'un produit nouveau ou correspondant à un stade de fabrication important.

**83.** Il demeure, à la lumière de la pratique de la Cour, que l'élément essentiel à retenir pour établir l'origine sera l'opération, sous forme de transformation ou de production, qui aura été déterminante dans le produit final.

L'exigence du législateur est confortée par le juge qui réfute l'origine d'un produit s'il s'agit d'opérations accessoires se limitant en réalité à la présentation du produit mais n'affectant en aucun cas les propriétés et la composition du produit. C'est le cas par exemple d'opérations d'assemblage[40] qui ne sont pas, par définition, déterminantes pour attester d'une valeur ajoutée[41].

Par ailleurs, de manière générale, la Cour considère qu'un opérateur économique avisé et averti de l'état de la réglementation doit, dans son évaluation des avantages que peut procurer le commerce de marchandises susceptibles de bénéficier de préférences tarifaires, tenir compte des risques inhérents au marché qu'il prospecte. Il doit les accepter comme rentrant dans la catégorie des inconvénients normaux du négoce[42].

Dès lors, la charge de la preuve que le certificat d'origine a été établi sur la base d'une présentation correcte des faits par l'exportateur incombe au redevable[43].

39. Règl. (UE) n° 952/2013 du Parlement européen et du Conseil, 9 oct. 2013 établissant le Code des douanes de l'Union, *JOUE* n° L 269, 10 oct. 2013.

40. CJCE, 31 janv. 1979, *Yoshida*, aff. 114/78, *Rec.* p. 1147.

41. CJCE, 13 déc. 1989, *Brother International*, aff. C-26/88, *Rec.* p. 4253. V. pour une confirmation régulière des critères de la transformation ou de l'ouvraison substantielle laquelle doit renvoyer à une modification significative du produit, CJCE, 26 janv. 1977, *Überseehandel*, aff. 49/76, *Rec.* p. 41 ; CJCE, 10 déc. 2009, *Heko*, préc. ; CJUE, 11 févr. 2010, *Hoesch Metals*, aff. C-373/08, *Rec.* p. I. 951.

42. La Cour fait cependant valoir que le fait d'imposer une telle charge de la preuve au redevable peut être à la source d'inconvénients, notamment lorsque l'opérateur a, de bonne foi, importé des marchandises de l'État bénéficiaire de préférences tarifaires dont l'origine a été ultérieurement, en raison des déclarations prétendument fausses de l'exportateur, mise en cause lors d'un contrôle *a posteriori*. Et, précisément, cette sévérité de la charge de la preuve s'explique par la nécessité pour l'opérateur de s'entourer en amont de toutes les précautions afin d'éviter une action en recouvrement *a posteriori*, v. CJUE, 8 nov. 2012, *Lagura*, aff. C-438/11.

43. V. par exemple, CJCUE, 11 déc. 1980, *Acampora*, aff. 827/79, *Rec.* p. 3731 ; CJCE, 17 juill. 1997, *Filhos*, aff. C-97/95, *Rec.* p. I. 4209 ; CJCE, ord. 9 déc. 1999, *Unifrigo*, aff. C-299/98 P, *Rec.* p. I. 8683 ; CJUE, 8 nov. 2012, *Lagura*, préc.

## 4. L'entrée de la marchandise sur le territoire douanier de l'Union

**84.** À la faveur de l'ensemble des opérations douanières, le produit pourra entrer légalement sur le territoire douanier de l'Union. Et, dès l'instant que l'opérateur économique s'est dûment acquitté des droits de douane et a accompli les formalités administratives requises, le produit en provenance d'un État tiers entre dans le régime de la libre pratique, c'est-à-dire qu'il bénéficie d'une égalité de traitement avec les produits originaires des États membres.

### a. Un processus d'assimilation des produits originaires des États tiers

**85.** Conformément à l'article 28, paragraphe 2, TFUE, l'interdiction des restrictions quantitatives entre les États membres, prévue aux articles 34 à 37 TFUE, s'applique tant aux produits originaires des États membres qu'aux produits en provenance d'États tiers en libre pratique dans les États membres. À cet égard, selon les termes de l'article 29 TFUE, sont considérés comme étant en libre pratique dans un État membre les produits en provenance d'États tiers pour lesquels les formalités d'importation ont été accomplies et les droits de douane et les taxes d'effet équivalent exigibles perçus dans cet État membre, et n'ayant bénéficié d'aucune ristourne totale ou partielle.

Dès lors, les produits bénéficiant de la libre pratique sont, comme le précise la jurisprudence, « définitivement et totalement assimilés »[44] aux produits originaires des États membres.

### b. La distinction entre importation légale et mise sur le marché

**86.** Pour autant, l'importation légale d'un produit n'implique pas que celui-ci est automatiquement admis sur le marché. En effet, un produit en provenance d'un État tiers, en libre pratique, est certes assimilé aux produits originaires des États membres mais uniquement quant à l'élimination des droits de douane et des restrictions quantitatives entre les États membres. En revanche, à défaut d'une réglementation de l'Union harmonisant les conditions de commercialisation des produits concernés, l'État membre où ils sont introduits en libre pratique peut s'opposer à leur mise sur le marché s'ils ne remplissent pas les conditions fixées à par le droit national dans le respect du droit de l'Union[45].

En marge de la libre pratique, il existe d'autres régimes douaniers plus ou moins favorables à l'opérateur qui ont pour objet de prendre en compte les

44. CJCE, 15 déc. 1976, *Donckerwolcke*, aff. 41/76, *Rec.* p. 1921 ; CJUE, 16 juill. 2015, *UNIC*, aff. C-95/14

45. CJUE, 30 mai 2002, *Expo Casa Manta*, aff. C-296/00, *Rec.* p. I. 4657 ; CJUE, 12 juill. 2005, *Alliance for Natural Health*, aff. jtes C-154/04 et C-155/04, *Rec.* p. I. 6451 ; CJUE, 22 sept. 2016, *Commission c/République tchèque*, aff. C-525/14.

spécificités de certains modes de fabrication ou de commercialisation, comme le régime de perfectionnement actif[46] ou celui du perfectionnement passif[47]. Ces différents régimes sont régis par le Code des douanes.

### c. Le document de circulation unique : le DAU

**87.** Le document administratif unique (DAU) constitue la référence de base aux déclarations en douane au sein de l'Union, ainsi qu'en Suisse, en Norvège et en Islande. Muni d'un tel document, l'opérateur économique pourra bénéficier pleinement du régime de la libre circulation et ne se voir opposer aucune injonction d'ordre administratif ou financier[48].

Plus précisément, le DAU est un formulaire composé de plusieurs feuillets pour le contrôle des importations, des exportations et des marchandises en transit. Ce document est utilisé pour les échanges avec les pays tiers et pour les mouvements de marchandises non communautaires au sein de l'Union.

Au regard des régimes couverts, le DAU permet le placement de toute marchandise sous un régime douanier, quel qu'il soit (exportation, importation, transit en entrepôt, admission temporaire, perfectionnement actif et passif, etc.) et quel que soit le mode de transport utilisé.

**88. Bibliographie**

J.-L. Albert, *Douane et droit douanier*, PUF, 2013.

C.-J. Berr, « Union douanière », *Répertoire Dalloz Droit européen.*

C.-J. Berr et H. Tremeau, *Le droit douanier communautaire et national,* Economica, 7e éd. 2006.

J. Bertocco, « La responsabilité pénale douanière » *AJDP* 1er déc. 2012 et 1er janv. 2013.

D. Carreau et P. Juillard, *Droit international économique,* Dalloz, 2013, 5e éd.

T. Georgopoulos, « La franchise douanière », *RAE* 2005, p. 605.

M. Giffoni, *La réglementation douanière de l'Union européenne : législation applicable au 1er janvier 2012,* Anthemis, 2012.

F. Goguel, « Le classement tarifaire des appareils à fonctions multiples », *RAE* 2005, p. 615.

V. P. Kearney, « Quarante ans d'union douanière », *RMCUE* 2008, p. 581.

M. Lux et P.-J. Larrieu, « La réforme du Code des douanes communautaire, tentative réussie de concilier progrès technique et simplification du droit ? », *RAE* 2005, p. 553.

46. Le perfectionnement actif est un régime douanier qui concerne les marchandises importées d'un pays tiers afin d'y subir une ouvraison et ensuite être réexportées. Dans ce cas, la marchandise ne fera pas l'objet d'une taxation douanière.

47. Le perfectionnement passif est un régime douanier visant les marchandises qui, à l'inverse, sortent du territoire de l'Union afin de faire l'objet d'une ouvraison et ensuite revenir sur le territoire pour être commercialisées. De nouveau, la marchandise bénéficiera d'une franchise douanière.

48. Le DAU demeure applicable dans certains cas limités de mouvements de marchandises à l'intérieur de l'Union : éventuelles mesures individuelles appliquées durant la période de transition succédant à l'adhésion des nouveaux États membres, échanges avec certaines zones du territoire douanier de l'Union qui ne font pas partie du territoire fiscal des États membres. Il s'agit des Îles Canaries, des départements français d'outre-mer, des îles anglo-normandes et des îles Aland.

C. Maréchal, « L'évaluation des dommages-intérêts en matière de contrefaçon », *RIDE* 2012, p. 245.
E. Natarel, « Le phénomène douanier dans le marché intérieur : à propos de l'exemple français », *RAE* 2005, p. 637.
E. Natarel, « Pour une modernisation de l'encadrement juridique de nos échanges commerciaux : l'indispensable réforme du Code des douanes français », *RTD com.* 2008, p. 485.

# CHAPITRE 2

# L'approche répressive : l'éradication des obstacles aux échanges

**89.** L'Union douanière étant achevée, il convenait de s'attacher à l'éradication des obstacles persistants aux échanges à l'intérieur du territoire communautaire. En effet, l'intégration douanière allait rapidement apparaître comme une première étape du dispositif d'ensemble qui vise à l'approfondissement économique.

Au regard des traités, les États membres étaient tenus de supprimer les droits de douane ainsi que les restrictions quantitatives, c'est-à-dire les contingents et les interdictions d'importation/exportation. Leur élimination fut acquise, comme pour les droits de douane, avec la même diligence, au cours de la période de transition, soit au 1er juillet 1968.

**90.** Mais l'achèvement du marché commun ne pouvait pas se contenter du désarmement douanier et de l'abolition des contingents. En effet, très rapidement, outre ces obstacles traditionnels et fort familiers du droit international économique, se développeront d'autres formes de résistance aux échanges. Elles ont pour caractéristique commune d'agir de manière déguisée et dès lors d'avoir une influence encore plus prépondérante sur le mouvement des marchandises. Le caractère non exposé, c'est-à-dire dissimulé, de l'obstacle accentue indéniablement sa portée restrictive sur les échanges.

**91.** Évoquées de manière sommaire par les traités aux articles 30, 34 et 35 TFUE, les taxes d'effet équivalent à des droits de douane et les mesures d'effet équivalent à des restrictions quantitatives connaîtront alors un essor au lendemain de l'Union douanière. Elles constituent précisément le moyen le plus efficace pour les États, car discrètes ou feutrées, de conserver des postures néoprotectionnistes.

Pendant de longues années, ces obstacles ont été un frein sensible à l'achèvement du marché commun. Peu avant l'adoption de l'Acte unique européen, la Commission avait adopté un Livre blanc[1] dans lequel elle a dressé un bilan sévère sur l'état des obstacles aux échanges qui mettaient en péril, s'ils n'étaient pas combattus énergiquement, l'ensemble du système économique voulu par le traité. À partir de cette vive mise en garde, et de l'Acte unique européen qui dote le Conseil des ministres de meilleurs instruments de décision, notamment à travers la majorité qualifiée, s'est amorcé un processus de relatif déclin des obstacles aux échanges que sont les taxes d'effet équivalent et les mesures d'effet équivalent.

**92.** À cet encadrement par les textes, s'est greffée l'action du juge de l'Union qui a contribué à l'éradication de ces obstacles, et ce de deux manières : d'une part, en étant le maître d'œuvre d'une jurisprudence sévère sur le maintien de tels obstacles et, d'autre part, en conceptualisant certains éléments de définition, jusqu'à présent défaillants, pour saisir au mieux la notion de taxe d'effet équivalent et de mesure d'effet équivalent. Le juge de l'Union conférera à ces deux notions un large champ d'application matériel afin de saisir et réprimer les comportements illicites les plus disparates.

## Section 1
## La taxe d'effet équivalent à un droit de douane

**93.** Le traité ne donne aucune définition de la taxe d'effet équivalent et se contente d'en interdire la pratique. En effet, l'article 30 TFUE évoque la taxe d'effet équivalent, laissant ainsi une relative incertitude quant au contenu de la notion. Cette incertitude est rapidement devenue un atout. En effet, elle permettra au juge de l'Union de disposer d'une marge de manœuvre appréciable pour surmonter le silence des traités.

### §1. Une appréhension extensive de la notion

**94.** La Cour de justice définit de manière précise la taxe d'effet équivalent. Elle est une charge pécuniaire qui, quelles que soient son appellation et sa technique, constitue un droit imposé de manière unilatérale à une marchandise nationale ou étrangère à l'occasion du franchissement de la frontière[2], et qu'il s'agisse bien évidemment d'une importation ou

1. « Harmonisation technique et normalisation : une nouvelle approche », 31 janv. 1985, COM (85) 19 final.
2. CJCE, 14 déc. 1962, *Commission c/ Luxembourg et Belgique*, aff. jtes 2/62 et 3/62, *Rec.* p. 813.

d'une exportation[3]. Mais la Cour est allée plus loin dans son appréhension de la taxe d'effet équivalent afin de lui assurer une large assise.

## A. Le critère de qualification de la TEE : le franchissement de la frontière

**95.** La Cour ne retient comme élément déterminant dans la qualification que le fait générateur qui est le franchissement de la frontière.

Elle reste, en revanche, parfaitement indifférente au mode ou lieu de perception de la taxe, à sa nature ou à son montant. En effet, il peut s'agir d'une perception qui a lieu soit au moment de l'importation, soit ultérieurement, à l'intérieur du territoire douanier, dès l'instant que le fait générateur est le franchissement de la frontière à l'importation ou l'exportation.

En outre, la Cour est indifférente à la circonstance que le droit n'a pas un effet discriminatoire ni protectionniste et qu'il ne frappe que des produits qui ne sont pas en concurrence avec des produits nationaux[4]. Elle considère qu'il n'est pas déterminant pour la qualification que le produit soit en situation de concurrence avec des produits nationaux[5]. La Cour n'exige pas non plus un certain montant de la taxe puisqu'une taxe d'effet équivalent peut être minime.

**96.** C'est ainsi que la Cour considère qu'une taxe qui est pourtant perçue indistinctement sur les produits nationaux et les produits importés peut être considérée comme taxe d'effet équivalent si la charge pesant sur les produits nationaux est compensée intégralement, de manière directe ou indirecte. Et tel est le cas si sa recette est destinée à financer des activités dont bénéficient les seuls produits nationaux imposés, alors que les produits importés ne bénéficient pas desdits avantages puisque la taxe n'est supportée que par les importateurs[6]. À cet égard, la Cour de justice se montre très vigilante quant aux taxes dissimulées qui subsistent au sein de certains régimes nationaux[7] en dépit de leur apparente neutralité.

## B. Le principe du remboursement des taxes indûment perçues

**97.** La sévérité de la Cour quant à l'interdiction de taxe d'effet équivalent s'étend au-delà de l'application de l'article 30 TFUE. En effet, la Cour

3. CJCE, 21 juin 2007, *Commission c/ Italie*, aff. C-173/05, *Rec.* p. I. 4917.

4. CJCE, 7 mai 1987, *Co-Frutta*, aff. 193/85, *Rec.* p. 2085.

5. CJCE, 1er juill. 1969, *Commission c/ Italie*, aff. 24/68, *Rec.* p. 193.

6. CJCE, 17 sept. 1997, *Fazenda*, aff. C-28/96, *Rec.* 1997, p. I. 4939.

7. CJCE, 27 févr. 2003, *Commissionc/ Allemagne*, aff. C-389/00, *Rec.* 2003, p. I. 2001, à propos d'une réglementation allemande, qui subordonnait le transfert de déchets vers d'autres États membres au paiement d'une cotisation obligatoire au fonds de solidarité pour la réintroduction des déchets. V. également comme autre exemple, CJCE, 1er juill. 1969, *Diamantarbeiders*, aff. jtes 2/69 et 3/69, *Rec.* 1969, p. 211, concernant une réglementation belge appliquant des taxes sur des diamants importés afin de financer une assurance sociale aux mineurs belges.

a posé le principe du remboursement des taxes indûment perçues[8], dont elle n'a toutefois pas défini le régime. Elle considère que la répétition de l'indu appartient aux juridictions nationales au regard du principe d'autonomie institutionnelle et procédurale des États membres dans la limite, naturellement, que soient respectés les principes d'équivalence et d'effectivité[9] dégagés par la Cour.

En vertu de tels principes, la Cour tend à s'assurer que les modalités procédurales ne sont ni moins favorables[10] que celles régissant des recours similaires de droit interne (*principe d'équivalence*), ni aménagées de sorte qu'il devient impossible pour le justiciable de mettre en pratique l'exercice de leurs droits devant les juridictions nationales. Ce sont des droits que les juridictions nationales sont tenues de sauvegarder (*principe d'effectivité*).

Dès lors, même si la Cour réaffirme régulièrement dans sa jurisprudence la nécessité de respecter l'autonomie institutionnelle et procédurale propre à chaque État membre, elle peut en limiter la portée si elle considère que l'autonomie est susceptible de porter atteinte à une application uniforme du droit de l'Union[11]. En effet, l'autonomie se trouvera remise en cause si elle conduit à une rupture d'égalité de traitement entre les ressortissants de l'Union selon le pays où est mise en œuvre la norme.

## §2. Les tempéraments apportés par la jurisprudence

**98.** La Cour a été amenée à préciser la portée de sa jurisprudence en y apportant deux tempéraments qui permettent de faire le départ entre les impositions intérieures et la rémunération d'un service rendu.

L'imposition intérieure constitue un instrument de politique fiscale des États, tandis que la rémunération d'un service rendu tend à traduire la réalité du franchissement d'une marchandise aux frontières, qui peut, dans la pratique, procurer un certain nombre de services à l'opérateur. Ces deux limites font l'objet d'une interprétation restrictive par la Cour qui n'accepte de les reconnaître que de manière parcimonieuse.

### A. Les impositions intérieures non discriminatoires

**99.** Au regard de la souveraineté fiscale nationale, encore vivace compte tenu de la lente avancée de l'harmonisation fiscale, il est possible pour les États membres de frapper un produit d'une imposition intérieure. Celle-ci doit cependant viser à la fois les produits importés et nationaux.

8. CJCE, 27 mars 1980, *Denkavit Italiana*, aff. 61/79, *Rec.* p. 1205.

9. CJCE, 27 févr. 1980, *Hans Just*, aff. 68/79, *Rec.* p. 501.

10. CJCE, 16 déc. 1976, *Rewe*, préc. ; CJCE, 14 déc. 1995, *Peterbroeck*, aff. C-312/03, *Rec.* p. I. 4599 ; CJUE, 15 janv. 2013, *Krizan*, aff. C-416/10 ; CJUE, 27 juin 2013, *Velko*, aff. C-93/12.

11. CJCE, 21 sept. 1983, *Deutsche Milckontor*, aff. jtes 205/82 à 215/82, *Rec.* p. 2633 ; CJCE, 6 juin 1972, *Schluter*, aff. 94/71, *Rec.* p. 307.

Or, les États peuvent être tentés d'utiliser la fiscalité intérieure à des fins protectionnistes. En effet, l'exercice de la compétence fiscale est parfaitement toléré par le droit de l'Union dès l'instant que celle-ci ne tend pas en réalité à contourner l'interdiction des taxes d'effet équivalent, en agissant de manière discriminatoire.

## 1. Taxe d'effet équivalent et impositions intérieures : deux régimes distincts

**100.** À la différence de la taxe d'effet équivalent qui relève d'un régime juridique distinct, résultant de l'article 30 TFUE, l'imposition intérieure discriminatoire tombe sous le coup de l'article 110 TFUE. Ce dernier interdit aux État membres de se livrer à de telles pratiques fiscales à raison du fait que le produit est d'origine étrangère[12], et ce qu'il s'agisse des modalités d'assiette ou des conditions de recouvrement de l'impôt.

En effet, l'article 110 TFUE dispose qu'aucun État membre ne frappe directement ni indirectement les produits des autres États membres d'impositions intérieures, de quelque nature qu'elles soient, supérieures à celles qui frappent directement ou indirectement les produits nationaux similaires.

C'est alors à ce niveau que se situe toute la difficulté d'opérer une distinction entre la taxe d'effet équivalent et l'imposition intérieure que, souvent, les autorités nationales justifient en invoquant qu'il ne s'agit pas précisément de produits identiques.

## 2. L'approche fonctionnelle des impositions intérieures

**101.** La question qui se pose est celle de savoir quel critère doit être appliqué en l'absence de production nationale similaire. Comment conclure à l'applicabilité de l'article 30 TFUE relatif à l'interdiction des taxes d'effet équivalent ou de l'article 110 qui interdit l'imposition intérieure si elle est discriminatoire ?

Pour répondre à cette question, le juge de l'Union adopte une approche fonctionnelle des impositions intérieures, reposant sur une interprétation extensive de l'article 110 TFUE. En effet, celui-ci fait valoir qu'une charge à l'importation ne constitue une imposition intérieure, qui relève de l'article 110 TFUE, que si elle fait partie d'un système général appréhendant systématiquement des catégories de produits selon des critères objectifs appliqués indépendamment de l'origine des produits.

Le juge estime que les impositions intérieures se distinguent des taxes d'effet équivalent quant à leur champ d'application. En effet, elles frappent indistinctement les marchandises nationales et étrangères appréhendées par catégories, lorsque les taxes d'effet équivalent sont spécifiquement applicables aux marchandises importées ou exportées à raison du franchissement d'une frontière nationale.

12. CJCE, 3 févr. 2000, *Dounias*, aff. C-228/98, *Rec.* p. I. 577.

**102.** Toutefois, la compensation de la charge pécuniaire frappant les produits nationaux permet de qualifier une taxe d'effet équivalent, lorsque cette compensation est intégrale. Dans cette hypothèse, les produits nationaux sont exonérés du fait de la compensation et l'imposition est spécifiquement applicable aux marchandises importées ou exportées.

Le juge rappelle qu'une imposition intérieure sera qualifiée de discriminatoire lorsqu'elle grève davantage les marchandises importées que les marchandises nationales similaires.

En fait, la Cour fait observer que la discrimination est constituée par la supériorité de la charge fiscale grevant les marchandises importées, résultant tant d'une différence de taux que d'une différence dans le calcul de l'assiette ou dans le mode de perception de l'imposition.

Dès lors, l'imposition intérieure a un caractère discriminatoire si elle est d'un montant supérieur à celle qui frappe la production nationale. Elle est alors protectrice de la production nationale au regard des marchandises importées qui se trouvent en concurrence.

**103.** Au regard du fait générateur, selon une jurisprudence constante, une taxe d'immatriculation prélevée par un État membre lors de l'immatriculation de véhicules automobiles en vue de leur mise en circulation sur son territoire ne constitue ni un droit de douane ni une taxe d'effet équivalent à un droit de douane mais bel et bien une imposition intérieure. Cette taxe doit être examinée au regard de l'article 110 TFUE. Le simple fait qu'elle doit être acquittée avant le moment de l'immatriculation des véhicules dans l'État membre concerné est sans incidence à cet égard[13].

## 3. La similarité des produits

**104.** L'article 110 TFUE ne peut être invoqué à l'encontre d'impositions intérieures frappant des produits importés, en l'absence de production nationale similaire ou concurrente. Il ne permet pas de censurer le caractère excessif du niveau d'une taxation en l'absence de tout effet discriminatoire ou protecteur[14].

La Cour a fait valoir qu'afin d'apprécier le caractère similaire des produits en cause, ceux-ci devaient seulement présenter des caractéristiques objectives au même stade de production ou de commercialisation et des propriétés analogues ou répondre aux mêmes besoins aux yeux des consommateurs[15].

La concurrence entre produits résulte ainsi d'un rapport de substitution entre deux produits. C'est la raison pour laquelle l'article 110 TFUE interdit les différences de taxation qui influent le marché des produits, ou sont susceptibles de l'influencer, en détournant le consommateur des produits importés.

---

13. CJCE, 7 avr. 2011, *Tatu*, aff. C-402/09, *Rec.* p. I. 2711.

14. CJCE, *Commission c/Danemark*, aff. C-47/88, *Rec.* p. 4509 ; CJCE, 17 juin 2003, *Bilimportører*, aff. C-383/01*Rec.* p. I. 6065 ; CJUE, 17 déc. 2015, *Viamar*, aff. C-402/14.

15. CJCE, 27 févr. 1980, *Commission c/ France*, aff. 168/78, *Rec.* p. 347.

## B. La contrepartie financière d'un service rendu à l'opérateur

**105.** La Cour considère que toutes les charges pécuniaires à l'entrée ou à la sortie de la marchandise ne sont pas contraires à l'article 30 TFUE si celles-ci ont pour objet la rémunération d'un service rendu à l'opérateur économique[16].

En effet, de jurisprudence constante[17], elle admet qu'une charge frappant les marchandises en raison du fait qu'elles franchissent la frontière peut, dans certaines conditions, échapper à la qualification de taxe d'effet équivalent.

Observons de nouveau que la Cour a été amenée à interpréter restrictivement cette faculté reconnue aux États, puisqu'elle entoure cette exception de nombreuses exigences. La charge pécuniaire doit constituer la contrepartie d'un service déterminé, effectivement et individuellement rendu à l'opérateur économique, et d'un montant proportionné audit service.

### 1. Un service effectif

**106.** La taxe ne sera tolérée que si elle correspond à l'accomplissement d'un service qui doit être effectif[18]. Il appartient à l'État membre de démontrer que l'administration, par le versement de cette taxe, procure un réel avantage[19] à l'opérateur économique. Cette exigence revient à considérer que le service doit conserver un caractère facultatif[20] et ne pas être obligatoire.

### 2. Un service individuel

**107.** Pour être licite, la taxe pour service rendu doit concerner de manière individuelle l'opérateur économique. Il faut qu'il s'agisse d'un avantage, spécifique ou individualisé, procuré à l'opérateur économique. Autrement dit, la taxe ne doit pas viser la généralité des opérateurs sans distinction aucune. Il est essentiel que la taxe revête un caractère personnel et spécifique[21].

### 3. Un service d'un montant proportionnel

**108.** La charge doit présenter un montant proportionné au service qui est rendu à l'opérateur, c'est-à-dire que le montant de la taxe doit être calculé de manière précise en fonction du service et ne saurait en aucun cas être établi *ad valorem*[22].

---

16. CJCE, 1er juill. 1969, *Commission c/ Italie*, préc.
17. CJCE, 26 févr. 1975, *Cadsky*, 63/74, *Rec.* p. 281 ; CJCE, 30 mai 1989, *Commission c/Italie*, aff. 340/87, *Rec.* p. 1483.
18. CJCE, 30 mai 1989, *Commission c/Italie*, préc.
19. CJCE, 16 mars 1983, *Sté italienne pour l'oléoduc transalpin*, aff. 266/81, *Rec.* p. 731.
20. CJCE, 9 févr. 1994, *Commission c/ Italie*, aff. C-119/92, *Rec.* p. I. 395.
21. CJCE, 27 févr. 2003, *Commission c/ Allemagne*, aff. C-389/00, *Rec.* p. 2001.
22. CJCE, 11 juill. 1989, *Ford-España*, aff. 170/88, *Rec.* p. 2305.

# Section 2
# La mesure d'effet équivalent à une restriction quantitative

**109.** Comme pour la taxe d'effet équivalent, la notion de mesure d'effet équivalent est sommairement évoquée par le traité. Celui-ci se contente d'en prescrire l'interdiction, selon les termes des articles 34 et 35 TFUE, concernant respectivement le mouvement des marchandises à l'importation et à l'exportation.

Or, au lendemain de la période de transition, comme nous avons eu l'occasion de le souligner, s'est développée une nouvelle forme d'obstacles à la réalisation de ce marché en voie d'unification au travers de la notion générique de mesure d'effet équivalent. Le traité en a certes relevé l'existence, mais n'a certainement pas mesuré le développement important qu'elle a connu dans la pratique des États membres.

La résurgence des pratiques néoprotectionnistes prend en réalité assise sur la volonté des États de conserver insidieusement un contrôle sur leurs échanges commerciaux dont ils ne sont plus maîtres du fait de l'Union douanière.

## §1. Une spécificité propre

**110.** À partir de l'instant où les État membres ne peuvent plus recourir aux instruments classiques de protectionnisme économique, à savoir les restrictions quantitatives, ceux-ci redoublent d'efforts pour régénérer une autre forme d'entrave, la mesure d'effet équivalent. Elle a pour élément de distinction majeur avec les instruments classiques d'avoir un caractère déguisé, ce qui en rend dès lors le combat difficile. Mais la mesure d'effet équivalent présente une spécificité propre qui permet de la distinguer, à plusieurs égards, de la taxe d'effet équivalent.

### A. L'étendue de l'interdiction

**111.** Alors que l'interdiction de taxe d'effet équivalent demeure absolue, la prohibition posée par l'article 34 TFUE, quant à l'établissement d'une mesure d'effet équivalent, reçoit quelques dérogations prévues par l'article 36 TFUE. Celles-ci font l'objet, comme on peut le supposer, d'une interprétation restrictive.

Cette différence notable peut s'expliquer par la difficulté pour les auteurs du traité de Rome, à la différence des droits de douane et taxes d'effet équivalent, de dessaisir, de manière drastique, les États membres de leurs nombreuses compétences en matière d'échanges commerciaux. Ce sont des terrains propices à de denses réglementations dans le domaine de la fabrication ou de la commercialisation des produits. De surcroît, celles-ci sont porteuses de traditions de consommation nationales, ou d'impératifs de santé publique.

Même si le traité appelle avec fermeté, au travers de l'article 34 TFUE, au démantèlement de tels obstacles, il prévoit toutefois, compte tenu de la spécificité de ces entraves, une possibilité pour les États membres d'invoquer, un temps donné et selon des conditions sévèrement appréciées, leur intérêt national. Celui-ci prévaudra de manière exceptionnelle sur l'intérêt de l'Union.

## B. Un contentieux nourri

**112.** Une seconde différence, majeure, qui n'est pas étrangère à la précédente, repose sur le développement jurisprudentiel conséquent de la notion de mesure d'effet équivalent.

En effet, en permettant aux États membres d'invoquer certains intérêts essentiels, les mesures d'effet équivalent donnent lieu à un contentieux nourri, signe de la persistance des entraves. Cette jurisprudence a pour intérêt de mettre en lumière une extrême sévérité de la Cour quant à la validité des comportements attentatoires. Ce contentieux a également permis de procéder à un élargissement de la notion, sanctionnant par là même les velléités des États membres. Cette ligne jurisprudentielle sévère a ainsi conféré un caractère résiduel aux dérogations textuelles.

## C. La dualité des approches

**113.** Alors que la taxe d'effet équivalent est plutôt monolithique dans son contenu, la notion de mesure d'effet équivalent peut faire l'objet de deux lectures, l'une issue des différents textes émanant de la Commission, l'autre, de la jurisprudence. Ces deux approches ne sont pas antinomiques mais plutôt complémentaires. En effet, toutes deux intègrent, avec quelques nuances, dans la qualification de mesure d'effet équivalent, outre les mesures discriminatoires, les mesures indistinctement applicables.

Toutefois, on perçoit dans l'approche jurisprudentielle une volonté plus grande de qualifier de mesures d'effet équivalent, les mesures indistinctement applicables.

### 1. L'approche textuelle : la directive 70/50/CEE

**114.** L'approche textuelle résulte principalement de la directive n° 70/50/CEE, adoptée par la Commission le 22 décembre 1969[23]. Même si elle ne produit plus d'effets juridiques aujourd'hui[24], cette directive présente

23. Dir. n° 70/50/CEE, 22 déc. 1969, portant suppression des mesures d'effet équivalent à des restrictions quantitatives à l'importation non visées par d'autres dispositions prises en vertu du traité CEE ; *JOCE* n° L 13, 19 janv. 1970.

24. Parmi les nombreuses directives adoptées par la Commission, hormis l'importante directive n° 70/50/CEE, nous soulignerons également la directive n° 66/683/CEE de la Commission du 7 nov.

un grand intérêt au regard du contenu de la notion. Les articles 2 et 3 de la directive sont particulièrement explicatifs car ils énumèrent les différents types de pratiques susceptibles de tomber sous le coup de l'article 34 TFUE.

La directive n° 70/50/CEE opère la distinction entre deux catégories de mesures, celles qui sont ouvertement discriminatoires, c'est-à-dire qui visent de manière exclusive les produits importés (art. 2), et celles qui visent indistinctement les produits importés et nationaux et susceptibles d'avoir des effets restrictifs sur les échanges (art. 3).

**115.** Pour la première catégorie de mesures, celles visant seulement les produits importés (art. 2), la directive n° 70/50/CEE recense en particulier la fixation de prix *maxima* ou *minima*, les mesures qui excluent totalement ou partiellement les seuls produits importés de l'utilisation d'installations ou d'équipements, ou encore l'imposition de conditions qui portent sur la forme, les dimensions, le poids, la composition, la présentation, l'identification ou le conditionnement du produit visé.

Ces exemples de mesures discriminatoires sont passibles de l'article 34 TFUE car elles établissent des conditions d'importation plus difficiles, impossibles ou plus onéreuses à satisfaire que pour la commercialisation des produits nationaux.

**116.** Au regard de l'article 3, relatif aux mesures dites neutres, c'est-à-dire celles indistinctement applicables aux produits importés et nationaux, sont visées certaines mesures. Ce sont celles régissant la commercialisation des produits, portant notamment sur la forme, la dimension, la composition, la présentation, l'identification et le conditionnement, dès l'instant que « les effets restrictifs sur la libre circulation des marchandises dépassent le cadre des effets propres d'une réglementation de commerce ».

**117.** Pour caractériser la mesure en cause, la directive a recours à deux moyens d'analyse. Ceux-ci visent à vérifier, d'une part, si les effets restrictifs sur la libre circulation des marchandises sont hors de proportion par rapport au résultat recherché et, d'autre part, si le même objectif peut être atteint par un autre moyen qui entrave moins les échanges. En réalité, à la faveur de cette directive, la Commission anticipe sur la jurisprudence de la Cour qui interviendra plusieurs années plus tard au travers de l'arrêt *Keck et Mithouard*[25]. Cette dernière aura pour intérêt majeur de faire le départ entre les mesures qui affectent les caractéristiques intrinsèques du produit et celles qui régissent sa commercialisation.

---

1966, portant élimination de toute différence de traitement entre les produits nationaux et les produits (*JOCE* n° L. 220, 30 nov. 1966) ou la directive n° 70/32/CEE de la Commission du 17 déc. 1969 concernant les fournitures de produits à l'État, à ses collectivités territoriales et aux autres personnes morales et droit public (*JOCE* n° l 13, 10 janv. 1970).

25. CJCE, 24 nov. 1993, *Keck et Mithouard*, aff. jtes C-267/91 et 268/91, *Rec.* p. I. 6097.

### 2. L'approche jurisprudentielle : l'arrêt *Dassonville*

**118.** Pour sa part, la Cour fut rapidement saisie de la notion de mesure d'effet équivalent. Ce contentieux lui permettra d'en élargir les contours et surtout d'offrir une définition fine d'une notion délicate à appréhender.

En effet, à l'occasion de l'arrêt *Dassonville* rendu le 11 juillet 1974[26] à la suite d'un litige portant sur l'exigence d'un certificat d'origine pour un importateur de whisky, la Cour ne se limitera pas au caractère discriminatoire de la mesure. Elle est allée plus loin puisqu'elle a considéré comme mesure d'effet équivalent « toute réglementation commerciale des États membres susceptible d'entraver directement ou indirectement, actuellement ou potentiellement le commerce intracommunautaire (...) ». Par ce célèbre considérant, la Cour retient une conception extensive de l'atteinte aux échanges dans la mesure où il peut s'agir d'une entrave directe ou indirecte, actuelle ou potentielle, discriminatoire ou neutre.

Au regard de l'approche extensive prônée par la Cour, il est ainsi aujourd'hui possible d'appréhender, sous le coup de l'article 34 ou 35 TFUE, une très grande variété d'obstacles aux courants d'échanges qui résultent de l'établissement ou du maintien de dispositions nationales, de source législative ou réglementaire, ou même celles résultant de pratiques administratives si elles sont répétées[27].

La jurisprudence qualifie, par exemple, comme mesures d'effet équivalent les mesures régissant le conditionnement ou la présentation du produit[28], ainsi que celles établissant une réglementation nationale de prix[29] ou prescrivant des normes de production[30].

## §2. La qualification de mesure d'effet équivalent

**119.** De la combinaison de ces approches, il ressort que la qualification de mesure d'effet équivalent doit répondre à deux conditions : l'une tenant à l'origine de la mesure, nécessairement imputable à l'État, et l'autre relative à la nature de la mesure qui doit être restrictive sur les échanges.

Ces deux conditions cumulatives emportent qualification de mesure d'effet équivalent au sens de l'article 34 TFUE pour les échanges à l'importation, et son corollaire, l'article 35 TFUE, pour les mouvements à l'exportation. Notons qu'il s'agit des exportations d'un État membre vers d'autres États

26. CJCE, 11 juill. 1974, aff. 8/74, *Rec.* p. 837.

27. CJCE, 9 mai 1985, *Commission c/ France*, aff. 21/84, *Rec.* p. 1355.

28. CJCE, 10 nov. 1982, *Rau*, aff. 261/81, *Rec.* p. 3961 ; CJCE, 14 juill. 1988, *Smanor*, aff. 298/87, *Rec.* p. 4489.

29. CJCE, 24 janv. 1978, *Van Tiggele*, aff. 82/77, *Rec.* p. 25 ; CJCE, 26 févr. 1976, *Tasca*, aff. 66/75, *Rec.* p. 291.

30. CJCE, 20 févr. 1979, *Rewe-Zentral AG*, dit *Cassis de Dijon*, aff. 120/78, *Rec.* p. 649 ; CJCE, 12 mars 1987, *Commission c/ RFA*, aff. 178/84, *Rec.* p. 1227.

membres et non des exportations vers un État situé à l'extérieur de l'Union européenne[31].

## A. Une condition relative à l'auteur de la mesure : une limitation aux actes et comportements étatiques

**120.** La mesure d'effet équivalent doit correspondre à un acte ou un comportement imputable à une autorité publique ou organisme public. Est exclu, *a priori*, tout acte émanant d'une personne privée.

### 1. L'imputabilité de la mesure à l'État

**121.** La qualité de l'auteur de la mesure revêt un caractère déterminant. Il s'agit de l'État entendu dans une acception large. Il comprend les autorités d'un État membre qui constituent le pouvoir législatif, exécutif et judiciaire, qu'il s'agisse de juridictions[32] ou d'autorités administratives[33], ou qu'il s'agisse d'autorités du pouvoir central, d'autorités d'un État fédéré ou d'autres autorités territoriales. En effet, sont également concernées les entités infra-étatiques comme les établissements publics ou les collectivités territoriales[34].

Est de la même façon visé tout autre organe constitué en tant qu'« organisme public » dans le cadre du droit public et dès lors rattaché à l'État par des liens étroits, même s'il dispose d'une existence juridique propre.

En outre, les déclarations publiques d'un fonctionnaire, même si celles-ci n'ont qu'une valeur déclaratoire et non contraignante, sont imputables à un État membre. Elles sont constitutives d'une entrave à la libre circulation des marchandises si les destinataires des déclarations peuvent raisonnablement supposer, dans le contexte donné, qu'il s'agit de positions que le fonctionnaire prend avec l'autorité de sa fonction[35].

### 2. L'imputabilité des actes ou comportements d'une personne de droit privé à l'État

**122.** On pourrait penser, eu égard à la condition relative à l'auteur de la mesure, que les actes ou comportements émanant de personnes privées échappent à la qualification de mesures d'effet équivalent.

---

31. Pour un exemple de MEERQ à l'exportation (à propos d'une interdiction absolue d'introduction, de stockage, de traitement et de conditionnement, aux fins de l'exportation, de raisins secs en fonction des différentes régions de production), CJUE, 3 mars 2011, *Kakavetsos-Fragkopoulos*, aff. C-161/09.

32. Pour l'ex. d'une décision judiciaire tombant sous le coup de l'article 34 TFUE, CJCE, 1er oct. 1987, *VVR*, aff. 311/85, *Rec.* p. 3801.

33. CJCE, 17 avr. 2007, *Allen*, aff. 434/85, *Rec.* p. 1245 ; CJCE, 13 mars 2008, *Commission c/ Belgique*, aff. C-227/06.

34. CJCE, 25 juill. 1991, *Aragonesa de Publicidad exterior*, préc.

35. CJCE, 17 avr. 2007, *AGM-COS*, aff. 470/03.

Il est vrai qu'en principe, si de tels agissements portent atteinte à l'unité du marché intérieur et affectent les échanges, ils relèvent des règles de concurrence, en particulier les articles 101 et suivants TFUE, même s'il n'est pas toujours aisé dans certaines affaires de distinguer clairement les comportements imputables à l'autorité publique de ceux émanant d'une personne privée[36].

**123.** Toutefois, cette réserve relative au statut de droit privé de l'auteur de la mesure ne revêt pas un caractère systématique, de sorte que l'imputabilité du comportement à l'État d'une personne privée peut être établie.

C'est ainsi que la Cour a estimé que peuvent être imputées à l'État[37] les activités d'organismes de droit privé constitués par une loi et principalement financés par l'État ou par des contributions obligatoires acquittées par les entreprises d'un certain secteur et/ou dont des membres sont désignés par les autorités publiques ou contrôlés par celles-ci. En l'espèce, la Cour a considéré, dans le cadre d'une campagne publicitaire en faveur de produits irlandais, conduite par un organisme, personne morale de droit privé, qu'un simple lien de rattachement à la puissance publique[38] suffisait à établir la responsabilité et qualifier cette initiative de mesure d'effet équivalent. Le lien de rattachement résidait dans la circonstance que le gouvernement irlandais désignait les membres du comité directeur de cet organisme, accordait des subventions, et avait participé à la définition de la campagne publicitaire.

**124.** Dans le même sens, la Cour qualifie de mesures d'effet équivalent les actes ou comportements de groupements professionnels, même de droit privé, lorsqu'ils sont investis de pouvoirs étendus comme celui d'exercer un pouvoir disciplinaire[39], outre celui d'édicter une déontologie[40].

Il en va de même à propos d'un organisme de certification, en l'espèce allemand, qui détient en réalité, du fait notamment de son habilitation à certifier les produits, le pouvoir de réglementer l'entrée sur le marché allemand de certains produits tels que les raccords en cuivre.

La Cour estime, en effet, que l'article 34 TFUE s'applique aux activités de normalisation et de certification d'un organisme privé, lorsque la législation nationale considère les produits certifiés par cet organisme comme conformes au droit national. La certification a pour effet d'entraver la commercialisation de produits qui ne sont pas certifiés par ledit organisme[41].

---

36. CJCE, 9 déc. 1997, *Commission c/ France*, aff. C-265/95, *Rec.* p. I. 6959, arrêt dit « guerre des fraises », à propos de l'inaction du gouvernement français face aux agissements de personnes privées (les agriculteurs) qui avaient détruit des cargaisons de fraises en provenance d'Espagne ; pour une application contraire, v. CJCE, 12 juin 2003, *Schmidberger*, aff. C-112/00, *Rec.* p. I. 5659.

37. CJCE, 24 nov. 1982, *Commission c/ Irlande*, aff. 249/81, *Rec.* p. 4005, arrêt dit *Buy Irish*.

38. CJCE, 24 nov. 1982, *Commission c/ Irlande*, préc. V. également sur l'imputabilité à l'État du comportement d'une personne privée, CJCE, 11 août 1995, *Dubois*, aff. C-16/94 ; CJCE, 9 déc. 1997, *Commission c/France*, préc. ; CJCE, 12 juin 2003, *Schmidberger*, préc.

39. CJCE, 18 mai 1989, *Royal Pharmaceutical Society of Great Britain*, aff. jtes 266/87 et 267/87, *Rec.* p. 1295, à propos de la radiation d'un membre de l'Ordre des pharmaciens en Grande-Bretagne.

40. CJCE, 18 mai 1989, *Royal Pharmaceutical Society of Great Britain*, préc. ; CJCE, 15 déc. 1993, *Hünermund*, aff. C-292/92, *Rec.* p. 6816.

41. CJUE, 12 juill. 2012, *Deutsche Vereinigung des Gas*, aff. jtes C-171/11.

Les actes de ces instituts, même s'ils ont un statut de droit privé, entrent dès lors dans le champ de l'article 34 TFUE car les prescriptions énoncées, auxquelles l'État se réfère, ont un caractère obligatoire. L'État agit *in fine* par leur intermédiaire[42].

### 3. L'imputabilité de la mesure aux autorités de l'Union

**125.** De manière plus singulière, la Cour retient également la qualification de mesure d'effet équivalent pour les mesures imputables aux autorités de l'Union.

En effet, les réglementations adoptées par les institutions de l'Union peuvent relever de l'article 34 TFUE comme l'affirme expressément la Cour : « l'interdiction des restrictions quantitatives ainsi que des mesures d'effet équivalent vaut non seulement pour les mesures nationales, mais également pour les mesures émanant des institutions communautaires »[43].

Pour justifier l'adoption de ces réglementations, les institutions peuvent invoquer les intérêts de l'article 36 TFUE[44] sur lequel nous reviendrons ultérieurement.

## B. Une condition relative à la nature de la mesure : un effet restrictif sur le mouvement des marchandises

**126.** L'effet restrictif sur les échanges de marchandises constitue une condition essentielle qui résulte des articles 34 et 35 TFUE, donnant lieu de nouveau à une jurisprudence abondante. L'entrave dans l'accès au marché se prête à un examen attentif afin d'en déterminer la nature et l'intensité. Elle se caractérise à la faveur de plusieurs critères sur lesquels il convient de s'attarder.

### 1. L'atteinte au flux des échanges

**127.** Le mouvement de marchandises vise tout autant l'entrée, c'est-à-dire l'importation, que la sortie de la marchandise, soit l'exportation[45]. Ce sont des mouvements pour lesquels les restrictions sont la plupart du temps motivées par des comportements protectionnistes.

Or, lorsque le produit entre dans le régime de la libre pratique du fait de l'acquittement des droits de douane et de l'accomplissement des formalités douanières aux frontières externes du territoire douanier, il bénéficie de ce fait d'une égalité de traitement avec les produits originaires de l'Union européenne.

42. V. par ex. CJCE, 13 mars 2008, *Commission c/Belgique*, aff. C-227/06, *Rec.* p. I. 46.

43. CJCE, 9 août 1994, *Meyhui*, aff. C-51/93, *Rec.* p. I. 3789.

44. CJCE, 4 oct. 2007, *Schutzverband*, aff. C-457/05, *Rec.* p. I. 8075.

45. CJCE, 9 juin 1992, *Delhaize*, aff. C-47/90, *Rec.* p. I. 3669.

**128.** Il faut néanmoins prendre soin de relever qu'en dépit d'un libellé presque similaire, les articles 34 et 35 TFUE sont distincts. En effet, l'article 35 TFUE s'applique en grande partie pour un certain type de mesures, celles qui visent les obstacles établissant une différence de traitement entre le commerce à l'intérieur d'un État membre et l'exportation. En d'autres termes, ce sont des mesures établissant une discrimination entre des produits destinés à être exportés et ceux commercialisés dans l'État membre concerné.

C'est dans l'arrêt *Groenveld*[46] que la Cour fait valoir que l'article 35 TFUE vise les mesures nationales ayant pour objet ou pour effet de restreindre spécifiquement les courants d'exportation et d'établir ainsi une différence de traitement entre le commerce intérieur d'un État membre et son commerce d'exportation. La mesure en cause tend à assurer un avantage particulier à la production nationale ou au marché intérieur de l'État intéressé, au détriment de la production ou du commerce d'autres États membres.

## 2. Un effet actuel ou potentiel, direct ou indirect

**129.** La condition de l'effet restrictif sur les échanges fait l'objet d'une lecture extensive par le juge de l'Union, attaché à appréhender les situations les plus diverses. En effet, comme le précise l'arrêt *Dassonville*, l'effet restrictif sera retenu, qu'il soit actuel ou potentiel[47].

Il suffit pour le juge de constater qu'en l'absence de la mesure incriminée, les échanges de marchandises ne seraient pas remis en cause, sauf dans le cas où l'effet restrictif revêt un caractère excessivement aléatoire[48] et hypothétique[49]. Ceci ne peut être considéré comme une règle *de minimis*.

À cet égard, le principe *de minimis* est inapplicable en ce qui concerne les dispositions relatives à la libre circulation des marchandises. C'est ainsi qu'une mesure nationale n'échappe pas à l'interdiction posée par les articles 34 et 35 TFUE du seul fait que l'entrave à l'importation est d'une faible intensité ou qu'il existe d'autres possibilités d'écouler les produits[50], si elle revêt une importance économique limitée, si elle n'est applicable que sur

46. CJCE, 8 nov. 1979, *Groenveld*, aff. 15/79, Rec. p. 3409 ; CJCE, 2 oct. 2003, aff. C-12/02, *Grilli*, *Rec.* p. I. 11585.

47. CJCE, 14 juill. 1988, *Smanor*, aff. 298/87, *Rec.* p. 4489.

48. Sur l'effet aléatoire qui ne permet pas de caractériser l'entrave, v. CJCE, 7 mars 1990, *Krantz*, aff. C-69/88, *Rec.* p. I. 583 ; CJCE, 13 oct. 1983, *CMC*, aff. C-93/92, *Rec.* p. I. 5009 ; CJCE, 14 juill. 1994, *Peralta*, aff. C-379/92, *Rec.* p. I. 3453 ; CJCE, 21 sept. 1999, *BASF*, aff. C-44/98 *Rec.* p. I. 6269 ; CJCE, 26 mai 2005, *Burmanjer*, aff. C-20/03, *Rec.*, p. I. 4133, arrêt dans lequel la Cour a considéré que la disposition nationale en cause, qui subordonnait la vente ambulante d'abonnements des périodiques à une autorisation préalable, avait une incidence insignifiante et aléatoire sur la commercialisation de produits provenant d'autres États membres de telle sorte qu'il était difficile de considérer qu'elle était de nature à entraver ou à gêner d'une autre manière le commerce entre États membres.

49. Sur l'effet incertain qu'il est impossible de mesurer, CJCE, 18 mai 1993, *Yves Rocher*, aff. C-126/91, *Rec.* p. I. 2361 ; CJCE, 30 nov. 1995, *Esso*, aff. C-134/94, *Rec.* p. I. 4223.

50. CJCE, 5 avr. 1984, *Van de Haar*, aff. jtes 177/82 et 178/82, *Rec.* p. 1797 ; CJCE, 14 mars 1985, *Commission c/ France, aff.* 269/83, *Rec.* 1985, p. 837 ; CJCE, 5 juin 1986, *Commission c/ Italie*, aff. 103/84, *Rec.* p. 1759.

une petite partie géographique du territoire national[51], ou si elle ne vise qu'un nombre limité d'importations et exportations ou d'opérateurs économiques.

### 3. Un effet ouvertement discriminatoire ou déguisé

**130.** Relèvent des articles 34 ou 35 TFUE les mesures ouvertement discriminatoires. Ce sont celles qui visent expressément les produits importés, introduisant de la sorte un régime de faveur pour la production nationale.

La Cour se montre encore plus exigeante. Elle est indifférente à l'objet apparent de la mesure. En effet, elle e considère que tombent également sous le coup de l'interdiction les mesures qui ont un effet discriminatoire déguisé, ce qui peut être le cas des mesures indistinctement applicables aux produits nationaux et importés. Ces mesures visent en réalité, au-delà de leur neutralité, à favoriser les produits nationaux[52].

### 4. Un effet sur des situations exclusivement extranationales

**131.** Eu égard à son libellé, l'article 34 TFUE n'est applicable que dans des situations mettant en cause le commerce entre les États membres. Sont dès lors écartées, les situations, et en l'occurrence les échanges, qui n'ont qu'une configuration interne et ne donnent nullement lieu à un flux de marchandises à l'importation ou l'exportation. Ces échanges échappent à l'application du droit de l'Union, qui ne peut connaître que des situations extérieures au territoire national.

#### a. La conditionnalité transfrontalière

**132.** L'existence d'un élément transfrontalier est nécessaire afin de mettre en œuvre l'article 34 ou 35 TFUE. Les mesures purement nationales, n'affectant que des marchandises à l'échelle interne, ne relèvent pas du champ d'application des articles 34 à 36 TFUE.

L'exigence de l'élément transfrontalier est satisfaite dès lors que la mesure en cause est susceptible d'entraver indirectement ou potentiellement le commerce intracommunautaire[53]. De même, cette exigence peut être satisfaite si le produit transite par l'État membre concerné. En effet, la Cour considère que la libre circulation des marchandises a pour conséquence l'existence d'un principe général de liberté du transit des marchandises à l'intérieur de l'Union[54].

**133.** Mais dans la pratique, ce principe qui conduit à l'inapplicabilité des articles 34 et 35 TFUE aux situations internes se heurte à la réalité. En effet, le terrain économique met en scène des réglementations qui certes

51. CJCE, 3 déc. 1998, *Bluhme*, aff. C-67/97, *Rec.* p. I. 8033.
52. CJCE, 29 janv. 1985, *Leclerc*, aff. 231/83, *Rec.* p. 305.
53. CJCE, 11 juill. 1974, *Dassonville*, préc.
54. CJCE, 15 nov. 2005, *Commission c/ Autriche*, aff. C-320/03, *Rec.* p. I. 9871.

ne visent que des situations purement internes, mais peuvent avoir un effet sur les courants d'échanges au sein de l'Union[55].

Aussi convient-il de nuancer cette impossibilité de principe. La Cour n'hésite pas à préciser que la qualification d'une mesure d'effet équivalent, autrement dit l'application de l'article 34 TFUE, ne pourrait être écartée « pour la seule raison que, dans le cas concret soumis à la juridiction nationale, tous les éléments sont cantonnés à l'intérieur d'un seul État membre »[56].

Pour le juge de l'Union, les potentialités de la mesure sont susceptibles de viser le territoire extranational, ce qui, derechef, étend le champ d'application de l'article 34 TFUE.

## b. Le cas des discriminations à rebours

**134.** Le cas des discriminations à rebours est symptomatique de la nécessité de circonscrire clairement les effets de la situation purement interne. Ces discriminations résultent de dispositions nationales qui ont un effet néfaste sur les produits nationaux au regard des produits importés. Mais dans ce cas, l'opérateur économique national ne peut pas invoquer le droit de l'Union pour dénoncer une rupture d'égalité de traitement avec les opérateurs extranationaux. En effet, il est dans une situation purement interne[57] qui ne peut alors relever que du droit national.

### α. *L'effet paradoxal*

**135.** Il peut arriver que des normes appliquées aux producteurs, aux travailleurs ou même aux citoyens d'un État soient plus sévères que celles appliquées par d'autres États. Cette situation expose alors le ressortissant ou le produit en cause à subir une discrimination à rebours, c'est-à-dire un traitement moins favorable que celui dont bénéficient les ressortissants ou produits des autres États membres. Il s'agit d'une situation que ne tolère pas le droit de l'Union.

Il faut savoir que l'expression « discrimination à rebours » a été forgée par la doctrine, inspirée du concept du droit anglo-saxon « *reverse discrimination* », pour désigner précisément l'effet paradoxal de la situation en cause. Celui-ci vise l'hypothèse dans laquelle le traitement réservé aux ressortissants d'un État membre de l'Union est moins favorable que celui dont bénéficient ceux des autres États, en application pourtant de ces mêmes règles de l'Union.

Employée systématiquement par les parties et les avocats généraux depuis la fin des années 1970, l'expression n'est entrée de manière formelle que récemment dans la terminologie de la Cour de justice[58].

---

55. CJCE, 7 mai 1997, *Pistre*, aff. C-32/941, *Rec.* p. I. 2343, à propos d'une législation française relative à l'emploi du label « montagne » visant exclusivement les produits fabriqués et commercialisés dans les régions montagneuses.

56. CJCE, 7 mai 1997, *Pistre*, préc.

57. CJCE, 23 oct. 1986, *Cognet*, aff. 355/85, *Rec.* p. 3231.

58. V. CJCE, 21 juin 2007, *Jonkman*, aff. jtes C-231 à C-233/06, *Rec.* p. I. 5149 ; CJCE, ord., 19 juin 2008, *Kurt*, aff. C-104/08, *Rec.* p. I. p. 97.

### β. *Le facteur de rattachement avec le droit de l'Union*

**136.** Sur le fond, le problème des discriminations à rebours est lié à la question de l'applicabilité des règles de l'Union, en particulier celles régissant les libertés de circulation, à des situations dites purement internes[59].

En effet, ces dernières sont, de façon constante, définies par la Cour comme des activités qui ne présentent aucun facteur de rattachement à l'une quelconque des situations envisagées par le droit de l'Union et dont tous les éléments se cantonnent à l'intérieur d'un seul État membre[60].

Pendant longtemps, le juge de l'Union n'admettait pas l'existence d'un principe d'interdiction des discriminations à rebours au détriment des nationaux ou des produits nationaux pouvant découler d'interactions entre le droit de l'Union et les droits nationaux. Il considérait que ce type de situation relevait du seul droit interne[61]. Et, de jurisprudence constante, il était considéré que les règles du traité et les actes pris en exécution de celles-ci ne pouvaient pas être appliqués à des situations internes. La jurisprudence stricte en la matière a été féconde[62].

C'est ainsi que, dès les années 1990, la Cour a souvent estimé que de telles situations devaient faire l'objet d'un traitement par les juges nationaux sur la base de leur droit national, en les encadrant toutefois par des indications[63].

### γ. *Une évolution jurisprudentielle contrastée*

**137.** Par la suite et de manière très progressive, la Cour a accepté, dans certains domaines, de répondre aux questions préjudicielles des juridictions nationales sur une question purement interne si la réponse permet à la juridiction de renvoi de statuer sur une discrimination relevant du droit de l'Union, et ce à propos de marchandises[64]. Cette solution a été étendue à la libre prestation de services[65], et à la liberté d'établissement[66].

Selon le juge de l'Union, même dans une situation purement interne, une réponse à des questions portant sur les libertés fondamentales du droit de l'Union (comme les libertés de circulation) peut être néanmoins utile à la juridiction de renvoi. Il s'agit de l'hypothèse où le droit national impose au juge de faire bénéficier un ressortissant national des mêmes droits que ceux qu'un ressortissant d'un autre État membre tirerait du droit de l'Union dans la même situation[67].

---

59. V. notamment, L. Idot, « Variations sur le domaine spatial du droit communautaire », in *Mélanges Paul Lagarde*, Dalloz, 2005, p. 431.

60. CJCE, 25 juill. 2008, *Metock*, aff. C-127/08, *Rec.* p. I. 6241.

61. CJCE, 23 oct. 1986, *Driancourt*, aff. 355/85, *Rec.* p. 3231

62. CJCE, 25 juill. 2008, *Metock*, préc. V. également, CJCE, 5 juin 1997, *Uecker et Jacquet*, aff. jtes C-64/96 et C-65/96, *Rec.* p. I. 3171.

63. CJCE, 13 nov. 1990, *Marshall*, aff. C-370/88, *Rec.* p. I. 4071.

64. CJCE, 5 déc. 2000, *Guimont*, aff. C-448/98, *Rec.* p. I. 10663.

65. CJCE, 5 déc. 2006, Cipollae., aff. jtes C-94/04 et C-202/04, *Rec.* p. I. 11421.

66. CJUE, 1er juin 2010, *Blanco Pérez et Chao Gómez*, aff. jtes C-570/07 et C-571/07, *Rec.* p. I. 4629.

67. CJUE, 1er juill. 2010, *Sbarigia*, aff. C-393/08, *Rec.* I. p. 6337 ; CJUE, 21 juin 2012, *Susisalo*, aff. C-84/11.

On observe que le contrôle du juge de l'Union se renforce dès l'instant que la question peut conduire à des décisions d'irrecevabilité. C'est ainsi que la juridiction de renvoi doit indiquer l'existence, dans son ordre juridique national, d'une règle ou d'un principe condamnant les discriminations à rebours. Elle doit démontrer que la règle nationale attaquée peut être appliquée à des situations transfrontalières, à moins que cela ne résulte de façon évidente du dossier[68].

## §3. Le resserrement de la notion de mesure d'effet équivalent : l'arrêt *Keck et Mithouard*

**138.** Le caractère extensif de la notion de mesure d'effet équivalent, que le juge de l'Union a conforté en tirant profit du laconisme du traité, a été endigué. En effet, ce même juge a porté un coup d'arrêt, en resserrant sensiblement les contours de la notion.

### A. La raison du revirement : la multiplication des recours

**139.** La justification avancée par la Cour dans l'arrêt *Keck et Mithouard*[69] est tirée de la multiplication des recours par les opérateurs économiques. Ceux-ci contestaient des mesures qui ne concernaient pas ou qu'indirectement les échanges commerciaux.

En effet, compte tenu du caractère extensif de la notion, les opérateurs n'hésitaient pas à invoquer, devant leur juge national, l'article 34 TFUE. Ils tendaient à protester, de manière quasi systématique, contre l'application de législations dont l'objet, très éloigné des courants d'échanges, visait davantage à régir un intérêt public ou une préoccupation nationale à caractère social ou culturel, comme la fermeture dominicale des magasins, que le flux des échanges.

La Cour a préféré réexaminer le contenu et la portée de la notion afin de rompre avec l'usage abusif des recours contre des dispositions nationales sans lien aucun avec les échanges de marchandises. La systématisation des recours des opérateurs, dès l'instant qu'était mise en cause leur liberté commerciale, présentait le risque d'étendre à l'infini les contours de la notion de mesure d'effet équivalent dont le contenu était déjà largement appréciable[70].

68. CJUE, 22 déc. 2010, *Omalet*, aff. C-245/09, *Rec.* I. p. 13771 ; CJUE, 22 févr. 2013, *Ordinedegli*, aff. C-111/12 ; CJUE, 13 févr. 2014, *Airport Shuttle Express*, aff. jtes C-162/12 et C-163/12.

69. CJCE, 24 nov. 1993, préc.

70. La Cour fut ainsi saisie de l'interdiction de l'ouverture des magasins le dimanche (CJCE, 28 févr. 1991, *Conforama*, aff. C-312/89, *Rec.* p. I. 997) ou de l'interdiction du travail dans les boulangeries à certaines heures de la nuit (CJCE, 14 juill. 1981, *Oebel*, préc.).

## B. Un revirement partiel : la naissance d'une dichotomie des mesures

**140.** La Cour énonce que, « contrairement à ce qui a été jugé jusqu'ici », il convient de faire la distinction entre deux types de mesures, celles relatives aux conditions auxquelles doivent répondre les produits (comme la dénomination, la forme, la dimension, le poids, la composition, la présentation, l'étiquetage et le conditionnement) et celles visant les modalités de vente.

Pour les premières, *les conditions auxquelles doivent répondre les produits*, celles-ci sont susceptibles, comme la Cour l'a toujours considéré, de constituer des mesures d'effet équivalent même si elles sont indistinctement applicables, et *a fortiori*, si elles sont discriminatoires. Cette interprétation de la mesure rejoint la conception classique qui ressortait de la directive n° 70/50/CEE.

Quant *aux mesures relatives aux modalités de vente*, la seconde catégorie de mesures évoquée par la Cour, ces dernières ne tombent plus sous le coup de l'article 34 TFUE à la condition qu'elles soient indistinctement applicables et qu'elles ne soient pas de nature à gêner en fait ou en droit davantage les produits importés que les produits nationaux.

Il apparaît donc que les modalités de vente n'entrent plus dans le champ d'application de l'article 34 TFUE sauf s'il est démontré qu'elles affectent davantage les produits importés que les produits nationaux.

Dans la catégorie des modalités de vente, la Cour range les dispositions relatives aux conditions et aux méthodes de commercialisation[71], aux horaires d'ouverture des commerces[72], aux lieux de vente de produits ou aux restrictions concernant les opérateurs habilités à vendre les marchandises[73] ainsi que les mesures relatives aux contrôles des prix[74], les règles relatives à la publicité[75] ou le monopole exercé par certaines activités professionnelles[76].

**141.** L'un des critères déterminants que constitue l'effet restrictif, c'est-à-dire l'entrave aux échanges, sans n'être nullement remis en cause, se trouve néanmoins affaibli. En effet, sont désormais admises les mesures qui affectent les échanges de la même manière les produits importés et nationaux.

La dichotomie entre les deux types de mesures, que dégage le juge dans l'arrêt *Keck et Mithouard*, peut s'expliquer par la circonstance que les mesures relatives aux conditions propres aux produits ont une portée restrictive plus sensible, notamment au regard des frais de fabrication accrus du fait de la

71. CJCE, 9 févr. 1995, *Leclerc-Siplec,* aff. C-412/93, *Rec.* p. I. 179 ; CJCE, 28 oct. 1999, *ARD,* aff. C-6/98, *Rec.* p. I. 7599.

72. CJCE, 2 juin 1994, *Tankstation't,* aff. jtes C-401/92 et C-402/92, *Rec.* p. I. 2199.

73. CJCE, 2 juin 1994, *Punto Casa,* aff. jtes C-69/93 et C-258/93, *Rec.*, p. I. 2355.

74. CJCE, 11 août 1995, *Belgapom,* aff. C-63/94, *Rec.* 1995, p. I. 2467.

75. Pour la vente de médicaments hors officine, v. CJCE, 15 déc. 1993, *Hünermund,* aff. 292/92, *Rec.* p. I. 6887.

76. Sur le monopole des pharmaciens, v. CJCE, 29 juin 1995, *Commission c/ Grèce,* aff. C-391/92, *Rec.* p. I. 1621.

mise aux normes du produit, imposée à l'opérateur. Leur portée qu'il faut davantage contenir, diffère de celle des réglementations qui concernent les modalités de vente, moins restrictives.

**142.** En dépit de ce souci louable de resserrer les contours de la notion afin de lui donner une meilleure lisibilité et ralentir la frénésie des recours, le juge de l'Union a, contre toute attente, rendu la notion de mesure d'effet équivalent beaucoup plus complexe. Cette nouvelle interprétation appelle dès lors un examen minutieux quant au type de mesures dont il est saisi.

La tâche est d'autant plus difficile que la Cour, tout en consacrant ce double régime, l'un relatif aux conditions propres aux produits, l'autre aux modalités de vente, fournit peu d'éléments de définition permettant de mieux le cerner.

La difficulté vient du fait qu'il n'est pas toujours aisé de distinguer de manière franche et sans réserve les deux types de mesures. La difficulté d'opérer une distinction claire et le parti pris par le juge d'exonérer les mesures relatives aux modalités de vente, même lorsqu'elles ont un effet restrictif sur les échanges, se heurtent non seulement à la réalité du terrain économique et commercial mais donnent lieu à une jurisprudence ultérieure relativement hésitante[77] qui mérite d'être éclaircie et précisée[78].

## C. Les dissonances jurisprudentielles ultérieures

**143.** Il est permis d'observer que, depuis l'émergence de la jurisprudence *Keck et Mithouard*, les applications ne sont pas complètement convaincantes, mais plutôt tâtonnantes. Certaines tendances se dessinent dans la jurisprudence et ce de manière successive sinon parallèle, ce qui brouille encore davantage l'assise de la ligne jurisprudentielle en la matière.

En effet, à l'occasion de quelques arrêts, certes disséminés, il apparaît que la jurisprudence s'oriente vers un élargissement de la notion de modalités de vente[79], sans pour autant que cette qualification emporte une présomption

77. V. à propos de deux mesures qualifiées de mesures d'effet équivalent qui visent pourtant indistinctement les produits importés et nationaux et concernent les modalités de ventes, CJCE, 13 janv. 2000, *Schutzverband*, aff. C-254/98, *Rec.* p. I. 151 à propos de la vente de produits alimentaires, v. N. De Grove-Valdeyron, « Un nouvel infléchissement jurisprudentiel dans la notion d'entrave aux échanges – à propos de l'arrêt *Schutzverband*, », *RMCUE* 2000, p. 461 ; CJCE, 11 déc. 2003, *Apotherkerverbrand*, aff. C-332/01, *Rec.* p. I. 7915, à propos de la vente de médicaments sur Internet ; CJCE, 8 mars 2001, *Gourmet International*, aff. C-405/98, *Rec.* p. I. 1795, à propos de la vente de boissons alcoolisées ; ou CJCE, 25 oct. 2001, *Commission c/ Grèce*, aff. C-398/98, *Rec.* p. I. 7915, à propos d'un régime de stockage des produits pétroliers.

78. V. à ce propos CJCE, 23 févr. 2006, *Schmuckhandels*, aff. C-441/04, *Rec.* p. I. 2093 sur une interprétation de la notion de MEERQ qui s'aligne davantage sur la jurisprudence *Dassonville.* V. également les conclusions de l'avocat général Bot qui plaide pour un retour aux sources, c'est-à-dire la jurisprudence *Dassonville,* CJCE, 10 févr. 2009, *Commission c/Italie*, aff. C-110/05, *Rec.* p. I. 519. V. également selon la même tendance, CJUE, 2 déc. 2010, *Ker-Optika*, aff. C-108/09 ; CJUE, 26 avr. 2012, *Expendores de Tabaco,* préc.

79. V. en ce sens, CJCE, 18 sept. 2003, *Morellato*, aff. C-416/00, *Rec.* p. I. 9343 ; v. aussi CJCE, 14 sept. 2006, *Vassilopoulos*, aff. jtes C-158/04 et 159/04, *Rec.* p. I. 8135 ; CJCE, 14 déc. 2004, *Commission c/Allemagne*, aff. C-463/01, *Rec.* p. I. 11705, *Radlberger*, aff. C-309/02, *Rec.* p. I. 11763, à propos de l'obligation

de validité. Ce raisonnement ruine *in fine* les aménagements résultant de la jurisprudence *Keck et Mithouard*.

**144.** Par ailleurs, ces derniers temps, la jurisprudence semble opérer une refocalisation sur l'effet restrictif[80]. Ce dernier devient de nouveau un critère majeur dans la qualification de la mesure d'effet équivalent comme le suggérait, rappelons-le, l'approche traditionnelle dans le sillage de la jurisprudence *Dassonville*[81] et dès lors avant *Keck et Mithouard*.

Le juge se concentre de nouveau, dans certaines espèces, sur l'accès au marché et l'entrave, revalorisant le critère classique de l'effet restrictif, sans recourir à la dichotomie des deux régimes, issue de la jurisprudence *Keck et Mithouad* qui a précisément affaibli un tel critère dans le cadre de la seconde catégorie de mesures.

Il reste que pour l'heure et en dépit des applications dissonantes auxquelles elle a donné lieu, la jurisprudence *Keck et Mithouard* parvient encore à se maintenir. La question posée est celle de savoir pour combien de temps ?

## §4. Les dérogations au libre mouvement des marchandises à l'aune de l'intérêt général

**145.** Lors de la rédaction des traités, il était certainement peu concevable de mettre en place, de manière absolue, un système répressif des entraves, au travers du principe général d'interdiction. Il fallait accorder aux États, dans un contexte donné, une relative souplesse quant à la gestion des intérêts nationaux prééminents et dont la protection légitime impose de remettre en cause les mouvements d'échanges de marchandises.

C'est chose faite par l'article 36 TFUE qui, en effet, permet aux États membres de protéger un intérêt essentiel au prix d'une entrave au commerce intracommunautaire[82]. L'article 36 TFUE énumère les diverses raisons tirées de l'intérêt général, qui peuvent suggérer aux États membres un comportement restrictif aux échanges mais selon des conditions interprétées sévèrement par la Cour.

---

de consignation et de reprise pour des emballages à usage unique en fonction du pourcentage global d'emballages réutilisables.

80. CJCE, 14 févr. 2008, *Dynamic Medien*, préc., à propos d'une réglementation nationale interdisant la vente par correspondance de vidéogrammes pour des enfants ; CJUE, 2 déc. 2010, *Ker-Optik*a, préc., à propos d'une réglementation nationale autorisant la vente des lentilles de contact dans les seuls magasins de matériel médical et interdisant les lentilles de contact par internet.

81. Pour un autre exemple d'arrêt qui s'inscrit dans la jurisprudence *Dassonville et Ker-Optica*, CJUE, 18 oct. 2012, *Elenca*, aff. C-385/10.

82. L'article 36 TFUE établit que « les dispositions des articles 34 et 35 ne font pas obstacle aux interdictions ou restrictions d'importation, d'exportation ou de transit, justifiées par des raisons de moralité publique, d'ordre public, de sécurité publique, de protection de la santé et de la vie des personnes et des animaux ou de préservation des végétaux, de protection des trésors nationaux ayant une valeur artistique, historique ou archéologique ou de protection de la propriété industrielle et commerciale. Toutefois, ces interdictions ou restrictions ne doivent constituer ni un moyen de discrimination arbitraire ni une restriction déguisée dans le commerce entre les États membres ».

**146.** Le socle initial de dérogations au principe de libre circulation des marchandises n'a pas été toutefois suffisant pour appréhender les multiples manifestations de l'intérêt général qu'un État est en droit d'invoquer en vue de les protéger. De surcroît, le juge de l'Union s'est livré à une interprétation restrictive des arguments avancés par les États membres.

Afin de répondre adéquatement à la protection de différents intérêts publics, le système dérogatoire a bénéficié, par la suite, d'une double contribution : d'une part, celle d'un traité de révision, l'Acte unique, au travers de la procédure d'harmonisation modifiée permettant d'invoquer de nouvelles dérogations et, d'autre part, celle du juge de l'Union, lequel, à l'occasion d'un arrêt de principe, est venu inscrire une nouvelle catégorie de dérogations distinctes des intérêts de l'article 36 TFUE mais similaires quant au régime juridique. La Cour souligne régulièrement[83] la symétrie entre les deux types de dérogations, notamment au regard de leurs conditions d'application. Elle a pu le rappeler dans plusieurs espèces[84].

## A. Un socle initial de dérogations : l'article 36 TFUE

**147.** Alors qu'ils consacrent le principe de libre circulation, les rédacteurs du traité prévoient simultanément, au sein de l'article 36 TFUE, la faculté pour les États membres de justifier une interdiction ou une restriction aux échanges d'importation ou d'exportation. Ils peuvent agir en ce sens dès l'instant qu'il est impératif pour eux de protéger l'intérêt public entendu dans une pleine diversité, à savoir la protection de la moralité publique, de l'ordre public et de la sécurité publique, la protection de la santé et de la vie des personnes et des animaux, la préservation des végétaux, la protection des trésors nationaux ayant une valeur artistique, historique ou archéologique et la protection de la propriété industrielle et commerciale.

**148.** L'article 36 TFUE ne peut être invoqué, en théorie et selon la lettre des dispositions dudit article, que pour des mesures discriminatoires, c'est-à-dire pour des produits importés ou exportés alors que les exigences impératives, que nous examinerons ultérieurement, ne sont en principe admises que dans le cadre de mesures indistinctement applicables aux produits importés et nationaux[85].

Pour pouvoir être dûment invoquée, la mesure attentatoire à la libre circulation des marchandises doit entrer dans le champ d'application de l'article 36 TFUE et répondre à de sévères conditions d'application.

83. CJCE, 8 mai 2003, *ATRAL*, aff. C-14/02, *Rec.* p. I. 4431.

84. CJCE, 10 avr. 2008, *Commission c/ Portugal*, aff. C-265/06, *Rec.* p. I. 2245.

85. CJCE, 28 sept. 2006, *Ahokainen*, aff. C-434/04, *Rec.* p. I. 9171. V. *infra*, n° 204 et s. sur les tempéraments apportés par la pratique à cette distinction de régime entre l'article 36 TFUE et les exigences impératives.

## 1. Champ d'application

**149.** La formulation de l'article 36 TFUE présente un champ d'application dont les éléments sont énumérés de manière précise. De surcroît, la Cour les a interprétés selon une approche restrictive.

### a. Des exigences circonscrites au respect du droit de l'Union

**150.** Le champ d'application de l'article 36 TFUE se trouve d'autant plus restreint que toute mesure protectrice ou de contrôle aux frontières, dont un État serait auteur, doit être entreprise dans le cadre strict de la réglementation de l'Union. Même si nous y reviendrons dans les paragraphes suivants, notons d'ores et déjà que la mesure en cause n'est plus fondée dès qu'un acte d'harmonisation est adopté en la matière[86].

En effet, l'État membre n'est plus en mesure d'établir des exigences différentes, en matière de santé publique par exemple, de celles fixées par le texte d'harmonisation comme une directive. Il y a prévalence de la compétence communautaire sur la compétence nationale. Un État membre peut conserver une compétence résiduelle, tirée de l'article 36 TFUE, seulement si la directive le prévoit expressément.

Dans ce cas, le texte d'harmonisation en définit alors les conditions d'exercice. Dans cette hypothèse, on assiste à l'exercice de compétences concurrentes[87]. La compétence nationale peut aussi être exercée en raison du caractère incomplet d'une directive. C'est ainsi par exemple qu'en l'absence d'harmonisation complète des normes au niveau de l'Union en matière de protection de la santé, un produit peut recevoir par un État membre la qualification de médicament tandis qu'il est considéré comme dispositif médical dans un autre[88].

### b. Des mesures de nature non économique

**151.** La Cour a précisé que l'article 36 TFUE, n'étant pas par définition une clause de sauvegarde, ne vise pas des situations de nature économique. Selon la jurisprudence *Campus Oil*[89], il ne confère nullement aux États membres le droit de protéger un secteur économique en crise pour se soustraire aux effets résultant des traités.

La Cour rappelle régulièrement que « les motifs de caractère purement économique ne peuvent constituer des raisons d'intérêt général énumérées à l'article 36 TFUE de nature à justifier une restriction à une liberté fondamentale garantie par le traité »[90].

86. CJUE, 4 mars 2010, *Commission c/ France*, aff. C-197/08, *Rec.* p. I. 1623 ; CJUE, 29 avr. 2010, *Solgar*, aff. C-446/08, *Rec.* p. I. 3973.

87. CJCE, 5 oct. 1977, *Denkavit*, aff. 5/77, *Rec.* p. 1555.

88. CJUE, 3 oct. 2013, *Lyocentre*, aff. C-109/12.

89. CJCE, 10 juill. 1984, *Campus Oil*, aff. 72/83, *Rec.* p. 2727.

90. CJCE, 13 janv. 2000, *TK-Heimdienst*, aff. C-254/98, *Rec.* p. I. 151 ; CJCE, 17 mars 2005, *Kranemann*, aff. C-109/04, *Rec.* p. I. 2421 ; CJUE, 26 avr. 2012, *Expendores de Tabaco*, aff. C-456/10.

### c. Des mesures au titre exclusif des articles 34 ou 35 TFUE

**152.** L'article 36 TFUE ne se réfère qu'aux seules dispositions des articles 34 ou 35 TFUE, ce qui signifie qu'il ne peut être invoqué que dans le cadre desdites dispositions, c'est-à-dire en présence de mesures d'effet équivalent. En revanche, il n'est pas invocable lorsqu'il s'agit de justifier des entraves de nature tarifaire (taxe d'effet équivalent) ou fiscale (imposition intérieure)[91].

### d. Des mesures limitées aux seuls intérêts de l'article 36 TFUE

**153.** L'article 36 TFUE doit être strictement interprété. En effet, s'agissant d'une dérogation à un pilier fondamental du droit de l'Union, la liste des intérêts invocables au titre de l'article 36 TFUE est exhaustive. La Cour a adopté une formule à laquelle elle est restée fidèle : « Cette disposition, parce qu'elle est une dérogation à la règle fondamentale de l'élimination de tous les obstacles, est d'interprétation stricte »[92].

Il en ressort que l'article 36 TFUE ne peut s'étendre à d'autres intérêts que ceux textuellement évoqués comme, par exemple, la protection des consommateurs. Ceci limite sensiblement la compétence résiduelle des États et permet d'étendre le contrôle de l'Union sur les pratiques discriminatoires qui ont souvent pour fondement allégué des intérêts essentiels comme l'environnement ou la défense des consommateurs.

## 2. Conditions d'invocabilité

**154.** Pour invoquer les intérêts tirés de l'article 36 TFUE, la Cour a défini des conditions qui, de nouveau, viennent enserrer sensiblement le recours à cette disposition et l'exercice de la compétence nationale.

### a. Un rapport de causalité entre la mesure et l'intérêt invoqué : le test d'adéquation

**155.** La Cour exige un lien direct et pertinent entre la mesure adoptée et l'intérêt à protéger. Il s'agit du rapport de causalité. C'est ainsi que l'État membre est tenu de poursuivre les objectifs invoqués d'une manière cohérente et systématique. Il doit éviter toute incohérence entre les mesures choisies et les mesures non choisies[93].

La Cour peut être amenée à relever de telles incohérences qui soulignent alors l'absence de causalité. C'est le cas dans l'arrêt *Commission c/Pays-Bas* du 4 décembre 2008, dans lequel elle décrit certaines incohérences dans le système de dérogation, qui ont fait apparaître l'absence d'objectivité et la nature discriminatoire du système en cause[94]. L'exigence de causalité et de

91. CJCE, 10 déc. 1968, *Commission c/ Italie*, préc.

92. CJCE, 17 juin 1981, *Commission c/ Irlande*, aff. 113/80, *Rec.* p. 1625.

93. CJCE, 17 juill. 2008, *Corporación Dermoestética*, aff. C-500/06, *Rec.* p. I. 5785 ; CJCE, 10 mars 2009, *Hartlauer*, aff. C-169/07, *Rec.* p. I. 1719.

94. CJCE, 4 déc. 2008, *Commission c/Pays-Bas*, C-249/07.

cohérence se vérifie tout particulièrement en matière de propriété industrielle et commerciale qui présente un contentieux nourri, du fait de la portée limitée des travaux d'harmonisation accomplis dans ce domaine.

### b. Un rapport de nécessité et de proportionnalité entre la mesure et l'intérêt invoqué : un double test

**156.** La Cour exerce un contrôle de nécessité sur les mesures[95]. En fait, elle veille à ce que les autorités nationales ne dépassent pas ce qui est strictement nécessaire en vue de protéger l'intérêt en cause[96]. S'y ajoute un contrôle de proportionnalité[97] sur les mesures adoptées par l'État, qui doivent demeurer équilibrées au regard de l'objectif invoqué[98].

Ceci implique que les autorités nationales ne doivent pas dépasser ce qui est strictement nécessaire en vue de protéger l'intérêt en cause. L'autorité nationale doit démontrer que la protection de l'intérêt qu'elle invoque ne peut être atteinte par des moyens moins restrictifs sur les échanges[99]. De manière plus précise, les raisons justificatives doivent être accompagnées des preuves appropriées ou d'une analyse de l'aptitude et de la proportionnalité de la mesure restrictive adoptée par l'État[100].

La juridiction nationale est appelée à contrôler la légalité de la réglementation nationale et à vérifier la pertinence des éléments de preuve afin de s'assurer de la conformité de la mesure avec le principe de proportionnalité. Elle doit à cet égard tenir compte de l'existence éventuelle d'incertitudes scientifiques. De même, elle est tenue d'évaluer la nature et l'ampleur de la restriction, en la comparant avec d'autres mesures possibles affectant de manière moindre le commerce à l'intérieur de l'Union. Cette évaluation est considérée par la jurisprudence comme « inhérente à l'examen de la proportionnalité »[101].

### c. Un rapport de substitution de la mesure : le test de l'entrave minimale

**157.** À ces deux contrôles, la nécessité et la proportionnalité, la Cour ajoute un contrôle de substitution dit de l'entrave minimale. Cet examen

---

95. CJCE, 2 févr. 1989, *Commission c/RFA*, aff. C-274/87, *Rec.* p. 229 ; CJCE, 16 juill. 2009, *Commission c/ Pologne*, aff. C-165/08 ; CJUE, 6 oct. 2011, *Bonnarde*, aff. C-443/10.

96. CJUE, 21 déc. 2011, *Commission c/Autriche*, aff. C-28/09.

97. CJCE, 8 mars 2001, *Gourmet International*, aff. C-405/98, *Rec.* p. I. 1795 ; CJCE, 5 févr. 2004, *Commission c/ France*, aff. C-24/00, *Rec.* p. I. 1277 ; CJUE, 9 déc. 2010, *Humansplasma*, préc. ; CJUE, 6 oct. 2011, *Bonnarde*, préc.

98. CJUE, 6 oct. 2011, *Bonnarde*, préc.

99. CJCE, 14 juill. 1983, *Sandoz*, aff. 174/82, *Rec.* p. 2445 ; CJCE, 10 nov. 2005, *Commission c/Portugal*, aff. C-432/03, Rec. p. I. 9665. V. aussi CJUE, 9 déc. 2010, *Humanplasma*, préc.

100. CJUE, 13 nov. 2003, *Lindman*, aff. C-42/02, *Rec.* p. I. 13519 ; ou encore CJUE, 26 vr. 2012, *ANETT*, C-456/10.

101. CJUE, 23 déc 2015, *The Scoth Wisky Associaiton*, aff. C-333/14.

permet de s'assurer que l'entrave est minime[102], et ce même en présence d'une mesure pourtant considérée comme proportionnée à l'objectif poursuivi[103]. L'entrave aux échanges doit demeurer la plus faible possible.

La Cour s'emploiera à vérifier l'existence de mesures de remplacement qui restreint d'une manière moins sensible les courants d'échanges. Rappelons que l'État membre est tenu de privilégier la mesure la moins restrictive eu égard au respect du principe de proportionnalité.

Régulièrement, la Cour affirme que des mesures nationales ne satisfont pas au test de substitution, au motif que des solutions de remplacement existaient[104]. Toutefois, si un État membre parvient à démontrer que l'adoption d'une mesure de remplacement aurait un effet négatif sur d'autres intérêts légitimes, cette réserve est prise en considération dans l'évaluation de la mesure[105].

## d. Une compétence nationale résiduelle et précaire

**158.** La compétence nationale n'est ni exclusive ni définitive dans la mesure où elle ne peut pas s'exercer entièrement si, au niveau de l'Union, une réglementation est intervenue ou prévue. Il s'agit tout simplement d'une application du principe de préemption communautaire.

En effet, rappelons que la Cour de justice réfute, de manière constante, l'exercice de la compétence nationale afin de protéger un intérêt dès l'instant que l'autorité de l'Union a déjà agi par voie d'harmonisation.

En somme, la compétence que conservent les États membres dans la mise en œuvre de l'article 36 TFUE est résiduelle et précaire. Cela signifie qu'elle peut être aussitôt limitée par l'existence ou le projet d'une réglementation de l'Union[106].

Notons que ce caractère précaire[107] peut parfois donner lieu à une substitution partielle ou totale de la compétence nationale par la compétence communautaire. L'intervention du législateur national pour protéger tel intérêt dépend du niveau atteint par le degré d'intégration des règles au niveau de l'Union. Ainsi, selon une jurisprudence constante, la Cour considère que l'application de l'article 36 TFUE cesse d'être justifiée dès lors qu'une harmonisation de l'Union est intervenue afin de protéger l'intérêt invoqué par l'État membre[108].

---

102. Sur les frontières poreuses entre le contôle de substitution, qui repose sur l'examen du caractère minimal de l'entrave, et le contrôle de proportionnalité, qui tend à apprécier la gravité de la mesure adoptée, v. par ex. CJUE, 3 mars 2011, *Kakavetsos-Fragkopoulos AE*, préc.

103. CJCE, 10 nov. 1982, *Rau*, préc. ; CJCE, 14 juill. 1988, *Smanor*, préc. ; CJUE, 3 mars 2011, *Kakavetsos-Fragkopoulos*, préc.

104. CJCE, 20 mai 1976, *De Peijper*, aff. 104/75, *Rec.* p. 613 ; CJCE, 15 mars 2007, *Commission c/ Finlande*, aff. C-54/05, *Rec.* p. I. 2473 ; CJCE, 20 sept. 2007, *Commission c/ Pays-Bas*, aff. C-297/05, *Rec.* p. I. 7467.

105. CJCE, 28 sept. 2006, *Ahokainen*, aff. C-434/04, *Rec.* p. I. 9171.

106. CJCE, 23 mai 1996, *Lomas*, aff. C-5/94, *Rec.* p. I. 2553.

107. CJUE, 28 janv. 2010, *Commission c/ France*, aff. C-333/08, *Rec.* p. I. *757*.

108. Sur les contrôles vétérinaires, v. CJCE, 25 janv. 1977, *Bauhuis*, aff. 46/76, *Rec.* p. 5 ; sur le contrôle des produits chimiques, v. CJCE, 5 avr. 1979, *Ratti*, aff. 148/79, *Rec.* p. 1629.

### e. La charge de la preuve

**159.** Selon une jurisprudence établie[109], la charge de la preuve appartient aux autorités nationales. Lorsqu'un État membre invoque l'article 36 TFUE pour justifier une restriction aux échanges, il lui appartient, en effet, d'établir la preuve de l'utilité de la mesure. Comme l'énonce la Cour, il doit toujours incomber à l'autorité nationale de démontrer que la mesure satisfait aux critères de l'article 36 TFUE[110].

Afin de démontrer le bien-fondé d'une mesure nationale, l'État membre doit notamment établir l'existence d'une raison d'intérêt général, qu'il n'existe pas d'autres moyens d'un effet moins restrictif, la nécessité de la restriction en cause et son caractère proportionné par rapport à l'objectif poursuivi.

L'État membre ne peut se contenter de formulations générales ou imprécises. Les justifications avancées doivent reposer sur des preuves appropriées ou une analyse de l'aptitude et de la proportionnalité de la mesure en cause. L'État doit s'appuyer sur des éléments détaillés permettant d'étoffer ses arguments[111]. C'est ainsi qu'une déclaration sommaire, se limitant à l'affirmation que la mesure est justifiée par l'un des motifs acceptés ou l'absence d'analyse de mesures de remplacement, ne peut pas être considérée comme satisfaisante[112].

De plus, la Cour estime que la charge de la preuve incombe à l'État membre qui doit démontrer, de manière positive, qu'aucune autre mesure imaginable ne permet de réaliser lesdits objectifs dans des conditions identiques[113].

## 3. Principaux motifs de dérogations

**160.** L'article 36 TFUE énonce de nombreux intérêts susceptibles de requérir une protection. Parmi eux, il est possible de retenir certains axes récurrents au regard du contentieux dense qu'ils génèrent. En revanche, certains intérêts, comme la protection des trésors nationaux[114], se prêtent à peu de développements jurisprudentiels.

Les motifs de dérogations peuvent ainsi se recentrer sur trois champs, dont deux sont étroitement liés à la préservation de l'intérêt général : les intérêts tirés de la moralité publique, de l'ordre public et de la sécurité publique d'une part, la protection de la santé et de la vie des personnes d'autre part, et enfin la propriété industrielle et commerciale.

109. CJCE, 8 nov. 1979, *Denkavit*, aff. 251/78, *Rec.* p. 3369.

110. V. par ex. CJCE, 10 avr. 2008, *Commission c/ Portugal*, préc.

111. CJCE, 8 mai 2003, *ATRAL*, aff. C-14/02, *Rec.* p. I. 443 ; CJCE, 7 juin 2007, *Commission c/ Belgique*, C-254/05, *Rec.* p. I. 4269.

112. CJCE, 10 avr. 2008, *Commission c/Portugal*, aff. C-265/06, *Rec.* p. I. 2245.

113. CJCE, 10 févr. 2009, *Commission c/Italie*, aff. C-110/05, *Rec.* p. I. 519.

114. V. par ex. CJCE, 30 avr. 2009, *Fachverband*, aff. C-531/07, *Rec.* p. I. 3717.

### a. Intérêts liés à l'ordre public

**161.** En matière de moralité publique, d'ordre public et de sécurité publique, la Cour nous livre une perception large de ces notions, rattachées globalement à l'ordre public.

• La moralité publique

**162.** La Cour considère qu'il appartient souverainement aux États membres de déterminer les exigences en matière de moralité publique selon leur propre échelle de valeurs. La mesure en cause fera certes l'objet d'un examen *in concreto*. Mais le niveau de protection est laissé à la discrétion des États membres car il s'agit de la manifestation des intérêts essentiels de l'État.

Dès lors, la notion de moralité publique revêt par définition un caractère contingent que la Cour s'est toujours refusée à remettre en cause en l'inscrivant dans une définition préétablie.

C'est pour cela qu'en matière d'entrée de marchandises à caractère pornographique, selon les circonstances, la Cour examine si la mesure restrictive est justifiée au regard des exigences de moralité publique, ou au contraire si elle est infondée du fait de son caractère arbitraire.

**163.** La moralité publique peut être admise seule. En effet, la Cour considère qu'elle est une justification suffisante concernant des marchandises qualifiées d'obscènes ou indécentes[115]. Mais elle peut aussi être combinée à d'autres motifs. Dans certaines affaires où la moralité publique était invoquée, la Cour a relevé l'existence d'autres justifications qui étaient étroitement liées entre elles, à savoir l'intérêt public concernant les jeux de hasard[116] et la protection des mineurs dans le marquage de vidéogramme et de DVD[117].

De même, selon la jurisprudence, la réglementation des jeux de hasard fait partie des domaines dans lesquels des divergences considérables d'ordre moral, religieux et culturel existent entre les États membres. À défaut d'harmonisation en la matière, il appartient à chaque État membre d'apprécier, selon sa propre échelle de valeurs, les exigences que comporte la protection des intérêts concernés[118].

• L'ordre public

**164.** Dès l'instant qu'un autre motif de dérogation prévu par l'article 36 TFUE est applicable, la Cour s'efforce d'y associer l'intérêt tiré de l'ordre public. La Cour a cependant été amenée à prendre en considération à titre exclusif le motif tiré de l'ordre public à l'occasion d'un arrêt portant sur les restrictions nationales d'importations et exportations de

115. CJCE, 14 déc. 1979, *Henn et Darby*, aff. 34/79, *Rec.* p. 3795 ; CJCE, 11 mars 1986, *Conegate*, aff. 121/85, *Rec.* p. 1007.

116. CJCE, 24 mars 1994, *Schindler*, aff. C-275/92, *Rec.* 1994, p. I. 1039.

117. CJCE, 14 févr. 2008, *Dynamic Medien*, aff. C-244/06, *Rec.* 2008, p. I. 505.

118. CJCE, 8 sept. 2009, *Bwin International*, aff. C-42/07, *Rec.* p. I. 7633.

pièces d'or de collection. Le juge de l'Union a alors estimé qu'une telle mesure était fondée par des raisons d'ordre public. Elle répondait à la nécessité de protéger le droit de frappe de la monnaie, traditionnellement considéré comme mettant en cause les intérêts essentiels de l'État[119].

• La sécurité publique

**165.** La Cour a admis le motif tiré de la sécurité publique dans le domaine du marché énergétique de l'Union quant à la nécessité de maintenir disponible la capacité des installations de la raffinerie en cas de crise[120]. De même, la Cour a retenu des raisons de sécurité publique à propos du commerce de marchandises stratégiques[121] et de marchandises à double usage[122], dès lors que « le risque d'une perturbation grave des relations extérieures ou de la coexistence pacifique des peuples est susceptible d'affecter la sécurité publique d'un État membre ».

À cet égard, la Cour estime que l'article 36 TFUE est applicable à la fois à la sécurité intérieure, à savoir les recherches criminelles, la prévention routière et la réglementation de la circulation, et à la sécurité extérieure[123].

## b. Intérêts liés à la protection de la santé

**166.** La protection de la santé et de la vie des personnes et des animaux ou la préservation des végétaux constitue assurément l'argument le plus invoqué par les autorités nationales. Par ce biais, elles entendent justifier des mesures restrictives sous la forme de contrôles à vocation sanitaire[124] ou vétérinaire, qui auraient pour fondement général la protection de la santé[125].

Sur ce point, la Cour souligne que parmi les biens ou intérêts protégés par l'article 36 TFUE, « la santé et la vie des personnes occupent le premier rang et qu'il appartient aux États membres, dans les limites imposées par le traité, de décider du niveau auquel ils entendent en assurer la protection, en particulier du degré de sévérité des contrôles à effectuer »[126].

Bien que porteur d'une forte légitimité, ce motif est néanmoins soumis à de sévères conditions d'application.

119. CJCE, 23 nov. 1978, *Thompson*, préc.

120. CJCE, 10 juill. 1984, *Campus Oil*, préc. Dans cet arrêt, il s'agissait d'un État membre qui avait ordonné aux importateurs de pétrole de s'approvisionner à concurrence de 35 % de leurs besoins auprès d'une compagnie pétrolière nationale et ce selon des prix fixés par le gouvernement. La Cour de justice a conclu que le caractère discriminatoire et protectionniste de la mesure était manifeste au sens de l'article 34 TFUE tout en estimant que ladite mesure était justifiée par des raisons de sécurité publique.

121. CJCE, 4 oct. 1991, *Richardt*, aff. C-367/89, *Rec.* p. I. 4621

122. CJCE, 17 oct. 1995, *Leifer*, aff. C-83/94, *Rec.* p. I. 3231 ; CJCE, 17 oct. 1995, *Werner*, aff. C-70/94, *Rec.* p. I. 3189.

123. CJCE, 4 oct. 1991, *Richardt*, préc.

124. À propos d'une réglementation relative à la détention et la commercialisation d'oiseaux nés et élevés en captivité, v. CJCE, 10 sept. 2009, *Commission c/Belgique*, aff. C-100/08, *Rec.* p. I. 140. Pour un contrôle sur des produits phytopharmaceutiques, v. CJCE, 21 févr. 2008, *Commission c/ France*, aff. C-201/06, *Rec.* p. I. 735 ; CJCE, 8 nov. 2007, *Bonnarel*, aff. jtes C-206/06 et 261/06, *Rec.* p. I. 9717.

125. La santé publique peut être invoquée avec l'ordre public, v. CJCE, 28 sept. 2006, *Ahokainen*, pré.

126. CJCE, 20 mai 1976, *De Peijper*, préc. ; CJCE, 5 juin 2007, *Rosengren*, préc.

• Un motif sévèrement apprécié

**167.** La Cour exige, classiquement, que les mesures invoquées au titre de la protection de la santé doivent être proportionnées à l'objectif poursuivi. Elles ne doivent pas dépasser ce qui est strictement nécessaire afin de parvenir à l'objectif revendiqué par l'autorité nationale.

La Cour applique rigoureusement les conditions d'application de l'article 36 TFUE, notamment celles tenant aux critères de nécessité[127] et de proportionnalité[128]. Dès lors, il ne sera pas possible de justifier une mesure nationale restrictive au titre de l'article 36 TFUE s'il est établi que la santé et la vie des personnes peuvent être protégées de manière tout aussi efficace par des mesures moins restrictives des échanges.

Par ailleurs, les mesures doivent être valablement justifiées par les États membres. En effet, les autorités nationales doivent être en mesure de fournir les données et éléments de preuve pertinents de nature technique, scientifique, statistique ou nutritionnelle ainsi que toute autre information utile[129]. Il leur faut démontrer le bien-fondé de leur mesure au regard du motif de protection de la santé. Les États membres ne peuvent se confiner à la présentation d'éléments sommaires.

En outre, il doit être établi que les mesures nationales n'interviennent qu'en l'absence d'harmonisation en la matière. Dans ce cas, il appartient aux États membres de déterminer leurs niveaux de protection.

Dans l'hypothèse inverse, l'État membre ne peut revendiquer la défense de la santé publique[130] puisque les contrôles à l'échelle de l'Union sont déjà instaurés à cet effet, sous réserve d'irrégularités ou de fraudes justifiant une nouvelle intervention de l'autorité nationale lors de l'accès à son territoire[131].

**168.** Soulignons que, dans le cadre du marché unique, l'arsenal législatif a donné lieu à de nombreuses réglementations sanitaires émanant de l'Union. Cette production normative a eu pour conséquence de restreindre sensiblement le champ d'intervention de l'autorité nationale dans un domaine désormais largement régi par le législateur de l'Union.

En dernier lieu, nous ne manquerons pas de noter que l'appréciation de la protection de la santé peut être opérée, non pas à la lumière des seules sources textuelles classiques que sont l'article 36 TFUE et les exigences impératives, mais à l'aune de l'article 35 de la Charte des droits fondamentaux[132]. En effet, celui-ci commande qu'un niveau élevé de protection de la santé humaine soit assuré dans la définition et la mise en œuvre des politiques et

127. CJCE, 16 juill. 2009, *Commission c/ Pologne*, préc.

128. CJCE, 25 juill. 1991, *Aragonesa de Publicidad Exterior*, aff. jtes C-1/90 et C-176/90, *Rec.* p. I. 4151 ; CJCE, 8 mars 2001, *Gourmet International*, aff. C-405/98, *Rec.* p. I. 1795 ; CJCE, 5 févr. 2004, *Commission c/ France*, aff. C-24/00, *Rec.* p. I. 1277 ; CJUE, 9 déc. 2010, *Humansplasma*, préc.

129. CJCE, 5 févr. 2004, *Commission c/Italie*, aff. C-270/02, *Rec.* p. I. 1559 ; CJCE, 15 nov. 2007, *Commission c/ Allemagne*, aff. C-319/05, *Rec.* p. I. 9811.

130. CJCE, 5 avr. 1979, *Ratti*, préc.

131. CJCE, 20 sept. 1988, *Moormann*, aff. 190/87, *Rec.* p. 4689.

132. CJUE, 6 sept. 2012, *Weintor*, aff. C-544/10.

actions de l'Union, et ce dans la mesure où l'article 6 TUE accorde à la Charte une valeur juridique équivalente à celle du droit primaire de l'Union.

• Le recours au principe de précaution

**169.** Tandis que la jurisprudence antérieure y faisait référence de manière plutôt implicite, c'est réellement à l'occasion de l'arrêt *National Farmers' Union* du 5 mai 1998[133] que la Cour a eu recours pour la première fois au principe de précaution[134]. Elle énonce que « lorsque des incertitudes subsistent quant à l'existence ou à la portée de risques pour la santé des personnes, les institutions peuvent prendre des mesures de protection sans avoir à attendre que la réalité et la gravité de ces risques soient pleinement démontrées ».

C'est ainsi que le principe de précaution permet de déterminer les conditions selon lesquelles un législateur national, européen ou international, adopte des mesures dont l'objet est de protéger les consommateurs contre les risques pour la santé. Or, ces mêmes risques, au regard des incertitudes scientifiques, sont susceptibles d'être associés à l'utilisation d'un produit ou d'un service.

**170.** Pour adopter des mesures restrictives sur le fondement du principe de précaution au titre des articles 34 et 36 TFUE[135], les États sont tenus de procéder, de manière préalable, à une évaluation du risque, en prenant appui sur l'existence des incertitudes scientifiques.

C'est alors que, ces incertitudes étant établies, la Cour accordera aux États membres ou aux institutions compétentes une marge d'appréciation à l'occasion de l'adoption des mesures de mise en œuvre[136]. Celles-ci ne doivent cependant pas être adoptées à partir de « considérations purement hypothétiques »[137].

À cet égard, la Cour exige de l'État auteur de la mesure de protection de la santé, lequel s'appuie notamment sur le principe de précaution[138], qu'il démontre la nécessité des mesures en cause[139]. Il est tenu d'établir l'existence d'un risque réel eu égard aux résultats les plus récents de la recherche scientifique à l'échelle internationale.

133. CJCE, 5 mai 1998, *National Farmers'Union*, aff. C-157/96, *Rec.* p. I. 2211.

134. V. également Communication de la Commission sur le recours au principe de précaution, COM (2000) 1 final.

135. CJCE, 5 déc. 2008, *Commission c/ Pays-Bas*, aff. C-249/07 ; CJCE, 2 déc. 2004, *Commission c/ Pays-Bas*, aff. C-41/02, *Rec.* p. I. 1137 ; CJCE, 23 sept. 2003, *Commission c/ Danemark*, aff. C-192/01, *Rec.* p. I. 9693 ; CJCE, 5 févr. 2004, *Commission c/ France*, aff. C-24/00, *Rec.* p. I. 1277.

136. CJCE, 26 mai 2005, *Federconsumatori*, aff. C-132/03, *Rec.* p. I. 4167 ; CJCE, 9 sept. 2003, *Monsanto*, aff. C-236/0, *Rec.* p. I. 8105.

137. CJCE, 9 sept. 2003, *Monsanto*, préc. ; CJCE, 2 déc. 2004, *Commission c/ Pays-Bas*, aff. C-41/02, *Rec.* p. I. 11375 ; CJCE, 23 sept. 2003, *Commission c/ Danemark*, préc. ; CJCE, 5 févr. 2004, *Commission c/ France*, préc.

138. CJCE, 2 déc. 2004, *Commission c/ Pays-Bas*, préc. ; CJCE, 23 sept. 2003, *Commission c/ Danemark*, préc. ; CJCE, 5 févr. 2004, *Commission c/ France*, préc.

139. CJCE, 30 nov. 1983, *Van Bennekom*, aff. 227/82, *Rec.* p. 3883 ; CJCE, 12 mars 1987, *Commission c/ Allemagne*, aff. 178/84, *Rec.* p. 1227.

### c. Intérêts liés à la protection de la propriété industrielle et commerciale

**171.** Il existe plusieurs moyens afin de protéger la propriété industrielle et commerciale, comme les brevets, les marques et les droits d'auteur, les droits de modèle et les dénominations géographiques.

En marge de l'action menée par le législateur de l'Union en la matière, l'article 36 TFUE évoque la propriété industrielle et commerciale dont le contenu reçoit une large interprétation. Celle-ci vise l'ensemble des droits que détient une personne du fait d'une invention, d'une marque ou d'un modèle. Cette notion porte également sur les droits d'auteurs dans le cadre de la propriété littéraire et artistique.

#### α. *L'aboutissement de l'harmonisation des travaux législatifs*

**172.** Les travaux d'harmonisation afin de protéger la propriété industrielle et commerciale ont pendant longtemps témoigné, en dépit de quelques progrès épars[140], d'une relative timidité et de la persistance de résistances nationales. Celles-ci expliquent, d'une certaine manière, l'ascension de ce contentieux. En d'autres termes, il n'existait jusqu'à récemment aucune harmonisation exhaustive sur ce point pourtant central en matière de mouvement des marchandises, laissant ainsi les États membres compétents en la matière.

Des progrès significatifs ont été accomplis ces dernières années à deux égards, le brevet unitaire européen et la marque.

- Le brevet unitaire européen

**173.** La réglementation de l'Union en matière de brevets[141] est longtemps restée à l'état de prospective[142]. Les travaux en la matière ont fini par aboutir à l'adoption récente et attendue, par le Conseil de l'Union, le 19 février 2013, du brevet européen à effet unitaire et ce, dans le cadre d'une coopération renforcée[143].

L'accord relatif à la juridiction en matière de brevet unifié, signé le 19 février 2013, doit être ratifié par au moins treize États, dont l'Allemagne, la France et le Royaume-Uni, pour entrer en vigueur. Cela signifie que les

140. À noter trois textes, la première directive, n° 89/104/CEE, du Conseil du 21 déc. 1988 relative aux marques (*JOCE* n° L 10, 11 févr. 1989) abrogée par la directive n° 2008/95/CE du Parlement européen et du Conseil du 22 oct. 2008 rapprochant les législations des États membres sur les marques (*JOCE* n° L 299, 8 nov. 2008) et le règlement (CE) n° 6/2002 du Conseil du 12 déc. 2001 sur les dessins et modèles communautaires (*JOCE* n° L 3, 5 janv. 2002). Pour aller plus loin sur ce dernier point, M. Mouncif-Moungache, *Les dessins et modèles en droit de l'Union européenne*, Bruylant, 2013.

141. Sur le sujet, v. tout particulièrement B. Remiche, *Brevet, innovation et intérêt général*, Larcier, 2006.

142. Proposition de règlement du Conseil du 1er août 2000 sur le brevet communautaire, *JOUE* n° C 337, 28 nov. 2000 ; v. également Communication de la Commission au Parlement européen et au Conseil du 3 avr. 2007, « Améliorer le système de brevet en Europe », COM (2007) 165 final.

143. Rappelons que le droit de l'Union autorise au moins neuf États à adopter, en dernier ressort, une coopération renforcée si aucun accord ne peut être obtenu pour l'ensemble des États dans un délai raisonnable. Les autres États membres peuvent les rejoindre à tout moment avant ou après le lancement de la coopération renforcée.

ratifications respectives de ces trois États sont requises par l'accord même pour permettre son entrée en vigueur.

**174. La Convention sur la délivrance de brevets européens du 5 octobre 1973. –** Le système actuel de brevet européen repose sur la Convention sur la délivrance de brevets européens du 5 octobre 1973, communément appelée « Convention de Munich ». C'est un traité multilatéral instituant l'Organisation européenne des brevets, incluant l'Office européen des brevets (OEB).

L'Union européenne n'est certes pas liée à la Convention de Munich. Néanmoins, celle-ci a été signée par tous les États membres de l'Union européenne en janvier 2008.

Il faut bien comprendre que le brevet européen, instauré par la Convention, n'est pas un titre unitaire qui peut être valable sur le territoire de l'ensemble des États signataires : il s'agit d'un groupe de brevets nationaux indépendants. Une demande de brevet unitaire dans une seule langue permet, lui, de bénéficier de la protection dans tous les pays contractants.

Aujourd'hui, en vertu des nouveaux textes[144], tout inventeur sera désormais en mesure de demander à l'Office européen des brevets un brevet unitaire européen. Cette démarche accomplie lui assurera une protection dans les 26 États membres participants.

**175. Une protection garantie. –** Le brevet européen à effet unitaire (dit « brevet unitaire ») ne constitue qu'une faculté supplémentaire pour les utilisateurs, venant s'ajouter aux brevets nationaux et européens existants. Par conséquent, le brevet unitaire ne remplacera pas les brevets nationaux et européens existants.

Le brevet unitaire est un brevet européen délivré par l'Office européen des brevets (OEB). Il lui sera conféré, après la délivrance, un effet unitaire sur le territoire des 26 États participants, à la demande du titulaire du brevet, à savoir tous les États membres à l'exception de l'Espagne et de la Croatie. Notons que l'Italie a finalement décidé en septembre 2015 de rejoindre les États participants au brevet unitaire européen.

L'OEB assurera l'administration des demandes des titulaires de brevets, qui souhaitent obtenir un effet unitaire, la collecte, la gestion et la répartition des taxes annuelles afférentes aux brevets unitaires. Elle prend également en charge la tenue d'un registre des brevets unitaires contenant des informations relatives à la situation juridique telles les licences, les transferts, la limitation, la révocation ou l'extinction.

---

144. Il convient de préciser que les règlements relatifs à la mise en place d'une coopération renforcée et aux modalités de mise en œuvre du brevet unitaire ont été définitivement adoptés en décembre 2012, v. Règlement (UE) n° 1257/2012 du Parlement européen et du Conseil du 17 déc. 2012 mettant en œuvre la coopération renforcée dans le domaine de la création d'une protection unitaire conférée par un brevet, *JOUE* n° L 361, 31 déc. 2012 et le règlement (UE) n° 1260/2012 du Conseil du 17 déc. 2012 mettant en œuvre la coopération renforcée dans le domaine de la création d'une protection unitaire conférée par un brevet, en ce qui concerne les modalités applicables en matière de traduction, *JOUE* n° L 361, 31 déc. 2012. En revanche, l'accord international qui instaure la juridiction en matière de brevet unifié a été signé le 19 février 2013 (doc. 16351/12). Ces règlements ne seront applicables qu'à compter de la date d'entrée en vigueur de l'accord relatif à une juridiction unifiée en matière de brevets.

**176.** S'agissant des modalités de traduction du brevet unitaire, le régime linguistique de l'OEB est appliqué ; rappelons qu'il repose sur trois langues officielles, à savoir l'allemand, l'anglais et le français. Les brevets seront dès lors disponibles dans ces trois langues. Après la délivrance du brevet européen, aucune traduction manuelle ne sera plus requise si le titulaire du brevet opte pour un brevet unitaire.

Il est à noter que pour les demandeurs qui ont leur domicile ou leur siège dans un État membre de l'Union n'ayant pas comme langue officielle l'une des trois langues de l'OEB et qui obtiennent un brevet européen à effet unitaire, un système de remboursement supplémentaire sera introduit pour les coûts de traduction de leur demande dans la langue de la procédure devant l'OEB. Ce système de compensation sera également administré par l'OEB.

**177. Le règlement des litiges : la mise en place d'une juridiction du brevet spécialisée. –** Aujourd'hui, seules les juridictions et administrations nationales des États parties à la Convention sur les brevets européens (CBE) sont compétentes pour statuer sur la contrefaçon et la validité des brevets européens.

En pratique, cette situation occasionne un certain nombre de problèmes (coûts élevés, risque de décisions divergentes, insécurité juridique). C'est le cas lorsque le titulaire d'un brevet souhaite faire respecter un brevet européen – ou lorsqu'un tiers demande la révocation d'un brevet européen – dans plusieurs États.

Cette situation a fait naître ce que l'on nomme le « tourisme judiciaire » (« *forum shopping* »). En effet, l es parties tendent à tirer profit des différences concernant l'interprétation, par les juridictions nationales, du droit européen des brevets harmonisé, le droit procédural, les délais de traitement, variables selon les juridictions « lentes » ou « rapides », et le montant des dommages-intérêts accordés.

**178.** L'accord relatif à une juridiction unifiée en matière de brevets a précisément vocation à répondre à la question. Il crée à cet égard une juridiction du brevet spécialisée (« juridiction unifiée en matière de brevets »), laquelle a compétence exclusive pour régler les litiges liés à la fois aux brevets européens et aux brevets européens à effet unitaire.

La juridiction unifiée comprendra un Tribunal de première instance, une Cour d'appel et un greffe. Le Tribunal de première instance disposera d'une division centrale avec un siège à Paris et deux sections à Londres et Munich, ainsi que de plusieurs divisions locales et régionales dans les États membres parties à l'accord. La Cour d'appel aura son siège à Luxembourg.

- Le Paquet « Marque européenne »

**179.** Le droit de l'Union organise les conditions de dépôt de la demande de la marque. Il prévoit à cet égard la possibilité pour des tiers de formuler des observations écrites et de former opposition à l'enregistrement d'une marque.

En effet, il est mis en place un système permettant la délivrance des marques communautaires par l'Office de l'harmonisation dans le marché intérieur (OHMI). Celui-ci est désormais devenu, avec la réforme du 16 décembre 2015, l'Office de l'Union européenne pour la propriété intellectuelle. Il s'agit d'un organisme de l'Union doté de la personnalité morale.

Le principe fondamental du dispositif mis en place réside dans le caractère unitaire de la marque.

**180.** Sur le fondement d'une demande unique introduite auprès de l'Office de l'Union, la marque peut à certaines conditions faire l'objet d'un enregistrement. Ainsi enregistrée, elle bénéficiera d'une protection uniforme et produira ses effets sur tout le territoire de l'Union.

Peuvent être titulaires des marques communautaires les personnes physiques et morales, y compris les entités de droit public.

**181. La récente réforme. –** Le paquet « Marque » porte réforme du droit des marques au sein de l'Union. Il comprend, d'une part, le règlement (UE) n° 2015/2424 du 16 décembre 2015[145] portant modification du règlement (CE) n° 207/2009 ainsi que du règlement (CE) n° 2868/95, et, d'autre part, la directive n° 2015/2437/UE du 16 décembre 2015[146].

Notons que le règlement (UE) n° 2017/1001/UE[147] sur la marque de l'Union européenne a été adopté le 14 juin 2017 afin de codifier l'ensemble des modifications apportées au règlement (CE) n° 207/2009/CE du 26 février 2009 sur la marque communautaire[148], notamment celles apportées par le règlement (UE) n° 2015/2424/UE.

Au terme de deux ans de négociations, la réforme a pu aboutir avec pour objet d'harmoniser et surtout de moderniser les procédures en droit des marques. Ces éléments de réformes portent à la fois sur la marque communautaire mais également sur les marques nationales.

Le paquet conserve ainsi le principe de la coexistence des deux systèmes de protection des marques (nationales et communautaires), tout en procédant à l'uniformisation des procédures nationales.

**182. Ses apports. –** La réforme introduit des changements notables de plusieurs ordres. L'une des premières innovations porte sur le changement de terminologie. Désormais, il s'agira de la « marque de l'Union européenne » et non plus de marque communautaire, et de l'Office de l'Union européenne pour la propriété intellectuelle (et non plus de l'Office de l'harmonisation pour le marché intérieur). L'appellation OHMI se transformera en OUEPI.

---

145. *JOUE* n° L 341, 24 déc. 2015. En effet, le règlement (CE) n° 2017/2009 du 26 février 2009 a été modifié à plusieurs reprises et de manière substantielle.

146. *JOUE* n° L 336, 23 déc. 2015.

147. *JOUE* n° L 154, 16 juin 2017.

148. En effet, le règlement (CE) n° 2017/2009 du 26 février 2009 a été modifié à plusieurs reprises et de manière subtantielle.

Par ailleurs, le paquet prévoit la suppression de l'exigence de représentation graphique qui constituait jusqu'à présent un critère déterminant dans la définition d'une marque et ce afin de faciliter l'enregistrement des marques sonores, olfactives, gustatives ou hologramme.

Néanmoins, la représentation du signe doit demeurer claire, précise, distincte, facilement accessible, intelligible, durable et objective, même si elle ne serait que graphique.

De plus, le paquet « Marque » met en place un nouveau système de taxes par classe produits et services. L'enregistrement et le renouvellement des marques pourront se faire sur la base d'une 1re classe puis par classe supplémentaire.

Dès lors, le système forfaitaire actuellement applicable a été abrogé afin de permettre un désengorgement des registres et une réduction des frais de dépôt ou de renouvellement. Chaque office national est tenu d'informer le titulaire de la marque de l'expiration de l'enregistrement au moins six mois avant son échéance.

**183.** Sur la question du système des dépôts et du renouvellement, la protection des marques est désormais limitée à la liste des produits ou services expressément cités et ce en application de la jurisprudence *IP Translator*[149]. Seuls ces produits ou services sont dès lors protégés, et non plus l'entièreté des produits ou services relevant de la classe.

**184.** Le paquet procède à un élargissement de la compétence des offices nationaux. En effet, les procédures en annulation ou en déchéance de marques peuvent être portées devant les offices nationaux.

Auparavant, ces procédures relevaient uniquement du pouvoir des tribunaux. Les marques peuvent désormais être attaquées devant les offices aux motifs qu'elles seraient trompeuses, non distinctives ou en l'absence d'exploitation de la marque pendant une période de cinq ans.

Il est également prévu que le transfert d'une entreprise dans sa totalité implique également le transfert de la marque.

**185.** Sur les procédures litigeuses, il faut bien noter que tous les offices doivent prévoir la faculté pour un tiers de déposer des observations à l'enregistrement d'une marque. De plus, la procédure d'opposition à l'enregistrement d'une marque est désormais obligatoire pour tous les États membres. Elle doit intervenir avant l'enregistrement définitif de la marque.

Chaque État membre est tenu de mettre en place une procédure administrative d'annulation ou de déchéance, qui permettra aux tiers de demander la nullité ou la déchéance d'une marque à l'office national. La réforme élargit les cas d'antériorité qui font obstacle à la protection. En effet, il est désormais possible, dans le cadre d'une procédure d'opposition, de se fonder sur plusieurs marques et sur plusieurs droits : dénomination sociale, droit d'auteur, nom de domaine, marque de renommée et pas seulement notoire. Toujours

149. CJUE, 19 juin 2012, *IP Translator*, aff. C-307/10.

dans le cadre d'une procédure d'opposition, l'usage des marques invoquées doit être prouvé, le cas échéant, pour chacun des produits et services invoqués et non plus comme c'est le cas pour un seul des produits et services visés.

**186.** La réforme prévoit la possibilité pour les titulaires de marque de demander la saisie de marchandises contrefaisantes en transit au sein de l'Union grâce à des mesures douanières, ces marchandises provenant d'un État dans lequel la marque n'est pas protégée. La saisie ne peut être levée que si le propriétaire des marchandises prouve qu'elles sont destinées à un État tiers dans lequel la marque n'est pas protégée. La charge de la preuve est désormais renversée et pèse sur le propriétaire des marchandises.

La réforme prévoit également le droit d'agir en cas d'actes de contrefaçon préparatoires. Cette procédure permet notamment de viser l'utilisation des *packaging*, emballages, étiquettes ou tout support sur lequel la marque contrefaisante sera apposée, et ce même si ces conditionnements sont vides.

### β. *L'exercice des droits de propriété intellectuelle*

**187.** Eu égard aux exigences que pose le droit de l'Union en matière de libertés de circulation, la protection du droit de propriété ne peut être un argument valable pour donner lieu à un cloisonnement disproportionné ou artificiel des marchés[150].

Néanmoins, l'application de dispositions restrictives peut être, dans certaines circonstances, considérée comme nécessaire pour protéger l'objet spécifique du droit d'auteur, lequel confère notamment le droit exclusif d'exploitation. La restriction à la libre circulation des marchandises qui en résulte est dès lors justifiée et proportionnée à l'objectif légitime poursuivi.

• La recherche d'un compromis

**188.** À défaut d'une intervention du législateur de l'Union, l'ensemble des propriétés intellectuelles est régi par le droit national. Or, celui-ci confère aux titulaires des droits l'exclusivité quant aux inventions ou aux œuvres dont ils sont les auteurs.

En effet, le traité ne vise pas l'existence de droits de propriété intellectuelle accordés en vertu de la législation des États membres. Dès lors, le droit relatif à l'acquisition, aux transferts et à l'extinction de ces droits relève de l'autorité nationale pourvu que la règle nationale ne revête pas un caractère discriminatoire[151].

**189.** C'est ainsi que le titulaire de ces droits peut légitimement s'opposer à la libre circulation d'un bien s'il en détient les droits exclusifs. Par le maintien de telles règles, s'opère une forme insidieuse de cloisonnement du marché. Certes, celle-ci a pour objet légitime de récompenser l'effort

150. CJCE, 8 juin 1971, *Deutsche Grammophon*, préc. ; CJCE, 20 janv. 1981, *Musik-Vertrieb*, aff. jtes 55/80 et 57/80, *Rec.* p. 147 ; CJCE, 24 janv. 1989, *EMI*, aff. 341/87, *Rec.* p. 79.

151. CJCE, 18 févr. 1992, *Commission c/ Italie*, aff. C-235/89, *Rec.* 1992, p. I. 777.

de l'inventeur. Mais elle aboutit à une affectation du mouvement des marchandises.

**190.** Aussi importe-t-il d'établir un compromis entre les différents intérêts en présence, ceux du titulaire des droits et ceux de la libre circulation des marchandises. Pour ce faire, la Cour opère la distinction entre l'existence des droits de propriété intellectuelle, bénéficiant pleinement du régime dérogatoire, et l'exercice de ces droits, qui fera l'objet d'un examen au fond. Ce contrôle permet de s'assurer qu'un tel exercice ne constitue pas un moyen de discrimination arbitraire ni de restriction déguisée.

En faisant valoir l'existence d'un lien de causalité pertinent, la Cour admet que dans le but de protéger la propriété industrielle et commerciale, des mesures nationales peuvent être prises sur le fondement de l'article 36 TFUE. Mais il est nécessaire que celles-ci soient de nature à sauvegarder les droits conférés à l'objet spécifique de cette propriété[152].

• Le principe de l'épuisement des droits

**191.** L'approche de la Cour est fondée sur le lien de causalité. Ceci amène à admettre que le droit exclusif du titulaire ne sera valable que pour le premier acte de commercialisation. Par la suite, en vertu d'une règle d'épuisement des droits, le titulaire des droits ne sera plus en mesure de s'opposer à la commercialisation du produit par un tiers dans un autre État membre.

De cette manière, le droit de propriété de l'inventeur est préservé puisqu'il conserve le monopole territorial que lui confère la législation nationale mais uniquement lors de la première mise en circulation du produit[153]. En revanche, le titulaire ne peut plus invoquer ce monopole pour l'accès et la circulation sur les autres territoires au sein de l'Union[154].

Toutefois, la Cour admet un tempérament de la règle de l'épuisement des droits lorsqu'il s'agit de protéger la marque au regard des contrefaçons. Dans pareille hypothèse, le titulaire de la marque peut s'opposer, après la première mise en circulation, à l'utilisation de la marque par un tiers[155].

**192.** De manière plus précise, il ressort de la jurisprudence de la Cour que, si une œuvre protégée par un droit d'auteur est mise sur le marché d'un État membre par le titulaire de ce droit ou avec son consentement, une telle circonstance empêche ce dernier de s'opposer à la libre circulation de cette œuvre dans l'Union. Tel est le cas lorsque la mise sur le marché résulte non pas du consentement du titulaire du droit d'auteur, mais de l'épuisement de son droit dans un État membre particulier. En fait, selon le principe d'épuisement des droits, un droit de propriété industrielle

152. CJCE, 8 juin 1971, *Deutsche Grammophon*, aff. 78/80, *Rec.* p. 487 ; CJCE, 20 janv. 1981, *Musik-Vertrieb*, préc. ; CJCE, 24 janv. 1989, *EMI*, préc.

153. CJCE, 31 oct. 1974, *Centrafarm*, aff. 15/74, *Rec.* p. 1147.

154. CJCE, 14 juill. 1981, *Merck*, aff. 197/80, *Rec.* p. 2063, *Stephar*, préc.

155. CJCE, 3 juill. 1974, *Hag I*, aff. 192/73, *Rec.* p. 731 ; CJCE, 17 oct. 1990, *Hag II*, aff. C-10/89, *Rec.* p. I. 3711.

est considéré comme épuisé lorsqu'un produit a été légalement distribué sur le marché d'un État membre par le titulaire du droit ou avec son consentement.

**193.** Ultérieurement, le titulaire du droit ne pourra pas s'opposer à l'importation du produit en cause dans un autre État membre au sein duquel il a été commercialisé dans un premier temps. Néanmoins, le principe d'épuisement des droits ne s'oppose pas à ce que les titulaires de droits d'exécution ou de prêt puissent obtenir des redevances pour chaque exécution ou prêt[156].

Dans ce cas, dans la mesure où la disparité des législations nationales en matière de durée de protection est susceptible de créer des restrictions au commerce à l'intérieur de l'Union, ces restrictions sont justifiées au titre de l'article 36 TFUE. Pour autant, il faut que ces restrictions résultent de la différence des régimes et que celle-ci soit indissociablement liée à l'existence même des droits exclusifs[157].

### d. Intérêts liés la protection des trésors nationaux

**194.** Pour protéger leur patrimoine national, les États membres sont en droit d'appliquer des restrictions aux importations ou aux exportations d'antiquités et d'autres biens culturels. Ils ont alors recours à différentes procédures administratives contraignantes (v. par exemple formulaires de déclaration ou présentation de documents justificatifs). Les autorités nationales peuvent ainsi invoquer l'article 36 TFUE afin de préserver leurs trésors nationaux ayant une valeur artistique, historique ou archéologique.

**195.** La définition précise d'un « trésor national » est délicate car elle se prête à plusieurs interprétations. Il est néanmoins établi qu'il appartient aux États membres de déterminer quels sont les biens relevant de cette catégorie.

Ils disposent à cet égard d'un outil, la directive n° 2014/60/UE du Parlement européen et du Conseil du 15 mai 2014 relative à la restitution de biens culturels ayant quitté illicitement le territoire d'un État membre[158]. Celle-ci établit, notamment, aux termes du considérant 3, qu'en vertu et dans les limites de l'article 36 TFUE, les États membres conservent le droit de définir leurs trésors nationaux et de prendre les mesures nécessaires pour en assurer la protection. Ce même considérant souligne cependant que l'Union joue un rôle précieux en encourageant la coopération entre les États membres en vue de protéger le patrimoine culturel d'importance européenne, auquel ces trésors nationaux appartiennent.

---

156. CJCE, 8 juin 1971, *Deutsche Grammophon*, préc. ; CJCE, 14 juill. 1981, *Stephar*, aff. 187/80, *Rec.* p. 2063 ; CJCE, 5 déc. 1996, *Primecrown*, aff. jtes C-267/95 et 268/95, *Rec.* p. I. 6285.

157. CJCE, 24 janv. 1989, *EMI*, préc ; CJUE, 21 juin 2012, *Donner*, aff. C-5/11.

158. *JOUE* n° L 159, 28 mai 2014. Elle abroge la directive n° 93/7/CEE, *JOCE* n° L 74, 27 mars 1993.

## B. Un socle supplétif de dérogations

**196.** En dépit du champ d'application appréciable de l'article 36 TFUE, il demeurait encore difficile de répondre aux situations dans lesquelles subsistaient des atteintes au principe de libre circulation des marchandises. Elles étaient pourtant justifiées par des raisons tirées de l'intérêt général. C'est alors qu'aux intérêts initiaux, s'est greffé un socle supplétif de dérogations qui ont une double source, le traité et la jurisprudence.

### 1. Les dérogations introduites par le traité : l'article 114 TFUE

**197.** Dans la perspective du marché unique au 1er janvier 1993, l'Acte unique européen a introduit une série de dérogations dans le cadre d'une nouvelle disposition, l'article 114 TFUE. En établissant une nouvelle procédure d'harmonisation, il prévoit, dans ses paragraphes 4 et 5, un certain nombre de dérogations. Celles-ci ont à nouveau été modifiées par un traité de révision ultérieur, le traité d'Amsterdam.

Ces dérogations sont présentées sous la forme de véritables clauses de sauvegarde qui permettent aux État membres d'échapper à une mesure d'harmonisation en invoquant une raison d'intérêt général. Il semble bien que ces nouvelles clauses de sauvegarde apparaissent comme le tribut à payer pour abandonner le vote à l'unanimité au profit du vote majoritaire, ce que permet dorénavant l'article 114 TFUE.

En somme, le recours à ces dérogations constitue pour les États membres le seul paravent possible pour la maîtrise de leurs intérêts essentiels. En effet, ils ne peuvent pas s'opposer à une mesure communautaire, ne disposant plus de droit de veto dans la plupart des domaines liés au marché intérieur.

**198.** Sur le fond, l'article 114, paragraphe 4, TFUE autorise tout État membre, après l'adoption d'une mesure d'harmonisation, à *maintenir* une législation nationale plus restrictive fondée sur les « exigences importantes visées » à l'article 36 TFUE[159], ou relatives à la protection du milieu du travail ou de l'environnement. Pour sa part, le paragraphe 5 autorise à *introduire* des mesures nationales uniquement en matière de protection de l'environnement ou du milieu du travail.

Le recours à ces dispositions est soumis à une procédure contraignante. En effet, la mesure préconisée doit avant tout faire l'objet d'une notification à la Commission qui leur accordera ou non une validité au terme d'un examen au fond. La Commission est tenue de statuer dans un délai de six mois à compter de la notification en application de l'article 114, paragraphe 6, TFUE, comme le rappelle la jurisprudence[160].

En outre, le paragraphe 10 introduit la possibilité pour les États membres, lors de l'élaboration d'un texte d'harmonisation, d'invoquer les raisons non

159. Pour un exemple récent, CJUE, 19 déc. 2013, *Commission c/Allemagne*, aff. C-426/13.

160. Trib. UE, 9 déc. 2010, *Pologne c/Commission*, aff. T-69/08.

économiques de l'article 36 TFUE. Pour cela, la mesure restrictive doit conserver un caractère provisoire et demeurer soumise au contrôle de la Commission.

## 2. Les dérogations issues de la jurisprudence : les exigences impératives

**199.** Aux côtés du socle textuel résultant de l'article 36 TFUE, le juge de l'Union énoncera de nouvelles dérogations. Leur fondement est sensiblement distinct de celui de l'article 36, mais le régime juridique d'une grande similarité.

Pour la première fois, la Cour s'écarte de la liste des intérêts établis par l'article 36 TFUE pour admettre que des réglementations nationales peuvent être justifiées par d'autres intérêts supérieurs, souvent attachés à l'intérêt général. Il apparaît aujourd'hui que la démarche de la Cour, loin d'être un tremplin aux comportements protectionnistes, permet aux État membres de mieux intégrer la législation de l'Union.

En réalité, la théorie des exigences impératives n'agit pas isolément, mais s'accompagne toujours d'une application ferme du principe de reconnaissance mutuelle. Il s'agit d'un double dispositif permettant de soutenir l'effort d'adaptation nationale aux prescriptions de l'ordre juridique de l'Union.

### a. Les fondements théoriques des exigences impératives

**200.** C'est à l'occasion du célèbre arrêt *Rewe-Zentral AG*, communément appelé *Cassis de Dijon*[161], que la Cour a consacré de nouvelles dérogations au travers de la notion d'exigences impératives selon une construction précise.

En effet, à titre liminaire, la Cour affirme le droit dont dispose tout État de régir la production et la commercialisation des produits accédant à son territoire et y circulant à la condition suprême qu'il n'existe pas d'harmonisation dans le domaine en cause.

Pour autant, au regard d'un principe de reconnaissante mutuelle, les contrôles exercés sur les marchandises bénéficient d'une reconnaissance entre États membres. En effet, tout produit légalement fabriqué et commercialisé dans un État membre, en conformité avec la réglementation nationale, doit également pouvoir l'être dans les autres États membres. Néanmoins, la Cour admet la possibilité pour un État membre d'introduire ou de maintenir une entrave si elle est justifiée par des exigences impératives « tenant notamment à l'efficacité des contrôles fiscaux, à la protection de la santé publique, à la loyauté des transactions commerciales et la défense des consommateurs ».

**201.** L'interprétation de la Cour est de deux ordres. D'une part, elle oppose expressément aux États membres un principe de reconnaissance mutuelle qui contribue au décloisonnement du marché. En effet, désormais, les autorités nationales sont tenues d'admettre l'équivalence des contrôles.

161. CJCE, 20 févr. 1979, *Rewe-Zentral AG*, préc.

Ce principe revêt plus de relief dans la décennie 1980 durant laquelle, comme le souligne la Commission dans son Livre blanc sur le marché intérieur en 1985[162], subsistent, de manière sournoise, de nombreuses entraves aux échanges, nées précisément des conditions divergentes de fabrication et commercialisation. Pendant cette période, le principe de reconnaissance mutuelle participe fortement à la libéralisation du marché européen, marqué alors par des postures néoprotectionnistes.

D'autre part, la Cour reconnaît l'impériosité d'intérêts considérés comme essentiels pour un État, et qui méritent une attention particulière. Elle range ces intérêts au sein d'une nouvelle catégorie juridique, les exigences impératives. Il s'agit en fait d'une autre conceptualisation de l'intérêt général. Ces dernières sont dès lors susceptibles de justifier une atteinte à la libre circulation de marchandises. Mais les exigences impératives ne peuvent être soulevées que dans le cadre de l'article 34 TFUE et non dans celui de l'article 36 TFUE qui est de stricte interprétation[163].

**202.** Si la Cour admet la validité de mesures restrictives aux échanges, justifiées par des exigences impératives, la mesure revêt alors un caractère licite. Elle ne peut alors être considérée comme une mesure d'effet équivalent. La mesure en cause échappe au champ d'application de l'article 34 TFUE qui pose l'interdiction de telles mesures. En revanche, rappelons que concernant les dérogations de l'article 36 TFUE, les mesures invoquées sont qualifiées de mesures d'effet équivalent mais sont justifiées au regard des intérêts énoncés à l'article 36 TFUE.

### b. Les conditions d'application

**203.** La Cour s'attache à expliciter les conditions d'application de ces nouvelles dérogations, notamment en prenant soin de les distinguer clairement de celles de l'article 36 TFUE.

Le recours aux exigences impératives par un État membre est seulement admis dans les situations pour lesquelles il n'existe pas d'harmonisation des législations nationales régissant le domaine en cause. Ce n'est qu'à défaut d'une intervention du législateur de l'Union que l'autorité nationale conserve sa compétence dans ce domaine. Elle est alors susceptible, par la mesure adoptée, de protéger un intérêt déterminé[164].

Cette condition, que l'on retrouve pour l'article 36 TFUE, constitue un filet efficace contre les dérives des États qui pourraient arguer aisément de la remise en cause d'intérêts essentiels.

Or, la nécessité d'une carence au niveau de l'Union restreint sensiblement le champ des mesures invocables d'autant que le processus d'harmonisation en matière de conditions de fabrication et de commercialisation des produits a été fécond avant et après l'avènement du marché intérieur.

162. COM (85) 310 final, préc.

163. CJCE, 17 juin 1981, *Commission c/ Irlande*, préc.

164. CJCE, 6 juill. 1995, *Mars*, aff. C-470/93, *Rec.* p. I. 1923.

**204.** Autre condition nécessaire, l'État membre ne pourra invoquer les exigences impératives que pour des mesures indistinctement applicables, sans opérer alors une quelconque discrimination à l'encontre des marchandises originaires des autres États membres. En effet, la protection de l'intérêt essentiel est valable pour l'ensemble des opérateurs. L'effet discriminatoire de la mesure ruine la validité de l'exigence invoquée. Cette condition s'oppose à celle de l'article 36 TFUE pour lequel les dérogations sont invoquées pour des marchandises importées ou exportées.

Toutefois, il convient de nuancer cette distinction qui devient de plus en plus artificielle[165]. En effet, la Cour tend de plus en plus à rapprocher les deux régimes dans un souci de simplification, de sorte qu'elle peut être amenée à examiner une mesure discriminatoire, non seulement au titre classique de l'article 36 TFUE mais aussi au titre des exigences impératives.

**205.** C'est ainsi que la Cour a estimé qu'une mesure susceptible d'être considérée comme discriminatoire ne l'était pas en raison de la particularité de l'objet en cause. Elle a admis la justification fondée sur la protection de l'environnement[166]. Dans le même sens, la Cour a choisi de qualifier une mesure comme étant indistinctement applicable et non indirectement discriminatoire[167] afin de l'examiner à la lumière des exigences impératives.

Autre exemple, à propos de la liberté d'établissement, la Cour a accepté d'examiner sous l'angle des raisons impérieuses d'intérêt général (qui sont l'équivalent des exigences impératives au niveau des marchandises) une mesure qualifiée de discriminatoire. En principe, de telles raisons ne sont réservées qu'aux mesures indistinctement applicables et non aux mesures discriminatoires[168].

**206.** En dernier lieu, comme pour l'article 36 TFUE, la Cour se livre à un contrôle *in concreto* au terme duquel elle s'assure que la mesure en cause est proportionnée quant à la protection de l'intérêt visé et qu'elle répond à un principe de nécessité[169].

## c. La régulière extension des exigences impératives

**207.** Comme pouvait le laisser suggérer l'emploi de l'adverbe « notamment » dans le libellé de l'arrêt fondateur, la qualification d'exigence impérative a été étendue à d'autres intérêts. Ceux-ci sont fortement imprégnés de l'intérêt général. Il est permis, là aussi, de relever un

165. Pour une même opinion, v. P. Oliver, *Free Movement of Goods in the European Community*, Londres, Sweet et Maxwell, 2003, p. 124 et s.

166. CJCE, 9 juill. 1992, *Commission c/Belgique*, aff. C-2/90, *Rec.* 1992, p. I. 4431.

167. CJCE, 15 nov. 2005, *Commission c/Autriche*, aff. C-320/03, *Rec.* 2005, p. I. 9871.

168. CJCE, 14 nov. 2013, *Belgacom*, aff. C-221/12.

169. CJUE, 6 sept. 2012, *Commission c/Belgique*, aff. C-150/11, à propos des exigences et formalités posées par la réglementation belge pour la réimmatriculation des voitures importées des autres États membres. Les exigences relatives à la protection du consommateur, la protection de l'environnement et la sécurité routières, invoquées par la Belgique, donnent lieu à des mesures considérées par la Cour comme excessives et non nécessaires.

autre élément de distinction avec l'article 36 TFUE qui est lui d'interprétation stricte dans son contenu.

De nombreux intérêts ont été consacrés, parmi lesquels la protection de l'environnement[170], la défense du cinéma d'auteur et plus généralement la protection de la culture[171], le maintien du pluralisme de la presse[172], le choix de politique économique et sociale (l'amélioration des conditions de travail)[173], l'équilibre financier du système de sécurité sociale[174], la protection des travailleurs[175], la défense des consommateurs[176], la protection du bien-être des animaux[177], la garantie de la sécurité routière[178], la protection de l'enfance[179] ou encore la lutte contre la criminalité[180].

**208.** De manière plus inattendue, la Cour a considéré que des motifs d'ordre éthique et religieux pouvaient justifier une entrave aux échanges de marchandises[181]. Pour l'heure, la Cour n'a pas admis formellement de tels motifs au rang d'exigences impératives.

De manière plus précise, l'arrêt condamne la Pologne pour manquement à ses obligations en vertu de la directive n° 2001/18/CE relative à la dissémination volontaire d'organismes génétiquement modifiés dans l'environnement[182].

---

170. CJCE, 20 sept. 1988, *Commission c/ Danemark*, aff. 302/86, *Rec.* p. 4607 ; CJUE, 6 oct. 2011, *Bonnarde*, préc. Plus récemment, v. CJUE, 3 avr. 2014, *Commission c/Espagne*, aff. C-428/12 à propos de règles d'obtention de la licence de transport routier ; CJUE, 1er juill. 2014, *Ålands Vindkraft*, aff. C-573/12 ; CJUE, 11 sept. 2014, *Essent Belguim*, aff. jte C-204/12 à C-208/12.

171. CJCE, 11 juill. 1985, *Cinéthèque*, aff. 60 et 61/84, *Rec.* p. 2605, à propos d'une réglementation française visant à encourager la création d'œuvres cinématographiques.

172. CJCE, 26 juin 1997, *Familiapress*, aff. C-368/95, *Rec.* p. I. 3689, concernant l'interdiction autrichienne de la vente de périodiques contenant des jeux-concours dotés de prix.

173. CJCE, *Oebel*, aff. 155/80, *Rec.* 1981, p. 1993. Dans cet arrêt, la Cour de justice a considéré que l'interdiction de la fabrication de pain pendant la nuit constituait un choix de politique économique et sociale légitime.

174. CJCE, 28 avr. 1998, *Decker*, aff. C-120/95, à propos du refus d'un État membre de rembourser le coût d'une paire de lunettes avec verres correcteurs achetée auprès d'un opticien établi dans un autre État membre.

175. CJCE, 23 nov. 1989, *Torfaen*, aff. C-157/88, *Rec.* p. I. 3851.

176. CJCE, 22 juin 1982, *Robertson*, aff. 220/81, *Rec.* p. 2349 ; CJCE, 15 sept. 1994, *Houtwipper*, aff. C-293/93, *Rec.* p. I. 4249 ; CJCE, 22 oct. 1998, *Commission c/ France*, aff. C-184/96, *Rec.* p. I. 6197 ; CJCE, 21 juin 2001, *Commission c/Irlande*, aff. C-30/99, Rec. p. I. 4619 ; CJCE, 14 sept. 2006, *Commission c/ Grèce*, aff. C-82/05, *Rec.* p. I. 93 ; CJUE, 10 sept 2014, *Vilniaus*, aff. C-423/13 ; CJUE, 16 janv. 2014, *UAB*, aff. C-481/12. Sur la protection des consommateurs, v. M. Luby, « Politique communautaire de protection des consommateurs », *Juris-Classeur Europe*, fasc. 2000 ; v. aussi les fascicules du même auteur, 2011, 2012 et 2013. Plus précisément sur la sécurité alimentaire, v. S. Mahieu, *Le droit de la société de l'alimentation. Vers un nouveau modèle de maîtrise des risques alimentaires et technologiques en droit communautaire et international*, Larcier, 2007.

177. CJCE, 19 juin 2008, *Andibel*, aff. C-219/07, *Rec.* 2008, p. I. 4475.

178. CJCE, 27 mars 2004, *Commission c/Italie*, arrêt dit des « *autobus usagés* », aff. 50/83 ; CJCE, 12 oct. 2000, *Snellers*, aff. C-314/98, *Rec.* p. I. 8633 ; CJCE, 20 sept. 2007, *Commission c/ Pays-Bas*, aff. C-297/05, *Rec.* p. I. 7467 ; CJUE, 18 nov. 2010, *Lahousse*, aff. C-142/ 09.

179. CJCE, 14 févr. 2008, *Dynamic Medien*, préc.

180. CJCE, 10 avr. 2008, *Commission c/Portugal*, aff. C-265/06, *Rec.* 2008, p. I. 2245, à propos d'une réglementation portugaise interdisant l'apposition de films colorés sur les vitrages des voitures ; CJCE, 24 avr. 2008, *Commission c/ Luxembourg*, aff. C-286/07, *Rec.* p. I. 63.

181. CJCE, 16 juill. 2009, *Commission c/Pologne*, aff. C-165/08, *Rec.* p. I. 6843.

182. *JOCE* n° L 106 du 17 avr. 2001.

Or, devant la Cour, la Pologne, ayant adopté une loi ayant pour effet d'interdire la libre circulation des semences génétiquement modifiées, n'a pas hésité à fonder l'interdiction sur des motifs d'ordre éthique et religieux. La Cour ne les a pas admis, considérant que les finalités éthiques et religieuses de la mesure étaient insuffisamment démontrées. En effet, le juge de l'Union a estimé notamment qu'il s'agissait d'affirmations trop générales. Toutefois, l'arrêt *Commission c/ Pologne* a ouvert la possibilité de voir un jour ce motif consacré comme exigence impérative.

**209. Bibliographie**


J. Amphoux, « La prohibition des mesures d'effet équivalent à des restrictions quantitatives », *CDE* 1991, p. 44.

M. Ayral, « La suppression des contrôles aux frontières intracommunautaires », *RMUE* 1993, n° 1, p. 13.

M. Ayral, *Le marché intérieur de l'Union européenne*, 1995, La Documentation française.

L. Azoulay (dir.), *L'entrave dans le droit du marché intérieur*, Bruylant, 2011.

A. Barav, « La répétition de l'indu dans la jurisprudence de la Cour de justice des Communautés européennes », *CDE* 1981, p. 507.

S. Barbou Des Places, *Protectionnisme et droit de l'Union européenne*, Pedone, 2014.

C. Barnard, *The substantive Law of the EU*, Oxford University Press, 3rd ed. 2010, p. 42.

V. De Beaufort, « Repenser le volet externe du marché intérieur européen », *RMCUE* 2010, p. 514.

N. Bernard, « La libre circulation des marchandises, des personnes et des services dans le Traité CE sous l'angle de la compétence », *CDE* 1998, p. 11.

B. Bertrand, « Que reste-t-il des exigences impératives d'intérêt général ? », *Europe* n° 1, janv. 2012, étude 1.

D. Blanc, « La planification des services de santé et le droit de l'Union européenne », *RTDE* 2013, p. 217.

V. Bouhier, « L'autonomie procédurale : les contours évolutifs d'un principe dans le cadre de la répétition de l'indu », *RUE* 2013, p. 481.

A. Bouveresse, « L'arrêt *Keck* et la jurisprudence postérieure du point de vue de la Cour ou comment le juge de l'Union a travaillé son revirement », *RTDE* 2014, p. 870.

E. Brosset, « Le juge de l'Union et le principe de précaution : état des lieux », *RTDE* 2015, p. 737.

E. Brosset, *Droit européen et protection de la santé : bilan et perspectives*, Bruylant, 2015.

E. P. Burki, « L'affaire Bauhuis/État néerlandais (46/76 du 25 janv. 1977) ou un nouveau problème posé par les taxes d'effet équivalent aux droits de douane », *RTDE* 1977, p. 312.

F. Capelli, « La libre circulation des produits alimentaires à l'intérieur du marché unique européen », *RMC* 1993, p. 790.

D. Chalmers, G. Davies et G. Monti, *European Union Law*, Cambridge University Press, 2e éd., 2010.

H. Claret, « Quelques remarques sur le champ d'application du droit communautaire (à propos de la libre circulation des marchandises et des "situations purement internes") », in *Mélanges Roger Decottignies*, PU Grenoble, 2003, p. 103.

L. Daniele, « Réflexions d'ensemble sur la notion de mesures ayant un effet équivalent à des restrictions quantitatives », *RMC* 1984, p. 477.

M. A. Dauses, « Mesures d'effet équivalent à des restrictions quantitatives à la lumière de la jurisprudence de la Cour de justice des Communautés européennes », *RTDE* 1992, p. 607.

P. Deboysier, « Le marché unique des produits alimentaires », *RMUE* 1991, n° 1, p. 63.

L. Defalque, « Le concept de discrimination en matière de libre circulation des marchandises », *CDE* 1987, p. 471.

L. Defalque, J. Pertek, P. Steinfeld et D. Vigneron, *Libre circulation des personnes et des capitaux, Rapprochement des législations, Commentaire Mégret*, Éd. de l'ULB, 3e éd. 2006.

N. Forwoodet et M. Clough, "The single european Act and free Movement – Legal implications of the provisions for the completion of the internal market", *ELRev.* 1986, p. 385.

J. Faure, « L'élimination des entraves techniques dans la Communauté », *RMC* 1980. p. 443.

A. Fromont et C. Verdure, « La consécration du critère de l'"accès au marché" en matière de libre circulation des marchandises : mythe ou réalité ? », *RTDE* 2011 p. 717.

J. Frowein, « La notion de taxe d'effet équivalent à des droits de douane », *CDE* 1967, p. 301.

Y. Galmot et J. Biancarelli, « Les réglementations nationales en matière de prix au regard du droit communautaire », *RTDE* 1985, p. 269.

M. Giffoni, « Les taxes d'effet équivalent à des droits de douane selon le droit de la Communauté économique européenne » *in Réflexions offertes à Paul Sibille*, Bruylant, 1981, p. 613.

J.-M. Grave, « L'interdiction des taxes d'effet équivalent à un droit de douane : un élément fondateur de l'union douanière au service du marché intérieur et de la politique commerciale commune » *RAE* 2005, p. 621.

N. De Grove-Valdeyron, « Un nouvel infléchissement jurisprudentiel dans la notion d'entrave aux échanges – à propos de l'arrêt *Schutzverband*, », *RMCUE* 2000, p. 461.

N. de Grove-Valdeyron, *Droit européen de la santé*, LGDJ, 2013.

L. Gonzales-Vaqué, « La jurisprudence relative à l'article 28 CE (ex-article 30) après l'arrêt Keck et Mithouard », *RDUE* 2000, p. 395.

R. Joliet, « La libre circulation des marchandises : l'arrêt Keck et Mithouard et les nouvelles orientations de la jurisprudence », *JTDE* 1994, p. 145.

G. Jazottes, « Jurisprudence Keck et Mithouard. Publicité télévisée, Restrictions, Entrave à l'importation », *RTD com.* 1998, p. 719.

R. Kovar, « *Dassonville, Keck* et les autres : de la mesure avant toute chose », *RTDE* 2006, p. 213.

R. Kovar, « Dossier Keck – De l'arrêt Dassonville à l'arrêt Keck et Mithouard », *RTDE* 2014, p. 859.

S. Mahieu, *Le droit de la société de l'alimentation. Vers un nouveau modèle de maîtrise des risques alimentaires et technologiques en droit communautaire et international*, Larcier, 2007.

G. Marenco, « Pour une interprétation traditionnelle de la notion de mesure d'effet équivalent à une restriction quantitative », *CDE* 1984, p. 291.

D. Martin, « "Discriminations", "entraves" et "raisons impérieuses" dans le traité CE : trois concepts en quête d'identité », *CDE* 1998, p. 261.

A. Mattera, « L'arrêt Cassis de Dijon : une nouvelle approche pour la réalisation et le bon fonctionnement du marché intérieur », *RMC* 1980, p. 505.

A. Mattera, « L'arrêt *Keck* ou l'obscure clarté d'une jurisprudence riche en principes contradictoires », *RMUE* 1994, n° 1, p. 126.

A. Mattera, La reconnaissance mutuelle : une valeur historique ancienne, un principe juridique intégrationniste, l'assise politique d'un modèle de société humaniste, *RDUE* 2009, p. 385.

A. Mattera, L'harmonisation des législations nationales : un instrument d'intégration et de reconnaissance mutuell, *RDUE* 2010, p. 679.

A. Mattera, « L'article 30 du traité, la jurisprudence Cassis de Dijon et le principe de la reconnaissance mutuelle », *RMUE* 1992, n° 4, p. 13.

Ch. Maubernard, « La preuve dans le contentieux de la répétition de l'indu au sens de la jurisprudence de la Cour de justice de l'Union européenne », *RUE* 2013, p. 489.

L.-V. Maublanc-Fernandez, « L'extension de la notion de taxe d'effet équivalent à des droits de douane dans la jurisprudence de la Cour », *RMC* 1997, p. 126.

J. Mc Millan, « La politique réglementaire communautaire pour la libre circulation des marchandises et l'approfondissement/achèvement du marché intérieur », *RDUE* 2010, p. 229.

M. Mouncif-Moungache, *Les dessins et modèles en droit de l'Union européenne*, Bruylant, 2013.

R. Muñoz, « Le principe de reconnaissance mutuelle et le règlement 764/2008. Chronique d'une future révolution ? », *RDUE* 2009, p. 513.

P. Nihoul, « L'interdiction d'ouvrir les magasins le dimanche est-elle contraire à la libre circulation des marchandises ? », *JTDE* 1993, p. 12.

P. Oliver, *Free Movement of Goods in the European Community*, Londres, Sweet et Maxwell, 2003.

P. Oliver et S. Enchelmaier, "Free movement of goods : Recent developments in the case law", *CMLRev.* 2007, p. 649.

R.-E. Papadopoulou, « Situations purement internes et droit communautaire : un instrument jurisprudentiel à double fonction ou une arme à double tranchant ? », *CDE* 2002, p. 95.

F. Picod, « La nouvelle approche de la Cour de justice en matière d'entraves aux échanges », *RTDE* 1998, p. 169.

F. Picod, « Le statut juridique des taxes et autres mesures restrictives au franchissement des frontières », *in* C. Blumann (dir.), *Les frontières de l'Union européenne*, Bruylant, 2013, p. 75.

B. Remiche, *Brevet, innovation et intérêt général*, Larcier, 2006.

F. Schockweiler, « Les conséquences de l'expiration du délai imparti pour l'établissement du marché intérieur », *RMC* 1991, p. 882.

D. Simon, « Restrictions quantitatives et mesures d'effet équivalent », *Répertoire Dalloz Droit européen*.

D. Simon et A. Rigaux, « Visite guidée au pays de *Keck et Mithouard* dans les pas des avocats généraux : une doctrine, des doctrines, pas de doctrine ? », in *Mélanges Jean-Claude Masclet*, Publications de la Sorbonne, 2013, p. 941.

F. Spitaleri, « Unité et fragmentation de la notion d'entrave : l'adoption de l'approche *Keck* au-delà de la libre circulation des marchandises, », *RTDE* 2014, p. 871.

P. Syrpis, *The Judiciary, the Legislature and the EU Internal Market*, Cambridge University Press, 2012.

J. Steiner, "Drawing the line : uses and abuses of article 30 EEC", *CMLRev.* 1992, p. 749.

J. Stuyck, « Gourmet : une nouvelle brèche dans la jurisprudence Keck ? », *CDE* 2001, p. 683.

M. Todino et L. Tilman, « La jurisprudence Keck en matière de publicité : vers un marché unique inachevé ? », *RMUE* 1995, n° 1, p. 171.

P. Verloren Van Themaat, « La libre circulation des marchandises après l'arrêt Cassis de Dijon », *CDE* 1982, p. 123.

M. Waelbroeck, « L'incompatibilité des législations nationales indistinctement applicables aux produits nationaux et importés avec les règles européennes de libre circulation des marchandises », *CDE* 1983, p. 248.

M. Waelbroeck, « L'arrêt Keck et Mithouard : les conséquences pratiques », *JTDE* 1994, p. 165.

R. Wainwright et V. Melgar, « Bilan de l'article 30 après vingt ans de jurisprudence : de Dassonville à Keck et Mithouard », *RMCUE* 1994, p. 533.

« Dossier Keck – Vingt ans après la "révolution de novembre" : L'arrêt Keck revisité », *RTDE* 2014, p. 849.

## CHAPITRE 3

# L'approche préventive : l'anticipation des obstacles aux échanges

**210.** Le droit de l'Union développe une autre approche qui s'est enrichie au fil du processus d'intégration, la prévention. En effet, les fondateurs étaient parfaitement conscients que, outre l'intégration douanière, le dispositif par voie de sanction, certes pertinent pour réprimer les mesures attentatoires, n'était pas suffisant en soi. Il ne pouvait pas prétendre à une action globale qui inciterait les État membres à agir conjointement au sein de l'Union.

Nous savons que le dispositif répressif s'inscrit dans une lecture individuelle de l'atteinte, qui consiste à examiner le comportement d'un État au regard de ses obligations communautaires. Pour sa part, le dispositif préventif s'attache à une lecture collective des comportements étatiques, particulièrement les plus symptomatiques, afin, dans une perspective d'ensemble, d'opérer une convergence normative dans le domaine en cause.

**211.** L'action préventive de l'Union a permis de créer les conditions pour anticiper l'obstacle et ce, selon un mécanisme binaire : à travers un processus d'harmonisation des législations nationales, posé par la directive n° 83/189/CEE[1] du Conseil du 28 mars 1983, texte fondateur, aujourd'hui abrogé, d'une procédure d'information dans le domaine des normes et réglementations techniques, et par la mise en place d'un système

1. *JOCE* n° L 109, 26 avr. 1983. Cette directive a été abrogée et son contenu codifié par la directive n° 98/34/CE du Parlement européen et du Conseil du 22 juin 1998, *JOCE* n° L 204, 21 juill. 1998. De nouveau, la directive n° 98/34/CE vient d'être abrogée et remplacée par la directive n° 2015/1535 UE du Parlement européen et du Conseil du 9 septembre 2015 prévoyant une procédure d'information dans le domaine des réglementations techniques et des règles relatives aux services de la société de l'information, *JOUE* n° L 241, 17 sept. 2015.

d'alerte, lequel permet d'intervenir précocement avant l'adoption de toute forme de réglementations[2].

Nous observerons que l'information systématisée permet, par une connaissance fine de l'obstacle, de créer les conditions favorables à un processus de rapprochement des normes.

## Section 1
## L'anticipation par une harmonisation des législations nationales

**212.** L'harmonisation des législations nationales porte sur un large champ d'application. Elle régit non seulement la libre circulation des marchandises mais aussi les autres libertés. Ces dernières sont certes en retrait par rapport aux marchandises qui occupent une place essentielle dans la réalisation de l'espace économique et, dès lors, à l'occasion de l'action législative.

L'anticipation de l'obstacle par voie d'harmonisation est rendue possible par le recours à deux procédures, respectivement établies par les articles 114 et 115 TFUE, anciennement les articles 95 CE et 94 CE.

La procédure de l'article 115 TFUE (ex art. 94 CE) est prévue originairement par les traités fondateurs tandis que celle établie par l'article 114 TFUE (ex art. 95 CE) a été introduite par l'Acte unique européen afin d'affranchir le rapprochement des droits d'un certain nombre de contraintes.

**213.** Il convient cependant de noter que le dynamisme que présente l'harmonisation est quelque peu freiné par les nouvelles dispositions introduites par le traité de Lisbonne.

En effet, celui-ci réitère l'innovation du traité constitutionnel (art. I-18, dite clause de flexibilité) au travers de la nouvelle formulation de l'article 308 CE (art. 352 TFUE) qui dispose que les mesures fondées sur le présent article ne peuvent pas comporter d'harmonisation des dispositions législatives et réglementaires des États membres dans les cas où les traités excluent une telle harmonisation.

Autrement dit, le recours à l'harmonisation ne sera pas possible dès l'instant que cette impossibilité est établie par les traités. C'est notamment le cas

2. Règl. (CE) n° 2679/98 du Conseil du 7 déc. 1998 relatif au fonctionnement du marché intérieur pour ce qui est de la libre circulation des marchandises entre les États membres, *JOCE* n° L 337, 12 déc. 1998. Il faut également y ajouter trois autres textes adoptés par le Parlement et le Conseil, le 9 juill. 2008, communément appelées le paquet *Ayral*, qui visent à mettre en place différentes procédures dans le cadre de la commercialisation des produits. V. le règlement (CE) n° 764/2008 établissant les procédures relatives à l'application de certaines règles techniques nationales à des produits commercialisés, le règlement (CE) n° 765/2008 fixant les prescriptions relatives à l'accréditation et à la surveillance du marché pour la commercialisation des produits et la décision n° 768/2008/CE relative à un cadre commun pour la commercialisation des produits, *JOUE* n° L 218, 13 août 2008.

en ce qui concerne les compétences d'appui, de coordination ou de complément, qui sont visées par l'article 6 TFUE (art. I-17 du traité constitutionnel).

## §1. Le mécanisme originaire : l'article 115 TFUE

**214.** L'article 115 TFUE, anciennement 94 CE, prévoit le rapprochement des dispositions nationales, « qui ont une incidence directe sur le marché intérieur ».

En effet, le Conseil, statuant à l'unanimité conformément à une procédure législative spéciale, et après consultation du Parlement européen et du Comité économique et social, arrête des directives pour le rapprochement des dispositions législatives, réglementaires et administratives des États membres ayant une incidence directe sur l'établissement ou le fonctionnement du marché intérieur.

Cette formulation large proposée par l'article 115 TFUE profite assurément au législateur. Elle lui donne la possibilité d'intervenir dans des domaines qui concernent de manière expresse le marché, soit son établissement et son fonctionnement, mais aussi pour la mise en œuvre de différentes politiques menées par l'Union.

L'approche inclusive de l'article 115 TFUE permet ainsi d'agir dans des domaines tels que la politique environnementale ou fiscale et la protection des consommateurs.

### A. Une procédure contraignante : un frein à une politique d'harmonisation effective

**215.** La procédure initiale souffrait de plusieurs lacunes qui en rendaient l'usage difficile, ce qui ne permettait pas de répondre aux objectifs assignés par les traités, notamment la mise en place d'un espace économique intégré.

#### 1. L'exigence de l'unanimité

**216.** Pour l'adoption d'un texte d'harmonisation, la procédure exigeait l'unanimité qui constituait une contrainte sérieuse, particulièrement dans le contexte des premières années de la construction européenne.

L'exigence de l'unanimité a eu pour effet de ralentir sensiblement les travaux et dès lors la prise de décision. Ainsi, lorsqu'une décision était acquise de haute lutte et au gré de nombreux compromis, la norme communautaire pouvait perdre toute son actualité.

#### 2. La directive comme instrument exclusif

**217.** L'article 115 présentait un autre handicap, celui de prévoir comme instrument d'harmonisation exclusif, la directive. En effet, le rapprochement s'opérait, selon la lettre de l'article 115 TFUE, uniquement par voie de directive. Or, un tel choix a très rapidement soulevé deux difficultés, l'une tenant à l'efficacité même de la directive, l'autre au respect de l'économie de la directive telle qu'elle résulte de l'article 288 TFUE.

En effet, le recours à la directive est par définition un moyen plus souple que le règlement pour parvenir à l'application nationale de la norme communautaire. Le législateur interne dispose d'une période donnée pour préparer la transposition de la norme dans l'ordonnancement interne et prévoir ainsi les adaptations nécessaires.

De plus, il s'agit d'une obligation de résultat, laissant aux autorités nationales le soin d'établir les moyens de mise en œuvre. Or, cette souplesse, qui est le propre de la directive, affaiblit l'introduction de la norme dans l'ordre juridique interne et freine dès lors la réalisation du marché intérieur.

### 3. L'intensité normative de l'acte

**218.** Il a été constaté que les directives adoptées par le Conseil étaient extrêmement détaillées et précises, loin de la lettre de l'article 288 TFUE qui en fait des instruments cadre. Cette ingérence sensible dans le champ de compétences internes conduisait les États membres à transposer purement et simplement le texte.

Ce phénomène pouvait s'expliquer par deux raisons, loin d'être infondées. Il y avait la volonté des autorités de l'Union de prévenir les atteintes à la norme, en édictant des règles très précises, offrant ainsi peu de marge de manœuvre aux États. De plus, l'intensité normative permettait, par son acuité, de régir des domaines qui présentaient une grande technicité.

### 4. La carence démocratique

**219.** À ces lacunes inhérentes à l'article 115, il convient d'ajouter une certaine carence sur le plan de la légitimité démocratique.

Le Parlement européen n'était pas suffisamment associé à l'adoption des actes puisqu'il intervenait sous forme consultative. De surcroît, il se prononçait à ce titre pour les directives « dont l'exécution comporte dans un ou plusieurs États membres, une modification de dispositions législatives ».

## B. Le faible impact sur l'harmonisation des droits nationaux

**220.** Au regard de ses limites propres, l'outil que constituait l'article 115 TFUE ne déploiera pas toutes ses potentialités. Bien au contraire, ces contraintes s'affirmeront pour constituer de réels obstacles à l'adoption des textes d'harmonisation. En effet, la difficulté pour les États de s'entendre unanimement et les fortes disparités techniques existantes qui précisément auraient dû faire l'objet d'une démarche plus globale, et non des prescriptions très détaillées comme c'était le cas, n'ont pas permis aux autorités d'agir efficacement.

À l'occasion de l'Acte unique, s'est imposée l'évidente nécessité de réformer le mécanisme afin de le rendre plus performant et d'en ôter les principales lourdeurs à sa mise en œuvre.

## §2. Le mécanisme réformateur : l'article 114 TFUE

**221.** Cette réforme est en réalité portée à la fois par la Cour et la Commission. En effet, dans l'arrêt *Cassis de Dijon*, le juge valorise une approche globale des obstacles aux échanges au travers des principes de reconnaissance mutuelle et d'équivalence. Et, de son coté, dans son Livre blanc sur le marché intérieur, la Commission prône à son tour une lecture d'ensemble des obstacles aux échanges.

Les auteurs de l'Acte unique ont réformé la procédure d'harmonisation en introduisant une disposition nouvelle, l'article 114 TFUE, anciennement l'article 95, qui s'appliquait jusqu'au traité de Lisbonne par dérogation à l'article 115.

**222.** Il faut bien comprendre que le mécanisme originaire a subsisté. Mais, il connaîtra désormais un champ d'application restreint afin de donner un nouvel essor à la politique d'harmonisation.

L'axe majeur de la réforme introduite par l'article 114 TFUE repose sur la prise de décision. Celle-ci devait être facilitée afin d'accélérer le processus d'achèvement du marché et ce d'autant plus que les États membres étaient désormais liés par un calendrier précis. L'achèvement du marché intérieur devait être effectif au 1$^{er}$ janvier 1993.

Mais en facilitant l'adoption des textes par une marginalisation du vote à l'unanimité, l'Acte unique ne pouvait pas rester complètement indépendant de la volonté des États. En effet, ceux-ci entendaient bel et bien conserver un regard vigilant dans certains domaines. C'est précisément ce qu'a permis la mise en place de clauses de sauvegarde.

### A. La recherche d'une amélioration de la procédure

**223.** La procédure fait l'objet de trois innovations, le recours au vote majoritaire, l'exigence d'un niveau de protection élevé et la diversification des instruments de mise en œuvre. L'agrégation de ces éléments de réforme a rendu l'article 114 TFUE plus efficace dans ses applications, tout en étant attentif aux préoccupations des États.

#### 1. Le recours à la majorité qualifiée

**224.** La clef de voûte du nouveau dispositif repose sur la mise en place du vote majoritaire. En effet, depuis l'Acte unique, le Conseil statue à la majorité qualifiée dans les domaines relevant de l'article 115 TFUE.

L'introduction du vote à la majorité qualifié constitue un véritable accélérateur du processus de décision dans un domaine qui en avait grandement besoin compte tenu de l'enlisement des travaux.

**225.** De plus, le traité de Maastricht a introduit une nouvelle procédure législative à la faveur de la codécision, faisant de la sorte participer activement, selon une approche égalitaire, le Parlement européen aux côtés du Conseil. Or, ce couplage – majorité qualifié et codécision – a accru sensiblement la légitimité et la portée des actes de l'Union.

Seuls trois domaines échappent à l'application de la majorité qualifiée et la codécision, nouvellement dénommée procédure législative ordinaire par le traité de Lisbonne. Continuent, en effet, de relever de l'article 115 TFUE la fiscalité, la libre circulation des personnes et les droits et intérêts des travailleurs salariés.

## 2. L'exigence d'un niveau de protection élevé

**226.** Même si la Commission prend ordinairement une part active à l'élaboration des actes normatifs eu égard à sa fonction d'initiative, elle est, dans le cas présent, davantage sollicitée. En effet, l'article 114 TFUE lui impose, lors de l'élaboration d'un texte d'harmonisation, de prendre un niveau de protection élevé « en matière de santé, de sécurité, de protection de l'environnement et de protection des consommateurs ».

Pour cela, la Commission peut tenir compte de toute nouvelle évolution fondée sur des faits scientifiques. En fait, cette condition a été introduite par l'article 114 TFUE en réponse aux inquiétudes exprimées par les États membres dont le niveau de protection dans ces différents domaines était élevé. Ceux-ci souhaitaient le voir garanti, même si sur le fond, il apparaît qu'une telle obligation à la charge de la Commission revêt davantage un caractère politique ou technique que juridique. En effet, l'appréciation d'un niveau de protection repose sur un examen hautement relatif.

## 3. La diversification des instruments normatifs

**227.** L'une des contraintes inhérentes à l'article 115 TFUE, que nous avons pu déjà souligner précédemment, porte sur l'exclusivité du mode de mise en œuvre. Or, le recours à la directive requiert une participation active des autorités nationales, ce qui peut constituer un frein. C'est pour cela que l'article 114 TFUE supprime le recours exclusif à la directive. Il prévoit que le Conseil statue par voie de « mesures » qui visent indistinctement toutes les catégories normatives prévues par l'article 288 TFUE, au principal la directive et le règlement.

Par son caractère contraignant, puisqu'il ne confère aux États aucune marge de manœuvre, le règlement connaît une portée certaine quant à l'effectivité de l'harmonisation.

**228.** Il convient cependant de souligner que les États se sont montrés soucieux de conserver une place dominante à la directive comme l'atteste la déclaration n° 4, annexée à l'Acte unique. Même si elle est dépourvue de force impérative, la déclaration encourage la Commission à privilégier l'instrument de la directive dès l'instant que l'harmonisation introduit une modification législative interne.

Il est difficile d'affirmer la portée réelle de cette déclaration dans la pratique préparatoire de la Commission puisqu'elle ne peut l'obliger à agir en ce sens. Toutefois, il est possible de relever que l'harmonisation continue de s'exprimer dans une large mesure par voie de directive. Il s'agit d'un instrument souple et commode, dont ne parviennent pas à se départir les autorités de l'Union, certainement trop attentives aux attentes des États.

## B. L'introduction d'un double mécanisme de sauvegarde

**229.** Tout en offrant des outils plus performants en termes d'harmonisation, l'article 114 TFUE en limite l'efficacité par le recours possible pour les États membres à deux mécanismes de sauvegarde.

Une telle autolimitation est certainement paradoxale avec la volonté affichée d'accélérer le processus d'harmonisation. Elle a cependant pour explication la crainte des États membres, du fait du vote à la majorité qualifiée, de perdre la maîtrise de ce processus qu'ils préfèrent continuer à enserrer.

Les mécanismes prévus visent deux hypothèses, selon que la mesure de sauvegarde est ou n'est pas expressément prévue par la mesure d'harmonisation.

### 1. La clause de sauvegarde non expressément prévue par la mesure d'harmonisation : l'article 114 § 4 TFUE

**230.** L'article 114, paragraphe 4, TFUE prévoit la possibilité d'invoquer une clause de sauvegarde qui n'est pas prévue par le texte d'harmonisation.

En effet, après l'adoption d'une mesure d'harmonisation, un État membre peut estimer « nécessaire de maintenir des dépositions nationales justifiées par des raisons importantes », celles visées à l'article 36 TFUE ou celles relatives à la protection de l'environnement ou du milieu du travail.

Tout État membre, qu'il ait ou non voté en faveur de la mesure d'harmonisation, peut se prévaloir de la clause de sauvegarde. Cette condition d'invocabilité avait été passée sous silence par l'Acte unique. Elle a été ensuite évoquée par le juge de l'Union[3] pour être finalement *expressis verbis* établie par le traité d'Amsterdam.

**231.** En outre, notons que le traité d'Amsterdam introduit une nouvelle possibilité au travers de l'article 114, paragraphe 5, TFUE. Cette disposition permet aux États membres d'adopter, après une mesure d'harmonisation, des dispositions nationales fondées sur des preuves

3. CJCE, 17 mai 1994, *France c/Commission*, aff. C-41/93, *Rec.* p. I. 1829.

scientifiques nouvelles en vue de la protection de l'environnement ou du milieu du travail.

Cette disposition conforte indéniablement le mécanisme de sauvegarde. Elle permet de répondre à la survenance d'un obstacle, du fait de l'évolution technologique rapide. C'est notamment le cas des États qui accuseraient un retard dans le niveau de protection à garantir[4].

**232.** Si un État membre envisage de recourir à la clause de sauvegarde établie par l'article 114, paragraphe 4, TFUE, il est tenu de suivre une procédure. Il doit notifier son projet et dûment le motiver auprès de la Commission qui, après examen au fond, lui adresse une décision[5] validant ou invalidant la mesure prise. La Commission doit statuer sur la demande au plus tard dans un délai de six mois. À défaut d'une décision de la Commission, la mesure envisagée est réputée approuvée.

Il va de soi que l'État n'est nullement affranchi des contraintes qui pèsent sur ce type de mesures attentatoires aux échanges. Dès lors, la mesure ne doit pas avoir d'effets discriminatoires. Elle doit s'appliquer avec la même acuité à l'égard de l'ensemble des produits, quelle que soit leur origine. Par ailleurs, la mesure doit répondre classiquement aux principes de proportionnalité et de nécessité.

Il est toujours possible de contester le recours à une telle mesure en usant des voies de droit qu'offre le recours en manquement qui est, dans ce cas spécifique, soumis à une procédure accélérée.

En effet, sans préjudice de la faculté pour la Commission ou tout État membre d'introduire un recours en annulation contre la décision, un État membre ou la Commission peut saisir directement la Cour de justice d'une action en manquement accélérée, si l'un d'eux estime que l'État, auteur de la mesure, fait un usage abusif de la dérogation[6].

## 2. La clause de sauvegarde expressément prévue par la mesure d'harmonisation : l'article 114 § 10 TFUE

**233.** L'article 114, paragraphe 10, TFUE prévoit la possibilité pour un État de recourir à une clause de sauvegarde qui est expressément prévue par la mesure d'harmonisation.

La mesure nationale relevant du mécanisme de sauvegarde fait l'objet d'une procédure communautaire de contrôle dont les modalités sont définies par la mesure d'harmonisation. Comme pour le régime des clauses relevant de l'article 114, paragraphe 4, TFUE, la mesure nationale doit naturellement satisfaire à un contrôle de proportionnalité et de nécessité.

---

4. CJCE, 21 janv. 2003, *Allemagne c/Commission*, aff. C-512/99, *Rec.* p. I. 845 ; TPICE, 27 juin 2007, *Pays-Bas c/Commission*, aff. T-180/06, *Rec.* p. II. 1983.

5. Par extension, sur les actes adoptés par la Commission à l'occasion de la mise en œuvre de l'article 114 § 4 TFUE, v. TPICE, 8 nov. 2007, *Pays-Bas c/Commission*, aff. T-234/04, *Rec.* p. II. 4589.

6. CJCE, 1er oct. 1998, *Burstein*, aff. C-127/97, *Rec.* p. I. 6005.

Enfin, l'article 114, paragraphe 10, indique que l'État qui projette d'adopter une telle mesure, doit fonder son projet sur « une ou plusieurs raisons non économiques visées à l'article 36 ».

## §3. Les approches techniques de l'harmonisation

**234.** Le principe du recours à l'harmonisation, en tant que vecteur du processus d'intégration, est aujourd'hui largement acquis à l'échelle de l'Union. Se pose alors la question des formes que doit prendre l'harmonisation. Ceci vaut en réalité à s'interroger sur son degré d'intensité comme en témoigne la variété sémantique, loin d'être anodine, que renferme ce processus normatif si singulier. Les termes de « coordination », « rapprochement » ou « harmonisation » sont autant de vocables qui évoquent la variabilité de l'intégration des droits nationaux.

Dès l'instant que l'objectif d'harmonisation est admis, il appartient à l'autorité de l'Union de lui donner forme sur la base des instruments techniques que lui propose le droit.

**235.** Les approches formelles que présente l'harmonisation ont largement évolué au gré principalement d'une action novatrice de la Commission qui, consciente des limites de l'approche traditionnelle, impulse, dans la décennie 1980, une nouvelle lecture, plus probante. Celle-ci a pour effet de se concentrer sur les éléments pertinents à harmoniser, s'affranchissant des prescriptions techniques excessivement détaillées.

Sur le fond, cette nouvelle approche se consacre à l'examen des intérêts essentiels à régir mais aussi à protéger.

### A. L'approche traditionnelle

**236.** L'approche traditionnelle est celle qui prévaut dans les travaux d'harmonisation de la Commission avant 1986, date d'adoption de l'Acte unique. La différence majeure avec l'approche nouvelle est le degré de marge de manœuvre laissée aux États membres. Celle-ci est quasi inexistante dans le cadre de l'approche traditionnelle.

Il est possible de recenser trois méthodes qui laissent ou non subsister l'exercice des compétences nationales : méthode totale, optionnelle et minimale.

#### 1. L'harmonisation totale

**237.** Comme son nom l'indique, l'harmonisation est considérée comme totale lorsque la mesure d'harmonisation impose dans l'ordre juridique interne des règles qui ont vocation à se substituer entièrement aux règles nationales existantes.

Si la mesure de l'Union est adoptée selon la méthode totale, les autorités nationales ne peuvent plus appliquer dans le secteur réglementé des règles nationales différentes des règles communes. Une directive de l'Union relative à la commercialisation d'un produit ne permet plus à un État d'en autoriser une commercialisation différente si celle-ci n'est pas conforme aux exigences du texte d'harmonisation.

**238.** Cette approche intégrale de l'harmonisation a pour conséquence d'éliminer la compétence nationale qui n'est plus en mesure d'édicter de dispositions complémentaires, et ce au profit de la compétence communautaire qui devient alors exclusive. Les autorités nationales ne pourront plus se prévaloir des dérogations prévues à l'article 36 TFUE ni des exigences impératives[7].

**239.** Une telle approche présente bien évidemment un intérêt certain, celui d'atteindre rapidement et assurément l'objectif du marché intérieur. Elle porte en elle en réalité un objectif d'uniformisation, ne laissant que peu de place à la diversité nationale.

En revanche, elle présente des inconvénients qui tiennent à sa radicalité. En effet, l'application intensive d'une telle méthode peut aboutir à un cloisonnement de certains marchés car les règles techniques imposées sont intégrales et contraignantes.

Aussi sera-t-il difficile pour des opérateurs économiques d'accéder à ces marchés. Une telle mise en conformité peut requérir de leur part un engagement financier ou technique auquel il peut être difficile de faire face. Par ailleurs, la rigidité de la mesure rend à nouveau les négociations difficiles au sein du Conseil des ministres, les États membres étant attentifs aux dispositions et à la possibilité de s'octroyer des dérogations.

La méthode n'a donc pas permis d'insuffler une dynamique dans la prise de décision ; bien au contraire. À cela, s'ajoutait une réactivité lente du Conseil face aux évolutions technologiques qui devaient pourtant motiver des modifications du texte. La révision du texte s'opérait selon la même méthode.

La méthode totale a été appliquée à des secteurs comme le cacao et le chocolat, les unités de mesures, les substances dangereuses, les détergents et les composés chimiques.

## 2. L'harmonisation optionnelle

**240.** L'harmonisation optionnelle confère la possibilité aux États membres de faire concourir sur leur territoire deux régimes : l'un relève du droit national, tandis que l'autre ressort du droit commun constitué des prescriptions de l'Union. L'opérateur économique est libre de se conformer aux règles établies en vertu du régime national ou du régime communautaire qui doit cependant présenter des règles intégrales.

Si un opérateur opte pour le régime communautaire, il bénéficie de la libre circulation à l'intérieur de l'Union. Les États membres ne peuvent alors lui imposer des dispositions internes différentes pour s'opposer à la commercialisation d'un produit sur le territoire national.

7. CJCE, 8 nov. 2007, *Gintec*, aff. C-374/05, *Rec.* p. I. 9517.

Il s'agit d'une méthode pertinente qui permet à la marchandise de circuler librement sur le territoire de l'Union sans constituer pour autant une condition exclusive de commercialisation puisque le régime national subsiste.

Mais dans le cadre du régime national, l'autorité interne peut en toute légalité opposer à l'opérateur des obstacles liés à la protection d'intérêts nationaux comme ceux visés par l'article 36 TFUE.

**241.** L'approche optionnelle présente un intérêt certain : elle permet à des opérateurs qui ne souhaitent écouler leurs marchandises que sur le marché national, de maintenir leur mode de production ou de commercialisation sans devoir se conformer à des prescriptions communautaires, s'agissant d'une mise en conformité souvent coûteuse. De la même façon, ces opérateurs ont la possibilité de se conformer progressivement aux impératifs communautaires.

Toutefois, insidieusement, cette méthode conduit au maintien du marché national avec toutes les disparités qu'il véhicule au détriment du marché intérieur. L'objectif d'un marché unique est dans ce cas compromis car la méthode optionnelle entretient la coexistence de deux marchés, l'un voué à l'exportation, l'autre à l'interne.

Cependant, la souplesse qui caractérise cette méthode a conduit les autorités de l'Union à l'appliquer de manière régulière. Est visée la majorité des directives en matière d'élimination des entraves techniques aux échanges, notamment pour le secteur de l'automobile, les instruments de mesure ou les préemballages.

### 3. L'harmonisation minimale

**242.** Il s'agit d'une méthode qui permet d'harmoniser certains éléments d'un secteur, qui sont expressément réglementés par la directive. Cette méthode maintient dans le champ de compétence nationale d'autres aspects qui ne relèvent pas dès lors du droit de l'Union.

Les États membres peuvent conserver leurs dispositions nationales ou bien au contraire tenter de les rapprocher des prescriptions communautaires.

## B. La nouvelle approche

**243.** La nouvelle approche puise sa source dans une initiative de la Commission qui en a décrit les principes au travers du *Livre blanc sur le Marché intérieur*[8]. Elle y fait valoir que le marché intégré, objectif qui sera défendu par l'Acte unique, ne peut voir le jour si la Communauté se contente d'appliquer les méthodes traditionnelles de l'harmonisation.

L'approche nouvelle constitue une réelle rupture avec la méthode traditionnelle, qui a consisté pendant de nombreuses années à adopter à l'unanimité des directives aux règles techniques très détaillées. Rappelons que cette approche a révélé ses limites quant à l'avancée de l'intégration économique.

8. « Harmonisation technique et normalisation : une nouvelle approche », préc.

**244.** La démarche de la Commission s'articulera autour de deux axes majeurs.

D'une part, il s'agit de faire en sorte que le législateur de l'Union n'intervienne que dans des secteurs qu'il est essentiel d'harmoniser. La Commission fait ainsi le départ avec ceux pour lesquels est seulement applicable un principe de reconnaissance mutuelle.

D'autre part, la Commission préconise un allégement technique des directives. Elles n'auront plus besoin de spécifier au détail près les règles auxquelles doivent se soumettre les produits pour circuler librement sur le territoire de l'Union.

## 1. Les principes fondamentaux

**245.** La Commission considère désormais que seules les réglementations ayant trait à des domaines aussi essentiels que la protection de la santé et de la sécurité, sont régies par les normes de l'Union. Quatre principes fondamentaux ont été dégagés afin de régir la nouvelle approche.

En premier lieu, l'harmonisation législative doit se limiter à des exigences essentielles de santé et de sécurité ou d'autres exigences d'intérêt collectif s'inspirant de la sorte du principe de reconnaissance mutuelle dégagé par la jurisprudence *Cassis de Dijon*. Ce sont des prescriptions auxquelles doivent correspondre les produits mis sur le marché pour pouvoir bénéficier de la libre circulation au sein de l'Union. Ces exigences impliquent la définition et le respect de niveaux généraux de protection, élaborés par les organes européens compétents en matière de normalisation industrielle, auxquelles devront correspondre les produits. En revanche, le contenu de l'harmonisation doit être moins détaillé ou moins dense. Il suffit que l'autorité de l'Union opère un renvoi aux normes européennes, internationales ou nationales.

En deuxième lieu, l'élaboration des spécifications techniques de fabrication est confiée aux organes compétents en matière de normalisation industrielle. Ceux-ci sont tenus de prendre en considération l'état de la technologie. Il appartient à la Commission de confier des *mandats de normalisation* aux organismes européens de normalisation.

En troisième lieu, aucun caractère obligatoire n'est attribué aux spécifications techniques qui conservent le statut de normes volontaires.

Enfin, les administrations doivent accorder aux produits fabriqués conformément aux normes harmonisées une présomption de conformité aux exigences essentielles établies par la directive. Dans l'hypothèse où le producteur ne fabrique pas selon ces normes, la charge de la conformité de ses produits avec les exigences essentielles lui incombe.

## 2. Les nouvelles méthodes d'harmonisation

**246.** Les nouvelles méthodes d'harmonisation reposent pour l'essentiel sur la normalisation. Toutefois, la Commission donne un plein essor à la reconnaissance mutuelle. Il s'agit d'une méthode qui existait avant la consécration de la nouvelle approche, mais de manière encore timide.

## a. La normalisation

**247.** La normalisation décrit un processus au cours duquel sont établis des critères de qualité applicables au sein des États membres. L'objectif est d'atteindre une *interopérabilité* : il s'agit de la conformité technique des produits, services et processus complémentaires.

Évidemment, une telle démarche implique l'établissement de méthodes d'essai et d'exigences relatives aux performances en matière de sécurité et de santé.

• Son objet

**248.** La normalisation a pour objet la définition de prescriptions techniques ou qualitatives des procédés de fabrication ou des services auxquelles des fabricants peuvent dès lors se conformer. Ces prescriptions sont volontaires, et ne sont donc pas obligatoires.

L'idée est que la normalisation doit en principe contribuer à améliorer l'accès aux marchés, en permettant précisément l'interopérabilité entre des produits et des services nouveaux et d'autres existants déjà. De même, elle peut stimuler le développement de produits ou marchés nouveaux et de meilleures conditions d'approvisionnement.

• Son processus

**249.** Destinées à une utilisation facultative, mais généralisée, par les fabricants sur l'ensemble du territoire de l'Union, les normes sont élaborées par les organismes européens de normalisation (OEN). Ceux-ci définissent des exigences essentielles concernant les produits établies par la législation.

Les organismes de normalisation sont le Comité européen de normalisation (CEN), créé en 1961, regroupant des organismes nationaux comme l'Association française de normalisation (AFNOR), le Comité européen de normalisation électrotechnique (CENELEC), créé en 1972, et l'Institut européen des normes de télécommunication (ETSI), créé en 1988.

Une norme, qui donne suite à un mandat émis par la Commission après la consultation des États membres, est considérée comme harmonisée si elle est utilisée pour la mise en œuvre d'une directive spécifique. Il s'agit d'une traduction en des termes techniques précis des exigences essentielles qui ont été posées par la directive.

**250.** La norme entre alors en vigueur en tant que norme harmonisée lorsqu'elle est référencée par son numéro au *Journal officiel de l'Union européenne*. Les listes des normes harmonisées publiées constituent un sous-ensemble spécifique de normes européennes (EN, produites par le CEN et disponibles auprès des organismes nationaux de normalisation).

La méthode du renvoi aux normes est une variante technique qui implique que le contenu des prescriptions techniques ne figure pas dans les directives, par incorporation dans le corps même du texte. Le contenu des prescriptions techniques est renvoyé à des normes élaborées par lesdits organismes de normalisation.

Par la suite, la conformité aux normes harmonisées implique la conformité aux exigences essentielles correspondantes des directives « Nouvelle approche ».

**251.** Toutefois, rappelons que la conformité aux normes harmonisées reste volontaire. En effet, un fabricant est libre de ne pas se conformer à la norme et de choisir une autre solution technique. La norme possède un statut volontaire. Dans ce cas, le fabricant est tenu d'apporter la preuve de la conformité du produit avec les exigences essentielles.

Les autorités nationales sont tenues cependant de conférer aux produits fabriqués, conformément aux normes harmonisées, une présomption de conformité aux exigences essentielles fixées par le texte d'harmonisation.

Les cas d'application du renvoi aux normes sont aujourd'hui fort nombreux. Le premier cas d'application effective de la nouvelle approche par le renvoi aux normes a concerné la directive relative à la sécurité des jouets[9]. La méthode s'est par la suite étendue d'autres champs répondant à un certain niveau de technicité, comme les matériaux de construction[10], la sécurité des machines[11] ou celle des produits[12].

• L'adaptation du cadre législatif : le nouveau règlement « Normalisation »

**252.** L'Union s'est dotée d'un nouveau règlement visant à l'amélioration du système de normalisation européen. En effet, le règlement (UE) n° 1025/2012 a été adopté par le Parlement et le Conseil le 25 octobre 2012. Il est entré en vigueur le 1er janvier 2013[13].

Son objet est de procéder à l'adaptation du cadre législatif en vigueur en vue de le simplifier et d'intégrer dans le champ d'application de nouveaux aspects en matière de normalisation. Le texte définit ainsi un nouveau cadre, qui contribue à réduire la durée moyenne du processus de création des normes. Soulignons que la réforme de la normalisation avait été présentée dans le cadre d'une communication de la Commission intitulée « Une vision stratégique pour les normes européennes »[14].

**253.** Par ce nouveau texte, les organismes de normalisation européens (CEN, CENELEC...) disposent désormais du droit de développer des normes pour les services et pas uniquement, comme ce fut le cas précédemment, pour les produits.

De plus, en application de l'article 5 du nouveau règlement, les organisations européennes de normalisation encouragent et facilitent la représentation appropriée et la participation effective de toutes les parties prenantes à

9. Dir. n° 88/378/ CEE, 3 mai 1988, *JOCE* n° L 187, 16 juill. 1988.
10. Dir. n° 89/106/CEE, 21 déc. 1988, *JOCE* n° L 40, 11 févr. 1989.
11. Dir. n° 89/392/CEE, 14 juin 1989, *JOCE* n° L 183, 29 juin 1989.
12. Dir. n° 92/59/CEE, 29 juin 1992, *JOCE* n° L 228, 11 août 1992.
13. Ce règlement a déjà été plusieurs fois modifié, *JOUE* n° L 136, 14 nov. 2012.
14. Doc. 11471/11.

leurs activités de normalisation. Il s'agit notamment des PME, des associations de consommateurs et des parties prenantes environnementales et sociales. Ces organisations sont appelées à s'impliquer dans une large mesure dans les activités de normalisation afin d'introduire des améliorations dans les produits et les services pour certains groupes de population (comme les personnes handicapées et les personnes âgées).

Par ailleurs, les normes exigent également de tenir compte des impacts sur l'environnement des produits et services tout au long de leur cycle de vie, ainsi que d'objectifs en matière d'utilisation efficace des ressources.

Autre innovation, il appartient désormais aux pouvoirs publics de mieux utiliser les spécifications techniques applicables lorsqu'ils acquièrent du matériel, des logiciels et des services informatiques. Les autorités nationales contractantes sont désormais en mesure de faire référence à des spécifications techniques communes pouvant répondre à l'évolution rapide observée dans le domaine des technologies de l'information et de la communication. Les spécifications techniques devront être acceptées par le marché. Elles ne peuvent pas faire obstacle à l'interopérabilité avec les normes européennes et internationales existantes.

## b. La reconnaissance mutuelle

**254.** La reconnaissance mutuelle a été largement inspirée de la jurisprudence *Cassis de Dijon*. Rappelons que cette dernière prônait que tout produit légalement fabriqué et commercialisé dans un État membre devait circuler librement sur le territoire de l'ensemble des États membres. Au départ, la méthode a été pratiquée, mais timidement, par les autorités de l'Union[15]. La Commission décide alors de systématiser cette approche lors du rapprochement des législations nationales.

L'essor que prend la reconnaissance mutuelle s'explique par la nécessité de démanteler les nombreux obstacles aux échanges qui se sont dressés durant toutes ces années du fait de l'inefficacité de la méthode traditionnelle.

L'application de la méthode ne soulève pas de difficultés pratiques. En effet, le principe veut que des produits légalement fabriqués ou commercialisés dans un État membre puissent circuler en toute liberté dans les autres États membres, et ce même si les dispositions nationales qui régissent leur procédé de fabrication ou de commercialisation sont différentes.

15. Actes du 28 mai 1969, *JOCE* n° C 76, 17 juin 1969.

# Section 2
# L'anticipation par une appréhension de l'obstacle technique

**255.** Aux côtés de l'approche préventive que représente le rapprochement des législations nationales, enrichie de la réforme introduite par la Commission à partir de 1985, l'on peut distinguer une autre approche sous la forme d'un mécanisme d'alerte. Celui-ci présente deux éléments de distinction avec l'harmonisation des législations nationales.

D'une part, l'alerte s'inscrit davantage dans l'anticipation de l'obstacle puisqu'elle se situe au début de sa formation, c'est-à-dire lors l'adoption des dispositions nationales en cause. D'autre part, le mécanisme d'alerte n'est nullement régi par les traités, mais par des textes dérivés qui en décrivent la procédure.

**256.** L'appréhension de l'obstacle peut revêtir deux formes. Elles renvoient à des procédures imposant une réaction nationale ou communautaire. Mais elles répondent à un moment différent de la constitution de l'obstacle et dès lors à une intensité différente de l'entrave : un premier niveau qui renvoie à une procédure d'information permanente dans le domaine des règles techniques, récemment révisée, et un second niveau qui vise le déclenchement d'un système d'alerte en cas de survenance d'entraves aux échanges.

## §1. Une information permanente en cas d'entraves potentielles

**257.** Pour combattre les obstacles aux échanges, il est essentiel que les autorités de l'Union, principalement la Commission investie d'un pouvoir général de surveillance, prennent connaissance des projets de réglementation internes. Ceux-ci sont susceptibles de constituer un terrain favorable à la constitution d'entraves. Une connaissance *a priori* et fine des éléments de la réglementation à venir permet naturellement de contrer la formation de règles techniques porteuses de disparités.

### A. La directive 2015/1535/UE

**258.** Le 28 mars 1983, le Conseil a adopté le texte fondateur d'une procédure d'information, la directive n° 83/189/CEE[16]. Mais la directive n° 98/34/CE[17] du 22 juin 1998, modifiée ensuite par la directive n° 98/48/CE du

16. *JOCE* n° L 109 du 26 avr. 1983.

17. Dir. n° 98/34/CE du Parlement et du Conseil du 22 juin 1998 prévoyant une procédure d'information dans le domaine des normes et réglementations techniques, *JOCE* n° L 204, 21 juill. 1998.

20 juillet 1998[18] et ce principalement pour étendre son champ d'application, a codifié, et abrogé à ce titre, la directive n° 83/189/CEE. La directive n° 98/34/CE du 22 juin 1998 a permis de couvrir ainsi toute l'agriculture et les produits industriels ainsi que les services de la société de l'information.

De nouveau, la directive n° 98/34/CE vient d'être abrogée et remplacée, le 19 septembre 2015, par la directive n° 2015/1535/UE du Parlement européen et du Conseil[19]. La nouvelle directive permet à la Commission et aux États membres de procéder à un examen des règlements techniques que les États membres envisagent d'adopter en ce qui concerne les produits industriels, agricoles et de la pêche, et les services de la société de l'information. Tout l'intérêt de la procédure est qu'elle intervient avant l'adoption des règles nationales. Notons qu'elle s'applique de manière simplifiée aux États membres de l'Association européenne de libre-échange (AELE) signataires de l'accord sur l'Espace économique européen (EEE), ainsi qu'à la Suisse et à la Turquie.

## 1. Son objet

**259.** La directive n° 2015/1535/UE met en place une procédure qui oblige les États membres de l'Union à notifier à la Commission et aux autres États membres tout projet de règle technique relatif aux produits et aux services de la société de l'information. La notification doit avoir lieu avant que les projets techniques ne soient adoptés dans leurs droits nationaux.

Cette procédure doit garantir le contrôle et la transparence de ces règles nationales. Mais surtout, dès l'instant que de telles règles sont susceptibles de créer des barrières commerciales injustifiées entre États membres, leur notification à l'état de projet et l'évaluation de leur contenu permettent de diminuer ce risque.

Il s'agit donc là d'un mécanisme d'échange d'informations, qui instaure un contrôle préventif. Il vise tant la libre circulation des produits que celle des services au sein de l'Union.

**260.** De par les délais de *statu quo* établis par la directive, la Commission et les États membres disposent du temps nécessaire pour réagir et proposer une modification. Elle peut ainsi limiter les restrictions à la libre circulation des marchandises et services résultant de la mesure envisagée. De même, l'adoption de la mesure peut faire l'objet d'un report, dès l'instant que la Commission annonce son intention de prendre une initiative sur le sujet visé par le projet.

18. Dir. n° 98/48/CE du Parlement européen et du Conseil du 20 juill. 1998 portant modification de la directive n° 98/34/CE, *JOCE* n° L 217, 5 août 1998.

19. Dir. n° 2015/1535 UE du Parlement européen et du Conseil du 9 septembre 2015 prévoyant une procédure d'information dans le domaine des réglementations techniques et des règles relatives aux services de la société de l'information, *JOUE* n° L 241, 17 sept. 2015.

## 2. Un champ d'application étendu

**261.** Le champ d'application de la directive était limité au départ aux produits de fabrication industrielle. Il été étendu par la directive n° 88/182/CEE[20] aux produits agricoles, aux produits destinées à l'alimentation humaine, aux médicaments et produits cosmétiques, et ce conformément aux souhaits exprimés par la Commission dans son Livre blanc sur le marché intérieur.

Aujourd'hui, la directive n° 2015/1535/UE est applicable à tous les projets de règles techniques. Ceci inclut les spécifications techniques, les autres exigences, les règles relatives aux services et les règlements interdisant la fabrication, l'importation, la commercialisation ou l'utilisation d'un produit ou interdisant de fournir ou d'utiliser un service ou de s'établir comme prestataire de services.

**262.** Selon les termes de l'article premier de la directive, une « spécification technique » est une information qui figure dans un document énonçant les caractéristiques d'un produit, comme la dimension, l'étiquetage, l'emballage, le niveau de qualité, les procédures d'évaluation de la conformité, etc. Ce terme englobe également les méthodes et procédés de production.

Les « autres exigences » visent, quant à elles, les exigences imposées à un produit dans un but de protection – comme, par exemple, les consommateurs ou l'environnement –, et qui affectent son cycle de vie, une fois mis sur le marché, telles que les conditions d'utilisation, de réutilisation ou de recyclage. Ces conditions doivent néanmoins influencer de manière significative la composition ou la nature du produit ou sa commercialisation.

En somme, sont concernés par cette procédure tous les projets de textes réglementant les produits industriels ou agricoles, quel que soit le type de règle technique en cause : niveau de qualité, caractéristiques d'emploi, sécurité, dimensions, dénomination de vente, terminologie, symboles, essais, emballages, marquage, étiquetage, cycle de vie du produit après sa mise sur le marché, conditions d'utilisation, de recyclage, de réemploi, etc.

Toujours au sens de l'article premier de la directive, le « produit » désigne tout produit de fabrication industrielle et tout produit agricole, y compris tout produit de la pêche.

S'agissant des services, la directive s'applique uniquement aux services de la société de l'information s'ils concernent des services répondant aux quatre critères cumulatifs suivants :

- le service est à distance ;
- celui-ci est assuré par voie électronique ;
- la prestation est déclenchée par une demande individuelle émanant du destinataire ;
- la contrepartie de la fourniture du service est une rémunération.

---

20. Dir. n° 88/182/CEE du Conseil du 22 mars 1988 modifiant la directive n° 83/189/CEE prévoyant une procédure d'information dans le domaine des normes et réglementations techniques, *JOCE* n° L 81, 26 mars 1988.

La procédure de notification n'est applicable ni aux règles techniques qui procèdent à la transposition nationale d'une norme internationale ou européenne - dans ces cas, une simple information à la Commission suffit - ni aux règles nationales se conformant aux spécifications techniques communautaires ou à d'autres dispositions relevant droit de l'Union.

### 3. L'institution d'un comité permanent

**263.** La directive institue un comité permanent composé de représentants désignés par les États membres, qui peuvent se faire assister d'experts ou de conseillers. Présidé par un représentant de la Commission, le comité se réunit au moins deux fois par an.

Il s'agit d'une instance à vocation consultative. En effet, il est consulté par la Commission sur les rapports qu'elle lui présente sur la mise en œuvre de la directive et les propositions visant à éliminer les entraves techniques aux échanges.

En outre, la Commission peut saisir le comité à des fins de consultation sur les projets de règles techniques ayant fait l'objet d'une notification par les États membres et, à la demande du président du comité ou d'un État membre, sur toute autre question relative à la mise en œuvre des mesures visées. Dans ces cas de consultation, le comité prend position sur les communications et propositions. Il peut, à cet égard, inciter notamment la Commission à prendre toute mesure appropriée.

## B. Organisation de la procédure d'information

**264.** La directive instaure une procédure d'information entre les autorités nationales et la Commission dans le domaine des règles techniques. La procédure établie par la directive repose pour l'essentiel sur une obligation d'information à la charge des États auprès de la Commission. Cette information constitue le point de départ de la procédure qui présente plusieurs stades.

Selon la jurisprudence *CIA Security*[21] laquelle rejoint la position de la Commission sur ce point, une disposition nationale qui n'est pas notifiée conformément à la procédure requise est inapplicable. Elle ne peut pas être opposée aux particuliers lorsqu'elle a pour effet d'entraver l'exploitation de produits ou la prestation de services.

De même, dans l'arrêt *Unilever*[22], le juge a estimé qu'une règle technique adoptée en violation de l'obligation de reporter l'adoption d'une législation nationale notifiée, c'est-à-dire de respecter la période de *statu quo*, peut être déclarée inopposable aux particuliers par une juridiction nationale.

---

21. CJCE, 30 avr. 1996, *CIA-Security, 30/04/96*, aff. C-194/94, *Rec.* p. I. 2201 ; v. aussi CJCE, 30 juin 1998, *Lemmens*, aff. C-226/97, *Rec.* p. I. 4405.

22. CJCE, 26 sept. 2000, *Unilever*, aff. C-443/98, *Rec.* p. I. 7535.

## 1. L'obligation de notification préalable

**265.** Les États membres sont tenus de notifier[23] à la Commission tous leurs projets de règles techniques ou de modification de règles techniques, les raisons qui les justifient et, le cas échéant, le texte des dispositions législatives et réglementaires de base concernées par le projet de réglementation.

Les projets doivent être communiqués au stade de leur préparation afin de pouvoir y apporter des modifications ou des amendements. Lorsque le projet restreint la commercialisation ou l'utilisation d'une substance chimique pour des motifs de santé publique, de protection des consommateurs ou environnementale, des précisions sur les caractéristiques, effets et risques du produit doivent également être apportées. La Commission informe, par la suite, tous les autres États membres du projet notifié.

**266.** L'entrée en vigueur du texte se trouve alors suspendue pendant trois mois, à compter de la notification. Il s'agit d'une période de gel durant laquelle la Commission ainsi que les autres États membres ont la faculté d'adresser à l'État auteur de la communication, des observations dont celui-ci devra tenir compte dans la mesure du possible lors de l'adoption définitive de la règle technique. En effet, il est important que leurs commentaires soient pris en compte dans le texte définitif de la règle technique.

## 2. L'avis circonstancié

**267.** Si la Commission ou un État membre estime que la règle technique est susceptible d'entraîner des entraves injustifiées aux échanges, ils émettent des observations ou un avis circonstancié demandant la suppression ou modification de la mesure envisagée.

L'avis circonstancié a pour effet de prolonger la période de *statu quo* de trois mois supplémentaires concernant les produits, et d'un mois supplémentaire pour les services. Lorsqu'un avis circonstancié est émis, l'État membre concerné doit expliquer les mesures qu'il entend prendre en réponse à l'avis circonstancié.

Mais la Commission ou un État membres peut simplement émettre des observations sur un projet notifié. Il s'agira dans ce cas d'un projet qui semble conforme à la législation de l'Union européenne, mais qui nécessite des éclaircissements quant à son interprétation. L'État membre concerné doit autant que possible tenir compte desdites observations.

Durant tout ce délai qui court à compter de la communication, la Commission peut également faire part de son intention de proposer ou d'arrêter une

23. En France, en vue de sa notification à la Commission, tout projet législatif ou réglementaire de nature technique, accompagné d'une fiche type de notification, est communiqué par voie électronique au délégué interministériel aux normes. Celui-ci est placé auprès de la Direction générale de la compétitivité, de l'industrie et des services (DGCIS).

directive sur la matière concernée. Cette initiative reporte automatiquement le délai de neuf mois supplémentaires.

En outre, si la Commission souhaite proposer ou arrêter un acte législatif applicable au même domaine, cette initiative a pour effet de bloquer un projet durant une période comprise entre 12 et 18 mois. Il est requis néanmoins que les travaux d'harmonisation au niveau de l'Union européenne soient nécessaires ou qu'ils soient déjà en cours dans le même domaine.

Durant cette période, les États membres doivent s'abstenir d'adopter des règles techniques portant sur une matière couverte par une proposition de directive ou de règlement présentée par la Commission. Celle-ci doit indiquer le délai d'adoption du projet au sein du Conseil.

## 3. La clôture de la procédure

**268.** À l'expiration de ces délais et en cas de carence de la Commission ou du Conseil, l'État membre recouvre sa compétence. En effet, au terme de l'ensemble du processus, les États membres sont tenus de communiquer formellement à la Commission les textes définitifs dès leur adoption et d'indiquer si un projet notifié a été abandonné, afin de lui permettre de clore la procédure.

Il s'agit aussi d'un moyen pour la Commission et les autres États membres de s'assurer si l'État, auteur de la notification, a pris en considération les observations émises dans le cadre de la procédure.

Il est à noter que si le projet de règle technique vient à subir des modifications substantielles (réduction du calendrier initial pour sa mise en œuvre, extension de son champ d'application, etc.), les États membres sont alors tenus de procéder à une nouvelle notification du projet de mesure. Ils doivent également appliquer une nouvelle fois la période de *statu quo*.

## 4. La mise en place d'une procédure d'urgence

**269.** La directive prévoit une procédure d'urgence. Elle permet l'adoption immédiate d'un projet national « tenant à une situation grave et imprévisible qui a trait à la protection de la santé publique ou à la sécurité, à la protection des animaux ou à la préservation des végétaux » (art. 6, § 7 lettre a). En effet, un État membre peut déroger au délai de *statu quo* s'il doit instaurer dans de très brefs délais des règles techniques.

L'article 6 paragraphe 7 lettre b) évoque comme autre raison urgente une situation grave qui a trait à la protection de la sécurité et de l'intégrité du système financier, notamment pour la protection des déposants, des investisseurs et des assurés. L'État doit là aussi arrêter et mettre en vigueur aussitôt des règles relatives aux services financiers.

**270.** Lorsque la procédure d'urgence est activée par un État membre, la Commission est alors tenue de se prononcer. Elle doit prendre sa décision quant à la justification de la procédure d'urgence dans les meilleurs délais.

Si la demande d'application de la procédure d'urgence est acceptée par la Commission, la période de *statu quo* de trois mois n'est alors pas applicable. Le texte notifié peut être adopté avec effet immédiat.

## §2. Un système d'alerte rapide en cas d'entraves inopinées

**271.** L'alerte rapide est instaurée par le règlement (CE) n° 2679/98 du Conseil du 7 décembre 1998 relatif au fonctionnement du marché intérieur concernant la libre circulation des marchandises entre les États membres[24]. Celui-ci met en place une procédure permettant de contrer des obstacles qui naissent précisément de l'adoption d'une réglementation nationale.

### A. Champ d'application

**272.** Le règlement, fondé sur l'article 268 TFUE, est applicable aux entraves manifestes, caractérisées et non justifiées à la libre circulation des marchandises, au sens des articles 36 à 42 du TFUE, découlant d'une action ou d'une inaction d'un État membre.

Il y a inaction lorsqu'un État membre, face à des agissements émanant de personnes privées, s'abstient de mettre en œuvre toute mesure nécessaire et proportionnée dont il dispose. La mesure doit permettre de sauvegarder la libre circulation des marchandises sans pour autant porter atteinte à l'exercice des droits fondamentaux reconnus par le droit national. Ces entraves doivent réunir trois conditions cumulatives :
- il doit s'agir d'une entrave qui a pour effet de provoquer une perturbation grave de la libre circulation des marchandises ;
- elle doit occasionner des dommages sérieux aux particuliers lésés ;
- et elle impose une action immédiate afin d'éviter une aggravation de la situation.

### B. Le mécanisme d'alerte

**273.** Le mécanisme d'alerte se situe à deux niveaux, national et communautaire. Ce sont deux procédures distinctes.

#### 1. Au niveau national

**274.** À l'échelon national, lorsqu'une entrave se produit ou risque de se produire, tout État membre, qu'il s'agisse ou non de l'État membre concerné, communique immédiatement à la Commission les informations pertinentes qu'il détient. Celle-ci transmet immédiatement aux États membres ces informations ainsi que toute information, quelle qu'en soit l'origine, qu'elle juge pertinente.

24. *JOCE* n° L 337, 12 déc. 1998.

L'État membre concerné répond dans les meilleurs délais aux demandes d'informations émanant de la Commission et des autres États membres à propos de la nature de l'entrave ou du risque d'entrave et des mesures qu'il a prises ou entend prendre. Les informations que se transmettent les États membres sont également communiquées à la Commission.

De plus, lorsqu'une entrave se produit, l'État membre prend toutes les mesures nécessaires et proportionnées de manière à assurer la libre circulation des marchandises sur son territoire. Il informe la Commission des mesures que ses autorités compétentes ont prises ou entendent prendre. La Commission communique immédiatement les informations reçues aux autres États membres.

En cas de survenance de l'entrave, s'ouvre une information entre la Commission, en sa qualité de gardienne des traités, l'État membre concerné et les autres autorités nationales, afin de faire cesser sur le territoire en cause l'atteinte au principe de libre circulation, en adoptant les mesures nécessaires. Dès la survenance de l'entrave, la Commission adresse à l'État une notification, et non une décision comme la proposition initiale le préconisait.

Toutefois, même si celle-ci est dépourvue de force impérative, l'État doit s'y conformer dans le délai imparti. Elle peut faire l'objet d'une publication au *Journal officiel de l'Union européenne.*

## 2. Au niveau de l'Union

**275.** À l'échelle de l'Union, lorsque la Commission estime qu'une entrave se produit dans un État membre, elle lui notifie l'information. Et, elle lui demande de prendre toutes les mesures nécessaires et proportionnées en vue de sa suppression dans un délai apprécié selon l'urgence de la situation. L'État est tenu au devoir de coopération en vertu des règles du traité, notamment les articles 34 et 35, mais aussi de l'article 4, paragraphe 3, TUE.

La Commission peut publier au *Journal officiel de l'Union européenne* le texte de la notification envoyée à l'État membre concerné. Et elle est en mesure de transmettre immédiatement le texte à la partie qui en fait la demande.

Dans un délai de cinq jours ouvrables à compter de la réception du texte, l'État membre concerné doit informer la Commission des initiatives prises ou qu'il entend prendre. À titre exceptionnel, la Commission peut accorder une prorogation du délai lorsque l'État membre soumet une demande motivée en ce sens et que les raisons en apparaissent justifiées.

Même si, au regard de l'efficacité de la procédure, le texte final est plus timide que la proposition de la Commission, le système d'alerte demeure un premier outil pour lutter rapidement contre ce type d'entraves spécifiques qui sont inopinées. Il peut être en ce sens perçu comme un moyen de régler rapidement un cas litigieux, sans ouvrir une action en manquement qui présente des lenteurs.

Mais il est aussi, et c'est en cela qu'il est un outil intéressant, une étape avant la mise en œuvre d'une action en manquement contre l'État qui n'agit pas conformément au droit de l'Union.

## §3. Une surveillance du marché : le paquet législatif « Sécurité des produits de consommation »

**276.** La Commission a proposé, le 13 février 2013, de nouvelles règles pour améliorer la sécurité et accroître la surveillance de tous les produits de consommation non alimentaires circulant sur le marché unique, y compris les produits importés de pays tiers.

Ces nouvelles dispositions ont vocation à renforcer la protection des consommateurs et mettre les entreprises sur un pied d'égalité. L'amélioration de l'identification et de la traçabilité des produits permettrait de retirer rapidement du marché tout produit non sûr, qui ne devrait pas parvenir jusqu'au consommateur ou à tout autre utilisateur.

**277.** De manière plus précise, le paquet unique rassemble une proposition de règlement sur la sécurité des produits, une proposition de règlement sur la surveillance des produits ainsi qu'un plan d'action pluriannuel de surveillance des marchés qui définit vingt mesures concrètes d'amélioration.

Une fois adoptées par le Parlement européen et le Conseil, ces nouvelles règles seront appliquées par les autorités de surveillance du marché dans les États membres, dont la coopération sera renforcée. Celles-ci devraient de cette manière bénéficier de dispositifs de contrôle plus efficaces. La procédure d'adoption est en cours (en attente de la position en première lecture devant le Conseil).

### A. La fragmentation des règles actuelles

**278.** À l'heure actuelle, les règles de l'Union concernant la surveillance du marché et la sécurité des produits de consommation sont fragmentées au sein de plusieurs instruments législatifs. Il en ressort des lacunes et des chevauchements dans leur application.

Dans un souci de cohérence, la directive n° 87/357/CEE sur les produits ayant l'apparence de denrées alimentaires et la directive n° 2001/95/CE relative à la sécurité générale des produits seront remplacées par un règlement sur la sécurité des produits de consommation.

De plus, les règles sur la surveillance du marché, disséminées dans plusieurs actes législatifs, seront regroupées en un seul instrument, qui s'appliquera à tous les produits (non alimentaires).

## B. Les principaux apports du projet de paquet législatif

**279.** Les principales innovations introduites par le paquet législatif sont nombreuses et d'un contenu divers. Nous citerons ici les éléments les plus pertinents.

Parmi ceux-ci, doivent notamment être relevés l'amélioration de la traçabilité des produits de consommation au long de la chaîne d'approvisionnement aux fins d'une réponse rapide et efficace (rappel des produits par exemple) ; le renforcement de l'obligation d'indication de l'origine complète ; les exigences élémentaires de traçabilité afin d'aider les autorités de surveillance du marché à remonter la trace du produit jusqu'à son véritable lieu de production et à entrer en contact avec les autorités du pays d'origine ; l'instauration d'un système de surveillance du marché que nous avons évoqué plus haut ; la simplification des procédures de notification des produits dangereux ; et, en dernier lieu, la mise en place d'une coopération créée entre le système actuel d'alerte rapide (RAPEX) et le système d'information et de communication pour la surveillance des marchés (ICSMS).

**280. Bibliographie**

F. Aubry-Caillaud, « Libre circulation des marchandises et nouvelle approche : les répercussions de la stratégie "marché intérieur 2003-2006" », *La Semaine Juridique, Cahiers de droit de l'entreprise*, 2004, n° 6, p. 1.

F. Aubry-Caillaud, *La libre circulation des marchandises, nouvelle approche et normalisation européenne*, Pedone, 1998.

C. Blumann (dir.), *Introduction au marché intérieur. Libre circulation des marchandises, Commentaire Mégret*, Éd. de l'ULB, 2015.

P. Boulin, « La normalisation dans la construction européenne », *RAE* 1991, p. 49.

L. Defalque, « L'harmonisation des législations : une alternative à la jurisprudence », *JTDE* 1994, p. 166.

F. Dintilhac, « Rapprochement des législations », *Répertoire Dalloz Droit européen.*

J. Flynn, « How will Article 100 A (4) work ? A comparison with Article 93 », *CMLRev.* 1987, 689.

E. Dubout et A. Maitrot de la Motte (dir.), *L'unité des libertés de circulation. In varietate concordia*, Bruylant, 2013.

H.-J. Glaesner, « L'article 100 A : un nouvel instrument pour la réalisation du marché commun », *CDE* 1989, p. 617.

R. Kovar, « Le législateur communautaire encadre le régime de la mise des produits dans le marché intérieur », *RTDE* 2008, p. 289.

B. Langenheine, « Le rapprochement des législations selon l'article 100 A du traité : l'harmonisation communautaire face aux exigences de protection nationale », *RMC* 1989, p. 347.

S. Lecrenier, « Les articles 30 et suivants et les procédures de contrôle prévues par la directive 83/189 », *RMC* 1985, p. 6.

J.-C. Masclet, « L'élimination des entraves techniques dans les échanges intracommunautaires des marchandises », *DPCI* 1989, t. 15, n° 1, p. 9.

J.-C. Masclet, « La libre circulation des marchandises dans les Communautés européennes : perspectives législatives et réalités jurisprudentielles », *RTDE* 1986, p. 243.

J.-C. Masclet, « La normalisation européenne : bon serviteur, mauvais maître ? » *in L'entreprise dans le marché unique européen*, 1995, Travaux de la CEDECE, La Documentation française, p. 385.

A. Mattera, « L'élimination des barrières techniques et la mise en œuvre de la reconnaissance mutuelle », *RMC* 1990, p. 80.

A. Mattera, « Un instrument d'intervention rapide pour sauvegarder l'unicité du marché intérieur, le règlement 2679/98 », *RMUE* 1999, n° 2, p. 9.

A. Mattera, « L'harmonisation des législations nationales : un instrument d'intégration et de reconnaissance mutuelle », *RDUE* 2010, p. 679.

J. Mc Millan, « La certification, la reconnaissance mutuelle et le marché unique », *RMUE* 1991, n° 2, p. 181.

J. Mc Millan, « La politique réglementaire communautaire pour la libre circulation des marchandises et l'approfondissement/achèvement du marché intérieur », *RDUE* 2010, p. 229.

R. Muñoz, « Le principe de reconnaissance mutuelle et le règlement 764/2008. Chronique d'une future révolution ? », *RDUE* 2009, p. 513.

G. Rivel, « Le principe de la reconnaissance mutuelle dans le marché unique du XXIe siècle », *RMCUE* 2007, p. 518.

N. De Sadeleer, « Les clauses de sauvegarde prévues à l'article 95 du Traité CE. L'efficacité du marché intérieur en porte-à-faux avec les intérêts nationaux dignes de protection », *RTDE* 2002, p. 53.

D. Vignes, « The harmonisation of national legislation and the EEC », *ELRev.* 1990, 358.

D. Waelbroeck, « L'harmonisation des règles et normes techniques dans la CEE », *CDE* 1988, p. 243.

# Titre 2
# Le support humain : la mobilité des personnes

**281.** Parallèlement à la libre circulation des marchandises, il existe une autre liberté, celle des personnes. Elle jouit d'un statut équivalent dans le traité puisqu'il s'agit d'une liberté fondamentale.

Mais à la différence de la mobilité des biens, plutôt homogène dans son contenu, la circulation des personnes a connu une évolution profonde au travers des textes dérivés, de la jurisprudence et du traité de Maastricht. En effet, ces sources ont permis de distinguer deux types de libertés qui sont désormais consacrées : d'une part, la libre circulation des personnes à des fins professionnelles, c'est-à-dire celle des agents économiques, sous l'angle distinct du travailleur salarié, de l'établissement et de la prestation de services ; d'autre part, la liberté de circulation et de séjour des personnes à des fins personnelles, c'est-à-dire celles non guidées par des motivations économiques.

**282.** L'évolution de fond a rendu ces deux libertés complètement autonomes. L'autonomisation s'est produite avec le traité de Maastricht. Auparavant, les traités inscrivaient la liberté de mouvement dans une perspective utilitariste. En effet, compte tenu de leurs objectifs socio-économiques, ils mettaient en avant une conception des personnes sous l'angle de l'« agent » ou de l'« opérateur ». Il en résultait que la liberté accordée était de nature économique. Elle portait à titre exclusif sur la possibilité reconnue de se déplacer et de s'établir sur le territoire d'un État membre afin d'y exercer une activité salariée ou non salariée.

Par l'affermissement de la citoyenneté européenne[1] et dans le sillage du traité de Maastricht, la liberté de mouvement à des fins personnelles a pris

1. Notamment par l'Acte unique qui, en application de son article 18.1, prévoit la réalisation d'un espace sans frontières dans lequel la libre circulation des personnes est assurée.

une densité nouvelle. Elle a acquis un statut autonome, distinct de celui de la liberté professionnelle.

**283.** De manière plus précise, ce détachement prend appui sur l'affirmation par le traité de Maastricht du droit de circuler et de séjourner librement pour tout citoyen de l'Union européenne dans tout État membre. Le ressortissant peut désormais y vivre indépendamment de toute considération économique.

Plus tard[2], d'autres textes sont venus consolider l'autonomie de la liberté personnelle. Il s'agit particulièrement la Charte des droits fondamentaux qui souligne à nouveau la distinction à établir entre mobilité des personnes à des fins professionnelles, et celle au titre de citoyens de l'Union européenne.

2. Il convient également de se référer aux accords de Schengen, certes antérieurs, mais dont la contribution à l'espace de mobilité est indéniable. V. *infra*, n° 538 et s.

## CHAPITRE 1

# La mobilité à des fins professionnelles : l'agent économique

**284.** Au sein de la libre circulation des personnes, la liberté à des fins professionnelles n'a eu de cesse de se développer. Elle a conquis une place significative, notamment à la faveur des chartes sociales, la première, la Charte sociale européenne, signée à Turin le 18 octobre 1961, et la seconde, la Charte communautaire des droits sociaux fondamentaux des travailleurs, signée les 8 et 9 décembre 1989. Ces textes reconnaissent le droit de toute personne d'accéder à une profession et de l'exercer.

La Charte des droits fondamentaux est venue appuyer l'attachement aux droits de la personne lorsque son article 15 paragraphe 1 considère que toute personne a le droit de travailler et d'exercer une profession librement choisie ou acceptée. La mobilité économique a pris ainsi une certaine épaisseur, notamment au regard du droit au travail dont peut se prévaloir chaque ressortissant de l'Union[1].

Les traités originaires, pour leur part, reconnaissent aux ressortissants européens un droit de circulation et de séjour lorsque ceux-ci sont des personnes physiques, travailleurs salariés ou non-salariés, et des personnes morales. L'objectif est de faciliter aux destinataires de la liberté professionnelle l'accès au territoire des États membres qui ne doivent pas leur opposer un quelconque obstacle.

Le contenu de cette liberté est présidé par un principe de non-discrimination à raison de la nationalité. Fortement ancré en droit de l'Union, il impose aux autorités nationales d'appliquer une égalité de traitement entre ressortissants nationaux et extranationaux[2]. Ce principe de non-discrimination, outre

1. V. en ce sens l'article 4 de la Charte des droits sociaux fondamentaux : « Tout travailleur a le droit d'exercer toute profession ou tout métier dans la Communauté ».

2. V. E. Cerexhe, « L'égalité de traitement dans l'ordre juridique communautaire », in *Mélanges Pierre-Henri Teitgen*, Pedone, 1984, p. 33 et s.

l'égalité qu'il insuffle dans les rapports entre ressortissants, permet de construire progressivement un lien de solidarité entre eux.

# Section 1
# La liberté professionnelle

**285.** La liberté à des fins professionnelles reçoit trois applications qui coexistent sur le territoire de l'Union : le droit d'accès à un emploi salarié, le droit d'accès à une activité non salariée, c'est-à-dire indépendante, et enfin le droit d'offrir ses services sans nécessairement s'établir dans l'État membre[3].

**286.** Pendant chaque période de transition après l'adhésion de nouveaux États membres, il reste possible d'appliquer certaines conditions limitatives de la libre circulation des travailleurs entre les États membres concernés. Ces restrictions ne concernent pas les déplacements hors Union européenne ni l'activité indépendante. De plus, elles sont variables selon les États membres. Les périodes transitoires restantes, qui concernaient l'adhésion de la Bulgarie et de la Roumanie en 2007, ont été supprimées le 1er janvier 2014.

Il existe cependant des périodes transitoires pour les ressortissants croates, qui ne seront supprimées au plus tard qu'en juillet 2020.

De plus, notons que l'article 35 de la directive n° 2004/38/CE octroie expressément aux États membres la faculté de retirer tout droit conféré par la directive en cas d'abus de droit ou de fraude.

**287.** La directive dite *Services*, en date du 12 décembre 2006[4], est venue régir de manière globale la prestation de services et la libre circulation des services afin d'en faciliter l'exercice.

L'ensemble des droits reconnus est applicable aux travailleurs des États membres, que ceux-ci jouissent du statut de travailleurs permanent, saisonniers, frontaliers ou qu'ils fournissent des services.

---

3. En revanche, ces règles sont inapplicables aux travailleurs détachés dès lors qu'ils ne se prévalent pas à titre personnel de leurs droits à la libre circulation. En effet, il s'agit en réalité des employeurs qui font usage de leur droit à la libre prestation de services pour envoyer des travailleurs hors du territoire national à titre temporaire. Les travailleurs détachés sont spécifiquement protégés par la directive n° 96/71/CE concernant le détachement de travailleurs, laquelle établit les conditions de travail et d'emploi minimales dans le pays d'accueil, ainsi que par la directive d'exécution liée, n° 2014/67/UE (*JOUE* n° L 159, 28 mai 2014). Celle-ci vise à empêcher que des prestataires extérieurs ne viennent y proposer des prix inférieurs à ceux des prestataires de service locaux. Nous reviendrons ultérieurement sur le cas des travailleurs détachés.

4. *JOUE* n° L 376, 27 déc. 2006.

## §1. Le droit d'exercer une activité salariée

**288.** Tout travailleur salarié dispose, en vertu de l'article 45 TFUE, du droit de circuler sur le territoire de l'Union et d'accéder librement aux emplois salariés. L'article 45, paragraphe 2, TFUE dispose que la libre circulation des travailleurs impose « l'abolition de toute discrimination fondée sur la nationalité en ce qui concerne l'emploi, la rémunération et les autres conditions de travail ».

### A. La notion extensive de travailleur

**289.** La notion de travailleur, évoquée à l'article 45 TFUE, renvoie à toute personne qui exerce une activité économique. La Cour n'a pas hésité à en donner un contenu extensif pour étendre toujours plus le champ des bénéficiaires et assurer un plein effet aux articles 45 TFUE et suivants.

#### 1. Les critères de qualification

**290.** La notion de « travailleur », au sens de l'article 45 TFUE, revêt une portée autonome qui est propre au droit de l'Union. De plus, elle ne peut être interprétée de manière restrictive[5]. Cette notion est définie selon des critères objectifs qui caractérisent la relation de travail en considération des droits et des devoirs des personnes concernées.

##### a. Une activité de nature économique

**291.** Le travailleur salarié est, selon la jurisprudence, celui qui exerce une activité contre rémunération dans le cadre d'un rapport de subordination avec son employeur[6].

La caractéristique essentielle de la relation de travail est le fait pour une personne d'accomplir, pendant un certain temps, en faveur d'une autre et sous la direction de celle-ci, des prestations en contrepartie desquelles elle perçoit une rémunération[7].

L'exercice d'une activité de nature économique moyennant rémunération est le critère essentiel à retenir. Le rapport de subordination et le paiement d'une rémunération forment les deux éléments constitutifs de toute relation de travail salarié. Mais il est nécessaire que l'activité professionnelle en cause présente un caractère réel et effectif[8].

---

5. CJCE, 3 juill. 1986, *Lawrie-Blum*, aff. 66/85, *Rec.* p. 2121 ; CJCE, 21 juin 1988, *Brown*, aff. 197/86, *Rec.* p. 3205 ; CJCE, 26 févr. 1992, *Bernini*, aff. C-3/90, *Rec.* p. I. 1071 ; CJCE, 6 nov. 2003, *Ninni-Orasche*, aff. C-413/01, *Rec.* p. I. 13187 ; CJUE, 14 juin 2012, *Commission/Pays-Bas*, aff ; C-542/09.

6. CJCE, 3 juill. 1986, *Lawrie-Blum*, préc.

7. CJCE, 3 juill. 1986, *Lawrie-Blum*, préc. ; CJCE, 23 mars 2004, *Collins*, aff. C-138/02, *Rec.* p. I. 2703 ; CJCE, 6 nov. 2003, *Ninni-Orasche*, préc. ; CJCE, 7 sept. 2004, *Trojani*, aff. C-456/02, *Rec.* p. I. 7573 ; CJCE, 4 juin 2009, *Vatsouras*, aff. jtes C-22/08 et C-23/08, *Rec.* p. I. 4585 ; CJUE, 28 févr. 2013, *Petersen*, préc. ; CJUE, 13 févr. 2014, *Commission c/Italie*, aff. C-596/12.

8. CJUE, 10 sept 2014, *Haralambidis*, aff. C-270/13.

**292.** De manière générale, la Cour se livre à une interprétation extensive du caractère économique de l'activité. Elle admet à ce titre la pratique du sport dans le cadre des sportifs professionnels qui participent à des compétitions de haut niveau[9], mais aussi une activité menée au sein d'une communauté religieuse et en dépit d'une rémunération modeste[10].

De même, il faut savoir que le droit de l'Union garantit aux femmes une protection particulière du fait de la maternité. En effet, à la faveur de l'article 16, paragraphe 3, de la directive n° 2004/38/CE, des contraintes physiques liées aux derniers stades de la grossesse et aux suites immédiates d'un accouchement, qui obligent une femme à cesser temporairement de travailler, ne sauraient entraîner la perte de sa qualité de travailleur[11].

## b. L'indifférence d'autres éléments de considération

**293.** La Cour se montre indifférente à d'autres éléments de considération. Il s'agit notamment du niveau de rémunération qui peut être modeste car lié à un temps partiel[12], de l'origine des ressources, la productivité plus ou moins élevée de l'intéressé, ou du fait que ne soit accompli qu'un nombre réduit d'heures de travail par semaine. Ces critères n'excluent pas qu'une personne soit reconnue comme « travailleur » au sens de l'article 45 TFUE[13].

Néanmoins, pour être qualifiée de « travailleur », une personne doit exercer des activités réelles et effectives, à l'exclusion d'activités tellement réduites qu'elles se présentent comme purement marginales et accessoires[14]. Afin de vérifier cette condition, le juge national, s'il est saisi, doit se fonder sur des critères objectifs. Il est tenu d'apprécier globalement toutes les circonstances de l'affaire ayant trait à la nature tant des activités concernées que de la relation de travail en cause[15].

En outre, le fait que l'intéressé soit entré sur le territoire de l'État membre d'accueil dans l'intention principale d'y poursuivre ses études n'est pas pertinente. Ceci ne constitue pas un critère objectif pour déterminer s'il a la qualité de « travailleur » au sens de l'article 45 TFUE et s'il a droit à ces aides dans les mêmes conditions qu'un ressortissant de l'État membre d'accueil[16].

9. CJCE, 15 déc. 1995, *Bosman*, préc.

10. CJCE, 5 oct. 1988, *Steymann*, aff. 196/87, *Rec.* p. 6159.

11. CJUE, 19 juin 2014, *Jessy Saint Prix*, aff. 507/12.

12. CJCE, 23 mars 1982, *Levin*, aff. 53/81, *Rec.* p. 1035. V. également CJCE, 3 juin 1986, *Kempf*, aff. 139/85, *Rec.* p. 1741.

13. CJCE, 3 juill. 1986, *Lawrie-Blum*, préc. ; CJCE, 31 mai 1989, *Bettray*, aff. 344/87, *Rec.* p. 1621 ; CJCE, 26 févr. 1992, *Bernini*, préc.

14. CJCE, 23 mars 1982, *Levin*, aff. 53/81, *Rec.* p. 1035 ; CJCE, 4 juin 2009, *Vatsouras*, préc.

15. CJCE, 6 nov. 2003, *Ninni-Orasche*, préc.

16. CJUE, 21 févr. 2013, *Styrelsen*, aff. C-46/12.

## 2. L'extension de la notion de travaillleur au demandeur d'emploi

**294.** La qualification de travailleur s'étend à la personne qui est à la recherche d'un emploi. Cette extension ne ressort pas de l'article 45 TFUE qui ne l'évoque pas expressément. Elle est la résultante du règlement (UE) n° 492/2011 lequel consacre le droit d'accès à l'emploi, impliquant l'emploi potentiel.

### a. Le droit d'accès à l'emploi potentiel

**295.** Tout ressortissant de l'Union jouit du droit de chercher un emploi dans un autre État membre de l'Union, et ce conformément à la réglementation nationale applicable aux travailleurs nationaux.

Le demandeur d'emploi ne peut faire l'objet d'une mesure restrictive (expulsion) s'il apporte la preuve qu'il continue à chercher un emploi et a une « réelle chance »[17] d'être engagé pendant cette période. Ainsi, il dispose du droit de séjour dans l'État membre d'accueil et du temps requis pour y chercher un emploi, présenter sa candidature et être recruté (que l'on estime à plus de six mois)[18] sans conditions supplémentaires à satisfaire. À cet égard, il dispose du droit de bénéficier de la part des agences nationales pour l'emploi de services identiques à ceux des ressortissants de cet État.

De surcroît, le ressortissant à la recherche d'un emploi peut bénéficier d'un délai plus long s'il parvient à prouver qu'il est réellement en recherche d'emploi. Il doit démontrer que ses recherches doivent lui permettre de trouver un emploi. En ce sens, il ne peut faire l'objet de traitement discriminatoire, notamment au regard des exigences linguistiques, qui doivent demeurer raisonnables et nécessaires pour l'emploi visé[19].

**296.** Dans le même sens, toute personne ayant exercé un emploi dans un État membre, ou atteinte d'une incapacité permanente ou temporaire de travail, ou enfin ayant perdu son emploi, bénéficie toujours du droit de demeurer dans l'État membre où elle a exercé un emploi. En fait, la directive n° 2004/38/CE ne fait que reprendre les dispositions existantes en matière de recherche d'emploi ou d'inactivité[20].

Sur ce point, la qualification de travailleur et les droits y afférent ne dépendent pas nécessairement de l'existence ou de la continuation effective d'un rapport de travail[21].

En effet, le fait qu'une telle personne n'a pas été effectivement présente sur le marché de l'emploi de l'État membre d'accueil pendant quelques

17. CJCE, 26 févr. 1991, *Antonissen*, aff. C-292/89, *Rec.* p. I. 785.

18. CJCE, 26 févr. 1991, *Antonissen*, aff. C-292/89, *Rec.* p. I. 785.

19. CJCE, 28 nov. 1989, *Groener*, aff. C-379/87, *Rec.* p. 3967.

20. Celles du règlement (CE) n° 1251/70 du 29 juin 1970 relatif aux droits des travailleurs de demeurer sur le territoire d'un État membre après y avoir occupé un emploi, et celles de la directive n° 75/34/CE du 17 déc. 1974 concernant les non-salariés.

21. CJCE, 21 juin 1988, *Lair*, préc.

mois n'implique pas qu'elle a cessé d'appartenir à ce marché pendant cette période. Il faut simplement qu'elle reprenne son travail ou trouve un autre emploi dans un délai raisonnable après l'interruption (tel un accouchement par exemple)[22].

### b. La naissance d'une ligne jurisprudentielle régressive : de *Grzelczyk* à *Dano*

**297.** Pendant longtemps, le juge de l'Union n'a eu de cesse d'étendre et conforter l'accès aux prestations sociales des citoyens de l'Union résidant dans un autre État membre[23], notamment pour les travailleurs.

Néanmoins, depuis quelques années, cette jurisprudence progressiste semble céder place à une lecture littérale de la directive n° 2004/38/ CE, qui génère une restriction de l'accès aux avantages sociaux. La ligne initiale, protectrice du droit de libre circulation, est désormais ébranlée par un certain courant jurisprudentiel, plutôt frileux sur ces questions et ce depuis l'arrêt *Dano*[24].

**298.** Or, depuis les arrêts *Collins*[25] et *Vatsouras*[26], les citoyens de l'Union disposent du droit à l'égalité d'accès à une prestation de nature financière ayant pour objet de faciliter l'accès à l'emploi lorsque ceux-ci sont sans activité économique. Cette prestation ne peut dès lors être considérée comme une prestation d'assistance sociale dont l'accès est exclu par la directive n° 2004/38/CE. Il reste que les États membres sont en droit toutefois d'exiger l'existence d'un *lien réel* entre le demandeur d'emploi et le marché du travail de l'État membre concerné.

Pour autant, la Cour a pris soin de préciser, depuis l'arrêt *Brey*[27], que le simple fait de demander une prestation ne constitue pas un motif suffisant pour prouver qu'une personne ne dispose pas de ressources suffisantes. Il est alors nécessaire pour l'autorité nationale compétente de procéder à un *examen individuel* pour évaluer la charge qu'entraine le versement d'une prestation pour le système d'assistance sociale de l'État membre concerné.

L'arrêt *Brey* s'inscrit ainsi pleinement dans la jurisprudence *Trojani*[28]. Selon celle-ci, dès lors qu'un citoyen économiquement inactif n'a pas fait l'objet d'une mesure d'éloignement, son droit à l'égalité de traitement ne peut être remis en cause en ce qui concerne l'accès aux prestations sociales.

**299.** Mais ces derniers temps, la Cour de justice semble prendre de la distance avec sa jurisprudence jusqu'alors intégrative en la matière. En

---

22. CJCE, 29 avr. 2004, *Orfanopoulos*, aff. jtes C-482/01 et C-493/01, *Rec.* p. I. 5257.

23. CJCE, 20 sept. 2001, *Grzelczyk*, aff. C-184/99, *Rec.* p. I. 6193 ; CJCE, 11 juill. 2002, *D'Hoop*, aff. C-224/98, Rec. p. I. 6191.

24. CJUE, 11 nov. 2014, *Dano,* aff. C-313/13.

25. CJCE, 23 mars 2004, *Collins*, préc.

26. CJCE, 4 juin 2009, *Vatsouras*, préc.

27. CJUE, 19 sept. 2013, *Brey,* aff. C-140/12. Pour aller plus loin, v. C. Boutayeb, « De l'accès des citoyens inactifs de l'Union aux prestations d'assistance sociale des États membres d'accueil », *RDSS* 2013, p. 1039.

28. CJCE, 7 sept. 2004, *Trojani*, préc.

effet, dans le désormais célèbre arrêt *Dano*, elle n'hésite pas à refuser le droit à des prestations à une citoyenne de l'Union, inactive, entrée sur le territoire d'un État membre d'accueil et demandeuse de prestations.

La Cour a estimé que le droit à l'égalité de traitement, qui comprend l'accès aux prestations, implique que la personne dispose d'un droit de séjour légal dans un État membre, conformément à la directive nº 2004/38/CE. Or, en l'espèce, tel n'est pas le cas pour la requérante en raison de l'insuffisance de ses moyens financiers au regard du droit national.

**300.** Encore récemment, par un autre arrêt retentissant, *Alimanovic*[29], la Cour de justice a été conduite à expliciter le cas des travailleurs employés précédemment et ce selon une grille de lecture inédite car restrictive. En l'espèce, les personnes visées avaient travaillé précédemment et conservé leur statut de travailleur pendant une durée de six mois après avoir été involontairement au chômage (art. 7, paragraphe 3, point c), de la directive).

La Cour de justice a néanmoins considéré qu'après expiration de la période de six mois, le citoyen de l'Union ne peut se prévaloir d'une égalité de traitement avec les ressortissants de l'État membre d'accueil et dès lors d'un accès aux prestations sociales que si son séjour est conforme aux conditions émises par la directive.

Certes, l'article 14, paragraphe 4, point b), de la directive interdit aux États membre de prononcer des mesures d'éloignements à l'encontre de citoyens de l'Union en situation de chômage tant qu'ils sont en mesure de prouver qu'ils continuent à chercher un emploi. En revanche, l'article 24 paragraphe 2 permet expressément aux États membres de refuser l'accès à une prestation d'assistance sociale aux citoyens de l'Union dont le droit de séjourner dans le pays d'accueil repose uniquement sur cette disposition de non-éloignement.

En outre, la Cour de justice a estimé, à la différence des mesures d'éloignement pour lesquelles la situation individuelle du citoyen de l'Union concerné doit être prise en compte, qu'un *examen individuel* n'est pas requis pour l'accès à l'assistance sociale.

**301.** Dans un nouvel arrêt en date du 26 février 2016, *Jovanna García-Niet*[30], la Cour confirme sa jurisprudence récente selon laquelle un État membre a la possibilité d'exclure de certaines prestations sociales les ressortissants des autres États membres et ce pendant les trois premiers mois de leur séjour.

La Cour se plaît à rappeler qu'en vertu la directive nº 2004/38/CE, les citoyens de l'Union disposent certes du droit de séjourner dans un autre État membre pour une période allant jusqu'à trois mois, sans autres conditions ou formalités que l'exigence d'être en possession d'un document d'identité valide. Pendant cette période, il est interdit aux États membres d'exiger

29. CJUE, 15 sept. 2015, *Alimanovic*, aff. C-67/14.

30. CJUE, 25 févr. 2016, *Jovanna García-Niet*, aff. C-299/14. Le litige opposait une famille espagnole à un centre pour l'emploi allemand, qui avait refusé l'octroi de prestations de subsistance pour les trois premiers mois de leur séjour en Allemagne, au regard de la législation nationale qui l'autorise.

que les citoyens de l'Union possèdent des moyens de subsistance suffisants et une couverture médicale personnelle.

Pour autant, la Cour estime que la directive leur permet, afin de préserver l'équilibre financier de leur système d'assistance sociale, de refuser d'accorder à ces citoyens toute prestation d'assistance sociale au cours des trois premiers mois. Toujours selon la Cour, ce refus n'implique pas un examen de la situation individuelle de la personne concernée.

Par cette nouvelle ligne jurisprudentielle née de l'arrêt *Dano,* la Cour ne fait que permettre en réalité aux États membres de refuser l'égalité d'accès à l'assistance sociale, sans que ceux-ci soient dans l'obligation de mettre un terme au droit de séjour du citoyen inactif. Faut-il s'en inquiéter ? Certainement car cette approche réductrice de la directive nº 2004/38/CE ne s'inscrit nullement dans l'esprit des traités, qui vise à favoriser les conditions d'exercice du droit fondamental à la liberté de circulation et de séjour et l'égalité de traitement entre les citoyens de l'Union.

**302.** Pour autant, il est possible indirectement de tempérer la sévérité de la ligne *Dano* et *Alimanovic* sous le prisme de l'article 20 TFUE et de la citoyenneté. En effet, dans un arrêt récent[31], *Chavez-Vilchez,* la Cour constate que les enfants concernés peuvent, en tant que ressortissants d'un État membre, se prévaloir, y compris à l'égard de l'État membre dont ils ont la nationalité, de droits afférents à leur statut de citoyens, conféré par l'article 20 TFUE. Elle rappelle que cet article s'oppose à des mesures nationales, y compris des décisions refusant le droit de séjour aux membres de la famille d'un citoyen de l'Union, qui ont pour effet de priver les citoyens de l'Union de la jouissance effective des droits conférés par leur statut. Elle précise que, même si les dispositions du traité concernant la citoyenneté de l'Union ne confèrent certes aucun droit autonome aux ressortissants d'un pays tiers, il existe des situations particulières dans lesquelles un droit de séjour doit être accordé à un ressortissant d'un pays tiers, membre de la famille dudit citoyen. Les autorités compétentes de l'État membre concerné doivent procéder, sur la base des éléments fournis par le ressortissant d'un pays tiers, aux recherches nécessaires pour pouvoir apprécier, à la lumière de l'ensemble des circonstances de l'espèce, si une décision de refus aurait de telles conséquences, à savoir priver le citoyen de l'Union de la jouissance effective des droits conférés par son statut.

## B. L'application de l'article 45 TFUE

**303.** Selon les termes de l'article 45 TFUE, dans ses paragraphes 2 et 3, l'accès à l'emploi des travailleurs salariés emporte deux conséquences : la

31. CJUE, 10 mai 2017, *Chavez-Vilchez et autres*, aff. C-133/15. Il s'agissait de huit ressortissantes de pays tiers, mères d'un ou de plusieurs enfants mineurs de nationalité néerlandaise dont les pères sont tous néerlandais et dont elles assument la charge quotidienne et effective. Ces dernières ont introduit des demandes d'aide sociale et d'allocations familiales auprès des autorités néerlandaises. Dans chacun des litiges au principal, ces demandes ont été rejetées au motif qu'en l'absence de titre de séjour, elles n'avaient, selon la législation nationale, aucun droit à percevoir de telles aides.

mise en œuvre d'un principe de non-discrimination, et celle du droit primaire de circuler et séjourner librement sur le territoire de l'Union.

## 1. L'effectivité du droit de circulation et de séjour

**304.** Pour pouvoir accéder à un emploi et l'exercer sur le territoire de l'Union, le travailleur doit au préalable bénéficier d'une liberté de circulation et de séjour[32]. Autrement dit, les deux droits, le droit de circuler et de séjourner d'une part, le droit d'accès à une activité et de l'exercer d'autre part, sont intrinsèquement liés. Ils concourent à l'application et à l'effectivité de l'article 45 TFUE.

À cet égard, en vertu de l'article 1er, sous j), du règlement (CE) n° 883/2004[33], le terme « résidence » signifie le séjour habituel. Il s'agit en fait du lieu où les personnes concernées résident habituellement et où se trouve également le centre habituel de leurs intérêts. Ce terme constitue une notion autonome et propre au droit de l'Union[34].

## 2. Les mesures prohibées

**305.** L'ensemble des dispositions du traité relatives à la libre circulation des personnes visent à faciliter, pour les ressortissants de l'Union, l'exercice d'activités professionnelles de toute nature sur l'ensemble du territoire de l'Union. Elles s'opposent aux mesures qui pourraient défavoriser ces ressortissants s'ils souhaitent exercer une activité économique sur le territoire d'un autre État membre[35]. Elles ne permettent pas non plus à l'État d'origine d'entraver la libre acceptation et l'exercice d'un emploi par l'un de ses ressortissants dans un autre État membre[36].

**306.** De même, les dispositions de droit de l'Union peuvent s'appliquer à des activités professionnelles exercées en dehors du territoire de l'Union. C'est en effet le cas des États tiers, dès lors que la relation de travail garde un rattachement suffisamment étroit avec le territoire de l'Union[37]. En fait, sont appréciés tous rapports juridiques dans la mesure où ceux-ci, en raison soit du lieu où ils sont établis, soit du lieu où ils produisent leurs effets, peuvent être localisés sur le territoire de l'Union.

Un tel principe doit s'entendre comme visant également les cas dans lesquels la relation de travail est rattachée de façon suffisante au droit d'un État membre et, dès lors, aux règles pertinentes du droit de l'Union[38].

---

32. CJCE, 12 déc. 2002, *de Groot*, aff. C-385/00, *Rec.* p. I. 11819.

33. Règl. (CE) n° 883/2004 du Parlement européen et du Conseil du 29 avr. 2004 portant sur la coordination des systèmes de sécurité sociale, *JOCE* n° L 200, 7 juin 2004. Le règlement (UE) n° 883/2004 a remplacé, à partir du 1er mai 2010, le règlement (CEE) n° 1408/71 (CEE), *JOCE* n° L 149, 5 juill. 1971.

34. CJUE, 5 juin 2014, *Swaddling*, aff. C-255/13 ; CJUE, 11 sept 2014, B., aff. C-394/13.

35. CJCE, 7 juill. 1992, *Singh*, aff. C-370/90, *Rec.* p. I. 4265 ; CJCE, 26 janv. 1999, *Terhoeve*, aff. C-18/95, *Rec.* p. I. 345 ; CJCE, 12 déc. 2002, *de Groot*, préc.

36. CJCE, 26 janv. 1999, *Terhoeve*, préc.

37. CJCE, 12 juill. 1984, *Prodest*, aff. 237/83, *Rec.* p. 3153 ; CJCE, 27 sept. 1989, *Lopes da Veiga*, aff. 9/88, *Rec.* p. 2989. CJCE, 29 juin 1994, *Aldewereld*, aff. C-60/93, *Rec.* p. I. 2991.

38. CJCE, 30 avr. 1996, *Boukhalfa*, C-214/94, *Rec.* p. I. 2253 ; CJUE, 28 févr. 2013, *Petersen*, aff. C-544/11.

## §2. Les autres formes de liberté professionnelle

**307.** À la liberté d'exercer une activité salariée, viennent s'ajouter deux autres manifestations majeures de la liberté à des fins professionnelles : celle d'accéder à une activité non salariée, autrement dit indépendante, et celle d'offrir ses services sans être soumis à l'obligation de s'établir dans l'État membre.

### A. Des contenus distincts

**308.** La liberté d'établissement et la libre prestation de services présentent des contenus distincts qu'il n'est pas toujours aisé de saisir. En réalité, la qualification de libre prestation de services réside dans son opposition à la liberté d'établissement. Aussi est-il important de délimiter précisément la notion de service en cause pour bien cerner les contenus respectifs.

#### 1. La liberté d'établissement

**309.** La liberté d'établissement, régie par l'article 49, alinéa 2, TFUE, ne doit se voir opposer aucune restriction. Elle s'entend comme l'accès aux activités non salariées et leur exercice, ainsi que la constitution et la gestion d'entreprises. Le travailleur indépendant doit être en mesure d'accéder à une profession et de l'exercer librement sans subir une quelconque discrimination.

#### 2. La libre prestation de services

**310.** La libre prestation de services constitue le troisième mode de libre circulation des travailleurs. Dans ce cas, le ressortissant fournit librement une prestation. Il peut décider ou non de franchir les frontières, ou de s'installer dans un État membre.

##### a. La notion de service

**311.** La notion de service sera établie, comme le précise l'article 57 TFUE, dans la mesure où le prestataire n'entre pas dans une catégorie relative aux dispositions propres à la libre circulation des marchandises, des capitaux et des personnes.

En outre, elle implique l'exercice d'une prestation. Il doit en effet s'agir d'une rémunération qui est entendue largement[39]. L'exigence d'une rémunération est essentielle pour emporter la qualification de service[40].

39. CJCE, 11 avr. 2000, *Deliège*, aff. jtes C-51/96 et 191/97, *Rec.* p. I. 2595.

40. CJCE, 27 sept. 1988, *Humbel*, aff. C-263/86, *Rec.* p. 5365, à propos de fonds publics versés à un enseignement public qui ne constitue pas dès lors une prestation de service. V. cependant CJCE, 12 juill. 2001, *Smits*, aff. 157/99, *Rec.* p. I. 5473, sur les soins dispensés par un hôpital, qui constituent une prestation de

**312.** À partir de ces considérations, dès lors que l'activité revêt un caractère économique contre rémunération et échappe au champ des trois autres libertés, elle relève de l'article 57 TFUE, c'est-à-dire de la prestation de services. Il en est ainsi du mouvement des capitaux[41] qui relève de la libre prestation de services. C'est également le cas des activités qui ont un caractère industriel, commercial, artisanal ou libéral telles qu'elles sont énoncées par l'article 57 TFUE.

L'énonciation n'est pas exhaustive. En effet, il pourra également s'agir de la diffusion de messages télévisés. Dans ce domaine, il convient de distinguer les activités qui relèvent de la libre circulation des marchandises, comme la fabrication des films ou de certains éléments matériels, de celles qui relèvent de la libre prestation de services que constitue l'émission audiovisuelle[42].

## b. La prestation de services

**313.** Concernant les contours de la libre prestation de services, celle-ci implique un franchissement de la frontière qui se caractérise par la mise en œuvre de la liberté de circulation.

### α. *La nature de la prestation*

**314.** L'auteur du franchissement est variable : il peut s'agir du prestataire de services ou du destinataire[43], mais aussi de la prestation de services elle-même ou son support, comme une émission audiovisuelle[44].

Par ailleurs, la libre prestation de services s'oppose à la liberté d'établissement au regard du caractère permanent que revêt le droit d'établissement. En effet, la libre prestation de services n'est pas durable, mais seulement provisoire.

### β. *L'apport de la jurisprudence*

**315.** C'est dans la pratique qu'il peut apparaître difficile de discerner les situations relevant de la prestation de services ou de l'établissement qui obéissent à des régimes juridiques différents. En effet, si un ressortissant est reconnu comme établi dans un État membre, il relèvera de la législation applicable aux nationaux. Ce ne sera pas le cas s'il est seulement prestataire.

La Cour s'est efforcée de dégager une orientation qui repose sur deux approches.

Dans une première démarche, elle considère que l'activité correspond à une prestation de services lorsque l'entreprise ne détient pas une présence

---

services alors que l'hôpital n'était pas rémunéré par le patient. Mais les soins ont été pris en charge par la caisse d'assurance maladie.

41. CJCE, 3 oct. 2006, *Fidium Finanz*, aff. C-452/04, *Rec.* p. I. 9252.

42. CJCE, 30 avr. 1974, *Sacchi*, aff. 155/73, *Rec.* p. 409. V. aussi CJCE, 18 mars 1980, *Debauve*, aff. 52/79, *Rec.* p. 833. Sur la retransmission des messages publicitaires, CJCE, 26 avr. 1988, *Bond van Adverteerders*, aff. 352/85, *Rec.* p. 2085.

43. CJCE, 31 janv. 1984, *Luisi et Carbone*, aff. 286/82 et 26/83, *Rec.* p. 377.

44. CJCE, 30 avr. 1974, *Sacchi*, préc.

permanente. Inversement, il s'agit du droit d'établissement même si cet établissement n'est pas nécessairement sous la forme d'une succursale ou d'une agence, mais constitue seulement « un simple bureau géré par les personnels de l'entreprise ou une personne indépendante mandatée pour agir en permanence »[45].

La seconde approche repose sur la possibilité pour un prestataire de services de se doter d'infrastructures (bureau ou cabinet), sans pour autant basculer dans le régime du droit d'établissement. Il faut que de tels moyens soient nécessaires en vue de l'accomplissement de l'activité en cause[46].

## B. Les bénéficiaires

**316.** La liberté d'établissement et la libre prestation de services sont reconnues à deux bénéficiaires : les personnes physiques et les personnes morales.

### 1. Les personnes physiques

**317.** Le droit d'établissement et la libre prestation de services visent toute personne physique qui relève de la nationalité d'un des États membres.

Selon les termes de l'article 49, alinéa 1, TFUE, le ressortissant doit pouvoir bénéficier de l'entière liberté de s'établir sur le territoire de l'Union. Pour cela, il doit satisfaire à la condition de nationalité. S'y ajoute l'obligation d'être établi sur le territoire d'un État membre afin d'ouvrir ensuite un établissement secondaire ou d'offrir des prestations de services dans un des États membres.

### 2. Les personnes morales

**318.** La liberté professionnelle s'étend également aux personnes morales. Elles sont visées par l'article 54, alinéa 2, TFUE, et pour la liberté d'établissement, l'article 49, alinéa 2, TFUE.

Le traité énonce explicitement les sociétés qui sont décrites comme les sociétés de droit civil ou commercial, y compris les sociétés coopératives, et les autres personnes morales relevant du droit public ou privé, à l'exception des sociétés qui ne poursuivent pas de but lucratif.

#### a. La notion de société

**319.** La notion de société revêt un contenu extensif. L'article 54 TFUE indique que, pour être bénéficiaire de la liberté d'établissement et de la prestation de services, il suffit d'être une société ou une personne morale qui poursuit une activité lucrative.

---

45. CJCE, 4 déc. 1986, *Commission c/ Allemagne*, aff. 220/83, *Rec.* p. 3663.

46. CJCE, 30 nov. 1995, *Gebhard*, aff. C-55/94, *Rec.* p. I. 4165.

Le but lucratif impose qu'une personne morale soit engagée dans la poursuite d'une activité économique contre versement d'une rémunération. Cette exigence permet d'exclure les activités menées de manière gratuite, comme le cas des associations, syndicats ou fondations.

**320.** En outre, le droit de l'Union est indifférent au statut de la société. En effet, il peut s'agir de sociétés qui relèvent du droit civil, telles que les sociétés civiles immobilières et les sociétés civiles interprofessionnelles, ou de sociétés régies par le droit commercial. Sont également visées les sociétés coopératives et de manière générale, comme le précise l'article 54 TFUE, les personnes morales relevant du droit public ou privé.

La forme juridique de l'entreprise revêt également un caractère neutre puisque les établissements publics à caractère industriel et commercial, mais aussi d'autres formes d'entreprises, comme le groupement d'intérêt économique, peuvent se prévaloir de la liberté professionnelle.

## b. Les différents modes de la liberté professionnelle indépendante

**321.** La liberté professionnelle du non-salarié s'exprime selon trois modes, l'établissement principal, l'établissement secondaire ou la libre prestation.

### α. *Un premier mode : l'établissement principal*

**322.** La mise en œuvre du droit d'établissement a pour point de départ le rattachement à un État membre du ressortissant qui crée l'entreprise, ou de la société visée. En effet, la liberté d'établissement principal ne concerne que ceux qui ont la nationalité d'un État membre.

Pour les sociétés, selon l'article 54, alinéa 1, TFUE, elles ne pourront se prévaloir de cette disposition et s'établir ou offrir des services qu'à la condition qu'elles soient constituées et établies dans un État membre conformément à la législation nationale et si le siège social, l'administration centrale ou l'établissement principal se situe à l'intérieur de l'Union.

**323.** De même, la libre prestation de services ne pourra être mise en œuvre que par les ressortissants d'un État membre, qui sont établis dans un pays de l'Union autre que celui du destinataire de la prestation et ce, en vertu de l'article 56 TFUE. Il s'agit en réalité de l'hypothèse la plus ordinaire dans laquelle un opérateur crée dans un État d'accueil un établissement principal dans le respect de la législation nationale[47]. Par établissement principal, on entend le fait de détenir dans un État membre son siège statutaire, son administration centrale ou son établissement principal.

47. CJCE, 27 sept. 1988, *Daily Mail*, aff. 81/87, *Rec.* p. 5583.

### β. *Un deuxième mode : l'établissement secondaire*

**324.** L'établissement secondaire vise la situation pour laquelle le ressortissant d'un État membre détient son établissement principal dans un autre État membre. En fait, il s'agit d'un établissement qu'il n'a pas transféré. La liberté professionnelle, induite par l'article 49, alinéa 2, TFUE, permet alors à son bénéficiaire de créer et gérer une entreprise dans un État membre dans des conditions définies par la législation du pays d'établissement pour ses propres ressortissants. Il pourra s'agir d'agences, de succursales, de filiales ou de bureaux.

**325.** Mais il est impératif, pour pouvoir mettre en œuvre le droit établissement secondaire, que le ressortissant ou la société soit établi dans un État membre, à titre principal ou secondaire. En revanche, lorsqu'il y a transfert d'un établissement, il s'agit alors d'un transfert principal.

La Cour se montre libérale quant à l'établissement secondaire. En effet, il importe peu qu'une société ait été créée dans un premier État dans l'unique objectif de « s'établir dans le second où seront exercés l'essentiel, voire l'ensemble de ces activités économiques »[48]. Il ne s'agit pas, poursuit-elle, d'un usage abusif du droit d'établissement. Aussi n'est pas justifié, même dans le cadre de la lutte contre la fraude, le refus d'immatriculer la succursale d'une société dont le siège est situé dans un autre État membre.

### γ. *Un troisième mode : la libre prestation de services*

**326.** La libre prestation de services renvoie à l'hypothèse où une prestation est fournie contre rémunération (art. 57 al. 1 TFUE). Il s'agit par exemple du cas des services rattachés aux activités à caractère industriel, commercial, artisanal ou libéral. La libre prestation de services prévaudra dès l'instant que les deux autres libertés, l'établissement principal ou l'établissement secondaire, ne peuvent être invoquées[49].

La libre prestation de services peut alors revêtir deux formes : l'une est expressément visée par l'article 57 TFUE, tandis que la seconde a été dégagée par la jurisprudence depuis l'arrêt *Luisi et Carbone*[50].

**327. La prestation de services établie par l'article 57 TFUE : la forme active. –** Une première forme désigne le cas où le prestataire quitte son pays d'origine pour se rendre vers un pays d'accueil et exécuter une prestation. Celle-ci est exercée à titre temporaire et selon les mêmes conditions applicables aux ressortissants nationaux. Il s'agit alors d'une libre prestation active.

Cette forme de libre prestation de services est appréciée par les opérateurs économiques. En effet, elle oblige l'État d'accueil à recevoir sur son territoire le prestataire d'un service dès l'instant que celui-ci est légalement établi dans

48. CJCE, 9 mars 1999, *Centros*, aff. C-212/97, *Rec.* p. I. 1459.

49. CJCE, 4 oct. 1991, *Grogan*, aff. C-159/90, *Rec.* p. I. 4685.

50. CJCE, 31 janv. 1984, préc.

l'État membre d'origine, et ce en dépit des disparités existantes entre les conditions nationales de prestation.

**328.** Le caractère temporaire des activités en cause doit être apprécié non seulement en fonction de la durée de la prestation, mais également de sa fréquence, périodicité ou continuité. Si l'opérateur opte pour cette forme de prestation, le caractère temporaire de la prestation n'exclut pas pour autant la possibilité pour le prestataire de services de se doter, dans l'État membre d'accueil, d'une certaine infrastructure (y compris un bureau, cabinet ou étude)[51]. En effet, cette faculté lui est reconnue dans la mesure où l'infrastructure est nécessaire aux fins de l'accomplissement de la prestation en cause. Mais il peut également y renoncer, et ce même si l'État d'accueil l'impose[52].

**329. La prestation de services née de la jurisprudence *Luisi et Carbone* : la forme passive. –** À la première forme de liberté qui vient d'être décrite, s'ajoute la libre prestation passive. Ce n'est pas le prestataire de services qui se déplace, mais le destinataire vers le pays où est installé le prestataire. En effet, selon l'arrêt fondateur *Luisi et Carbone*[53] et une jurisprudence constante[54], la Cour considère que la notion de « libre prestation des services » de l'article 56 TFUE englobe également la libre prestation de services passive. En d'autres termes, l'article 56 confère des droits également au destinataire de services.

Par cet arrêt, la Cour dira pour droit que la libre prestation de services passive constitue le « complément nécessaire » de la libre prestation de services active. Et elle répond à l'objectif de « libérer toute activité rémunérée et non couverte par la libre circulation des marchandises, des personnes et des capitaux ».

En effet, la Cour relève que la notion de libre prestation de services au sens dudit article couvre un déplacement soit du *prestataire de services* dans l'État membre où le destinataire est établi, soit du *destinataire* lui-même qui se rend dans l'État d'établissement du prestataire.

**330.** Plus précisément, le juge explique que si l'article 56 TFUE ne mentionne que la libre prestation des services active, dans le cadre de laquelle le prestataire se déplace vers le bénéficiaire des services, celle-ci inclut cependant la liberté des destinataires de services. Il s'agit notamment de la liberté des touristes de se rendre dans un autre État membre dans lequel se trouve le prestataire pour y bénéficier de ces services.

Ainsi, les citoyens de l'Union qui se rendent dans un autre État membre en vue d'y recevoir des services ou en ayant la faculté d'en recevoir (des touristes ou des patients), jouissent de la protection de la libre prestation de service passive. Cette protection repose sur l'objectif consistant à établir un

51. CJCE, 30 nov. 1995, *Gebhard*, préc.

52. CJCE, 13 févr. 2003, *Commission c/ Italie*, aff. C-131/01, *Rec.* p. I. 1659.

53. CJCE, 31 janv. 1984, préc.

54. CJCE, 11 sept. 2007, *Schwarz*, aff. C-76/05, *Rec.* p. I. 6849 ; CJCE, 11 sept. 2007, *Commission c/Allemagne*, aff. C-318/05, *Rec.* p. I. 6957.

marché intérieur, conçu comme un espace sans frontières intérieures, en démantelant tous les obstacles s'y opposant.

## C. Une étape supérieure dans la libéralisation : la directive Services

**331.** Ces dernières années, la libre prestation de services a été marquée par l'adoption par le Conseil et le Parlement européen, en codécision, de la directive n° 2006/123/CE du 12 décembre 2006[55], sur proposition de la Commission[56]. L'objet de la directive tend à inscrire une étape supplémentaire dans le processus global de libéralisation des échanges. Elle a vocation à parfaire, souvent en consolidant l'existant, la libéralisation de l'ensemble des services. Elle lève à cet égard certains obstacles persistants[57].

### 1. Une adoption dans un contexte tendu

**332.** La directive relative aux services dans le marché intérieur, appelée directive *Bolkestein* du nom du commissaire auteur de la directive[58], a suscité de nombreux débats au sein de plusieurs États membres.

En France particulièrement, lors des ratifications nationales du traité constitutionnel, s'est ouverte une polémique née de la clause du principe du pays d'origine inscrite dans la première mouture du texte, c'est-à-dire dans la proposition de la Commission. Or, le principe du pays d'origine est souvent perçu immédiatement comme un vecteur de *dumping* social.

Ce principe emporte l'obligation pour un prestataire qui fournit ses services temporairement dans un autre pays (sans s'y établir) de pouvoir exercer son activité sans être soumis à d'autres mesures que celles de son pays d'origine. Il peut notamment échapper à la législation sociale de l'État d'accueil, en termes de conditions de travail et de salaire minimum ; ce qui fait précisément craindre l'écueil du dumping social.

**333.** En réalité, ce principe est déjà applicable en droit de l'Union puisqu'il reçoit des applications dans la réglementation actuellement en vigueur en matière de travailleurs détachés dans le cadre d'une prestation de services[59].

Il est vrai que la mise en œuvre de ce principe constitue certainement un moyen efficace de lutter contre les diverses formes de cloisonnement du marché. Mais il peut légitiment faire naître des craintes auxquelles il

55. *JOUE* n° L 376, 27 déc. 2006.

56. Proposition du 13 janv. 2004, COM 2004/0002 final.

57. Comme le rappelle le juge de l'Union, v. CJUE, 5 avr. 2011, *Société fiduciaire nationale d'expertise comptable*, aff. C-119/09 ; CJUE, 11 juill. 2013, *Fédérations des maisons de repos privées de Belgique*, aff. C-57/12.

58. Elle est également dite directive *Services*.

59. V. la directive n° 96/71/CE du 16 déc. 1996 concernant le détachement de travailleurs effectué dans le cadre d'une prestation de services, *JOCE* n° L 18, 21 janv. 1997.

convient d'apporter de sérieuses garanties. À défaut de consensus sur le sujet, la règle du pays d'origine a été tout simplement supprimée.

**334.** En outre, le champ d'application de la directive quant aux secteurs libéralisés a été restreint lors de la première lecture adoptée par le Parlement européen le 16 février 2006. Ce sont là de fortes limitations qui ont été entérinées par le Conseil le 29 mai 2006. La date ultime de transposition était le 28 décembre 2009.

## 2. Un champ d'application contrasté

**335.** La directive *Services* est une directive horizontale. En effet, elle a pour objet d'établir un cadre juridique général pour les services fournis par un prestataire ayant son établissement dans un État membre. Les secteurs concernés relèvent alors de ce cadre juridique.

### a. Les activités exclues par l'article 2 alinéa 2 de la directive

**336.** De manière singulière, aussitôt le cadre horizontal affirmé par le premier alinéa de l'article 1 du chapitre I, le 2e alinéa de l'article 2 énumère de nombreuses activités qui n'entrent pas dans le champ d'application de la directive.

En réalité, le débat auquel a donné lieu la directive, tant sur le plan national qu'au niveau européen, a contraint la Commission à restreindre sensiblement le champ d'application initial de la directive[60]. Celui-ci incluait les services de distribution ou de construction, les services de santé ou les agences de travail intérimaire.

C'est ainsi que la directive n'est pas applicable aux services d'intérêt général non économiques, les soins de santé et les services sociaux relevant du logement social, les services à la petite enfance et à la famille et les agences de travail intérimaire.

**337.** Concernant la notion de soins de santé et de services sociaux au sens de la directive, le juge est venu récemment en définir le contenu à propos des centres d'accueil de jour et centres d'accueil de nuit des établissements pour personnes âgées, qui devaient être écartés du champ d'application de la directive *Services*[61]. La Cour a considéré que la notion de « services de soins de santé », au sens de la directive, doit être entendue de manière large. Elle inclut les services relatifs à la santé humaine. Il importe peu que ces services soient assurés dans le cadre d'établissements de soins. De plus, ils sont indépendants de la manière dont ils sont organisés et financés au niveau national ou de leur nature publique ou privée.

---

60. V. par exemple sur la difficulté à cerner le champ d'application de la directive eu égard à son extrême sensibilité, CJUE, 10 mai 2012, *Duomo*, préc., arrêt dans lequel la Cour conclura à l'inapplicabilité de la directive à la gestion, l'établissement et le recouvrement de taxes et redevances qui sont examinés sous l'angle des articles 49 et 56 TFUE.

61. CJUE, 11 juill. 2013, *Fédérations des maisons de repos privées de Belgique*, préc, à propos des centres d'accueil des personnes âgées.

De même, la Cour énonce que l'exclusion des soins de santé vise à couvrir l'ensemble des services de soins de santé et pharmaceutiques fournis par des professionnels de la santé aux patients pour évaluer, maintenir ou rétablir leur état de santé. Néanmoins, ces activités doivent être réservées à une profession de santé réglementée dans l'État membre dans lequel les services sont fournis. Cela se traduit par la recherche d'un juste équilibre entre l'objectif d'éliminer les obstacles à la liberté d'établissement et à la libre prestation de services et « l'exigence de sauvegarder les spécificités de certaines activités sensibles, notamment celles liées à la protection de la santé humaine ».

Il appartient dès lors aux juridictions nationales de déterminer si les centres d'accueil de jour et de nuit sont exclus du champ d'application de la directive au regard de trois conditions cumulatives :

- les services visent réellement à évaluer, maintenir ou rétablir l'état de santé des personnes âgées ;
- les services sont fournis par un professionnel exerçant une profession réglementée ;
- les services constituent une partie principale de l'ensemble des services offerts par la structure.

**338.** Quant à la notion de « services sociaux » qui a également fait l'objet d'une explicitation, deux conditions cumulatives doivent être satisfaites. Sont ainsi pris en compte, en premier lieu, la nature des activités exercées dans la mesure où il doit s'agir d'activités essentielles pour garantir le droit fondamental à la dignité et à l'intégrité humaines, et, en second lieu, le statut du prestataire de services, qui peut être l'État, une association caritative reconnue par l'État ou bien un prestataire de services privé, quel que soit son statut, mandaté par ce dernier.

À cet égard, un prestataire est mandaté par l'État lorsqu'il a « l'obligation » de fournir les services confiés dans le respect de certaines conditions spécifiques d'exercice définies par un acte de puissance publique. En revanche, ne constitue pas un acte de mandatement la seule circonstance pour une autorité nationale d'adopter des mesures imposant, pour des raisons d'intérêt général, des règles d'autorisation ou de fonctionnement à l'ensemble des opérateurs d'un secteur économique donné. Le mandatement doit imposer une obligation de faire, celle d'exercer l'activité dans les conditions de service public.

**339.** Ne sont pas visées non plus par la directive, toujours eu égard à leur nature, les activités liées à l'exercice de l'autorité publique (le notariat par exemple) et les services fiscaux, les services de sécurité privée ainsi que les jeux et loteries. La jurisprudence insiste bien sur le fait qu'en tant qu'exception à une liberté fondamentale, la dérogation prévue à l'article 2, paragraphe 2, sous i), de la directive n° 2006/123/CE doit recevoir une interprétation qui limite sa portée au strict nécessaire pour sauvegarder les intérêts à protéger. Elle doit être restreinte aux seules activités qui, prises en elles-mêmes, constituent une participation directe et spécifique à l'exercice de l'autorité publique[62]. Dès lors, ne sont pas des activités exclues les activités auxiliaires ou préparatoires à l'exercice de l'autorité publique, ne comportant pas l'exercice de pouvoirs décisionnels autonomes et accomplies dans le cadre d'une surveillance étatique directe et dépourvues de pouvoirs de contrainte ou de pouvoirs de coercition[63].

Sont par ailleurs exclus les secteurs qui sont déjà couverts par une législation spécifique. Il s'agit des services financiers, des communications électroniques et du transport, notamment les services portuaires et les services audiovisuels.

### b. Les dérogations supplémentaires prévues par l'article 17 de la directive

**340.** Outre ces exclusions, l'article 17 va plus loin et accentue la distance avec le texte initial. En effet, il prévoit qu'au titre de « dérogations supplémentaires », la directive est inapplicable à certaines activités. Il s'agit des services d'intérêt économique général, des secteurs ou activités déjà couverts par la réglementation de l'Union comme le secteur postal, l'électricité, le gaz, les services de distribution et de fourniture d'eau et les services de traitement des eaux usées, le traitement des déchets ainsi que les travailleurs détachés.

Au sein de cet article 17, s'ajoutent à ces dérogations substantielles, de nombreuses activités fort disparates telles que les activités de recouvrement judiciaire des dettes, la surveillance et le contrôle des transferts de déchets à l'entrée et à la sortie de l'Union, les droits d'auteur et droits voisins, les actes pour lesquels la loi requiert l'intervention d'un notaire, les matières concernant les contrôles légaux des comptes annuels et des comptes consolidés, ou encore l'immatriculation des véhicules pris en leasing dans un autre État membre.

## 3. La libéralisation des services

**341.** La directive œuvre à la fois dans le domaine de la liberté d'établissement des prestataires (chapitre III de la directive) et dans celui de la prestation de services (chapitre IV de la directive). Rappelons que son objet est de développer et libéraliser l'ensemble des activités de service.

### a. La liberté d'établissement du prestataire

**342.** Au regard de la liberté d'établissement, la directive consolide l'apport de la jurisprudence sur deux points, d'une part le principe d'un régime d'autorisation, sans condition, qui est ici conforté et, d'autre part,

62. CJUE, 23 déc. 2015, *Hiebler*, aff. C-293/14.

63. V. sur les missions relevant de la « police du feu » qui constituent des activités auxiliaires à l'exercice de l'autorité publique et ne participent pas à l'exercice de l'autorité publique, au sens de l'article 2, paragraphe 2, sous i), de la directive n° 2006/123/CE, v. CJUE, 23 déc. 2015 *Hiebler*, préc.

les exigences nationales qui sont interdites ou doivent faire l'objet d'une évaluation.

En outre, la directive opère une réelle simplification et modernisation des procédures administratives.

### α. *Les conditions licites d'établissement imposées par l'État d'accueil*

**343.** Conformément à la jurisprudence, l'article 9 établit la licéité du régime d'autorisation. En effet, les États membres ne peuvent subordonner l'accès à une activité de service et son exercice à un régime d'autorisation que si certaines conditions sont satisfaites.

Les États sont dès lors tenus d'examiner et évaluer tous leurs régimes d'autorisation régissant l'accès à une activité de service ou son exercice. Lorsque ces régimes apparaissent disproportionnés ou superflus, ils doivent les supprimer ou les remplacer par des procédures moins restrictives (comme de simples déclarations). Ils sont également tenus, pour les régimes d'autorisation maintenus, de les clarifier et d'en améliorer la transparence, en ce qui concerne, par exemple, les conditions d'octroi devant être rendues publiques à l'avance. De même, des critères clairs et non discriminatoires doivent être appliqués.

En outre, les autorisations doivent en principe être octroyées pour une durée indéterminée et être valables sur tout le territoire national.

**344.** En outre, la directive, en son article 10, définit les conditions d'octroi de l'autorisation qui renvoient à des critères classiques : caractère non discriminatoire du régime d'autorisation, justification fondée sur une raison impérieuse d'intérêt général, principe de proportionnalité en s'assurant que l'objectif poursuivi ne peut pas être réalisé par une mesure moins contraignante qu'un régime d'autorisation, transparence et accessibilité de la procédure afin de permettre d'encadrer rigoureusement l'exercice du pouvoir des autorités compétentes et de lutter contre tout exercice arbitraire.

Quant aux exigences requises, la directive fait le départ entre celles qui sont purement interdites (art. 14) et celles qui sont admises mais soumises à évaluation (art. 15).

Parmi les exigences interdites, on notera particulièrement que les États membres sont dans l'interdiction de subordonner l'accès à une activité de service ou son exercice sur leur territoire à des exigences discriminatoires fondées sur la nationalité, sur la résidence ou des conditions de réciprocité avec l'État membre où le prestataire a déjà un établissement.

Concernant les exigences à évaluer, les États membres doivent veiller à ce que, si leur système juridique prévoit certaines exigences (par exemple, limites quantitatives ou territoriales (*numerus clausus*), détention du capital d'une société ou tarifs obligatoires minimum ou maximum que doit respecter le prestataire), celles-ci respectent le principe de non-discrimination, de nécessité et de proportionnalité.

### β. *La simplification administrative*

**345.** Dans le souci de créer les conditions optimales pour la réalisation d'un marché intérieur des services, la directive insiste sur la nécessité de faciliter la liberté d'établissement. Elle met ainsi en place une simplification administrative des modalités d'établissement des entreprises.

La simplification concerne les personnes physiques ou morales qui souhaitent s'établir dans un autre État de l'Union. Elle s'applique également aux prestataires de services désireux de s'établir dans leur propre État membre, lesquels bénéficieront ainsi de règles et procédures simplifiées.

Il s'agit non d'une simple faculté mais d'une obligation générale de simplification des procédures et des formalités, qui pèse sur les États. Celle-ci s'accompagne d'obligations très spécifiques. Elles visent l'application de procédures et formalités pour accéder à une activité de service et l'exercer (art. 5), la mise en place de guichets uniques qui sont des points de contact unique auprès desquels les prestataires de services peuvent obtenir toutes les informations utiles et remplir les formalités nécessaires à l'exercice de leur activité (art. 6), et l'accomplissement des formalités et des procédures à distance et par voie électronique (art. 8).

### b. La libre prestation de services

**346.** Compte tenu de la forte hostilité qu'il a générée, le principe du pays d'origine a été abandonné au profit de la réaffirmation du principe de libre prestation de services (art. 16). Il s'entend comme l'obligation pour l'État membre, dans lequel le prestataire de services est établi et fournit une prestation, de garantir le libre accès à l'activité de service ainsi que son libre exercice sur son territoire.

Ce principe est assorti de dérogations. Elles sont évoquées par l'article 17. Mais il peut aussi s'agir celles que l'État membre peut invoquer de sa propre initiative. En effet, dans la lignée d'une jurisprudence classique, l'article 16 paragraphe 1 autorise les États membres à imposer des exigences nationales aux prestataires établis dans un autre État membre, sous réserve que celles-ci répondent au principe de proportionnalité et de nécessité.

Ces réserves ne peuvent être justifiées que sur des motifs limitativement énumérés. Ils sont davantage restreints que ceux auxquels renvoie la notion jurisprudentielle de raison impérieuse d'intérêt général. En effet, seules sont visées les raisons d'ordre public, de sécurité publique, de protection de l'environnement ou de santé publique.

## 4. Les droits des destinataires de services

**347.** La directive a pour souci d'assurer une protection des destinataires des services fournis, et ce de manière notable puisqu'elle y consacre la section 2 du chapitre IV. Selon l'article 4 de la directive, le destinataire est défini comme toute personne physique ressortissante d'un État membre ou qui bénéficie de droits conférés par des actes de l'Union, ou toute personne morale visée à l'article 48 du traité et établie dans un État membre qui, à des fins professionnelles ou non, utilise ou souhaite utiliser un service.

La directive s'attache ainsi à renforcer les droits des consommateurs en tant qu'utilisateurs de services.

**348.** Elle établit le droit des destinataires à obtenir des informations sur les règles applicables aux prestataires quel que soit leur lieu d'établissement et sur les services offerts. Au regard de la sécurité et de la qualité du service, le prestataire doit faire preuve de la plus grande transparence dans l'accomplissement de la prestation, notamment lorsque celle-ci présente un risque direct et particulier pour la santé ou la sécurité du destinataire ou d'un tiers ou pour la sécurité financière du destinataire.

Pour ce type de prestation, les États membres doivent veiller à ce que ces prestataires souscrivent à une assurance responsabilité appropriée (art. 23). De même, l'article 21 invite les États membres à assurer l'assistance sur le plan pratique et juridique, en apportant l'information la plus étendue auprès du destinataire, particulièrement à l'occasion de litiges dont le règlement doit être facilité (art. 27).

De plus, la directive va au-delà de la question de la sécurité du service. En effet, elle promeut un certain nombre d'outils pour une politique de qualité (art. 26). Il s'agit de la certification volontaire ou l'évaluation des activités par des organismes indépendants ou accrédités, l'élaboration de charte de qualité ou la participation aux chartes ou labels de qualité, l'établissement des informations sous surveillance des États membres et l'encouragement à l'élaboration de codes de conduite européens.

## §3. Le cas particulier des travailleurs détachés

**349.** En vertu de l'article 56 TFUE, toute entreprise dispose du droit de proposer des services dans un autre État membre de l'Union. Cette faculté peut la conduire à détacher de manière temporaire des travailleurs pour assurer ces prestations.

Le statut du travailleur détaché au regard du droit social du pays d'accueil est régi par deux sources : d'une part, le règlement (CE) n° 883/2004 du 29 avril 2004[64], qui maintient l'affiliation du travailleur détaché au régime de sécurité sociale de l'État d'envoi et, d'autre part, la directive n° 96/71/CE du 16 décembre 1996[65] ; celle-ci consacre l'application du salaire, du temps de travail et des conditions de travail de l'État d'accueil, sauf dans l'hypothèse de normes du pays d'envoi plus favorables.

---

64. Règl. (CE) n° 883/2004 du Parlement européen et du Conseil du 29 avr. 2004 portant sur la coordination des systèmes de sécurité sociale, *JOUE* n° L 166, 30 avr. 2004.

65. Dir. n° 96/71/CE du Parlement européen et du Conseil du 16 décembre 1996 concernant le détachement de travailleurs effectué dans le cadre d'une prestation de services, *JOCE* n° L 18, 21 janv. 1997.

## A. La directive 96/71/CE

**350.** La directive n° 96/71/CE concerne le détachement de travailleurs effectué dans le cadre d'une prestation de services. Elle établit une série de garanties visant à protéger les droits sociaux des travailleurs détachés. Cela permet d'empêcher le dumping social lorsque les entreprises font usage de leur droit à la libre prestation des services.

En effet, la directive sur le détachement des travailleurs pose le principe selon lequel les travailleurs détachés par le prestataire de services sont soumis à la législation sociale de l'État d'accueil. Sont ici visées les dispositions nationales relatives notamment aux congés, à la protection de la santé et de la sécurité et du salaire minimum (art. 3).

### 1. La situation transfrontière

**351.** Des prestations de services transnationales peuvent donner lieu à des situations transfrontières. Les travailleurs sont alors envoyés pour exercer leur activité dans un autre État membre que celui dans lequel ils exercent habituellement leurs fonctions. Cette catégorie ne comprend pas les travailleurs migrants qui se rendent dans un autre État membre pour y chercher un emploi et y travailler.

La directive n° 96/71/CE régit trois situations transfrontières :

- le détachement dans le cadre d'un contrat conclu entre l'entreprise d'envoi du travailleur et le destinataire de la prestation de services (« contrat ou sous-traitance ») ;
- le détachement sur le territoire d'un autre État membre, dans un établissement ou dans une entreprise appartenant au même groupe (« détachement intragroupe ») ;
- la mise à disposition d'un travailleur par une entreprise de travail intérimaire ou une agence de placement, l'entreprise utilisatrice étant établie sur le territoire d'un autre État membre.

Un travailleur sera ainsi considéré comme « détaché » s'il travaille dans un État membre de l'Union car son employeur l'envoie provisoirement poursuivre ses fonctions dans cet État membre. Par exemple, un prestataire de services peut remporter un contrat dans un autre pays et décider d'envoyer ses employés exécuter ce contrat sur place. Néanmoins, pour qu'un détachement relève de la directive, la relation de travail avec l'entreprise d'envoi ne doit pas cesser d'exister. De même, le détachement doit avoir une durée limitée.

### 2. La législation de l'État d'accueil

**352.** La directive n° 96/71/CE prévoit que les États membres veillent à ce que les travailleurs détachés soient soumis à la législation, à la réglementation et aux dispositions administratives de l'État d'accueil en ce qui concerne plusieurs conditions d'emploi[66].

66. Il s'agira par exemple des périodes maximales de travail et les périodes minimales de repos, de durée minimale des congés annuels payés, des taux de salaire minimal, des conditions de mise à disposition des

À cet égard, l'obligation de respecter les taux de salaire minimal n'oblige pas un État membre à fixer ou à introduire des salaires minimaux si ceux-ci n'existent pas dans l'État membre en question.

Par ailleurs, selon l'article 12 du règlement (CE) n° 883/2004, par exception à la règle générale selon laquelle les travailleur versent leurs cotisations dans l'État membre dans lequel ils travaillent effectivement, les travailleurs détachés continuent, pendant une période maximale de deux ans, à verser leurs cotisations dans l'État membre dans lequel ils sont installés en temps ordinaire, et non dans l'État membre dans lequel ils sont temporairement détachés. Les travailleurs détachés sont alors tenus de prouver qu'ils se sont honorés de leur sécurité sociale dans l'État membre dans lequel ils sont normalement installés en fournissant un « document portable A1 ».

### 3. Vers une révision de la directive

**353.** Le 8 mars 2016, la Commission a proposé une révision des règles[67] sur le détachement de travailleurs au sein de l'Union. Cette initiative vise à garantir des conditions de rémunération équitables et des conditions de concurrence égales pour les entreprises détachant des travailleurs et les entreprises locales dans l'État d'accueil. Ce sont des questions qui donnent régulièrement lieu à des débats houleux au sein de certains États membres, comme la France.

La révision, se prêtant à des négociations laborieuses, n'est qu'en cours d'élaboration. Elle interviendra dans trois grands domaines : la rémunération des travailleurs détachés, notamment dans les situations de sous-traitance ; les règles sur les travailleurs intérimaires et le détachement à long terme.

## B. L'adoption d'une « directive d'exécution »

**354.** Le 15 mai 2014, la Commission a adopté une directive d'exécution[68]. Celle-ci vise à améliorer et faciliter la mise en œuvre, la surveillance et le respect effectif des règles établies par la directive de 1996 sur le détachement des travailleurs.

### 1. Son objet

**355.** La directive d'exécution s'attache à préciser la définition du détachement au travers de l'article 4. Celui-ci dresse une liste non exhaustive de critères d'évaluation à l'adresse des autorités compétentes. Elles seront ainsi en mesure de déterminer si les conditions liées au détachement sont remplies.

---

travailleurs, des mesures protectrices applicables aux conditions de travail et d'emploi des femmes enceintes et des femmes venant d'accoucher, ou encore de l'égalité de traitement entre hommes et femmes.

67. V. notamment IP/16/466.

68. Dir. n° 2014/67/UE du Parlement européen et du Conseil du 15 mai 2014 relative à l'exécution de la directive n° 96/71/CE concernant le détachement de travailleurs effectué dans le cadre d'une prestation de services et modifiant le règlement (UE) n° 1024/2012 concernant la coopération administrative par l'intermédiaire du système d'information du marché intérieur (« règlement IMI » ), *JOUE* n° L 159, 28 mai 2014.

Cette clarification doit permettre d'éviter le développement des sociétés dites « boîtes aux lettres » qui n'exercent en réalité aucune activité économique effective dans l'État membre d'origine. Elles font usage du détachement pour se soustraire à diverses obligations posées par le législateur national.

## 2. Les principales dispositions

**356.** En application de l'article 5 de la directive, les États membres sont désormais tenus, par le biais d'un site internet national qui devra être officiel, d'informer les travailleurs et les entreprises de leurs droits et de leurs obligations en matière de conditions d'emploi.

De même, la coopération administrative entre autorités compétentes est améliorée. Elle s'effectue au travers du système d'*Information du marché intérieur* (IMI) (art. 6 à 8, et 21).

Les autorités compétentes sont dorénavant dans l'obligation de répondre aux demandes d'assistance des autorités compétentes d'autres États membre. Ces demandes d'informations seront assorties d'un délai de réponse de deux jours ouvrables pour les demandes urgentes, et de vingt-cinq jours ouvrables pour les demandes non urgentes.

**357.** Par ailleurs, la directive consacre une responsabilité du sous-traitant. Désormais, l'employeur de l'entreprise sous-traitante ainsi que l'entreprise contractante pourront être tenues responsables en cas de non-respect des droits des travailleurs détachés.

C'est ainsi qu'un *sous-traitant direct* peut, en sus ou en lieu et place de l'employeur, être tenu responsable par le travailleur détaché pour toute rémunération nette impayée correspondant au taux de salaire minimal. Cette responsabilité est particulièrement contraignante dans le secteur de la construction (activités visées à l'annexe de la directive n° 96/71/CE).

**358.** De plus, la directive procède à un renforcement des contrôles du respect des obligations énoncées dans la directive n° 96/71/CE (art. 9 et 10). Il pourra s'agir notamment d'exiger de la part des sociétés qui ont recours au détachement des travailleurs :

- qu'elles déclarent leur identité, le nombre de travailleurs allant être détachés, les dates de début et de fin ainsi que la durée du détachement, l'adresse du lieu de travail et la nature des services ;
- qu'elles conservent les documents de base disponibles, tels que les contrats de travail, fiches de paie et relevés d'heures des travailleurs détachés.

De même, la directive définit les responsabilités des États membres qui doivent veiller au respect des règles établies par la directive de 1996. Les États membres ont désormais l'obligation de désigner des autorités de contrôle chargées de vérifier le respect des règles.

**359.** La directive procède également à un renforcement du respect des droits et du traitement des plaintes. En effet, elle oblige l'État membre d'accueil et l'État membre d'origine à s'assurer, avec l'aide de syndicats et d'autres tierces parties intéressées, à ce que les travailleurs détachés puissent déposer des plaintes. Ils doivent être en mesure d'engager une action juridique et/ou administrative contre leur employeur en cas de violation de leurs droits.

La directive s'attache à garantir que les sanctions et amendes administratives infligées aux prestataires de services par les autorités de contrôle d'un État membre, en cas de non-respect des exigences de la directive de 1996, soient exécutées et recouvrées dans un autre État membre. À cet égard, les sanctions infligées en cas de manquement à la directive doivent être efficaces, proportionnées et dissuasive.

Les États membres avaient jusqu'au 18 juin 2016 pour transposer ces dispositions dans leur législation nationale.

## §4. L'appui à la mobilité professionnelle : coordination et reconnaissance mutuelle des qualifications

**360.** La forte disparité des conditions d'accès à une profession, qu'elle soit salariée ou indépendante, constitue nécessairement un frein à la mobilité professionnelle pourtant voulue par les traités. Il s'agit là d'un obstacle sérieux qui ruine l'accès à un grand nombre de professions dès lors que le contenu de la formation revêt un caractère contraignant.

### A. Les fondements issus du traité

**361.** Les rédacteurs des traités étaient conscients de la portée de l'entrave que constitue la disparité des diplômes et des qualifications. À ce titre, selon les articles 53, paragraphe 1, TFUE (anciennement art. 47 CE) relatif au droit d'établissement, et 62 TFUE (anciennement art. 55 CE) pour la libre prestation de services, afin de faciliter l'accès aux activités non salariées et leur exercice, le Parlement européen et le Conseil, statuant conformément à la procédure législative ordinaire, arrêtent une première série de directives, celles visant à la reconnaissance mutuelle des diplômes, certificats et autres titres, et une seconde catégorie de directives, celles relatives à la coordination des dispositions législatives, réglementaires et administratives des États membres concernant l'accès aux activités non salariées et à l'exercice de celles-ci.

**362.** À l'appui de ce double outil, seront adoptés deux types de directives qui s'alignent en réalité sur des approches différentes : une première, au départ sectorielle, c'est-à-dire par profession, et une seconde, qui repose plutôt sur un système général de reconnaissance des diplômes. Il faut néanmoins souligner que la reconnaissance des diplômes s'est toujours opérée au profit de la libre prestation, ce qui exclue la reconnaissance à des fins exclusivement académiques.

Sur le fond, il est établi que les traités ne s'opposent pas à ce que les autorités nationales adoptent des réglementations relatives aux conditions de qualification professionnelle. Mais, pour cela, au regard de la jurisprudence[69], la réglementation doit répondre à une raison d'intérêt général. Elle ne doit pas non plus être disproportionnée par rapport à l'objectif invoqué.

La liberté accordée au profit des États est aussi peut-être une raison supplémentaire pour que l'Union envisage d'agir en amont et de manière coordonnée sur les conditions de qualification professionnelles.

## B. L'approche spécifique : les directives sectorielles

**363.** Selon l'approche sectorielle, un certain nombre de directives ont été adoptées dès la décennie 1970. Elles ont eu pour objet de mettre en place un système de reconnaissance mutuelle des diplômes qui sera rendu automatique. Celui-ci signifie qu'un État membre, auprès duquel est invoquée cette reconnaissance, ne peut en aucun cas la refuser. Il ne peut que l'appliquer.

### 1. Trois secteurs originaires

**364.** Trois grands secteurs, qui présentent précisément une grande variété dans leurs conditions d'accès, ont fait l'objet de l'approche sectorielle, dite également verticale : les professions de santé, la profession d'architecte et la profession d'avocat.

#### a. Les professions de santé

**365.** Les directives relatives aux professions de santé visent les médecins, les infirmiers, les dentistes, les vétérinaires, les sages-femmes et les pharmaciens. Ce sont les toutes premières directives adoptées selon la démarche verticale. Elles mettent en avant un principe de reconnaissance mutuelle des diplômes et une reconnaissance par profession.

Dans le cadre de la reconnaissance de ces professions de santé, le législateur de l'Union a scindé son approche en deux démarches, l'une visant à établir une reconnaissance mutuelle automatique des conditions pour l'exercice d'une profession visée par la directive, et une seconde qui agit en amont et vise à harmoniser, de manière minimale, la formation pour l'accès à une profession. Cette dernière démarche au niveau de la formation établit un certain nombre de normes relatives à la durée de la formation, la formation complémentaire, la formation pratique ou encore la spécialisation.

Ainsi, le titulaire d'un diplôme bénéficiant de la reconnaissance mutuelle permettra à son bénéficiaire de s'établir dans un État membre autre que celui où il a obtenu son diplôme ou suivi sa formation. Il ne pourra le faire, bien évidemment, que dans le respect d'un certain nombre d'obligations morales

69. CJCE, 30 nov. 1995, *Gebhard*, préc.

liées à l'exercice de la profession, telles que le passage devant une procédure d'admission ou l'inscription à un ordre professionnel[70].

## b. La profession d'architecte

**366.** La profession d'architecte a fait l'objet d'une directive unique, celle du 10 juin 1985[71]. Cette directive n'opère pas une harmonisation aussi pointue que celle des professions de santé. Elle établit un mécanisme de reconnaissance mutuelle pour un certain nombre de formations sanctionnant les formations de niveau universitaire. Celles-ci doivent répondre à une durée minimale et porter sur un certain nombre de matières. La liste de ces diplômes ainsi reconnus est publiée au *Journal officiel de l'Union européenne*.

## c. La profession d'avocat

**367.** La profession d'avocat a constitué un terrain d'application intéressant de l'approche sectorielle. Elle a fait l'objet de deux directives, la première, du 22 mars 1977[72], et, la seconde, du 16 février 1998[73].

La première directive vise uniquement la profession d'avocat en tant que libre prestataire de services. Ainsi, elle ne s'attache pas aux diplômes et ne régit que la qualité d'avocat qui fait dès lors l'objet d'une reconnaissance mutuelle.

Un avocat établi dans un autre État membre pour y effectuer sa profession est en mesure, en vertu de la première directive, de représenter et défendre un client résidant dans un autre État membre. Il n'est pas tenu d'avoir une résidence ou d'être inscrit à un ordre professionnel de cet État. La seule obligation est celle de respecter le code déontologique de son État d'origine et celui où il exerce sa profession.

La seconde directive s'attache à résorber les insuffisances liées à la reconnaissance mutuelle des diplômes. Un avocat est désormais habilité à s'établir et exercer de manière permanente avec son titre professionnel d'origine dès lors qu'il est inscrit auprès de l'autorité compétente de l'État d'accueil. Il est lié également au Code de déontologie de cet État, mais aussi de son État d'origine. Au terme d'une période de trois ans d'exercice effectif et régulier de la profession, l'avocat sera également en mesure de demander son intégration

70. CJCE, 22 sept. 1983, *Auer*, aff. 271/82, *Rec.* p. 2727.

71. Dir. n° 85/384/CE du Conseil du 10 juin 1985 visant à la reconnaissance mutuelle des diplômes, certificats et autres titres du domaine de l'architecture et comportant des mesures destinées à faciliter l'exercice effectif du droit d'établissement et de libre prestation de services, *JOCE* n° L 233, 21 août 1982. Cette directive a été abrogée et remplacée par la directive n° 2005/36/CE du Parlement européen et du Conseil du 7 septembre 2005 relative à la reconnaissance des qualifications professionnelles, *JOCE* n° L 255, 30 sept. 2005.

72. Dir. n° 77/249/CEE du Conseil, du 22 mars 1977, tendant à faciliter l'exercice effectif de la libre prestation de services par les avocats, *JOCE* n° L 78, 26 mars 1977.

73. Dir. n° 98/5/CE du Parlement européen et du Conseil du 16 févr. 1998 visant à faciliter l'exercice permanent de la profession d'avocat dans un État membre autre que celui où la qualification a été acquise, *JOCE* n° L 77, 14 mars 1998. Cette directive est le fruit de laborieuses négociations, ce qui explique l'écart important la séparant de la précédente directive.

dans la profession d'avocat dans l'État d'accueil. Nul besoin pour lui d'être à nouveau soumis à une épreuve d'aptitude ou de stage.

### 2. L'extension à d'autres secteurs

**368.** D'autres secteurs ont profité de l'approche verticale, toujours selon une méthode par domaine : le secteur industriel, commercial, la restauration, l'hôtellerie et l'automobile. Ce sont des domaines qui présentent l'intérêt de regrouper un grand nombre de professions.

Les différentes directives qui régissaient ces secteurs d'activité (pas moins de 35 directives sectorielles) ont toutes été abrogées. Ces secteurs seront régis par un texte unique, la directive n° 99/42/CE du 7 juin 1999[74].

Celle-ci retient à titre principal un principe de reconnaissance mutuelle des qualifications professionnelles et, à titre incident, un système de reconnaissance des diplômes qui n'est cependant pas automatique. En effet, un stage ou une épreuve d'aptitude peut être requis. La directive n° 99/42/CE a cependant été abrogée et remplacée par la directive n° 2005/36/CE du 7 septembre 2005.

## C. L'approche générale : la reconnaissance mutuelle des diplômes et des qualifications

**369.** Compte tenu de la variété des professions et de la difficulté pour les autorités de l'Union d'adopter une directive dans chaque secteur concerné, il devenait impératif d'envisager l'adoption d'un mécanisme d'une plus grande ampleur. Il devait permettre une reconnaissance mutuelle des diplômes et, plus largement, des qualifications professionnelles.

Ce processus a été un véritable levier pour le mouvement des personnes. Il s'est opéré en deux temps : d'une part, au travers de deux directives dites générales qui ont régi la reconnaissance des diplômes en présentant toutefois certaines insuffisances, et, d'autre part, par la directive du 7 septembre 2005. Cette dernière se caractérise par un champ d'application personnel beaucoup plus large et réforme le système de reconnaissance mutuelle acquis dans ce domaine.

### 1. Les deux directives générales : des premiers pas accomplis

**370.** Deux premières directives ont été adoptées : la directive n° 89/48/CE du 21 décembre 1988[75], et la directive n° 92/51/ CE du 18 juin 1992[76]. Ce sont des directives dites générales ou horizontales[77].

74. *JOCE* n° L 201, 31 juill. 1999.

75. *JOCE* n° L 19, 24 janv. 1989.

76. *JOCE* n° L 209, 24 juill. 1992.

77. Ces deux directives seront abrogées et remplacées par la directive n° 2005/36/CE du Parlement européen et du Conseil du 7 septembre 2005 relative à la reconnaissance des qualifications professionnelles, préc.

La première directive du 21 décembre 1988 concerne les professions qui font l'objet d'une réglementation. Il s'agit des professions réglementées, à l'exception de celles qui relèvent des directives sectorielles. Par profession réglementée, la directive vise celles dont l'accès ou l'exercice est subordonné, directement ou indirectement, par des dispositions législatives, réglementaires ou administratives, à la possession d'un diplôme. Les formations ici visées sont le fruit de cursus postsecondaires qui s'étalent sur une durée d'au moins trois ans.

La directive du 28 juin 1992 vise, quant à elle, des formations professionnelles qui se prêtent à une durée beaucoup plus courte d'au moins douze mois.

**371.** Ces directives générales s'opposent aux directives sectorielles dans la mesure où elles n'imposent pas réellement une application de la reconnaissance mutuelle. En effet, celle-ci ne revêt pas un caractère automatique dans ces deux cas. La reconnaissance mutuelle résulte d'une simple présomption. Si l'État estime souverainement que la formation reçue par le ressortissant dans l'État est équivalente à celle de l'État d'accueil, il peut alors procéder à la reconnaissance mutuelle.

À l'inverse, s'il considère que les formations ne sont pas comparables, il est dans son droit le plus absolu d'imposer une formation complémentaire. Elle peut être sous la forme d'une épreuve d'aptitude ou d'un stage dont le choix est laissé à la discrétion du ressortissant, à l'exception du cas des activités de conseil ou d'assistance relatives au droit national, à savoir les professions juridiques. Dans l'hypothèse d'une formation qui ne relève pas précisément de ces deux directives générales, il n'existe aucun mécanisme de reconnaissance mutuelle qui, dans ce cas, perd toute son acuité.

**372.** Mais il appartient toujours aux autorités nationales, notamment au regard des exigences posées par la libre circulation des personnes, de faciliter le déplacement des ressortissants. Les États membres doivent faire en sorte qu'une formation reçue dans le pays d'accueil ne constitue pas en soi un obstacle, direct ou indirect, à la liberté de mouvement. Aussi sont-ils tenus de se livrer à un examen approprié et objectif du niveau de correspondance entre la formation reçue dans l'État d'origine ou un État tiers et celle de l'État d'accueil.

Si, selon l'État, la correspondance est insuffisante ou infondée, il peut alors exiger de la part du ressortissant qu'il démontre les qualifications professionnelles nécessaires. Dans ce cas, l'autorité nationale peut agir par voie de décision. Susceptible d'un recours juridictionnel effectif[78], celle-ci doit être dûment motivée.

78. CJCE, 15 oct. 1987, *Heylens*, aff. 22/86, *Rec.* p. 4097 ; CJCE, 7 mai 1991, *Vlassopoulou*, aff. 340/89, *Rec.* p. I. 2357.

## 2. La directive 2005/36/CE du 7 septembre 2005 : un processus de consolidation

**373.** En dépit de l'existence des deux directives générales, de nombreuses entraves se maintenaient insidieusement puisque ces directives n'obligeaient pas réellement les États à appliquer la reconnaissance mutuelle.

En effet, comme il a été souligné, ceux-ci pouvaient exiger une expérience ou une formation professionnelle supplémentaire. Ils étaient en droit de considérer que la formation initiale n'était pas suffisante et comparable à la formation requise sur le territoire d'accueil.

Pour surmonter ces entraves persistantes, la directive n° 2005/36/CE du Parlement européen et du Conseil du 7 septembre 2005 relative à la reconnaissance des qualifications professionnelles a été adoptée. Entrée en vigueur le 20 octobre 2007, elle a fait l'objet d'une révision, en vue d'être modernisée, par la directive n° 2013/55/UE du 20 novembre 2013 adoptée par le Parlement européen et le Conseil[79].

### a. Extension du champ d'application et réforme du mécanisme de reconnaissance

**374.** La directive n° 2005/36/CE présente un double intérêt. D'une part, son champ d'application est beaucoup plus étendu. En effet, elle vise les qualifications professionnelles qui sont requises pour l'exercice permanent, soit à titre indépendant, soit en qualité de salarié. Pourtant, de manière formelle, la directive ne vise expressément que la liberté d'établissement. De plus, la directive concerne l'ensemble des professions réglementées, c'est-à-dire celles, de nouveau, dont l'accès ou l'exercice est soumis à des qualifications précises, et celles dont l'exercice est conditionné par l'admission dans une association ou une organisation professionnelle.

D'autre part, la directive rénove le mécanisme de reconnaissance des diplômes. En effet, elle procède à une simplification du système et consolide les éléments les plus pertinents. Aussi reprend-elle le système de reconnaissance automatique établi par les professions de santé et la profession d'architecte, à l'exception de la profession d'avocat[80] qui est toujours régie par des directives spécifiques.

Hormis les avocats, les autres professions régies par des directives spécifiques sont les activités liées aux produits toxiques, les agents commerciaux,

79. Dir. n° 2013/55/UE du Parlement européen et du Conseil du 20 nov. 2013 modifiant la directive n° 2005/36/CE relative à la reconnaissance des qualifications professionnelles et le règlement (UE) n° 1024/2012 concernant la coopération administrative par l'intermédiaire du système d'information du marché intérieur (« règlement IMI »), *JOUE* n° L 354, 28 déc. 2013.

80. Dir. n° 77/249/CEE du Conseil du 22 mars 1977, tendant à faciliter l'exercice effectif de la libre prestation de services par les avocats. S'agissant d'une directive maintes fois modifiée, pour une version consolidée, *JOCE* n° L 78, 26 mars 1977.

les contrôleurs légaux des comptes, les marins et gens de mer, les intermédiaires d'assurance et les transporteurs de marchandises et de voyageurs.

### b. Les nouvelles obligations pesant sur les États membres

**375.** La directive définit de nouvelles obligations à la charge des États et ce afin de faciliter le mécanisme de reconnaissance au profit des bénéficiaires.

La directive impose l'examen de correspondance et l'application de la reconnaissance mutuelle par l'État si le niveau de qualification du demandeur est au moins équivalent au niveau immédiatement inférieur à celui exigé par l'État d'accueil.

De plus, elle prévoit des mesures dites de compensation. Ce sont des mesures qui permettent de compenser la différence d'équivalence lorsqu'elle porte sur une durée de formation beaucoup plus courte dans sa mise en œuvre, ou si la formation présente des matières substantiellement différentes. À l'exception du cas des professions juridiques ou de l'hypothèse d'une dérogation admise par la Commission, il appartient toujours au demandeur d'opter pour l'une ou l'autre mesure de compensation.

Mais avant de recourir à une telle mesure, un stage d'aptitude ou une épreuve, l'autorité nationale devra toujours examiner si le demandeur ne présente pas une expérience professionnelle susceptible de l'exonérer de la mesure de compensation.

**376.** Sa formation ainsi reconnue, le ressortissant pourra exercer son activité professionnelle dans l'État membre d'accueil sous le titre professionnel en vigueur dans cet État mais avec le titre de formation accordé par l'État d'accueil.

En dernier lieu, il est prévu la mise en place par les autorités nationales, mais aussi les organisations professionnelles, de plateformes communes. Elles regroupent un ensemble de matières reconnues communes afin d'éviter de grandes disparités entre les formations délivrées par les États membres. Selon l'article 15 de la directive, un ressortissant qui satisferait aux critères de la plateforme commune est dispensé de se soumettre à une quelconque mesure de compensation.

## Section 2
## Les activités exclues : les emplois dans la fonction publique

**377.** En dépit de son importance, la libre circulation des travailleurs, salariée ou non salariée, n'est pas absolue. Outre la limite générale relative à la mesure d'ordre public sur laquelle nous reviendrons ultérieurement, elle se heurte à un obstacle spécifique à la liberté professionnelle.

Celui-ci est relativement ordinaire dans les ordres juridiques nationaux. Il s'agit de l'impossibilité pour les non-ressortissants nationaux d'accéder aux activités marquées par un lien fort avec la citoyenneté nationale. Cette hypothèse renvoie en réalité aux emplois de la fonction publique interne.

Cette exclusion s'explique par l'existence d'un lien de solidarité étroit entre l'État et le citoyen national. Elle sera reprise par les traités et ce, sous deux angles : l'accès aux emplois salariés et l'accès à certaines professions indépendantes. Le fil conducteur demeure la nature même de certaines activités professionnelles, qui peut expliquer le choix des autorités nationales de réserver des emplois aux seuls ressortissants nationaux.

**378.** De manière plus précise, nous savons que l'article 45, paragraphes 1 à 3, TFUE consacre le principe fondamental de la libre circulation des travailleurs et l'abolition de toute discrimination, fondée sur la nationalité, entre les travailleurs des États membres. Or, l'article 45, paragraphe 4, TFUE oppose aussitôt une restriction importante, selon laquelle lesdites dispositions ne sont pas applicables aux *emplois dans l'administration publique*. Il s'agit, en d'autres termes, de la fonction publique.

À l'évidence, la formulation de cette restriction n'est pas suffisamment précise. S'est donc posée la question de savoir quel contenu accorder à la notion d'« administration publique ». À défaut de délimitation, elle pourrait recevoir une interprétation excessive, s'il était reconnu aux États membres d'établir eux-mêmes, selon leur propre conception, les emplois qui en relèvent.

De nouveau, il appartiendra au juge de l'Union de donner un contenu à la notion. Comme à l'accoutumée en manière d'atteintes aux libertés fondamentales du traité, il s'y livrera selon une approche restrictive.

## §1. Une interprétation exclusivement fonctionnelle de l'article 45 § 4 TFUE

**379.** Selon la jurisprudence de la Cour, la notion d'« administration publique », au sens de l'article 45, paragraphe 4, TFUE doit recevoir une interprétation et une application uniformes dans l'ensemble de l'Union. Elle ne peut être laissée à la totale discrétion des États membres[81]. En outre, cette dérogation doit recevoir une interprétation qui limite sa portée à ce qui est strictement nécessaire pour sauvegarder les intérêts qu'elle permet aux États membres de protéger[82].

81. CJCE, 12 févr. 1974, *Sotgiu*, aff. 152/73, *Rec.* p 153.
82. CJUE, 10 sept. 2014, *Colegio de Oficiales*, aff. C-270/13.

## A. Une approche dégagée au gré de la jurisprudence : l'arrêt *Commission c/ Belgique*

**380.** C'est dans son arrêt du 17 décembre 1980, *Commission c/ Belgique*[83], que la Cour retiendra une approche restrictive de l'article 45, paragraphe 4, TFUE. Elle y fait valoir une interprétation fonctionnelle au détriment de l'approche institutionnelle, dite également organique. Celle-ci fonde le raisonnement sur la nature de l'autorité ou l'organe en cause.

À la différence de cette dernière, défendue par les États, la conception fonctionnelle, portée par la Commission et entérinée par la Cour, repose sur l'appréciation du type d'emploi ou de fonction exercé.

**381.** C'est ainsi que le juge de l'Union considère que relèvent de l'administration publique les emplois qui « comportent une participation directe ou indirecte à l'exercice de la puissance publique et aux fonctions qui ont pour objet la sauvegarde des intérêts généraux de l'État et des autres collectivités publiques ».

Seules les activités qui répondent à l'approche fonctionnelle sont considérées comme réservées aux nationaux. La raison en est que le titulaire de ce type d'emploi est lié à l'État par un rapport particulier de solidarité, et une réciprocité de droits et de devoirs. Ils sont le fondement du lien de nationalité[84].

## B. Un examen au cas par cas

**382.** À la lumière de la conception fonctionnelle, la Cour détermine, toujours au cas par cas, les emplois qui échappent à l'article 45, paragraphe 4, TFUE.

Sont dès lors ouverts, non seulement aux nationaux, mais aussi aux ressortissants des autres États membres, les emplois offerts dans l'enseignement, la recherche, la santé[85], les transports, les postes et les télécommunications, la télévision, ainsi que la distribution d'eau, de gaz et d'électricité[86].

De même, l'exception prévue à l'article 45, paragraphe 4, TFUE ne s'applique pas aux emplois qui, tout en relevant de l'État ou d'autres organismes de droit public, n'impliquent aucun concours à des tâches relevant de l'administration publique proprement dite[87].

---

83. CJCE, *Commission c/ Belgique*, aff. 149/79, *Rec.* p. 3881. V. également CJCE, 12 févr. 1974, *Sotgiu*, préc.

84. CJCE, 2 juill. 1996, *Commission c/Grèce*, aff. C-290/94, Rec. p. I. 3285 ; CJUE, 10 sept. 2014, *Colegio de Oficiales*, préc.

85. CJCE, 3 juin 1986, *Commission c/ France*, aff. 307/84, *Rec.* p. 1725 ; CJCE, 2 juill. 1996, *Commission c/ Luxembourg*, aff. C-473/93, *Rec.* p. I. 3207.

86. Pour l'eau, le gaz et l'électricité, v. CJCE, 2 juill. 1986, *Lawrie-Blum*, préc. ; CJCE, 30 mai 1989, *Allué et Coonan*, aff. 33/88, *Rec.* p. 1591 ; CJCE, 27 nov. 1991, *Bleis*, aff. C-4/91, *Rec.* p. 5627.

87. CJUE, 10 sept. 2014 *Haralambidis*, aff. C-270/13, à propos des fonctions attribuées au président d'une autorité portuaire, comportant des prérogatives de puissance publique et la sauvegarde des intérêts généraux de l'État. Ceci justifie que de telles fonctions soient réservées aux nationaux.

Pour sa part, la Commission, hormis le cadre contentieux, notamment lors de l'arrêt *Commission c/ Belgique*, a explicitement pris position sur le sujet à l'occasion d'une communication rendue le 5 janvier 1988.

Elle considère que ne doit pas échapper à l'article 45, paragraphe 4, TFUE un certain nombre de secteurs compte tenu du fait que ces emplois visent « les activités ordinaires autour d'un pouvoir juridique public de l'État ou d'une autre personne morale de droit public », comme l'établissement des actes juridiques, la mise à exécution de ces actes, le contrôle de leur application et la tutelle des organes indépendants. Ces emplois sont ceux des forces armées, de la police, de la magistrature, de l'administration fiscale et de la diplomatie et tout emploi dans l'éducation qui répond à cette définition.

La Commission rejoint sur ce point la Cour puisqu'elle considère inversement que l'article 45, paragraphe 4, TFUE ne vise pas les emplois relevant des transports, de la santé, de la recherche et de l'enseignement eu égard à leur nature.

**383.** En dernier lieu, au regard du principe de non-discrimination, un ressortissant ne peut se voir opposer le fait d'avoir obtenu ses diplômes, ou d'avoir une expérience professionnelle dans un autre État membre. En effet, le principe de non-discrimination commande aux autorités nationales la prise en considération des formations universitaires ou activités professionnelles au sein de l'Administration, accomplies dans un autre État.

Lorsque le ressortissant d'un État membre possède un diplôme, obtenu dans un État membre, et équivalent à celui requis dans un autre État membre pour accéder à un emploi dans la fonction publique, le droit de l'Union interdit aux autorités nationales d'accueil de subordonner l'intégration dans cet emploi à la réussite d'un nouveau concours[88].

## §2. La participation à l'exercice de l'autorité publique

**384.** Le droit d'établissement souffre de cette même limite, exprimée différemment à l'article 51, alinéa 1^er^, TFUE. Celui-ci dispose que la liberté d'établissement n'est pas applicable « aux activités participant même à titre occasionnel à l'exercice de l'autorité publique ». De même, l'exception est valable pour la libre prestation de services à la lumière de l'article 55 TFUE. De nouveau, face à la sobriété des dispositions communautaires, et notamment l'absence de définition de la notion d'autorité publique, la Cour a été amenée à interpréter, et ce de manière stricte, la portée de cette dérogation.

88. CJCE, 9 sept. 2003, *Burbaud*, aff. C-285/01, *Rec.* p. I. 8219, à propos de l'accès à la fonction publique hospitalière.

### A. Une participation directe et spécifique

**385.** C'est principalement par l'arrêt *Reyners*[89] que la Cour applique un strict principe de proportionnalité en la matière. Elle y fait valoir que l'exclusion établie par l'article 51, alinéa 1er, TFUE ne vise que les activités qui « prises en elles-mêmes constituent une participation directe et spécifique à l'exercice de l'autorité publique ».

La Cour précise par ailleurs que, compte tenu du caractère fondamental dans le système de traité de la liberté d'établissement et de la règle du traitement national, les dérogations ne sauraient recevoir une portée qui dépasse le but en vue duquel l'exception a été instaurée.

### B. La distinction avec les activités liées à la profession

**386.** La Cour opère la distinction entre les activités qui, spécifiquement et même à titre occasionnel, participent à l'exercice de l'autorité publique, des autres activités auxquelles renvoie l'ensemble de la profession[90].

Dès lors, il convient de bien différencier les activités dont sont exclus les ressortissants des États membres car elles doivent constituer une participation directe et spécifique à l'exercice de l'autorité publique, de celles relevant de l'exercice de l'autorité publique. Ces dernières sont déterminées au cas par cas, l'accès à ces professions n'étant pas interdit aux ressortissants non nationaux.

L'exception s'appréciera en fonction de l'autorité visée qui doit être détachable de l'ensemble de la profession. Il s'agit ici de ne pas empêcher, de manière absolue, l'accès à la profession pour les ressortissants de l'Union[91].

## Section 3
## L'égalité de traitement

**387.** Dès l'instant que le ressortissant de l'Union bénéficie de la liberté professionnelle, il jouit alors d'un certain nombre de droits. Ceux-ci,

89. CJCE, 21 juin 1974, aff. 2/74, *Rec.* p. 631. V. ensuite par ex. CJCE, 13 juill. 1993, *Thijssen*, aff. C-42/92, *Rec.* p. I. *4047* ; CJCE, 31 mai 2001, *Commission c/Italie*, aff. C-283/99, *Rec.* p. I. 4363 ; CJCE, 22 oct. 2009, *Commission c/Portugal*, aff. C-438/08, *Rec.* p. I. 10219 ; CJUE, 24 mai 2011, *Commission c/Belgique*, aff. C-47/08.

90. CJCE, 5 déc. 1989, *Commission c/Italie*, aff. C-3/88, *Rec.* p. I. 4035 ; CJCE, 29 nov. 2007, *Commission c/Autriche*, aff. C-393/05, *Rec.* p. I. 1095.

91. Par ex. n'a pas été jugée comme relevant de la participation directe et spécifique à l'exercice de l'autorité publique, la profession de notaire qui n'est plus dès lors réservée aux nationaux, v. CJUE, 24 mai 2011, *Commission c/ France*, aff. C-50/08 ; CJUE, 1er déc. 2011, *Commission c/Pays-Bas*, aff. C-157/09 ; pour un autre ex., à propos de la profession d'expert judiciaire ayant la qualité de traducteur, v. CJUE, 17 mars 2011, *Peñarroja*, aff. jtes C-372/09 et C-373/09.

initialement consacrés par les traités fondateurs, ont été, par la suite, sensiblement enrichis par des textes dérivés et la jurisprudence.

Ces droits constituent les règles de fond de la liberté professionnelle, qu'elle soit salariée ou indépendante. Ils se déclinent selon trois modes, l'accès à l'emploi, l'exercice de l'activité, et l'accès aux droits et avantages sociaux, ce dernier droit étant de plus en plus mis à mal par la récente jurisprudence.

## §1. L'accès à l'emploi

**388.** Pour enrayer tout cloisonnement dans l'accès à une activité professionnelle, il convient au préalable d'agir en amont, c'est-à-dire au niveau des conditions d'accès à l'emploi et à une profession déterminée. Comme le souligne l'article 45, paragraphe 2, TFUE, l'accès à l'emploi doit être affranchi de toute forme de discriminations qui serait fondées sur la nationalité.

### A. L'assimilation au ressortissant national

**389.** Les trois libertés, celle du salarié, du non-salarié et du prestataire de services, reposent sur un principe de non-discrimination. Cela signifie qu'au regard du droit de l'Union, l'accès à une profession doit s'opérer dans les mêmes conditions que celles que ce pays impose à ses propres ressortissants.

Le droit de l'Union établit une parfaite assimilation du ressortissant communautaire au ressortissant national au regard d'un principe d'égalité de traitement. Son application commande l'interdiction non seulement des discriminations ostensibles fondées sur la nationalité, mais encore toutes formes dissimulées de discrimination. En effet, par application d'autres critères de distinction, ces dernières aboutissent, en fait, au même résultat[92].

**390.** Cette règle de base est relayée par le règlement (UE) n° 492/2011 du Parlement et du Conseil du 5 avril 2011[93] relatif à la libre circulation des personnes, particulièrement dans ses articles 1 à 6. Son premier article garantit aux ressortissants de l'Union les mêmes droits que ceux accordés aux ressortissants nationaux, et ce sur un point précis : l'accès à l'emploi. L'État doit ainsi mettre fin à toute forme de discrimination à cet égard. Ce règlement abroge et remplace le règlement (CEE) n° 1612/68.

**391.** De même, participent à la promotion de l'égalité de traitement les différentes directives en matière de reconnaissance des diplômes, et

92. CJCE, 12 févr. 1974, *Sotgiu*, préc. V. aussi CJCE, 23 févr. 1994, *Scholz*, aff. C-419/92, *Rec.* p. 1505.

93. *JOUE* n° L 141, 27 mai 2011.

le règlement (UE) n° 883/2004[94] dans son article 4 relatif à l'application du régime de sécurité sociale aux travailleurs salariés et leur famille[95].

## B. Les bénéficiaires indirects

**392.** Sont bénéficiaires du principe de non-discrimination, notamment du droit d'accès à l'emploi sur le territoire de tout État membre, de manière incidente, les membres de la famille du ressortissant, c'est-à-dire les conjoints et les descendants de moins de 21 ans ou les personnes qui sont à la charge du bénéficiaire principal même s'ils n'ont pas la nationalité d'un État membre de l'Union.

En effet, le ressortissant d'un État tiers lié, en tant que membre de la famille, à un ressortissant de l'Union, peut se prévaloir de la liberté professionnelle. Il peut notamment invoquer l'égalité de traitement qui doit lui être reconnue, par exemple, « pour obtenir la reconnaissance des qualifications et diplômes dans les mêmes conditions qu'un travailleur ressortissant d'un État membre »[96]. Pour cela, le ressortissant de l'Union, bénéficiaire primaire, doit être dans une situation intracommunautaire et avoir mis en œuvre sa liberté professionnelle[97].

Il est intéressant de noter que le bénéfice de la liberté professionnelle aux membres de la famille, relevant d'un État tiers, perdure même en cas de rupture du lien avec le ressortissant de l'Union[98].

De plus, le bénéfice de la liberté professionnelle est reconnu d'office au profit des ressortissants des États tiers qui bénéficient d'un séjour de longue durée sur le territoire d'un des États membres. Ce séjour est d'au moins cinq ans, en vertu de la directive n° 2003/109/CE du Conseil du 25 novembre 2003, relative au statut des ressortissants de pays tiers résidents de longue durée[99].

Peuvent également se prévaloir de la liberté professionnelle les ressortissants des États tiers seulement sur le fondement d'accords conclus entre l'Union et lesdits États tiers. Ces accords permettent de reconnaître à ces derniers, dans le respect de conditions déterminées, un certain nombre de droits rattachés à la liberté professionnelle, notamment un traitement non discriminatoire ou non moins favorable. Il demeure cependant que de tels accords sont privés d'effet direct. Ils sont dès lors difficilement invocables devant le juge de l'Union[100].

94. Règl. (CE) n° 883/2004 du Parlement européen et du Conseil du 29 avr. 2004 portant sur la coordination des systèmes de sécurité sociale, préc.

95. Sur le sujet, v. J.-P. Lhernould, « Droit communautaire et protection sociale », *Juris-Classeur Europe*, fasc. 630 ; C. Philip et C. Boutayeb, « Sécurité sociale », *Dictionnaire juridique des Communautés européennes*, préc. p. 992.

96. CJCE, 7 mai 1986, *Gül*, aff. 131/85, *Rec.* p. 1585.

97. CJCE, 30 mars 2006, *Mattern*, aff. C-10/05, *Rec.* p. I. 3145.

98. CJCE, 7 juill. 1992, *Singh*, aff. C-370/90, *Rec.* p. I. 4288.

99. *JOUE* n° L 16, 23 janv. 2004.

100. CJCE, 30 sept. 1987, *Demirel*, aff. 12/86, *Rec.* p. 3719, à propos de l'accord d'association liant la CEE à la Turquie.

Dès l'instant qu'ils résident de manière régulière, les membres de la famille peuvent se prévaloir du même droit à l'accès à l'emploi et aux différents droits garantis en vue de l'exercice de la profession dans la limite des exceptions liées à l'exercice de l'autorité publique. Ce sont les limitations posées par l'État aux extranationaux quant à l'accès à certains emplois (art. 11 § 3 a), ou les limitations fondées sur la situation du marché du travail (art. 14 § 3).

Rappelons que le résident de longue durée est celui qui réside de manière générale et ininterrompue pendant cinq ans sur le territoire d'un État membre.

## C. Les différentes formes de discrimination

**393.** De jurisprudence constante, des dispositions nationales qui empêchent ou dissuadent un travailleur ressortissant d'un État membre de quitter son État d'origine pour exercer son droit à la libre circulation constituent des restrictions à ladite liberté. Peu importe qu'elles s'appliquent indépendamment de la nationalité des travailleurs concernés[101].

**394.** De manière plus précise, une mesure entravant la libre circulation des travailleurs ne peut être admise que si elle poursuit un objectif légitime compatible avec le traité. De plus, elle ne doit pas aller au-delà de ce qui est nécessaire pour atteindre son objectif. Et elle doit être justifiée par des raisons impérieuses d'intérêt général, comme, par exemple, la lutte contre la fraude fiscale[102].

S'entend comme des discriminations l'établissement de procédures de recrutement pour les ressortissants non nationaux, les conditions de résidence[103], une différence de traitement fiscal[104], le critère de l'âge[105], les quotas d'emploi au profit des ressortissants nationaux[106], l'imposition d'un monolinguisme exclusif dans les relations de travail[107], les restrictions systématiques dans le cadre de la publicité des emplois ou encore la soumission des ressortissants non nationaux à des critères médicaux ou professionnels.

**395.** C'est ainsi, par exemple, que l'obligation de présentation immédiate de document afférent à l'immatriculation d'un véhicule de société est constitutive d'une entrave car disproportionnée au regard de la

101. CJUE, 16 mars 2010, *Olympique Lyonnais*, aff. C-325/08, *Rec.* p. I. 2177.

102. CJCE, 11 oct. 2007, *ELISA*, aff. C-451/05, *Rec.* p. I. 8251 ; CJUE, 5 juill. 2012, *SIAT*, aff. C-318/10.

103. CJUE, 8 nov. 2012, *Radziejewski*, préc., à propos de la subordination de l'effacement de créances à une condition de résidence. La Cour considère que ceci pourrait dissuader un travailleur insolvable d'exercer son droit à la libre circulation pour travailler dans un autre État membre. En effet, son endettement est tel qu'il n'est guère envisageable qu'il puisse rembourser ses dettes dans un avenir prévisible.

104. CJUE, 12 juill. 2012, *Commission c/Espagne*, aff. C-269/09.

105. CJCE, 22 nov. 2005, *Mangold*, aff. C-144/04, *Rec.* I. 90981 ; pour aller plus loin sur le sujet, C. Boutayeb, « Singularité et ambivalence de la discrimination fondée sur l'âge en droit de l'Union européenne », in *Âge (s) et Droit(s). De la minorité à la vieillesse au miroir du droit,* in D. Blanc (dir.), Paris, Éd. Institut universitaire Varenne, 2016.

106. CJCE, 4 août 1974, *Commission c/ France*, aff. 167/73, *Rec.* p. 359.

107. CJUE, 16 avr. 2013, *Anton Las*, aff. C-202/11.

sanction infligée en cas de non-accomplissement de la formalité[108]. En revanche, le législateur de l'Union tolère les restrictions relatives aux connaissances linguistiques requises en raison de la nature de l'emploi à concourir (art. 3 § 1 al. 2 du règlement (UE) n° 492/2011). Mais la Cour retient une interprétation restrictive des connaissances linguistiques. En effet, elle qualifie de discriminatoire l'exigence de connaissances linguistiques qui ne répondent pas à un principe de nécessité. L'exigence de la connaissance d'une langue doit être nécessaire et proportionnée aux objectifs poursuivis[109].

## §2. L'exercice de la profession

**396.** De nouveau, le principe de non-discrimination est applicable dans l'exercice d'une profession. L'article 45, paragraphe 2, TFUE prohibe toute discrimination en ce qui concerne l'emploi, la rémunération et les autres conditions de travail. Sur ce fondement, le règlement (UE) n° 492/2011, dans ses articles 7 à 10, renvoie avec précision aux différents droits dont peut se prévaloir le ressortissant de l'Union dans l'exercice de sa profession au même titre que le ressortissant national.

### A. Le droit d'occuper un emploi

**397.** Rappelons que les règles d'égalité de traitement prohibent non seulement les discriminations ostensibles fondées sur la nationalité, mais encore toutes formes dissimulées de discrimination. Ces dernières, par application d'autres critères de distinction, tel que le critère de la résidence, aboutissent en fait au même résultat[110].

L'égalité de traitement est applicable en termes de rémunération[111], de licenciement[112] et de réintégration professionnelle ou de réemploi si le ressortissant se retrouve au chômage[113].

**398.** La prohibition de la discrimination s'impose non seulement à l'action des autorités publiques, mais également à toutes conventions visant à régler de façon collective le travail salarié, ainsi qu'aux contrats conclus entre particuliers[114]. C'est notamment l'article 7 paragraphe 4 du

108. CJUE, 10 oct. 2013, *Kovacs*, aff. C-5/13.

109. CJCE, 28 nov. 1989, *Groener*, préc.

110. CJCE, 12 févr. 1974, *Sotgiu*, préc. ; CJCE, 14 févr. 1995, *Schumacker*, préc. ; CJCE, 12 févr. 1974 ; CJUE, 24 févr. 2015, *Sopora*, aff. C-512/13.

111. CJCE, 12 févr. 1974, *Sotgiu*, préc. ; CJUE, 28 juin 2012, *Erny*, aff. C-172/11, arrêt dans lequel la Cour sanctionne le calcul sur la base d'un impôt fictif de la rémunération d'un travailleur migrant dans le cadre d'un régime de préretraite. De jurisprudence constante, le principe d'égalité de traitement en matière de rémunération serait privé d'effet s'il pouvait y être porté atteinte par des dispositions nationales discriminatoires en matière d'impôt sur le revenu, v. CJCE, 8 mai 1990, *Biehl*, préc. ; CJUE, 24 févr. 2015, *Sopora*, aff. C-512/13.

112. CJCE, 13 déc. 1972, *Marson*, aff. 44/72, *Rec.* p. 1255.

113. CJCE, 8 mai 1990, *Biehl*, préc.

114. CJCE, 17 juill. 2008, *Raccanelli*, C-94/07, Rec. p. I. 5939.

règlement (UE) n° 492/2011, qui explicite et met en œuvre certains droits que les travailleurs migrants tirent de l'article 45 TFUE[115]. Il dispose qu'est nulle de plein droit toute clause de convention collective ou individuelle portant, notamment, sur la rémunération ainsi que sur les autres conditions de travail et de licenciement. Il est évidemment nécessaire que la clause litigieuse prévoie des conditions discriminatoires à l'égard des travailleurs ressortissants des autres États membres[116].

De plus, si en effet, en vertu notamment de l'article 152, alinéa 1er, TFUE, l'Union respecte l'autonomie des partenaires sociaux, il reste que, comme énoncé à l'article 28 de la Charte des droits fondamentaux de l'Union européenne, le droit des travailleurs et des employeurs ou de leurs organisations respectives de négocier et de conclure des conventions collectives doit s'exercer dans le respect du droit de l'Union[117] et du principe de non-discrimination.

## B. L'extension à des droits complémentaires

**399.** L'égalité de traitement est étendue à d'autres droits. Il s'agit, en application de l'article 8 du règlement (UE) n° 492/2011, des droits syndicaux, des droits en matière de formation professionnelle, d'enseignement, et d'avantages sociaux[118], ces tout derniers faisant l'objet d'un développement spécifique dans les lignes qui suivent, compte tenu de leur place grandissante au sein du contentieux de l'Union.

Sont également visés les avantages fiscaux[119] et les avantages en matière de logement et d'accès à la propriété[120].

**400.** Concernant précisément les avantages fiscaux, il est de jurisprudence constante que si la fiscalité directe relève de la compétence des États membres, ces derniers doivent toutefois exercer celle-ci dans le respect du droit de l'Union. Aussi, les règles fiscales de droit national doivent-elles être adoptées dans le respect des libertés garanties par les traités et, en particulier, de la liberté de circulation des travailleurs conférée par l'article 45 TFUE.

**401.** Selon la jurisprudence *Schumacker*[121], la situation des résidents et celle des non-résidents sont à considérer comme comparables uniquement lorsque ces derniers perçoivent la partie la plus significative de

115. CJCE, 16 sept. 2004, *Merida*, aff. C-400/02, Rec. p. I. 8471.

116. Il en va ainsi d'une prestation telle que la majoration, qui est versée en complément de la rémunération accordée aux travailleurs placés sous un régime de préretraite progressive v. CJUE, 28 juin 2012, *Erny, préc.*

117. CJCE, 13 sept. 2011, *Prigge*, aff. C-447/09.

118. CJCE, 8 mai 1990, *Biehl*, aff. C-175/88, *Rec.* p. I. 1779 ; CJCE, 10 sept. 2009, *Commission c/Allemagne*, aff. C-269/07, *Rec.* p. I. 7811.

119. CJCE, 14 févr. 1995, *Schumacker*, aff. C-279/93, *Rec.* p. I. 225 ; CJCE, 13 déc. 2005, *Marks & Spencer*, aff. C-446/03, Rec. p. I. 10837 ; CJCE, 19 nov. 2009, *Commission c/Italie*, aff. C-540/07, *Rec.* p. I. 10983. ; CJUE, 10 mai 2012, *Commission c/Estonie*, aff. C-39/10.

120. CJCE, 14 janv. 1988, *Commission c/ Italie*, aff. 63/86, *Rec.* p. 29.

121. CJCE, 14 févr. 1995, *Schumacker*, préc.

leur revenu non pas dans l'État membre de résidence, mais dans un autre État membre. Et c'est dans ce cas uniquement que ce dernier État ne pourrait pas appliquer aux non-résidents un traitement fiscal différent de celui appliqué aux résidents[122].

La Cour considère que le fait pour un État membre de ne pas faire bénéficier un non-résident de certains avantages fiscaux qu'il accorde au résident n'est, en règle générale, pas discriminatoire. En effet, il peut exister des différences objectives entre la situation des résidents et celle des non-résidents du point de vue de la source des revenus et de la capacité contributive personnelle ou de la situation personnelle et familiale. Il ne peut y avoir de discrimination entre résidents et non-résidents que s'il était établi que, au regard de l'objet et du contenu des dispositions nationales en cause, les deux catégories de contribuables se trouvent dans une situation comparable[123].

**402.** Quant au droit syndical, il s'agit du droit de s'affilier à une organisation syndicale, du droit de vote et du droit d'éligibilité à un poste d'administration ou de direction d'un syndicat. En revanche, le ressortissant non national peut être exclu de la participation à la gestion d'organisme de droit public et de l'exercice d'une fonction de droit public.

## §3. L'accès aux droits et avantages sociaux

**403.** La question de l'accès aux droits et avantages sociaux mérite un examen particulier tant elle est devenue prépondérante dans la jurisprudence de la Cour. Le juge de l'Union s'est attaché à développer une construction jurisprudentielle fondée sur le principe de non-discrimination à l'aune des traités et du droit dérivé.

C'est ainsi que dans la catégorie des droits sociaux, les travailleurs, salariés ou indépendants, bénéficient du régime de protection sociale de l'État dans lequel ils résident en vertu du règlement (CEE) n° 1408/71 du 14 juin 1971 relatif aux travailleurs salariés et à leur famille[124], lequel a été remplacé par le règlement (CE) n° 883/2004 du Parlement européen et du Conseil du 29 avril 2004 portant sur la coordination des systèmes de sécurité sociale[125]. Ces droits ont été étendus, par le règlement (CEE) n° 1390/81 du 12 mai 1981[126], aux travailleurs indépendants et à leur famille.

**404.** En d'autres termes, les États membres doivent assurer à l'ensemble des ressortissants nationaux et extranationaux le même niveau de protection sociale selon les modalités propres à chacun. En effet, il faut rappeler que les régimes de sécurité sociale ne sont pas harmonisés mais coordonnés. Ils relèvent de la seule compétence des États membres.

122. CJCE, 14 févr. 1995, *Schumacker*, préc. ; CJCE, 1er juill. 2004, *Wallentin*, aff. C-169/03, *Rec.* p. I. 6443 ; CJCE, 22 mars 2007, *Talotta*, aff. C-383/05, *Rec.* p. I. 2555 ; CJUE, 10 mai 2012, *Commission c/Estonie*, préc.

123. CJCE, 14 sept. 1999, *Gschwind*, aff. C-391/97, *Rec.* p. I. 5451.

124. *JOCE* n° L 149, 5 juill. 1971, préc.

125. *JOCE* n° L 200, 7 juin 2004, préc.

126. *JOCE* n° L 143, 29 mai 1981.

L'objectif est en fait d'assurer une coordination des régimes de sécurité sociale pour qu'ils ne constituent pas un obstacle à la mobilité.

L'égalité de traitement est également applicable en matière de prestations sociales qui doivent être reconnues au même titre pour les ressortissants des autres États membres[127]. Le traitement inégalitaire ou défavorable pourrait constituer une entrave à la mobilité des travailleurs.

## A. L'abolition de toute forme de discrimination

**405.** Nous savons que l'article 45, paragraphe 2, TFUE, prévoit que la libre circulation des travailleurs implique l'abolition de toute discrimination, fondée sur la nationalité, entre les travailleurs des États membres, pour l'emploi, la rémunération et les autres conditions de travail.

De même, selon l'article 7, paragraphe 2, du règlement (UE) n° 492/2011, le travailleur ressortissant d'un État membre jouit, sur le territoire des autres États membres, des mêmes avantages sociaux et fiscaux que les travailleurs nationaux. Cette disposition bénéficie indifféremment aux travailleurs migrants résidant dans un État membre d'accueil, mais aussi aux travailleurs frontaliers qui, tout en exerçant leur activité salariée dans ce dernier État membre, résident dans un autre État membre[128].

**406.** Le principe d'égalité de traitement, inscrit à l'article 45 TFUE et à l'article 7 du règlement (UE) n° 492/2011, prohibe dès lors non seulement les discriminations ostensibles, fondées sur la nationalité, mais aussi toutes formes dissimulées de discrimination. Ces dernières, par appel à d'autres critères de distinction, aboutissent en fait au même résultat[129]. Tel est le cas d'une mesure qui exige une durée de résidence bien précise. En effet, elle risque de jouer principalement au détriment des travailleurs migrants et des travailleurs frontaliers[130] ressortissants d'autres États membres, dans la mesure où les non-résidents sont le plus souvent des non-nationaux[131].

Il est indifférent que la mesure litigieuse affecte aussi bien les ressortissants nationaux n'étant pas en mesure de respecter un tel critère que les ressortissants des autres États membres. En effet, pour qu'une mesure puisse être qualifiée d'indirectement discriminatoire, il n'est pas nécessaire qu'elle ait pour effet de favoriser l'ensemble des ressortissants nationaux ou de ne défavoriser que les seuls ressortissants des autres États membres à l'exclusion des nationaux[132].

---

127. CJCE, 30 sept. 1975, *Cristini*, aff. 32/75, *Rec.* p. 1083.

128. CJCE, 18 juill. 2007, *Geven*, aff. C-213/05, *Rec.* p. I. 6347 ; CJUE, 14 juin 2012, *Commission c/Pays-*, aff. C-542/09.

129. CJCE, 27 nov. 1997, *Meints*, aff. C-57/96, *Rec.* p. I. 6689 ; CJCE, 10 sept. 2009, *Commission c/Allemagne*, aff. C-269/07, *Rec.* p. I. 7811.

130. CJCE, 18 juill. 2007, *Geven*, préc. ; CJUE, 14 juin 2012, *Commission c/Pays-Bas*, préc.

131. CJCE, 29 avr. 1999, *Ciola*, aff. C-224/97, *Rec.* p. I. 2517 ; CJCE, 25 janv. 2011, *Neukirchinger*, aff. C-382/08.

132. CJCE, 16 janv. 2003, *Commission c/Italie*, aff. C-388/01, *Rec.* p. I. 721.

## B. Des applications jurisprudentielles nourries

**407.** Selon une jurisprudence bien établie, une discrimination naît de l'application de règles différentes à des situations comparables ou de l'application de la même règle à des situations différentes[133]. Par conséquent, l'application non discrétionnaire de ce principe de non-discrimination exige que le critère de la comparabilité des situations soit fondé sur des éléments objectifs, facilement identifiables.

C'est ainsi que l'article 7 du règlement (UE) n° 492/2011 oblige l'État membre, dès lors qu'il offre à ses travailleurs nationaux la possibilité de suivre une formation dispensée dans un autre État membre, d'étendre cette possibilité aux travailleurs de l'Union établis sur son territoire[134].

La Cour considère également que la prise en compte des périodes d'éducation des enfants pour le calcul de la pension de retraite prévue par le droit national, doit être étendue aux citoyens de l'Union ayant résidé dans un autre État membre[135].

Elle condamne tout autant la subordination de l'octroi d'une allocation à un suivi d'études dans l'État membre d'accueil. Une telle exigence ne permet pas de prendre en compte d'autres éléments révélant le lien de rattachement avec cet État d'accueil[136]. Un critère unique et général n'est pas une considération objective indépendante de la nationalité des personnes. Et elle n'est pas non plus proportionnée à un objectif légitimement poursuivi par le droit national[137].

**408.** Concernant la qualification d'avantage social, selon une jurisprudence constante, une aide accordée pour l'entretien et pour la formation en vue de la poursuite d'études universitaires sanctionnées par une qualification professionnelle constitue un avantage social, au sens de l'article 7, paragraphe 2, du règlement (UE) n° 492/2011[138].

La Cour a également jugé que le financement des études accordé par un État membre aux enfants des travailleurs constitue, pour un travailleur migrant, un avantage social lorsque ce dernier continue à pourvoir à l'entretien de l'enfant[139]. Il en va de même pour les enfants des travailleurs frontaliers. Ceux-ci sont considérés comme des bénéficiaires indirects de l'égalité de traitement dans le versement d'avantages sociaux[140].

---

133. CJCE, 14 févr. 1995, *Schumacker*, préc. ; CJCE, 1er déc. 2011, *Commission c/Hongrie*, aff. C-253/09.

134. CJCE, 27 sept. 1988, *Matteucci*, aff. 235/87, *Rec.* p. 5589 ; CJCE, 13 nov. 1990, *di Leo*, aff. C-308/89, *Rec.* p. I. 4185.

135. CJCE, 19 juill. 2012, *Doris Reichel* aff. C-522/10.

136. CJUE, 25 oct. 2012, *Déborah Prete*, préc.

137. CJCE, 11 juill. 2002, *D'Hoop*, préc.

138. CJCE, 21 juin 1988, *Lair*, aff. 39/86, *Rec.* p. 3161 ; CJCE, 26 févr. 1992, *Bernini*, aff. C-3/90, *Rec.* p. I. 1071.

139. CJCE, 26 févr. 1992, *Bernini*, préc ; CJCE, 8 juin 1999, *Meeusen*, aff. C-337/97, Rec. p. I. 3289.

140. CJCE, 8 juin 1999, *Meeusen*, préc. ; v. sur la condition de résidence imposée aux enfants de travailleurs frontaliers par le Luxembourg, jugée contraire au droit de l'Union, CJCE, 20 juin 2013, *Elodie Giersch*, aff. C. 20/12. Plus largement sur la condition de résidence en tant qu'entrave à la lumière d'un contrôle classique de proportionnalité, v. une jurisprudence également bien établie sur le sujet : CJUE, 14 juin 2012,

**409.** En outre, des considérations d'ordre budgétaire peuvent être à la base des choix de politique sociale d'un État membre. En effet, elles sont susceptibles d'influencer la nature ou l'étendue des mesures de protection sociale. Toutefois, elles ne constituent pas en soi un objectif poursuivi par la politique sociale laquelle ne peut dès lors justifier une discrimination au détriment des travailleurs migrants[141].

Plus largement, si l'on venait à admettre que des considérations budgétaires puissent justifier une différence de traitement entre travailleurs migrants et travailleurs nationaux, ce raisonnement impliquerait que l'application et la portée du principe de non-discrimination en raison de la nationalité puissent varier, dans le temps et dans l'espace, selon l'état des finances publiques des États membres[142], ce que ne tolère pas le droit de l'Union

## C. L'appréciation du lien d'intégration

**410.** Un lien d'intégration peut être requis par l'autorité nationale. Néanmoins, l'exigence d'une condition de résidence pour en démontrer l'existence est inappropriée[143].

Le fait d'avoir accédé au marché du travail d'un État membre crée, en principe, le lien d'intégration suffisant dans la société de cet État. Il permet ainsi de bénéficier du principe d'égalité de traitement par rapport aux travailleurs nationaux quant aux avantages sociaux.

Ce principe est applicable à toutes conditions d'emploi et de travail. Il est également applicable à tous les avantages qui, liés ou non à un contrat d'emploi, sont généralement reconnus aux travailleurs nationaux en raison, principalement, de leur qualité objective de travailleurs ou du simple fait de leur résidence ordinaire sur le territoire national[144].

Le lien d'intégration résulte notamment du fait que, avec les contributions fiscales qu'il verse dans l'État membre d'accueil en vertu de son activité salariée, le travailleur migrant contribue aussi au financement des politiques sociales de cet État. Il doit en profiter dans les mêmes conditions que les travailleurs nationaux.

De plus, soulignons qu'une telle approche est confortée par le quatrième considérant du règlement (UE) n° 492/2011. En effet, celui-ci précise que la mobilité de la main-d'œuvre dans l'Union doit être pour le travailleur un des

---

*Commission c/Pays-Bas*, préc. v. CJUE, 25 oct. 2012, *Déborah Prete*, aff. C-367/11 ; CJUE, 18 juill. 2013, *Prinz*, aff. jtes C-523/11 et C-585/11 ; CJUE, 24 oct. 2013, *Andeas Ingemar*, aff. C-220/12 ; CJUE, 24 oct. 2013, *Samantha Elrick*, aff. C-275/12.

141. CJCE, 20 mars 2003, *Kutz-Bauer*, aff. C-187/00, *Rec.* p. I. 2741 ; CJCE, 10 mars 2005, *Nikoloudi*, aff. C-196/02, *Rec.* p. I. 1789.

142. CJCE, 24 févr. 1994, *Roks*, aff. C-343/92, *Rec.* p. I. 571 ; CJCE, 11 sept. 2003, *Steinicke*, aff. C-77/02, *Rec.* p. I. 9027.

143. Selon une jurisprudence bien établie, la condition de résidence, même indistinctement applicable, constitue une entrave à la libre circulation et de séjour, CJUE, 14 juin 2012, *Commission c/Pays-Bas*, préc. ; v. CJUE, 25 oct. 2012, *Déborah Prete*, préc. ; CJUE, 18 juill. 2013, *Prinz*, préc.

144. CJCE, 12 mai 1998, *Martínez Sala*, aff. C-85/96, *Rec.* p. I. 2691 ; CJCE, 10 sept. 2009, *Commission c/Allemagne*, préc.

moyens qui lui garantissent la possibilité d'améliorer ses conditions de vie et de travail et de faciliter sa promotion sociale, tout en contribuant à la satisfaction des besoins de l'économie des États membres.

## D. Les membres de la famille

**411.** Les membres de la famille d'un travailleur migrant sont des bénéficiaires indirects de l'égalité de traitement accordée à ce travailleur par l'article 7, paragraphe 2, du règlement (UE) n° 492/2011.

Dès l'instant que l'octroi du financement des études à l'enfant d'un travailleur migrant constitue pour le travailleur migrant un avantage social, l'enfant peut lui-même se prévaloir de cette disposition pour obtenir ce financement si, en vertu du droit national, celui-ci est accordé directement à l'étudiant. Toutefois, ce bénéfice ne représente, pour le travailleur migrant, un avantage social, au sens de ladite disposition, que dans la mesure où celui-ci continue à assurer le soutien de son descendant[145].

**412.** En revanche, l'article 10 du règlement (UE) n° 492/2011 confère aux enfants d'un travailleur migrant un droit propre d'accès à l'enseignement. Ce droit n'est subordonné ni au statut d'enfant à charge[146] ni au droit de séjour de leurs parents dans l'État membre d'accueil[147]. Il n'est pas non plus limité aux enfants des travailleurs migrants puisqu'il est également applicable aux enfants des anciens travailleurs migrants. L'article 10 exige uniquement que l'enfant ait vécu avec ses parents ou avec l'un d'eux dans un État membre pendant que l'un de ses parents au moins y résidait en qualité de travailleur[148].

Dès lors, si les articles 7, paragraphe 2, et 10 du règlement (UE) n° 492/2011 ont des champs d'application personnels différents, il n'en reste pas moins que ces dispositions édictent toutes les deux, de façon identique, une règle générale. Celle-ci impose dans le domaine de l'enseignement, à tout État membre d'assurer l'égalité de traitement entre ses ressortissants et les enfants des travailleurs ressortissants d'un autre État membre établis sur son territoire.

## E. L'avancée vers un socle européen des droits sociaux

**413.** En mars 2016, une consultation a été lancée par la Commission en vue de la constitution d'un « socle européen des droits sociaux ». Cette initiative s'inscrit dans la réflexion d'ensemble sur l'Union économique et monétaire qui doit être plus approfondie et plus équitable.

L'idée avancée par la Commission est de faire en sorte que le socle européen des droits sociaux s'appuie sur l'acquis social de l'Union et le complète

145. CJCE, 18 juin 198, *Lebon*, aff. 316/85, *Rec.* p. 2811 ; CJCE, 26 févr. 1992, *Bernini*, préc.

146. CJCE, 4 mai 1995, *Gaal*, aff. C-7/94, *Rec.* p. I. 1031.

147. CJCE, 23 févr. 2010, *Ibrahim*, aff. C-310/08, *Rec.* p. I. 1065.

148. CJCE, 21 juin 1988, *Brown*, aff. 197/86, *Rec.* p. 3205 ; CJCE, 23 févr. 2010, *Teixeira*, aff. C-480/08, *Rec.* p. I. 1107.

afin d'orienter les politiques pour le bon fonctionnement et l'équité des marchés du travail et des systèmes de protection sociale.

Les principes proposés ne remplaceraient nullement les droits existants. Mais le socle deviendrait le cadre de référence qui permettrait d'évaluer et de rapprocher des politiques nationales en matière sociale et d'emploi. L'initiative a rapidement pris forme dans le courant de l'année 2017.

## 1. Un cadre de référence des droits sociaux à l'échelle de l'Union

**414.** En se fondant sur les observations reçues lors de la consultation, la Commission a présenté, le 27 avril 2017, sa proposition relative au socle européen sous deux formes juridiques au contenu identique : une recommandation de la Commission, prenant effet dès à présent, et une proposition de proclamation commune du Parlement, du Conseil et de la Commission.

Rappelons que le socle européen des droits sociaux réaffirme en réalité des droits qui existent déjà dans l'acquis juridique international et celui de l'Union ; il les complète en tenant compte de nouvelles réalités socio-économiques. Ce socle européen se définit donc davantage comme un cadre de référence visant à garantir le bon fonctionnement des marchés du travail et des systèmes de protection sociale.

Sur le fond, la recommandation contient vingt principes déclinés autour de trois grands axes :
- l'égalité des chances et l'accès au marché du travail ;
- des conditions de travail équitables ;
- la protection sociale et l'inclusion sociale.

## 2. Mise en œuvre du socle

**415.** Il appartient conjointement aux États membres, aux institutions de l'Union, aux partenaires sociaux de tenir leurs engagements en ce qui concerne les principes et droits définis dans le socle européen des droits sociaux. Les institutions de l'Union aident à fixer le cadre et à indiquer la voie à suivre pour la mise en œuvre du socle.

Un certain nombre de principes et droits inclus dans le socle nécessiteront des initiatives législatives pour devenir effectifs, ce qui signifie que la législation actuelle de l'Union sera actualisée et complétée.

D'ores et déjà, la Commission a prévu des initiatives législatives et non législatives concrètes, notamment sur l'équilibre entre vie professionnelle et vie privée des parents et aidants, sur l'information des travailleurs, ainsi que sur l'accès à la protection sociale et le temps de travail.

Notons qu'un instrument intéressant a été mis en place pour mesurer l'application du socle. En effet, un « tableau de bord social » a été élaboré afin de suivre les évolutions et les résultats obtenus par les État de l'Union dans douze domaines[149] et d'évaluer les avancées réalisées vers un « triple A » social pour l'Union dans son ensemble.

## §4. L'application du principe de non-discrimination à la liberté d'établissement et libre prestation de services

**416.** Comme pour la liberté professionnelle des travailleurs salariés, la Cour se montre intransigeante quant à la rupture de l'égalité de traitement dans le cadre de la liberté d'établissement et la libre prestation de services. L'article 49, alinéa 2, TFUE, pour l'établissement, et l'article 56, alinéa 1, TFUE, pour la libre prestation de services, posent avec fermeté un principe de non-discrimination.

### A. Un encadrement strict

**417.** L'établissement et la prestation de services doivent s'opérer dans les mêmes conditions que celles que l'État membre impose à ses propres ressortissants. Cela implique une égalité de traitement entre nationaux et ressortissants d'autres États membres.

#### 1. L'effet direct des dispositions de fond

**418.** Pour donner plein effet au principe de non-discrimination, la Cour a consacré, dans le célèbre arrêt *Reyners*[150] ainsi que dans l'arrêt *Van Binsbergen*[151], l'effet direct des articles 49 et 56 TFUE relatifs à la liberté d'établissement et de prestation de services. Dès lors, ceux-ci sont directement applicables.

Une telle consécration a permis d'exercer un plus grand contrôle sur l'action des États membres quant au maintien ou à l'instauration de discriminations. Ces dernières ont souvent pour fondement un critère de nationalité. Il existe d'autres formes d'obstacles qui constituent également des discriminations, ou aboutissent à une situation discriminatoire équivalente[152].

**419.** Concernant tout particulièrement l'article 49 TFUE, il s'oppose à l'application de toute réglementation nationale ayant pour effet de rendre

149. Ces domaines sont : Éducation, compétences et apprentissage tout au long de la vie – Égalité entre les hommes et les femmes sur le marché du travail – Inégalités et mobilité ascensionnelle / Inégalités de revenus – Conditions de vie et pauvreté – Jeunesse – Structure de la population active – Dynamique du marché du travail – Revenus – Incidence des politiques publiques sur la réduction de la pauvreté – Accueil des jeunes enfants dans des structures d'accueil – Soins de santé – Accès numérique/Population possédant des compétences numériques.

150. CJCE, 21 juin 1974, préc.

151. CJCE, 3 déc. 1974, aff. 33/74, *Rec.* p. 1299.

152. CJCE, 12 févr. 1974, *Sotgiu*, préc. ; v. aussi CJUE, 13 oct. 2011, *Waypoint*, aff. C-9/11.

la prestation de services entre États membres plus difficile que la prestation de services purement interne à un État membre[153].

À cet égard, constituent des restrictions à la libre prestation des services les mesures nationales qui interdisent, gênent ou rendent moins attrayant l'exercice de cette liberté[154]. En outre, l'article 49 TFUE confère des droits non seulement au prestataire de services lui-même, mais également au destinataire desdits services[155].

## 2. Les restrictions directes ou indirectes prohibées

**420.** Sont prohibées les restrictions à certains droits qui constituent des discriminations ostensibles. Il peut s'agir de dispositions nationales qui réservent certains emplois aux nationaux[156].

Sont également visées, mais moins facilement décelables, les restrictions indirectes qui aboutissent au même effet. C'est le cas d'une disposition nationale qui s'applique, en apparence, indistinctement aux ressortissants nationaux et aux ressortissants des autres États membres[157].

Il en est ainsi du critère de résidence dans l'État d'accueil, tel que le lieu d'origine ou le domicile, assorti d'une durée minimale de résidence du travailleur[158]. Il en va de même lorsqu'une réglementation indistinctement applicable impose aux opérateurs de se constituer en personne morale ou de satisfaire une condition de capital social minimal. De telles conditions sont susceptibles « de gêner ou rendre moins attrayantes les libertés d'établissements et/ou de prestations de services »[159].

## 3. Quelques cas d'application

**421.** Parmi les cas d'application récurrents dans le contentieux de l'Union, citons les plus symptomatiques des restrictions que peuvent instaurer les États membre : une législation fiscale établissant la non-déductibilité au titre des frais professionnels des dépenses engagées pour la rémunération de prestations de services[160], une réglementation des honoraires et de la publicité relative aux actes ne laissant place à aucune flexibilité dans l'application du régime[161], une différence d'imposition des

153. CJCE, 11 juin 2009, *Schoot*, aff. jtes C-155/08 et C-157/08, *Rec.* p. I. 5093.

154. CJCE, 4 déc. 2008, *Jobra*, aff. C-330/07, *Rec.* p. I. 9099 ; CJCE, 22 déc. 2010, *Tankreederei I*, aff. C-287/10.

155. CJCE, 26 oct. 1999, *Eurowings L*, aff. C-294/97, *Rec.* p. I. 7447 ; CJCE, 3 oct. 2006, *FKP*, aff. C-290/04, *Rec.* p. I. 9461 ; CJCE, 1er juill. 2010, *Dijkman*, aff. C-233/09, *Rec.* p. I. 6645.

156. CJCE, 3 juin 1986, *Commission c/ France*, préc.

157. CJCE, 23 mai 1996, *O'Flynn*, aff. C-237/94, *Rec.* p. I. 2617. V. également à propos d'une loi hongroise destinée au redressement de l'équilibre budgétaire mais entrave la liberté d'établissement, CJUE, 5 févr. 2014, *Hervis*, aff. C-385/12 ; v. aussi 6 févr. 2014, *Navileme*, aff. C-509/12.

158. CJCE, 12 févr. 1974, *Sotgiu*, préc. ; CJCE, 30 mai 1989, *Commission c/ Grèce*, aff. 305/87, *Rec.* p. 1461.

159. CJCE, 29 avr. 2004, *Commission c/Portugal*, aff. C-171/02, *Rec.* p. I. 5645 ; CJCE, 26 janv. 2006, *Commission c/Espagne*, aff. C-514/03, *Rec.* p. I. 963 ; CJUE, 10 mai 2012, *Duomo*, aff. jtes C-357/10 à C-359/10.

160. CJUE, 5 juill. 2012, *Société d'investissement pour l'agriculture*, aff. C-318/10.

161. CJCE, 17 juill. 2008, *Adverstising Media*, aff. C-500/06 ; CJUE, 12 sept. 2013, *Kontantinides*, aff. C-475/11.

revenus mobiliers[162] ou de plus-values lors d'un transfert de siège social[163] ou de direction[164] ou toute autre forme de contraintes de nature fiscale[165], l'impossibilité de procéder à un transfert de siège social vers un autre État membre avec changement de loi applicable[166], un traitement fiscal différent selon le lieu de résidence[167], le refus d'un abattement fiscal et d'une évaluation réduite sur des droits de succession[168] ou une législation excluant certaines sociétés du bénéfice du dégrèvement de groupe[169], les systèmes d'autorisation préalable[170], le refus d'accorder le bénéfice d'un avantage fiscal comme une déduction[171], ou encore les conditions d'utilisation d'un titre universitaire[172] et, de manière générale, toute mesure nationale qui empêche ou dissuade un ressortissant de l'Union de mettre en œuvre sa liberté professionnelle[173].

À cet égard, compte tenu de l'effet direct des articles 49 et 56 TFUE, les directives dont l'objet était d'harmoniser les conditions d'accès aux professions indépendantes et leur exercice, ont cessé de présenter un grand intérêt. En revanche, ne sont visées que les mesures qui mettent en œuvre les libertés et en assurent leur coordination. C'est le cas de la reconnaissance mutuelle des diplômes.

162. CJUE, 6 juin 2013, *Commission c/Belgique*, aff. C-383/10.

163. La jurisprudence est établie sur ce point, v. CJCE, 11 mars 2004, *Lasteyrie du Saillant*, aff. C-9/02 ; CJUE, 29 nov. 2011, *Grid*, aff. C-371/10 ; CJUE, 6 sept. 2012, *Commission c/Portugal*, aff. C-38/10 ; CJUE, 25 avr. 2013, *Commission c/*, aff. C-64/11 ; CJUE, 18 juill. 2013, *Commission c/Danemark*, aff. C-261/11.

164. CJUE, 29 nov. 2011, *Grid*, préc.

165. CJUE, 6 sept. 2012, *Diego della Valle*, aff. C-380/11.

166. CJUE, 12 juill. 2012, *Epitési*, aff. C-378/10.

167. CJUE, 25 oct. 2012, *Commission c/Belgique*, aff. C-387/11.

168. CJUE, 19 juill. 2012, *Scheunemann*, aff. C-31/11.

169. CJCE, 16 juill. 1998, *ICI*, aff. C-264/96 ; CJCE, 13 déc. 2005, *Marks & Spencer*, aff. C446/03 ; CJUE, 6 sept. 2012, *Philips*, aff. C-18/11.

170. Les exemples sont nombreux, v. en ce sens : CJCE, 14 oct. 2004, *Commission c/Pays-Bas*, aff. C-299/02, *Rec.* p. I. 9761 ; CJCE, 21 avr. 2005, *Commission c/Grèce*, aff. C-140/03, *Rec.* p. I. 3177 ; CJCE, 10 mars 2009, *Hartlauer*, aff. C-169/07 ; CJUE, 1er juin 2010, *Blanco Pérez et Chao Gomez*, aff. jtes C-570/07 T 571/07 ; CJUE, 8 nov. 2012, *Commission c/Grèce*, aff. C-244/11 ; CJUE, 26 sept. 2013, *Ottica*, aff. C-539/11. V. notamment à propos du bénéfice de prestations de soins hospitaliers, CJUE, 11 juill. 2013, *Luca*, aff. C-430/12. C'est aussi le cas pour un pharmacien qui souhaite s'établir en Italie et auquel il est demandé soit d'obtenir la délivrance d'une autorisation préalable lui permettant de devenir titulaire d'une pharmacie, soit d'implanter une parapharmacie, sans être subordonné, dans ce cas, à une telle autorisation, CJUE, 17 déc. 2010, *Polisseni*, aff. C-217/09 ; sur le même sujet, v. CJUE, 29 sept. 2011, *Grisoli*, aff. C-315/08 ; CJUE, 5 déc. 2013, *Venturini*, aff. jtes C 159/12 et C 161/12.

171. CJUE, 4 juill. 2013, *Sparbank*, aff. C-350/11.

172. CJCE, 31 mars 1993, *Kraus*, aff. C-19/92, *Rec.* p. I. 1663. V. également sur l'impossibilité de tout accès partiel à la profession de kinésithérapeute par un masseur-balnéothérapeuthe médical. Cette impossibilité ne peut être justifiée pour des raisons liées à la protection des consommateurs ni à la santé publique, CJUE, 27 juin 2013, *Nasiopoulos*, aff. C-575/11.

173. CJCE, 15 déc. 1995, *Bosman*, aff. C-415/93, *Rec.* p. I. 4921 ; CJCE, 28 avr. 2009, *Commission c/Italie*, aff. C-518/06, *Rec.* p. I. 3491.

## B. Le possible maintien de restrictions non discriminatoires

**422.** En dépit de l'application d'un traitement équivalent et de l'effet direct des dispositions des traités, relatives à la non-discrimination, il peut se produire que certaines réglementations restrictives à l'accès ou à l'exercice d'une profession subsistent. Il s'agira de mesures nationales, indistinctement applicables, qui constituent en réalité une restriction.

Même si celles-ci constituent un sérieux obstacle à la mobilité de l'opérateur ou à sa volonté de mettre en œuvre sa liberté professionnelle, la Cour admet qu'un État membre puisse invoquer, dans certaines circonstances, « des raisons impérieuses d'intérêt général ».

### 1. Les raisons impérieuses d'intérêt général

**423.** Une restriction à la libre prestation des services n'est admise que si elle poursuit un objectif légitime compatible avec le droit de l'Union. Dans ce cas, elle doit être propre à garantir la réalisation de l'objectif poursuivi[174] et ne pas aller au-delà de ce qui est nécessaire pour l'atteindre[175]. De surcroît, elle doit être justifiée par une des raisons impérieuses d'intérêt général. Naturellement, pour être validées, ces mesures ne doivent pas être de nature discriminatoire. En effet, les raisons impérieuses d'intérêt général ne sont invocables, en principe[176], que pour les seules législations indistinctement applicables.

### 2. Les conditions de validité requises

**424.** Comme en matière de libre circulation des marchandises, la Cour se livre à un examen approfondi de la mesure. Les conditions requises doivent être cumulativement satisfaites.

Tout d'abord, la Cour examine si la mesure invoquée est indistinctement applicable même si elle en retient une interprétation large[177]. Par ailleurs, la Cour vérifie que la mesure est fondée sur des raisons impérieuses d'intérêt général, dont elle se garde pour autant de donner une quelconque définition. Elle livre néanmoins quelques éléments d'appréciation qui permettront aux États membres de situer leur réglementation nationale au regard des critères ainsi définis.

174. CJUE, 18 juill. 2013, *Sky Italia*, aff. C-234/12.

175. CJCE, 5 juin 1997, *SETTG*, aff. C-398/95, *Rec.* p. I. 3091 ; CJCE, 18 déc. 2007, *Laval*, aff. C-341/05, *Rec.* p. I. 11767, point 101 ; CJCE, 4 déc. 2008, *Jobra*, préc. ; CJCE, 30 nov. 1995, *Gebhard*, préc.

176. Comme nous l'avons indiqué dans le chapitre relatif aux marchandises, dans un arrêt du 14 novembre 2013, *Belgacom*, aff. C-221/12, la Cour a accepté d'examiner sous l'angle des raisons impérieuses une mesure qualifiée de discriminatoire alors qu'en principe de telles raisons ne sont réservées qu'aux mesures indistinctement applicables.

177. CJCE, 10 mai 1995, *Alpine Investments*, aff. C-384/93, *Rec.* p. I. 114.

De même, à l'instar des exigences impératives, la mesure invoquée ne doit pas revêtir un caractère économique[178] ni viser des considérations d'ordre budgétaire[179]. Un objectif de simplification administrative[180] dont l'objet est d'alléger les tâches de l'administration, ne peut, par exemple, constituer une raison impérieuse d'intérêt général. En effet, une telle simplification, qui permet en réalité de diminuer les frais administratifs, est de nature purement économique[181].

Ensuite, après avoir établi qu'il s'agit bel et bien d'une raison impérieuse d'intérêt général, la Cour vérifie si la mesure répond de manière adéquate à l'objectif invoqué[182]. En effet, il doit se dégager une cohérence de la mesure adoptée avec l'objectif invoqué. Une législation nationale n'est propre à garantir la réalisation de l'objectif invoqué que, rappelons-le, « si elle répond véritablement au souci de l'atteindre d'une manière cohérente et systématique »[183]. Et si tel est le cas, elle doit alors répondre à un test de proportionnalité[184]. La mesure ne doit nullement aller au-delà de ce qui est strictement nécessaire pour accomplir l'objectif d'intérêt général invoqué. Concrètement, le juge vérifie s'il n'existe pas de mesures moins contraignantes, qui connaissent un effet moins néfaste sur la libre circulation des opérateurs économiques. La seule circonstance qu'un État membre choisit un système de protection différent de celui adopté par un autre État membre n'a pas d'incidence sur l'appréciation de la proportionnalité des dispositions prises en la matière. Celles-ci doivent seulement être appréciées au regard des objectifs poursuivis par les autorités compétentes de l'État membre concerné et du niveau de protection qu'elles entendent assurer[185].

Ce n'est qu'au gré de l'ensemble de ces différents critères que la mesure, tant qu'elle n'est pas discriminatoire, pourra être validée.

## 3. Les cas d'application

**425.** Les cas d'application sont fort nombreux. Ils présentent une grande diversité dans leur contenu d'autant que celui-ci est laissé à la libre appréciation des États membres.

---

178. CJCE, 5 juin 1997, *Ergasias*, aff. C-398/95, *Rec.* p. I. 3091. CJCE, 17 mars 2005, *Kranemann*, aff. C-109/04, *Rec.* p. I. 2421 ; CJUE, 16 févr. 2012, *Costa et Cifone*, aff. jtes C-72/10 et C-77/10.

179. CJUE, 14 juin 2012, *Commission c/Pays-Bas*, aff. C-542/09.

180. CJUE, 5 déc. 2013, *Betriebs*, aff. C-514/12.

181. CJUE, 15 avr. 2010, *CIBA*, aff. C-96/08, *Rec.* p. I. 2911.

182. Sur le rapport de causalité entre la restriction et l'objectif poursuivi, v. par ex. CJUE, 29 sept. 2011, *Commission c/Autriche*, aff. C-387/10. À propos de l'identification des objectifs poursuivis par la réglementation nationale, CJUE, 15 sept. 2011, *Dickinger*, aff. C-347/09.

183. CJCE, 10 mars 2009, *Hartlauer*, préc. ; CJCE, 11 mars 2010, *Attanasio*, aff. C-384/08, *Rec.* p. I. 2055 ; CJUE, 10 mai 2012, *Duomo*, préc.

184. CJUE, 11 mars 2010, *Attanasio*, préc., CJUE, 10 mai 2012, *Duomo*, préc. ; v. aussi sur le test de proportionnalité appliqué à des modalités de calcul des primes d'assurances établies par la législation belge et leur compatibilité avec le droit de libre prestation de services, CJUE, 7 mars 2013, *DKV*, aff. C-577/11.

185. CJCE, 12 juill. 2012, *LARIX*, aff. C-176/11 ; CJUE, 30 juin 2011, *Zeturf*, préc.

## a. Une grande diversité

**426.** La seule exigence est que les autorités nationales veillent au respect des conditions de fond requises.

Les intérêts impérieux, dégagés par la jurisprudence, sont notamment la nécessité de garantir l'efficacité des contrôles fiscaux[186], en particulier l'efficacité du recouvrement de l'impôt[187], la lutte contre la fraude fiscale[188], la protection de la santé et de la vie des personnes[189], la répartition du pouvoir d'imposition entre les États membres[190], la sécurité routière[191], la lutte contre la criminalité et la lutte contre l'assuétude aux jeux en les canalisant dans le cadre d'une expansion contrôlée[192], la lutte contre le blanchiment des capitaux et le financement du terrorisme[193], le droit à l'information sportive[194], l'établissement de règles professionnelles justifiées par un intérêt général, notamment les règles d'organisation, de qualification, de déontologie, de contrôle et de responsabilité[195], la protection du consommateur[196], du client ou du patient[197], la protection du logement social[198] ou encore la promotion de la mobilité des étudiants qui sont membres de la famille d'un travailleur migrant[199].

## b. L'exemple de la santé publique

**427.** Selon la lettre de l'article 52, paragraphe 1, TFUE, la protection de la santé peut constituer un motif pour justifier des restrictions à la liberté d'établissement[200].

Ce sera par exemple le cas à propos de l'objectif visant à garantir un approvisionnement en médicaments de la population, qui soit sûr et de qualité. À cet égard, un tel objectif a été confirmé par les articles 168, paragraphe 1, TFUE et 35 de la Charte des droits fondamentaux de l'Union européenne, en vertu desquels un niveau élevé de protection de la santé humaine est assuré

186. CJCE, 15 mai 1997, *Futura Participations*, aff. 250/95, *Rec.* p. I. 2471 ; CJCE, 4 mars 2004, *Commission c/France*, aff. C-334/02 ; CJCE, 18 déc. 2007, A, C-101/05, *Rec.* p. I. 11531.

187. CJCE, 3 oct. 2006, *FKP*, aff. C-290/04, *Rec.* p. I. 9461 ; CJUE, 18 oct. 2012, *Staatssecretaris*, aff. C-498/10.

188. CJCE, 11 oct. 2007, *ELISA*, C-451/05, *Rec.* p. I. 8251.

189. CJUE, 1er juin 2010, *Blanco Pérez et Chao Gómez*, préc. ; CJUE, 21 juin 2012, *Susisalo*, aff. C-84/11.

190. CJUE, 10 févr. 2011, *Haribo*, aff. jtes C-436/08 et C-437/08.

191. CJCE, 28 avr. 2009, *Commission c/Italie*, aff. C-518/06, *Rec.* p. I. 3491 ; CJUE, 11 mars 2010, *Attanasio*, aff. C-384/08, *Rec.* p. I. 2055.

192. CJCE, 6 mars 2007, *Placanica*, aff. jtes C-338/04, C-359/04 et C-360/04, *Rec.* p. I. 1891 ; CJCE, 8 sept. 2009, *Liga Portuguesa de Futebol Profissional*, aff. C-42/07, *Rec.* p. I. 7633 ; CJUE, 9 sept. 2010, *Engelmann*, aff. C-64/08 ; CJUE, 16 févr. 2012, *Costa et Cifone*, aff. jtes C-72/10 et C-77/10 ; CJUE, 24 janv. 2013, *Stanleybet*, aff. jtes C-186/11 et C-209/11.

193. CJUE, 30 juin 2011, *Zeturf*, aff. C-212/08 ; CJUE, 25 avr. 2012, *Jyske*, aff. C-212/11.

194. Trib. UE, 17 févr. 2011, *FIFA*, aff. T-385/07.

195. CJCE, 30 nov. 1995, *Gebhard*, préc.

196. CJCE, 28 oct. 1999, *ARD*, aff. C6/98 ; CJUE, 18 juill. 2013, *Sky Italia*, préc.

197. CJCE, 16 juin 1992, *Commission c/ Luxembourg*, aff. C-351/90, *Rec.* p. I. 3945.

198. CJUE, 8 mai 2013, *Libert*, aff. jtes C-197/11 et C-203/11.

199. CJUE, 14 juin 2012, *Commission c/Pays-Bas*, préc.

200. Pour un exemple, v. notamment CJUE, 21 janv. 2010, *Commission c/Allemagne*, aff. C-546/07.

dans la définition et la mise en œuvre de toutes les politiques et actions de l'Union[201].

**428.** Rappelons que la Cour estime que la santé et la vie des personnes occupent le premier rang parmi les biens et les intérêts protégés par le traité. Or, il appartient aux États membres de décider du niveau auquel ils entendent assurer la protection de la santé publique et de la manière dont ce niveau doit être atteint. Ce niveau étant variable d'un État membre à l'autre, il est alors nécessaire de reconnaître aux États membres une marge d'appréciation[202].

### c. L'exemple des jeux de hasard

**429.** Nous savons que la réglementation des jeux de hasard fait partie des domaines dans lesquels des divergences considérables d'ordre moral, religieux et culturel existent entre les États membres.

En l'absence d'une harmonisation en la matière, il appartient à chaque État membre d'apprécier, dans ces domaines, selon sa propre échelle de valeurs, les exigences que comporte la protection des intérêts concernés[203]. Les autorités nationales bénéficient de nouveau d'un large pouvoir d'appréciation pour déterminer de telles exigences et ce dans la limite du respect de la jurisprudence de la Cour.

Chaque État membre est tenu d'apprécier si, dans le contexte des buts légitimes qu'il poursuit, il est nécessaire d'interdire totalement ou partiellement des activités relevant des jeux et des paris, ou seulement les restreindre. Il peut par exemple prévoir à cet effet des modalités de contrôle plus ou moins strictes[204].

**430.** Il reste qu'une législation nationale qui interdit l'organisation de jeux de hasard en l'absence d'une autorisation préalable des autorités administratives constitue une restriction à la libre prestation des services garantie par l'article 56 TFUE[205].

**431.** Toutefois, selon une jurisprudence constante, les restrictions aux activités des jeux de hasard peuvent être justifiées par des raisons impérieuses d'intérêt général. Les objectifs poursuivis par les législations nationales adoptées dans le domaine des jeux et des paris se rattachent le plus souvent, à la protection des destinataires des services concernés, et plus généralement des consommateurs, ainsi qu'à la protection de l'ordre social. Or, ces objectifs figurent au nombre des raisons impérieuses d'intérêt général pouvant justifier des atteintes à la libre prestation des services. Il s'agira

201. CJUE, 1er juin 2010, *Blanco Pérez et Chao Gómez*, préc.

202. CJCE, 19 mai 2009, *Commission c/Italie*, aff. C-531/06, *Rec.* p. I. 4103 ; CJUE, 1er juin 2010, *Blanco Pérez et Chao Gómez*, préc. ; CJUE, 21 juin 2012, *Susisalo*, préc. ; CJUE, 26 sept. 2013, *Ottica*, préc.

203. CJCE, 8 sept. 2009, *Liga Portuguesa de Futebol Profissional*, aff. C-42/07, *Rec.* p. I. 7633.

204. CJUE, 8 sept. 2010, *Carmen Media Group*, aff. C- 46/08, *Rec.* I. 8149 ; CJCE, 22 juin 2014, *Digibet et Albers*, aff. C-156/13 ; CJCE, 22 janv. 2015 *Stanley*, aff. C-463/13 ; CJUE, 22 juin 2017, *Unibet International*, aff. C- 49/12.

205. CJUE, 30 avr. 2014, *Pfleger*, aff. C-390/12.

notamment, comme indiqué plus haut, de la protection des consommateurs, la prévention des jeux à des fins frauduleuses[206], l'incitation des citoyens à ne pas se livrer à une dépense excessive liée au jeu[207] ou encore l'objectif ayant trait à la lutte contre la criminalité liée aux jeux[208].

## §5. Pour une plus grande effectivité du droit de libre circulation des travailleurs : la directive n° 2014/54/UE

**432.** La Commission a soumis une série de mesures le 26 avril 2013[209], visant à garantir une meilleure application de la législation de l'Union relative au droit des citoyens de travailler dans un autre État membre. L'idée est de permettre aux intéressés d'exercer concrètement leur droit.

C'est dans ce contexte que la directive n° 2014/54/UE[210] a été adoptée le 30 avril 2014. Elle a pour objet de garantir une application effective, au niveau national, du droit des citoyens de l'Union de travailler dans un autre État membre. La directive devait être transposée au plus tard le 21 mai 2016. À cet égard, la Commission a ouvert une procédure d'infraction, dès septembre 2016 et toujours en cours contre, douze États pour non-transposition, sept parce qu'ils ne l'ont pas transposée (Portugal, Danemark, République tchèque, Estonie, Grèce, Chypre et Luxembourg), et cinq (Hongrie, Autriche, France, Lituanie et Roumanie) pour ne l'avoir transposée que partiellement. Notons d'ores et déjà que la directive requiert notamment la nomination d'un organe national chargé de promouvoir le traitement équitable de ces travailleurs et de fournir une assistance.

### A. Une meilleure connaissance du droit de l'Union

**433.** Rappelons que le droit des citoyens de l'Union de travailler dans un autre État membre est énoncé à l'article 45 TFUE et garanti notamment par les articles 1 à 10 du règlement (UE) n° 492/2011. Il comprend le droit de ne pas subir de discrimination fondée sur la nationalité, en ce qui concerne l'emploi, la rémunération et les autres conditions de travail.

Or, la Commission a été amenée à constater qu'outre la question de la conformité ou non de la législation nationale avec le droit de l'Union, les employeurs publics et privés ne disposent pas d'une connaissance suffisante des dispositions pertinentes du droit de l'Union. Une telle méconnaissance ou

206. CJUE, 12 sept. 2013, *Biasci*, aff. jtes C-660/11 et C-8/12 ; CJCE, 22 juin 2014, *Digibet et Albers*, préc.

207. CJUE, 8 sept. 2010, *Carmen Media*, C-46/08, *Rec.* p. I. 8149 ; CJUE, 12 juill. 2012, *LARIX*, préc. ; CJUE, 19 juill. 2012, *Garkalns*, aff. C-470/11.

208. CJCE, 12 sept. 2013, *Biasci*, préc.

209. IP/13/372 26/04/2013.

210. Directive relative à des mesures facilitant l'exercice des droits conférés aux travailleurs dans le contexte de la libre circulation des travailleurs, *JOUE* n° L 128, 30 avr. 2014.

incompréhension du droit est une source majeure de discrimination fondée sur la nationalité.

**434.** De plus, il apparaît que les citoyens ignorent où s'adresser dans l'État membre d'accueil, lorsqu'ils rencontrent des difficultés à exercer leur droit de libre circulation.

La nouvelle directive tend à lever ces différents obstacles et prévenir les discriminations à l'encontre des travailleurs sur la base de la nationalité, en proposant des solutions essentiellement pratiques.

## B. Les obligations des États membres

**435.** Les États membres sont liés par quatre obligations majeures.

D'une part, ils doivent assurer une meilleure information à la fois auprès des travailleurs migrants et des employeurs de l'Union des droits qu'ils tirent de la législation, par la création de *points de contact nationaux*. Ces points sont des lieux qui fournissent une aide, des informations et un conseil en la matière. D'autre part, les États membres sont dans l'obligation d'offrir aux intéressés des moyens de recours appropriés au niveau interne.

En outre, les syndicats, les ONG et les autres organisations doivent être autorisés à engager des procédures administratives ou judiciaires au nom des travailleurs qui sont victimes de discriminations.

En dernier lieu, les États membres sont tenus de fournir une meilleure information en général aux travailleurs migrants et aux employeurs de l'Union.

**436.** Notons que la directive attache un intérêt particulier à la question de l'accès à des procédures judiciaires. Elle souligne aussi la nécessité de développer des organismes chargés de promouvoir l'égalité de traitement et de soutenir les travailleurs de l'Union et les membres de leur famille.

La directive insiste également sur l'instauration d'un dialogue entre les États membres, les partenaires sociaux et les organisations non gouvernementales. Elle rappelle que les mesures relatives à la protection des travailleurs et à l'égalité de traitement entre les travailleurs ne sont que des prescriptions minimales. En effet, les États membres peuvent prévoir des mesures plus favorables.

## CHAPITRE 2

# La mobilité à des fins personnelles : le citoyen

**437.** Pendant de nombreuses années, la perspective économique des traités fondateurs a conduit à maintenir le ressortissant de l'Union dans un statut mineur. En effet, celui-ci ne pouvait mettre en œuvre sa liberté, de circulation ou de séjour, que s'il était un agent économique, c'est-à-dire s'il exerçait une activité professionnelle, salariée ou indépendante.

**438. Le dépassement de l'approche économique du ressortissant. –** La conception économique du ressortissant évoluera fortement sous l'effet de la notion de citoyenneté européenne. Cette dernière a été consacrée par l'Acte unique européen, et confortée par d'autres instruments de révision tels que le traité de Maastricht ou la Charte des droits fondamentaux. Ce processus aura pour conséquence d'offrir à la libre circulation des personnes, indépendamment de la question économique, un véritable statut autonome, lui garantissant un certain nombre de droits sensiblement plus étendus que ceux initialement octroyés au bénéficiaire de la liberté professionnelle[1].

Parmi les autres traités modificatifs, il convient de mentionner le traité de Lisbonne qui renforce la participation du citoyen européen à l'évolution de la construction européenne. En effet, il maintient l'innovation introduite par le traité constitutionnel (art. I-47 § 4), puisqu'il prévoit la possibilité pour au moins un million de citoyens de saisir la Commission pour lui demander d'examiner une proposition appropriée sur des questions pour lesquelles les citoyens considèrent que l'adoption d'un acte juridique est nécessaire aux fins de l'application des traités (art. 11 TUE, art. 24 al. 1er TFUE).

Aujourd'hui, à la faveur de cette évolution normative, la citoyenneté européenne est régie par les articles 18 à 25 TFUE au sein de la deuxième partie intitulée « Non-discrimination et citoyenneté de l'Union ».

1. V. à cet égard l'impact de la citoyenneté européenne sur le droit civil des États membres, CJCE, 2 oct. 2003, *Garcia-Avello*, aff. C-148/02, *Rec.* p. I. 11623, à propos du droit de porter le même nom dans tous les États de l'Union européenne ; v. aussi dans le même sens, CJCE, 14 oct. 2008, *Grunkin*, aff. C-353/06, *Rec.* p. I. 7639.

**439. L'appui des accords de Schengen.** – Comme autre facteur de reconnaissance du statut des personnes, il faut également évoquer les accords de Schengen. Ils ont été un instrument de perfectionnement de l'espace de libertés, en dépassant la simple perspective économique, et un accélérateur de la nouvelle mobilité qui s'est dessinée à partir de la décennie 1990.

L'acquis a été de nouveau confirmé par l'objectif assigné par le traité d'Amsterdam de mettre en place un espace de liberté, de sécurité et de justice. Celui-ci requiert un examen attentif, notamment quant à la mutation de son cadre juridique.

# Section 1
# Le droit d'accès et de séjour

**440.** Le droit d'accès au territoire d'un État membre et celui d'y séjourner étaient régis jusqu'à présent par un certain nombre de textes. Tous témoignaient de l'évolution de fond traversant la libre circulation des personnes, à savoir l'ambition d'étendre le bénéfice de la liberté de circulation et de séjour. Cette réglementation dense, pas moins d'un règlement et neuf directives, a été consolidée en un texte unique. Il s'agit de l'importante directive n° 2004/38/CE du 29 avril 2004 qui abroge les neuf directives précédentes[2].

## §1. L'évolution textuelle : un cheminement en trois actes

**441.** Inhibé par la dimension économique du traité CEE, le législateur de l'Union a initialement entretenu une vision pragmatique du ressortissant. Celle-ci faisait de lui un opérateur exclusivement économique.

### A. Une perception dépouillée dans les textes initiaux

**442.** La perception sommaire du ressortissant européen apparaissait nettement dans les textes dérivés initiaux qui ont régi la libre circulation des personnes.

C'est en ce sens que le Conseil a adopté, le 25 février 1964, la directive n° 64/220/CEE relative aux travailleurs indépendants[3], ainsi que la directive n° 64/221/CEE relative aux restrictions justifiées pour des conditions d'ordre

2. *JOUE* n° L 58, 30 avr. 2004.

3. *JOCE* n° L 56, 4 avr. 1964.

public, de sécurité publique ou de santé publique[4]. Cette dernière directive a été remplacée par la directive n° 73/148/CE du 21 mai 1973[5].

Ces premiers instruments prônaient une approche dépouillée du droit d'accès et de séjour, dont l'exercice était soumis à de nombreuses conditions. Ces droits alors reconnus ne s'inscrivaient pas encore dans la dynamique propre à la citoyenneté, mais s'arrimaient davantage à une logique économique.

## B. L'apport majeur des trois directives de 1990

**443.** En écho à une volonté d'étendre – sinon de généraliser – le droit d'accès et de séjour à l'ensemble des ressortissants de l'Union indépendamment de leur statut économique, le Conseil a adopté trois directives importantes, le 28 juin 1990 : la directive n° 90/364/CEE relative au droit de séjour[6], la directive n° 90/365/CEE relative au droit de séjour des travailleurs salariés et non-salariés ayant cessé leur activité professionnelle[7], et la directive n° 90/366/CEE relative au droit de séjour des étudiants[8].

**444.** Parmi ces instruments normatifs qui contribueront à ouvrir l'espace de mobilité aux citoyens, il convient d'attirer l'attention sur la directive n° 90/364/CE. En effet, elle accorde le droit de séjour aux ressortissants des États membres qui n'en bénéficient pas en vertu d'autres dispositions de droit de l'Union. Il s'agit là certainement de la directive qui opère l'élargissement le plus pertinent du droit de séjour. Elle est néanmoins assortie des limites constantes que sont l'obligation de disposer d'un niveau de ressources suffisant, et celle de bénéficier d'une assurance maladie.

**445.** Il reste que les trois directives ont été adoptées après de longues et âpres négociations puisque la Commission avait formulé la première proposition en ce sens dès 1980. La difficulté d'entériner un accord s'est manifestée par les fortes limites opposées à la généralisation, qui sont au demeurant inscrites dans ces nouvelles directives. Elles reposent sur deux aspects précédemment évoqués : d'une part, l'obligation pour le bénéficiaire du droit de séjour de disposer de ressources suffisantes, et ce dans le souci d'éviter « qu'il ne devienne une charge pour l'assistance sociale de l'État membre d'accueil » et, d'autre part, l'obligation de souscrire à une assurance maladie couvrant l'ensemble des risques dans l'État d'accueil.

**446.** L'État doit, dans son propre intérêt national, veiller au respect de ces conditions. Il doit se garder cependant d'en faire une lecture

4. *JOCE* n° L 56, 4 avr. 1964.

5. *JOCE* n° L 172, 28 juin 1973.

6. *JOCE* n° L 180, 13 juill. 1990.

7. *JOCE* n° L 180, 13 juill. 1990.

8. Directive annulée en raison de la base juridique inadaptée, v. CJCE, 7 juill. 1992, *Parlement c/ Conseil*, aff. C-295/90, *Rec.* p. I. 4193) et remplacée par la directive n° 93/96/CE du 29 octobre 1993, *JOCE* n° L 317, 18 déc. 1993.

restrictive qui ôterait la réelle portée à la liberté de séjour et aux directives la mettant en œuvre[9]. Par exemple, l'autorité nationale ne doit pas hésiter à prendre en considération les ressources provenant des membres de la famille du citoyen et particulièrement du partenaire[10] du citoyen.

### C. La mutation générée par la directive 2004/38/CE

**447.** La directive n° 2004/38/CE du 29 avril 2004 est le point d'orgue de l'évolution qui a débuté à partir de 1990. Elle a pour conséquence majeure de parfaire le statut de citoyen européen, ébauché par les textes précédents.

En effet, la directive n° 2004/38/CE considère le droit d'accès et de séjour comme intrinsèque à la qualité de citoyen européen.

**448.** Cette directive majeure en matière de mobilité des personnes abroge plusieurs directives précédentes et modifie le règlement (CEE) n° 1612/68[11]. Plus précisément, la nouvelle directive régit le droit de tout citoyen de l'Union et des membres de sa famille[12] de circuler et de séjourner librement sur le territoire des États membres[13]. Elle favorise sensiblement l'exercice d'un tel droit, notamment par une réduction des formalités administratives, une définition du statut des membres de la famille, un encadrement de la possibilité de refuser ou mettre fin au séjour, et l'introduction d'un nouveau droit de séjour permanent. Elle apporte également des innovations pertinentes au regard de la société contemporaine, telles que la question des nouvelles formes de partenariat commun (pacs) ou celle du divorce.

## §2. L'évolution jurisprudentielle : un droit fondamental né de l'article 21 TFUE

**449.** L'évolution normative traversée par le droit d'accès et de séjour s'est accompagnée d'une forte progression sur le plan jurisprudentiel. Celle-ci a favorisé la reconnaissance de l'effet direct de l'article 21, paragraphe 1, TFUE (ex. art. 18 CE), en vertu duquel tout citoyen de l'Union a le droit de circuler et de séjourner librement sur le territoire des États membres.

9. V. par ex. CJCE, 25 mai 2000, *Commission c/ Italie*, aff. C-424/98, *Rec.* p. I. 4001.

10. CJCE, 23 mars 2006, *Commission c/ Belgique*, aff. C-408/03, *Rec.* p. I. 2647.

11. Le règlement (CE) n° 1612/68 sera finalement abrogé et remplacé par le règlement (UE) n° 492/2011 qui consolide ainsi les nombreuses modifications apportées au règlement.

12. Pour un ex. d'application de la directive, CJCE, 25 juill. 2008, *Metock*, aff. C-127/08, *Rec.* p. I. 6241.

13. *JOUE* n° L 58, 30 avr. 2004.

### A. L'arrêt *Baumbast*

**450.** Par son arrêt *Baumbast* du 17 septembre 2002[14], la Cour met en avant l'idée que la citoyenneté serait remise en cause si le ressortissant se voyait refuser le droit d'accès et de séjour. Elle saisit alors l'occasion pour conférer un effet direct à l'article 21, paragraphe 1, TFUE. La Cour a ainsi estimé que l'article 21 TFUE, de par sa seule force, confère au citoyen de l'Union un droit fondamental qui est celui de séjourner sur le territoire des États membres, ce qui implique naturellement l'accès et la circulation.

Précédemment, dans l'arrêt *Grzelczyk*[15], la Cour n'avait pas hésité à considérer que le statut de citoyen de l'Union a vocation à être le statut fondamental des ressortissants des États membres. Il leur permet, indépendamment de leur nationalité et sans préjudice des exceptions expressément prévues à cet égard, de bénéficier du même traitement juridique.

### B. Des restrictions encadrées

**451.** Ce droit fondamental, résultant de l'article 21 TFUE, est parfaitement identifiable. Il revêt un caractère autonome et est directement applicable, indépendamment des motifs qui sous-tendent le séjour. Au regard de sa fondamentalité, induite des traités, il est essentiel qu'il puisse aussi être effectivement exercé.

Cependant, même fondamental, il n'en est pas pour autant absolu[16]. Le droit de séjour peut en effet souffrir de restrictions mais uniquement lorsqu'un intérêt national impérieux le justifie. Pour autant, si un État membre est en droit de recourir à des mesures restrictives en invoquant des exceptions résultant des articles 45, paragraphe 3, TFUE et 52, paragraphe 1, TFUE, il ne peut adopter de telles mesures que si elles répondent à des principes de nécessité et de proportionnalité.

## §3. L'approche élargie des bénéficiaires

**452.** La nouvelle directive, n° 2004/38/CE, accorde le bénéfice des différents droits au citoyen et non plus de manière exclusive, comme c'était le cas précédemment, au seul agent économique.

### A. Le citoyen de l'Union

**453.** Comme nous avons pu le souligner, la volonté d'étendre et de généraliser le bénéfice du droit d'accès et de séjour à l'ensemble des

14. CJCE, aff. C-413/99, *Rec.* p. I. 7091 ; pour une jurisprudence ultérieure, v. par ex. CJCE, 19 oct. 2004, *Zhu et Chen*, aff. C-200/02 ; CJUE, 23 févr. 2010, *Harrow*, aff. C-310/08, *Rec.* I. 1065.

15. CJCE, 20 sept. 2001, *Grzelczyk*, préc. ; v. ensuite, 23 mars 2004, *Collins*, préc. ; CJCE, 2 oct. 2003, *Garcia-Avello*, préc. ; CJCE, 15 mars 2005, *Bidar*, aff. C-209/03, *Rec.*, p. I. 2119 ; CJCE, 14 oct. 2008, *Grunkin et Paul*, préc.

16. CJCE, 11 avr. 2000, *Kaba*, aff. 356/98, *Rec.* p. I. 2623.

ressortissants, ayant un lien de nationalité avec un État membre, a donné lieu à la directive du 29 avril 2004. Cette dernière opère une rupture avec le concept restrictif d'agent économique pour épouser une approche inclusive, celle du citoyen. Le droit de circuler et de séjourner à l'intérieur des États de l'Union est désormais reconnu aux ressortissants qui sont citoyens de l'Union (art. 21 § 1 TFUE).

**454.** Le citoyen de l'Union est celui qui relève de la nationalité d'un État membre. Cela signifie que le droit de nationalité continue de relever de la compétence des États membres. Sont dès lors exclus du champ d'application de la libre circulation et de séjour les ressortissants ayant la nationalité d'un État tiers, sous réserve de la conclusion d'une convention entre l'Union et l'État tiers concerné.

**455.** Et dans la mesure où la directive n° 2004/38/CE place la citoyenneté de l'Union comme statut fondamental pour les ressortissants des États membres, lorsque ceux-ci exercent leur droit à se déplacer et à séjourner librement sur le territoire de l'Union, ils disposent alors de ce droit sans condition ni formalité et ce pendant les trois premiers mois. Ce n'est que pour les périodes plus étendues que l'État membre d'accueil peut alors exiger de la part du citoyen le soin de signaler sa présence sur son territoire et ce dans un délai raisonnable et non discriminatoire.

## B. Les membres de la famille

**456.** À l'instar des textes internationaux (art. 8 CEDH), le droit de l'Union reconnaît le droit fondamental dont dispose chaque individu de mener une vie familiale normale. Ce droit a été consacré par deux textes de fond, plus précisément le règlement (CEE) n° 1612/68, maintes fois modifié et abrogé par le règlement (UE) n° 492/2011 (notamment art. 10)[17], et la directive n° 73/148/CE (art. 1<sup>er</sup>), aujourd'hui abrogée par la directive n° 2004/38/CE.

Ce droit fondamental renvoie au droit au regroupement familial. Il est étendu sinon approfondi par la directive n° 2004/38/CE du 29 avril 2004. Celle-ci offre une définition extensive de la notion de membre de la famille, laquelle épouse davantage la réalité sociologique de la migration d'aujourd'hui.

Il convient en réalité de distinguer deux régimes, celui relatif au droit au regroupement du citoyen de l'Union, régi par la directive n° 2004/38/CE, et celui tiré du droit au regroupement familial des résidents non-ressortissants de l'Union.

Ce sont deux régimes certes distincts tant au regard du contenu des droits que du cercle des bénéficiaires. Mais il est, à notre sens, intéressant de les examiner au sein d'une même partie afin de souligner l'intérêt que porte le

17. Rappelons en effet que le règlement (CE) n° 1612/68, lequel n'avait pas été abrogé mais seulement modifié par le règlement (UE) n° 2004/38, est aujourd'hui abrogé et remplacé par le règlement (UE) n° 492/2011. Celui-ci consolide ainsi les nombreuses modifications du règlement (CE) n° 1612/68.

législateur de l'Union à l'unité familiale et à la facilitation de l'intégration des ressortissants de pays tiers.

## 1. Le droit au regroupement familial du citoyen de l'Union

**457.** La directive n° 2004/38/CE et, dans une moindre mesure, le règlement (UE) n° 492/2011/68 définissent les conditions du regroupement familial bénéficiant aux membres de famille des citoyens de l'Union, ceux-ci ayant exercé leur droit de libre circulation.

Soulignons d'ores et déjà que la directive n° 2004/38/CE organise trois régimes successifs du droit de séjour : la sortie du territoire, l'accès et le court séjour ; le séjour de plus de trois mois ; le séjour permanent après cinq ans de séjour.

Il faut bien comprendre que le ressortissant d'un État tiers ne bénéficie pas d'un droit de séjour autonome ni au regard de l'article 21 TFUE ni à celui de la directive n° 2004/38/CE. En réalité, comme nous avons pu déjà le relever pour la libre circulation des travailleurs, il jouit d'un droit dérivé par l'intermédiaire du lien familial l'unissant au ressortissant de l'Union. Ce droit de séjour dérivé a pour fonction de protéger le droit à la libre circulation du citoyen de l'Union. En effet, il est considéré qu'en l'absence d'un tel droit dérivé, celui-ci pourrait être dissuadé de quitter son État pour s'installer dans un autre État de l'Union.

### a. Les formalités administratives requises à la lumière de la jurisprudence *MRAX*

**458.** En conformité avec la jurisprudence *MRAX*[18], le droit d'entrée pour les membres de famille de citoyens de l'Union ressortissants d'États tiers doit être facilité. En effet, s'ils demeurent certes soumis au visa d'entrée, ce document doit être délivré dans les meilleurs délais et dans le cadre d'une procédure accélérée.

De plus, si la personne ne dispose pas du document de voyage requis, l'État membre est tenu de lui accorder tous les moyens raisonnables afin de lui permettre de se le procurer. En cas de difficultés, il doit lui permettre de trouver d'autres moyens susceptibles de prouver sa qualité de bénéficiaire du droit de circuler et de séjourner librement.

18. CJCE, 25 juill. 2002, *Mouvement contre le racisme, l'antisémitisme et la xénophobie ASBL (MRAX)*, aff. C-459/99, *Rec.* p. I. 6591. Dans cet arrêt, la Cour condamnera une circulaire belge du 28 août 1997 relative à la procédure de publication des bans de mariage et aux documents qui doivent être produits afin d'obtenir un visa en vue de conclure un mariage ou d'obtenir un visa de regroupement familial sur la base d'un mariage conclu à l'étranger. Le juge de l'Union a estimé que le refoulement à la frontière était disproportionné et dès lors interdit, si le ressortissant non-communautaire conjoint d'un citoyen communautaire pouvait prouver son identité et le lien conjugal. De même, sera jugé disproportionné le refus de délivrance du titre de séjour, fondé exclusivement sur une entrée sans visa sur le territoire d'un État membre, dès l'instant que l'étranger peut rapporter la preuve de son identité et de son lien conjugal avec un ressortissant communautaire. Est également disproportionnée la mesure d'éloignement du territoire au seul motif de la péremption du visa. Le conjoint étranger d'un ressortissant d'un État membre doit, estime toujours la Cour, bénéficier des garanties procédurales minimales prévues par le droit de l'Union. En somme, dans cet arrêt, la Cour réaffirmera l'importance d'assurer la protection de la vie familiale des ressortissants des États membres qui bénéficient de la réglementation relative à la libre circulation.

**459.** Pour sa part, la directive n° 2004/38/CE prévoit de façon exhaustive les documents devant être présentés, ce qui est important afin de renforcer la sécurité juridique des ayants droit. Elle établit que le droit de séjour des membres de famille qui n'ont pas la nationalité d'un État membre est constaté par une carte de séjour délivrée au plus tard dans les six mois du dépôt de la demande. Une attestation du dépôt de la demande doit être immédiatement délivrée. Le droit de séjour des citoyens de l'Union et membres de famille revêt donc un caractère déclaratoire puisque le droit d'entrée résulte du seul lien familial. À cet égard, la délivrance d'un titre de séjour à un ressortissant d'un pays tiers ne doit pas être considérée comme un acte constitutif de droit mais comme un acte destiné à constater la situation individuelle.

De ce point de vue, la directive s'inscrit une nouvelle fois dans jurisprudence *MRAX* dans la mesure où elle prévoit que l'introduction de la demande de séjour au-delà du délai de trois mois de court séjour peut être passible d'une sanction. Mais elle doit être non discriminatoire et proportionnée.

## b. La différenciation des bénéficiaires

**460.** La directive n° 2004/38/CE dresse une liste différenciée de bénéficiaires du regroupement familial. En effet, elle prend soin de distinguer les membres de la famille qui disposent d'un droit au regroupement familial et ceux pour lesquels l'État membre concerné dispose d'un large pouvoir d'appréciation.

La directive a élargi la définition de « membre de la famille » qui était jusqu'alors circonscrite au conjoint, aux descendants de moins de 21 ans ou à charge, et aux ascendants à charge. Elle y intègre désormais les partenaires enregistrés, si la législation de l'État membre d'accueil considère que le partenariat enregistré est l'équivalent du mariage.

**461.** Aujourd'hui, les membres de droit sont le conjoint, même s'il est ressortissant d'un État tiers[19], le partenaire avec lequel le citoyen de l'Union a contracté un partenariat enregistré, les descendants directs du couple ou de l'un d'eux qui sont âgés de moins de vingt-et-un ans ou qui sont à charge, et ceux du conjoint ou du partenaire enregistré[20], ainsi que les ascendants directs à charge et ceux du conjoint ou du partenaire enregistré.

Par le terme « conjoint », il faut entendre la personne qui a un lien juridique, sous la forme d'un mariage, avec le travailleur. Notons que pendant longtemps, la Cour a exclu le partenaire non marié[21]. Mais une telle position ne répondait plus de manière pertinente à l'évolution de la société contemporaine qui reconnaît plusieurs formes d'union se situant autrement que dans

19. CJCE, 7 juill. 1992, *Singh*, aff. C-370/90, *Rec.* p. I. 4265.

20. Les enfants mineurs du couple (c'est-à-dire les enfants non mariés ayant un âge inférieur à la majorité légale de l'État membre concerné) ou d'un des membres du couple s'il en a le droit de garde et la charge, y compris les enfants adoptés.

21. CJCE, 17 avr. 1986, *Reed*, aff. 59/85, *Rec.* p. 1283.

le cadre du mariage. Ainsi, la directive n° 2004/38/CE a ajouté une nouvelle catégorie juridique de bénéficiaires : le partenaire.

Si un ressortissant contracte un « partenariat enregistré » sur la base de la législation d'un État membre, ce partenariat équivaut au mariage dans l'État membre d'accueil. Dans ce cas, les ascendants ou descendants directs du partenaire sont considérés comme membres de la famille. La directive inclut le mariage entre personnes de même sexe si, conformément à la législation de l'État membre d'accueil, celui-ci est équivalent au mariage.

**462.** De même, la directive enjoint les États membres à favoriser la circulation et le séjour du partenaire qui est dans une relation durable, dûment attestée, ainsi que ceux des autres membres de la famille qui sont à sa charge et font partie du ménage du citoyen de l'Union.

Il convient de souligner qu'à la lumière de la directive, même si ces membres de la famille sont facultativement reconnus, leur situation individuelle doit faire l'objet d'un examen approfondi et d'une décision motivée. En effet, la famille bénéficiaire du regroupement familial demeure la famille nucléaire avec la possibilité conférée aux États membre d'étendre la notion de famille[22].

## c. La distinction des statuts

**463.** Nous savons que le droit au regroupement n'est pas absolu. En effet, il reste subordonné à l'usage de la mobilité par le citoyen de l'Union, laquelle doit être effective.

Dans sa jurisprudence récente[23], la Cour de justice a innové en établissant deux régimes distincts fondés sur la qualité du ressortissant de l'Union : celle du citoyen et celle du travailleur migrant.

Le droit de séjour est automatique lorsqu'un ressortissant de l'Union est installé dans un autre État membre que son État d'origine conformément à la directive n° 2004/38/CE. Il peut alors se prévaloir de l'ensemble des droits résultant de son séjour et de son statut.

Or, dans l'hypothèse où il revient dans son État d'origine, l'usage préalable de la mobilité est déterminant pour bénéficier de l'application du droit de l'Union. À défaut, la situation relève du seul droit national, qui est la plupart du temps moins protecteur du regroupement familial.

En droit de l'Union, l'idée de progrès est que l'État doit appliquer aux membres de la famille de son propre ressortissant des conditions aussi favorables que celles appliquées à la famille d'un citoyen d'un autre État membre s'installant sur son territoire. Dans ce cas, le droit à la libre circulation s'applique par analogie. La vie de famille menée par un citoyen de l'Union dans

22. V. CJUE, 5 sept. 2012, *Rahman*, aff. C-83/11, à propos d'un ressortissant bangladais qui a épousé une Irlandaise au Royaume-Uni et souhaitera ensuite se faire rejoindre par son frère, son demi-frère et un neveu. La Cour interprétera la directive n° 2004/38/CE en faisant valoir la distinction entre les membres de la famille nucléaire (ascendants et descendants directs) auxquels l'État d'accueil doit reconnaître un droit d'entrée et de séjour, et les autres membres de la famille dont l'entrée et le séjour sont soumis au pouvoir d'appréciation de l'État membre d'accueil.

23. CJUE 12 mars 2014, *O. et B. c/Minister voor Immigratie, Integratie en Asiel*, aff jtes C-456/12 et C-457/12.

un autre État membre doit pouvoir être poursuivie lors de son retour dans son État d'origine.

**464.** La Cour est venue préciser, dans cette jurisprudence, que la durée minimale d'installation du citoyen de l'Union dans un autre État membre doit être effective. Elle doit durer au minimum trois mois de manière continue lorsque la personne n'a pas la qualité de travailleur. Les séjours de plus courte durée, même considérés dans leur totalité, ne sont pas pris en compte. En revanche, la condition de durée n'est pas requise pour les personnes jouissant de la qualité de travailleurs migrants. La seule obligation est que les travailleurs migrants se rendent régulièrement dans un autre État membre.

### d. Des limités classiques au regroupement familial

**465.** De manière classique, la directive n° 2004/38/CE établit des limites au regroupement familial. D'une part, elle fait valoir la nécessité du rattachement communautaire au travers de l'exercice effectif de la libre circulation. Cela permet d'exclure les citoyens n'ayant pas exercé leur droit de circulation, même si, au regard de la jurisprudence récente de la Cour[24], un tel raisonnement, qui était jusqu'à présent systématique, doit être aujourd'hui nuancé.

D'autre part, la condition de ressource reste déterminante dans l'exercice du droit du citoyen de l'Union de circuler. De nouveau, une telle limitation doit être nuancée puisqu'un montant fixe minimum ne peut être prévu par l'autorité nationale.

## 2. Le droit au regroupement familial des résidents non-ressortissants de l'Union

**466.** Les conditions d'exercice du droit au regroupement familial des résidents non-ressortissants de l'Union sont déterminées de manière commune à tous les États de l'Union.

### a. La directive 2003/86/CE

**467.** C'est la directive n° 2003/86/CE du Conseil du 22 septembre 2003, relative au droit au regroupement familial[25], qui établit les conditions dans lesquelles il est accordé, et les droits des membres de la famille concernés. Il s'agit de permettre aux membres de la famille des ressortissants de pays tiers résidant légalement sur le territoire de l'Union de les rejoindre dans l'État membre où ils résident, l'objectif étant, rappelons-le, de protéger l'unité familiale et faciliter l'intégration des ressortissants de pays tiers.

24. CJUE, 8 mars 2011, *Zambrano*, aff. C-34/09, v. *infra*, n° 472 et s.

25. *JOUE* n° L 251, 3 oct. 2003.

La directive ne s'applique pas à l'Irlande, au Danemark ni au Royaume-Uni. Par ailleurs, elle ne s'oppose pas à d'éventuelles conditions plus favorables reconnues par les législations nationales.

Peuvent demander le regroupement familial, les ressortissants de pays tiers titulaires d'un titre de séjour d'au moins un an dans un des États membres et qui ont une perspective fondée d'obtenir un droit de séjour permanent. En revanche, la directive ne s'applique pas aux membres de la famille d'un citoyen de l'Union, ni aux ressortissants de pays tiers qui sollicitent la reconnaissance de la qualité de réfugié et dont la demande n'a pas obtenu une décision définitive, ou qui bénéficient d'une forme temporaire de protection.

### b. Notion de membre de la famille

**468.** Les résidents non-ressortissants de l'Union peuvent emmener leur conjoint, les enfants mineurs et les enfants de leur conjoint dans l'État de l'Union dans lequel ils résident. Néanmoins, les États membres restent libres d'autoriser, sous certaines conditions, le regroupement familial des ascendants en ligne directe et du premier degré (père et mère du ressortissant étranger), des enfants majeurs célibataires et du partenaire non marié.

### c. L'octroi d'un permis de séjour

**469.** Une fois dans l'Union, les membres de la famille admissibles reçoivent un permis de séjour et un accès à l'éducation, à l'emploi et à la formation professionnelle dans les mêmes conditions que les autres ressortissants de l'Union. Après un maximum de cinq ans de résidence, les membres de la famille peuvent demander le statut autonome si les liens familiaux existent encore.

### d. Les limitations

**470.** Le droit au regroupement familial est soumis, néanmoins et ce de manière classique, au respect de l'ordre public et de la sécurité publique. Les États membres peuvent également choisir d'imposer d'autres conditions : ils peuvent exiger du ressortissant de pays tiers de disposer d'un logement adéquat, de ressources suffisantes et d'assurance maladie. Ils sont également en mesure d'imposer un stage de plus de deux ans.

Le regroupement familial peut également être refusé pour les conjoints de moins de 21 ans[26]. Les États membres peuvent aussi demander aux étrangers de se conformer aux mesures d'intégration ou poser des sanctions en cas de fraude ou de mariages de complaisance. Ce sont des sanctions qui sont au demeurant prévues par la directive.

26. En effet, il est permis aux États membres de prévoir que le ressortissant de pays tiers et son conjoint aient atteint un âge minimal (qui ne peut être supérieur à 21 ans) avant de pouvoir exercer le droit au regroupement familial.

Cependant, comme l'indique clairement la Cour de justice[27], les États de l'Union doivent appliquer les règles de la directive d'une manière compatible avec la protection des droits fondamentaux, notamment en ce qui concerne la vie de famille et le principe de l'intérêt supérieur de l'enfant.

#### e. La procédure applicable

**471.** Au regard de la procédure, les États membres déterminent si c'est au ressortissant étranger lui-même ou aux membres de sa famille qui désirent le rejoindre de présenter la demande de regroupement familial.

Sauf dans des cas particuliers, le membre de la famille visé par le regroupement doit se trouver à l'extérieur de l'Union européenne pendant la procédure. La demande sera accompagnée de pièces justificatives établissant les liens familiaux et le respect des conditions prévues. La requête doit être examinée dans un délai maximum de six mois à partir de la date de dépôt de la demande.

Les membres de la famille du ressortissant étranger ont droit à un titre de séjour de la même durée que celui de la personne qu'ils ont rejointe et, au même titre que lui, à l'accès à l'éducation, à l'emploi et à la formation professionnelle.

Les conditions applicables à l'octroi et à la durée du titre de séjour autonome sont définies par le droit national. En cas de rupture du lien familial, les États membres peuvent en limiter l'octroi.

### 3. Une extension contrastée du bénéfice des droits : la saga *Zambrano, McCarthy* et *Dereci*

**472.** La Cour est allée encore plus loin dans sa volonté d'étendre le bénéfice des droits résultant de la directive n° 2004/38/CE au profit des membres de la famille. Elle a au départ, de manière inattendue, privilégié, par l'arrêt *Zambrano*, une approche extensive des droits sur le fondement de la citoyenneté issue de l'article 20 TFUE. Par la suite, elle est venue nuancer sensiblement son approche première dans deux arrêts ultérieurs, *McCarthy* et *Dereci*. Aujourd'hui, il en ressort une certaine incertitude sur le plan jurisprudentiel.

#### a. L'interprétation première issue de la jurisprudence *Zambrano*

**473.** Dans l'arrêt *Zambrano* du 8 mars 2011, la question adressée à la Cour était de savoir si les dispositions du droit de l'Union relatives à la citoyenneté étaient susceptibles de conférer un droit de séjour à un ressortissant d'un État tiers en sa qualité de membre de la famille d'un citoyen de l'Union. Or, la difficulté dans cette espèce était que ledit ressortissant n'avait pas exercé son droit de circulation vers les autres États

27. CJCE, 27 juin 2006, *Parlement c/Conseil*, aff. C 540/03, *Rec.* p. I. 5769.

membres et avait toujours séjourné dans l'État membre dont il avait la nationalité.

### α. *Une rupture inattendue avec l'exigence classique de l'élément transfrontalier*

**474.** Dans cette affaire, la spécificité de la situation au regard du droit de l'Union réside dans la circonstance que les enfants *Zambrano*, citoyens belges, n'avaient précisément jamais circulé au sein de l'Union. Or, le droit au regroupement familial est un droit qui est traditionnellement dérivé de l'exercice des droits de libre circulation par le citoyen européen.

En dépit des nombreux progrès accomplis par la jurisprudence afin d'atténuer la condition du déplacement physique effectif, elle n'a pas supprimé pour autant une telle conditionnalité.

La Cour n'avait jamais, jusqu'à présent et de manière aussi explicite, admis l'application des dispositions du traité relatives à la citoyenneté en l'absence d'un élément transfrontalier. C'est ce qu'elle a pourtant fait avec l'arrêt *Zambrano*. Elle a abandonné la condition de l'exercice préalable du droit de libre circulation. En effet, la Cour a admis le droit de séjour dans l'État de résidence, en l'espèce la Belgique, au profit d'un ressortissant d'un État tiers de l'Union dont les enfants en bas âge sont citoyens, étant nés sur le territoire belge[28].

### β. *L'article 20 TFUE au cœur du raisonnement du juge de l'Union*

**475.** Sur le fond, l'arrêt est motivé par l'article 20 TFUE lequel, rappelons-le, institue la citoyenneté de l'Union et consacre les droits rattachés au statut de citoyen.

La Cour fonde, de façon pertinente, l'ensemble de son raisonnement sur la notion de citoyenneté. Elle fait valoir qu'il est difficile, sinon vain, de puiser des éléments de réponse dans les dispositions de la directive n° 2004/38/CE, plus précisément celles relatives au droit au regroupement familial dans le cadre de cette libre circulation. Elle met ainsi l'accent sur la circonstance que les enfants belges bénéficient du statut de citoyens de l'Union.

La Cour estime que l'article 20 TFUE doit être interprété en ce qu'il s'oppose à ce qu'un État membre refuse à un ressortissant d'un État tiers, qui assume la charge de ses enfants en bas âge, citoyens de l'Union, le séjour dans l'État membre de résidence de ces derniers et dont ils ont la nationalité.

**476.** De plus, l'État membre ne peut refuser au ressortissant un permis de travail. En effet, une telle décision priverait les enfants de la jouissance effective de l'essentiel des droits attachés au statut de citoyen de l'Union. En effet, si un permis de travail n'était pas octroyé, l'intéressé risquerait de ne pas disposer de ressources nécessaires pour subvenir à ses propres besoins et à ceux de sa famille, ce qui aurait également pour conséquence que ses enfants, citoyens de l'Union, se verraient obligés de

28. CJUE, 8 mars 2011, *Zambrano*, préc., v. pour une analyse de l'arrêt, A. Rigaux, *Europe*, 2011, n° 149 ; C. Boutayeb et A. Raccah, *RDSS*, 2011, p. 449.

quitter le territoire de celle-ci. Dans ces conditions, les citoyens de l'Union seraient, de fait, dans l'impossibilité d'exercer l'essentiel des droits conférés par leur statut de citoyen de l'Union.

En somme, il ressort de la jurisprudence *Zambrano* qu'un ressortissant d'un État tiers dont les enfants ont acquis la nationalité d'un État membre de l'Union par la seule naissance sur le territoire de cet État, peut désormais utilement invoquer un droit de séjour. Il doit seulement faire valoir que ce droit est nécessaire pour que son enfant jouisse de manière effective des prérogatives résultant de son statut de citoyen de l'Union.

### b. La conditionnalité introduite par les arrêts *McCarthy* et *Dereci*

**477.** Peu de temps après, les arrêts *McCarthy*[29] et *Dereci*[30] ont sensiblement atténué la portée de la jurisprudence *Zambrano*, et ce de deux manières : d'une part, en réaffirmant la condition classique de l'exercice préalable du droit de libre circulation ; d'autre part, en dégageant un critère d'appréciation relatif à la privation de l'essentiel des droits conférés par le statut de citoyen de l'Union.

#### α. *Le retour à l'exercice préalable du droit de libre circulation*

**478.** L'arrêt *McCarthy* du 5 mai 2011 est un premier tempérament apporté à la jurisprudence *Zambrano*, notamment au regard des droits liés au statut de citoyen de l'Union.

Le litige concernait une ressortissante binationale, britannique et irlandaise, qui a toujours résidé au Royaume-Uni où elle demeurait sans y travailler, étant allocataire de prestations sociales. Après avoir contracté mariage avec un ressortissant jamaïcain, elle a sollicité des autorités britanniques une autorisation de séjour en tant que citoyenne de l'Union, souhaitant par là même obtenir un droit de séjour au titre de la directive n° 2004/38/CE au bénéfice de son époux, en sa qualité de membre de la famille d'un citoyen de l'Union[31].

**479.** Aux termes d'une interprétation téléologique de l'article 3, paragraphe 1, de la directive n° 2004/38/CE, qui en définit le champ d'application personnel, la Cour a récusé l'application de la directive à la situation de la requérante. Elle rappelle que le droit de l'Union ne peut connaître de situation purement interne, c'est-à-dire celle dont tous les éléments se limitent à l'intérieur d'un seul État membre. Un citoyen de l'Union qui n'a jamais exercé son droit de libre circulation et a toujours résidé sur le territoire de l'État membre dont il a la nationalité ne peut dès lors bénéficier des droits résultant de la directive n° 2004/38/CE, même s'il dispose de la nationalité de plus d'un État membre. Par conséquent, l'époux de la requérante ne peut se prévaloir d'aucun droit découlant de la directive

29. CJUE, 5 mai 2011, *McCarthy*, aff. C-434/09.

30. CJUE, 15 nov. 2011, *Dereci*, aff. 256/11.

31. Un tel droit de séjour n'est pas possible en vertu de la législation britannique sur l'immigration.

n° 2004/38/CE. En effet, les droits accordés aux membres de la famille résultent de la qualité de bénéficiaire du citoyen de l'Union qu'ils accompagnent, ce qui n'était pas le cas dans la présente affaire.

### β. *La privation de l'essentiel des droits*

**480.** L'arrêt *Dereci*, rendu en grande chambre le 15 novembre 2011, est à son tour l'occasion pour la Cour de préciser la portée des arrêts *Zambrano* et *McCarthy*. Le litige portait sur des demandes d'octroi d'un droit de séjour présentées par cinq ressortissants d'États tiers aspirant au regroupement familial en Autriche avec des ressortissants de cet État membre, en tant que conjoints ou enfants majeurs de ces derniers.

Le juge de l'Union a estimé que le droit de l'Union, et notamment ses dispositions concernant la citoyenneté de l'Union, ne s'oppose pas à ce qu'un État membre refuse à un ressortissant d'un État tiers le séjour sur son territoire pour résider avec un membre de sa famille qui est certes citoyen de l'Union demeurant dans cet État membre dont il possède la nationalité mais qui n'a jamais fait usage de son droit de libre circulation. Néanmoins, ce refus ne doit pas engendrer, pour le citoyen de l'Union concerné, la privation de la jouissance effective de l'essentiel des droits conférés par son statut. En effet, selon la Cour, il convient d'apprécier les effets restrictifs de la mesure contestée sur la « jouissance effective de l'essentiel des droits » conférés aux citoyens.

**481.** La Cour considère que le critère relatif à la privation de l'essentiel des droits conférés par le statut de citoyen de l'Union renvoie à des situations caractérisées. Ce doit être l'obligation pour le citoyen de quitter le territoire non seulement de l'État membre dont il est ressortissant, mais également de l'Union. C'est donc la contrainte de quitter le territoire de l'Union qui pèse sur un ressortissant d'un État membre. Elle sera déterminante pour examiner une demande relative à un droit de séjour introduite par un membre de sa famille, ressortissant d'un État tiers.

**482.** À l'instar de l'arrêt *McCarthy*, l'arrêt *Dereci* maintient la condition de l'exercice préalable du droit de libre circulation par un citoyen de l'Union pour qu'un droit de séjour soit reconnu en faveur d'un membre de sa famille, ressortissant d'un État tiers, sur le fondement de la directive n° 2004/38/CE. À défaut, une demande d'un droit de séjour au titre du regroupement familial ne saurait être admise.

Néanmoins, dans le sillage de l'arrêt *Zambrano*, l'arrêt *Dereci* fait valoir que l'article 20 TFUE s'oppose à des mesures nationales qui ont pour effet de priver les citoyens de l'Union de la jouissance effective de l'essentiel des droits conférés par leur statut de citoyen de l'Union. Par conséquent, l'article 20 TFUE impose que, dans une telle situation, l'État membre en question accorde au parent qui a la charge de ses enfants un droit de séjour et un permis de travail.

Notons à cet égard, que des arrêts récents de la Cour[32] énoncent que le droit de l'Union ne permet ni de refuser automatiquement un permis de séjour à un ressortissant d'un pays non membre de l'Union, qui a la garde exclusive d'un citoyen mineur de l'Union, ni de l'expulser du territoire de l'Union au seul motif qu'il a des antécédents pénaux.

## C. Le cas des ressortissants des États tiers en séjour irrégulier : la directive 2008/115/CE

**483.** La directive n° 2008/115/CE, adoptée par le Parlement et le Conseil le 16 décembre 2008, régit les conditions du traitement et du retour des ressortissants des États tiers en situation irrégulière[33].

### 1. Le dispositif mis en place

**484.** Aux termes de l'article 15 de la directive, les États membres ne peuvent placer en rétention que le ressortissant d'un pays tiers ayant fait l'objet de procédures de retour et dans l'objectif de préparer le retour et/ou de procéder à l'éloignement. L'article 7 de la directive introduit une période de retour volontaire dont la décision doit être prise dans un délai allant de sept à trente jours.

Par ailleurs, les États membres fixent une durée déterminée de rétention, qui ne peut dépasser six mois. La durée de rétention peut être prolongée de douze mois supplémentaires dans certains cas prévus par l'article 15 paragraphe 6, comme des retards subis pour obtenir de pays tiers les documents nécessaires.

La directive prévoit également que les décisions de retour sont assorties d'une interdiction d'entrée. La durée de l'interdiction d'entrée ne doit pas dépasser cinq ans si la personne est expulsée après l'expiration de la période de retour volontaire. Elle peut cependant dépasser cinq ans si la personne constitue une menace grave pour l'ordre public, la sécurité publique ou la sécurité nationale. Toutefois, les États membres conservent la possibilité de lever ou de suspendre une interdiction d'entrée.

**485.** La rétention est ordonnée par les autorités administratives ou judiciaires. Dans le cas d'une rétention administrative, celle-ci doit alors faire l'objet d'un contrôle juridictionnel accéléré afin de s'assurer de la légalité de la rétention et ce le plus rapidement possible à compter du début de la rétention (art. 15).

Concernant la situation des mineurs et des familles, ceux-ci ne doivent faire l'objet d'aucune mesure coercitive. Ils ne sont placés en rétention qu'en dernier ressort et pour la période appropriée la plus brève possible.

32. CJUE, 13 sept. 2016, *Alfredo Rendón Marín c/Administración del Estado*, aff. C-165/14 et *Secretary of State for the Home Department c/CS*, C-304/14, v. *infra*, n° 523.

33. Directive relative aux normes et procédures communes applicables dans les États membres au retour des ressortissants de pays tiers en séjour irrégulier, *JOUE* n° L 348, 24 déc. 2008 (directive dite *Retour*).

Soulignons qu'en application de l'article 10 de la directive, les autorités nationales sont tenues de s'assurer, avant son éloignement, que le mineur non accompagné sera remis à un membre de sa famille, à un tuteur désigné ou à des structures d'accueil adéquates dans l'État de retour. À défaut, il ne peut pas être expulsé.

## 2. L'application de la directive

**486.** La directive n° 2008/115/CE fait l'objet d'un contentieux nourri. Ce vif intérêt permet au juge d'en encadrer l'application et de contenir la lecture répressive que seraient tentés de prêter au texte certains États membres.

C'est à la faveur de la jurisprudence *El Dridi* du 28 avril 2011[34] que le juge de l'Union est venu, pour la première fois, enserrer l'application de la directive. Il a fait appel aux principes de nécessité et de proportionnalité qui doivent présider à l'application des mesures coercitives. L'effet utile de la directive a également été invoqué par le juge de l'Union pour limiter les atteintes à la liberté d'aller et de venir des ressortissants d'États tiers en séjour irrégulier.

De manière plus précise, la Cour rappelle qu'une législation prévoyant une peine d'emprisonnement pour le seul motif du séjour irrégulier d'un étranger sur le territoire est contraire à la directive du 16 décembre 2008. Elle considère que la directive n° 2008/115/CE, notamment ses articles 15 et 16, doit être interprétée en ce sens qu'elle s'oppose à une réglementation d'un État membre, qui prévoit une peine d'emprisonnement à un ressortissant d'un pays tiers en séjour irrégulier.

La Cour poursuit son raisonnement en faisant valoir que dans une situation dans laquelle de telles mesures n'ont pas permis d'atteindre le résultat escompté, à savoir l'éloignement du ressortissant d'un pays tiers, les États membres restent certes libres d'adopter des mesures, même de caractère pénal, permettant notamment de dissuader ces ressortissants de demeurer illégalement sur le territoire de ces États. Toutefois, les États ne peuvent appliquer une réglementation susceptible de mettre en péril la réalisation des objectifs poursuivis par une directive, et de priver de la sorte celle-ci de son effet utile. Ainsi, une peine privative de liberté compromet la réalisation des objectifs de la directive.

L'arrêt *El Dridi*[35] permet assurément d'endiguer la pénalisation croissante du séjour irrégulier, qui est une tendance symptomatique dans de nombreux États de l'Union. Pareille dérive est, précisément à la lumière de la jurisprudence *El Dridi*, contraire aux objectifs et à l'effet utile de la directive n° 2008/115/CE.

**487.** Peu de temps après, dans son arrêt *Achughbabian* du 6 décembre 2011, la Cour a affiné la jurisprudence *El Dridi*. De nouveau, se fondant sur l'objectif de la directive, à savoir l'éloignement, elle affirme qu'une

34. CJUE, 28 avr. 2011, *Hassen El Dridi*, aff. C-61/11 ; v. aussi précédemment CJUE, 30 nov. 2009, *Kadzoev*, aff. C-357/09, *Rec.* p. I. 11189, à propos de la durée de rétention.

35. V. par la suite CJUE, 6 déc. 2011, *Achughbabian*, aff. C-29/11.

législation permettant l'infliction d'une peine d'emprisonnement au cours de la procédure de retour est susceptible de porter atteinte à l'effet utile de la directive n° 2008/115/CE. Elle conclut que, afin d'avoir un effet utile, la directive n° 2008/115/CE n'autorise pas une réglementation nationale réprimant le séjour irrégulier par des sanctions pénales pour un étranger en séjour irrégulier n'ayant pas été soumis aux mesures coercitives qu'elle prévoit.

**488.** Un peu plus tard, dans l'arrêt *M.G. et N.R* du 10 septembre 2013[36], la Cour, de nouveau invitée à interpréter la directive n° 2008/115/CE, démontre encore une fois la place grandissante qu'occupent les droits fondamentaux de l'Union dans son raisonnement[37]. Elle souligne l'importance des droits de la défense dans l'ordre juridique de l'Union, tout en rappelant que ceux-ci n'apparaissent pas comme des prérogatives absolues. En effet, ils peuvent comporter des restrictions, à condition que celles-ci répondent effectivement à des objectifs d'intérêt général et ne constituent pas, au regard du but poursuivi, une intervention démesurée qui porterait atteinte à la substance même des droits ainsi garantis à des objectifs d'intérêt général. Selon la Cour, l'exercice des droits de la défense n'entraîne pas une violation de ces droits et n'appelle donc pas une remise en liberté automatique.

Néanmoins, la Cour fait observer que le juge national doit vérifier, en fonction des circonstances, si la procédure administrative aurait pu aboutir à un résultat différent dans l'hypothèse où les intéressés auraient été entendus.

**489.** De même, la Cour de justice a récemment rappelé, dans les affaires *Bero, Bouzalmate et Pham* du 17 juillet 2014[38], les obligations pesant sur les États membres quant au choix du lieu de rétention.

La détention aux fins d'éloignement doit s'effectuer dans des « centres de rétention spécialisés », indépendamment de la structure administrative ou constitutionnelle de l'État membre. Le fait qu'une entité fédérée ne possède pas de tel centre ne justifie pas une détention en prison. Elle doit alors trouver un centre spécialisé dans un autre État fédéré.

Quant à la détention administrative dans un établissement pénitentiaire, la Cour estime que l'obligation prévue par la directive retour de séparer les ressortissants de pays tiers en séjour irrégulier des prisonniers de droit commun n'est assortie d'aucune exception, même si l'intéressé consent à ce placement[39]. L'obligation de séparation n'est pas une simple modalité

36. CJCE, 10 sept. 2013, aff C-383/13.

37. Les requérants avaient été placés en rétention par les autorités néerlandaises dans le cadre d'une procédure d'éloignement. À la suite de leur recours contre la décision de prolongation de la mesure de rétention, la juridiction de première instance a constaté une violation des droits de la défense des intéressés du fait qu'ils n'avaient pas été entendus régulièrement. Mais elle a estimé que cette violation n'entraînait pas l'annulation des mesures de prolongation. Les requérants ayant interjeté l'appel de la décision de rejet, la juridiction de renvoi a interrogé la Cour sur la question de savoir si la violation du principe général de respect des droits de la défense entraîne la levée automatique de la rétention.

38. CJUE, 17 juill. 2014, *Bero, Bouzalmate et Pham,* aff. jtes C-473/13 et C-514/13.

39. CJUE, 17 juill. 2014, *Bero, Bouzalmate et Pham,* préc.

d'exécution spécifique du placement en rétention dans des établissements pénitentiaires. Cette obligation constitue une condition de fond du placement en détention sans laquelle, en principe, celui-ci n'est pas conforme à la directive.

**490.** En dernier lieu et toujours dans le sillage de cet encadrement jurisprudentiel, la Cour a récemment[40] considéré que la directive retour s'oppose à ce qu'un ressortissant d'un État tiers puisse, avant d'être soumis à la procédure de retour, être mis en prison au seul motif de son entrée irrégulière sur le territoire d'un État membre *via* une frontière intérieure de l'espace Schengen. En effet, le droit de l'Union proscrit toute réglementation nationale qui réprime le séjour irrégulier par l'emprisonnement d'un ressortissant d'un pays tiers pour lequel la procédure de retour n'a pas été menée à son terme.

À cet égard, la Cour fait valoir que les États membres ne peuvent soustraire un ressortissant d'un État tiers du champ d'application de la directive, au motif qu'il a franchi irrégulièrement une frontière intérieure de l'espace Schengen ou qu'il a été arrêté lors de sa tentative de quitter cet espace.

En revanche, la directive ne s'oppose ni au placement en rétention administrative en vue de la détermination du caractère régulier ou non du séjour, ni à l'emprisonnement d'un ressortissant de pays tiers auquel la procédure de retour a été appliquée et qui continue à séjourner irrégulièrement sur le territoire de l'État membre sans motif justifié.

## §4. Le contenu des droits du citoyen de l'Union

**491.** Les droits conférés aux citoyens de l'Union ont été de plus en plus étendus par les textes dérivés. Cette extension est symétrique à l'élargissement de leurs bénéficiaires.

L'approfondissement des droits vise à donner une large assise à la libre circulation des personnes qui a cessé d'être liée à la seule lecture économique des traités.

Rappelons que, de jurisprudence constante, le statut de citoyen de l'Union a vocation à être le statut fondamental des ressortissants des États membres. Ce statut leur permet de bénéficier, lorsqu'ils se trouvent dans la même situation, du même traitement juridique[41] dans le domaine d'application *ratione materiae* du traité, et ce indépendamment de leur nationalité et sous réserve des exceptions expressément prévues.

**492.** C'est ainsi que tout citoyen de l'Union peut se prévaloir de l'interdiction de discrimination en raison de la nationalité figurant à l'article 18 TFUE, mais qui est également précisée dans d'autres dispositions du

40. CJUE, 7 juin 2016, *Sélina Affum*, aff. C-47/15. Dans cette affaire, la requérante, d'origine ghanéenne, avait fait l'objet d'un placement en garde à vue pour être entrée de façon irrégulière en France alors qu'elle transitait depuis la Belgique pour rejoindre le Royaume-Uni. Le préfet a ordonné son placement en rétention administrative dans l'attente de son éloignement vers la Belgique.

41. CJCE, 20 sept. 2001, *Grzelczyk*, préc. ; CJCE, 11 juill. 2002, *D'Hoop*, préc.

traité, et à l'article 24 de la directive n° 2004/38/CE, dans toutes les situations relevant du domaine d'application du droit de l'Union. Ces situations visent notamment l'exercice des libertés fondamentales garanties, en particulier par l'article 45 TFUE et l'article 21 TFUE[42].

**493.** Les droits reconnus aux citoyens de l'Union se répartissent en deux grandes familles : le droit de se déplacer et le droit de séjourner. Garantis par le législateur et le juge de l'Union, ils ne connaissent pour seules limites que celles des articles 45 TFUE et 52 TFUE au regard des raisons d'ordre public, de sécurité publique et de santé publique.

À ces droits de circulation et séjour, à caractère quasi-historique, se sont greffés un certain nombre de droits de nature civique et politique. Ceux-ci se sont développés en appui à la reconnaissance de la citoyenneté née du traité de Maastricht.

## A. Le droit de se déplacer

**494.** Toute personne dispose du droit fondamental de quitter un territoire[43], y compris le sien, comme le rappelle l'article 2.1 du protocole n° 4 de la CEDH.

Le droit de se déplacer est *a fortiori* reconnu aux ressortissants de l'Union dans le cadre de la libre circulation des personnes. En effet, le droit à la libre circulation comprend tant le droit pour les citoyens de l'Union d'entrer dans un État membre autre que celui dont ils sont originaires, que le droit de quitter ce dernier.

### 1. Des conditions libérales

**495.** De jurisprudence établie, les libertés fondamentales garanties par le droit de l'Union seraient vidées de leur substance si l'État membre d'origine pouvait, sans justification valable, interdire à ses propres ressortissants de quitter son territoire en vue d'entrer sur le territoire d'un autre État membre[44].

À cet égard, l'article 4, paragraphe 1, de la directive n° 2004/38/CE prévoit expressément que tout citoyen de l'Union, muni d'une carte d'identité ou d'un passeport en cours de validité, dispose du droit de quitter le territoire d'un État membre en vue de se rendre dans un autre État membre.

Les autorités nationales sont alors tenues de délivrer à leurs ressortissants les documents adaptés, sous la forme d'une carte d'identité ou d'un passeport, pour leur permettre d'exercer ce droit qui s'exprime par un droit d'entrée et de séjour. Ainsi, l'accès à un territoire d'un des États membres s'opère sur

42. CJCE, 12 mai 1998, *Martínez Sala,* aff. C-85/96, *Rec.* p. I. 2691 ; CJCE, 20 sept. 2001, *Grzelczyk,* préc. ; CJCE, 15 mars 2005, *Bidar,* aff. C-209/03, *Rec.* p. I. 2119 ; CJUE, 4 oct. 2012, *Commission c/Autriche,* aff. C-75/11.

43. CJCE, 10 juill. 2008, *Jipa,* aff. C-33/07, *Rec.* p. I. 5157 ; CJUE, 8 nov. 2012. *Radziejewski,* préc.

44. V. par analogie, en matière de liberté d'établissement et de libre circulation des travailleurs, CJCE, 27 sept. 1988, *Daily Mail,* aff. 81/87, *Rec.* p. 5483 ; CJCE, 14 juill. 1994, *Peralta,* aff. C-379/92, *Rec.* p. I. 3453 ; CJCE, 15 déc. 1995, *Bosman,* aff. C-415/93, *Rec.* p. I. 4921.

simple présentation d'un de ces documents en cours de validité. La législation de l'Union interdit l'obligation d'un quelconque visa d'entrée ou toute forme d'obligation équivalente[45].

## 2. La distanciation avec le droit des étrangers

**496.** L'interprétation libérale des conditions d'entrée aux ressortissants de l'Union est distincte des conditions applicables dans le cadre du droit des étrangers, et notablement en situation administrative irrégulière. La raison tient au fait que le droit des ressortissants d'un État membre d'entrer sur le territoire d'un autre État membre constitue un droit directement conféré par le traité[46].

Ce fondement précieux peut ainsi expliquer la distance de plus en plus grande que marque ce régime avec celui des ressortissants des États tiers, et ce presque mécaniquement au regard des nombreux droits dont peut se prévaloir un ressortissant de l'Union devant toute autorité nationale.

**497.** Ce sont deux régimes qui sont dès lors fondamentalement distincts. Néanmoins, des efforts sur le plan jurisprudentiel[47] ont été entrepris ces derniers temps pour étendre le droit de circulation et de séjour aux membres de la famille du ressortissant de l'Union, qui sont originaires d'un État tiers[48].

Précisément, concernant les membres de la famille dont la nationalité relève d'un État tiers, il peut leur être imposé, outre un passeport en cours de validité, un visa d'entrée. Toutefois, les États membres s'efforcent de faciliter son obtention en application de l'article 5, paragraphe 2, de la directive n° 2004/38/CEE du 29 avril 2004.

De même, le ressortissant d'un État tiers non marié ou lié par un partenariat enregistré à un travailleur ressortissant d'un État de l'Union ne peut se prévaloir du règlement (CE) n° 883/2004[49], notamment du droit aux allocations familiales[50] sauf si le ressortissant d'un État tiers peut être considéré, au sens de la loi nationale, comme « membres de la famille » de ce ressortissant d'un autre État membre ou, dans la négative, s'il peut être regardé comme étant « principalement à la charge » de celui-ci.

Soulignons que la notion de « membre de la famille » d'un travailleur, au sens du règlement (CE) n° 883/2004, est définie à l'article 1$^{er}$, sous i), dudit règlement comme désignant « toute personne définie ou admise comme

45. Sur l'exigence d'un document supplémentaire, v. CJCE, 3 juill. 1980, *Pieck*, aff. 157/79, *Rec.* p. 2171 ; v. sur l'obligation de répondre à des questions portant sur l'objet et les conditions du voyage, v. CJCE, 30 mai 1991, *Commission c/ Pays-Bas*, aff. C-68/89, *Rec.* p. I. 2637.

46. CJCE, 8 avr. 1976, *Royer*, aff. 48/75, *Rec.* p. 497.

47. V. par ex. la jurisprudence *Zambrano* précitée.

48. V. également la non-équivalence entre le régime applicable aux citoyens de l'Union et celui du ressortissant d'un État-tiers associé, CJUE, 8 déc. 2011, *Ziebell*, aff. C-371/08.

49. Règlement (CE) n° 883/2004 du Parlement européen et du Conseil du 29 avr. 2004 portant sur la coordination des systèmes de sécurité sociale, préc.

50. CJUE, 13 juin 2013, *Hadj Ahmed*, aff. C-45/12.

membre de la famille ou désignée comme membre du ménage par la législation au titre de laquelle les prestations sont servies »[51].

Toutefois, si ces législations ne considèrent comme membre de la famille ou du ménage qu'une personne vivant sous le toit du travailleur salarié ou non salarié, cette condition est réputée remplie lorsque la personne en cause est principalement à la charge de ce dernier[52].

## 3. Une compétence nationale limitée

**498.** Il demeure néanmoins possible aux États membre d'exercer un certain contrôle de l'entrée des ressortissants de l'Union sur leur territoire dès l'instant que de telles mesures n'interdisent pas leur entrée et ne revêtent pas un caractère déraisonnable, notamment une sanction en cas de manquement.

C'est ainsi que l'État dispose de la faculté d'imposer à un ressortissant l'obligation de déclarer sa présence sur le territoire auprès des autorités nationales compétentes, mais ce dans un certain délai qui doit toujours être raisonnable. En outre, le manquement à une telle obligation ne doit pas être disproportionné, comme l'emprisonnement ou l'expulsion[53].

De même, les étudiants ayant la qualité de citoyens de l'Union, lorsqu'ils se déplacent dans un autre État membre pour y poursuivre des études, ne peuvent être privés des droits conférés par le traité aux citoyens de l'Union, y compris les droits lorsqu'ils exercent des activités salariées dans l'État membre d'accueil.

Dès lors, un citoyen de l'Union poursuivant ses études dans un État membre d'accueil ou y exerçant une activité salariée dans cet État, peut se prévaloir du droit, consacré aux articles 18, 21 et/ou 45 TFUE, de circuler et de séjourner librement sur le territoire de l'État membre d'accueil sans subir de discriminations directes ou indirectes en raison de sa nationalité[54].

# B. Le droit de demeurer

**499.** Le droit de demeurer ne répond pas aux mêmes conditions dans la mesure où il correspond au déroulement d'un séjour d'une certaine durée. La directive n° 2004/38 CE définit trois types de séjours que sont le séjour inférieur à trois mois, le séjour d'une durée supérieure à trois mois et le droit de séjour permanent. Le séjour est considéré de longue durée lorsqu'il est supérieur à trois mois, celui-ci devant alors répondre à un certain nombre de modalités, tandis qu'il est de courte durée s'il est inférieur à trois mois.

---

51. CJCE, 26 nov. 2009, *Slanina*, aff. C-363/08, Rec. p. I. 11111 ; CJUE, 13 juin 2013, *Hadj Ahmed*, préc.

52. *Ibid.*

53. CJCE, 7 juill. 1976, *Watson et Belmann*, aff. 118/75, *Rec.* p. 1495 ; CJCE, 12 déc. 1989, *Messner*, aff. C-265/88, *Rec.* p. I. 4209.

54. CJCE, 20 sept. 2001, *Grzelczyk*, préc. ; CJCE, 15 mars 2005, *Bidar*, aff. C-209/03, préc.

Notons que la directive établit des dispositions communes au droit de séjour et au droit de séjour permanent, ce qui en rend les régimes respectifs similaires.

## 1. Le droit de séjour inférieur à trois mois

**500.** Pour des séjours inférieurs à trois mois, la seule formalité imposée au citoyen de l'Union est la possession d'un document d'identité ou d'un passeport en cours de validité. Les conditions pour le séjour de moins de trois mois sont à cet égard sensiblement libérales et s'alignent sur celles du droit d'entrée sur le territoire. Le ressortissant doit présenter sa carte d'identité ou son passeport en cours de validité (art. 6 de la directive n° 2004/38/CE). Aucun visa de sortie ou d'entrée ne pourra lui être imposé. L'État membre d'accueil pourra demander à l'intéressé de signaler sa présence sur son territoire dans un délai raisonnable et non discriminatoire.

Dans l'hypothèse où le citoyen en question ne dispose pas de documents de voyage, l'État membre d'accueil fournit à la personne concernée tous les moyens raisonnables afin d'obtenir ou de se faire parvenir les documents requis. Mais l'omission des formalités administratives d'accès et de séjour du ressortissant sur le territoire d'un État membre ne peut justifier une mesure d'éloignement fondée sur la réserve d'ordre public[55].

Les membres de la famille qui n'ont pas la nationalité d'un État membre bénéficient du même droit que celui du citoyen qu'ils accompagnent. Néanmoins, ils peuvent être soumis à l'obligation de visa de court séjour conformément au règlement (CE) n° 539/2001. À cet égard, la détention d'une carte de séjour sera considérée comme équivalente au visa de court séjour.

Il est à noter que, bien avant la directive du 29 avril 2004, il s'agissait déjà d'un type de séjour qui bénéficiait à l'ensemble des ressortissants de l'Union. En effet, en application de l'article 4, paragraphe 2, de la directive n° 73/148/CE aujourd'hui abrogée, ce droit a été reconnu à tout destinataire de services sur le territoire d'accueil, comme dans le cadre de l'utilisation des transports ou encore l'usage du téléphone.

## 2. Le droit de séjour supérieur à trois mois

**501.** Les séjours supérieurs à trois mois, dits de longue durée, sont soumis à un certain nombre de conditions introduites ou confirmées par la directive n° 2004/38/CE (art. 7). Dans l'ensemble, celle-ci étend le bénéfice du droit à l'ensemble des ressortissants de l'Union.

### a. Les conditions du droit de séjour

**502.** Le droit de séjour pour une période supérieure à trois mois reste soumis à deux grandes séries de conditions qui ne sont pas cumulatives mais alternatives : d'une part, exercer une activité économique en qualité

55. CJCE, 8 avr. 1976, *Royer*, préc.

de travailleur salarié ou non salarié ou, d'autre part, disposer de ressources suffisantes et d'une assurance maladie afin de ne pas devenir une charge pour l'assistance sociale de l'État membre d'accueil pendant son séjour.

En effet, le ressortissant de l'Union qui entend séjourner durablement sur le territoire d'un État membre doit exercer une activité professionnelle, salariée ou indépendante. Le droit de l'Union range également dans cette catégorie le travailleur qui est en incapacité de travail pour situation de chômage involontaire pendant une durée supérieure à six mois, et celui qui poursuit une formation professionnelle.

Peut également bénéficier du droit de séjour durable l'inactif, c'est-à-dire celui qui n'exerce aucune profession. Mais il ne peut le faire que s'il dispose de ressources suffisantes et d'une assurance maladie complète dans l'État membre d'accueil afin de ne pas devenir, au cours de son séjour, une charge pour les finances publiques internes, ce qui renvoie à la seconde condition alternative. De même, est visé l'étudiant dès l'instant qu'il justifie d'une inscription dans un établissement d'enseignement et d'une assurance maladie complète, de nouveau afin d'éviter qu'il ne devienne une charge pour le système d'assistance sociale de l'État d'accueil.

**503.** Concernant le montant des ressources requises, les États membres ne pourront pas fixer le montant des ressources qu'ils estiment suffisantes. De plus, l'État d'accueil ne peut exiger un montant supérieur à celui qui correspond au niveau national en vertu duquel les ressortissants nationaux bénéficient de la part de l'État d'une assistance sociale (art. 8 § 4 de la directive n° 2004/38/CE).

Les autorités nationales doivent tenir compte de la situation personnelle de la personne concernée comme la circonstance que celle-ci suit une formation en tant qu'étudiant et dispose de ressources suffisantes et d'une assurance maladie, ou le fait qu'elle soit membre de la famille d'un citoyen de l'Union. Cependant, le fait pour un ressortissant de l'Union de bénéficier d'une prestation d'assistance sociale ne saurait suffire à démontrer qu'il représente une charge déraisonnable pour le système d'assistance sociale de l'État membre d'accueil[56].

## b. Les documents exigibles

**504.** Au regard des documents exigibles, la directive n° 2004/38/CE apporte de notables améliorations puisque la carte de séjour pour les citoyens de l'Union est supprimée. Néanmoins, les États membres sont en droit demander au citoyen de procéder à son enregistrement auprès des autorités compétentes dans un délai qui ne doit pas être pas inférieur à trois mois à compter de son arrivée.

L'attestation d'enregistrement doit immédiatement être délivrée sur présentation d'une carte d'identité ou d'un passeport en cours de validité, ou de la preuve de la situation personnelle. C'est ainsi que les citoyens de l'Union

56. CJUE, 19 sept. 2013, *Peter Brey*, aff. C-140/12.

qui suivent une formation devront attester, dans une déclaration ou par tout autre moyen de leur choix, qu'ils disposent de ressources suffisantes pour eux-mêmes et pour les membres de leurs familles. Une telle déclaration sera considérée comme suffisante afin de prouver qu'ils répondent à la condition de ressources.

Pour les membres de la famille d'un citoyen de l'Union qui n'ont pas la nationalité d'un État membre, la directive n° 2004/38/CE leur impose de demander, et ce dans un délai de trois mois à compter de leur arrivée, une carte de séjour de membre de la famille d'un citoyen de l'Union. Cette carte a une durée de validité de cinq ans ou peut également correspondre à la durée du séjour s'il est inférieur à cinq ans.

Concernant la rupture du lien avec le citoyen de l'Union, sous certaines conditions, le décès du ressortissant communautaire, le départ du territoire de l'État membre d'accueil du citoyen de l'Union ainsi que le divorce, l'annulation du mariage ou la cessation de partenariat ne portent pas préjudice à leur droit de séjour en tant que membres de la famille n'ayant pas la nationalité d'un État membre. Ce droit est donc maintenu.

En dernier lieu, comme pour les citoyens de l'Union, les membres de la famille peuvent être soumis à l'obligation imposée par l'État de procéder à leur enregistrement auprès des autorités compétentes, dans un délai qui ne doit pas être inférieur à trois mois à compter de leur arrivée.

## 3. Le droit de séjour permanent

**505.** Au terme des cinq années de présence ininterrompue sur le territoire de l'État d'accueil, le citoyen de l'Union ainsi que les membres de sa famille, qu'ils soient ou non ressortissants de l'Union mais qui ont résidé cinq ans avec un citoyen de l'Union, acquièrent d'un droit de séjour permanent. Celui-ci n'est soumis à aucune condition.

La continuité de la résidence peut être prouvée par tout moyen de preuve en usage dans l'État membre d'accueil. Il n'est nul besoin de justifier de conditions de ressources ni d'assurance maladie.

Une fois acquis, le droit de séjour permanent ne se perd qu'en cas d'absence d'une durée supérieure à deux ans consécutifs de l'État membre d'accueil. La même règle sera applicable aux membres de la famille qui n'ont pas la nationalité d'un État membre.

Les citoyens de l'Union qui en font la demande se voient délivrer un document certifiant le droit de séjour permanent. Quant aux membres de la famille ressortissants de pays tiers, les États membres leur délivrent, dans les six mois à compter du dépôt de la demande, une carte de séjour permanent d'une durée illimitée et renouvelable de plein droit tous les dix ans.

## 4. L'application d'un principe général de non-discrimination

**506.** Les bénéficiaires du droit de séjour temporaire ou durable bénéficient d'un certain nombre de droits au regard d'un principe général de non-discrimination à raison de la nationalité, établi, rappelons-le, par l'article 18 TFUE. Ce principe impose à l'État d'appliquer un traitement comparable entre les ressortissants nationaux et les ressortissants des autres États membres, notamment en matière d'indemnisation par l'État[57].

L'égalité de traitement vise particulièrement les conditions dans lesquelles le séjour se déroule, notamment au regard du logement qui doit être décent. Sont également visés les conditions d'accès à une profession pour les membres de la famille[58], les droits à pension, le droit aux études pour les enfants – ce qui implique le droit de séjour des parents qui en ont la garde et ce même si le parent ne dispose pas de ressources suffisantes et même si l'étudiant a atteint la majorité[59]–, le droit aux avantages fiscaux et aux financements[60], le droit aux services sociaux ou enfin le droit aux prestations sociales[61].

Toutefois, point important, l'État membre d'accueil n'est pas obligé d'accorder le droit à une prestation d'assistance sociale pendant les trois premiers mois de séjour aux personnes autres que les travailleurs salariés ou non-salariés et les membres de leur famille. Les États membres ne sont pas obligés non plus d'accorder, avant l'acquisition du droit de séjour permanent, des aides d'entretien aux études y compris pour la formation professionnelle sous la forme de bourses ou de prêts à ces mêmes personnes.

## C. Les droits civiques et politiques

**507.** La singularité de la construction européenne est qu'elle a su consacrer la notion de citoyenneté qui a été introduite par le traité de Maastricht en 1992. L'octroi du statut de citoyen de l'Union s'est accompagné de l'affirmation de droits de nature civique et politique. Ceux-ci s'insèrent dans le cadre de la politique européenne de liberté, de sécurité et de justice visant à instaurer un espace au sein duquel est garantie la libre circulation des personnes.

### 1. Le statut fondamental de la citoyenneté

**508.** De jurisprudence constante, le statut de citoyen de l'Union a vocation à être le statut fondamental des ressortissants des États membres, ce qui leur permet de bénéficier, lorsqu'ils se trouvent dans la même situation, du même traitement juridique[62]. Tout citoyen de l'Union peut se prévaloir de l'interdiction de discrimination en raison de la nationalité figurant notamment à l'article 18 TFUE, et ce dans toutes les situations relevant du champ d'application du droit de l'Union.

57. CJCE, 2 févr. 1989, *Cowan*, aff. 186/87, *Rec.* p. 195.

58. CJCE, 7 mai 1986, *Gül*, préc.

59. CJCE, 23 févr. 2010, *Maria Teixeira*, aff. C-480/08, *Rec.* p. I. 1107, CJUE, 23 nov. 2010, *Land Baden-Württemberg*, aff. 145/09.

60. CJCE, 9 juill. 1987, *Frascogna*, aff. 256/86, *Rec.* p. 3431.

61. CJCE, 30 sept. 1975, *Cristini*, préc. ; v. aussi CJCE, 15 mars 2005, *Bidar*, préc ; CJCE, 18 nov. 2008, *Förster*, aff. C-158/07, *Rec.* p. I. 8507.

62. CJCE, 20 sept. 2001, *Grzelczyk*, préc. ; CJCE, 11 juill. 2002, *D'Hoop*, préc.

Notons de nouveau que ces situations visent l'exercice des libertés fondamentales garanties, en particulier par l'article 45 TFUE. Ces situations relèvent également de l'exercice de la liberté de circuler et de séjourner sur le territoire des États membres conférée par l'article 21 TFUE[63].

**509.** Il convient de noter que la citoyenneté de l'Union, en dépit des nombreux droits qu'elle reconnaît, ne se substitue nullement à la citoyenneté nationale (art. 8 TUE). En effet, les États conservent leurs compétences d'octroi de la nationalité, notamment quant aux conditions requises. Le caractère supplétif de la citoyenneté de l'Union implique que, pour bénéficier de la citoyenneté de l'Union, il est nécessaire au préalable de disposer de la citoyenneté nationale d'un des vingt-huit États membres, ce qui ne permet pas aux résidents des États tiers d'en bénéficier, même s'ils sont durablement installés.

## 2. La jouissance de nouveaux droits

**510.** La reconnaissance des droits, notamment ceux de nature politique, répond à un double intérêt : celui d'associer davantage que par le passé le citoyen à l'évolution de la construction européenne, en lui conférant notamment le statut d'électeur, et celui de renforcer sinon promouvoir le sentiment d'appartenance ou d'affiliation, souvent éteint, des ressortissants de l'Union, en leur permettant de se reconnaître en tant que citoyens par l'exercice de droits allant au-delà des droits de circulation et de séjour.

**511.** Aujourd'hui, la citoyenneté de l'Union se nourrit ainsi de plusieurs droits dont l'exercice est garanti par les traités (art. 9, 10, 11, 35 TUE et art. 15, 20 à 24, 170, 227 et 228 TFUE) et la Charte des droits fondamentaux. Il s'agit du droit de vote et d'éligibilité aux élections municipales et aux élections du Parlement européen dans l'État membre de résidence (art. 22 TFUE), du droit de pétition devant le Parlement européen et de recours au médiateur européen contre un acte de mauvaise administration commis par une institution européenne (art. 24 TFUE)[64], et de la protection diplomatique et consulaire des autorités de tout État membre lorsque l'État dont le ressortissant a la nationalité n'est pas représenté dans un État tiers (art. 23 TFUE).

## 3. L'affermissement opéré par le traité de Lisbonne

**512.** Le traité de Lisbonne définit pour la première fois et avec précision les fondements démocratiques de l'Union. Il en renforce ainsi l'expression concrète. En effet, les dispositions regroupées au sein du Titre II du TUE consacré aux « dispositions relatives aux principes

63. CJCE, 12 mai 1998, *Martínez Sala*, aff. C-85/96, *Rec.* p. I. 2691 ; CJCE, 20 sept. 2001, *Grzelczyk*, préc. ; CJCE, 15 mars 2005, *Bidar*, aff. C-209/03, *Rec.* p. I. 2119 ; CJUE, 4 oct. 2012, *Commission c/ Autriche*, aff. C-75/11.

64. Si une illégalité est constatée, le médiateur saisit l'institution mise en cause et lui adresse un projet de recommandation que celle-ci est néanmoins libre de suivre.

démocratiques » assurent une plus grande visibilité des garanties fondamentales accordées aux citoyens européens. Elles sont, à cet égard, indissociables de l'article 6 TUE relatif à la Charte des droits fondamentaux, laquelle acquiert une pleine valeur juridique.

Plusieurs principes fondamentaux sont ainsi déclinés : *l'égalité démocratique* (art. 9 TUE), *la démocratie représentative* (art. 10 TUE) et *la démocratie participative* (art. 11 TUE). Ce dernier principe comprend le *droit d'initiative citoyenne* (ICE) qui s'inscrit davantage dans une démarche de démocratie directe.

En effet, le droit d'initiative citoyenne permet aux citoyens de l'Union, au nombre d'un million au moins, ressortissants d'un nombre significatif d'États membres (§ 4), de prendre l'initiative d'inviter la Commission, dans le cadre de ses attributions, à soumettre une proposition appropriée sur des questions pour lesquelles ces citoyens considèrent qu'un acte juridique est nécessaire aux fins de l'application des traités. Le règlement (UE) n° 211/2011 du Parlement européen et du Conseil du 16 février 2011, adopté en application des articles 11 TUE et 24 TFUE, organise la procédure de mise en œuvre de l'initiative citoyenne.

**513.** Il ne s'agit pas là d'une liste exhaustive. D'autres droits au profit des citoyens de l'Union sont énumérés dans ce titre spécifique du TUE, consacré aux « dispositions relatives aux principes démocratiques » ; il s'agit notamment de la possibilité de faire connaître et d'échanger son opinion sur tous les domaines d'actions de l'Union, ainsi que du droit d'accès aux documents des institutions de l'Union (art. 11 TUE).

En effet, tout citoyen de l'Union européenne dispose du droit d'accès et de consultation des documents du Parlement, de la Commission et du Conseil (art. 15 TFUE) dans la limite des raisons d'intérêt public ou privé. Il peut également écrire au Parlement européen, au Conseil, à la Commission, à la Cour de justice, à la Cour des comptes, au Comité économique et social, au Comité des régions ou au médiateur dans l'une des vingt-quatre langues officielles de l'Union. Ces instances sont alors tenues d'adresser une réponse rédigée dans la même langue.

De plus, le citoyen de l'Union peut se prévaloir des nombreux droits fondamentaux que l'Union s'engage à respecter (art. 6 TUE) compte tenu de la valeur contraignante que reconnaît le traité de Lisbonne à la Charte des droits fondamentaux du 7 décembre 2000[65].

## §5. Les réserves tenant à l'ordre public, la sécurité publique ou la santé publique

**514.** Le droit de se déplacer et celui de demeurer ne sont pas absolus. En effet, à l'instar du droit commun relatif au mouvement des personnes et aux migrations, il demeure possible pour les autorités nationales de

65. À l'exception du Royaume-Uni et de la Pologne qui ont cependant obtenu un statut dérogatoire à son application.

refuser à un citoyen de l'Union l'accès et le séjour sur leur territoire, ou bien de l'éloigner du territoire pour des raisons d'ordre public, de sécurité ou de santé publique.

## A. Une réserve sévèrement encadrée

**515.** La réserve d'ordre public renvoie aux limitations justifiées par des raisons d'ordre public, de sécurité publique et de santé publique. Elle est invoquée respectivement aux articles 45, paragraphe 3, TFUE pour les travailleurs salariés et 52, paragraphe 1, TFUE pour les travailleurs indépendants.

Elle est également rappelée par certaines directives qui en encadrent le recours, en définissant les conditions pour sa mise en œuvre, notamment la directive n° 64/221/CE du 25 février 1964[66] (aujourd'hui abrogée par la directive n° 2004/38/CE).

Cet encadrement issu de la directive n° 64/221/CE sera repris et affiné par la directive n° 2004/38/CE. En effet, celle-ci, outre l'acquis général qu'elle consolide en matière de libre circulation des personnes, intègre également un acquis jurisprudentiel, notamment dans son article 27.

### 1. La délimitation de la notion d'ordre public

**516.** Les limites imposées aux États membres par le droit de l'Union sont d'autant plus délicates à saisir qu'il est difficile de délimiter distinctement la notion d'ordre public à l'échelle de l'Union. En effet, l'ordre public renvoie à un certain nombre d'intérêts et exigences que s'engage à faire respecter l'État car il les estime essentiels au maintien de la paix sociale. À défaut d'une approche commune de l'ordre public communautaire, les États membres sont compétents pour en définir les éléments intrinsèques, notamment au travers de l'ordre public national et des mesures répondant à la sauvegarde desdits intérêts. L'ordre public à l'échelle de l'Union n'existe par conséquent que par défaut.

**517.** Quant à la lecture interne de l'ordre public, celle-ci n'est pas sans limite. En effet, des réserves nationales invoquées par les États s'exposent à un contrôle sévère de la part de la Cour quant à leur validité au regard du droit de l'Union[67]. La Cour a toujours fait valoir que la notion d'ordre public, « dans le contexte du droit communautaire », et notamment en tant que justification d'une dérogation au principe fondamental de la libre circulation des travailleurs, doit être entendue strictement. Dès lors, sa portée ne peut être déterminée exclusivement par chacun des États membres sans le contrôle des institutions de l'Union[68].

---

66. Directive relative à la coordination des mesures spéciales aux étrangers en matière de déplacement et de séjour justifiés pour des raisons d'ordre public, de sécurité publique et de santé publique, *JOCE* n° L 56, 4 avr. 1964.

67. CJCE, 4 déc. 1974, *Van Duyn*, aff. 41/74, *Rec.* p. 1337.

68. *Ibid.*

L'appréciation de la réserve d'ordre public repose donc sur des éléments nationaux, ceux propres à la situation interne de l'ordre public, mais aussi sur des éléments externes, à savoir des considérations liées à l'effectivité de la libre circulation des citoyens.

## 2. Une stricte appréciation de l'atteinte à l'ordre public

**518.** L'absence de définition de l'ordre public ne signifie pas non plus que les autorités nationales disposent d'une entière liberté d'appréciation quant à la nature de la sauvegarde de l'ordre public interne et particulièrement au regard de l'évaluation de l'atteinte.

En effet, le juge de l'Union, notamment dans le célèbre arrêt *Bouchereau* du 27 octobre 1977[69], souligne que l'État peut légalement invoquer la réserve d'ordre public, à l'encontre d'une personne, mais uniquement dans la mesure où il est face à une situation « de menace réelle suffisamment grave affectant un intérêt fondamental de la société »[70]. Cette même exigence prévaut aussi pour les membres de la famille du ressortissant. La menace doit être réelle et suffisamment grave[71]. L'atteinte à l'ordre public se prête ainsi à une stricte appréciation et ce de manière constante[72].

## 3. Les conditions de fond

**519.** Si les États membres ont certes la faculté d'invoquer des réserves d'ordre public opposables aux ressortissants de l'Union, ce n'est qu'au regard d'un certain nombre de conditions dégagées par le traité. Et, celles-ci sont sévèrement interprétées par la jurisprudence.

### a. Des motifs non économiques

**520.** Parmi les conditions et les limites qui entourent les réserves nationales, il est régulièrement établi l'impossibilité pour l'État d'adopter des réserves fondées exclusivement sur des raisons économiques. Il peut s'agir par exemple de la volonté de protéger indirectement la main-d'œuvre nationale[73]. De même, la seule circonstance qu'une personne ait droit à une prestation de sécurité sociale ou d'assistance sociale ne justifie pas qu'elle soit expulsée ou éloignée du territoire d'un État membre[74].

### b. Le comportement personnel de l'intéressé

**521.** La mesure nationale, par définition restrictive à l'encontre de l'individu, ne doit se fonder que sur le comportement personnel de

69. CJCE, 27 oct. 1977, aff. 30/77, *Rec.* p. 1997.

70. Même formulation dans l'art. 27 § 2 de la directive n° 2004/38/CE.

71. CJCE, 31 janv. 2006, *Commission c/ Espagne*, aff. C-503/03, *Rec.* p. I. 1097 ; CJUE, 17 nov. 2011, *Aladzhov*, aff. C-434/10.

72. CJCE, 29 avr. 2004, *Orfanopoulos*, préc.

73. CJCE, 28 oct. 1975, *Rutili*, aff. 36/75, *Rec.* p. 1219.

74. CJCE, 3 juin 1986, *Kempf*, aff. 139/85.

l'intéressé[75]. En effet, la Cour examine si la décision de l'État ne vise pas un groupe de personnes et surtout ne se fonde pas sur un comportement collectif, comme dans le cas de mesures générales. Cette exigence s'explique par la volonté de prévenir les expulsions à caractère collectif de ressortissants nationaux d'un État membre en tant que mesure de rétorsion[76]. Par l'exigence de l'individualité de l'acte, de telles mesures sont alors difficiles à mettre en œuvre. En revanche, l'affiliation à un groupe ou une organisation est considérée comme un acte volontaire émanant de l'individu. Un tel acte peut dès lors constituer un comportement personnel[77].

### c. L'autonomie entre la condamnation pénale et la mesure restrictive

**522.** L'État ne peut pas non plus fonder de manière exclusive la mesure restrictive sur l'existence d'une condamnation pénale. En effet, celle-ci n'induit pas automatiquement une mesure d'ordre public ni de sécurité publique. La circonstance qu'un individu ait fait l'objet d'une condamnation pénale n'implique pas l'adoption d'une restriction à son encontre dans la mesure où l'existence d'une condamnation ne signifie pas en soi une atteinte à l'ordre public.

De plus, l'État peut invoquer la condamnation pénale et fonder sa décision sur celle-ci seulement si les faits à l'origine de la condamnation constituent une « menace réelle et suffisamment grave affectant l'intérêt général de la société »[78].

Il existe ainsi une parfaite autonomie entre la condamnation pénale et la mesure d'éloignement. La raison en est qu'il est important d'éviter que la condamnation pénale ne devienne une motivation commode pour l'État auteur de la mesure. L'autorité nationale devra toujours s'assurer que l'individu représente une menace réelle. Il s'agira par conséquent d'un examen au cas par cas.

**523.** Dans deux arrêts récents, rendus en Grande chambre en date du 13 septembre 2016[79], la Cour réaffirme le rapport d'autonomie entre la condamnation pénale et la mesure restrictive. Mais elle va plus loin puisqu'elle l'étend au ressortissant d'un État non membre de l'Union et ce au regard du statut de citoyens des enfants mineurs dont il a la charge.

En effet, le juge énonce que le droit de l'Union ne permet ni de refuser automatiquement un permis de séjour à un ressortissant d'un pays non membre de l'Union, qui a la garde exclusive d'un citoyen mineur de l'Union, ni de

75. CJCE, 4 déc. 1974, *Van Duyn*, préc. ; CJCE, 26 févr. 1975, *Bonsignore*, aff. 67/74, *Rec.* p. 297 ; CJCE, 19 janv. 1999, *Calfa*, aff. C-348/96, *Rec.* p. I. 21.

76. CJCE, 26 févr. 1975, *Bonsignore*, préc.

77. CJCE, 4 déc. 1974, *Van Duyn*, préc.

78. CJCE, 28 oct. 1977, *Rutili*, préc.

79. CJUE, 13 sept. 2016, *Alfredo Rendón Marín c/Administración del Estado*, aff. C-165/14 et *Secretary of State for the Home Department c/CS*, C-304/14.

l'expulser du territoire de l'Union au seul motif qu'il a des antécédents pénaux.

En effet, nous savons que la condamnation pénale ne peut pas, à elle seule, motiver un refus d'un permis de séjour. Il est nécessaire de procéder à une évaluation du comportement personnel de l'individu, et de l'éventuel danger qu'il peut représenter pour l'ordre public ou la sécurité publique. Pour pouvoir être adoptée, une mesure d'expulsion doit être proportionnée et fondée sur le comportement personnel du ressortissant d'un pays non membre de l'Union.

Pour autant, dans des circonstances exceptionnelles, un État membre peut adopter une mesure d'expulsion, en invoquant l'exception liée au maintien de l'ordre public et à la sauvegarde de la sécurité publique. Mais ces notions doivent être entendues strictement. En effet, le comportement personnel doit constituer une menace réelle, actuelle et suffisamment grave pouvant porter atteinte à un intérêt fondamental de la société. À cet égard, il appartient aux autorités nationales d'apprécier concrètement le degré de sa dangerosité. Elles doivent mettre en balance les intérêts en présence, à savoir le principe de proportionnalité, l'intérêt supérieur de l'enfant et les droits fondamentaux dont la Cour assure le respect.

### d. L'application d'un principe de proportionnalité

**524.** L'autorité nationale ne peut adopter de mesures restrictives que si elles répondent à un principe de proportionnalité. Celui-ci doit présider à l'adoption de mesures en matière d'ordre public[80]. Ainsi, la péremption du document ayant permis l'entrée du sujet intéressé n'est pas une raison qui justifie une telle mesure.

Concernant la protection de la santé publique par exemple, l'État membre pourra fonder sa mesure seulement sur les maladies explicitement visées par la directive. Cette liste s'aligne en réalité sur celles établies par l'OMS, notamment pour les maladies contagieuses. Elle était à l'origine statique et la directive n° 2004/38/CE a comblé cette lacune, en intégrant l'évolution des maladies. La directive établit dorénavant que les États membres peuvent fonder leur décision sur « les maladies potentiellement épidémiques définies dans les institutions compétentes de l'OMS, ainsi que d'autres maladies infectieuses, parasitaires ou contagieuses », et ce dans la mesure où les États appliquent de telles mesures de sauvegarde à l'égard des ressortissants nationaux.

De plus, un ressortissant de l'Union ne peut se voir opposer une mesure d'éloignement en cas de survenance d'une de ses maladies s'il est sur le territoire national depuis au moins trois mois.

## B. Les garanties procédurales

**525.** Les garanties de procédure ont été précisées par la directive n° 64/221/CE. Elles sont aujourd'hui sensiblement renforcées par la

80. CJCE, 17 févr. 2005, *Salah Oulane*, aff. C-215/03, *Rec.* p. I. 1215.

directive n° 2004/38/CE. Ces garanties renvoient à la protection des personnes dans un État de droit à l'occasion de décisions qui leur portent grief.

## 1. Une obligation de motivation de l'actif faisant grief

**526.** La directive impose une obligation de motivation au profit du ressortissant destinataire d'une mesure dressée à son encontre. La motivation occupe une place croissante dans le contentieux de l'Union au regard de l'équilibre à maintenir entre libre circulation des citoyens et exigences de sûreté de l'État et de lutte antiterroriste.

### a. Une motivation précise et substantielle

**527.** L'intéressé doit être suffisamment informé des motifs qui ont commandé l'adoption d'une mesure lui faisant grief. La motivation doit être précise et substantielle pour permettre à ce dernier de se défendre. La seule exception qui permet à l'État de s'affranchir de cette obligation est la sécurité. Hormis ce cas, la motivation d'une décision doit être consistante[81]. Plus précisément, la décision de refus d'entrée ou d'éloignement devra être notifiée à l'intéressé dans des conditions lui permettant d'en saisir le contenu et les effets. Elle doit être également dûment motivée, et les moyens de recours et les délais à respecter devront y être explicitement indiqués. La personne destinataire d'une telle mesure devra avoir accès aux voies de recours juridictionnelles et le cas échéant administratives dans l'État membre d'accueil.

### b. La prise en compte de la situation personnelle de l'intéressé

**528.** La directive du 29 avril 2004 renforce les obligations imposées aux États membres en cas de prononcé de mesure d'éloignement. En effet, il leur est demandé de considérer la situation personnelle de l'intéressé, en se référant notamment à des éléments comme la durée de la résidence de l'intéressé, son âge, sa santé, son intégration sociale[82], sa situation familiale dans le pays d'accueil ainsi que les liens avec le pays d'origine.

Et ce n'est qu'à partir de motifs impérieux de sécurité publique et dans des circonstances exceptionnelles qu'une mesure d'éloignement sera prise à l'encontre d'un citoyen de l'Union s'il a séjourné dans l'État d'accueil pendant les dix années précédentes ou s'il est mineur. À défaut d'une telle situation, une décision d'éloignement ne peut en principe être prise à son encontre.

81. CJCE, 18 mai 1982, *Adoui et Cornuaille*, aff. jtes 115/81 et 116/81, *Rec.* p. 1665.

82. Sur la notion d'intégration, v. par ex. CJCE, 29 avr. 2004, *Orfanopoulos*, préc.

## 2. Le respect du principe du contradictoire

**529.** La procédure doit garantir, dans la mesure la plus large possible, le respect du principe du contradictoire qui fait partie des droits de la défense, visés notamment à l'article 47 de la Charte des droits fondamentaux.

### a. Les droits de la défense

**530.** L'intéressé doit être en mesure de contester les motifs sur lesquels est fondée la décision en cause. Il faut également lui permettre de présenter des observations et de faire valoir utilement ses moyens de défense. Pour cela, rappelons qu'il doit lui être communiqué la substance des motifs sur lesquels est fondée une décision de refus d'entrée.

À cet égard, la protection nécessaire de la sûreté de l'État ne doit pas avoir pour effet de priver l'intéressé de son droit à être entendu et de rendre ineffectif son droit de recours.

Ce sont des garanties minimales qui ont été rappelées avec force lors de l'arrêt *ZZ* du 4 juin 2013[83]. La Cour y affirme que la substance de la motivation d'une décision de refus d'entrée sur le territoire d'un État membre doit être communiquée à l'intéressé même si un État membre peut refuser, dans la mesure du strict nécessaire, de communiquer les motifs dont la divulgation pourrait compromettre la sûreté de l'État.

**531.** Et, s'agissant de la procédure juridictionnelle, les parties à un procès doivent avoir le droit de prendre connaissance de toutes les pièces ou observations présentées au juge en vue d'influer sur sa décision et de les discuter[84]. Une décision juridictionnelle violerait le droit fondamental à un recours juridictionnel effectif si elle se fondait sur des faits et des documents dont les parties elles-mêmes, ou l'une d'entre elles, n'ont pas pu prendre connaissance, et sur lesquels elles n'ont donc pas été en mesure de prendre position[85].

### b. L'éventuelle pondération du droit à une protection juridictionnelle

**532.** Pour autant, dans certaines circonstances, la divulgation des éléments de preuve est susceptible de compromettre de manière directe et particulière la sûreté de l'État. En effet, elle peut notamment mettre en danger la vie, la santé ou la liberté de personnes, ou dévoiler les méthodes d'investigation spécifiquement employées par les autorités nationales de sécurité. Elle peut dès lors entraver, voire empêcher, l'accomplissement futur des tâches de ces autorités.

Mais, la pondération du droit à une protection juridictionnelle est strictement encadrée et limitée à ce qui est impérieux.

---

83. CJUE, 4 juin 2013, *ZZ*, aff. C-300/11.

84. CJUE, 14 févr. 2008, *Varec*, aff. C-450/06, *Rec.* p. I. 581 ; CJUE, 2 déc. 2009, *Commission c/Irlande*, aff. C-89/08 P, *Rec.* p. I. 11245 ; CJUE, 21 févr. 2013, *Banif Plus Bank*, aff. C-472/11.

85. CJUE, 2 déc. 2009, *Commission c/Irlande*, préc.

Dans ce contexte, il appartient au juge national compétent d'apprécier si et dans quelle mesure les restrictions aux droits de la défense du requérant peuvent influer la force probante des éléments de preuve confidentiels. En invoquant des raisons relevant de la sûreté de l'État, le juge compétent de l'État membre concerné doit avoir à sa disposition des techniques et des règles de droit de procédure, lui permettant de concilier les considérations légitimes de la sûreté de l'État et la nécessité de garantir au justiciable le respect de ses droits procéduraux[86]. À cette fin, les États membres sont tenus de prévoir un contrôle juridictionnel effectif sur l'existence et le bien-fondé des raisons invoquées par l'autorité nationale.

De plus, si dans des circonstances exceptionnelles, une autorité nationale s'oppose à la communication à l'intéressé des motifs précis et complets, ces raisons ne peuvent être invoquées à des fins économiques.

## 3. L'accès aux voies de droit

**533.** Les voies de droit doivent être accessibles à l'intéressé qui peut ainsi former un recours juridictionnel ou administratif.

### a. Les conditions de recours

**534.** Les conditions de recours doivent être celles qui sont applicables pour les recours ouverts aux nationaux, notamment sur le caractère suspensif ou non du recours.

Sauf situation urgente, la personne visée par une mesure restrictive doit disposer d'un délai suffisant pour quitter le territoire. Il doit être au minimum d'un mois à compter de la notification pour l'expulsion d'un ressortissant détenteur d'un titre de séjour, et de quinze jours dans les autres cas.

La mesure d'interdiction du territoire ne peut être à vie. La directive n° 2004/38/CE a ainsi introduit une innovation intéressante qui permet au destinataire d'une mesure restrictive de demander la levée de l'interdiction d'accès au territoire après un délai raisonnable (art. 32).

### b. Nature et étendue du contrôle juridictionnel

**535.** Le contrôle juridictionnel doit répondre à certaines exigences. En effet, comme indiqué précédemment, le juge doit vérifier si des raisons s'opposent à la communication des motifs précis et complets sur lesquels est fondée la décision en cause, ainsi que des éléments de preuve y afférents.

Le juge doit être en mesure de procéder à un examen indépendant de l'ensemble des éléments de droit et de fait invoqués par l'autorité nationale compétente. À cet égard, il doit apprécier, conformément aux règles de procédure nationales, si la sûreté de l'État s'oppose à une telle communication.

Il appartient à l'autorité nationale compétente d'apporter, conformément aux règles de procédure nationales, la preuve que la sûreté de l'État serait

86. Dans le même sens, CJCE, 3 sept. 2008, *Kadi et Al Barakaat International Foundation*, aff. jtes C-402/05 P et C-415/05 P, *Rec.* p. I. 6351.

effectivement compromise[87]. Cela signifie qu'il n'existe pas de présomption en faveur de l'existence et du bien-fondé des raisons invoquées par une autorité nationale.

## Section 2
## La lente avancée vers un espace alliant liberté, sécurité et justice

**536.** À l'origine, le droit de l'Union européenne, notamment les dispositions relatives à la libre circulation et au séjour, ne visait que les ressortissants des États membres, dont les conditions de séjour ont été facilitées pour devenir de plus en plus libérales. La question propre aux conditions de circulation et de séjour des ressortissants extranationaux relevait alors du droit des étrangers.

Progressivement, à partir de la décennie 1980, s'est posée la question de savoir si la libre circulation des personnes ne devait s'appliquer qu'aux seuls citoyens de l'Union – ce qui avait pour conséquence de maintenir les contrôles aux frontières afin de distinguer citoyens de l'Union et ressortissants d'États tiers –, ou bien de manière indifférenciée à toute personne – ce qui suppose en amont de supprimer les contrôles aux frontières internes et de les repousser au franchissement externe de l'Union. L'idée était d'établir une libre circulation pour tous et, par conséquent, de supprimer ces contrôles frontaliers.

Il faudra attendre les accords de Schengen pour envisager au niveau communautaire une telle approche du mouvement des personnes et surtout le traité d'Amsterdam, signé le 2 octobre 1997, lequel s'intéressera de très près à la question des ressortissants des pays tiers en consacrant le titre IV, intitulé « visas, asile, immigration et autres politiques liées à la libre circulation ».

Pour bien saisir l'évolution du cadre juridique de l'Espace de liberté, de sécurité et de justice, il convient avant tout de relever les premiers outils de nature coopérative. Ceux-ci ont permis de défricher les aspects liés à la mobilité des personnes, notamment les ressortissants issus des États tiers.

### §1. Le temps des fondations : les outils initiaux de nature coopérative

**537.** Le premier processus a été dominé par une logique de coopération sans pour autant que cela soit un frein à son accomplissement. Celui-ci étant achevé, a succédé, à partir du traité d'Amsterdam, un cadre juridique différent dans sa manière d'appréhender la prise de décision. En effet, une

87. CJUE, 15 déc. 2009, *Commission c/Finlande*, aff. C-284/05, *Rec.* p. I. 11705.

grande partie des mesures ont été « communautarisées ». Cela signifie qu'elles sont désormais soumises à des mécanismes communautaires et dès lors fortement intégratifs. L'approfondissement dans ce domaine épouse en même temps une intensification de thématiques liées à la construction d'un espace de sécurité.

## A. Un cadre originaire : les accords de Schengen

**538.** Les accords de Schengen constituent le premier outil au niveau européen pour tenter de rapprocher la position de chacun des États quant à la libre circulation et le séjour des ressortissants de l'Union et des États tiers. Ce processus coopératif s'est opéré selon une approche inclusive. L'outil a été régulièrement perfectionné, notamment par le traité de Maastricht, mais aussi à la faveur de la pratique qui permettra d'en combler les lacunes.

### 1. La logique Schengen : un espace sans frontières intérieures

**539.** Les accords de Schengen reposent sur l'idée que les contrôles à l'intérieur de l'espace Schengen doivent être abolis par les États signataires. Aucun des ressortissants qui relèvent des États membres ou des États tiers ne peuvent, en effet, se voir opposer un contrôle à l'intérieur de cette zone. Les ressortissants extracommunautaires bénéficient ainsi d'une totale liberté de circulation durant une durée de trois mois au maximum au sein de cet espace.

#### a. Des participations différenciées

**540.** L'accord a été signé à Schengen (Luxembourg) le 14 juin 1985, et complété par une convention d'application signée, le 19 juin 1990, toujours à Schengen. Il est entré en vigueur le 26 mars 1995. Originairement, l'accord a été conclu entre les États du Benelux, l'Allemagne et la France. Progressivement, l'espace Schengen s'est étendu à de nouveaux États comme le Danemark, la Finlande et la Suède depuis le 1er décembre 2000. Aujourd'hui, il regroupe vingt-six États[88] qui y participent pleinement, dont quatre ne sont pas membres de l'Union (l'Islande, la Norvège, la Suisse et le Liechtenstein). En effet, les États non-UE jouissent du statut de membre associé.

Concernant particulièrement le Royaume-Uni et l'Irlande, ceux-ci ne participent que de manière partielle à certaines dispositions résultant de l'acquis de Schengen[89]. En effet, ils ne sont pas parties aux accords, mais peuvent choisir de participer à l'application de certains volets de l'acquis Schengen.

88. Vingt-deux des vingt-huit membres de l'Union européenne, à l'exception de la Bulgarie, la Croatie, Chypre, l'Irlande, la Roumanie et le Royaume-Uni.

89. CJCE, 18 déc. 2007, *Royaume-Uni c/Conseil*, aff. C-137/05, *Rec.* p. I. 11593.

En outre, le Danemark, même s'il est membre de l'espace Schengen, peut faire le choix de ne pas appliquer une nouvelle mesure prise dans le domaine Justice et Affaires intérieures. Il reste néanmoins soumis à un certain nombre de dispositions de la politique commune des visas.

**541.** Les nouveaux membres de l'Union ont intégré cet espace de liberté depuis le 21 décembre 2007, à l'exception pour l'heure de la Bulgarie, Chypre et la Roumanie qui sont néanmoins tenues d'y adhérer. À cet égard, la Croatie a ouvert le processus d'adhésion à l'espace Schengen depuis le 1er juillet 2015. De même, la Bulgarie et la Roumanie sont actuellement dans le processus d'adhésion à l'espace Schengen.

### b. Un contrôle géographiquement repoussé

**542.** La gestion des frontières extérieures est assurée dans le cadre du Code frontières Schengen, établi par le règlement (UE) n° 2016/399 du Parlement européen et du Conseil du 9 mars 2016 concernant un code de l'Union relatif au régime de franchissement des frontières par les personnes (code frontières Schengen)[90]. Ce code décrit avec précision les règles de franchissement des frontières extérieures et les modalités de réintroduction temporaire de contrôles aux frontières intérieures. Le contrôle est en réalité géographiquement repoussé. En effet, il s'agit d'un contrôle désormais exercé par les États aux frontières externes de l'Union, d'où la nécessité d'une confiance mutuelle entre les autorités nationales. Celles-ci doivent, au nom de la coopération policière, parvenir à un rapprochement, ou du moins une harmonisation des règles de circulation des ressortissants des États tiers.

**543.** Dans la mesure où les États signataires ont aboli toutes leurs frontières internes pour une frontière extérieure unique, des règles et des procédures communes sont appliquées en matière de visas pour séjours de courte durée, de demandes d'asile et de contrôles aux frontières.

De plus, afin de garantir la sécurité au sein de l'espace Schengen, la coopération et la coordination entre les services de police et les autorités judiciaires ont été renforcées. C'est ainsi que, sur le plan pratique, les accords de Schengen mettent en place des outils de coopération judiciaire, douanière et policière.

**544.** Il faut bien comprendre que les États Schengen ne disposent pas tous de frontières extérieures soumises aux contrôles. Dès lors, ils ne sont pas tous concernés dans la même mesure par les flux transfrontaliers. À cet égard, l'Union a recours également à des fonds afin de garantir la

---

90. Règl. (UE) n° 2016/399 du Parlement européen et du Conseil du 9 mars 2016 concernant un code de l'Union relatif au régime de franchissement des frontières par les personnes (code frontières Schengen), *JOUE* n° L 77 du 23 mars 2016. Ce nouveau règlement abroge et remplace le règlement (CE) n° 562/2006 du Parlement européen et du Conseil établissant un code communautaire relatif au régime de franchissement des frontières par les personnes (code frontières Schengen), *JOUE* n° L 105, 13 avr. 2006.

compensation de certains coûts pesant sur les États membres situés à ses frontières extérieures.

Pour la période 2007-2013, le mécanisme de répartition de la charge financière s'inscrivait dans le cadre d'un *Fonds pour les frontières extérieures*. Ce Fonds a été remplacé, pour la période 2014-2020, par le *Fonds pour la sécurité intérieure : volet frontières et visas*.

### c. Un double enjeu : stimuler et sécuriser le droit de circulation

**545.** Dans le cadre de la coopération Schengen, un certain nombre de mesures ont été adoptées afin de stimuler et sécuriser la liberté de mouvement.

La première d'entre elles vise la suppression des contrôles aux frontières intérieures pour toutes les personnes. Il s'agit là d'un ensemble commun de règles applicables aux personnes qui traversent les frontières intérieures des États membres de l'Union. En effet, tous les citoyens de l'Union sont en droit de pénétrer dans l'espace Schengen sur simple présentation de leur carte d'identité ou de leur passeport.

À cela s'ajoutent un renforcement et une harmonisation de la surveillance des frontières extérieures.

Les conditions d'entrée et des visas pour les courts séjours sont désormais harmonisées dans le cadre d'une politique commune des visas de court séjour. C'est ainsi que les ressortissants des État tiers figurant sur la liste commune dit des pays non membres sont tenus de produire un visa d'entrée[91]. Ce visa unique est valable pour l'ensemble des États de l'espace Schengen.

Il est également procédé à un renforcement de la coopération judiciaire à la faveur d'une reconnaissance mutuelle des décisions judiciaires en matière pénale et d'un système d'extradition plus rapide.

Les forces de police se prêtent assistance mutuelle dans la détection et la prévention de la criminalité. Elles sont habilitées à poursuivre les criminels en fuite sur le territoire d'un État limitrophe signataire de la convention de Schengen. À cet égard, les autorités nationales disposent d'un droit d'observation transfrontalière sans autorisation préalable et de poursuites en cas de flagrant délit, de nouveau sans autorisation préalable, et ce sur le territoire d'un autre État membre.

De même, toujours dans le cadre de l'amélioration de la coopération policière, les États membres peuvent décider de restaurer les contrôles aux frontières internes si l'ordre public l'impose, et ce en concertation avec les autres partenaires. Il s'agit d'un point sur lequel nous reviendrons.

### d. Conditions de délivrance des visas et de transit

**546.** Le régime de circulation et de séjour des ressortissants des pays tiers n'a été approfondi que tardivement. C'est ainsi qu'un Code des visas

91. V. annexe II du règlement (CE) n° 539/2001 du Conseil.

de l'Union a été adopté en vertu du règlement (CE) n° 810/2009 du Parlement et du Conseil du 13 juillet 2009[92]. Applicable depuis le 5 avril 2010, ce Code rassemble en un seul document toutes les dispositions juridiques régissant les décisions en matière de visas.

Plus précisément, le règlement (CE) n° 810/2009 a pour objet de fixer les conditions et les procédures de délivrance des visas de court séjour, d'une durée maximale de trois mois, et de transit par les États membres de l'Union et des États associés qui appliquent l'acquis de Schengen dans son intégralité. Comme indiqué plus haut, les ressortissants de pays tiers doivent ainsi être munis d'un visa lors du franchissement des frontières extérieures de l'Union pour se rendre à l'espace Schengen, conformément au règlement (CE) n° 539/2001[93].

En fait, l'Union dispose d'une liste commune de pays dont les ressortissants doivent être munis d'un visa de transit aéroportuaire pour passer par la zone internationale de transit des aéroports des États membres (annexe IV) et, dès lors, pour franchir les frontières extérieures. Est également établie une liste de pays dont les ressortissants sont exemptés de cette obligation. Le contenu de ces listes est défini par le règlement (CE) n° 539/2001 et ses modifications successives.

**547.** En principe, un visa de court séjour délivré par l'un des États Schengen permet à son détenteur de voyager à travers les 26 États Schengen pendant trois mois sur une période de six mois. Les visas pour un séjour excédant cette période restent soumis aux procédures nationales.

Une demande de visa peut être introduite par le demandeur ou par des intermédiaires commerciaux agréés au plus tôt trois mois avant le séjour envisagé. L'introduction d'une demande implique que le demandeur se présente en personne, sauf en cas de dérogation. Il appartient alors à l'État membre dont le territoire constitue la destination unique ou principale d'examiner la demande de visa. Si la destination principale ne peut pas être déterminée, l'État membre de première entrée dans l'Union est en pareil cas tenu compétent. En cas de transit sur le territoire de plusieurs États membres, l'État membre compétent est celui du premier transit. En règle générale, la demande de visa doit être envoyée au consulat de l'État membre concerné.

Notons que les États membres ont la faculté d'établir des accords bilatéraux pour leurs représentations respectives afin de recevoir les demandes de visas ou délivrer des visas. Ils peuvent également coopérer par la colocalisation ou un centre commun de dépôt des demandes.

**548.** Pour autant, dans le contexte actuel de menace terroriste qui se fait persistante, le 15 mars 2017, le Conseil et le Parlement ont adopté un

92. Règl. (CE) n° 810/2009 du Parlement européen et du Conseil du 13 juill. 2009 établissant un Code communautaire des visas (Code des visas), *JOUE* n° L 243, 15 sept. 2009.

93. Règl. (CE) n° 539/2001 du Conseil du 15 mars 2001 fixant la liste des pays tiers dont les ressortissants sont soumis à l'obligation de visa pour franchir les frontières extérieures des États membres et la liste de ceux dont les ressortissants sont exemptés de cette obligation, *JOCE* n° L 81, 21 mars 2001.

règlement[94] portant modification le code frontières Schengen à la faveur d'un nouvel article 8-2. Il est désormais obligatoire pour les États membres d'effectuer des vérifications systématiques dans les bases de données pertinentes pour toutes les personnes, notamment celles jouissant du droit à la libre circulation au titre du droit de l'Union (les citoyens européens et les membres de leur famille qui ne sont pas citoyens de l'Union) qui franchissent les frontières extérieures. Les bases de données incluent le Système d'Information Schengen (SIS) et la base de données d'Interpol sur les documents de voyage volés ou perdus (SLTD). Les vérifications visent à s'assurer que les personnes ne représentent pas une menace pour l'ordre public, la sécurité nationale et la santé publique. Cette obligation s'applique à toutes les frontières extérieures (air, mer, terre), tant à l'entrée qu'à la sortie.

Il faut savoir que les États membres sont déjà obligés de vérifier, au sein de toutes les bases de données, l'identité des ressortissants de pays tiers systématiquement à l'entrée, et ce pour des raisons d'ordre public et de sécurité intérieure. Mais les dispositions précédentes ne prévoyaient pas un contrôle à la sortie de ces mêmes bases de données.

De plus, autre nouveauté au regard de l'ancien dispositif, les personnes jouissant du droit à la libre circulation sont désormais soumises à une vérification afin d'établir leur identité. Cette modification aligne donc les obligations de vérification systématique tant à l'entrée qu'à la sortie pour tous les ressortissants de pays tiers autant que pour les personnes possédant le droit à la libre circulation.

## e. La réintroduction temporaire de contrôles aux frontières

**549.** En dépit de la suppression des obstacles au sein de l'espace Schengen, il demeure autorisé, en application de certaines dispositions du règlement (UE) nº 2016/399[95] établissant le Code frontières Schengen (ci-après CFS), de réintroduire des contrôles aux frontières des États membres. Ces contrôles doivent néanmoins demeurer temporaires. Deux types de contrôles peuvent être distingués selon leur auteur : ceux dont la demande émane des États membres, et ceux pour lesquels l'initiative provient de l'Union.

De manière générale, la réintroduction des contrôles, compte tenu de l'atteinte qu'elle porte à l'acquis Schengen, est entourée de nombreuses exigences qui en rendent le recours ardu et soulignent leur caractère exceptionnel.

Le cas général est dressé par l'article 25 CFS tandis que l'article 26 établit les critères pour la réintroduction temporaire du contrôle aux frontières

94. Règl. (UE) nº 2017/458 du Parlement européen et du Conseil du 15 mars 2017 modifiant le règlement (UE) 2016/399 en ce qui concerne le renforcement des vérifications dans les bases de données pertinentes aux frontières extérieures, *JOUE nº L* 74 du 18 mars 2017.

95. Rappelons que c'est le règlement nº 562/2006 du Parlement européen et du Conseil qui établit un code communautaire relatif au régime de franchissement des frontières par les personnes, adopté le 15 mars 2006. Le CFS a fait récemment l'objet d'un remaniement avec l'adoption du règlement (UE) nº 2016/399 du Parlement européen et du Conseil en date du 9 mars 2016.

intérieures. Pour sa part, l'article 27 détermine la procédure. Plusieurs hypothèses doivent être distinguées aux articles 25 et suivants qui déterminent ainsi les modalités et critères de la réintroduction.

Notons que ces clauses ont connu des applications récentes puisque à la suite de la hausse des flux de migrants et de réfugiés, plusieurs États ont réintroduit de manière temporaire des contrôles aux frontières. Actuellement, ces contrôles sont effectués en Autriche, en France, au Danemark, en Allemagne, en Norvège et en Suède.

### α. *Une réintroduction à l'initiative des États membres*

**550.** Dès l'origine, les accords de Schengen ont prévu des clauses de sauvegarde. Celles-ci permettent aux États de réintroduire les contrôles à leurs frontières. Le principe du libre franchissement des frontières est établi par l'article 22 CFS en vertu duquel les frontières intérieures peuvent être franchies en tout lieu sans que des vérifications aux frontières soient effectuées sur les personnes, quelle que soit leur nationalité. Ce principe ne signifie pas pour autant que les États ne peuvent se livrer à aucun contrôle.

• L'exercice des compétences de police par l'État membre (art. 23 CFS)

**551.** L'article 23 CFS autorise les États à procéder à des vérifications d'identité sur le territoire national, si celles-ci ne sont pas susceptibles d'être considérées comme un contrôle aux frontières déguisé. Ces vérifications ont pour fondement le principe selon lequel le libre franchissement des frontières intérieures est compatible avec l'exercice des compétences de police par les autorités compétentes de l'État membre en application du droit national. Le même article pose ainsi des conditions strictes d'encadrement de ces vérifications d'identité, distinctes d'une réintroduction potentielle des contrôles aux frontières.

• La réintroduction en cas de circonstances exceptionnelles (art. 25 CFS)

**552.** Selon l'article 25 CFS, en cas de menace grave pour l'ordre public ou la sécurité intérieure d'un État membre dans l'espace sans contrôle aux frontières intérieures, l'État membre peut exceptionnellement réintroduire le contrôle aux frontières sur tous les tronçons ou sur certains tronçons spécifiques de ses frontières intérieures pendant une période limitée d'une durée maximale de trente jours ou pour la durée prévisible de la menace grave si elle est supérieure à trente jours.

La portée et la durée de la réintroduction temporaire du contrôle aux frontières intérieures ne doivent pas excéder ce qui est strictement nécessaire pour répondre à la menace grave. Le rétablissement des contrôles est dès lors en principe encadré et limité, et ne peut être mis en place que pour faire face à des circonstances exceptionnelles (« menace grave pour l'ordre public ou la sécurité intérieure d'un État »). Il doit être limité dans le temps et dans l'espace.

Cependant, dans la pratique, l'on peut observer que cet encadrement reçoit une interprétation plutôt relative, notamment en ce qui concerne les limites temporelles du rétablissement des contrôles. En effet, les délais établis originairement par le Code frontières Schengen tel qu'il fut adopté en 2006, étaient de six mois maximum. Or, en 2013, à l'initiative de la France et de l'Italie, le règlement (UE) n° 1051/2013[96], en application de son article 26-1, a élargi ce délai à 24 mois dans des « circonstances exceptionnelles ». Aujourd'hui, le CFS va encore plus loin dans l'attitude accordée aux États puisque son article 25 ne fixe plus aucun délai.

Les critères que doit prendre en compte l'État lorsqu'il veut rétablir les contrôles sont à la fois l'incidence probable de toute menace pour son ordre public ou sa sécurité intérieure, y compris du fait d'incidents ou de menaces terroristes, dont celle que représente la criminalité organisée, ainsi que l'incidence probable d'une telle mesure sur la libre circulation des personnes au sein de l'espace Schengen. La mesure visée par l'article 25 doit être prise en dernier ressort.

Autrement dit, pour décider d'appliquer l'article 25, l'État doit se demander si la menace est suffisamment grave pour justifier des entraves à la libre circulation des personnes. Cette information doit en principe être détaillée – motif, portée, nom des points de passage autorisés, durée prévue. Lorsqu'un État membre prévoit de réintroduire le contrôle aux frontières intérieures au titre de l'article 25, il notifie son intention aux autres États membres et à la Commission au plus tard quatre semaines avant la réintroduction prévue, ou dans un délai plus court lorsque les circonstances étant à l'origine de la nécessité de réintroduire le contrôle aux frontières intérieures sont connues moins de quatre semaines avant la date de réintroduction prévue. Cette information, c'est-à-dire la décision de rétablir les contrôles, doit également parvenir « dès que possible » au Conseil et le Parlement.

- La réintroduction en cas d'action immédiate (art. 28 CFS)

**553.** L'article 28 prévoit un mécanisme à titre exceptionnel qui a pour nom « Procédure spécifique dans les cas nécessitant une action immédiate ».

L'article 28 ne peut en effet être mis en œuvre par un État membre que dans les cas nécessitant une action immédiate. Les contrôles sont alors réintroduits pour une durée initiale de 10 jours. La mesure peut être renouvelée pour des périodes supplémentaires de 20 jours.

Cette possibilité ne peut relever que de l'initiative d'un État membre. Lorsque les autorités nationales envisagent une telle éventualité, ils sont tenus d'aviser immédiatement les autres États membres de l'Union et la Commission en vue de possibles consultations. Le Parlement européen doit en être informé par la Commission « sans tarder ».

96. Règl. (UE) n° 1051/2013 du Parlement européen et du Conseil du 22 oct. 2013 modifiant le règlement (CE) n° 562/2006 afin d'établir des règles communes relatives à la réintroduction temporaire du contrôle aux frontières intérieures dans des circonstances exceptionnelles, *JOUE* n° L 295, 6 nov. 2013.

### β. *Une réintroduction à l'initiative de l'Union*

**554.** L'article 29 CFS vise l'hypothèse de circonstances qui imposent des mesures de protection dans l'intérêt commun de l'espace Schengen. La procédure précise est établie à l'article 26 CFS. Les contrôles peuvent être réintroduits pour une durée n'excédant pas six mois. Cette mesure peut être prolongée par période supplémentaire de six mois, pour une durée maximale de deux ans.

- Une menace sur le fonctionnement global de l'espace Schengen (art. 29)

**555.** L'article 29 CFS établit une procédure spécifique en cas de circonstances exceptionnelles qui menaceraient la globalité de l'espace en cas d'absence de contrôle. La distinction avec les mécanismes précédents repose sur l'auteur de l'initiative de la réintroduction qui n'est plus un État membre mais le Conseil.

En effet, l'article 29 CFS prévoit qu'un contrôle peut être réintroduit lorsque des circonstances exceptionnelles mettent en péril le fonctionnement global de l'espace sans contrôle aux frontières intérieures du fait de manquements graves persistants liés au contrôle aux frontières extérieures visés à l'article 21.

Ainsi, le Conseil peut, en dernier recours et à titre de mesure de protection des intérêts communs au sein de l'espace sans contrôle aux frontières intérieures, recommander à un ou plusieurs États membres de décider de réintroduire le contrôle à toutes leurs frontières intérieures ou sur des tronçons spécifiques de celles-ci. Cette recommandation se fait sur proposition de la Commission. Il y est défini les mesures d'atténuation des risques. L'État concerné est dans l'obligation de coopérer dans la mise en œuvre de ces mesures. Il est à noter que c'est le nouveau règlement établissant le Code frontières Schengen, le règlement (UE) n° 2016/1624, qui a étendu, en modifiant l'article 29, la possibilité pour le Conseil de mettre en place cette procédure spécifique.

**556.** À titre d'exemple, le 2 mai 2017, la Commission a recommandé une nouvelle fois la prolongation des contrôles aux frontières intérieures pour l'Autriche, l'Allemagne, le Danemark, la Suède et la Norvège sur la base des articles 25 et 29 du code frontières Schengen, et ce pour six mois supplémentaires. La Commission a estimé que toutes les conditions requises pour la suppression de ces contrôles n'étaient pas encore réunies. Elle propose que ceux-ci soient progressivement supprimés au cours des six prochains mois, sachant que le délai de deux années maximum prévu par le CFS arrivera à son terme. La Commission encourage également un renforcement des contrôles policiers dans les zones frontalières et le long des axes routiers les plus importants.

- Les rapports d'évaluation Schengen au titre du règlement (UE) 1053/2013

**557.** Il faut savoir qu'en vertu du règlement (UE) n° 1053/2013[97], les évaluations Schengen sont menées au sein des États membres en vertu d'un programme pluriannuel et annuel[98]. Les inspections sur place peuvent être menées de manière programmée ou inopinées.

À la suite de chaque inspection, un rapport recense les lacunes observées de l'État évalué et formule des recommandations quant aux mesures correctives à mettre en œuvre dans un délai déterminé. Ce rapport d'évaluation est élaboré en vertu de l'article 14 du règlement (UE) n° 1053/2013.

La Commission, Frontex ou d'autres organismes de l'Union ont la possibilité de prêter assistance aux États membres dans l'exécution des recommandations, en prenant des mesures pratiques et/ou financières.

**558.** Si le rapport d'évaluation Schengen parvient à la conclusion que l'État membre évalué « néglige gravement ses obligations au titre des règles Schengen » et s'il existe « des manquements graves dans l'exécution du contrôle aux frontières extérieures », la Commission peut formuler des recommandations. Le Conseil devra les adopter au titre de mesures correctives destinées à remédier à tout manquement constaté.

Afin de garantir le respect de ces recommandations, la Commission peut, en vertu de l'article 21 du Code frontières Schengen, recommander à l'État membre évalué de prendre certaines mesures spécifiques. Celles-ci peuvent comprendre le déploiement d'équipes européennes de garde-frontières ou la présentation par cet État membre d'un plan stratégique définissant les modalités de déploiement de son personnel et de ses équipements propres.

Les propositions de la Commission doivent être au préalable adoptées par un comité composé des États membres, statuant à la majorité qualifiée. L'État membre évalué dispose alors d'un délai de trois mois afin de mettre en œuvre les mesures correctives.

Si, au-delà des trois mois, il est constaté que de graves manquements subsistent et que l'État membre évalué a insuffisamment appliqué les mesures correctives, la Commission peut déclencher l'application de la procédure prévue à l'article 29 du Code frontières Schengen.

En vertu de cette disposition, si les mesures prévues à l'article 21 ne sont pas efficaces, le Conseil peut en dernier recours, sur la base d'une proposition de la Commission, recommander à un ou plusieurs États membres de réintroduire les contrôles frontaliers à toutes leurs frontières intérieures ou sur des tronçons spécifiques de celles-ci. L'objectif est de protéger l'intérêt commun de l'espace Schengen. Le Conseil adopte la recommandation en statuant à la majorité qualifiée.

---

97. Règl. du Conseil du 7 octobre 2013 portant création d'un mécanisme d'évaluation et de contrôle destiné à contrôler l'application de l'acquis de Schengen, *JOUE* n° L 295, 6 nov. 2013.

98. V. par ex. le 8e Rapport semestriel sur le fonctionnement de l'espace Schengen du 15 décembre 2015, annonçait qu'en fonction des résultats des évaluations Schengen en Grèce, des mesures spécifiques seront prises.

Les contrôles peuvent être réintroduits pour une durée n'excédant pas six mois. Cette mesure peut être prolongée par période supplémentaire de six mois, pour une durée maximale de deux ans.

## 2. La mise en place de mesures compensatoires

**559.** Aux fins de concilier liberté et sécurité, la libre circulation s'accompagne de mesures qui sont appelées « compensatoires ». Elles visent à améliorer la coopération et la coordination entre les services de police et les autorités judiciaires pour préserver la sécurité intérieure des États membres et en particulier pour lutter contre la criminalité organisée.

Il va de soi que le dispositif Schengen ne peut fonctionner que si une information systématisée est mise en place entre autorités nationales responsables des contrôles aux frontières et des contrôles juridictionnels. L'information porte sur des personnes ou des objets.

C'est dans ce contexte qu'ont été créés le système d'information Schengen (SIS) et le système d'information sur les visas (VIS). Ce sont des bases de données sophistiquées permettant aux autorités responsables des États Schengen d'échanger des données sur certaines catégories de personnes et de biens.

### a. Le Système d'information Schengen SIS I et II

**560.** Exploité depuis 1995, le *Système d'information Schengen* permet d'assurer une constante information et surtout une mise à jour des données auprès des autorités nationales. Cet outil joue un rôle essentiel pour faciliter la libre circulation des personnes au sein de l'espace Schengen. Au fil du temps, les fonctionnalités du SIS ont été perfectionnées avec la possibilité d'introduire des données biométriques (empreintes digitales et photographies) et de nouveaux types de signalements (aéronefs, embarcations, conteneurs ou moyens de paiement volés). Il est également possible de mettre en relation différents signalements (comme celui d'une personne et d'un véhicule).

**561.** Le système d'information Schengen de deuxième génération (SIS II) a été activé le 9 avril 2013. À la différence du premier, le SIS II présente de nouvelles fonctionnalités comme, par exemple, l'interconnexion des alertes. En effet, les États participants peuvent introduire des « alertes » visant des personnes recherchées ou portées disparues, des biens perdus ou volés, ainsi que des interdictions d'entrée dans la base de données. Ces données sont consultables directement par tous les officiers de police, ou autres responsables du maintien de l'ordre et autorités ayant besoin des informations traitées par le système pour remplir leurs fonctions.

**562.** Lorsque des informations supplémentaires sont requises, elles sont alors échangées au moyen du réseau national de bureaux *Sirene* (Supplément d'information requis à l'entrée nationale). Ces bureaux sont présents au sein de tous les États de l'espace Schengen. Ils procèdent à la coordination de l'ensemble desréponses aux alertes enregistrées dans le SIS et veillent à ce que les mesures appropriées soient prises, par exemple en cas d'arrestation d'une personne recherchée.

Le SIS II contient également des copies de mandats d'arrêt européens directement rattachés aux signalements de personnes recherchées en vue de leur arrestation, de leur remise ou de leur extradition. Cela permet aux autorités compétentes d'assurer le suivi nécessaire de manière plus aisée et plus rapide.

De plus, en guise de garantie face à cette utilisation des données, le SIS développe un ensemble de mesures de protection. C'est ainsi que l'accès au SIS II est limité aux autorités de police et de douane, aux autorités judiciaires, aux autorités chargées respectivement des contrôles aux frontières, de l'examen des demandes de visas et de l'immatriculation des véhicules dans les États membres.

**563.** De même, toujours dans le sens d'une meilleure protection des données, tout particulier a le droit d'accéder aux données qui le concernent et qui ont été introduites dans le SIS II. À cet égard, il peut demander à l'autorité nationale compétente de rectifier ou d'effacer les informations à caractère personnel le concernant. Toute personne peut également exercer une action en justice pour accéder à des données, les faire rectifier ou supprimer, ou pour obtenir des informations ou une indemnisation en raison d'un signalement la concernant. Les autorités nationales de surveillance et le contrôleur européen de la protection des données sont tenus de coopérer de manière active afin d'assurer une surveillance coordonnée du SIS II.

La mise en œuvre du système relève d'une nouvelle structure, l'Agence européenne pour la gestion opérationnelle des systèmes d'information à grande échelle au sein de l'espace de liberté, de sécurité et de justice, dénommée e-LISA.

## b. Le Système d'information sur les visas VIS

**564.** Outre le SIS, il existe un autre mode d'information en soutien au bon fonctionnement de l'espace Schengen, le *Visa Information System* (VIS). L'objet du VIS est d'améliorer la mise en œuvre de la politique commune des visas, la coopération consulaire et les consultations entre les autorités centrales chargées des visas. Il autorise les États Schengen à échanger des données sur les visas, notamment celles sur les décisions relatives aux demandes de visa de court séjour. En tant qu'instrument de Schengen, le VIS est applicable à tous les États Schengen.

Composé d'un système informatique central et d'une infrastructure de communication qui relie ce système central aux systèmes nationaux, le VIS est relié à tous les consulats des États Schengen compétents[99] pour l'octroi des visas et à tous les points de passage des frontières extérieures. À ces points de passage, le VIS permet aux gardes-frontières de procéder à des

99. Le VIS a été mis en service dans tous les consulats des États Schengen compétents pour l'octroi de visas en Afrique du Nord à partir d'octobre 2011. Celui-ci est aujourd'hui opérationnel dans le monde entier.

correspondances biométriques, notamment d'empreintes digitales, à des fins d'identification et de vérification (par exemple, contrôler si une personne détenant un visa biométrique est bel et bien la personne ayant demandé ce visa, en comparant les empreintes digitales relevées avec celles de la signalétique biométrique du visa et avec le contenu de l'ensemble de la base de données du VIS).

Le traitement porte sur les données et les décisions relatives aux demandes de visas de court séjour pour visiter ou passer en transit sur l'espace Schengen.

**565.** Les autorités compétentes ayant accès au VIS et à l'utilisation des données sont celles chargées des visas. Elles peuvent consulter le VIS aux fins de l'examen des demandes et des décisions y afférentes.

De même, y ont également accès les autorités en charge des contrôles aux frontières extérieures et dans les territoires nationaux, et ce afin de procéder à la vérification de l'identité de la personne, de l'authenticité du visa ou de la satisfaction de la personne aux conditions d'entrée, de séjour ou résidence dans les territoires nationaux.

Par ailleurs, les autorités en charge de l'asile ont accès uniquement aux recherches dans le VIS aux fins de déterminer l'État de l'Union qui est tenu responsable de l'examen d'une demande d'asile. Dans certains cas, les autorités nationales répressives et Europol peuvent demander l'accès aux données introduites dans le VIS à des fins de prévention, détection et d'enquêtes pour infractions terroristes et des autres formes graves de criminalité.

De manière générale, on observe que l'accès aux données du VIS est limité au personnel autorisé dans l'exercice de ses fonctions. Ce personnel doit s'assurer que l'utilisation des données du VIS est limitée à ce qui est nécessaire, appropriée et proportionnée à la réalisation de leurs tâches.

**566.** Les données sont conservées dans le VIS pendant cinq ans. Cette période débute à la date d'expiration du visa délivré, à la date d'une décision négative ou à la date d'une décision de modifier un visa délivré.

Toute personne dispose du droit d'être informé sur ses données dans le VIS. Elle peut demander la correction des données inexactes et la suppression de celles illégalement enregistrées. Chaque État de l'Union est tenu d'instaurer une autorité de surveillance nationale afin de veiller à la légalité du traitement des données à caractère personnel au niveau national. Au niveau de l'Union, il appartient au contrôleur européen de la protection des données d'assurer le suivi des activités en la matière.

## 3. La gestion des frontières extérieures de l'Union

**567.** L'espace Schengen étant une zone sans frontières intérieures, il requiert une politique commune de gestion des frontières extérieures. Ce système intégré, dénommé GIF (Gestion intégrée des frontières), a été mis en place progressivement. Il tend à répondre à la fois aux difficultés liées à l'afflux de réfugiés et de migrants, et aux exigences de sécurité dans un contexte international en proie hélas à diverses menaces.

C'est ainsi que des mesures visant à instaurer une coopération opérationnelle en matière de gestion des frontières ont été instaurées. Elles sont centralisées par l'Agence européenne pour la gestion de la coopération opérationnelle aux frontières extérieures des États membres de l'Union européenne, dite Frontex.

## a. Une démarché intégrée

**568.** La responsabilité du contrôle et de la surveillance des frontières extérieures au quotidien relève dans une large mesure de la compétence de chacun des États membres. Néanmoins, les systèmes nationaux de sécurité des frontières doivent être complétés par des outils permettant de gérer les risques potentiels aux frontières extérieures. C'est le cas de Frontex qui s'inscrit dans une démarche intégrée de la gestion des frontières.

### α. *Un outil de gestion : Frontex*

**569.** L'agence Frontex, créée en 2004 par le règlement CE n° 2007/2004[100], a pour mission de coordonner la coopération opérationnelle des États membres aux frontières extérieures de l'Union. Elle a débuté ses activités le 3 octobre 2005. Dotée de la personnalité juridique, elle compte aujourd'hui environ 240 fonctionnaires et 80 experts nationaux détachés. Son siège se trouve à Varsovie.

Le conseil d'administration est constitué d'un représentant de chaque État membre et de deux représentants de la Commission. Le directeur exécutif, actuellement M. F. Leggeri, est nommé pour cinq ans par le conseil d'administration. Assisté d'un directeur exécutif adjoint, il doit exercer ses fonctions en toute indépendance.

**570.** L'agence est dotée d'un budget autonome provenant essentiellement de contributions de l'Union européenne. Les États membres mettent à disposition de l'agence des moyens matériels et humains : navires, hélicoptères, avions patrouilleurs, experts, garde-frontières, etc.

Les tâches essentielles de Frontex consistent à produire des analyses sur les questions migratoires etélaborer des programmes de formation pour les gardes-frontières. En outre, elle peut organiser des opérations conjointes aux frontières aériennes, terrestres et maritimes. À cet égard, elle peut faire appel à des experts nationaux des États membres et utiliser des équipements mis à disposition par ces mêmes États membres. Frontex procède également à la coordination des opérations de retour, en mettant en place des vols groupés à l'échelle européenne.

100. Règl. (CE) n° 2007/2004 du Conseil du 26 octobre 2004 portant création d'une Agence européenne pour la gestion de la coopération opérationnelle aux frontières extérieures des États membres de l'Union européenne, *JOCE* n° L 349, 25 nov. 2004.

### β. *La double révision du règlement Frontex*

**571.** En 2007[101], le règlement a fait l'objet d'une première révision à l'occasion de la création du mécanisme RABIT (*Rapid Border Intervention Team*), qui permet à l'agence de déployer des gardes-frontières à la demande d'un État membre confronté à une situation de pression migratoire revêtant un caractère urgent et exceptionnel. Ce mécanisme a fait l'objet d'une première application de novembre 2010 à mars 2011 à la demande des autorités grecques afin de faire face à la forte pression migratoire constatée à la frontière gréco-turque.

Une seconde modification du règlement a eu lieu, le 25 octobre 2011, par le règlement (UE) n° 1168/2011[102] du Parlement européen et du Conseil. Ce nouveau texte vise à améliorer les capacités opérationnelles de Frontex. Il insiste fortement sur le respect des droits fondamentaux au cours de ses opérations.

**572.** Les capacités de surveillance sont également accrues par la création du centre de situation de Frontex et par celle d'Eurosur, qui est un système d'échange d'informations quasi-instantané de données sur les frontières entre Frontex et les États Schengen[103]. Ce sont des informations fines qui permettent à Frontex de transmettre à d'autres agences des données concernant les passeurs et organisateurs de filières, recueillies par les experts nationaux détachés lors des opérations conjointes.

Frontex peut dorénavant acquérir, seul ou en copropriété avec un État membre, ou louer par crédit-bail des équipements techniques. Cette possibilité lui permet de réduire les coûts et d'augmenter le nombre d'opérations de retour sous pavillon Frontex.

En outre, les informations dont disposent les États sont désormais mutualisées, ce qui accroît les capacités en matière d'analyse du risque. De même, le nouveau règlement met en place des programmes communs en matière de formation des gardes-frontières.

## b. L'adaptation à de nouveaux impératifs

**573.** Depuis la création de Frontex, plusieurs mesures ont été adoptées permettant de mettre en place les conditions d'une gestion réellement intégrée des frontières extérieures. La nécessité est venue de répondre à de nouveaux impératifs, notamment humains. En témoigne l'afflux des réfugiés et des migrants dans des conditions tragiques, provoqué par des bouleversements géopolitiques, ou par des foyers de tension ou de guerre.

---

101. Règl. (CE) n° 863/2007 du Parlement européen et du Conseil du 11 juillet 2007 instituant un mécanisme de création d'équipes d'intervention rapide aux frontières et modifiant le règlement (CE) n° 2007/2004 du Conseil pour ce qui a trait à ce mécanisme et définissant les tâches et compétences des agents invités, *JOCE* n° L 199, 31 mars 2007.

102. *JOUE* n° L 304, 22 nov. 2011.

103. Règl. (UE) n° 1052/2013 du Parlement européen et du Conseil du 22 octobre 2013 portant création du système européen de surveillance des frontières (Eurosur), *JOUE* n° L 295, 6 nov. 2013.

De manière générale, il convient de relever la modernisation de l'infrastructure technique. Elle a certainement permis d'organiser des opérations conjointes de gestion des frontières et d'instaurer une capacité d'intervention rapide initialement avec RABIT, puis, depuis 2011, avec des équipes européennes de gardes-frontières.

Outre ces mesures d'une portée générale, l'Union a également adopté des mesures ciblées. Elles visent d'une part à surmonter la catastrophe humanitaire liée à l'afflux massif de réfugiés, et, d'autre part à promouvoir un processus à long terme de frontière dites « intelligentes ».

### α. *Les initiatives face à l'afflux de réfugiés et de migrants*

**574.** Ces dernières années, la crise humanitaire en Méditerranée, s'accompagnant d'innombrables pertes humaines, a contraint les États membres à adopter un certain nombre de mesures et à promouvoir une franche européanisation de la gestion des frontières.

Plusieurs États membres ont ainsi mutualisé du personnel et des équipements dans le cadre de l'opération conjointe dite *Triton*, lancée fin 2014 et renforcée en 2015. Sa mission consiste à procéder à une surveillance de la frontière maritime, principalement entre la Libye et l'Italie, afin d'apporter un soutien opérationnel en première ligne à l'Italie.

**575.** De même, ont été créés les « points d'accès » (hotspots) ou équipes d'appui à la gestion des flux migratoires. Ce sont des points d'enregistrement et des zones d'urgence migratoire, gérés par le Bureau européen d'appui en matière d'asile Europol, et Frontex, en partenariat avec les autorités nationales. Ces « points d'accès » ont pour mission d'établir l'identité des migrants et de les enregistrer à leur entrée dans l'Union. Ils organisent également des opérations de retour pour ceux qui ne sont pas autorisés à rester.

**576.** En décembre 2015, la Commission a émis un certain nombre de propositions. Il s'agit notamment de renforcer le mandat de Frontex, en l'autorisant par exemple à procéder à l'acquisition directe du matériel, en augmentant de manière substantielle ses moyens humains et financiers, et en développant son rôle dans les opérations de retour. La Commission a proposé également la création d'un corps européen de gardes-frontières et de garde-côtes, qui serait doté du « droit d'intervenir » lorsque l'État membre n'est pas en mesure de faire face à la pression migratoire. Cette proposition a été acceptée le 14 septembre 2016. Ce corps européen se compose d'une agence européenne de garde-frontières et de garde-côtes (l'actuelle agence Frontex dotée de missions élargies) et des autorités nationales responsables de la gestion des frontières. Ses activités ont débuté dès l'entrée en vigueur du règlement, le 6 octobre 2016[104].

104. Règl. (UE) n° 2016/1624 du Parlement européen et du Conseil, du 14 septembre 2016 relatif au corps européen de garde-frontières et de garde-côtes, *JOUE* n° L 251, 16 sept. 2016.

**577.** Autre proposition mais plus drastique, à l'initiative de la France et l'Allemagne, à la suite des attentats visant de nombreux États de l'Union : instaurer des contrôles obligatoires des citoyens de l'Union lorsqu'ils entrent dans l'espace Schengen ou le quittent par des frontières terrestres, maritimes ou aériennes. Ce contrôle s'opérerait au moyen d'une modification ciblée du code frontières Schengen. L'objectif est ici d'accroître la sécurité dans le cadre de la menace terroriste. C'est ainsi que, comme indiqué un peu plus haut, le 15 mars 2017, le Conseil et le Parlement ont adopté un règlement[105] qui modifie le code frontières Schengen en ce sens (nouvel art. 8-2 du Code Schengen). En effet, cette modification impose aux États membres d'effectuer des vérifications systématiques dans les bases de données pertinentes sur toutes les personnes, y compris celles jouissant du droit à la libre circulation en vertu du droit de l'Union (c'est-à-dire les citoyens de l'UE et les membres de leur famille qui ne sont pas citoyens de l'Unon), lorsqu'elles franchissent les frontières extérieures.

Les bases de données qui font désormais l'objet d'une consultation aux fins des vérifications systématiques, sont le Système d'information Schengen (SIS) et la base de données sur les documents de voyage volés et perdus (SLTD) d'Interpol. Cette nouvelle obligation s'applique à toutes les frontières extérieures (aériennes, maritimes et terrestres), tant à l'entrée qu'à la sortie.

### β. *Le paquet législatif « frontières intelligentes »*

**578.** Une autre évolution importante se dessine actuellement. Elle se fonde sur le paquet législatif dit « frontières intelligentes ». Celui-ci vise à moderniser la gestion des frontières par une automatisation des contrôles et un renforcement des informations à l'entrée et à la sortie.

Le système a été proposé pour la première fois dans la série de communications de la Commission sur le « Paquet frontières de l'Union européenne », et intégré par la suite au programme de Stockholm (2010-2014).

Par la suite, le 25 octobre 2011, la Commission a présenté une communication sur les frontières intelligentes, puis une proposition législative correspondante, le 28 février 2013. Ce paquet se compose de deux parties :

- un système d'entrée/sortie (EES) qui permet d'enregistrer dans une base de données électronique la date et le lieu d'entrée, ainsi que la durée du court séjour autorisé. Ce système remplacerait le système actuel d'apposition de cachets sur les passeports. Ces données seraient ensuite mises à la disposition des autorités chargées du contrôle aux frontières et de l'immigration ;
- un programme d'enregistrement des voyageurs (RTP), qui simplifierait les vérifications aux frontières pour certaines catégories de personnes[106] en provenance d'États tiers. Celles-ci pourront, après avoir fait l'objet d'une procédure adéquate d'examen préalable, entrer dans l'Union.

105. Règl. (UE) 2017/458, préc.

106. Comme les personnes en déplacement professionnel, membres de la famille de citoyens de l'Union.

Le paquet comprendrait ainsi trois actes législatifs : un règlement établissant un système d'entrée/sortie (EES), un règlement établissant un programme d'enregistrement des voyageurs (RTP) et un règlement modifiant le code frontières Schengen sur ces différents points.

Actuellement, la Commission mène des études d'ordre technique et budgétaire sur la faisabilité de certaines de ces propositions qui sont encore en cours d'évaluation.

## B. Un cadre renové : l'apport des traités de révision

**579.** Le cadre coopératif posé par les accords de Schengen sera sensiblement modifié sous l'effet des traités de révision, s'agissant essentiellement du traité de Maastricht et du traité d'Amsterdam. Ceux-ci rénoveront les outils initiaux afin de les rendre davantage effectifs dans leur application, notamment en les soumettant à une logique intégrative, c'est-à-dire aux mécanismes communautaires.

### 1. Une première formalisation de la coopération par le traité de Maastricht

**580.** Certainement porté par les accords de Schengen, le traité de Maastricht sera l'un des premiers instruments permettant d'intervenir sur le flux des personnes, et ce selon deux modes : d'une part, en créant un nouveau chef de compétences relevant de l'autorité communautaire et, d'autre part, en instaurant expressément, dans le cadre du troisième pilier, la question de la coopération en matière de justice et d'affaires intérieures.

#### a. Un nouveau chef de compétences

**581.** Au regard des nouvelles dispositions, le Conseil peut désormais déterminer, en statuant à l'unanimité, la liste des États tiers dont les ressortissants doivent être munis d'un visa. Cependant, il statue à la majorité qualifiée pour définir le modèle européen de visa, et ce pour un séjour qui n'excède pas une durée de trois mois ou pour un simple transit.

Ainsi, ont pu être adoptés en ce sens le règlement (CE) n° 1683/95 du 29 mai 1995[107], définissant le modèle type de visas, et le règlement (CE) n° 2317/95[108], qui détermine et met à jour la liste des États tiers concernés par les visas.

#### b. Le troisième pilier relatif à la justice et aux affaires intérieures

**582.** Le second grand apport du traité de Maastricht réside dans l'instauration d'un troisième pilier au sein de l'Union, initiant ainsi une

107. *JOCE* n° L 164, 14 juill. 1995.

108. *JOCE* n° L 234, 3 oct. 1995.

véritable coopération dans deux domaines, ceux de la justice et des affaires intérieures (JAI).

La coopération vise évidemment les aspects essentiels tenant à la libre circulation des personnes, tels que le franchissement des frontières intérieures et extérieures et la politique d'immigration et d'asile concernant les ressortissants des pays tiers. Cette compétence, se situant dans le troisième pilier, relève de l'intergouvernementalisme.

Elle constitue cependant un solide appui pour dynamiser ce qui est devenu plus tard, notamment sous l'impulsion du traité d'Amsterdam, l'Espace de liberté, de sécurité et de justice. En réalité, les mesures ou réalisations arrêtées dans le cadre de ce troisième pilier, et dont certaines sont emblématiques, comme Europol, ont servi de plateforme au futur espace de libertés.

## 2. Un pas supplémentaire : la communautarisation partielle par le traité d'Amsterdam

**583.** L'une des avancées majeures du traité d'Amsterdam repose assurément sur la communautarisation des éléments inscrits dans le troisième pilier du traité de Maastricht. Il s'agit du franchissement des frontières extérieures s'articulant autour du visa, de l'asile, de la politique d'immigration, et la protection des droits des ressortissants des pays tiers. Seule est exclue la coopération policière et judiciaire en matière pénale, qui relève de manière exclusive du troisième pilier (titre 6 TUE, art. 29 à 42).

Le traité d'Amsterdam prévoit également, dans un protocole n° 2, l'intégration dans les traités de l'acquis de Schengen.

### a. La recherche d'une meilleure prise de décision

**584.** Les autorités de l'Union sont désormais tenues de statuer dans ces différents domaines en appliquant les procédures communautaires qui sont désormais soumises au contrôle de légalité par la Cour de justice. Est à nouveau exceptée la coopération policière et judiciaire en matière pénale.

Concernant plus particulièrement le mode de votation, les États membres statuaient encore, sous l'ère du traité d'Asmterdam, à l'unanimité, ce qui expliquait la lenteur du processus de décision dans ce domaine. Ce n'est qu'avec l'adoption du traité de Nice, et en vertu d'une décision adoptée par le Conseil, que les États membres ont pu statuer à la majorité qualifiée.

### b. Des limites persistantes

**585.** Néanmoins, cette communautarisation présente plusieurs lacunes. D'une part, certains domaines échappent encore à la majorité qualifiée. Tel est le cas du régime des passeports, des cartes d'identité et des titres de séjour (art. 18 § 3 CE).

D'autre part, le contrôle de la Cour se trouve limité. En effet, le renvoi préjudiciel ne peut être admis que pour les juridictions internes de dernier ressort. De plus, échappent au renvoi préjudiciel les mesures de contrôle aux frontières internes, qui ont été adoptées pour le maintien de l'ordre public et la sauvegarde de la sécurité intérieure (art. 68 § 2 CE). Il s'agit d'un contentieux important lié à la liberté de mouvement des personnes qui ne relève pas du juge de l'Union. Comme nous aurons l'occasion de le souligner dans les lignes qui suivent, ces différentes restrictions ont été levées par le traité de Lisbonne.

Notons en dernier lieu que deux États n'ont pas participé au dispositif issu du traité d'Amsterdam : le Royaume-Uni et l'Irlande lesquels, en application de protocoles annexés au traité d'Amsterdam, ont la possibilité de s'exclure du titre IV au regard de l'espace de liberté, de sécurité et de justice. Il en va de même pour l'intégration de l'acquis de Schengen.

## §2. La maturation du processus : l'Espace de liberté, de sécurité et de justice

**586.** Fondé sur les programmes de Tampere (1999-2004), de La Haye (2004-2009) et de Stockholm (2010-2014), l'Espace de liberté, de sécurité et de justice a pour objet, difficile, à la fois d'assurer l'exercice de la libre circulation des personnes et de garantir un niveau de protection aux citoyens.

Il englobe plusieurs domaines ou politiques. Il s'agit notamment de la gestion des frontières extérieures de l'Union ou encore la coopération judiciaire en matière civile et pénale, les politiques d'asile et d'immigration, la coopération politique et la lutte contre la criminalité (terrorisme, criminalité organisée, traite des êtres humains, stupéfiants, etc.). Le traité de Lisbonne apporte des éléments novateurs à cet égard.

### A. La synergie entre trois axes

**587.** L'Espace de liberté, de sécurité et de justice est régi par le titre V du traité sur le fonctionnement de l'Union européenne. Il repose sur la synergie entre trois axes que sont la liberté, la sécurité et la justice. Plus précisément, les espaces de liberté et de sécurité se juxtaposent compte tenu de leur lien étroit évident.

#### 1. La liberté

**588.** L'espace de liberté offre à tout citoyen européen le droit de circuler et de séjourner librement sur le territoire de l'Union sans contrainte. À ces libertés fondamentales, s'ajoute le dispositif Schengen qui a aboli les frontières internes. Mais l'espace de liberté ne peut se développer que si, conjointement, existe une sécurité. Cela impose aux États membres de mener, ensemble et de manière solidaire, une politique en matière de franchissement des frontières externes. De manière plus globale, il s'agit de promouvoir une politique commune en matière de mouvements migratoires, qui est devenue à l'évidence, ces dernières années, une exigence et un enjeu de premier plan. Il faut souhaiter que cette tendance reste mesurée et ne devienne pas excessive au risque de dénaturer le projet européen porteur d'ouverture et de libertés.

## 2. La sécurité

**589.** La coopération policière permet de garantir l'espace de sécurité qui doit accompagner le droit à la liberté de mouvement et de séjour des ressortissants. Hormis l'intensification du système résultant de Schengen (SIS et SIS II), cette coopération a pris forme par la création d'un office européen de police, Europol, institué par une convention signée le 26 juillet 1995 et complété par un protocole additionnel du 23 juillet 1996 relatif à la compétence de la Cour de justice.

Compétent sur des affaires de criminalité, Europol dispose de nombreux moyens d'information dans le cadre d'une collaboration et d'échanges entre les autorités nationales que sont les services de police, notamment de manière informatisée. Le siège d'Europol est établi à La Haye.

De plus, ces dernières années, a été développée la coopération judiciaire en matière pénale, support de la coopération policière, au travers d'Eurojust, instituée par une décision du 28 février 2002[109].

**590.** Dotée de la personnalité juridique, Eurojust est un organe réunissant les représentants nationaux détachés par chaque État membre et dotés de la qualité de procureur, de juge ou d'officier de police ayant des prérogatives équivalentes. Eurojust est compétente pour toutes les infractions qui relèvent d'Europol, avec laquelle elle travaille étroitement, notamment au travers d'une coordination entre les autorités quant aux enquêtes et poursuites judiciaires sur le territoire de l'Union.

Le traité de Lisbonne est très explicite sur la vocation d'Eurojust. En effet, l'article 86 TFUE dispose que le Conseil est compétent pour « instituer un parquet européen à partir d'Eurojust ». Il prévoit également que les décisions adoptées dans le cadre de la coopération en matière pénale seront prises à la majorité qualifiée (art. 82 et 83 TFUE) et ce afin de promouvoir un espace judiciaire et pénal.

**591.** Outre Eurojust, le mandat européen a également été institué par une décision-cadre du 13 juin 2002[110]. Le mandat d'arrêt européen est une décision judiciaire dressée par un État membre en vue de l'arrestation et la remise, par un autre État membre, d'une personne recherchée dans le cadre de poursuites pénales ou dans le cadre de l'exécution d'une peine ou d'une mesure de sûreté privative de liberté. Les États sont alors liés

109. Décision n° 2002/187/JAI du Conseil instituant Eurojust afin de renforcer la lutte contre les formes graves de criminalité, *JOCE* n° L 63, 20 mars 2002.

110. Décision-cadre n° 2002/584/JAI du Conseil du 13 juin 2002 relative au mandat d'arrêt européen et aux procédures de remise entre États membres, *JOCE* n° L 190, 18 juill. 2002.

par la demande et tenus d'exécuter le mandat qui est émis exclusivement par l'autorité judiciaire.

Le mandat européen ne concerne que les infractions présentant une certaine gravité. En effet, il s'agit de celles passibles dans l'État concerné (État d'émission) d'une privation de liberté d'au moins douze mois ou ayant abouti à une condamnation d'au moins quatre mois de privation de liberté.

### 3. La justice

**592.** L'espace de justice prend la forme d'une coopération judiciaire en matière civile et commerciale dès l'instant que l'exercice d'une compétence a des conséquences transfrontalières.

La coopération dans ce domaine a pour objectif d'établir les règles de compétence des juridictions nationales et de reconnaissance et d'exécution de leurs décisions[111].

## B. Un cadre institutionnel unique

**593.** En supprimant les trois piliers communautaires, le traité de Lisbonne procède à une simplification et une amélioration de l'action dans le cadre de l'Espace de liberté, de sécurité et justice. Un cadre institutionnel unique est instauré.

### 1. L'asile, l'immigration et les contrôles aux frontières

**594.** Rappelons que certains aspects de l'asile, l'immigration et les mesures liées à la libre circulation des personnes avaient déjà été transférés au pilier communautaire par le traité d'Amsterdam.

Le traité de Lisbonne confirme une telle évolution, en procédant à la complète « communautarisation » de ces domaines. En effet, il abroge l'ancien article 68 CE figurant sous l'ancien titre IV du traité CE sur les visas, l'asile, l'immigration et les autres politiques liées à la circulation des personnes. Rappelons que ce domaine a été transféré au pilier communautaire par le traité d'Amsterdam. Le traité de Lisbonne prévoit désormais la complète intégration de ces domaines sous un titre V du TFUE regroupant les politiques relatives aux contrôles aux frontières, à l'asile et à l'immigration, à la coopération judiciaire en matière civile, à la coopération en matière pénale et à la coopération policière.

Il supprime dès lors les restrictions à la compétence préjudicielle de la Cour de justice. En effet, rappelons également qu'auparavant, seules les juridictions nationales statuant en dernier ressort pouvaient saisir la Cour. De surcroît, Cour ne pouvait pas se prononcer sur des mesures d'ordre public prises dans le cadre de contrôles frontaliers.

111. V. par exemple le règlement n° 2201/2003 du 27 nov. 2003 relatif à la responsabilité parentale et à la protection de l'enfant, *JOCE* n° L 338. 23 déc. 2001, ou le règlement (CE) n° 805/2004 du 21 avr. 2004 portant création d'un titre exécutoire pour les créances contestées, *JOUE* n° L 43, 30 avr. 2004.

Désormais, la Cour de justice acquiert une compétence générale et ce depuis l'entrée en vigueur du traité de Lisbonne.

Néanmoins, la compétence de la Cour demeure exclue en ce qui concerne l'examen de la validité ou de la proportionnalité des opérations menées par la police ou d'autres services répressifs dans un État membre. De même, elle est incompétente pour statuer sur l'exercice des responsabilités qui incombent aux États membres pour le maintien de l'ordre public et la sauvegarde de la sécurité intérieure (art. 276 TFUE).

En outre, le traité de Lisbonne consacre l'utilisation du terme « politiques » pour qualifier les mesures relatives à l'asile, à l'immigration et aux contrôles des frontières. Par ailleurs, il établit un principe de solidarité et de partage équitable de responsabilités entre les États membres, y compris sur le plan financier, qui doit s'appliquer à l'ensemble de ces domaines.

De même, il prévoit l'introduction progressive d'un système européen commun d'asile et d'un système intégré de gestion des frontières extérieures ainsi que l'adoption de mesures d'encouragement en matière d'intégration des étrangers en situation régulière.

## 2. La coopération judiciaire civile

**595.** Depuis le traité d'Amsterdam, la coopération judiciaire en matière civile relève du pilier communautaire. Le champ de la coopération civile a été étendu par le traité de Lisbonne puisque celui-ci consacre le principe de reconnaissance mutuelle et supprime les restrictions à la compétence de la Cour.

En revanche, il maintient la règle de l'unanimité pour les aspects relatifs au droit de la famille, mais prévoit une clause passerelle permettant au Conseil statuant à l'unanimité d'étendre la procédure législative ordinaire. Néanmoins, chaque Parlement national peut s'opposer à cette évolution.

## 3. La coopération policière et la coopération judiciaire en matière pénale

**596.** Le traité de Lisbonne procède à la communautarisation de la coopération policière et judiciaire en matière pénale qui relevait jusqu'à présent du troisième pilier. Néanmoins, certaines spécificités demeurent. Il s'agit notamment du droit d'initiative partagé entre la Commission et au moins un quart des États membres.

Par ailleurs, les compétences de l'Union en matière pénale se sont étendues. Est ainsi consacré, comme indiqué plus haut, le principe de la reconnaissance mutuelle et les pouvoirs de l'Office européen de Police, Europol, sont renforcés.

Le traité de Lisbonne rend également possible la création d'un parquet européen dont la compétence se limiterait aux infractions portant atteinte aux intérêts financiers de l'Union. Mais elle pourrait être étendue à la lutte contre la criminalité grave ayant une dimension transfrontalière.

De même, il consacre le passage de l'unanimité à la majorité qualifiée au Conseil et à la procédure législative ordinaire avec le Parlement européen pour la plupart de ces questions. En revanche, en sont exclues la coopération policière opérationnelle et la décision de créer un parquet européen et d'en étendre les prérogatives.

**597.** Toutefois, pour tenir compte des réticences de certains États, notamment le Royaume-Uni, une « clause de frein » a été insérée permettant à un État membre qui estime qu'un projet « porte atteinte aux aspects fondamentaux de son système de justice pénale » de saisir le Conseil européen. Dans ce cas, ce dernier peut décider (par consensus), dans un délai de quatre mois, soit de renvoyer le projet au Conseil des ministres, soit de suspendre la procédure. Cette « clause de frein » est compensée par un mécanisme « accélérateur ». En effet, en cas de blocage sur une mesure, une coopération renforcée pourra être lancée automatiquement dès lors qu'elle réunit au moins neuf États membres. Cette clause pourra également jouer dans les domaines où l'unanimité est requise, comme la création d'un parquet européen.

En dernier lieu, notons que désormais, le protocole n° 36, article 10, prévoit que la Commission, à l'issue d'une période de cinq ans, peut introduire des recours en manquement concernant des mesures relatives à la coopération policière et judiciaire en matière pénale prises avant l'entrée du traité de Lisbonne.

**598. Bibliographie**

***Sur les personnes et la citoyenneté***

M. Benlolo-Carabot, *Les fondements juridiques de la citoyenneté européenne*, Bruylant, 2007.

C. Boutayeb, « Le régime jurisprudentiel du droit au regroupement familial du citoyen de l'Union », *RUE* 2013, p. 287.

C. Boutayeb, « Légalité du séjour et accès aux prestations sociales : l'essor de la jurisprudence *Dano* », *RDSS* 2015, p. 1017.

C. Boutayeb, « Singularité et ambivalence de la discrimination fondée sur l'âge en droit de l'Union européenne », *in* D. Blanc (dir.), *Age(s) et Droit(s). De la minorité à la vieillesse au miroir du droit,* Ed. Institut universitaire Varenne, 2016.

J.-Y. Carlier, *L'avenir de la libre circulation des personnes dans l'Union européenne*, vol. 2, 2006, Bruylant.

J.-Y. Carlier, *La condition des personnes dans l'Union européenne*, Larcier, 2007.

S. De La Rosa, « Les principes sociaux de la Charte des droits fondamentaux de l'Union européenne sont-ils décoratifs ? », *D.* 2014, p. 705.

E. Delany et L. Barani, « The promotion of "symmetrical" European citizenship : a federal perspective », *Journal of European Integration*, vol. 25, number 2, june 2003, p. 95-114 (20).

G. Delanty, « Models of citizenship : defining European identity and citizenship », Citizenship Studies, vol. 11, number 1, february 2007, p. 63 (10).

L.-M. Diez-Pacazoo, « Citoyenneté et identité européennes », *in* G. Cohen-Jonathan et J. Dutheil De La Rochère (dir.), *Constitution européenne, démocratie et droits de l'homme*, Bruylant, 2003, p. 165.

P. Dollat, *La citoyenneté européenne. Théorie et statuts*, Bruylant, 2008.
L. Dubouis, « Citoyenneté européenne et droits fondamentaux de la personne », in *Mélanges Jacques Bourrinet*, La Documentation française, 2004, p. 89.
M. Fallon, « Les droits fondamentaux liés à la citoyenneté de l'Union européenne, sous les regards croisés du traité CE et de la Charte », *in* J.-Y. Carlier et O. De Schutter (dir.), *La Charte des droits fondamentaux de l'Union européenne*, Bruylant, 2002, p. 149.
B. Fauvarque-Cosson, E. Pataut et J. Rochfeld (dir.), *La citoyenneté européenne*, Société de Législation Comparée, 2011.
H. Fulchiron, « L'enfant bouclier : le mineur citoyen européen protecteur de ses parents », *Droit de la famille* 2016, n° 11, comm. 228.
H. Gaudin, « Citoyenneté européenne et droits fondamentaux », *RAE* 2006, p. 83.
R. Kovar, « L'émergence et l'affirmation du concept de citoyenneté européenne dans le processus d'intégration européenne », *in* C. Philip et P. Soldatos (dir.), *La citoyenneté européenne*, Université de Montréal, 2000, p. 81.
S. Leclerc, *La libre circulation des personnes dans l'Union européenne*, Bruylant, 2009.
P. Magnette, *La citoyenneté européenne*, Éd. de l'ULB, 1999.
D. Martin, « De Martinez Sala à Bidar, les paradoxes de la jurisprudence sur la libre circulation des citoyens », *in* J.-Y. Carlier et E. Guild (dir.), *L'avenir de la libre circulation des personnes dans l'Union européenne*, Bruylant, 2006, p. 159.
A. Mattera, « La liberté de circulation et de séjour des citoyens européens et l'applicabilité directe de l'article 8 A du traité CE », *in Mélanges Fernand Schockweiler*, Nomos, 1999, p. 413.
Cl. Marzo, « La Cour de justice de l'Union européenne et la Charte des droits fondamentaux : une illustration des splendeurs et misères de la régulation sociale par la mobilisation des droits sociaux fondamentaux par le juge », *Droit social* 2016, p. 209.
J. Molinier et N. De Grove-Valdeyron, *Droit du marché intérieur européen*, LGDJ, 3e éd., 2011.
J.-D. Mouton, « Ressortissants communautaires », *Répertoire Dalloz Droit européen*.
E. Pataut, « Le citoyen européen et sa famille étrangère », *RTDE* 2013, p. 927.
S. Peres, « À la recherche de la citoyenneté européenne », *Les contentieux de l'appartenance*, L'Harmattan, 2006, n° 5, p. 281.
H. Pongérard-Payet, « La liberté de circulation des citoyens européens sédentaires à l'aune de la Charte post-Lisbonne », *RUE* 2014, p. 596.
J.-C. Séché, *L'entrée et le séjour, Commentaire Mégret*, Éd. de l'ULB, 2e éd., 1991, p. 81.
S. Robin-Olivier, « L'étranger et la citoyenneté européenne – Lecture de la Charte des droits fondamentaux de l'Union européenne », *in* A. Lyon-Caen et P. Lokiec (dir.), *Droits fondamentaux et droit social*, Dalloz, 2005, p. 197.
S. Robin-Olivier, « Les normes sociales internationales et européennes et le développement du droit par les juges en Europe », *Droit social* 2016, p. 219.
P. Rodière, « Libre circulation des personnes et citoyenneté européenne dans la jurisprudence de la Cour de justice », *RTDE* 2006, p. 163.

***Sur la liberté professionnelle***

L. Bernardaud, « Droit communautaire d'établissement et transfert du siège des sociétés », *Gaz. Pal.* n° 31, juill. 2003, p. 38.

O. Blin, « Les pharmacies aux pharmaciens ! (ou le monopole des pharmaciens garanti par le juge communautaire) », *RLDA* 2009, p. 50.

C. Blumann (dir.), « Marché intérieur – Libre circulation des personnes et capitaux, rapprochement des législations », *Commentaire Mégret,* Éd. de l'ULB, 3e éd., 2006.

C. Boutayeb et E. Célestine, « Les difficultés de la mise en œuvre, en droit français, du droit à congé payé garanti par l'Union européenne », *RDT* 2012, p. 578.

M. Candela Soriano, « Les exigences linguistiques, une entrave légitime à la libre circulation », *CDE* 2002, n° 1-2, p. 9.

P. Cassia, « Un monopole des jeux d'argent sur Internet est compatible avec la libre prestation des services », *JCP G* 2009, p. 47.

M.-C. Chemtob-Concé, « La confirmation de la CJCE des règles de détention et d'exploitation d'une pharmacie », *Gaz. Pal.* 2009, n° 296-297, I, jurispr. p. 16.

S. d'Acunto, « Une application populaire de la libre circulation des services, le droit à l'utilisation des antennes paraboliques », *RDUE* 2002, p. 553.

S. d'Acunto, « La proposition de directive sur les services dans le marché intérieur », *RDUE* 2004, p. 201.

S. d'Acunto, « La jurisprudence communautaire en matière d'établissement et de libre prestation de services », *RDUE* 2006, p. 329.

B. Delaunay, « Les entraves fiscales au sein des groupes de sociétés », *RAE* 2007-2008, p. 57.

G. Delsore, « Le principe de non-discrimination, la liberté de circulation et les facilités linguistiques en matière judiciaire », *CDE* 2000, p. 311.

P. Dibout, « L'Europe et la fiscalité directe », *LPA* 23 déc. 1998, p. 8.

M.-J. Domestici-Met, « Droit d'établissement et libre prestation de services », *Juris-Classeur Europe,* fasc. 710.

A. Donnette, « À propos d'une rencontre mouvementée entre droit social et droit du marché : les arrêts Viking, Laval, Rüffert et Luxembourg », *RAE* 2007-2008, p. 341.

O. Dubos et P. Kauffmann (dir.), *L'Europe des services : l'approfondissement du marché intérieur,* 2009, Pedone.

L. Dubouis, « La notion d'emplois dans l'administration publique (art. 48 § 4 du traité CEE) et l'accès des ressortissants communautaires aux emplois publics », *RFDA* 1987, p. 949.

M. Fallon et A.-M. Simon, « La directive "services" : quelle contribution au marché intérieur ? », *JTDE* 2007, p 33.

J.-M. Favret, « Le système général de reconnaissance des diplômes et des formations professionnelles en droit communautaire : esprit et méthode », *RTDE* 1996, p. 259.

A. Gardin, « Gestation pour autrui et congé de maternité : la CJUE confrontée au tabou », *RDLF* 2014, chron. n° 15.

L. Goffin, « Liberté d'établissement et égalité de traitement ou un avocat peut-il "s'établir" sans être inscrit à l'ordre professionnel ? », *CDE* 1996, p. 723.

N. De Grove-Valdeyron, « Prestation de services », *Répertoire Dalloz Droit européen.*

N. De Grove-Valdeyron, « Établissement », *Répertoire Dalloz Droit européen.*
M. Hahn, « Arrêt "Pesla" : l'équilibre entre les exigences de la libre circulation des personnes et le maintien d'un standard minimum dans les professions juridiques réglementées », *JTDE* 2010, p. 143.
S. Hennion, « Les aspects sociaux de la directive n° 2006/123/CE du 12 décembre 2006 relative aux services dans le marché intérieur », *JCP E* 2007, p. 1430.
L. Idot, « Le marché européen des services : directive "Bolkenstein" ou "Frankenstein" ? Le mythe de la loi d'origine », *Europe* 2005, repère 3.
L. Idot, « Variations sur le domaine spatial du droit communautaire », *in Mélanges Paul Lagarde*, Dalloz, 2005, n° 11.
R. Kovar, « La mobilité des sociétés dans l'espace européen », *D.* 2009, p. 465.
M. Le Roy, « La régulation de l'ouverture à la concurrence des paris en ligne par la CJCE », *AJDA* 2009, p. 2185.
G. Marenco, « La notion de restriction aux libertés d'établissement et de prestations de service dans la jurisprudence de la Cour », *Gaz. Pal.* 1992, 1, doctr. p. 317.
F. Picod, « L'appréciation de la proportionnalité des restrictions des jeux de hasard, Rien ne va plus à la Cour de justice ? », *JCP G* 2009, n° 413, p. 12.
G. Santoro, « L'évolution du principe de liberté d'établissement en droit communautaire », *RIDE* 2010, p. 351.
O. De Schutter et S. Francq, « La proposition de directive relative aux services dans le marché intérieur : reconnaissance mutuelle, harmonisation et conflits de lois dans l'Europe élargie », *CDE* 2005, p. 603.

***Sur l'Espace de liberté, de sécurité et de justice***

M. Ayral, « Liberté, sécurité et justice, le Programme de La Haye », *RDUE* 2005, p. 353.
E. Barbe, « Le point sur dix années d'existence des magistrats de liaison », *L'Observateur de Bruxelles*, n° 54, 2003, p. 12.
E. Barbe, *L'espace judiciaire européen*, La Documentation française, 2007.
P. Berthelet, « La "gouvernance Schengen", le sentier périlleux de la réforme », *RDUE*, 2012, n° 4, p. 65.
S. de Biolleyiolley, H. Labayle, M. Poelmans et A. Weyembergh, *Code de droit pénal de l'Union européenne*, Bruylant, 2e éd., 2013.
S. Bot, *Le mandat d'arrêt européen*, Larcier, 2009.
M. Boumghar, « Quelques remarques sur la tendance sécuritaire du droit des étrangers à l'échelle européenne », *in* M. Benlolo-Carabot et K. Parrot (dir.), *Actualité du droit des étrangers*, Bruylant, 2011, p. 67.
M. Boumghar, « La licéité de l'action de Frontex au regard du droit international », *in* L. Dubin (dir.), *La lutte contre l'immigration irrégulière par l'Union européenne : quelle légalité ?*, Bruylant, 2012, p. 103.
P. De Bruycker, *L'émergence d'une politique d'immigration*, Bruylant, 2003.
M. Douchy-Oudot, « Un espace de justice commun : "l'Année européenne des citoyens 2013". Les droits conférés automatiquement à tous les citoyens de l'Union européenne », *RTDE* 2013, p. 327.
C. Fleuriot, « Schengen : La possibilité de rétablir les contrôles devrait être considérée au niveau européen », *Dalloz actualité*, 26 sept. 2011.
C. Hagueneau-Moizard, F. Gazin et J. Leblois-Happe, *Les fondements du droit pénal de l'Union européenne*, Larcier, 2016.

F. Julien-Laferrière, H. Labayle et O. Edström (dir.), *La politique européenne d'immigration et d'asile : bilan critique cinq ans après le traité d'Amsterdam*, Bruylant, 2005.

C. Kaddous et M. Dony, *D'Amsterdam à Lisbonne. Dix ans d'espace de liberté, de sécurité et de justice*, Bruylant.

G. De Kerchove et A. Weyembergh, *Vers un espace judiciaire pénal européen*, Éd. de l'ULB, 2000.

H. Labayle, « L'Union européenne et l'immigration : une véritable politique commune ? », *in Mélanges Franck Moderne*, Dalloz, 2004, p. 1217.

H. Labayle, « La politique extérieure de l'Union européenne en matière de justice et d'affaires intérieures : chimère ou réalité ? », *in Mélanges Jean-Claude Gautron*, Pedone, 2004, p. 681.

H. Labayle (dir.), *Vers un droit commun de la coopération transfrontalière ? : Actes de la journée d'étude du 16 septembre 2005*, Bruylant, 2007.

H. Labayle et J.-S. Bergé, « Les principes de l'Espace de liberté, de sécurité et de justice », *RTDE* 2016, p. 589.

O. Edström, H. Labayle et F. Laferrière (dir.), *La politique européenne d'immigration et d'asile : bilan critique cinqans après le traité d'Amsterdam*, Bruylant, 2005.

C. Philip et C. Boutayeb, « Schengen (Accords de –) », *Dictionnaire juridique des Communautés européennes*, PUF, Les grands dictionnaires, p. 971.

S. Manacorda, « Le consolidement de l'Espace de liberté, de sécurité et de justice : vers une "mise à l'écart" du rapprochement du droit et de la procédure pénale ? », *Rev. sc. crim.* 2007, p. 899.

P.-Y. Monjal, « La décision-cadre instaurant le mandat d'arrêt européen et l'ordre juridique français : la constitutionnalité du droit dérivé de l'Union européenne sous contrôle du Conseil d'État », *RDUE* 2003, n° 1, p. 109.

Y. Pascouau, *La politique migratoire de l'Union européenne : De Schengen à Lisbonne*, Bruylant, 2011.

A. Weyembergh, « L'impact du 11 septembre sur l'équilibre sécurité/liberté dans l'espace pénal européen » *in* E. Bribosia et A. Weyembergh (dir.), *Lutte contre le terrorisme et droits fondamentaux*, Bruylant, 2002, p. 153.

A. Weyembergh et V. Santamaria, « Le contrôle démocratique dans l'espace pénal européen », *in* M. Dony et L. Serena Rossi (dir.), *Démocratie, cohérence et transparence. Vers une constitutionnalisation de l'Union européenne ?*, Éd. de l'ULB, 2008, p. 73.

# Titre 3
# Le support financier : la mobilité des capitaux

**599.** Loin d'être ignorés par le traité, car pierre angulaire de l'économie, les capitaux ont fait d'emblée l'objet d'un traitement spécifique au travers de plusieurs dispositions. Il s'agit des articles 67 à 73 CEE relatifs aux capitaux et de l'article 106 CEE sur les paiements courants. Ces dispositions ont toutes été supprimées par le traité de Maastricht.

Aujourd'hui, la libre circulation des capitaux est régie par les articles 63 à 66 TFUE et 75 TFUE, anciennement et respectivement les articles 56 à 59 CE et 60 CE. L'objet de ces nombreuses dispositions est d'organiser le libre mouvement financier sur le territoire de l'Union et ce dans un contexte d'intégration monétaire intense.

**600.** La mobilité financière a été, dès l'origine, perçue comme un instrument essentiel de la réalisation du marché commun. En effet, il est difficilement concevable de parvenir à une libre circulation des marchandises ou des opérateurs économiques, certes les principaux facteurs de production au sein du marché, sans faciliter le mouvement des capitaux qui leur est étroitement lié.

Elle est d'autant plus importante que le mouvement des capitaux était, antérieurement aux traités et à la mise en œuvre de l'UEM, placé sous le règne de l'entière souveraineté des États membres. En effet, au travers des actions qu'ils pouvaient entreprendre de leur propre initiative, ceux-ci maîtrisaient la conduite de leur politique économique et monétaire.

La mobilité des capitaux constitue en ce sens un élément moteur qui contribue à la formation d'un ensemble économique harmonieux, comme le font valoir les dispositions afférentes dans les traités (art. 63 à 66 TFUE et 75 TFUE), mais aussi, pendant longtemps, les dispositions liminaires sur les compétences de l'Union comme les articles 2, 3, 4 et 5 TFUE, ou encore les dispositions spécifiques relatives à la politique monétaire de l'Union avec pour ressort l'euro (art. 120 à 144, 219, 282 et 284 TFUE).

**601.** À cet égard, la Cour a souligné que la libre circulation des capitaux, en tant que liberté fondamentale au même titre que celle des marchandises ou des personnes, constitue néanmoins « dans la pratique, une condition de l'exercice efficace d'autres libertés garanties par le traité, notamment la liberté d'établissement »[1]. En effet, elle est une liberté qui, même si elle jouit d'une parfaite autonomie au regard des marchandises ou des personnes, n'en est pas moins perçue comme un support.

En cas de double fondement ou dans l'hypothèse d'une forte proximité, la Cour n'hésitera pas à cumuler l'application des différentes dispositions de fond, soit les deux régimes de liberté, la libre circulation des capitaux et la libre prestation de services et la liberté d'établissement[2], sauf en présence d'un litige qui met en cause de manière spécifique la libre circulation des capitaux[3], ou de mesures qui affectent de manière particulière les capitaux[4]. De jurisprudence établie, pour savoir si une législation nationale relève de l'une ou de l'autre de ces libertés fondamentales, l'article 49 TFUE ou 63 TFUE, il y a lieu de prendre en compte l'objet de la législation en cause[5].

**602.** Alors que le traité préconisait timidement une libération progressive des mouvements de capitaux, une seconde ère s'est ouverte dans les années 1990, portée par l'Union économique et monétaire. Celle-ci a optimisé les conditions en vue d'une libération totale. Aujourd'hui, la place de la libre circulation des capitaux a sensiblement décliné, n'ayant plus sa raison d'être du fait essentiellement de l'intégration économique et monétaire qui l'a supplantée à bien des égards.

---

1. CJCE, 11 nov. 1981, *Casati*, aff. 203/80, *Rec.* p. 2595 ; sur les rapports étroits entre la libre circulation des capitaux et les libertés d'établissement et de prestation de services, v. CJCE, 3 oct. 2006, *Fidium*, aff. C-452/04, *Rec.* p. I. 9521.

2. CJCE, 23 avr. 2008, *The Test Claimants*, aff. C-201/05, *Rec.* p. 2875, à propos de dividendes d'actions versées à une société résidente par une société non résidente ; CJUE, 3 juin 2010, *Commission c/Espagne*, aff. C-487/08 ; CJUE, 25 oct. 2012, *Commission c/Belgique*, aff. C-387/11.

3. CJCE, 5 mars 2002, *Reisch*, aff. jtes C-515/99, C-519/99 à C-524/99, et C-526 à 540/99, *Rec.* p. I. 2157, à propos d'une procédure de déclaration et d'autorisation préalable pour l'acquisition de terrains à bâtir.

4. V. CJCE, 27 janv. 2009, *Persche*, aff. C-318/07, *Rec.* p. I. 359.

5. CJCE, 24 mai 2007, *Holböck*, aff. C-157/05, *Rec.* p. I. 4051 ; CJCE, 26 mars 2009, *Commission c/Italie*, aff. C-326/07, *Rec.* p. I. 2291 ; CJUE, 1er juill. 2010, *Dijkman-Lavaleije*, aff. C-233/09, *Rec.* p. I. 6649 ; CJCE, 11 nov. 2010, *Commission c/Portugal*, aff. C-543/08, *Rec.* p. I. 11241 ; CJCE, 10 nov. 2011, *Commission c/Portugal*, aff. C-212/09 ; CJUE, 25 oct. 2012, *Commission c/Belgique*, aff. C-387/11 ; CJUE, 28 févr. 2013, *Petersen*, préc.

# CHAPITRE 1

# Le processus de libération des capitaux

**603.** La sensibilité de la libre circulation des capitaux au regard de la souveraineté économique nationale explique, dans une certaine mesure, la modération des dispositions initiales prévues par le traité CEE. En effet, celles-ci n'envisageaient alors qu'une coordination des politiques nationales.

La libération progressive des mouvements de capitaux est évoquée dès la première disposition relative aux capitaux. Il s'agit là d'un premier pas avant la constitution d'un espace financier, ce que n'envisageaient pas encore explicitement à l'époque les rédacteurs du traité de Rome. Le dépassement des premiers objectifs est apparu à partir du traité de Maastricht qui a donné les outils pour l'accomplissement d'une intégration financière.

## Section 1
## Une libération par étapes

**604.** La réalisation du premier objectif, défini par le traité, s'est faite par étapes comme en témoigne l'article 67 CEE. Cette disposition prévoit la suppression progressive de deux séries d'obstacles en fonction du type de mouvement de capitaux, sans pour autant en définir le contenu : d'une part, les obstacles qui rendent difficiles les mouvements de capitaux de personnes résidant dans les États membres et, d'autre part, les obstacles qui restreignent les paiements courants.

Derechef, le traité demeurera silencieux sur le critère de distinction entre ces deux types de mouvement. C'est en réalité la Cour de justice qui a conforté la distinction timidement suggérée par le traité, en offrant un contenu explicite à ces mouvements.

## §1. L'étape initiale : la libération des paiements courants

**605.** Il était indispensable de privilégier dans un premier temps la mobilité des paiements courants qui constituait en soi une étape nécessaire avant d'envisager une libération financière plus complète, celle des capitaux.

### A. Le paiement courant comme rémunération d'une prestation

**606.** C'est le traité qui, en vertu de l'article 106 CEE, disposition aujourd'hui abrogée, établit un rapport direct entre les autres libertés (marchandises, personnes, services et capitaux) et la libération des paiements afférents à ces mouvements.

Les paiements courants sont entendus par la Cour comme des « transferts de devises qui constituent une contre-prestation dans le cadre d'une transaction sous-jacente »[1]. Ils s'opposent en ce sens aux capitaux qui visent une opération financière ayant pour objet, non la rémunération d'une prestation, mais le placement ou l'investissement du montant en cause.

### B. La levée de toutes formes de restrictions

**607.** Selon les termes de l'article 67, paragraphe 2, CEE, aujourd'hui abrogé, les paiements courants, qui s'opèrent entre États membres, sont libérés de toute restriction à l'expiration de la période de transition afin de préparer les conditions de la libre circulation des capitaux. La seule faculté dont disposent les autorités nationales est de vérifier que les mouvements en cause constituent réellement des paiements correspondant à une opération[2] et non un mouvement de capital qui obéit, dès lors, à un autre régime de liberté. Néanmoins, les autorités nationales peuvent être autorisées à recourir à des mesures de sauvegarde, en application des articles 143 et 144 TFUE, en cas de difficultés ou de menace grave de difficultés dans la balance des paiements d'un État membre (art. 143 TFUE) ou de crise soudaine dans la balance des paiements (art. 144 TFUE).

## §2. L'étape décisive : la libération des mouvements de capitaux

**608.** La libération des capitaux a connu une lente réalisation. Elle est pourtant essentielle dans la perspective d'une intégration monétaire et financière globale. La progressivité du calendrier s'explique par l'existence dans le traité de dispositions peu contraignantes, particulièrement

1. CJCE, 31 janv. 1984, *Luisi et Carbone*, préc.
2. *Ibid.*

l'article 67, paragraphe 1, CEE lequel, rappelons-le, est aujourd'hui abrogé.

## A. Les dispositions de fond du traité CEE

**609.** En termes bienveillants, l'article 67 CEE accorde aux autorités nationales une grande latitude quant à la suppression des restrictions aux mouvements de capitaux « pendant la période de transition » et surtout, notons-le, « dans la mesure nécessaire au bon fonctionnement du marché commun ». De même, l'article 68, paragraphe 1, CEE prévoit que des autorisations de changes pourront être accordées « le plus libéralement possible ». Le traité prévoyait, en outre, que « la mise en œuvre progressive » des dispositions de l'article 67 CEE serait assurée par voie de directive dont la portée était limitée, compte tenu de la nécessaire transposition.

## B. Les limites

**610.** L'article 67 CEE ne posait nullement l'obligation d'assurer une complète et effective libération des mouvements de capitaux au lendemain de la période de transition, comme a pu le confirmer la Cour[3], et ce à la différence d'autres libertés, comme la liberté d'établissement et de prestation de services. En effet, n'étaient libérés que les mouvements de capitaux dans la mesure nécessaire au bon fonctionnement du marché commun, offrant ainsi la possibilité aux autorités nationales d'encadrer les autres mouvements. En outre, l'article 67 CEE ne pouvait pas être considéré d'effet direct puisqu'il n'était pas inconditionnel.

En réalité, le lien étroit entre la libération des capitaux et la politique économique des États membres, pour laquelle ceux-ci tenaient à demeurer souverains, a constitué un frein à une avancée sensible dans ce domaine, même si le traité, au travers notamment des articles 5, 119, 120,127 et 145 TFUE, appelle à une coordination des politiques économiques.

Il a fallu attendre le tournant de l'Acte unique pour que les États membres acceptent, sous le poids du calendrier imposé par le marché intérieur et dans la perspective de l'UEM qui se dessinait, d'accélérer le processus de libération.

Et ce n'est qu'au gré de plusieurs directives, autrement dit de plusieurs tentatives, que le processus de libération des capitaux a été ouvert, et que la levée des restrictions s'est opérée de manière effective.

3. CJCE, 11 nov. 1981, *Casati*, préc. ; CJCE, 31 janv. 1984, *Luisi et Carbone*, préc.

### C. L'amorce du processus : les premières directives

**611.** Les premières directives, adoptées en 1960[4], 1962[5], 1985[6] et 1986[7], avaient pour objet de définir un cadre juridique, sous-tendu par une approche spécifique, pour mettre en œuvre la suppression des restrictions. Chacune d'entre elle, selon une intensité variable[8], opérait une classification au sein d'une annexe composée de quatre catégories de mouvements de capitaux qui correspondaient, compte tenu de la spécificité que pouvait revêtir ce type de capitaux, à une libération plus ou moins intense.

Les mouvements de capitaux visés aux deux premières catégories (opérations d'investissement) ont fait l'objet d'une libération inconditionnelle. Pour leur part, les opérations financières à court terme (opérations spéculatives, dépôts auprès d'établissements de crédit à l'étranger, investissements en bons du Trésor), n'ont fait l'objet d'aucune libération. D'autres mouvements, visés à la troisième catégorie (notamment émission et placement d'actions ou d'obligations sur le marché des autres États membres ou prêts et crédits à moyen et long terme), ont bénéficié d'une libération conditionnelle.

# Section 2
# La libération effective

**612.** Le basculement s'opère avec l'ultime directive, celle du 24 juin 1988[9]. En effet, la directive n° 88/361/CEE parvient à insuffler une véritable dynamique au sein de l'espace financier en voie de constitution.

## §1. La directive 88/361/CEE

**613.** L'adoption de la directive n° 88/361/CEE s'inscrit dans un double contexte qui explique sa portée : d'une part, la réalisation du grand marché unique dont la date butoir est fixée au 1er janvier 1993, intensifiant l'intégration des marchés nationaux, notamment financiers et, d'autre part, la perspective d'une intégration monétaire et économique qui, même si celle-ci semble lointaine, impose aux autorités nationales et communautaires une plus grande hardiesse dans l'application de l'article 67.

---

4. Première directive du 11 mars 1960, *JOCE* n° 43, 12 juill. 1960.
5. Dir. n° 63/21/CEE du 18 déc. 1962, *JOCE* n° L 49, 22 janv. 1963.
6. Dir. n° 85/583/CEE du 20 déc. 1985, *JOCE* n° L 372, 31 déc. 1985.
7. Dir. n° 86/566/CEE du 17 nov. 1986, *JOCE* n° L 332, 26 nov. 1986.
8. Deux d'entre elles, celles de 1962 et 1985, n'opéraient que de légères modifications des directives précédentes.
9. Dir. n° 88/361/CEE, *JOCE* n° L 178, 8 juill. 1988.

## A. Un apport déterminant

**614.** La directive de 1988 supprime les directives adoptées antérieurement pour affirmer le principe d'une libération totale et inconditionnelle des capitaux entre les États membres. Elle impose de la sorte la suppression des restrictions aux mouvements de capitaux entre résidents des États membres, quelle que soit leur nationalité. Cette obligation est assortie d'une date butoir, celle du 1er janvier 1990, avec des possibilités de dérogation temporaire pour l'Espagne, le Portugal et la Grèce[10].

## B. Les applications

**615.** Le principe de libre circulation oblige les États à lever toute forme d'obstacle agissant directement ou indirectement sur les échanges financiers. Il s'agit notamment des entraves de nature fiscale au travers d'un régime plus favorable aux mouvements nationaux[11], du refus d'accorder des avantages fiscaux pour les biens immobiliers autres que nationaux[12], du régime de taxation des véhicules immatriculés dans un autre États membre et prêtés à titre gratuit[13], de l'imposition des dividendes[14], de la double imposition[15], des conditions de déductibilité du versement d'intérêts entre sociétés[16], d'un traitement fiscal distinct selon le lieu de résidence[17], de l'imposition des droits de succession[18], ou des autorisations préalables accordées par les autorités nationales pour déterminer les mouvements de capitaux[19] qui ne peuvent être soumis qu'à une simple déclaration préalable.

**616.** La directive renforce également la portée du principe de libre circulation en lui conférant une dimension externe car elle étend le régime applicable aux mouvements internes aux mouvements de capitaux en provenance ou à destination des pays tiers. Néanmoins, cet alignement est présenté sous la forme d'une invitation adressée aux États

10. Au 1er janv. 1994, tous les États membres avaient supprimé les entraves résiduelles à la libre circulation des capitaux, à l'exception de la Grèce qui maintiendra encore des restrictions pour certains mouvements de capitaux à court terme. Elle ne rejoindra les autres États que le 30 juin 1994.

11. Sous réserve de raisons impérieuses d'intérêt général, CJCE, 11 oct. 2007, *Européenne et Luxembourgeoise d'investissement*, aff. C-451/05, *Rec.* p. I. 8251.

12. CJCE, 15 oct. 2009, *Busley*, aff. C-35/08, *Rec.* p. I. 9807.

13. CJUE, 26 avr. 2012, *L.A.C*, aff. jtes C-578/10 à C-580/10.

14. CJCE, 20 mai 2008, *Smallcap*, aff. C-194/06, *Rec.* p. I. 3747 ; CJUE, 3 juin 2010, *Commission c/Espagne*, aff. C-487/08 ; CJUE, 6 oct. 2011, *Commission c/Portugal*, aff. C-413/09 ; CJUE, 20 oct. 2011, *Commission c/Allemagne*, aff. C-284/09 ; CJUE, 8 nov. 2012, *Commission c/Finlande*, aff. C-342/10 ; CJUE, 13 nov. 2012, *Test Claimants*, aff. C-35/11 ; CJUE, 10 avr. 2014, *Markets Series*, aff. C-190/02. V. Sur la différence de traitement selon le lieu d'investissement ou de placement, CJUE, 1er juill. 2010, *Dijkman*, aff. C-233/09, *Rec.* p. I. 664 ; CJUE, 10 mai 2012, *Santander*, aff. jtes C-338/11 à C-347/11.

15. CJUE, 28 févr. 2013, *Beker*, aff. C-168/11.

16. CJUE, 3 oct. 2013, *Itelcar*, aff. C-282/12.

17. CJUE, 25 oct. 2012, *Commission c/Belgique*, préc.

18. CJUE, 10 févr. 2011, *Werner*, aff. C-25/10.

19. CJCE, 28 sept. 2006, *Commission c/ Pays-Bas*, aff. jtes C-282/04 et 283/04, *Rec.* p. I. 9141 ; CJUE, 8 nov. 2012, *Commission c/Grèce*, préc.

membres, dont certains sont rétifs à une assimilation immédiate et complète au régime intracommunautaire. En effet, l'article 7, paragraphe 1, de la directive appelle sobrement les États membres à s'efforcer d'atteindre, dans le régime qu'ils appliquent aux transferts afférents aux mouvements de capitaux avec les pays tiers, le même degré de libération que celui des opérations intervenant avec les résidents des autres États membres.

## §2. L'approfondissement

**617.** L'accomplissement, tardif, de la liberté de circulation des capitaux a fait naître la nécessité d'approfondir l'espace financier commun en voie de lente constitution. À cet égard, le traité de Maaastricht sera un précieux outil, insufflant une dynamique en ce sens du fait de la réalisation de l'Union économique et monétaire. Et, ces dernières années, la Commission s'attache à promouvoir, au sein du projet d'Union des marchés des capitaux –UMC –, la notion d'intégration financière, qui se veut d'une plus grande portée, notamment au regard de la réglementation des investissements internationaux.

### A. Un nouvel essor insufflé par le traité de Maastricht

**618.** À la libération effective, vient se greffer le système issu du traité de Maastricht. Il constitue un puissant levier à la mise en place d'une véritable dynamique financière dans l'espace européen et ce d'autant que la suppression des obstacles persistants aux mouvements de capitaux devient l'une des priorités de la première étape de l'UEM.

Avec le nouveau traité, la directive de 1988 n'est pas abrogée. Mais il donne un nouvel essor à la libération des capitaux. En effet, les nouvelles dispositions (art. 63 et 75 TFUE) présentent une formulation plus contraignante à la différence des anciennes dispositions. Elles posent le principe d'interdiction de toute forme de restrictions aux mouvements de capitaux, alignant de la sorte le régime sur celui des autres libertés. En outre, compte tenu de leur caractère inconditionnel, la Cour de justice ne pouvait que consacrer l'effet direct des articles 63 et 75 TFUE[20]

### B. Vers l'intégration financière : l'Union des marchés des capitaux

**619.** L'Union des marchés des capitaux est une initiative émanant de la Commission, qui a pour objectif d'approfondir l'intégration des marchés des capitaux de l'ensemble des États membres de l'Union. L'UMC vise de manière concrète à développer de nouvelles sources de financement aux entreprises, en particulier aux petites et moyennes entreprises, réduire le coût du capital, élargir les possibilités d'investissement des

20. CJCE, 14 déc. 1995, *Sanz de Lera*, aff. jtes C-163/94, 165/94 et 250/94, *Rec.* p. I. 4821.

épargnants ou encore faciliter l'investissement transfrontière et attirer davantage d'investissements étrangers. De manière générale, l'idée majeure d'approfondir l'intégration financière.

À cette fin, la Commission a établi, le 30 septembre 2015, un plan d'action[21] qui comporte un certain nombre de mesures pour la mise en place progressive de l'UMC. Celle-ci doit être achevée pour 2019.

La plupart des actions sont axées sur la réorientation de l'intermédiation financière vers les marchés des capitaux et l'élimination des obstacles auxquels se heurtent les investissements transnationaux.

21. *Action Plan on Building a Capital Markets Union*, COM(2015) 468 final.

# CHAPITRE 2

# Le maintien de restrictions

**620.** Le principe de libre circulation étant affirmé, certaines restrictions peuvent néanmoins être maintenues au travers de clauses de sauvegarde, établies par le traité et la directive de 1988. Ces clauses définissent limitativement les situations ouvrant droit à un régime dérogatoire qui doit demeurer temporaire et exceptionnel. Parallèlement, la jurisprudence s'est alignée sur le régime applicable en matière de libre circulation des marchandises, en faisant ressortir des raisons d'intérêt général.

## Section 1
## Les clauses de sauvegarde

**621.** Les clauses de sauvegarde se limitent essentiellement aux mouvements de capitaux avec les pays tiers. En effet, à l'égard des États tiers[1], la directive établit la possibilité pour le Conseil d'adopter à la majorité qualifiée des mesures de sauvegarde si les mouvements des capitaux en cause donnent lieu à des investissements directs, des investissements immobiliers ou des acquisitions boursières[2].

Pour sa part, le traité lui-même contient des clauses de sauvegarde pour les mouvements avec les pays tiers. En effet, l'article 66 TFUE prévoit qu'en cas de mouvements de capitaux en provenance ou à destination des États tiers susceptibles d'occasionner une perturbation grave du fonctionnement de l'UEM, le Conseil peut, sur proposition de la Commission et après consultation de la BCE, prendre à l'égard des États tiers des mesures de sauvegarde. Néanmoins, celles-ci ne dépassent pas six mois et doivent répondre à un principe de nécessité.

De plus, dans le cadre des mesures adoptées en vertu de l'article 64 TFUE, le Conseil est tenu de statuer à l'unanimité si de telles mesures

1. CJCE, 23 févr. 2006, *Van Hilten-van*, aff. C-513/03, *Rec.* p. I. 1957.
2. CJCE, 18 déc. 2007, *Skatteverkett*, aff. C-101/05, *Rec.* p. I. 11531.

« constituent un recul dans le droit de l'Union européenne en ce qui concerne la libération des mouvements de capitaux à destination ou en provenance de pays tiers »[3].

En dernier lieu, l'article 75 TFUE prévoit les sanctions à caractère financier que peut infliger l'Union dans le cadre de l'Espace de liberté, de sécurité et de justice à l'égard des État tiers au travers de mesures administratives (gel de fonds ou des avoirs financiers)[4].

De manière générale, et non spécifiquement à l'égard des États tiers, en application de la directive du 24 juin 1988, les États membres ont la possibilité d'adopter des mesures de contrôle pour prévenir les infractions à la législation interne, notamment fiscale. Il peut également s'agir de mesures de contrôle prudentiel des établissements financiers, ou de régimes déclaratifs à des fins administratives ou statistiques qui doivent naturellement demeurer proportionnés[5] au besoin d'information[6]. De nouveau, les procédures de déclaration des mouvements de capitaux[7] ne doivent nullement instaurer un système d'autorisation préalable[8].

## Section 2
## Les raisons d'intérêt général

**622.** Aux clauses de sauvegarde, s'ajoutent des raisons d'intérêt général qui elles visent classiquement les États membres. En effet, la Cour reconnaît, dans la lignée du régime des dérogations prévues en matière de libre circulation des marchandises et des personnes, des raisons d'intérêt général[9]. Sont visés l'aménagement du territoire, la protection de l'environnement, la cohérence du système fiscal[10], la promotion de la

3. Art. 64 TFUE.

4. L'article 75 TFUE dispose que « lorsque la réalisation des objectifs visés à l'article 67 l'exige, en ce qui concerne la prévention du terrorisme et des activités connexes, ainsi que la lutte contre ces phénomènes, le Parlement européen et le Conseil, statuant par voie de règlements conformément à la procédure législative ordinaire, définissent un cadre de mesures administratives concernant les mouvements de capitaux et les paiements, telles que le gel des fonds, des avoirs financiers ou des bénéfices économiques qui appartiennent à des personnes physiques ou morales, à des groupes ou à des entités non étatiques, sont en leur possession ou sont détenus par eux ».

5. CJUE, 7 juin 2012, *VBV-Vorsorgekasse*, aff. C-39/11.

6. Sur le régime déclaratif et l'interdiction d'une autorisation préalable qui constitue un obstacle au mouvement des capitaux, v. CJCE, 1er déc. 2005, *Burtscher*, aff. C-213/04, *Rec.* p. 10309.

7. V. par exemple à propos de la condamnation d'un système national qui soumet à autorisation préalable l'augmentation de plus de 20 % du capital social des entreprises exploitant les réseaux nationaux, le système d'autorisation étant plus largement applicable en cas d'adoption de grandes décisions stratégiques, CJUE, 8 nov. 2012, *Commission c/Grèce*, préc.

8. CJUE, 7 juin 2012, *VBV-Vorsorgekasse*, préc.

9. CJCE, 1er juin 1999, *Konle*, aff. C-302/97, *Rec.* p. I. 3099.

10. CJCE, 7 sept. 2004, *Mannimen*, aff. C-319/02, *Rec.* p. I. 7477 ; CJUE, 22 avr. 2010, *Mattner*, aff. C-510/08, *Rec.* p. I. 35593 ; CJUE, 1er déc. 2011, *Commission c/Hongrie*, aff. C-253/09.

culture[11], la sécurité des approvisionnements énergétiques[12] ou la lutte contre la fraude fiscale et l'évasion fiscale[13]. Ce sont autant de motifs susceptibles de justifier des restrictions aux mouvements et dont la liste peut, comme pour les marchandises par exemple, s'étendre à d'autres intérêts[14].

De telles raisons doivent, classiquement, demeurer proportionnées et nécessaires[15]. Elles ne doivent pas non plus revêtir un caractère discriminatoire, de manière ostensible ou dissimulée, selon le même raisonnement applicable aux marchandises.

Enfin, la Cour admet que les États membres adoptent des mesures restrictives pour des motifs tirés de l'ordre public ou de la sécurité publique[16] si de telles mesures sont à nouveau justifiées, c'est-à-dire nécessaires à l'objectif invoqué, et proportionnées. Il incombe à l'État de démontrer que l'objectif invoqué ne peut être atteint par des moyens moins restrictifs. De telles mesures ne doivent constituer ni un moyen discriminatoire ni une restriction déguisée.

### 623. Bibliographie

J.-P. Baché, « La libération des mouvements de capitaux et l'intégration financière de la Communauté », *RMC* 1987, p. 77.

O. Blin, « Capitaux », *Répertoire Dalloz Droit européen*.

D. Carreau, « Les mouvements de capitaux et la construction européenne », *in Mélanges Philippe Manin*, Pedone, 2010, p. 371.

T. Cassuto, « Exigences du droit de l'Union européenne en matière d'investigations financières », *AJ pénal* 2013, p. 651.

L. Dubouis et C. Blumann, *Droit matériel de l'Union européenne*, 7e éd., 2015, Montchrestien.

X. Favre-Bulle, *Les paiements transfrontières dans un espace financier* européen, Bruylant, 1998.

S. Hemels, « Freedom of establishment or free movement of capital : is there an order of priority ? : conflicting visions of national courts and the ECJ », *EC Tax Review* 2010, n° 1, p. 19.

C. Joerges, « La constitution économique européenne en processus et en procès », *RIDE* 2006, p. 245.

P. Juillard et N. Bringmann, « Loyauté du commerce et libre circulation des capitaux », *RAE* 2011, p. 273.

S. Kollias, « La libre circulation des capitaux et l'introduction de l'euro », *RMUE* 1998, n° 4, p. 41.

11. CJCE, 14 sept. 2006, *Stauffer*, aff. C-386/04, *Rec.* p. I. 8203 ; v. aussi au titre de raison impérieuse d'intérêt général, la pression foncière, CJCE, 17 janv. 2008, *Jäger*, aff. C-256/06, *Rec.* p. I. 123.

12. CJCE, 14 févr. 2008, *Commission c/ Espagne*, aff. C-274/06, *Rec.* p. I. 26.

13. CJCE, 19 nov. 2009, *Commission c/Italie*, aff. C-540/07, *Rec.* p. I. 10983.

14. CJCE, 17 janv. 2008, *Jäger*, préc.

15. CJCE, 25 janv. 2007, *Festersen*, aff. C-370/05, *Rec.* p. I. 1129 ; CJCE, 1er oct. 2009, *Sint Servatius*, aff. C-567/07, *Rec.* p. I. 9021 ; v. aussi CJUE, 7 avr. 2011, *Commission c/Portugal*, aff. C-20/09, à propos d'un régime de régularisation fiscale, jugé contraire à la libre circulation des capitaux eu égard aux taux différenciés selon l'origine des valeurs concernées.

16. CJCE, 14 déc. 1995, *Sanz de Lera*, préc.

J-Ph. Kovar, « Droit administratif et libre circulation des capitaux », *RTDE* 2011, p. 495.

V. Lelakis, « La libre circulation des capitaux au sein de la Communauté », *RMUE* 1991, n° 1, p. 47.

A. Maitrot De La Motte, « Les spécificités de la libre circulation des capiatux : l'exemple de la contestation des entraves fiscales », *in* E. Dubout et A. Maitrot de la Motte (dir.), *L'unité des libertés de circulation. In varietate concordia*, Bruylant, 2013, p. 289.

M. Menjucq, *Droit international et européen des sociétés*, LGDJ, 3e éd., 2011.

J. Molinier et N. de Grove-Valdeyron, *Droit du marché intérieur européen*, LGDJ, 3e éd., 2011.

P.-E. Partsch, « Libre circulation des capitaux, jurisprudence et perspectives », *JTDE* 1996, p. 97.

D. Servais, *Un espace financier européen : libération des mouvements de capitaux et intégration financière, réalisation de l'Union économique et monétaire*, OPOCE, 4e éd., 1995.

A.-L. Sibony et A. Defossez, *Marché intérieur (marchandises, capitaux, établissement, services)*, *RTDE* 2010, p. 129.

P. Steinfeld et P. Vigneron, *Libre circulation des capitaux, Commentaire Mégret*, Éd. de l'ULB, 3e éd., 2006.

M. Wathelet, « Les incidences de la libre circulation des personnes, des services et des capitaux sur la fiscalité directe nationale », *JTDE* 2000, p. 761.

J. Wouters, « La libération des mouvements de capitaux au sein de la Communauté européenne », *RIDE* 1989, p. 303.

## DEUXIÈME PARTIE

# UN ESPACE DE CONCURRENCE

**624.** L'espace de concurrence constitue le deuxième versant du droit matériel de l'Union européenne. Sur le fond, il renvoie à l'idée d'un développement économique intense et d'une certaine prospérité. Mais il doit aussi savoir demeurer le vecteur d'une société de progrès[1].

Toute la difficulté de l'exercice pour l'Union est de concilier l'approfondissement sur le plan économique et la préservation, sinon l'amélioration, des acquis essentiels qui forment le socle du progrès social.

**625.** Parallèlement au démantèlement des obstacles aux échanges, sous différentes formes, marchandises, personnes, services et capitaux qui sont les principaux facteurs de production d'un marché, le traité propose de mettre en place un espace de concurrence. Celui-ci s'associe pleinement aux libertés de mouvement, comme peuvent en témoigner les conditions d'interdiction de certaines pratiques anticoncurrentielles, rappelant singulièrement celles des marchandises.

L'espace de concurrence se veut libre. Pour cela, il érige nécessairement autour de lui un certain nombre de règles protectrices d'une libre concurrence. Ces dernières présentent une dualité au travers des prescriptions opposables, de manière classique, aux entreprises privées, invitées à *accéder* à cet espace de concurrence et à y participer et, de manière moins ordinaire, aux opérateurs publics, *soumis* à une logique économique qu'ils méconnaissent et doivent désormais apprivoiser.

L'espace de concurrence repose ainsi en droit de l'Union sur cette approche singulière qui intègre, au sein d'un même raisonnement juridique et à la

1. V. Y. Aguet, « L'équilibre, finalité du droit de la concurrence », *in Mélanges Yves Serra*, Dalloz, 2006, p. 29 ; C. Boutayeb, « Une recherche sur la place et les fonctions de l'intérêt général en droit communautaire », *RTDE* 2003, p. 587 ; L. Idot, « L'intérêt général : limite ou pierre angulaire du droit de la concurrence », *JDTE* 2007, p. 225 ; C. Joerges « La constitution économique européenne en processus et en procès », *RIDE* 2006, p. 245.

faveur d'un mode binaire, des opérateurs économiques ordinaires et des opérateurs publics qui se voient tous liés par les mêmes obligations.

## 1. La place pragmatique de la concurrence

**626.** Une des spécificités du droit de l'Union réside dans la place qu'occupe la concurrence. Elle n'est nullement appréhendée comme une finalité en soi, mais seulement comme un instrument, c'est-à-dire un moyen pour parvenir à la réalisation d'un espace économique intégré et prospère[2] et plus généralement, en vue d'atteindre les objectifs socio-économiques énoncés par les traités. En effet, l'ex-article 2 CE dispose, sans aucune ambiguïté, que par l'établissement d'un marché commun notamment, un certain nombre d'objectifs devront être atteints. Ensuite, l'ex-article 3 prévoit qu'à cette fin, l'action de la Communauté comporte de nombreux moyens parmi lesquels « un régime assurant que la concurrence n'est pas faussée dans le marché intérieur ».

**627.** Cette place pragmatique accordée à la concurrence a été cependant quelque peu brouillée par l'article I-3, paragraphe 2, du traité constitutionnel. En effet, celui-ci érigeait la concurrence au rang d'objectif de l'Union, et ce en totale rupture avec l'approche qui était de mise jusqu'à présent. L'article I-3 paragraphe 2, relatif aux objectifs de l'Union, prévoyait, en effet, que « l'Union offre à ses citoyens un espace de liberté, de sécurité et de justice sans frontières intérieures, et un marché intérieur où la concurrence est libre et non faussée ». Il est inutile de préciser qu'une telle promotion de la concurrence en tant qu'objectif de l'Union a suscité de vives critiques à l'occasion des différents débats relatifs aux ratifications internes, notamment en France.

Le traité de Lisbonne a redéfini à sa juste place la concurrence au travers de l'article 3 TUE, ainsi que du protocole n° 6 sur le « Marché intérieur et la concurrence » qui établit que le marché intérieur « comprend un système garantissant que la concurrence n'est pas faussée ».

Plus précisément, l'article 3 TUE n'énonce plus la libre concurrence comme l'un des objectifs de l'Union puisque sa nouvelle formulation, celle issue du traité de Lisbonne, ne fait plus mention d'un tel rang. Pour sa part, l'article 3 TFUE cette fois-ci, disposition relative aux compétences de l'Union, énonce que « l'Union dispose d'une compétence exclusive pour l'établissement des règles de concurrence nécessaires au fonctionnement du marché intérieur ».

2. Sur le sujet, P. Bonassies, « Les fondements du droit communautaire de la concurrence : la théorie de la concurrence-moyen », *in Mélanges Alex Weill*, Dalloz, 1983, p. 51 ; L. Idot, « Concurrence, le mot qui fâche... », *Europe* août 2007, n° 8.

## 2. Concurrence et marché intérieur : deux notions indissociables

**628.** Le rôle prééminent de la Commission dans l'application des règles de concurrence et l'apport de la jurisprudence mettant en lumière des éléments constitutifs communs de certaines infractions, ont permis de créer un lien étroit et indissociable entre marché intérieur et concurrence, *a fortiori* dans une économie globalisée.

Il convient de souligner que ce lien était déjà perceptible au travers de la définition du marché intérieur. Celui-ci est décrit comme un espace au sein duquel la liberté économique est assurée. Il a été également conforté par le fait que la concurrence et le marché intérieur constituent des moyens que développe l'Union pour parvenir à un certain nombre d'objectifs à caractère socio-économiques. L'identité de leur statut en droit de l'Union a consolidé ce lien contigu.

## 3. De la différenciation à l'autonomisation des notions

**629.** Nombre de notions en droit économique de l'Union, comme l'entreprise, le marché, l'entreprise publique, le monopole, ou encore les missions d'intérêt général, ont été d'emblée différenciées par le législateur et le juge de l'Union, au regard des qualifications du droit national.

Ce processus de différenciation a su démontrer une forte constance, de sorte qu'est venu se greffer un autre processus, plus subtil, à savoir l'autonomisation ou le détachement desdites notions au regard des qualifications propres aux systèmes juridiques nationaux. À cet égard, l'aptitude de la Cour à se détacher des perceptions nationales l'amène régulièrement à consacrer ou conforter des droits, notamment à caractère social, qui sont mis à l'épreuve par des législations nationales restrictives[3].

Ces deux processus, successifs et gradués, la différenciation et l'autonomisation, se vérifient avec relief dans le cadre du droit de la concurrence, notamment avec la notion d'entreprise. Mais ils sont tout autant avérés pour une grande partie des notions ou concepts en droit de l'Union.

Ce double processus constitue un des ressorts du respect des obligations résultant du droit de la concurrence. En effet, l'indifférence aux qualifications nationales et l'appropriation de notions par le juge ou la Commission permettent d'élargir le champ des comportements ou actes répréhensibles au regard des prescriptions posées par les traités.

## 4. La règle applicable : règle de raison ou règle *per se* ?

**630.** Selon une jurisprudence établie[4], le juge de l'Union considère qu'il n'existe pas de règle de raison (*rule of reason*) en droit européen de la concurrence. Cette règle amène à un examen au cas par cas de la

3. Pour un exemple, v. CJUE, 24 janv. 2012, *Domingues*, aff. C-282/10.
4. TPICE, 18 sept. 2001, *Métropole télévision (M6)*, aff. T-112/99, *Rec.* p. II. 2459.

pratique anticoncurrentielle en cause, s'opposant ainsi à l'application de la règle *per se*, c'est-à-dire celle établissant au préalable une liste de pratiques interdites.

L'intérêt de ces dernières règles est qu'elles assurent une sécurité juridique, nécessaire aux opérateurs économiques, même si l'écueil majeur d'une application systématique de règles *per se* est de ne pas tenir compte précisément des aspects positifs d'une opération sur l'économie.

Le juge de l'Union soutient que l'interprétation de l'article 101, paragraphe 1, du traité, ne conduit pas à une mise en balance des effets pro et anticoncurrentiels d'un accord afin de déterminer si celui-ci tombe sous le coup de l'interdiction. Il estime qu'une telle approche n'est pas conciliable avec la « structure normative » de l'article 101.

Le juge précise ainsi que l'article 101 TFUE prévoit explicitement, dans son paragraphe 3, la possibilité d'exempter des accords restrictifs de concurrence lorsque ceux-ci satisfont à un certain nombre de conditions. Il convient notamment d'examiner s'ils sont indispensables à la réalisation de certains objectifs et ne donnent pas à des entreprises la possibilité d'éliminer la concurrence pour une partie substantielle des produits en cause.

Ce n'est que dans le cadre précis de cette disposition qu'une « mise en balance des aspects pro et anticoncurrentiels » d'une restriction peut être établie.

L'article 101, paragraphe 3, du traité « perdrait son effet utile » si une règle de raison devait être effectuée.

**631.** Toutefois, au-delà de cette affirmation première, il semble bien que souvent le juge de l'Union se livre à l'application d'une règle de raison. En témoignent nombre d'arrêts[5], dans lesquels il n'hésite pas à mettre en balance les différents arguments. Il y épouse une approche au cas par cas, qui est le propre de la règle de raison.

Le juge de l'Union fait valoir que ces interprétations s'inscrivent plutôt dans « un courant jurisprudentiel plus large », qui repose moins sur l'analyse de manière complètement abstraite et indistincte. Il s'agit pour lui, précise-t-il, de tenir compte davantage du cadre concret dans lequel l'accord déploie ses effets, du contexte économique et juridique, de la nature des produits et/ou services visés par l'accord litigieux, ainsi que des conditions réelles du fonctionnement et de la structure du marché. Selon la Cour, il s'agit d'une lecture souple de l'article 101 et non d'une application d'une règle de raison.

Il reste qu'aujourd'hui, l'analyse économique occupe une place grandissante dans la mise en œuvre de la politique de concurrence, ce qui conduit presque mécaniquement à une analyse au cas par cas des effets économiques des pratiques incriminées pour en établir leur licéité. Pour autant, le juge de

5. CJCE, 30 juin 1966, *Société technique minière*, aff. 56/65 ; CJCE, 8 juin 1982, *Eisele*, aff. 258/78 ; CJCJE, 6 oct. 1982, *Coditel*, aff. 262/81 ; CJCE, 28 janv. 1986, *Pronuptia*, aff. 161/84 ; CJCE, 15 déc. 1994, *DLG*, aff. C-250/92 ; CJCE, 12 déc. 1995, *e Luttikhuis*, aff. C-399/93 ; CJCE, 15 sept. 1998, *European Night Services*, aff. jtes T-374/94, T-375/94, T-384/94 et T-388/94.

l'Union maintient qu'il n'existe toujours pas de règle de raison en droit européen de la concurrence.

## 5. Comment définir la concurrence ? Trois lectures possibles

**632.** La concurrence est une notion qui peut se prêter à trois lectures, alternatives ou complémentaires, selon que l'on s'attache à l'examen de l'économie, du marché ou de l'opérateur :

- *la concurrence en tant que mode d'organisation de l'économie.* Dans une première approche, en tant qu'un des fondements du système capitaliste libéral, la concurrence se définit par opposition à la planification. Cette dernière procède à une répartition selon un mode vertical des produits et des services, alors que la concurrence est un mode d'organisation des centres de production et de consommation, caractérisé par une indépendance et une décentralisation ;
- *la concurrence en tant que structure du marché.* La concurrence peut également se définir en tant que structure du marché par opposition au monopole. En effet, elle suppose l'élasticité de la demande, un nombre suffisant d'opérateurs que sont les offreurs et les demandeurs, une substituabilité des produits et services et un accès au marché pour les nouveaux opérateurs. Cette deuxième lecture de la concurrence reçoit néanmoins des tempéraments. Dans certaines hypothèses, le marché peut présenter des situations de concurrence à caractère monopolistique au sein desquelles un certain nombre d'éléments, isolés ou combinés, comme la forte différenciation des produits ou la diversité des localisations, octroient à des entreprises une position monopolistique, et ce indifféremment quant à leur nombre sur le marché ;
- *la concurrence en tant que type de comportement.* La concurrence peut se définir comme un type de comportement sur le marché. Celui-ci se définit par opposition à la collusion qui vise à déterminer les parts de marché, les prix ou le niveau de la production en vue de l'acquisition d'un monopole ou du renforcement abusif d'une puissance économique, par des moyens autres que le fonctionnement normal du marché[6]. C'est ainsi, par exemple, que l'exploitation ou l'abus d'un pouvoir de nature économique qui serait concentré de manière excessive par une puissance commerciale ou financière est une restriction sérieuse de la concurrence. Ce type de comportement fausse les mécanismes du marché.

## 6. L'objet du droit de la concurrence

**633.** Le droit de la concurrence a pour objet de faire adopter par les entreprises un comportement concurrentiel afin de maintenir les structures et assurer un meilleur fonctionnement des mécanismes du marché.

6. V. L. Boy, « L'abus de pouvoir de marché : contrôle de la domination ou protection de la concurrence ? », *RIDE*, 2005, p. 27, spéc. p. 47.

En effet, il importe de garantir, par l'application d'un certain nombre de règles, la plus grande liberté de choix sur le marché et une autonomie dans le comportement et la politique qu'entend suivre l'opérateur économique, notamment au regard du choix des destinataires de ses offres et de ses ventes. De nouveau, à travers l'objet que poursuit le droit de la concurrence, nous relevons le lien irrésistible entre concurrence et marché intérieur.

Or, comme nous avons eu l'occasion de le souligner, le maintien de la concurrence sur le marché s'expose à deux types de menaces.

Les unes émanent d'opérateurs économiques, de statut de droit privé ou public, qui, par exemple, se concertent et concluent des ententes susceptibles d'opérer un recloisonnement du marché. Ils entendent de la sorte rétablir indirectement des frontières internes que les règles de concurrence s'attachent précisément à démanteler.

Les autres peuvent avoir pour origine les États membres eux-mêmes qui peuvent, en violation de l'équité économique, tenter de privilégier certains opérateurs en les plaçant dans des conditions préférentielles.

Aussi le droit prévoit-il des dispositions visant à réprimer ou prévenir ce type de distorsion de concurrence : contrôle des aides d'État, aménagement des monopoles nationaux à caractère commercial et contrôles des droits accordés aux entreprises publiques.

**634. Bibliographie**

W. Abdelgawad, « Jalons de l'internationalisation du droit de la concurrence : vers l'éclosion d'un ordre juridique mondial de la *lex economica* », *RIDE* 2001, p. 161.

Y. Aguet, « L'équilibre, finalité du droit de la concurrence », *in Mélanges Yves Serra*, Dalloz, 2006, p. 29.

J. Almunia, « La politique de la concurrence européenne : un instrument de la compétitivité », *Revue politique et parlementaire* 2013, n° 1068, p. 4.

P. Bonassies, « Les fondements du droit communautaire de la concurrence : la théorie de la concurrence-moyen », *in Mélanges Alex Weill*, Dalloz, 1983, p. 51.

A. Dyevre, « La prise en considération de critères "extraconcurrentiels" dans le droit communautaire de la concurrence », *RIDE* 2007, p. 415.

L. Idot, « Concurrence et libre circulation, Regards sur les derniers développements », *RAE* 2005, p. 391.

L. Idot, « Concurrence, le mot qui fâche... », *Europe* août 2007, n° 8.

L. Idot, « L'intérêt général : limite ou pierre angulaire du droit de la concurrence », *JDTE* 2007, p. 225.

C. Joerges « La constitution économique européenne en processus et en procès », *RIDE* 2006, p. 245.

C. Lazarus, C. Leben, A. Lyon-Caen et B. Verdier, *L'entreprise multinationale face au droit*, Litec, 1977.

G. Monti, *EC Competition Law*, Cambridge University Press, 2007.

P. Nihoul et C. Verdure, *Droit européen de la concurrence*, Larcier, 3e éd., 2013.

F. Riem, « Concurrence effective ou concurrence efficace ? L'ordre concurrence en trompe-l'œil », *RIDE* 2008, p. 67.

A.-L. Sibony, *Le juge et le raisonnement économique en droit de la concurrence*, LGDJ, 2008.
B. Verdier (dir.), *L'entreprise multinationale face au droit*, 1977, Litec, p. 383.
B. Vesterdorf, « Considérations sur la notion de "concurrence par les mérites" », *in* G. Canivet (dir.), *La modernisation du droit de la concurrence*, LGDJ, 2006, p. 163.

## Titre 1

# L'accès des opérateurs à l'espace concurrentiel

**635.** Les règles européennes de concurrence constituent un ensemble de normes denses, qui évolue principalement sous l'effet de réformes de procédure, davantage que de réformes de fond. Cette prévalence procédurale peut s'expliquer par des règles de fond originaires déjà peu nombreuses.

Relevons également comme explication le fait que les traités ont tenu à soumettre, par le biais de plusieurs procédures, à la juridiction de l'Union l'ensemble des pratiques déloyales qui résultent du comportement d'un opérateur économique de statut de droit privé.

Par la suite, la large appréhension du comportement économique sur le marché a également fait naître, dès les premiers temps de la construction européenne, un premier ensemble de règles de procédure, qui ont complété les dispositions originaires.

# CHAPITRE 1

# Les comportements interdits ou contrôlés

**636.** Les dispositions applicables aux entreprises privées décrivent deux types de comportements familiers sur le marché, qui ont pour effet de fausser ou de restreindre la concurrence. Il s'agit de l'entente, régie par l'article 101 TFUE, et l'abus de position dominante, visée par l'article 102 TFUE. À ces infractions ordinaires, vient s'ajouter l'opération de concentration qui n'est pas interdite en soi par le traité car elle peut être source de progrès. Elle fait cependant l'objet d'un contrôle sévère.

## Section 1
## Le rapport de complémentarité entre les articles 101 et 102 TFUE

**637.** Les deux infractions au droit de l'Union que sont l'entente et l'abus de fonction dominante sont certes fondamentalement distinctes : l'une naît d'un comportement bilatéral ou collectif, fruit d'une concertation entre entreprises à des fins déloyales, tandis que l'autre résulte d'un comportement unilatéral économique, isolé, qui se suffit à lui-même pour remettre en cause les règles du marché[1]. Pour ces deux infractions, le traité réprime des effets analogues, soit une atteinte à l'espace concurrentiel, mais envisage deux réalités économiques distinctes.

Pour autant, même si les deux comportements respectivement visés par les articles 101 et 102 TFUE diffèrent, il demeure que les deux dispositions présentent une complémentarité. Elle n'est pas explicite, mais suggérée par le traité.

1. Sans pour autant exclure de manière évidente une configuration multiple sous la forme d'un abus de position dominante collective.

## §1. Une lecture combinée des dispositions

**638.** La complémentarité entre les articles 101 et 102 TFUE a été précocement affirmée par la Cour. En effet, dans l'arrêt *Continental Can*[2], le juge de l'Union appuie sur un tel rapport de complémentarité lorsqu'il estime que « sur des plans différents, les articles 85 et 86 (nouvellement 101 et 102) tendent au même objet, à savoir le maintien d'une concurrence effective sur le marché commun ».

La lecture combinée des articles 101 et 102 TFUE implique que la mise en œuvre de l'une de ces dispositions n'est pas exclusive. Elle peut être au contraire inclusive de l'autre disposition. En témoigne l'arrêt *Ahmed Saeed* qui conduit à considérer qu'une entreprise en situation de position dominante peut aussi tomber sous le coup de l'article 101 TFUE[3].

De même, il est possible de mettre en œuvre les articles 101 et 102 TFUE invariablement dans le cadre d'une entreprise en position dominante qui se trouve être un participant à une entente[4], ou dans l'hypothèse, plus difficile à établir, d'une position dominante collective qui prendrait sa source dans la constitution d'une entente dont les auteurs ne détiennent pourtant pas de manière individuelle une position dominante sur le marché[5].

## §2. Identité de l'objet et applicabilité directe

**639.** La complémentarité entre les deux dispositions a pour fondement l'identité de l'objet, comme se plaît à le souligner la Cour. En effet, toutes deux poursuivent une même finalité, le maintien d'une concurrence qui doit être effective au sein du marché.

L'identité de l'objet transparaît également au travers d'une des conditions qui est commune aux articles 101 et 102 TFUE, à savoir l'affectation du commerce, se prêtant au demeurant au même examen. À cet égard, les comportements visés à titre d'exemples par les deux dispositions sont également similaires.

La complémentarité peut être également appréciée au travers de l'applicabilité directe reconnue à l'interdiction établie par ces deux dispositions. En effet, comme l'article 101 TFUE, l'article 102 TFUE pose une interdiction sans qu'il soit nécessaire pour les autorités de l'Union ou nationales de prendre une décision préalable. Il en résulte que l'interdiction de l'article 101, paragraphe 1, TFUE et de l'article 102 TFUE ainsi que la règle de nullité de l'article 101, paragraphe 2, TFUE, les parties litigantes pouvant se prévaloir

2. CJCE, 21 févr. 1973, *Continental Can*, aff. 6/72, *Rec.* p. 215.
3. CJCE, 11 avr. 1989, *Ahmed Saeed*, aff. 66/86, *Rec.* p. 809.
4. CJCE, 13 févr. 1979, *Hoffmann-La Roche*, aff. 85/76, *Rec.* p. 461.
5. Décision du 7 déc. 1988, *Verre plat*, *JOCE* n° L 33, 4 févr. 1990.

de cette nullité absolue, sont directement applicables[6]. L'effet direct de ces interdictions peut être soulevé en tant que moyen de défense[7].

## §3. Les limites du raisonnement

**640.** Néanmoins, le rapport de complémentarité n'est pas intangible. En effet, l'article 101, paragraphe 3, TFUE énumère un certain nombre d'hypothèses susceptibles de constituer des exemptions au principe d'interdiction des ententes. Aussi, l'article 101 TFUE ne se prête-t-il pas à une lecture exclusive. Cet aménagement n'est nullement un artifice. Il constitue un appui important pour certaines entreprises soucieuses d'accomplir des innovations et de réels progrès, particulièrement sur le plan des nouvelles technologies ou dans le domaine de la recherche médicale.

Précisément, dans la mesure où de tels projets requièrent de lourds investissements et d'importants financements, ils nécessitent un rapprochement de plusieurs entreprises, et dès lors une concertation. À cet égard, il convient de souligner que l'article 101, paragraphe 3, TFUE participe au développement substantiel de la notion d'entente à la faveur des interventions régulières de la Cour sur les conditions de licéité de l'entente.

**641.** À l'inverse, le principe d'interdiction de l'abus de position dominante est, lui, d'une portée absolue. Celui-ci ne connaît aucune exemption possible, ce qui dénote une lecture rigide de ce type de comportements qui ne pourra pas échapper à la censure.

Cette approche restrictive reçoit toutefois un certain tempérament tenant à la circonstance que l'article 102 TFUE n'interdit nullement la détention d'une position dominante mais seulement la pratique abusive qui en ressort.

De plus, il reste possible au juge de considérer certaines conditions relevant de l'intérêt général[8], susceptibles de justifier le comportement abusif d'une entreprise sur le marché à la lumière d'un bilan avantages/inconvénients[9]. Mais il va de soi que telles restrictions de concurrence, justifiées par l'intérêt invoqué, devront satisfaire, classiquement, aux principes de nécessité et de proportionnalité au regard de la mesure invoquée.

6. CJCE, 30 janv. 1974, *SABAM*, aff. 127/73, *Rec.* p. 51, CJCE, 28 févr. 1991, *Delimitis*, aff C-234/89, *Rec.* p. I. 935.

7. CJCE, 30 juin 1966, *Société Technique Minière*, préc. ; CJCE, 25 nov. 1971 *Béguelin*, aff. 22/71, *Rec.* p. 940.

8. V. par ex. la protection de la santé publique, CJCE, 16 sept. 2008, *Sot. Lélos kai Sia*, aff. jtes C-468/06 à C-478/06, *Rec.* p. I. 7139 ; CJCE, 16 juill. 2009, *Der Grüne Punkt*, aff. C-385/07.

9. TPICE, 17 sept. 2007, *Microsoft* aff. T-201/04, *Rec.* p. II. 3601, à propos du système d'exploitation Windows pour PC de la société Microsoft, laquelle a été condamnée à de lourdes sommes pour abus de position dominante.

## Section 2
## La pratique déloyale née d'une concertation : l'entente

**642.** L'article 101 TFUE pose un principe général d'interdiction des ententes qui ne connaît pas, à la différence de l'abus de position dominante, une application absolue. En effet, sont tolérées, en application du paragraphe 3, certaines formes d'entente qui contribuent au progrès économique.

L'article 101, paragraphe 1, TFUE énonce le principe d'interdiction des ententes qui est applicable à « tous accords entre entreprises, toutes décisions d'associations d'entreprises et toutes pratiques concertées ». Notons que le terme « entente » n'est pas expressément cité par l'article 101 TFUE.

Pour être interdite, l'entente doit être susceptible d'affecter le commerce et de porter atteinte à la concurrence entre États membres. L'affectation ou l'atteinte potentielle sont retenues à la lumière de la formulation des conditions par l'article 101, paragraphe 1, TFUE.

**643.** La sanction à toute violation du principe d'interdiction est sévère car de tels accords ou décisions, selon les termes de l'article 101, paragraphe 2, TFUE, sont nuls de plein droit. La nullité rendra l'accord non opposable aux tiers. Elle revêt de surcroît un caractère rétroactif[10].

Compte tenu de la généralité des cas, à laquelle renvoie l'article 101 TFUE, la jurisprudence a dû définir davantage le régime de nullité auquel s'exposent les ententes conclues en violation du traité. De nouveau, il appartient au droit national de définir les conséquences relatives à une violation de l'article 101 TFUE, comme l'obligation de réparer le préjudice causé à un tiers ou l'obligation de contracter[11].

Le régime de nullité est d'autant plus conforté que l'article 101, paragraphe 1, TFUE est doté d'effet direct et peut dès lors être invoqué par les opérateurs économiques[12], ce qui explique ainsi le contentieux nourri en cette matière.

**644.** La notion d'entente doit satisfaire à un certain nombre de conditions afin de relever du principe d'interdiction.

L'article 101 TFUE énonce trois conditions spécifiques et une condition de portée générale. Il doit s'agir avant tout d'une collusion entre entreprises qui peut prendre plusieurs formes (première condition). Celle-ci doit porter atteinte à la concurrence (deuxième condition) et affecter le commerce entre États membres (troisième condition). Outre ces trois conditions telles

10. CJCE, 6 févr. 1973, *Brasserie de Haecht II*, aff. 48/72, *Rec.* p. 77.
11. TPICE, 18 sept. 1992, *Automec*, aff. T-24/90, *Rec.* p. II. 2250.
12. CJCE, 10 juill. 1980, *Estée Lauder*, aff. 37/39, *Rec.* p. 2841.

qu'elles ressortent du premier paragraphe, il est impératif que les auteurs de l'entente soient des entreprises. Il s'agit là d'une condition générique qui se rattache à l'ensemble du régime de l'Union en la matière.

## §1. Les auteurs de la collusion : les entreprises

**645.** Pour emporter qualification d'entente, les auteurs de l'entente doivent être des entreprises. Comme le rappelle régulièrement le juge de l'Union, le droit de la concurrence établi par les traités visent les activités des entreprises[13]. De manière générale, l'approche communautaire de la notion d'entreprise démontre une entière liberté prise par la juridiction de l'Union quant aux qualifications nationales. Eu égard à cette indépendance, la notion d'entreprise fera l'objet d'une lecture extensive dans le souci constant d'appréhender un large éventail des comportements économiques répréhensibles.

Autre élément constant, l'entreprise ne fait l'objet d'aucune définition dans les traités qui se gardent eux aussi d'entrer en conflit avec les conceptions nationales. La notion d'entreprise, telle qu'elle est aujourd'hui solidement ancrée en droit de l'Union, est assurément le fruit de la jurisprudence.

La définition de l'entreprise ressort formellement de l'arrêt *Höfner et Elser* du 23 avril 1991[14], qui définit l'entreprise comme « toute entité exerçant une activité économique, indépendamment du statut juridique de cette entité et de son mode de financement ».

La jurisprudence prend également soin, notamment dans l'arrêt *Hydrotherm* du 12 juillet 1984, de préciser que la notion d'entreprise doit être comprise comme désignant une unité économique même si, du point de vue juridique, cette unité économique était constituée de plusieurs personnes physiques ou morales[15]. Dès lors, lorsqu'une telle entité économique enfreint les règles de la concurrence, il lui incombe, selon le principe de la responsabilité personnelle, de répondre de cette infraction[16].

L'interprétation jurisprudentielle de la notion d'entreprise insiste sur deux éléments constitutifs majeurs qui permettent d'en apprécier la qualité : d'une part, l'obligation d'exercer une activité économique et, d'autre part, l'existence d'un degré d'autonomie suffisant au profit de l'entreprise concernée.

### A. La poursuite d'une activité économique

**646.** En droit de l'Union, l'entreprise se définit en fonction de l'activité qu'elle poursuit. Il s'agit d'une approche fonctionnelle et non organique

13. CJCE, 23 mars 2006, *Enirisorse*, aff. C-237/04, *Rec.* p. I. 2843 ; CJUE, 5 mars 2015, *Versalis*, aff. jtes C-93/13 P et C-123/13 P.

14. CJCE, 23 avr. 1991, *Höfner et Elser*, aff. C-41/90, *Rec.* p. I. 1991 ; CJUE, 10 janv. 2006, *Risparmio*, aff. C-222/04, *Rec.* p. I. 289 ; CJUE, 27 juin 2017, *Congregación de Escuelas Pías Provincia Betania*, aff. C-74/16.

15. CJCE, 12 juill. 1984, *Hydrotherm*, aff. 170/83, *Rec.* p. 2999 ; CJCE, 10 sept. 2009, *Akzo Nobel*, préc. ; Trib. UE, 29 juin 2000, DSG, aff. T-234/95, *Rec.* p. II. 2603.

16. CJUE, 20 janv. 2011, *General Química*, aff. C-90/09 P ; CJUE, 29 sept. 2011, *Elf Aquitaine*, aff. C-521/09 P.

de l'entreprise. Est une activité économique toute activité consistant à offrir des biens ou des services sur un marché donné[17]. En revanche, ne présentent pas de caractère économique les activités qui se rattachent à l'exercice de prérogatives de puissance publique[18].

## 1. Une indifférence quant à la forme et la place de l'entreprise sur le marché

**647.** Rappelons que la Cour estime que l'entreprise doit être entendue comme désignant une unité économique du point de vue de l'objet de l'accord en cause, même si, du point de vue juridique, cette entité est constituée de plusieurs personnes, physiques ou morales.

### a. La forme de l'entreprise

**648.** Le droit de l'Union ne s'attache nullement à la forme de l'entreprise. L'élément déterminant est l'existence d'une unité économique, indépendamment de sa forme juridique, point sur lequel insiste la jurisprudence *Hydrotherm*[19]. Pour sa part, la Commission qualifie, elle aussi, l'entreprise comme toute entité exerçant des activités de nature commerciale indépendamment de toute autre considération[20].

La question est celle de savoir quelle est la nature de l'activité économique qui doit être exercée pour justifier de la qualité d'entreprise ? La réponse est simple puisque l'activité économique doit être menée en matière de production ou de distribution de biens ou de services sur un marché donné[21]. C'est la seule condition requise.

### b. La place de l'entreprise

**649.** De plus, le juge de l'Union considère qu'il n'est pas nécessaire que l'entreprise soit présente sur le marché dès l'instant où elle a joué un rôle dans la constitution de l'entente[22]. En effet, le fait qu'une entreprise ne soit pas active sur le marché sur lequel la restriction de concurrence se matérialise, n'exclut pas sa responsabilité pour avoir participé à la mise en œuvre d'une entente. Toute entreprise qui participe à une entente interdite aux termes de l'article 101 TFUE, même si elle joue un rôle mineur, est responsable de l'infraction.

De surcroît, selon la jurisprudence, peu importe qu'une entreprise affectée par une entente opère sur le marché en cause de façon prétendument illégale

17. CJCE, 25 oct. 2001, *Glöckner*, aff. C- 475/99.
18. CJUE, 12 juill. 2012, *Compass-Datenbank*, aff. C-138/11.
19. CJCE, 12 juill. 1984, *Hydrotherm*, aff. 170/83, *Rec.* p. 2999.
20. Décision du 23 avr. 1986, *Polypropylène*, *JOCE* n° C 230, 1er avr. 1986.
21. CJCE, 24 oct. 2002, *Aéroports de Paris*, aff. C-82/01 P, *Rec.* p. I. 9297 ; CJCE, 1er juill. 2008, *MOTOE*, aff. C-49/07, *Rec.* p. I. 4863 ; CJUE, 3 mars 2011, *AG2R*, aff. C-437/09 ; CJUE, 10 janv. 2006, *Risparmio*, préc.
22. Trib. UE, 6 févr. 2014, *Treuhand*, aff. T-27/10.

lors de la conclusion de cette entente. Ce caractère illégal du comportement de l'entreprise affectée est sans incidence sur l'existence de l'infraction[23].

## 2. Une indifférence quant au statut légal de l'entreprise

**650.** Le droit de l'Union est à nouveau indifférent au statut légal de l'entreprise, notamment son l'organisation fonctionnelle. Il pourra s'agir d'une société commerciale mais aussi d'une personne physique qualifiée d'entreprise, comme un inventeur qui concrétise son invention par la concession d'une licence de brevet[24], ou une communauté religieuse[25]. Ce peut être aussi un groupement économique ou un syndicat professionnel.

L'indifférence quant au statut légal de l'entreprise permet au juge d'étendre la qualification d'entreprise à toute entité de droit public, sauf si celle-ci agit dans le cadre de ses prérogatives de puissance publique. Elle lui permet également de focaliser son examen sur l'existence ou non d'un but lucratif de l'activité en cause.

### a. L'extension de la qualification d'entreprise aux entités de droit public

**651.** L'article 101 TFUE est applicable aux entités qui bénéficient d'un statut de droit public si celles-ci n'agissent pas dans le cadre des prérogatives dont elles sont investies. Elles doivent agir en tant qu'opérateurs économiques. Selon la jurisprudence, le caractère public ou privé de l'entité exerçant l'activité en cause n'influe en rien sur la question de savoir si cette entité revêt, ou non, la qualité d'entrerise[26].

• L'exercice de l'activité dans des conditions de concurrence

**652.** L'État lui-même ou une entité étatique peut agir comme une entreprise[27]. En effet, dans l'arrêt *Höfner et Elser*[28], à propos d'un office public allemand de placement des travailleurs, la Cour estime qu'indépendamment du statut juridique de l'entité et de son mode de financement, l'activité de placement est une activité économique.

C'est également le cas lorsque des entreprises chargées de la certification n'exercent pas une mission de normalisation et ne disposent d'aucun pouvoir décisionnel se rattachant à l'exercice de prérogatives de puissance publique. Dans une telle hypothèse, elles opèrent pleinement dans les conditions de la concurrence. La même approche, affranchie de toute considération liée au

23. CJUE, 7 févr. 2013, *Slovenská*, aff. C-68/12.

24. Décision du 2 déc. 1975, *Beyrard, JOCE* n° L 101, 1er avr. 1978.

25. CJCE, 5 oct. 1988, *Steymann*, aff. 196/87, *Rec.* p. 6159. V. plus récemment à propos d'une congrégation religieuse en Espagne, CJUE, 27 juin 2017, *Congregación de Escuelas Pías Provincia Betania*, aff. C-74/16.

26. CJCE, 24 oct. 2002, *Aéroports de Paris*, préc. ; CJCE, 1er juill. 2008, *MOTOE*, aff. C-49/07, préc.

27. CJCE, 20 mars 1985, *Italie c/Commission*, aff. 41/83, *Rec.* p. 873.

28. CJCE, 23 avr. 1991, *Höfner et Elser*, préc.

statut de droit public, a été appliquée, à l'occasion de la jurisprudence *Albany*, à un fonds de pension qui appliquait le principe de la capitalisation[29].

- La dissociation de l'exercice de prérogatives de puissance publique

**653.** L'élément essentiel est la contrepartie de la prestation, à savoir l'existence d'une rémunération[30]. Néanmoins, la circonstance selon laquelle un produit ou un service fourni par une entité publique et se rattachant à l'exercice de prérogatives de puissance publique, est fourni contre une rémunération prévue par la loi, et non pas déterminée par cette entité, ne suffit pas à faire qualifier l'activité en cause d'activité économique et l'entité qui l'exerce d'entreprise[31].

**654.** De plus, selon la jurisprudence, un sujet de droit, notamment une entité publique, peut être considéré comme une entreprise uniquement en ce qui concerne une partie de ses activités qui doivent être qualifiées d'activités économiques[32]. En effet, dans la mesure où une entité publique exerce une activité économique dissociable de l'exercice de ses prérogatives de puissance publique, cette entité, pour cette activité, agit en tant qu'entreprise. En revanche, si cette activité économique est indissociable de l'exercice de ses prérogatives de puissance publique, l'ensemble des activités exercées demeurent des activités se rattachant à l'exercice de ces prérogatives[33].

### b. La focalisation sur le but lucratif de l'activité en cause

**655.** Constituent des services susceptibles d'être qualifiés d'activités économiques, les prestations fournies normalement contre rémunération. La caractéristique essentielle de la rémunération réside dans le fait que celle-ci constitue la contrepartie économique de la prestation en cause. Pour autant, dans certaines espèces, même en présence d'une offre de biens ou de services sans but lucratif, l'entité qui effectue ces opérations sur le marché est considérée comme une entreprise, dès l'instant que cette offre se trouve en concurrence avec celle d'autres opérateurs qui poursuivent un but lucratif[34].

Afin de cerner davantage la qualité d'entreprise, la Cour peut être amenée à insister sur le caractère lucratif de l'activité, comme le démontre la jurisprudence *Eurocontrol*[35]. La Cour considère qu'une organisation internationale qui assure pour le compte des États parties une mission d'intérêt général, la

29. CJCE, 21 sept. 1999, *Albany International B.V.*, aff. C-67/96, *Rec.* p. 5551.

30. CJUE, 12 déc. 2013, *SOA Nazionale Costruttori*, aff. C-327/12.

31. CJUE, 19 janv. 1994, *Fluggesellschaft*, aff. C-364/92, *Rec.* p. I. 43 ; CJUE, 8 mars 1997, *Diego Calì*, aff. C-343/95, *Rec.* p. I. 1547.

32. CJUE, 24 oct. 2002, *Aéroports de Paris*, préc. ; CJUE, 1er juill. 2008, *MOTOE*, préc.

33. CJUE, 26 mars 2009, *Sistemi Integrati*, aff. C-113/07 P, *Rec.* p. I. 2207.

34. CJCE, 1er juill. 2008, *MOTOE*, préc. ; CJUE, 27 juin 2017, *Congregación de Escuelas Pías Provincia Betania*, aff. C-74/16.

35. CJCE, 19 janv. 1994, *Eurocontrol*, C-364/92, *Rec.* p. I. 43.

sécurité de la navigation aérienne, ne peut être à ce titre considérée comme une entreprise.

Toujours en se fondant précisément sur les critères dégagés par l'arrêt *Höfner et Elser*, la Cour a estimé dans l'arrêt *Poucet et Pistre*[36] que les caisses d'assurance maladie qui relèvent de l'État, en l'espèce la France, ou les organes qui participent à la gestion du service public de la sécurité sociale, remplissent une fonction de caractère exclusivement social. Il s'agit dès lors d'une activité qui ne poursuit pas un but lucratif, mais repose sur un principe de solidarité nationale.

Au regard de ces exigences, les prestations visées sont, en droit français, des prestations légales et indépendantes du montant des cotisations. Ce ne peut être une activité économique. Les activités se rattachant à l'exercice de prérogatives de puissance publique[37] ne présentent pas de caractère économique justifiant l'application des règles de concurrence. Il en va de même des centres d'accueil des personnes âgées[38], à propos desquels la Cour énonce qu'il convient d'être attentif à la recherche d'un juste équilibre entre l'objectif d'éliminer les obstacles aux échanges et « l'exigence de sauvegarder les spécificités de certaines activités sensibles, notamment celles liées à la protection de la santé humaine ».

C'est également le cas de l'activité de collecte de données relatives à des entreprises, sur le fondement d'une obligation légale de déclaration imposée à ces dernières et des pouvoirs coercitifs y afférents. Une telle activité ne peut que relever de l'exercice de prérogatives de puissance publique[39] et ne peut constituer une activité économique.

## B. L'exigence d'une autonomie suffisante

**656.** L'entente ne sera caractérisée que si ses auteurs sont des personnes physiques ou morales distinctes, jouissant d'un degré d'autonomie suffisant entre elles. Cette condition fait l'objet d'une jurisprudence féconde qui permet néanmoins d'en nuancer ces aspects.

### 1. La responsabilité solidaire d'une société mère pour le comportement de sa filiale

**657.** La condition de l'autonomie suffisante soulève la question de la responsabilité solidaire d'une société mère pour le comportement de sa filiale ou d'une entreprise commune détenue par elle. Or, le fait qu'une filiale ou une entreprise commune jouit une personnalité juridique distincte ne suffit pas à écarter la responsabilité de la société mère[40].

36. CJCE, 17 févr. 1993, *Poucet et Pistre*, aff. jtes C-159/91 et C-160/91, *Rec.* p. I. 631.

37. CJUE, 11 juill. 1985, *Commission c/Allemagne*, aff. 107/84, *Rec.* p. 2655 ; CJUE, 19 janv. 1994, *SAT Fluggesellschaft*, préc. ; CJUE, 1er juill. 2008, *MOTOE*, préc.

38. CJUE, 11 juill. 2013, *Fédérations des maisons de repos privées de Belgique*, aff. C-57/12.

39. CJUE, 12 juill. 2012, *Compass-Datenbank*, préc.

40. CJCE, 14 juill. 1972, *ICI*, aff. 48/69, *Rec.* p. 619 ; CJCE, 10 sept. 2009, *Akzo Nobel*, préc. ; Trib. UE, 13 juill. 2011, *General Technic-Otis*, aff. jtes T-141/07, T-142/07, T-145/07 et T-146/07, *Rec.* p. II. 4977.

En fait, la séparation formelle entre deux sociétés, qui résulte de leur personnalité juridique distincte, n'est pas déterminante. Ce qu'il est important d'établir est l'uniformité ou non de leur comportement sur le marché. Il importe de déterminer si deux ou plusieurs sociétés ayant des personnalités juridiques distinctes forment ou relèvent d'une seule et même entreprise ou entité économique qui déploie un comportement unique sur le marché[41]. Dans ce cas, si cette entité enfreint les règles de la concurrence, il lui incombe, selon le principe de responsabilité personnelle, de répondre de cette infraction[42].

Le fait qu'une société mère et sa filiale constituent une seule entreprise présente un grand intérêt sur le plan procédural pour la Commission. Celle-ci pourra adresser une décision imposant des amendes à la société mère, sans qu'il soit nécessaire pour elle d'établir l'implication personnelle de cette dernière dans l'infraction[43].

Dans le même sens, les accords conclus entre filiales appartenant à une société mère, c'est-à-dire à un même groupe, ne relèvent pas de l'article 101 TFUE car, toujours selon le même raisonnement, la filiale ne dispose pas d'une autonomie quant à son comportement sur le marché et surtout, en amont, au regard de sa stratégie commerciale[44].

## 2. Les critères d'appréciation du comportement de la filiale

**658.** Afin d'établir si une filiale détermine de façon autonome son comportement sur le marché, il convient de prendre en considération l'ensemble des éléments relatifs aux liens économiques, organisationnels et juridiques qui l'unissent à la société mère. Ceux-ci peuvent varier selon les cas.

### a. L'influence déterminante de la société mère sur la filiale

**659.** Selon la jurisprudence, le comportement sur le marché de la filiale est sous l'influence déterminante de la société mère notamment lorsque la filiale applique pour l'essentiel les instructions données par la société mère.

De même, le comportement de la filiale est considéré sous l'influence déterminante de la société mère dès l'instant qu'elle n'exerce pas le pouvoir de définir ou d'approuver certaines décisions commerciales stratégiques. C'est également le cas lorsque le pouvoir de définir la politique commerciale *stricto sensu* de la filiale est délégué aux dirigeants chargés de la gestion

41. CJCE, 14 juill. 1972, *ICI*, aff. 48/69, *Rec.* p. 619 ; Trib. UE, 15 sept. 2005, *DaimlerChrysler*, aff. T-325/01, *Rec.* p. II. 3319 ; Trib. UE, 13 juill. 2011, *General Technic-Otis*, préc.

42. CJCE, 10 sept. 2009, *Akzo Nobel*, préc. ; Trib. UE, 13 juill. 2011, *General Technic-Otis*, préc.

43. CJCE, 10 sept. 2009, *Akzo Nobel*, préc. ; Trib. UE, 11 juill, 2014, *Esso*, aff. T-340/08 : Trib. UE, 11 juill, 2014, *Sasol*, aff. T-541/08 ; Trib. UE, 11 juill. 2014, *RWE Dea*, aff. T-543/08.

44. CJCE, 25 nov. 1971, *Béguelin*, préc. ; v. aussi plus récemment : TPICE, 30 avr. 2009, *Nintendo*, aff. jtes T-12/03, T-13/03, T-18/03, *Rec.* p. II. 909.

opérationnelle de celle-ci, choisis par la société mère et qui représentent et promeuvent ses intérêts commerciaux[45].

Lorsque l'uniformité du comportement sur le marché de la filiale et de sa société mère est établie, celles-ci font alors partie d'une même unité économique. Elles forment une seule entreprise.

### b. Une marge de manœuvre suffisante et effective sur le marché

**660.** L'entreprise doit disposer d'une marge de manœuvre suffisante et effective sur le marché, à défaut de laquelle l'entente ne sera pas constituée. À cet égard, le comportement d'une filiale peut être imputé à la société mère, en raison de son appartenance à l'entreprise, lorsque cette filiale ne définit pas de façon indépendante son comportement sur le marché. C'est le cas, comme indiqué plus haut, lorsqu'elle est sous l'influence déterminante de la société mère compte tenu notamment des liens économiques, organisationnels et juridiques qui unissent les deux entités juridiques[46].

**661.** Néanmoins, la Cour est exigeante sur l'indépendance du comportement comme le souligne la jurisprudence *Akzo*[47]. Le comportement d'une filiale, qui est pourtant indépendante juridiquement car elle possède une personnalité juridique propre, peut relever même dans ce cas de la responsabilité exclusive de la société mère.

En effet, son comportement peut être imputé à la société mère lorsque, bien que personnalisée, cette filiale ne détermine pas en réalité de façon autonome son comportement sur le marché[48], mais applique pour l'essentiel les instructions qui lui sont données par la société mère[49] et ce à la lumière d'un examen attentif des éléments de fait. Dans une telle situation, la société mère et sa filiale faisant partie d'une même unité économique et formant ainsi une seule entreprise, la Commission peut adresser une décision imposant des amendes à la société mère[50].

45. CJCE, 13 déc. 2012, *Alliance One International*, aff. C-593/11 P.

46. Trib. UE, 20 mars 2002, *HFB*, aff. T-9/99, *Rec.* p. II. 1487 ; CJCE, 10 sept. 2009, *Akzo Nobel*, préc.

47. CJCE, 10 sept. 2009, *Akzo Nobel* aff. C-97/08, *Rec.* p. I. 8237.

48. Sur la possibilité d'imputer le comportement d'une filiale à une société mère, v. Trib. UE, 25 oct. 2011, *Uralita*, aff. T. 349/08 ; CJUE, 3 mai 2012, *Legris*, aff. C-289/11P ; CJUE, 8 mai 2013, *Eni*, aff. C-508/11 ; CJUE, 4 juill. 2013, *Aalberts*, aff. C-287/11.

49. CJCE, 10 sept. 2009, *Akzo Nobel*, préc. ; CJUE, 1er juill. 2010, *Knauf Gips*, C-407/08, *Rec.* p. I. 6371 ; Trib. UE, 9 sept. 2011, *Alliance One International*, aff. T-25/06 ; CJUE, 8 mai 2013, *Eni*, préc., CJUE, 29 sept. 2011, *Elf Aquitaine*, préc. ; CJUE, 29 sept. 2011, *Arkema*, aff. C-520/09 P.

50. CJCE, 10 sept. 2009, *Akzo Nobel*, préc. ; CJUE, 20 janv. 2011, *General Química*, préc. ; CJUE, 29 sept. 2011, *Elf Aquitaine*, préc.

### c. Une présomption réfragable : la détention de 100 % du capital de la filiale

**662.** Dans le cas où une société mère détient 100 % du capital de sa filiale[51] ayant commis une infraction aux règles de la concurrence de l'Union, il existe une présomption réfragable selon laquelle la société mère exerce effectivement une influence déterminante sur le comportement de la filiale[52].

Dans ces conditions, il suffit que la Commission prouve que la totalité du capital d'une filiale est détenue par sa société mère. Est ainsi présumé que cette dernière exerce effectivement une influence déterminante sur la politique commerciale de la filiale. Il reste toujours possible pour la société mère de renverser cette présomption. Elle doit alors apporter des éléments de preuve suffisants de nature à démontrer que sa filiale se comporte de façon autonome sur le marché[53].

Toutefois, la Commission n'est pas tenue de se fonder exclusivement sur la présomption réfragable. En effet, elle peut également décider d'établir l'exercice effectif, par une société mère, d'une influence déterminante sur sa filiale par d'autres éléments de preuve ou par une combinaison de tels éléments avec la présomption.

### d. Un examen au cas par cas

**663.** Pour autant, dans sa jurisprudence, la Cour estime qu'il n'est pas nécessaire qu'une filiale applique toutes les instructions de sa société mère pour démontrer l'existence d'une influence déterminante, sous réserve que le non-respect de ces instructions ne soit pas la règle[54].

Dès lors, le raisonnement du juge ne revêt pas un caractère systématique sur la question. Il se livre plutôt à un examen au cas par cas[55] du comportement de l'entreprise afin d'en déterminer l'imputabilité[56], et de ses rapports avec la société mère[57]. Il peut, par exemple, être amené à examiner l'exercice effectif du pouvoir de direction à la lumière de la composition du conseil d'administration de la filiale et du rôle joué par la société mère dans sa nomination[58].

**664.** En fait, le juge s'attache à apprécier *in concreto* si la filiale dispose d'une autonomie réelle dans la détermination et la conduite de sa ligne

51. V. par exemple, Trib. UE, 27 juin 2012, *Ruhrgars*, aff. T-360/09.

52. CJUE, 29 mars 2011, *Arcelor*, aff. jtes C-201/09 P et C-216/09 P ; CJUE, 29 sept. 2011, *Elf Aquitaine*, préc.

53. CJCE, 10 sept. 2009, *Akzo Nobel*, préc. ; CJUE, 29 sept. 2011, *Elf Aquitaine*, préc. CJUE, 29 sept. 2011, *Arkema*, préc.

54. CJUE, 16 juin 2016, *Degussa*, aff. C-155/14 P.

55. CJUE, 1er juill. 2010, *Gips*, préc.

56. Sur l'imputabilité d'une pratique anticoncurrentielle d'une filiale à la société mère, v. par exemple CJUE, 29 sept. 2011, *Arkema*, préc. ; CJUE, 29 sept. 2011, *Elf Aquitaine*, aff. 521/09 ; Trib. UE, 16 sept. 2013, *CEPSA*, préc. ; Trib. UE, 16 sept. 2013, *Repsol*, préc.

57. CJUE, 20 janv. 2011, *General Quimica*, aff. C-90/09.

58. Trib. UE, 12 déc. 2012, *Garantovana*, aff. T-392/09.

d'action sur le marché[59], qui lui permettrait de prendre part à un accord restrictif de concurrence[60]. Il s'assure qu'il ne doit pas s'agir simplement d'une répartition interne des tâches entre entreprises[61]. Ce serait par exemple le cas pour les représentants de commerce dont les contrats les lient à leur mandant[62]. C'est également l'hypothèse des courtiers et des agents commerciaux. Ceux-ci agissent toujours au nom de leur mandant et pour le compte de l'entreprise qu'ils représentent, à la différence d'autres intermédiaires commerciaux qui peuvent disposer d'une autonomie réelle leur permettant de conclure une entente, comme les concessionnaires.

## §2. Les différentes formes de collusion

**665.** Selon les termes de l'article 101 TFUE, l'entente vise « tous accords entre entreprises, toutes décisions d'associations d'entreprise et toutes pratiques concertées ». La Commission et la Cour n'ont pas tenu, comme à leur accoutumée, à se limiter à une lecture formelle de ces différentes formes de collusion. Elles se sont prêtées à une lecture finaliste du comportement litigieux, s'attachant peu au formalisme juridique de la pratique en cause. Celle-ci tombe sous le coup de l'article 101 TFUE dès l'instant qu'elle émane d'une volonté commune de restreindre la concurrence.

### A. Généralités

**666.** L'article 101, paragraphe 1, TFUE opère la distinction entre trois types d'entente : l'accord, la décision d'associations d'entreprises et la pratique concertée. Ce sont trois comportements qui impliquent un concours de volonté, exprimé de manière formelle, sous une forme juridique, ou de manière informelle, et dont l'objet est de restreindre la concurrence.

#### 1. L'exigence d'un concours de volontés

**667.** Pour être caractérisée, la notion d'entente impose un concours de volonté, ce qui exclut le comportement individuel d'une entreprise comme l'établit la jurisprudence *Parke, Davis*[63]. L'élément contractuel ou de concertation est impératif pour mettre en œuvre l'article 101 TFUE.

Cependant, dans l'arrêt *Sandoz*, à propos de factures faisant figurer la mention « exportation interdite », la Cour précise que la stipulation mise en cause, pour être constitutive d'un accord, ne doit pas nécessairement instituer « un

59. Trib. UE, 5 oct. 2011, *Transcatab*, aff. T-39/06.

60. Trib. UE, 12 oct. 2011, *Agroexpansion*, aff. T-38/05.

61. CJCE, 14 juill. 1972, *ICI*, aff. 48/69, *Rec.* p. 619.

62. Communication de la Commission relative aux contrats de représentation exclusive conclus avec des représentants de commerce, *JOCE* n° 139, 24 déc. 1962.

63. CJCE, 29 févr. 1968, *Parke, Davis and co*, aff. 24/67, *Rec.* p. 81.

contrat obligatoire et valide selon le droit national »[64] et peut être informelle. Il suffit que la stipulation soit l'expression de la volonté des parties[65].

## 2. La typologie des ententes

**668.** Indépendamment des formes que prennent les ententes, il en existe deux grands types, l'entente horizontale et verticale.

### a. L'entente horizontale

**669.** L'entente est dite horizontale lorsqu'elle intervient entre des concurrents réels ou potentiels qui doivent se situer au même niveau de la chaîne économique. C'est le cas des sociétés indépendantes qui s'unissent afin de fixer les prix, de limiter la production ou de répartir les marchés ou les clients entre elles.

Ces ententes sont qualifiées de cartels. Ceux-ci sont interdits en vertu du droit de l'Union. La Commission impose de lourdes amendes aux entreprises impliquées dans un cartel. Mais dans la mesure où ils sont illégaux, les cartels sont constitués dans le secret et la clandestinité de sorte qu'il est très difficile pour la Commission de prouver leur existence.

À cet égard, la « politique de clémence » menée par la Commission, ces dernières années, encourage vivement les entreprises à lui remettre des preuves de telles ententes, en échange d'une réduction de l'amende qui leur sera infligée. Au cours des dernières années, la majorité des ententes ont été détectées par la Commission après qu'un membre de l'entente a avoué et demandé la clémence. Toutefois, la Commission s'appuie également sur ses propres enquêtes pour détecter les cartels.

### b. L'entente verticale

**670.** À l'inverse, l'entente est verticale lorsqu'elle intervient entre des opérateurs situés à différents niveaux, comme entre un fabricant et un distributeur. Cette catégorie d'entente, que l'on retrouve notamment dans les contrats de distribution (contrats de franchise[66], de concession, de distribution sélective) se prête à une lecture plutôt bienveillance. Elle est souvent exemptée.

# B. L'accord

**671.** La forme de l'accord est indifférente. Elle reçoit une interprétation extensive de la part des autorités de l'Union. L'accord peut viser toute forme de convention en vertu de laquelle deux ou plusieurs entreprises ont décidé d'organiser leur comportement économique sur le marché.

---

64. CJCE, 11 janv. 1990, *Sandoz*, préc.

65. V. aussi CJCE, 29 oct. 1980, *Van Landewyck*, aff. jtes 209/78 à 215/78 et 218/78, *Rec.* p. 3125.

66. V. Th. Granier, « Prix imposés, prix conseillés : le contrat de franchise à l'épreuve du droit de la concurrence », *RTD com.* 1991, p. 358.

## 1. La volonté commune d'agir ensemble

**672.** L'élément déterminant est l'existence d'une volonté commune de se comporter d'une manière précise sur le marché. Il pourra ainsi s'agir de conventions expresses ou tacites[67], bilatérales ou multilatérales, ainsi que de conventions qui engendrent des obligations simples ou une organisation complexe. De manière générale, il s'agit d'un contrat qui génère à la charge des parties des obligations. L'entente peut également résulter d'une ou de plusieurs clauses du contrat. Il suffit que le juge relève le concours de volonté entre les opérateurs économiques concernés.

L'accord peut être caractérisé même en présence « d'un acte ou comportement apparemment unilatéral »[68] mais qui est en réalité l'expression « de la volonté concordante de deux parties au moins »[69]. La forme de la « concordance » est à nouveau parfaitement indifférente.

## 2. Les différentes formes de manifestation de volonté

**673.** Selon la jurisprudence *Sandoz*, il n'est pas nécessaire que l'accord institue un contrat obligatoire et valide selon le droit national[70]. En effet, la notion d'accord sera également étendue à des manifestations de volonté qui peuvent être des actes préparatoires de contrats tels que les conditions générales de vente ou les contrats types.

Ce ne sont certes pas, au sens juridique, des contrats qui ont reçu l'assentiment des parties. Mais la Cour les perçoit comme tels car elle considère que ces actes sont appelés à le devenir. Autrement dit, l'accord n'implique pas nécessairement l'existence d'un acte formel générateur de droits et d'obligations.

La Cour va plus loin car elle admet aussi les engagements d'honneur (*Gentlemen's agreement*). En effet, un tel engagement constitue un acte susceptible d'encourir l'interdiction de l'article 101, paragraphe 1, TFUE, lorsqu'il prévoit des clauses restreignant la concurrence. Celles-ci doivent constituer l'expression fidèle de la volonté commune des parties.[71]

Pour autant, le consentement simple ne suffit pas à caractériser une entente. Celui-ci doit être suivi d'un comportement effectif qui confirmera la volonté des auteurs de l'entente d'adhérer à une stratégie commerciale commune.

67. CJCE, 20 juin 1978, *Tepea*, aff. 28/77, *Rec.* p. 1391.

68. TPICE, 26 oct. 2000, *Bayer*, aff. T-41/96, *Rec.* p. II. 3383.

69. TPICE, 26 oct. 2000, *Bayer*, préc. ; CJCE, 13 juill. 2006, *Wolkswagen*, aff. C-74/04, *Rec.* p. I. 6585 ; TPICE, 30 avr. 2009, *Nintendo*, préc. ; CJCE, 9 juill. 2009, *Peugeot*, préc.

70. CJCE, 11 janv. 1990, *Sandoz*, préc.

71. CJCE, 15 juill. 1970, *Mannheim*, aff. 45/69, *Rec.* p. 769 ; CJCE, 11 déc. 2003, *Minoan*, aff. T-66/99, *Rec.* p. II-5515 ; TPICE, 8 août 2008, *BPB*, aff. T-53/03, *Rec.* p. II. 1333.

## C. La décision d'associations d'entreprises

**674.** La décision d'associations d'entreprises vise la constitution d'un groupement volontaire. Celle-ci doit répondre à des conditions nécessaires quant à la nature de la décision et le type de groupement concerné.

### 1. La nature de la décision

**675.** La décision doit être adoptée par l'organe qui agit dans le cadre de sa compétence et est investi du pouvoir de décision et ce, afin de lui conférer un caractère contraignant.

Cependant, la décision d'associations, comme l'accord entre entreprises, peut ne pas reposer sur un acte formel générateur d'obligations. Il pourra ainsi s'agir, comme l'énonce l'arrêt *Fedetab*[72], d'une simple recommandation constitutive d'une décision dès l'instant qu'elle est adoptée par les organes compétents de direction. Dès lors, un acte peut être qualifié de décision d'associations d'entreprises au sens de l'article 101 TFUE, sans nécessairement avoir un caractère obligatoire pour les membres concernés dans la mesure où les membres visés par cette décision s'y conforment[73].

### 2. Le type de groupement

**676.** Concernant le groupement lui-même, la forme est là aussi indifférente : société commerciale, association, coopérative, ordre professionnel ou encore organe de régulation d'une profession dont l'exercice constitue une activité économique et ce même s'il est régi par un statut de droit public. La qualification juridique donnée au groupement par les différents ordres juridiques nationaux est sans incidence sur l'applicabilité de l'article 101 TFUE[74]. Le droit de l'Union procède de nouveau à une interprétation large à cet égard[75].

Dès l'instant que la décision est adoptée par un groupement d'entreprises et que cette décision a pour objet de porter atteinte à la concurrence, la décision d'associations sera caractérisée. Le droit de l'Union n'appréhende pas le fait de mettre en place une association d'entreprises, mais celui de lui conférer par voie de décision un objet anticoncurrentiel[76].

L'acte devra refléter l'expression fidèle de la volonté de l'association d'entreprises, qui consiste à coordonner les comportements des membres sur le marché[77]. Il est impératif cependant que l'acte, comme une recommandation, soit suivi d'un comportement effectif et collectif des membres.

---

72. CJCE, 29 oct. 1980, *Fedetab*, aff. jtes 209/78 à 215/78 et 218/78, *Rec.* p. 3125.

73. TPICE, 15 sept. 2005, *DaimlerChrysler*, préc.

74. CJCE, 19 févr. 2002, *Wouters*, aff. C-309/99, *Rec.* p. I. 1577 ; CJUE, 28 févr. 2013, *Ordem*, aff. C-1/12.

75. V. à propos d'un groupement non personnalisé, décision du 30 nov. 1994, *JOCE* n° L 343, 30 déc. 1994 ; mais aussi v. Décision du 15 déc. 1982, *JOCE* n° L 379, 31 déc. 1982, à propos d'un organisme de droit public.

76. CJCE, 8 juill. 1999, *Montecatini*, aff. 235/92, *Rec.* p. I. 4539.

77. CJCE, 29 oct. 1980, *Fedetab*, préc. ; Trib. UE, 24 mai 2012, *MasterCard*, aff. T-111/08, arrêt dans lequel le tribunal déduit que, en dépit des changements survenus à la suite de l'introduction en Bourse

C'est à la lumière de ces critères que la Cour a considéré que le règlement adopté par la Fédération internationale de football (FIFA) pour gouverner l'activité des agents de joueurs constitue une décision d'associations d'entreprises au sens de l'article 101[78]. En effet, la Cour fait observer que le règlement a été adopté par la FIFA de sa propre autorité et non en vertu de pouvoirs normatifs qui lui auraient été délégués par des autorités publiques dans le cadre d'une mission reconnue d'intérêt général visant l'activité sportive. En outre, au regard de son caractère obligatoire pour les associations nationales membres de la Fédération internationale, pour les clubs, les joueurs et les agents de joueurs, ce règlement traduit l'expression de la volonté de la FIFA de coordonner le comportement de ses membres à l'égard de l'activité des agents de joueurs.

## D. La pratique concertée

**677.** La pratique concertée est certainement l'une des qualifications les plus difficiles à établir. Elle vise une discipline de comportements qui seront acceptés par les entreprises concernées. Toute la difficulté réside dans le fait que la pratique concertée n'implique pas nécessairement une manifestation de volonté explicite. Dans un tel cas (formalisation explicite de l'entente), nous serions en présence d'un accord ou d'une décision d'associations.

### 1. Une discipline de comportements

**678.** La pratique concertée renvoie à une volonté commune d'adopter un certain comportement sur le marché sans que cette volonté se traduise par un acte formel. Le comportement doit être coordonné au travers de méthodes commerciales qui seraient adoptées simultanément par différentes entreprises.

Par sa nature même, la pratique concertée ne réunit pas tous les éléments d'un accord. En fait, elle résulte d'une coordination qui s'extériorise par le comportement des participants.

#### a. Le parallélisme de comportement : un indice sérieux

**679.** Si un parallélisme de comportement ne peut être à lui seul identifié à une pratique concertée, il est cependant susceptible d'en constituer un indice sérieux. En effet, c'est le cas lorsqu'il aboutit à des conditions de concurrence qui ne correspondent pas aux conditions normales du marché, compte tenu de la nature des produits, de l'importance et du nombre des entreprises ainsi que du volume du marché considéré.

---

de MasterCard, l'organisation de paiement MasterCard avait continué à s'apprécier en une forme institutionnalisée de coordination du comportement des établissements financiers participants. Par conséquent, la Commission a valablement pu maintenir la qualification de décisions d'associations d'entreprises à l'égard des CMI (Commissions d'interchange).

78. TPICE, 26 janv. 2005, *Laurent Piau*, aff. T-193/02, *Rec.* p. II-209.

Selon la jurisprudence, une violation de l'article 101, paragraphe 1, TFUE peut résulter non seulement d'un acte isolé, mais également d'une série d'actes ou bien d'un comportement continu[79]. Ces différentes actions s'inscrivent dans un « plan d'ensemble »[80], en raison de leur objet identique faussant le jeu de la concurrence à l'intérieur du marché intérieur.

En fait, la Cour observe principalement le parallélisme des comportements incriminés qui reposent sur « des éléments de coordination et de coopération »[81].

### b. La double exigence de l'élément intentionnel et matériel

**680.** Pour retenir la qualification de pratique concertée, il est nécessaire d'observer si la pratique est fondée sur un élément matériel, c'est-à-dire un agissement qui mène sur le marché à la constitution d'une pratique restrictive. Mais, il doit aussi exister un élément intentionnel qui repose sur la volonté collective d'agir ensemble[82].

Néanmoins, dans l'arrêt *Pâte de bois*[83], le juge de l'Union prône une approche non systématique d'un tel raisonnement. En effet, il considère que la circonstance pour les entreprises de faire preuve d'intelligence et d'adapter leur comportement à celui des concurrents, ce qui peut les conduire à adopter un comportement parallèle comme une hausse des prix, n'est pas nécessairement constitutive d'une pratique concertée.

La pratique concertée a été essentiellement explicitée dans l'arrêt *ICI* du 14 juillet 1972[84] dite affaire des matières colorantes. La Cour y fait valoir que les entreprises mises en cause, productrices de matières colorantes, ont procédé, substantiellement et à plusieurs reprises dans l'année, à des augmentations de prix identiques.

L'obstacle auquel se heurtait la Cour était précisément de relever l'existence d'un échange d'une communication, ce qui aurait permis d'affirmer l'existence d'une pratique concertée. Toutefois, celui-ci n'a pas été insurmontable. En effet, la Commission est parvenue à démontrer que le comportement des entreprises est la conséquence d'un comportement implicitement consenti par les auteurs de l'entente. Dans ce célèbre arrêt, la Cour établit que l'intérêt de la distinction opérée par l'article 101 TFUE entre les trois formes d'entente est précisément d'approcher « une forme de coordination entre entreprises qui, sans avoir été poussée jusqu'à la réalisation d'une convention proprement dite, substitue sciemment une coopération pratiquée entre elles aux risques de la concurrence ». Le juge explique que par nature même, la

---

79. CJCE, 8 juill. 1999, *Anic Partecipazioni*, préc.

80. Trib. UE, 5 juin 2012, *Imperial Chemical Industries*, aff. T-214/06.

81. Sur le parallélisme des comportements, CJCE, 31 mars 1993, *Ahlström*, aff. C-89/85, *Rec.* p. I. 1307.

82. Sur la volonté commune d'agir ensemble, CJCE, 11 janv. 1988, *Sandoz*, préc.

83. CJCE, 31 mars 1993, *Ahlström*, préc.

84. CJCE, 14 juill. 1972, *ICI*, préc. ; CJCE, 14 juill. 1972, *BASF*, aff. 49/ 69, *Rec.* p. 713 ; CJCE, 14 juill. 1972, *Bayer*, préc. ; CJCE, 14 juill. 1972, *Francolor*, aff. 54/69, *Rec.* p. 851 ; CJCE, 14 juill. 1972, *Cassella*, aff. 55/69, *Rec.* p. 887 ; CJCE, 14 juill. 1972, *Hoechst*, aff. 56/69, *Rec.* p. 927 ; CJCE, 14 juill. 1972, *ACNA*, aff. 57/69, *Rec.* p. 933.

pratique concertée ne réunit donc pas tous les éléments d'un accord, mais résulte d'une coordination qui s'extériorise par le comportement des participants.

### c. Des critères nuancés par la jurisprudence

**681.** Par l'arrêt *Suiker*[85], la notion de discipline de comportements sera quelque peu nuancée. La Cour y établit qu'un parallélisme de comportement apporte la preuve d'une concertation uniquement si la concertation en constitue la seule explication plausible.

Il faut alors vérifier si le parallélisme de comportement ne peut pas, compte tenu de certaines caractéristiques du marché, s'expliquer autrement que par la concertation. Il pourra s'agir de la nature des produits, de l'importance et du nombre des entreprises, et du volume du marché en cause. En d'autres termes, les éléments du comportement parallèle doivent constituer un faisceau d'indices sérieux, précis et concordants qui puissent attester d'une concertation préalable.

Néanmoins, de tels critères de « coordination » et de « coopération » n'exigent pas l'élaboration d'un véritable « plan ». Ceux-ci sont compris à la lumière de la conception inhérente aux dispositions du traité relatives à la concurrence.

Par ailleurs, l'exigence d'autonomie n'exclut pas le droit des opérateurs économiques de s'adapter intelligemment au comportement constaté ou à escompter de leurs concurrents[86].

## 2. Une activité clandestine

**682.** L'établissement de la pratique concertée n'est pas sans soulever de sérieuses difficultés de preuve. Le juge de l'Union s'appuie essentiellement sur les preuves matérielles[87] qui devront être apportées par la Commission, comme les documents, notamment internes[88], la tenue de réunions, des entretiens téléphoniques et des témoignages.

À cet égard, il est de jurisprudence constante qu'il suffit pour la Commission de démontrer que l'entreprise concernée a participé à des réunions au cours desquelles des accords de nature anticoncurrentielle ont été conclus, sans s'y être manifestement opposée, pour prouver sa participation à l'entente.

Si l'entreprise ne prend pas soin de prendre publiquement de la distance au regard du contenu de la réunion[89], elle donne alors à penser aux autres participants qu'elle souscrit à son résultat et qu'elle s'y conformera. Par

85. CJCE, 6 déc. 1975, *Suiker Unie*, aff. jtes 40 à 48, 50, 54 à 56, 111, 113 et 114-73, *Rec.* p. 1663.

86. CJCE, 14 juill. 1981, *Züchner*, aff. 172/80, *Rec.* p. 2021.

87. V. par ex. CJCE, 4 juin 2009, *T-Mobile*, aff. C-8/08, *Rec.* p. I. 4529 ; Trib. UE, 30 nov. 2011, *Quinn Barlo*, aff. T. 208/06.

88. Comme les notes internes d'un salarié. Celles-ci ont permis d'établir la participation de l'entreprise à une réunion au cours de laquelle ont eu lieu des échanges d'informations qualifiés de pratiques concertées par le juge de l'Union, Trib. UE, *Guardian Industries*, aff. T-82/08.

89. CJCE, 3 mai 2012, *Comap*, aff. C-290/11 P ; CJUE, 7 févr. 2013, *Slovenská*, préc.

conséquent, lorsque la participation aux réunions a été établie, il appartient à l'entreprise d'avancer des indices de nature à établir que sa participation était dépourvue de tout esprit anticoncurrentiel. Elle doit alors démontrer qu'elle avait indiqué à ses concurrents qu'elle participait à ces réunions dans une optique différente de la leur[90].

De plus, concernant la qualité des auteurs de l'entente, l'application de l'article 101 TFUE ne suppose pas une action ou même une connaissance des associés ou des gérants principaux de l'entreprise concernée. Il suffit que ce soit une personne autorisée à agir pour le compte de l'entreprise[91]. À cet égard, comme le rappelle souvent la Cour, la participation à des ententes interdites constitue le plus souvent une activité clandestine qui n'est pas soumise à des règles formelles. Aussi est-il rare, précise la Cour non sans ironie, qu'un représentant d'une entreprise participe à une réunion en étant muni d'un mandat aux fins de commettre une infraction.

## §3. Les conditions d'interdiction

**683.** Pour relever de l'article 101, paragraphe 1, TFUE, l'entente doit répondre à deux conditions explicitement établies. Elles doivent être cumulativement satisfaites. À défaut, l'entente ne sera pas prohibée. D'une part, l'entente doit avoir « pour objet ou pour effet d'empêcher, de restreindre ou de fausser la concurrence à l'intérieur du marché commun ». D'autre part, elle doit être susceptible de porter atteinte au commerce intracommunautaire.

### A. La restriction de concurrence : une atteinte caractérisée

**684.** La jurisprudence de la Cour et la pratique décisionnelle de la Commission ont permis d'identifier de manière fine l'atteinte à la concurrence. Celle-ci repose sur deux critères, la territorialité et la gravité. Mais avant de caractériser ces deux éléments, il importe de comprendre la distinction entre la notion d'objet anticoncurrentiel ou d'effet anticoncurrentiel. Il s'agit d'une dichotomie de l'atteinte qui a été à son tour conceptualisée par la Cour.

#### 1. La distinction entre « infraction par objet » et « infraction par effet »

**685.** Pour relever de l'interdiction énoncée à l'article 101, paragraphe 1, TFUE, et être condamnée, l'entente doit avoir « pour objet ou pour effet d'empêcher, de restreindre ou de fausser le jeu de la

90. CJCE, 8 juill. 1999, *Hüls*, C-199/92 P, *Rec.* p. I. 4287 ; CJCE, 8 juill. 1999, *Anic Partecipazioni*, aff. C-49/92 P, *Rec.* p. I. 4125 ; CJCE, 7 janv. 2004, *Aalborg Portland*, aff. C-204/00 P, *Rec.* p. I. 123.

91. CJCE, 7 juin 1983, *Musique Diffusion française*, aff. jtes 100/80 à 103/80, *Rec.* p. 1825 ; CJUE, 7 févr. 2013, *Slovenská*, préc.

concurrence à l'intérieur du marché intérieur». La distinction entre «infractions par objet» et «infractions par effet» tient à la circonstance que certaines formes de collusion entre entreprises peuvent être considérées, par leur nature même, comme nuisibles au bon fonctionnement du jeu normal de la concurrence[92].

## a. Des conditions alternatives et non cumulatives

**686.** La Cour ne retient la qualification d'entente qu'en présence d'un accord qui nuit à la concurrence, indépendamment de la question de savoir s'il est suivi d'effet[93]. Inversement, l'entente est également retenue dans l'hypothèse d'un accord dont l'objet n'est pas de porter atteinte à la concurrence mais en a l'effet[94]. En somme, les deux hypothèses sont retenues par le juge de l'Union[95].

**687.** L'objet et l'effet anticoncurrentiels d'un accord sont des conditions non pas cumulatives, mais alternatives[96]. C'est ainsi que la prise en considération des effets concrets d'un accord est superflue s'il apparaît que celui-ci a pour objet de restreindre, d'empêcher ou de fausser le jeu de la concurrence[97]. L'article 101 TFUE vise à protéger non seulement les intérêts des concurrents ou des consommateurs, mais également la structure du marché et, ce faisant, la concurrence en tant que telle.

Selon une jurisprudence constante depuis l'arrêt du 30 juin 1966 *LTM*[98], le caractère alternatif de cette condition, marqué par la conjonction «ou», conduit d'abord à la nécessité de considérer l'objet même de l'accord, compte tenu du contexte économique dans lequel il doit être appliqué.

C'est pour cette raison que lorsque l'objet anticoncurrentiel d'un accord est établi, il n'y a pas lieu de rechercher ses effets sur la concurrence. Cependant, au cas où l'analyse de la teneur de l'accord ne révélerait pas un degré suffisant de nocivité à l'égard de la concurrence, il est nécessaire alors d'en examiner les effets et, pour le frapper d'interdiction, d'exiger la réunion des éléments établissant que le jeu de la concurrence a été, en fait, soit empêché, soit restreint, soit faussé de façon sensible[99].

## b. Les critères d'appréciation

**688.** Afin d'apprécier si un accord comporte une restriction de concurrence «par objet», il faut observer la teneur de ses dispositions, les

92. CJCE, 4 juin 2009, *T-Mobile*, préc.; CJCE, 20 nov. 2008, *Barry Brothers*, C-209/07, *Rec.* p. I. 8637; CJUE, 13 déc. 2012, *Expedia*, C-226/11.

93. CJCE, 13 juill. 1966, *Consten et Grundig*, aff. jtes 56/64 et 58/64, *Rec.* p. 429.

94. CJCE, 20 oct. 2005, *Firma*, aff. jtes C-327/03 et C-328/03, *Rec.* p. II. 8877.

95. CJCE, 30 juin 1966, *Société Technique Minière*, préc.

96. Trib. UE, 29 juin 2012, *Ruhrgars*, préc.

97. CJCE, 13 juill. 1966, *Consten et Grundig*, préc.; CJCE, 8 déc. 2011, *KME*, aff. C-389/10 P.

98. CJCE, 30 juin 1966, *LTM*, aff. 56/65, *Rec.* p. 337

99. CJCE, 4 juin 2009, *T-Mobile*, préc.; CJUE, 4 oct. 2011, *Football Association Premier League*, aff. jtes C-403/08 et C-429/08; CJUE, 14 mars 2013, *Allianz*, aff. C-32/11.

objectifs qu'il vise à atteindre ainsi que le contexte économique et juridique dans lequel il s'insère[100]. En outre, bien que l'intention des parties ne constitue pas un élément nécessaire pour déterminer le caractère restrictif d'un accord, rien n'interdit à la Commission ni aux juridictions de l'Union d'en tenir compte[101]. Celles-ci peuvent également prendre en considération la nature des biens ou des services affectés ainsi que les conditions réelles du fonctionnement et de la structure du marché ou des marchés en question. Il peut par exemple s'agir d'accords visant à cloisonner les marchés internes selon les frontières nationales, ou rendant plus difficile l'interpénétration des marchés nationaux, notamment ceux tendent à interdire ou restreindre les exportations parallèles. Ce sont des accords ayant pour objet de restreindre la concurrence au sens de l'article 101 TFUE.

**689.** Selon la Cour, pour avoir un objet anticoncurrentiel, il suffit que l'accord soit susceptible de produire des effets négatifs sur la concurrence. Cela signifie qu'il doit être concrètement apte à empêcher, à restreindre ou à fausser le jeu de la concurrence au sein du marché intérieur. Par ailleurs, un accord peut être considéré comme ayant un objet restrictif même s'il n'a pas pour seul objectif de restreindre la concurrence, mais poursuit également d'autres objectifs considérés comme légitimes[102].

## 2. La territorialité de l'atteinte

**690.** L'internationalisation de la vie économique et l'interdépendance des États soulèvent des questions sur la territorialité du droit de l'Union. Concrètement, de plus en plus d'acteurs économiques se livrent à des pratiques qui mettent en cause différents ordonnancements juridiques. Or, lorsqu'il s'agit de mettre en œuvre le droit économique, la qualification de tels comportements doit s'apprécier indépendamment du lieu d'implantation de l'acteur, ou de la nationalité des détenteurs du capital social.

### a. La territorialité subjective ou objective

**691.** De manière classique, le principe de territorialité inclut la territorialité subjective, en vertu de laquelle un État se reconnaît compétent en raison du début d'exécution de l'infraction sur son territoire, et la territorialité objective, selon laquelle un État peut se reconnaître compétent dès lors que l'infraction produit ses effets sur son territoire.

De manière plus précise, selon le principe de personnalité active, la loi d'un État s'applique à tous les actes de ses nationaux, même commis à l'étranger. C'est ainsi qu'en vertu du principe de territorialité, l'État est compétent à l'égard des biens et des personnes situés sur son territoire et des événements

100. CJCE, 6 oct. 2009, *Glaxo*, préc. ; CJUE, 4 oct. 2011, *Football Association Premier League*, préc. ; CJUE, 13 oct. 2011, *Fabre*, préc.

101. CJUE, 13 déc. 2012, *Expedia*, préc.

102. CJCE, 6 avr. 2006, *General Motors*, aff. C-551/03 P, *Rec.* p. I. 3173.

y prenant place. Il s'agit dès lors d'une territorialité objective lorsque l'acte commis en territoire étranger produit ses effets sur le territoire national.

**692.** Or, nous savons que l'effet de l'entente doit se produire de manière localisée au sein du marché intérieur, ce qui devrait exclure les ententes dont les effets ne se produisent que dans les pays tiers. Toutefois, au regard du principe de territorialité du droit de l'Union, le juge retient l'effet anticoncurrentiel pour des ententes qui sont conclues par des entreprises dont le siège se situe à l'extérieur de l'Union[103].

Les entreprises sont alors considérées comme avoir conclu une entente produisant son effet sur le territoire communautaire, ce qui fonde l'application territoriale du droit de l'Union[104]. Dès lors, en droit de la concurrence, un accord conclu entre deux entreprises établies en dehors du territoire de l'Union peut avoir un effet sur le marché intérieur.

### b. La théorie des effets

**693.** La théorie des effets constitue l'équivalent, en droit économique, de la territorialité objective. Cette théorie repose sur l'idée selon laquelle un État peut se reconnaître compétent dès lors qu'une pratique anticoncurrentielle a généré des effets sur son territoire.

En droit de l'Union, c'est par le célèbre arrêt *Pâte de bois*[105] que le juge a commencé à appliquer la théorie des effets. Jusqu'alors, les concepts d'unité de comportement et d'unité économique étaient suffisants pour fonder la compétence communautaire, puisque les entreprises établies au sein du marché commun présentaient de ce fait un lien territorial avec l'Union.

Désormais, ce qui importe relève moins de la localisation des entreprises en cause que de l'effet anticoncurrentiel de leurs activités sur le territoire de l'Union. Selon l'avocat général Darmon dans ses conclusions sous l'arrêt *Pâte de bois*, la lecture de l'article 85 du traité [devenu 101 TFUE] permet de soutenir que le droit communautaire de la concurrence est applicable, par sa vocation même, dès lors que les effets anticoncurrentiels se sont produits sur le territoire de la Communauté. Cela signifie que ni la nationalité, ni la localisation géographique de l'entreprise, mais bien la localisation de l'effet anticoncurrentiel doit constituer le critère d'application du droit communautaire de la concurrence[106].

**694.** Les lignes directrices relatives à la notion d'affectation du commerce[107] rappellent les grands principes qui permettent de régir les facteurs d'externalité. Le lieu d'établissement des entreprises importe

---

103. CJCE, 14 juill. 1972, *ICI*, préc.

104. V. aussi CJCE, 25 nov. 1971, *Béguelin*, préc.

105. CJCE, 27 sept. 1988, *Ahlström*, arrêt dit *Pâte de bois*, aff. jtes 89/85, 104/85, 114/85, 116/85, 117/85 et 125/85 à 129/85, *Rec.* p. 5193 ; l'arrêt au fond a été rendu cinq ans après : CJCE, 31 mars 1993, *Ahlström*, aff. jtes 89/85, 104/85, 114/85, 116/85, 117/85 et 125/85 à 129/85, *Rec.* p. I. 1307.

106. Conclusions de l'avocat général Darmon, point 9.

107. Communication de la Commission – Lignes directrices relatives à la notion d'affectation du commerce figurant aux articles 81 et 82 du traité, *JOUE* n° C 101, 27 avr. 2004.

peu. Il en va de même pour le lieu de conclusion de l'accord. Seul compte le fait que l'accord ou la pratique unilatérale est mis en œuvre à l'intérieur de l'Union. Cela atteste d'une volonté certaine d'assurer une large applicabilité de toutes les normes de concurrence face aux facteurs d'externalité économique.

## 3. La gravité de l'atteinte : la théorie du seuil de sensibilité

**695.** La théorie du seuil de sensibilité est un élément de qualification de la restriction de concurrence. En revanche, elle n'est pas une règle d'opportunités des poursuites[108].

### a. Les sources du principe *de minimis* (*de minimis rule*)

**696.** Pour être caractérisée et retenue, l'atteinte à la concurrence doit être sensible. En effet, la restriction de concurrence doit répondre à un certain niveau de gravité au regard du fonctionnement normal de la concurrence et du marché, ce qui est généralement dénommé l'effet de sensibilité ou principe *de minimis*. C'est la Cour qui a consacré le seuil de sensibilité de l'atteinte. Celui-ci n'apparaissait au départ dans aucun texte.

Par l'arrêt *Völk* du 9 juillet 1969[109], le juge a fait valoir qu'un accord ne tombera pas sous le coup de l'article 101 TFUE s'il n'affecte le marché que « d'une manière insuffisante compte tenu de la faible position qu'occupent les intéressés sur le marché en cause ». Dès lors, un accord d'entreprises échappe à la prohibition lorsqu'il n'affecte le marché que d'une manière insignifiante[110].

**697.** L'interprétation du juge sur la sensibilité de l'atteinte a été par la suite relayée par la Commission à l'occasion de la communication concernant les accords d'importance mineure du 22 décembre 2001, communément appelée communication *de minimis*[111].

Compte tenu de la difficulté de déterminer la sensibilité de l'atteinte, la Commission est ainsi venue établir un certain nombre de critères. Ceux-ci permettent d'exclure certaines ententes qui, en dépit de leur effet concurrentiel avéré, ne satisfont pas au seuil de sensibilité. C'est le cas pour les accords d'importance mineure qui ne sont pas visés par les dispositions de l'article 101, paragraphe 1, TFUE. Dès lors, échappent à l'interdiction les ententes horizontales ou mixtes dont les auteurs ne dépassent pas 10 % des parts de marché cumulées, ou 15 % pour les ententes verticales.

108. CJUE, 13 déc. 2012, *Expedia*, préc.

109. CJCE, 9 juill. 1969, *Völk*, aff. 5/69, *Rec.* p. 295.

110. CJCE, 9 juill. 1969, *Völk*, préc. ; pour une jurisprudence constante, v. CJCE, 28 mai 1998, *Deere*, aff. C-7/95 P, *Rec.* p. I. 3111 ; CJCE, 21 janv. 1999, *Bagnasco*, aff. jtes C-215/96 et C-216/96, *Rec.* p. I. 135 ; CJCE, 23 nov. 2006, *Asnef-Equifax*, aff. C-238/05, *Rec.* p. I. 11125 ; CJUE, 13 déc. 2012, *Expedia*, préc.

111. *JOCE* n° C 368, 22 déc. 2001. Aux deuxième et troisième phrases du point 2 de la communication, la Commission précise que les seuils de part de marché utilisés quantifient ce qui ne constitue pas une restriction sensible de la concurrence au sens de l'article 101 TFUE, mais que cette définition par défaut du caractère sensible d'une telle restriction ne signifie pas que les accords d'entreprises dépassant ces seuils restreignent sensiblement le jeu de la concurrence.

Sont cependant exclus de ce principe *de minimis* certains accords dont l'effet anticoncurrentiel est établi, comme les accords horizontaux qui ont pour objet de fixer les prix, de limiter la production ou les ventes, de répartir le marché ou les sources d'approvisionnement, ainsi que les accords verticaux qui ont pour objet de fixer les prix de revente ou ceux qui assurent à leurs auteurs une production territoriale. Mais afin de promouvoir les petites et moyennes entreprises, c'est-à-dire celles dont le chiffre d'affaires est inférieur à 40 millions d'euros et qui emploient moins de 250 salariés, les accords conclus par ces dernières bénéficient d'une présomption de conformité avec l'article 101, paragraphe 1, TFUE. En effet, ils ne présentent pas « un intérêt communautaire » suffisant qui impose une interdiction au regard du droit de l'Union.

De plus, afin de déterminer le caractère sensible ou non d'une restriction du jeu de la concurrence, l'autorité de concurrence d'un État membre peut prendre en considération les seuils établis par la communication *de minimis,* sans pour autant être obligée de s'y tenir. En effet, de tels seuils ne constituent que des indices parmi d'autres susceptibles de permettre à cette autorité de déterminer le caractère sensible ou non d'une restriction par référence au cadre réel où se place l'accord.

## b. L'inattendue interprétation du principe *de minimis* par l'arrêt *Expedia*

**698.** Pour la première fois, la communication *de minimis* a fait l'objet d'une interprétation par la Cour de justice dans l'arrêt *Expedia* du 13 décembre 2012[112]. Le juge de l'Union y livre une approche extensive de la notion de restriction par objet retenue depuis l'arrêt *T-Mobile*[113] mais qui, de manière inattendue, limite la portée de la communication *de minimis*.

### α. *Un affaiblissement de la portée de la Communication de minimis*

**699.** L'arrêt *Expedia* précise que l'article 101, paragraphe 1, TFUE trouve son plein effet même lorsque l'accord n'atteint pas les seuils fixés dans la Communication de *minimis* à condition qu'aucune restriction sensible de la concurrence ne soit établie. En d'autres termes, les accords anticoncurrentiels par objet ne peuvent bénéficier d'une sphère de sécurité *dite safe harbour*.

**700.** Le juge de l'Union considère que les instances nationales peuvent sanctionner une entente sur le fondement du droit de l'Union

112. CJUE, 13 déc. 2012, *Expedia*, préc. La question posée était celle de savoir si une autorité nationale de concurrence peut poursuivre sur le double fondement de l'article 101, paragraphe 1, TFUE et du droit national, des accords ou des pratiques concertées susceptibles d'affecter le commerce entre États membres, alors que la part de marché cumulée détenue par les parties ne dépasse pas les seuils de 10 % ou 15 % retenus par la Communication *de minimis*.

113. CJUE, 4 juin 2009, préc.

même si les parties possèdent des parts de marché inférieures aux seuils établis par la Communication, tant qu'elles constatent une restriction sensible de la concurrence. Il suffit dès lors que l'accord constitue une restriction sensible de la concurrence pour qu'il soit répréhensible même si les seuils n'étaient pas atteints.

La Cour fait observer que, contrairement à la Communication de la Commission relative à la coopération au sein du Réseau des autorités de concurrence, celle *de minimis* ne contient aucun énoncé faisant état de déclarations par les autorités de concurrence des États membres selon lesquelles ces dernières ont pris acte des principes exposés et acceptent de les respecter.

#### β. *Un texte de soft law*

**701.** Les objectifs poursuivis par la Communication *de minimis* n'ont pas vocation à lier les autorités de concurrence ni les juridictions des États membres. La communication vise à exposer la manière dont la Commission, agissant en tant qu'autorité de la concurrence de l'Union, appliquera elle-même l'article 101 TFUE. La Cour considère ainsi que la Communication *de minimis* est dépourvue de force obligatoire à l'égard des autorités de concurrence et des juridictions des États membres[114].

Seule la Commission est liée par ce texte de *soft law*. En deçà des seuils, la Commission a posé une présomption de défaut d'incidence sensible de la pratique, en vertu de laquelle elle s'est engagée à ne pas poursuivre.

#### γ. *La marge de manœuvre appréciable des autorités et juridictions nationales*

**702.** Par la Communication *de minimis*, la Commission s'autolimite certes dans l'exercice de son pouvoir d'appréciation. Mais, elle entend surtout donner des indications aux juridictions et aux autorités des États membres pour l'application de l'article 101 TFUE[115]. Selon la Cour, les seuils indiqués dans la Communication sont « des indices parmi d'autres » pour apprécier le caractère sensible ou non d'une restriction de la concurrence. Une autorité nationale de concurrence peut s'y référer « sans pour autant être obligée de s'y tenir ».

Toutefois, même si la Communication *de minimis* n'est pas contraignante pour les autorités ni les juridictions des États membres, celles-ci doivent identifier une restriction sensible de la concurrence afin de décider de l'applicabilité de l'article 101, paragraphe 1, en deçà des seuils établis par la Communication. À cet égard, la Cour rappelle utilement que l'incidence de l'accord sur la concurrence doit être sensible pour que l'entente puisse être interdite.

De plus, elle considère que le bénéfice de la Communication *de minimis* n'est pas exclu seulement dans les cas de restrictions caractérisées ainsi que pour tout accord ayant un objet anticoncurrentiel. En effet, un tel accord

---

114. CJUE, 14 juin 2011, *Pfleiderer*, aff. C-360/09 ; CJUE, 13 déc. 2012, *Expedia*, préc.

115. CJUE, 13 déc. 2012, *Expedia*, préc.

constitue « par sa nature et indépendamment de tout effet concret de celui-ci, une restriction sensible du jeu de la concurrence ».

### c. La révision de la Communication du *minimis* : une clarification de la zone de sécurité (*safeharbour*)

**703.** Il faut bien reconnaître que l'arrêt *Expedia* a quelque peu déstabilisé les opérateurs économiques. Ces derniers considéraient jusqu'à présent et en toute bonne foi qu'ils bénéficiaient d'une zone de sécurité en deçà de certains seuils, ceux énoncés par la Communication *de minimis*. Dès lors, la lisibilité du principe s'en est trouvée affectée.

Il était devenu nécessaire de procéder à une clarification sur le sujet, notamment au regard de l'opposabilité de la communication, afin de surmonter l'insécurité juridique née de l'arrêt *Expedia*. La Commission a donc lancé, le 11 juillet 2013, une consultation publique sur un projet de communication, concernant les accords d'importance mineure qui ne restreignent pas sensiblement le jeu de la concurrence au sens de l'article 101, paragraphe 1, TFUE.

#### α. *Une explicitation de la restriction de concurrence « par objet »*

**704.** La Communication ainsi révisée a été adoptée le 25 juin 2014[116]. La Commission y clarifie ce qu'il faut entendre par restriction de concurrence « par objet ». Elle confirme que les accords entre entreprises ayant de faibles parts de marché ne doivent pas être examinés au regard des règles de concurrence. Elle n'ouvrira pas de procédure vis-à-vis des accords couverts par la zone de sécurité. En outre, la Commission n'infligera pas d'amende aux entreprises qui estiment de bonne foi que les seuils de part de marché ne sont pas dépassés.

Toutefois, la Communication n'est pas contraignante vis-à-vis des autorités nationales de concurrence et des juridictions nationales. Dès lors, des accords couverts par la zone de sécurité peuvent faire l'objet de procédures sur le fondement du droit national de la concurrence.

En réalité, le principal changement porte sur le fait que les accords qui contiennent des restrictions de concurrence « par objet », compte tenu de l'évolution de la jurisprudence de la Cour, ne tombent plus en dehors du champ d'application des règles de concurrence. Ces accords ne peuvent en aucun cas être considérés comme des accords mineurs ni bénéficier de la zone de sécurité. Ceci est établi par l'arrêt *Expedia*. Ils constituent toujours une restriction sensible du jeu de la concurrence en violation de l'article 101, paragraphe 1, TFUE.

#### β. *Un maintien des seuils de part de marché*

**705.** La révision ne modifie pas les seuils de part de marché qui définissent la zone de sécurité. Il ne peut y avoir de restriction sensible à la concurrence tant que les parts de marchés des entreprises à l'accord respectent ces seuils.

116. *JOUE* n° C 291, 30 août 2014.

Rappelons que les accords seront considérés comme d'importance mineure si les parts de marché cumulées des entreprises concernées n'excèdent pas 10 % lorsque les entreprises sont concurrentes (accord horizontal) et 15 % lorsque l'accord est conclu entre des entreprises non concurrentes (accord vertical). Pour les marchés avec effet cumulatif des réseaux parallèles d'accords ayant des effets similaires, les seuils de part restent à 5 %.

Lorsqu'une difficulté se pose quant à la qualification de l'accord (entre concurrents ou entre non concurrents), le plafond de parts de marché pris en considération sera le plus faible, soit 10 %.

#### γ. *Un appui pour les opérateurs économiques*

**706.** Pour aider les entreprises, la nouvelle Communication est accompagnée d'un document de travail des services de la Commission. Celui-ci énumère les restrictions de concurrence qui sont décrites comme des restrictions par objet ou des restrictions caractérisées. Il fournit des exemples tirés de la jurisprudence de la Cour de justice et de la pratique décisionnelle de la Commission. Mais la liste est loin d'être exhaustive et il n'est pas exclu que la Commission constate d'autres restrictions par objet, ce qui signifie qu'il sera régulièrement mis à jour.

## B. L'affectation du commerce entre États membres : le cloisonnement des échanges

**707.** En seconde condition, l'article 101 TFUE requiert que l'entente ait pour effet d'affecter les échanges intracommunautaires. De nouveau, pour éclaircir la condition d'affectation, la Commission a adopté[117], dans une Communication du 26 avril 2004, un certain nombre de lignes directrices relatives à la notion d'affectation de commerce.

Par la notion d'affectation du commerce, il convient en réalité de se pencher sur le cloisonnement du marché mais aussi sur la sensibilité de l'affectation

### 1. Un repli des courants d'échanges

**708.** Ce qui est remis en cause est le mouvement d'une marchandise entre États membres, importation ou exportation. Il doit être établi que l'entente conduit à un repli des courants d'échanges au sein des territoires nationaux, qui ruine le marché unifié et aboutit ainsi à un cloisonnement. À cet égard, la Cour évoque le fait que l'entente engendre une difficulté d'interpénétration économique[118].

Mais le courant d'échanges affecté n'est pas exclusif aux marchandises. En effet, par commerce intracommunautaire, il faut également considérer

117. *JOUE* n° C 101, 27 avr. 2004.

118. CJCE, 30 juill. 1966, *Société Technique Minière*, préc.

l'examen des autres libertés comme l'établissement, la prestation de services[119] ou le mouvement de capitaux.

## 2. Une affectation sensible

**709.** Comme pour l'atteinte à la concurrence, l'affectation du commerce doit présenter par ailleurs un caractère sensible. Il doit donc s'agir d'une influence « sensible » sur le commerce intracommunautaire. Cela permet d'exclure les accords d'une portée modeste car précisément ils ne portent pas atteinte de manière notable au commerce[120]. La Cour et la Commission retiennent non seulement l'effet réel, mais aussi l'effet potentiel[121].

De plus, l'entente est constituée même si elle est conclue entre des opérateurs économiques situés au sein d'un seul État membre[122]. En revanche, s'il ne s'agit que de flux nationaux, l'entente relève strictement du droit interne[123]. Toutefois, dans certaines hypothèses, une entente qui pourtant relève du droit interne peut affecter le commerce entre États membres en raison précisément du cloisonnement du marché intérieur qui en résulte[124]. La Commission et la Cour se livrent à un examen au cas par cas de ce type d'ententes circonscrit au niveau interne.

# §4. Les exemptions

**710.** Le principe d'interdiction des ententes, posé par l'article 101, paragraphe 1, TFUE, n'est pas absolu. Le droit de l'Union reconnaît son inapplication et dès lors la licéité de certaines ententes dès l'instant que celles-ci répondent à certaines conditions.

En effet, il est admis que des ententes puissent poursuivre un objectif louable, notamment celui de développer le progrès technique ou technologique. Elles constituent en ce sens un apport important dans la réalisation d'une société de progrès. Ce type d'ententes ne peut dès lors être combattu car les condamner serait parfaitement contre-productif. Au contraire, le droit de l'Union doit promouvoir la constitution de telles ententes, utiles au progrès économique et social.

C'est pour cette raison que l'article 101, paragraphe 3, TFUE prévoit la possibilité d'exempter certaines ententes sous une forme individuelle ou collective.

119. CJCE, 30 avr. 1986, *Asjes*, aff. 209/84, *Rec.* p. 1425.

120. CJCE, 16 juin 1981, *Salonia*, aff. 126/80, *Rec.* p. 1563.

121. CJCE, 21 janv. 1999, *Bagnasco*, aff. jtes C-215/96 et C-216/96, *Rec.* p. I. 161.

122. CJCE, 14 juill. 1972, *ICI*, préc. Sur les accords d'exclusivité et d'approvisionnement qui autorisent les auteurs de l'accord à ne s'approvisionner qu'auprès d'un fournisseur national, v. CJCE, 12 déc. 1967, *Brasserie de Haecht*, aff. 23/67, *Rec.* p. 525 ; ou sur les accords fixant le prix minimal d'un produit qui ne fait pas pourtant l'objet d'un courant d'échanges, v. CJCE, 30 janv. 1985, *BNIC*, aff. 123/83, *Rec.* p. 391.

123. CJCE, 30 juill. 1966, *Société Technique Minière*, préc.

124. CJCE, 24 sept 2009, *Erste*, aff. jtes C-125/07, C-133/07, C-135/07 et C-137/07, *Rec.* I. 8681.

## A. Les exemptions individuelles

**711.** En application de l'article 101, paragraphe 3, TFUE, certaines ententes peuvent être individuellement exemptées si elles satisfont à certaines conditions.

Jusqu'à l'application du règlement (CE) nº 1/2003, la Commission était seule compétente pour octroyer ces exemptions au terme d'une procédure de notification. Or, l'instauration d'un principe d'exception légale des ententes par ledit règlement a entraîné la suppression de la notification. De même, la fin du monopole de la Commission, née de la réforme de 2003, a induit un processus de décentralisation. Désormais, ce sont les autorités nationales de concurrence (ANC) qui se sont vues reconnaître un tel pouvoir d'appréciation. Plus précisément, il appartient à l'ANC, ou à la Commission si cette dernière est amenée à exercer sa compétence, de démontrer que l'entente n'est pas conforme à l'article 101, paragraphe 1, TFUE. Elle constitue dès lors une restriction de concurrence. Pour sa part, l'opérateur doit démontrer au contraire qu'il satisfait aux quatre conditions de l'article 101, paragraphe 3, TFUE, pour pouvoir bénéficier de l'exemption individuelle.

**712.** Il faut bien saisir que si l'entente n'est pas conforme au paragraphe 1, elle tombe dès lors sous le coup d'une interdiction. Le principe de présomption de validité ne vaut naturellement que pour des ententes qui répondent aux conditions résultant de l'article 101, paragraphe 3, TFUE. Celles-ci sont cumulatives[125]. Elles sont décrites sommairement par l'article 101, paragraphe 3, TFUE ; deux d'entre elles sont positives, les deux autres de nature négative. La pratique de la Commission et la jurisprudence de la Cour leur ont apporté un contenu plus fourni. La réunion de ces quatre conditions est à la fois nécessaire et suffisante[126].

### 1. Les conditions positives : l'apport de l'opération

**713.** Concernant la première condition positive, l'article 101, paragraphe 3, TFUE insiste tout d'abord sur la nécessité pour l'entente de contribuer au progrès technique ou économique. Il s'agit d'un critère d'une large étendue, qui a permis à la Commission d'apprécier de manière positive des apports tels que l'amélioration de la production et de la distribution des produits, de la qualité des produits, mais aussi celle des services ou encore la protection de l'environnement.

La Commission portera donc un regard bienveillant sur les accords de spécialisation en matière de production et de distribution, les accords en matière de recherche/développement, les accords de distribution exclusive ou sélective, ou les accords de franchise qui ont pour intérêt d'améliorer sensiblement la qualité de la distribution.

---

125. TPICE, 9 juill. 1992, *Publishers Association*, aff. T-66/89, *Rec.* p. II. 1995.

126. CJCE, 11 juill. 1985, *Remia*, aff. 42/84, *Rec.* p. 2545 ; TPICE, 15 juill. 1994, *Matra Hachette*, aff. T-17/93, *Rec.* p. II. 595. V. G. Rivel, « La règle de raison et le droit communautaire de la concurrence, *inelegantia juris ?* », *D.* 2008. p. 237.

**714.** Deuxième condition positive, l'entente devra réserver une partie équitable du profit qui en résulte aux utilisateurs. L'idée majeure est que l'entente ne doit pas bénéficier de manière exclusive à ses auteurs. Elle doit étendre ses effets à d'autres utilisateurs.

Par « utilisateurs », la Commission entend, à travers sa pratique décisionnelle, les tiers à l'accord, c'est-à-dire non seulement le consommateur final qui tirera profit évident de l'entente, mais aussi tous les acteurs présents dans le circuit économique comme les producteurs, les travailleurs et les distributeurs.

## 2. Les conditions négatives : l'absence de restriction de concurrence

**715.** La troisième condition, négative celle-ci, porte sur l'absence de restriction de concurrence qui doit gouverner à la conclusion de l'entente. La Commission exerce là aussi un contrôle appuyé sur l'absence de restriction.

Elle n'avalise aucune entente s'il apparaît qu'au terme d'un contrôle de proportionnalité entre les objectifs avancés par les auteurs de l'entente et les moyens mis en œuvre, l'entente porte une atteinte excessive à la concurrence. La Cour, relayée par la Commission, ne retient l'entente seulement si se maintient un niveau minimum de concurrence[127].

**716.** La quatrième condition, négative à son tour, est également relative au maintien de la concurrence. La Cour veille à ce que la mise en œuvre de l'entente ne conduise pas à un effacement total de toute concurrence sur le marché. Il doit subsister une « dose normale de concurrence » qui est un « impératif absolu »[128].

À cette fin, la Commission apprécie si l'entente ne conduit pas à la disparition pure et simple des produits considérés comme comparables sur le marché, c'est-à-dire des produits qui répondent à un certain degré de substitution.

## 3. Les restrictions accessoires

**717.** Par restriction directement liée à la réalisation d'une opération principale, on entend toute restriction qui est subordonnée en importance à la réalisation de l'opération et qui comporte un lien évident avec celle-ci.

La notion de restrictions accessoires a été développée par la jurisprudence à l'occasion de l'arrêt *Métropole télévision (M6)*[129]. Celui-ci a mis en exergue les critères de qualification qui sont aujourd'hui principalement étendus et appliqués au contrôle des concentrations.

---

127. CJCE, 28 juin 1986, *Pronuptia*, préc. V. également la décision du 10 mai 2000, *Eurovision*, *JOCE* n° L 154, 24 juin 2000.

128. CJCE, 21 févr. 1973, *Continental Can*, préc.

129. TPICE, 18 sept. 2001, *Métropole télévision (M6)*, préc. Trib. UE, 24 mai 2012, *MasterCard*, aff. T-111/08 ; Trib. UE, 27 juin 2012, *Ruhrgars*, préc.

### a. Les critères de qualification

**718.** L'appréciation d'une restriction accessoire implique un examen qui renvoie à un test binaire, celui de la nécessité et de la proportionnalité. En effet, il convient de rechercher, d'une part, si la restriction est objectivement nécessaire à la réalisation de l'opération principale et, d'autre part, si elle est proportionnée par rapport à celle-ci.

En ce qui concerne le caractère objectivement nécessaire d'une restriction, dans la mesure où l'existence d'une règle de raison en droit communautaire de la concurrence n'est pas admise, la condition de la nécessité objective n'implique pas une mise en balance des effets pro et anticoncurrentiels d'un accord. Cette position est justifiée non seulement afin de respecter l'effet utile de l'article 101, paragraphe 3, TFUE, mais également pour des motifs de cohérence. En effet, dès l'instant que l'article 101, paragraphe 1, TFUE n'implique pas une analyse des effets positifs et négatifs pour la concurrence d'une restriction principale, un même constat s'impose en ce qui concerne l'analyse des restrictions qui l'accompagnent.

**719.** Lors de l'examen d'une restriction, il s'agit de déterminer si, dans le cadre particulier de l'opération principale, la restriction est nécessaire à la réalisation de cette opération.

Si, en l'absence de la restriction, l'opération principale est difficilement réalisable voire irréalisable, la restriction peut être considérée comme objectivement nécessaire. Il convient encore de vérifier si sa durée et son champ d'application matériel et géographique n'excèdent pas ce qui est nécessaire pour la réalisation de l'opération. S'il est établi qu'une restriction est directement liée et nécessaire à la réalisation d'une opération principale, sa compatibilité avec les règles de concurrence doit être examinée avec celle de l'opération principale.

Ainsi, lorsque l'opération principale ne tombe pas sous le coup de l'interdiction édictée à l'article 101, paragraphe 1, TFUE, il en va de même pour les restrictions directement liées et nécessaires à cette opération. En revanche, si l'opération principale constitue une restriction au sens de cette disposition, mais bénéficie d'une exemption au titre de l'article 101, paragraphe 3, TFUE, cette exemption couvre également les restrictions accessoires.

### b. La nature du contrôle juridictionnel

**720.** Dans la mesure où il s'agit d'appréciations économiques complexes de la part de la Commission, le contrôle juridictionnel se limite à la vérification du respect des règles de procédure, du caractère suffisant de la motivation et de l'exactitude matérielle des faits, et de l'absence d'erreur manifeste d'appréciation et de détournement de pouvoir. En effet, en droit de l'Union, selon une jurisprudence constante, dans le cadre du contrôle de légalité exercé par le juge, lorsque le domaine en cause révèle une dimension particulièrement technique, les institutions disposent d'un pouvoir d'appréciation étendu[130] de sorte que le juge se limite traditionnellement à un contrôle restreint[131].

Néanmoins, les institutions sont tenues, en contrepartie, d'examiner avec soin et impartialité tous les éléments pertinents de l'affaire et ce en vertu du principe de bonne administration[132].

## 4. La mise en place d'un système de présomption légale par le règlement 1/2003

**721.** Pendant longtemps, la procédure d'exemption a été dominée par une concentration du pouvoir au profit de la Commission. En effet, elle était seule compétente pour apprécier le bien-fondé et la validité de l'opération, et octroyer le cas échéant une exemption tantôt individuelle, tantôt collective selon une procédure spécifique.

### a. Le mode de contrôle initial : un contrôle exclusif au profit de la Commission

**722.** La compétence quasi monopolistique de la Commission résultait du premier règlement d'application des articles 101 et 102 TFUE, anciennement les articles 85 et 86 CE, à savoir le règlement (CEE) n° 17/62[133]. Dans un souci d'application effective du droit communautaire, ce texte conférait à la Commission de larges pouvoirs d'appréciation.

Le contexte d'alors, caractérisé par un fort cloisonnement économique des marchés, expliquait certainement la volonté du législateur communautaire de garantir le respect des règles de concurrence, en assurant le contrôle exclusif des ententes par la Commission, gardienne des traités. Mais l'application d'un système aussi centralisé a été éprouvée. Celui-ci a en réalité démontré une importante lourdeur dans son fonctionnement qui a justifié son abandon à la faveur du règlement (CE) n° 1/2003, nouvellement adopté[134].

### b. Un mode de contrôle révisé : l'exception légale

**723.** Le règlement (CE) n° 1/2003 a assoupli sensiblement la procédure d'exemption, en opérant une réelle décentralisation au profit des autorités nationales de concurrence et des juridictions internes. Elles sont désormais en charge de l'application de l'article 101, paragraphe 3, TFUE. Le principe de l'exemption n'est donc pas remis en cause. Il

130. V. par exemple en matière de politique commerciale commune, particulièrement concernant les mesures de défense commerciale, CJCE, 27 sept. 2007, *Ikea*, aff. C-351/04, *Rec.* p. I. 7723 ; CJCE, 11 févr. 2010, *Hoesch*, aff. C-373/08, *Rec.* p. I. 951.

131. V. en ce sens TPICE, 20 juin 2001, *Euroalliages*, aff. T-188/99, *Rec.* p. II. 1757 ; en matière de politique agricole commune, CJCE, 15 oct. 2009, *Enviro Tech*, aff. C-425/08.

132. CJCE, 21 nov. 1991, *Technische Universitat Munchen*, aff. C-269/90 ; Trib. UE, 8 mai 2012, *Dow Chemical*, aff. T-158/10.

133. Règlement du Conseil du 6 févr. 1962, *JOCE* n° 13, 21 févr. 1962.

134. Règlement du Conseil du 16 déc. 2002, *JOUE* n° L 1, 4 janv. 2003.

perdure sous une autre forme, l'exception légale. De plus, il est désormais lié à l'application des nouvelles règles de procédure établies par le règlement (CE) n° 1/2003.

La mise en œuvre du règlement (CE) n° 1/2003 a opéré une importante décentralisation de la prise de décision au profit des autorités nationales.

**724.** Jusqu'à présent, l'exemption individuelle s'opérait par le biais d'une procédure de notification qui s'ouvrait à l'initiative des opérateurs, auteurs de l'entente. La procédure était décrite par le règlement (CEE) n° 17/62 et conférait, rappelons-le, une compétence exclusive à la Commission. Les auteurs de l'entente devaient saisir ainsi la Commission par voie de notification et, de cette manière, l'informer du contenu de l'opération projetée. Ce n'était qu'au gré d'une procédure laborieuse que la Commission statuait. Elle pouvait le cas échéant reconnaître la validité de l'entente au travers d'une attestation négative constatant l'absence d'infraction au regard de l'article 101, paragraphe 3, TFUE, ou au maintien d'une exemption individuelle, précédemment accordée.

Mais la lourdeur de la procédure de notification a conduit la Commission à opérer une révision complète du système qu'elle a remplacé par un contrôle désormais assuré par les autorités nationales et leurs juridictions, et ce depuis le 1$^{er}$ mai 2004. La notification est désormais supprimée et remplacée par un système de présomption légale. Et il appartient aux autorités nationales de concurrence et juridictions nationales de mettre en œuvre l'article 101, paragraphe 3, TFUE et de l'appliquer aux cas individuels.

## 5. La charge de la preuve

**725.** C'est la jurisprudence *Glaxo*[135] qui a établi avec grande précision les règles relatives à la charge de la preuve à la lumière de l'article 2 du règlement (CE) n° 1/2003.

### a. Les arguments et éléments de preuve

**726.** L'opérateur qui se prévaut de l'article 101, paragraphe 3, TFUE doit démontrer que les conditions sont réunies, au moyen d'arguments et d'éléments de preuve convaincants[136]. Pour sa part, la Commission doit examiner ces arguments et éléments de preuve[137], c'est-à-dire déterminer s'ils démontrent bel et bien que les conditions d'application de l'article 101, paragraphe 3, TFUE sont satisfaites.

Dans certains cas, les arguments et éléments de preuve peuvent être de nature à obliger l'opérateur à fournir une explication ou une justification, à

135. TPICE, 27 sept. 2006, *Glaxo*, aff. T-168/0. Pour une application régulière de ces critères relatifs à la charge de la preuve, v. par ex. Trib. UE, 24 mai 2012, *MasterCard*, aff. T-111/08 ; Trib. UE, 29 nov. 2012, *Groupement des cartes bancaires*, aff. T-491/07, à propos de règles tarifaires visant les nouveaux entrants d'un groupement bancaire.

136. CJCE, 17 janv. 1984, *VBVB*, aff. jtes 43/82 et 63/82, *Rec.* p. 19 ; CJCE, 7 janv. 2004, *Aalborg Portland*, préc.

137. CJCE, 13 juill. 1966, *Consten et Grundig*, préc.

défaut desquelles la charge de la preuve incombant à la personne se prévalant de l'article 101, paragraphe 3, TFUE n'est pas satisfaite.

Notons que la Commission dispose d'une marge d'appréciation dans l'évaluation de l'opération. En effet, elle doit effectuer la pondération entre les avantages attendus de la mise en œuvre de l'accord et les inconvénients qu'il comporte pour le consommateur final en raison de son impact sur la concurrence. Cet exercice de pondération prend la forme d'une mise en balance au regard de l'intérêt général apprécié au niveau de l'Union.

### b. Un contrôle restreint

**727.** Dans la mesure où il est en présence d'appréciations économiques complexes, le juge saisi d'une demande d'annulation d'une décision d'application de l'article 101, paragraphe 3, TFUE se livre à un contrôle restreint[138]. En effet, le juge se limite à vérifier si les éléments de preuve invoqués sont matériellement exacts, fiables et cohérents. Il vérifie également s'ils constituent l'ensemble des données pertinentes à prendre en considération pour apprécier une situation complexe et s'ils sont de nature à étayer les conclusions qui en sont tirées[139]. En revanche, il ne lui appartient pas de substituer son appréciation économique à celle de l'auteur de la décision dont il lui est demandé de contrôler la légalité.

De plus, le contrôle exercé sur la décision de la Commission se fait exclusivement au regard des éléments de fait et de droit existant à la date d'adoption de la décision attaquée. Néanmoins, la possibilité est offerte aux parties de les compléter par des éléments de preuve postérieurs à cette date. Mais ces éléments doivent être constitués spécifiquement en vue d'attaquer cette décision ou de la défendre.

## B. Les exemptions par catégorie

**728.** Aux côtés de l'exemption individuelle, le recours au règlement par catégorie est rapidement devenu une pratique ordinaire dans l'application du droit de la concurrence par la Commission. Cette dernière a adopté de nombreux règlements d'exemption parmi lesquels le règlement relatif aux accords verticaux[140] et d'approvisionnement exclusifs[141], aux accords relatifs au transfert de technologies[142], aux accords de recherche et de développement[143], aux accords dans le secteur automobile[144], aux

138. CJCE, 13 juill. 1966, *Consten et Grundig*, préc. ; CJCE, *Metro I*, aff. ; CJCE, 11 juill. 1985, *Remia*, préc. ; CJCE, 7 janv. 2004, *Aalborg Portland*, préc.

139. CJCE, 15 févr. 2005, *Tetra Laval*, aff. C-12/03 P, *Rec.* p. I. 987 ; TPICE, 14 déc. 2005, *General Electric*, aff. T-210/01.

140. Règl. (UE) n° 330/2010 de la Commission du 20 avr. 2010, *JOUE* n° L 102, 23 avr. 2010.

141. Règl. (UE) n° 330/2010 de la Commission du 20 avr. 2010, préc.

142. Règl. (CE) n° 772/2004, 27 avr. 2004, *JOUE* n° L 123, 27 avr. 2004.

143. Règl. (CE) n° 2659/2000 de la Commission du 29 nov. 2000, *JOCE* n° L 304, 5 déc. 2000.

144. Règl. (UE) n° 461/2010 de la Commission du 27 mai 2010, *JOUE* n° L 129, 28 mai 2010.

accords de spécialisation[145], ou encore aux accords dans le secteur des assurances[146].

## 1. La procédure d'adoption d'un règlement d'exemption

**729.** C'est l'article 101, paragraphe 3, TFUE qui permet à la Commission, sur habilitation du Conseil, d'adopter des règlements dits d'exemption par catégorie. La procédure est relativement lourde. Elle requiert l'adoption d'un règlement par le Conseil, en application de l'article 105, paragraphe 3, TFUE qui lui attribue compétence exclusive. Ce n'est que lorsque le Conseil dresse les grandes lignes et le cadre général de l'exemption à caractère général que la Commission peut ensuite arrêter, de manière plus affinée, les règlements d'exemption.

La procédure, définie par l'article 105, paragraphe 3, TFUE, demeure inchangée en dépit de l'adoption du nouveau règlement (CE) nº 1/2003, et ce malgré une requête de la Commission de lui conférer une habilitation générale pour l'adoption des règlements d'exemption. De plus, à la lumière de la réforme issue du règlement (CE) nº 1/2003, les règlements d'exemption s'imposent aux autorités nationales de concurrence et aux juridictions nationales. Cela signifie qu'elles doivent reconnaître la licéité des ententes qui répondent, après contrôle de leur part, aux conditions posées par le règlement d'exemptions.

En cas de doute ou de difficultés d'interprétation sur les conditions de l'entente et sa conformité avec le règlement d'exemption, il est possible aux ANC de saisir pour avis la Commission tandis que les juridictions peuvent saisir le juge de l'Union.

## 2. Le double intérêt du règlement par catégorie

**730.** L'exemption par catégorie répond à un double intérêt : la recherche d'une sécurité juridique et la volonté d'une simplification de la procédure tant au niveau des opérateurs économiques que des services de la Commission.

### a. Une sécurité juridique pour les opérateurs économiques

**731.** La procédure d'exemption présente l'avantage de procurer une véritable sécurité aux opérateurs économiques qui n'auront, de surcroît, nul besoin d'accomplir les formalités dans le cadre d'une notification individuelle.

À cet égard, ces règlements d'exemption constituent de précieuses sources d'information pour les entreprises qui souhaitent conclure des accords. Dès l'instant que l'entente répond aux conditions émises par les règlements d'exemption, elle est considérée comme licite.

145. Règl. (CE) nº 658/2000 de la Commission du 29 nov. 2000, *JOCE* nº L 304, 5 déc. 2000.

146. Règl. (UE) nº 267/2010 de la Commission du 24 mars 2010, *JOUE* nº L 53, 30 mars 2010.

### b. Un allègement de la charge de travail de la Commission

**732.** Parallèlement, le règlement par catégorie procure un allégement certain de la charge de travail au niveau de la Commission. Celle-ci peut ainsi s'affranchir d'un certain nombre de contraintes liées à l'examen de la notification.

Il convient de noter que la procédure d'exemption par catégorie n'a été rendue possible que parce qu'elle s'est nourrie de l'importante pratique de l'exemption individuelle accordée par la Commission. C'est au gré de cette expérience acquise, au travers du traitement régulier et individualisé des infractions à l'article 101, paragraphe 1, TFUE, que la Commission a pu définir de tels règlements par catégorie. Ils sont en quelque sorte le prolongement des règlements d'exemption individuels mais avec un contenu plus élargi.

## 3. Contenu des règlements d'exemption : trois catégories de clauses

**733.** Au regard de son contenu, le règlement d'exemption par catégorie définit un certain nombre de clauses contractuelles qui doivent être respectées par l'accord en cause.

Il existe trois catégories de clauses : celles qui ne constituent pas un obstacle et sont dès lors considérées comme étant d'une portée indifférente, celles que le règlement exemptera car elles peuvent être considérées comme sensibles, et celles enfin qui sont considérées comme inacceptables car elles constituent une atteinte grave à l'article 101 TFUE.

Les règles contractuelles étant respectées, la licéité des ententes ainsi exemptées s'impose naturellement aux juridictions nationales et aux autorités compétentes. En effet, elles sont tenues de considérer comme légales les ententes qui répondent aux conditions du règlement d'exemption.

La Commission dispose du droit de retirer le bénéfice individuel d'un règlement d'exemption, de sa propre initiative ou sur saisine, si une entente cesse de répondre aux conditions de fond de l'article 101, paragraphe 3, TFUE.

**734. Bibliographie**

Y. Aguet, « L'équilibre, finalité du droit de la concurrence », *in Mélanges Yves Serra*, Dalloz, 2006, p. 29.

D. Berlin, « Un ordre professionnel peut-il être une association d'entreprises ? », *JCP G* 2014, p. 2372.

E. Bernard, « L'"activité économique", un critère d'applicabilité du droit de la concurrence rebelle à la conceptualisation », *RIDE* 2009, p. 353.

J.-B. Blaise, « Ententes », *Répertoire Dalloz Droit européen.*

J.-B. Blaise, « Article 101 TFUE. Restriction de concurrence », *RTDE* 2013, p. 838.

M. Chagny et J.-L. Fourgoux, « Les clauses de non-concurrence : approche pratique », *RLDA* 2012, n° 68, p. 62.

A. Constantin, « L'emprise du droit de la concurrence sur le contrat de société : défiance et illustration », *D.* 2012, p. 2717.

G. Decocq, « Exclusivités relatives à la distribution d'une innovation technologique et entente prohibée », *RJ com.* 2010, p. 148.

G. Decocq, « Un règlement édicté par un ordre professionnel tombe-t-il sous le coup de la prohibition des ententes ? », *RJ com.* 2013, p. 209.

G. Decocq, « La concurrence par les mérites », *Contrats, conc. consom.* 2010, n° 4, repère n° 4, p. 1.

V. Des Garets, « La relation entreprises-clients : de la fidélité à la dépendance », *Revue française de gestion* 2003, n° 3, p. 23.

A. Fromont, « Arrêt "Expedia" : l'application des seuils de minimis par les autorités nationales de concurrence », *JTDE* 2013, p. 13.

C. Galokho, « Preuves indirectes de l'existence d'une entente et sécurité juridique en droit européen de la concurrence », *RTDE* 2013, p. 727.

A. Guillotin, « La preuve et la forme des ententes » *JCP E* 2012, p. 1107.

M.-A. Hermitte, « Ententes », *Juris-Classeur Europe*, fasc. 1410 à 1423.

L. Idot, « La notion d'entreprise en droit de la concurrence, révélateur de l'ordre concurrentiel », *in Mélanges Antoine Pirovano*, Éd. Frison-Roche, 2003, p. 523.

L. Idot, « Adoption par la Commission d'une nouvelle communication sur les accords de minimis », *RDC* 2014, p. 728.

L. Idot, « Pour une lecture "modernisée" de l'affectation du commerce entre États membres », *Europe* avr. 2011, p. 2.

L. Idot, « Le retour de l'objet anticoncurrentiel », *Concurrences* 2009, n° 4, p. 1.

I. Luc, « Objet et effets potentiels d'une pratique anticoncurrentielle doivent-ils être distingués ? », *RJDA* févr. 2015, p. 71.

A. Lyon-Caen, « Entreprises multinationales et droit de la concurrence », *in* C. Lazarus, C. Leben, A. Lyon-Caen et B. Verdier, *L'entreprise multinationale face au droit*, 1977, Litec, p. 383.

R. Maulin, « L'approche par les effets en droit de la concurrence : le devoir d'inventaire », *Concurrences* 2015, n° 3, p. 24.

F. Marty, « Le critère du bien-être du consommateur comme objectif exclusif de la politique de concurrence. Une mise en perspective sur la base de l'histoire de l'antitrust américain », *RIDE* 2014, p. 471.

T. Oster, « L'entente complexe et continue : genèse et perspective d'une notion récemment accueillie par le droit français », *RLC* 2008, n° 16, p. 110.

C. Paulhac, « La nouvelle communication de minimis », *JCP E* 2014, p. 3809.

X. Prétot, La Cour de justice des Communautés européennes et les fonds de pension néerlandais, *Dr. soc.* 2000, p. 106.

A. Raffier, « L'exemption individuelle des pratiques anticoncurrentielles en droit européen et français : quelle conception de l'intérêt général ? », *DA* 2016, n° 5, p. 23.

G. Rivel, « La règle de raison et le droit communautaire de la concurrence, *inelegantia juris ?* », *D.* 2008, p. 237.

F. Venayre, « Objet vs effet anticoncurrentiel dans le traitement des échanges d'information », *RLC* 2015, n° 43, p. 11.

C. Vincent, « La communication de minimis : un acte, a minima, doté d'une force obligatoire », *D.* 2013, p. 473.

P. Wilhelm et E. Provost, « La Cour de justice précise la notion d'objet contenue dans l'article 81 CE et impose le niveau de preuve des pratiques concertées requis », *RLDA* 2009, n° 41, p. 45.

# Section 3
# La pratique déloyale née d'une puissance économique : l'abus de position dominante

**735.** L'article 102 TFUE vise un second type de comportement contraire au traité qui, à la différence de l'entente, se constitue de manière unilatérale. En effet, le comportement litigieux n'est pas le fait de plusieurs entreprises mais d'un seul opérateur qui exploite de manière abusive sa position sur le marché, sous réserve des cas d'abus de position dominante collective. Le traité déclare ainsi interdit le fait pour une ou plusieurs entreprises d'exploiter de façon abusive une position dominante sur le marché intérieur ou dans une partie substantielle de celui-ci.

## §1. La domination économique

**736.** Comme il est d'usage dans les traités qui demeurent précautionneux sur la définition des concepts afin d'éviter les conflits d'interprétation, l'article 102 TFUE, à l'instar de l'article 101 TFUE à propos de l'entente, ne définit nullement la position dominante ni l'abus. Leur contenu a été de nouveau forgé par la pratique décisionnelle de la Commission et l'œuvre créatrice de la Cour.

### A. Le silence du traité

**737.** L'article 102 TFUE demeure silencieux sur la notion de position dominante qui fait à l'inverse l'objet d'une approche précise dans le traité CECA. En effet, son article 66 paragraphe 7 caractérise la position dominante comme celle qui permet de soustraire l'entreprise à une concurrence effective dans une partie importante du marché commun[147].

S'inspirant de cette définition, la Commission et la Cour insistent variablement sur la capacité de détachement de l'entreprise vis-à-vis du jeu concurrentiel, autrement dit sur la faculté de se soustraire de la pression concurrentielle.

147. L'article 6 § 7 CECA dispose : « Si la Haute Autorité reconnaît que des entreprises publiques ou privées qui, en droit ou en fait, ont ou acquièrent, sur le marché d'un des produits relevant de sa juridiction, une position dominante qui les soustrait à une concurrence effective dans une partie importante du marché commun, utilisent cette position à des fins contraires aux objectifs du traité, elle leur adresse toutes recommandations propres à obtenir que cette position ne soit pas utilisée à ces fins ».

Le deuxième alinéa de l'article 102 TFUE se borne à offrir quelques exemples de comportements susceptibles de constituer un abus. Même si cet alinéa décrit littéralement des comportements sur le marché, l'interprétation faite par le juge de l'Union, notamment lors des arrêts *United Brands*[148] et *Hoffman-La Roche*[149], a permis d'appréhender « l'atteinte à une structure de concurrence effective ». C'est de cette interprétation que naîtra le standard dégagé par le juge de l'Union, qui se réfère à des « pratiques de nature à influencer la structure d'un marché »[150].

## B. La capacité de soustraction à la pression concurrentielle

**738.** La Commission et la Cour de justice ont offert assez tôt une définition de la notion de position dominante, en présentant toutefois quelques nuances dans leurs approches respectives.

### 1. Indépendance et puissance sur le marché

**739.** Les deux institutions appréhendent la domination économique sur le marché dans ses expressions les plus diverses et selon une lecture finaliste de l'article 102 TFUE. La Commission met davantage en avant l'indépendance économique de l'entreprise tandis que le juge souligne la capacité économique de l'entreprise, c'est-à-dire sa puissance sur le marché. L'interprétation effectuée par les juges et la Commission est d'autant plus nécessaire que les règles du traité relatives à la concurrence visent des agissements susceptibles d'affecter les échanges entre États membres.

#### a. L'indépendance économique de l'opérateur

**740.** Dans sa pratique décisionnelle, la Commission insiste sur l'indépendance de l'opérateur et son détachement économique qui lui permettent d'adopter certains comportements sur le marché.

En effet, par la décision *Continental Can*[151], elle fait valoir la circonstance selon laquelle les entreprises en position dominante « ont une possibilité de comportement indépendant qui leur permettra d'agir sans tenir véritablement compte des concurrents, des acheteurs ou des fournisseurs ». L'indépendance du comportement n'est que la résultante d'une puissance économique de l'entreprise, élément sur lequel la Cour préfère insister.

En réalité, la Commission et la Cour soulignent la proximité de deux aspects dans l'appréciation de la domination : la puissance économique,

148. CJCE, 14 févr. 1978, *United Brands*, aff. 27/76, *Rec.* p. 207.

149. CJCE, 13 févr. 1979, *Hoffmann-La Roche*, préc.

150. CJCE, 13 févr. 1979, *Hoffmann-La Roche*, préc ; CJCE, 9 nov. 1983, *Michelin*, aff. 322/81, *Rec.* p. 3461 ; CJCE, 3 juill. 1991, *Akzo*, préc. ; TPICE, 7 oct. 1999, *Irish Sugar*, aff. T-228/97, Rec. p. II. p. 2969 ; Trib. UE, 25 juin 2010, *ICI* aff. T-66/01, *Rec.* p. II. p. 2631.

151. Décision du 9 déc. 1971, *Continental Can*, *JOCE* n° L 7, 8 janv. 1972.

permettant de faire obstacle à la concurrence, et l'indépendance du comportement nourri de cette puissance économique.

### b. La puissance économique de l'opérateur

**741.** Par l'arrêt *United Brands*[152], la Cour définit la position dominante comme « une situation de puissance économique » détenue par une entreprise. Elle lui donne le pouvoir de faire obstacle au maintien d'une concurrence effective sur le marché en « lui fournissant la possibilité du comportement indépendant dans une mesure appréciable vis-à-vis de ses concurrents, de ses clients et, finalement, des consommateurs ».

La Cour n'exclut nullement l'existence d'une position dominante en l'absence de monopole. Elle peut naître naturellement du fait de l'existence d'un monopole mais également à défaut de monopole[153]. En effet, la position dominante est caractérisée lorsque l'entreprise est en mesure « de décider, ou tout au moins d'influencer véritablement les conditions dans lesquelles cette concurrence se développe »[154].

## 2. Le degré de pression concurrentielle

**742.** Il faut bien comprendre que la notion d'indépendance est étroitement liée au degré de pression concurrentielle exercée sur l'entreprise en question.

### a. Des contraintes concurrentielles ineffectives

**743.** L'existence d'une position dominante implique que la pression concurrentielle n'est pas suffisamment efficace, ce qui permet à l'entreprise en cause de détenir un pouvoir de marché substantiel et durable. Par conséquent, les décisions de l'entreprise seront dans une large mesure insensibles aux actions et réactions des concurrents, des clients et, finalement, des consommateurs.

Dans pareille configuration, la Commission n'hésite pas à considérer comme absentes des contraintes concurrentielles effectives, même s'il subsiste un certain degré de concurrence actuelle ou potentielle[155].

### b. Des moyens différents de ceux d'une compétition normale

**744.** Lors de la caractérisation de l'abus de comportement, la notion de « moyens différents de ceux qui gouvernent une compétition normale » est déterminante. Dans l'arrêt *Akzo*[156], le juge ne manque pas d'apporter des éclaircissements sur cette notion, en indiquant que l'article 86 du

152. CJCE, 14 févr. 1978, *United Brands*, préc.

153. CJCE, 4 mai 1988, *Bodson*, aff. 30/87, *Rec.* p. 2479.

154. CJCE, 13 févr. 1979, *Hoffmann-La Roche*, préc.

155. V. Communication de la Commission – Orientations sur les priorités retenues par la Commission pour l'application de l'article 82 du traité CE aux pratiques d'éviction abusives des entreprises dominantes, *JOUE* n° C 45 du 24 févr. 2009.

156. CJCE, 3 juill. 1991, *AKZO*, préc.

traité interdit à une entreprise dominante d'éliminer un concurrent et de renforcer ainsi sa position en recourant à des moyens autres que ceux qui relèvent d'une concurrence par les mérites. Le concept de concurrence par les mérites en matière d'abus de position dominante permet ainsi de différencier les comportements autorisés des comportements interdits.

Cette analyse a été reprise par la Commission dans sa communication du 9 février 2009 au terme de laquelle elle indique expressément « qu'il n'est pas illégal en soi pour une entreprise d'occuper une position dominante et pour cette entreprise dominante de participer au jeu de la concurrence par ses mérites »[157].

Soulignons néanmoins qu'un certain courant économiste estime que le concept de concurrence par mérites serait à l'origine d'une dérive contraire aux possibilités d'ouverture et de liberté d'appréciation, notamment quant aux conséquences sur le marché de la pratique incriminée. Ce concept conduirait peu à peu à une approche formelle et rigide. Il établirait en réalité une typologie de pratiques réputées dangereuses, appréhendées comme des présomptions d'illicéité[158].

## C. Le mode d'analyse d'une position dominante

**745.** Pour établir la position dominante, il est essentiel de déterminer l'existence d'une domination économique sur un marché donné. Qualifié de marché pertinent, celui-ci combine le marché de produits et le marché géographique. Le premier est constitué de l'ensemble des produits ou services que l'utilisateur considère comme un substitut à l'autre en raison de leurs caractéristiques, de leur prix et de leur usage prévu. Le second comprend le territoire sur lequel les entreprises concernées sont engagées dans l'offre des biens et des services en cause, dans des conditions de concurrence suffisamment homogènes.

### 1. Un faisceau d'indices et une analyse *in concreto*

**746.** La détermination d'une domination économique sur le marché requiert une analyse fine des éléments du marché. Elle repose sur une approche *in concreto* de plusieurs indices, dont l'agrégation permet d'affirmer l'existence d'une position dominante. Pour ce faire, la Commission et la Cour ont pu dégager un faisceau d'indices[159].

Concrètement, la définition du marché en cause renvoie à la délimitation du cadre à l'intérieur duquel s'appliquent les règles de la concurrence relatives aux ententes, aux abus de position dominante et aux concentrations. De cette manière, le marché pertinent permet d'apprécier, de manière

157. Communication de la Commisison du 9 févr. 2009 – Orientations sur les priorités retenues par la Commission pour l'application de l'article 82 du traité CE aux pratiques d'éviction abusives des entreprises dominantes, C(2009) 864 final.

158. V. en ce sens, B.-E. Hawk, « Analyse comparative de l'article 82 du traité CE et de la section du Sherman Act », *in* G. Canivet (dir.), *La modernisation du droit de la concurrence*, LGDJ, 2006, p. 131.

159. *JOCE* n° C 372, 9 déc. 1997.

homogène, le niveau des conditions de concurrence du marché et de s'attacher à l'examen du «jeu de la puissance économique de l'entreprise intéressée»[160]. Il s'agit là d'une étape préliminaire indispensable afin de déterminer si le produit fait l'objet d'un marché propre.

### 2. L'intérêt d'une délimitation du marché pertinent

**747.** La délimitation du marché pertinent est essentielle pour établir l'existence d'une position dominante. En effet, celle-ci ne peut exister que sur un marché particulier. Dans l'hypothèse d'une infraction présumée aux règles de la concurrence, au préalable, la Commission devra se livrer à une telle analyse. Elle permettra d'établir s'il existe des concurrents réels en mesure d'agir sur le comportement de l'entreprise en cause et de restaurer le degré de concurrence effectif sur le marché.

S'il s'agit une position dominante collective[161], les entreprises sont appréciées au regard de leur part de marché dans une lecture d'ensemble de leur activité. Les entreprises devront être liées au regard du capital et mener une stratégie commerciale coordonnée par la société mère.

## D. Les éléments de qualification du marché pertinent

**748.** Les éléments du marché pertinent ont été forgés par la Cour dans sa jurisprudence et la Commission, notamment dans sa communication du 9 décembre 1997 sur la définition du marché en cause aux fins du droit communautaire de la concurrence. Ce document a permis tout particulièrement de définir la méthode et ce au cas par cas. Comme le souligne la jurisprudence, l'existence d'une position dominante résulte en général de la réunion de facteurs divers, qui, «pris isolément, ne seraient pas nécessairement déterminants»[162].

**749.** L'analyse du produit, du périmètre géographique ainsi que l'appel à d'autres indices corroboratifs permettent de dégager les éléments de qualification du marché pertinent. La Cour fait de même régulièrement valoir que l'article 102 TFUE n'introduit aucune distinction ni aucun degré dans la notion de position dominante. En effet, dès lors qu'une entreprise dispose d'une puissance économique sur un marché déterminé, sa conduite doit être appréciée au regard de l'article 102 TFUE.

### 1. Le produit

**750.** Le produit en cause fait l'objet d'une analyse préliminaire. De manière précise, la Commission et la Cour tentent de délimiter le marché des produits en vérifiant si un produit A et un produit B appartiennent ou

160. CJCE, 14 févr. 1978, *United Brands*, préc.

161. CJCE, 22 oct. 1986, *Metro*, aff. 75/84, *Rec.* p. 3021 ; CJCE, 27 avr. 1994, *Commune d'Almelo*, préc.

162. CJCE, 14 févr. 1978, *United Brands*, préc. ; CJCE, 13 févr. 1979, *Hoffmann-La Roche*, préc. ; TPICE, 8 oct. 1996, *Compagnie maritime belge transports SA*, aff. T-24/93 à T-26/93, *Rec.* p. II. 1207 ; CJUE, 6 déc. 2012, *AstraZeneca*, aff. C-457/10 P.

non au même marché de produits ; elles déterminent en fait dans quelle mesure les produits présentent un degré de substituabilité sur un même marché.

### a. Le degré de substituabilité

**751.** La Cour se montre très attentive au comportement des consommateurs au regard du produit visé. Celui-ci échappera au marché en cause s'il est démontré qu'il est distinct des autres produits au sein de ce marché et qu'il n'est pas interchangeable. Elle se montre exigeante quant aux éléments permettant ou non de démontrer le degré d'interchangeabilité. En effet, il faut savoir que les entreprises au sein du système concurrentiel sont soumises à une double obligation : la substituabilité tant au niveau de la demande que de l'offre.

Un marché est considéré comme concurrentiel si le client a la faculté de disposer du choix[163] entre une gamme plus ou moins vaste de produits ayant des caractéristiques similaires, et si le fournisseur ne se voit pas opposer d'entraves à la fourniture de produits ou de services sur un marché donné. C'est ainsi que le critère de substituabilité ciblera le champ de recherches aux éventuels produits de substitution pour déterminer ensuite le marché des produits ainsi que le marché géographique en cause.

### b. L'étude de substituabilité

**752.** Pour la Commission, le marché de produits se définit comme celui qui « comprend tous les produits et/ou services que le consommateur considère comme interchangeables ou substituables », en raison de trois éléments qui sont leurs caractéristiques propres[164], leur prix[165] et leurs usages. La Commission doit être précise sur ce point, notamment quant à l'existence d'autres produits de substitution[166] qui, même s'ils apparaissent de manière distincte, peuvent néanmoins présenter les mêmes fonctions[167]. Pour cela, elle effectue une étude très approfondie de substituabilité au niveau de la demande (les clients) et de l'offre (les fournisseurs).

Lors du premier examen, celui de la demande, il conviendra de savoir si, à la suite d'une variation du prix courant (de 5 à 10 %), les clients du produit en cause peuvent accéder de façon immédiate et efficace à un produit similaire. Pour le second examen, relatif à l'offre, il s'agit de s'assurer si d'autres fournisseurs sont en mesure de réorienter de façon immédiate et efficace leur production et leur commercialisation sur le marché en cause.

---

163. V. Des Garets, « La relation entreprises-clients : de la fidélité à la dépendance », *Revue française de gestion*, 2003, n° 3, p. 23.

164. TPICE, 7 mai 2009, *NVV*, aff. T-151/05, *Rec.* p. II. 1219, sur la différence entre les porcs et les truies.

165. CJCE, 2 avr. 2009, *France Telecom*, aff. C-202/07, *Rec.* p. I. 2369.

166. CJCE, 21 févr. 1973, *Continental Can*, préc.

167. CJCE, 13 févr. 1979, *Hoffmann-La Roche*, préc., à propos de vitamines qui constituent des produits distincts. V. aussi CJCE, 29 nov. 1983, *Michelin*, aff. C-322/81, *Rec.* p. 1. 3461, arrêt dans lequel sont distingués deux marchés, celui des pneus pour poids lourds, et celui des pneus pour véhicule de tourisme.

## 2. Le périmètre géographique du marché

**753.** La position dominante peut être détenue sur le marché intérieur ou une partie substantielle de celui-ci. Il s'agit là d'examiner l'étendue géographique du marché pertinent du point de vue de son périmètre.

La définition du périmètre prend en considération des éléments tels que les habitudes et les possibilités économiques des vendeurs et des acheteurs[168], les répartitions des parts de marché détenues par les parties en cause et par leurs concurrents, les prix et les écarts de prix pratiqués, la densité de la population et son niveau de vie, ainsi que l'homogénéité des conditions de concurrence sur la région visée.

Il pourra dès lors s'agir du territoire d'un seul État, notamment une partie de son territoire[169] qui constitue une partie substantielle du marché intérieur. Les autorités de l'Union retiennent comme élément déterminant, en pareil cas, le flux du produit, c'est-à-dire l'appréciation des échanges qui sont opérés entre l'État membre et les autres États. De nouveau, ce qui importe est non le lieu où est détenue la position dominante, mais celui où se vérifient les effets de l'abus de position dominante sur le marché intérieur appréhendé comme un territoire homogène. De même, rappelons que la jurisprudence admet qu'une entreprise peut détenir une position dominante sur le marché intérieur même si son siège est situé dans un État tiers, tant qu'elle exerce une activité dans l'un des États membres[170].

## 3. L'appel à d'autres indices

**754.** Il est possible de faire appel à d'autres indices pour affiner ou conforter l'existence d'une puissance économique. Ces éléments corroboratifs ont été clairement énoncés par le juge dans l'arrêt *Hoffmann-La Roche*[171] à propos de l'absence de concurrence potentielle.

### a. Un indice principal : le calcul des parts de marché

**755.** Comme nous avons pu l'observer précédemment, par la définition du marché en cause, tant au niveau des produits qu'au niveau de sa dimension géographique, il est possible de connaître les opérateurs, fournisseurs, clients, consommateurs, agissant sur ce marché.

Ces éléments d'information permettent alors de calculer, pour chacun des fournisseurs, la taille totale du marché et les parts de marché détenues, sur la base du chiffre d'affaires correspondant aux produits en cause, vendus sur le territoire visé.

C'est pour cela que l'étude des parts de marché de l'entreprise constitue un instrument de mesure pertinent de l'occupation économique du marché par

168. CJCE, 16 déc. 1975, *Suiker*, aff. 40/73, *Rec.* p. 1663.

169. Décision du 2 juin 1971, *Gema*, *JOCE* n° L 134, 20 juin 1971.

170. CJCE, 21 févr. 1973, *Continental Can*, préc.

171. CJCE, 13 févr. 1979, *Hoffmann-La Roche*, préc.

l'entreprise. À cet égard, dans l'arrêt *Hoffmann-La Roche*[172], la Cour établit implicitement le lien étroit entre le nombre de parts de marché et la détention d'une position dominante. En effet, elle énonce que « la détention de parts de marché d'une grande ampleur est un indice hautement significatif de l'existence d'une position dominante ». Rappelons néanmoins qu'en soi, le fait d'occuper une position dominante sur un marché n'est pas contraire au traité. Mais les entreprises dominantes doivent veiller à ne pas abuser de leur pouvoir de marché en restreignant la concurrence, que ce soit sur le marché où elles détiennent une position dominante ou sur des marchés distincts. Dans le cas contraire, il existerait un risque qu'une entreprise, une fois sa position dominante établie sur un marché (même si cette situation résulte d'une concurrence fondée sur les mérites), puisse utiliser ce pouvoir de marché pour consolider ou étendre sa position dominante, ou en tirer parti sur des marchés distincts.

**756.** À la lumière de la pratique de la Commission, plus la part de marché et la période de temps pendant laquelle elle est tenue sont élevées, plus l'opérateur est susceptible d'être en position dominante.

En effet, la Cour considère que, si la signification des parts de marché peut différer d'un marché à l'autre, la possession, dans la durée, d'une part de marché extrêmement importante constitue, sauf circonstances exceptionnelles, la preuve de l'existence d'une position dominante. À cet égard, des parts de marché de plus de 50 % constituent des parts extrêmement élevées[173].

Si une entreprise a une part de marché de moins de 40 %, il est peu probable qu'elle soit en position dominante. En revanche, il est établi que si l'entreprise concernée détient près de 80 % du marché sur l'ensemble du marché

172. *Ibid.*

173. CJCE, 3 juill. 1991, *Akzo*, aff. C-62/86, *Rec.* p. I. 3359. ; CJUE, 6 déc. 2012, *AstraZeneca*, préc.

intérieur, hypothèse qui demeure rare cependant[174], la position dominante est alors constituée[175].

Afin d'établir la taille totale du marché et les parts de marché détenues par chacun des opérateurs, la Commission se fonde sur plusieurs éléments comme les estimations des entreprises, les études commandées à des sociétés de conseil ou à des associations professionnelles ou encore les chiffres d'affaires des entreprises, mais également pour certains types produits ou des industries spécifiques, la capacité et le nombre d'opérateurs dans l'offre des marchés.

## b. Les autres éléments d'appréciation

**757.** Dans les hypothèses où les parts de marché sont moindres et n'atteignent pas un tel niveau, la Commission et la Cour se penchent alors sur l'examen d'autres éléments. Ceux-ci permettront de s'assurer de l'existence d'une position dominante.

Il s'agit notamment des conditions d'accès au marché par les concurrents, particulièrement au regard des difficultés qu'ils peuvent rencontrer pour pénétrer le marché et s'y maintenir, la taille de l'entreprise par rapport aux concurrents[176], l'avance technologique, un mécanisme de fidélisation permettant à un fournisseur « d'évincer ses concurrents en aspirant à son profit la partie disputable de la demande »[177], les résultats issus d'études spécifiques qui vérifient l'élasticité de la demande d'un produit à travers des tests économétriques et statistiques, la puissance financière de l'entreprise, le comportement de l'entreprise qui jouirait d'une grande indépendance sur le

174. CJCE, 6 mars 1974, *ICI*, préc. Nous en avons cependant un exempe notoire avec Google. En effet, la Commission a ouvert une procédure, en avril 2015, au sujet du comportement de Google relatif au système d'exploitation et aux applications Android. Il faut savoir que la Commission considère depuis 2008 que Google occupe une position dominante sur les marchés nationaux de recherche générale sur internet, des systèmes d'exploitation mobiles intelligents faisant l'objet d'une licence mais aussi sur des boutiques d'applications en ligne. Google détient généralement des parts de marché supérieures à 90 % sur chacun de ces marchés dans l'Espace économique européen. C'est ainsi que le 20 avril 2016, la Commission a adressé à Google une communication des griefs pour abus de sa position dominante. La Commission y estime que Google a mis en œuvre une stratégie relative aux appareils mobiles qui vise à préserver et à renforcer sa position dominante dans le secteur de la recherche générale sur internet. En fait, la Commission s'attache à démontrer que Google développe des pratiques qui permettent à ce que Google Search soit préinstallé et paramétré comme service de recherche par défaut, ou exclusif, sur la grande majorité des appareils sous Android vendus en Europe. Et, toujours selon la Commison, de telles pratiques semblent avoir empêché des moteurs de recherche rivaux d'accéder au marché par l'intermédiaire de navigateurs mobiles et de systèmes d'exploitation concurrents. La procédure est en cours. Il faut noter que plusieurs procédures sont en cours à l'encontre de Google. À cet égard, dans le cadre d'une de ses procédures, ouverte en l'espèce en novembre 2010, à la suite de plusieurs plaintes déposées par des concurrents américains et européens, la Commission vient d'infliger, le 27 juin 2017, à Google une amende de 2,42 milliards d'euros pour sa position dominante sur le marché des moteurs de recherche qui lui a permis d'avantager l'un de ses produits, son service de comparaison de prix (Google Shopping). En fait, son service de comparaison de prix apparaît bien plus haut dans ses résultats de recherche que les services de comparaison de prix concurrents. V. Communiqué IP/17/1784.

175. CJCE, 13 févr. 1979, *Hoffmann-La Roche*, préc. ; CJCE, 3 juill. 1991, *Akzo*, préc. ; CJUE, 6 déc. 2012, *AstraZeneca*, préc.

176. CJCE, 9 nov. 1983, *Michelin*, préc.

177. Pour un exemple de remise de fidélisation, v. CJUE, 19 avr. 2012, *Tomra Systems*, préc.

marché[178] corrélativement au comportement des concurrents et des utilisateurs, les différentes catégories de clients et des prix discriminatoires, les barrières de nature réglementaire ou autres, les coûts associés à un transfert de la demande vers d'autres produits ou d'autres zones, ou encore l'accès au marché des capitaux. Par exemple, on peut constater que le rapport entre les parts de marché détenues par l'entreprise et celles des autres opérateurs permet d'évaluer la capacité d'action des concurrents. En revanche, l'examen de l'avance technologique et du réseau commercial porte sur les avantages techniques et commerciaux de l'opérateur économique. Ceux-ci peuvent, de manière insidieuse, instaurer des barrières invisibles qui sont élevées à l'entrée du marché à l'encontre de nouveaux concurrents. C'est notamment le cas de Google, particulièrement en raison des effets de réseau : en effet, plus les consommateurs utilisent un moteur de recherche, plus celui-ci devient attrayant pour les annonceurs. Les bénéfices générés peuvent ensuite être utilisés pour attirer encore plus de consommateurs. De même, les données qu'un moteur de recherche collecte au sujet des consommateurs peuvent à leur tour être utilisées pour améliorer les résultats recherchés.

## §2. L'exploitation abusive de la supériorité économique

**758.** N'ayant pas défini la position dominante, le traité se garde tout autant d'apporter des éléments de définition de l'abus de position dominante.

L'article 102 TFUE illustre davantage qu'il ne définit. La liste de pratiques abusives ainsi établie n'est pas exhaustive mais indicative[179]. En effet, l'abus de position dominante est appréhendé au travers de quatre types de comportements, constitutifs de pratiques déloyales. Ils s'alignent dans une large mesure sur ceux évoqués par l'article 101 TFUE, soit l'établissement direct ou indirect de prix d'achat, de vente ou d'autres conditions de transactions qui ne sont pas équitables[180], la limitation de la production des débouchés ou de développements techniques, l'application de conditions discriminatoires entre les partenaires commerciaux pour des prestations équivalentes et l'introduction dans des contrats de prestations supplémentaires sans lien avec l'objet de ces contrats.

De surcroît, la Cour de justice donne une interprétation extensive de l'exploitation abusive. Il en ressort deux applications majeures du comportement abusif sur un marché pertinent : l'abus de comportement et l'abus de structure. Ils sont indépendants de toute notion de faute.

178. Décision du 24 juill. 1991, *Tetra Pak II*, *JOCE* n° L 72, 18 mars 1992.

179. CJCE, 21 févr. 1973, *Continental Can*, préc.

180. CJCE, 4 mai 1988, *Bodson*, préc.

## A. Une notion objective

**759.** Le juge de l'Union considère que l'exploitation abusive est une notion objective[181] qui ne requiert pas la preuve d'une faute ou d'un élément intentionnel. Elle vise les comportements d'une entreprise en position dominante, qui sont de nature à influencer la structure d'un marché où, précisément compte tenu de la présence de l'entreprise en cause, le degré de concurrence est déjà affaibli[182]. Elle est ainsi indépendante de toute notion de faute de la part de l'entreprise dominante. Aussi n'est-il pas requis que l'auteur de l'abus ait une intention d'agir en ce sens[183].

Toutefois, la Commission est tenue de considérer l'ensemble des circonstances factuelles pertinentes entourant le comportement de l'entreprise. Elle est notamment amenée à apprécier la stratégie commerciale poursuivie par l'entreprise. Dans ce cadre, la Commission est en droit d'évoquer des facteurs de nature subjective comme les mobiles qui sous-tendent la stratégie commerciale en cause[184].

## B. L'abus de comportement

**760.** L'abus de comportement permet de mettre en cause un comportement abusif de l'entreprise à l'égard de ses partenaires commerciaux. Il doit s'agir d'un comportement économique qui présente un caractère anormal. Il ne serait pas rendu possible dans le cadre d'une concurrence saine.

L'intérêt de cette première forme d'abus est qu'elle ne vise pas seulement le concurrent mais l'ensemble des partenaires économiques tels, par exemple, les clients dans l'hypothèse de conditions de transactions inéquitables.

Il peut également s'agir d'une influence néfaste exercée sur les concurrents, hypothèse ordinaire, mais aussi sur les partenaires de l'entreprise que sont les cocontractants et ce afin de les dissuader d'établir une relation commerciale avec les concurrents.

Les abus de comportement se retrouvent, par exemple, dans les hypothèses posées par l'article 102 TFUE en matière de prix[185] ou de conditions de transactions inéquitables[186], de conditions discriminatoires pour des prestations équivalentes[187], ou enfin dans la limitation de la production, des débouchés ou du développement technique au préjudice des consommateurs[188].

---

181. Sur le caractère objectif de l'abus, v. CJCE, 11 déc. 2008, *Kanal 5*, aff. C-52/07 *Rec.* p. I. 9275.

182. CJCE, 13 févr. 1979, *Hoffmann-La Roche*, préc.

183. CJUE, 17 févr. 2011, *Sverige*, C-52/09 ; CJUE, 19 avr. 2012, *Tomra Systems*, aff. C-549/10 P.

184. V. comme autre exemple, CJCE, 15 mars 2007, *British Airways*, aff. C-95/04 P, *Rec.* p. I. 2331.

185. TPICE, 30 janv. 2007, *France Télécom*, aff. T-340/03, *Rec.* p. II. 107.

186. TPICE, 12 déc. 1990, *Aéroports de Paris*, aff. T-128/98, *Rec.* p. II. 3929.

187. CJCE, 14 févr. 1978, *United Brands*, préc.

188. TPICE, 10 juill. 1992, *Tetra Pak*, aff. T-59/89, *Rec.* p. II. 309 ; v. aussi à propos du système d'exploitation Windows, TPICE, 17 sept. 2007, *Microsoft*, préc.

## C. L'abus de structure

**761.** Cette forme de pratique abusive vise le cas où l'entreprise en domination économique exerce une influence sur la structure du marché, ce qui aboutit à un rétrécissement de l'espace concurrentiel.

On ne se situe plus dans un rapport opposant un opérateur économique à un concurrent, mais plutôt dans une configuration qui permet à l'entreprise dominante d'agir sur les conditions de concurrence et la structure du marché, sensiblement affectées par la pratique abusive en cause.

Il s'agira par exemple de la pratique de prix prédateurs[189], l'acquisition de parts de marché, la prise de participation majoritaire dans le capital d'une entreprise[190], l'avance technologique ou l'existence d'un réseau commercial extrêmement perfectionné.

**762. Bibliographie**

PH. AREEDA et H. HOVENKAMP, *Antitrust Law*, New York, Aspen, 2d ed., 2001.

D. BARTHE, « L'avenir de l'article 82 du traité instituant la Communauté européenne », *LPA* 29 mai 2006, p. 15.

J.-B. BLAISE et L. IDOT, « Règlement 1/2003 du 16 décembre 2002 », *RTDE* 2003, p. 287.

D. BOSCO, « Regards sur la modernisation de l'abus de position dominante », *LPA* 3 juill. 2008, p. 14.

C. BOUTARD-LABARDE, G. CANIVET, E. CLAUDEL, V. MICHEL-AMSELLEM et J. VIALENSI, *L'application en France du droit des pratiques anticoncurrentielles*, LGDJ, 2008.

L. BOY, « L'abus de pouvoir de marché : contrôle de la domination ou protection de la concurrence ? », *RIDE* 2005, p. 27.

B. BRUN et A. TOULEMONT-DAKOURE, « Les barrières à l'entrée en droit de la concurrence », *Contrats, conc. consom.* 2003, chron. n ° 11, p. 7.

F. BRUNET et G. CANIVET, *Le nouveau droit communautaire de la concurrence*, LGDJ, 2008.

A.-S. CHONÉ, *Les abus de domination. Essai en droit des contrats et en droit de la concurrence*, Economica, 2010.

E. CLAUDEL, « L'abus de position dominante apprécié à l'aune d'une règle de raison », *RTD com.* 2006, p. 580.

M. MALAURIE-VIGNAL, « Définition du marché pertinent », *Contrats, conc. consom.* 2001, n° 10, p. 135.

S. CRISTIN-BELMONT, *Essai sur la position dominante collective en droit communautaire,* Presses universitaires Septentrion, 2001.

M.-A. FRISON-ROCHE et M.-S. PAYET, *Droit de la concurrence*, Dalloz, 2006.

B.-E. HAWK, « La révolution antitrust américaine : leçon pour la Communauté économique européenne ? », *RTDE* 1989, p. 5.

B.-E. HAWK, « Analyse comparative de l'article 82 du traité CE et de la section du Sherman Act », *in* G. CANIVET (dir.), *La modernisation du droit de la concurrence*, LGDJ, 2006, p. 131.

189. CJCE, 3 juill. 1991, *Akzo*, préc.

190. CJCE, 21 févr. 1973, *Continental Can*, préc.

P. Hoet, « Domination du marché ou théorie du partenaire obligatoire », *RMC* 1989, p. 135.
L. Idot, « La notion d'entreprise en droit de la concurrence, révélateur de l'ordre concurrentiel », *in Mélanges Antoine Pirovano,* Éd. Frison-Roche, 2003, p. 523.
L. Idot, *Droit communautaire de la concurrence, Le nouveau système communautaire de la mise en œuvre des articles 81 et 82 CE*, Bruylant, 2004.
L. Idot, « À propos de l'internationalisation du droit. Réflexions sur le soft law en droit de la concurrence », *in Mélanges Hélène Gaudemet-Tallon*, Dalloz 2008, p. 85.
F. Jenny, « Abus de position dominante et modernisation de l'article 82 CE », *in* F. Brunet et G. Canivet (dir.), *Le nouveau droit communautaire de la concurrence*, LGDJ, 2008, p. 281.
R. Joliet, « Monopolisation et abus de position dominante. Essai comparatif sur l'article 2 du Sherman Act et l'article 86 du Traité de Rome », *RTDE* 1969, p. 42.
H. Kazzi, « L'analyse des barrières à l'entrée : entre convergences et risques », *Contrats, conc. consom.* 2007, étude n° 15, p. 8.
R. P. Mcafee et H. M. Mialon, « Barrières à l'entrée dans l'analyse antitrust », *RLC* 2005, n° 105, p. 155.
N. Petit, *Oligopoles, collusion tacite et droit communautaire de la concurrence*, Bruylant, LGDJ, 2007.
C. Prieto et D. Bosco, *Droit européen de la concurrence, ententes et abus de position dominante*, Bruylant, 2013.
A.-L. Sibony, « Le guide de mise en œuvre de l'article 82 : l'analyse économique intégrée à la qualification d'abus de position dominante », *Concurrences,* 2009, n° 1, p. 118.
L. Vogel, « Les limites du marché comme instrument de concurrence », *JCP E* 1994, p. 3737.

# Section 4
# La concentration

**763.** Le traité ne contient aucune disposition régissant spécifiquement les opérations de concentration. La raison en est simple : l'encadrement de telles pratiques était jugé prématuré à l'époque de la signature du traité car il aurait pu ruiner l'objectif de mise en place d'un espace économique ouvert et concurrentiel.

Cette omission volontaire pouvait également s'expliquer par la volonté des États de se protéger, puisqu'ils étaient souvent détenteurs de grands groupes industriels. À cette époque, les États membres étaient prompts à opérer à leur profit d'importantes concentrations. Dès lors, ils n'étaient pas prêts à céder leur contrôle aux instances communautaires.

Les rédacteurs ont opté pour une démarche avant tout précautionneuse sur le sujet. Cette discrétion tranche sensiblement avec le traité CECA qui a mis en place un mécanisme de contrôle vigoureux des concentrations, organisé par l'article 66, pour un champ d'application plus restreint naturellement.

## §1. L'émergence d'un droit européen des concentrations

**764.** Il existe aujourd'hui un véritable droit européen des concentrations ; l'émergence de ce droit a été lente en raison notamment de la difficulté à rendre les dispositions des traités existantes applicables à ce type de pratiques sur le marché.

Mais la détermination de la Commission a eu raison de la résistance des États, toujours soucieux de rester maîtres de ce domaine.

### A. Une première initiative : le mémorandum de 1965

**765.** En dépit du silence du traité, la Commission s'est montrée hardie sur la question puisque, en 1965, elle fit valoir sa position dans un *Mémorandum* sur les concentrations dans le marché commun[191].

#### 1. Un regard favorable mais vigilant sur les concentrations

**766.** La Commission se dit d'emblée favorable aux opérations de concentration mais nuance son propos, en mettant en avant la nécessité d'instaurer un contrôle sur celles qui revêtent, à terme, un caractère monopolistique. En effet, elle se montre préoccupée par le développement des opérations de concentration qui s'opèrent dans les décennies 1960 et 1970. Ces concentrations d'entreprises, tirant profit de l'essor du marché commun, se produisaient dans le cadre de stratégies de grands groupes qui entendaient développer leur position sur le marché, mais aussi faire face à la concurrence extérieure, notamment celle des États-Unis et du Japon. Les opérations de concentration connaîtront un nouveau dynamisme lors de la mise en place de l'Union économique et monétaire.

#### 2. La nécessité d'un meilleur encadrement

**767.** Sur le fond, il est effectivement inconcevable de freiner de telles opérations qui stimulent parfaitement la logique concurrentielle. Néanmoins, la Commission fait valoir l'idée d'un meilleur encadrement de ces opérations. Celles-ci ne doivent pas aboutir, par la constitution de grands *consortiums*, à une remise en cause de l'équilibre concurrentiel et un cloisonnement des marchés. Il s'agirait alors d'un résultat inverse à celui escompté par le marché intérieur.

De nouveau, le droit de l'Union est appelé à restaurer, sinon parfois à instaurer, un équilibre entre la liberté économique des entreprises et un

191. *Mémorandum* du 1er déc. 1965.

encadrement de leurs initiatives ou activités qui peuvent se révéler néfastes pour le jeu concurrentiel.

## B. L'inadaptabilité des outils juridiques initiaux

**768.** Les outils juridiques permettant l'encadrement des concentrations sont au départ extrapolés. En effet, la Commission considère que l'article 101 TFUE relatif aux ententes est inapplicable dans le cadre d'une concentration. Celle-ci diffère de l'entente qui ne conduit pas à une fusion des entreprises concernées puisqu'elles demeurent indépendantes. En revanche, l'article 102 TFUE peut être mis en œuvre s'il s'agit d'une opération de concentration ayant pour effet de renforcer la position dominante d'une entreprise. Elle est alors constitutive d'un abus de position dominante.

**769.** Pour sa part, la Cour de justice conclut non seulement à l'applicabilité de l'article 102 TFUE[192], théorie avancée par la Commission, mais aussi à celle de l'article 101 TFUE dans le cadre d'une entente qui aurait pour conséquence de modifier la structure de l'entreprise, comme pour une prise de participation dans le capital d'une entreprise[193].

À partir de cet aval jurisprudentiel, la Commission sera ainsi pourvue de ce double instrument, les articles 101 et 102 TFUE, pour opérer un contrôle pertinent sur les opérations de concentration. Mais il fallait bien reconnaître que ces dispositions n'avaient pas expressément vocation à s'appliquer aux opérations de concentration. Elles se révéleront modestes quant à leur portée, certainement face à l'ampleur des opérations de concentration durant les premières décennies de la construction européenne.

## C. L'adoption d'un dispositif de contrôle propre : le règlement « Concentrations »

**770.** Compte tenu de la modestie des instruments juridiques initiaux, il devenait nécessaire de réfléchir à un dispositif propre aux opérations de concentration. Ce nouvel instrument a pris la forme d'un règlement, adopté par le Conseil au terme d'âpres négociations, le 21 décembre 1989[194].

L'adoption a été rendue laborieuse par la réticence des États membres à conférer à la Commission le pouvoir d'appréciation exclusif des opérations de concentration et leur contrôle.

Entré en vigueur le 21 septembre 1990, le règlement (CEE) n° 4064/89 a fait l'objet d'une révision prévue par le règlement lui-même, le 30 juin

192. CJCE, 21 févr. 1973, *Continental Can*, préc.

193. CJCE, 17 nov. 1987, *British American Tobacco*, aff. jtes 142/84 et 150/84, *Rec.* p. 4487.

194. Règl. (CEE) n° 4064/89, 21 déc. 1989, *JOCE* n° L 257, 21 déc. 1990.

1997[195]. La Commission a également adopté une nouvelle révision du règlement d'application relative à la procédure[196].

Le règlement (CEE) n° 4064/89 établit désormais l'obligation de notification préalable pour les opérations de contrôle qui revêtent un caractère communautaire selon les seuils établis. Ce règlement a ensuite fait l'objet d'une réforme substantielle par le règlement (CE) n° 139/2004, adopté le 20 janvier 2004[197]. Le régime de concentration demeure inchangé au regard des règles générales et des principes, tandis que l'on observe des innovations importantes sur le plan procédural afin d'accroître l'efficacité du contrôle.

Selon les termes du règlement (CEE) n° 4064/89 remplacé, depuis le 1er mai 2004, par le règlement (CE) n° 139/2004, seules sont concernées par le contrôle, les opérations de dimension communautaire. En d'autres termes, pour relever du règlement (CE) n° 139/2004, l'opération doit répondre à deux conditions : il doit s'agir d'une concentration (première condition) qui doit être de nature communautaire (seconde condition).

## §2. Notion de concentration

**771.** L'opération de concentration fait l'objet d'une définition précise établie par les deux règlements, celui de 1989, et le texte de 2004 dont l'article 3 propose de distinguer deux types d'opérations : la fusion et la prise de contrôle. Cette approche est explicitée par une communication de la Commission concernant la notion de concentration au sens du règlement (CEE) n° 4064/89[198].

### A. La fusion

**772.** La fusion est une notion qui peut recevoir deux contenus. Il peut s'agir de la création d'une nouvelle entreprise au terme d'une opération de concentration. Celle-ci fait disparaître les entreprises existantes au profit de l'entité nouvellement constituée. Mais ce peut être aussi une fusion/absorption, c'est-à-dire que l'entreprise est absorbée par une autre entreprise en raison de la concentration.

195. Règl. (CE) n° 1310/97, 30 juin 1997, *JOCE* n° L 180, 9 juill. 1997.

196. Règl. (CE) n° 447/98, 1er mars 1998, *JOCE* n° L 40, 13 févr. 1998, modifié par le règlement (CE) n° 802/2004 de la Commission, 7 avr. 2004 (*JOUE* n° L 133, 30 avr. 2004) et en dernier lieu par le règlement (CE) n° 1033/2008, 20 oct. 2008 (*JOUE* n° L 279, 22 oct. 2008).

197. *JOUE* n° L 24, 29 janv. 2004, complété pour sa mise en œuvre par diverses communications et lignes directrices. Le texte est entré en vigueur le 1er mai 2004. Conformément à son initiative « *Mieux légiférer* », la Commission tend à examiner régulièrement le fonctionnement, dans la pratique, des politiques et réglementations existantes. C'est dans ce cadre que le règlement sur les concentrations, dont la refonte remonte à 2004, fait l'objet d'une évaluation. La Commission a ainsi lancé dernièrement une consultation afin d'améliorer deux aspects du contrôle des concentrations, les participations minoritaires et le renvoi des affaires entre la Commission et les autorités nationales de concurrence, (Communiqué IP/13/564, 20 juin 2013). De même, la Commission examine la possibilité d'une proposition distincte de simplification de certaines procédures de notification des concentrations (Communiqué IP/13/288, 27 mars 2013).

198. Communication de la Commission, *JOCE* n° C 66, 2 mars 1998.

## B. La prise de contrôle

**773.** À la différence de la fusion, la prise de contrôle présente un contenu plus complexe. Le règlement définit la prise de contrôle tantôt par l'exercice d'une influence déterminante, tantôt par la création d'une entreprise commune.

### 1. La prise de contrôle par l'exercice d'une influence déterminante

**774.** L'article 3.1 caractérise la prise de contrôle comme la possibilité pour une ou plusieurs entreprises d'exercer une influence déterminante sur l'activité d'une entreprise.

Cette influence peut revêtir plusieurs formes, notamment une prise de participation au capital de l'entreprise, hypothèse la plus ordinaire, ou l'achat d'éléments actifs ou l'existence de contrats. Il peut aussi s'agir de l'exercice d'un contrôle unique ou commun, ainsi que, de manière plus subtile, d'un contrôle du fait du droit de veto.

En effet, en dépit d'une prise de participation qui n'est que minoritaire, il demeure possible d'exercer un contrôle sur l'entreprise comme dans l'hypothèse de l'acquisition d'un droit de veto au sein du Conseil d'administration sur toute décision qui engage l'avenir de l'entreprise, notamment les décisions stratégiques. Dans ce cas, la notification de concentration est requise[199].

Dans la communication de 1998, la Commission fait valoir que le contrôle d'une entreprise peut être obtenu par une entreprise minoritaire. En effet, cette dernière peut en réalité disposer d'une majorité au sein de l'Assemblée générale du fait d'une dissémination des voix, liée à un nombre important d'actionnaires[200].

### 2. La prise de contrôle par la création d'une entreprise commune

**775.** La création d'une entreprise commune permet d'acquérir le contrôle commun de deux ou plusieurs entreprises, communément dénommées filiales. Pendant longtemps, a régné une distinction majeure entre deux types d'entreprises communes.

Une première forme, de nature coopérative, vise les entreprises instaurant entre elles un certain mode de coopération dont l'objet ou l'effet repose sur la coordination de leurs comportements, même si elles demeurent indépendantes. Il s'agit alors de simples entreprises coopératives qui relèvent de l'article 101 TFUE. En effet, ce cas de création d'entreprise peut présenter une forme d'entente.

199. Décision du 23 avr. 1997, *Lonrho*, aff. IV/M-754, *JOCE* n° L 149, 20 mai 1998.
200. V. Décision du 3 déc. 1997, *Veba*, aff. IV/M-942, *JOCE* n° L 201, 17 juill. 1998.

La seconde forme vise l'hypothèse où l'entreprise commune accomplit de manière durable toutes les fonctions d'une entité économique autonome. Elle opère de la sorte une modification de nature structurelle au sein du marché.

**776.** Dans l'ancien dispositif, les entreprises communes à caractère coopératif étaient exclues du contrôle communautaire. Celui-ci ne s'appliquait qu'aux entreprises communes « concentratives », c'est-à-dire la seconde forme.

Le règlement (CE) n° 1310/97 du 30 juin 1997[201] a modifié l'une des dispositions du règlement (CEE) n° 4064/89, à savoir son article 3 paragraphe 2. La modification porte sur la suppression de la différenciation de sorte que sont désormais considérées comme des entreprises communes de plein exercice celles qui opèrent sur le marché, en y accomplissant les fonctions normalement exercées par les autres entreprises présentes sur ce marché[202].

Ces entreprises sont dotées de manière durable des moyens nécessaires pour exercer leur activité en termes de financement de personnel ou d'actifs. Sont donc visées les entreprises communes qui ont pour objet ou effet une coordination de leurs comportements.

## 3. Les restrictions accessoires à l'opération de concentration

**777.** Une opération de concentration repose sur un support contractuel qui organise la prise de contrôle. Mais l'opération de concentration peut aussi quelquefois reposer sur d'autres accords ou engagements contractuels inclus ou non dans l'acte contractuel principal. Or, ceux-ci peuvent, de manière complémentaire, restreindre les possibilités ou les modalités d'action des opérateurs sur le marché.

Néanmoins, à l'occasion d'une opération de concentration qui donne naissance à une entreprise commune, certaines restrictions peuvent être considérées comme nécessaires. Elles sont en réalité la résultante de la concentration et sont dites accessoires à l'opération. Ce sont par exemple les clauses de non-concurrence, ou de non-débauchage de personnel, ou d'achat, les accords de licence, le transfert de licence de brevet ou de savoir-faire ou l'obligation d'achat ou de fourniture de marchés de matières premières.

**778.** La Commission définit ces clauses comme des engagements souscrits par les parties, qui sont indispensables à la réalisation de l'opération[203]. Il doit être cependant établi que la restriction est strictement nécessaire à l'opération et s'inscrit dans un rapport de proportionnalité.

Les restrictions accessoires relèvent du règlement (CE) n° 139/2004 au même titre que l'opération de concentration. Elles imposent un examen par la Commission au regard des critères établis par le règlement. Mais leur examen n'est plus opéré, comme par le passé dans le cadre du règlement de

201. *JOCE* n° L 40, 13 févr. 1998.

202. Communication du 2 nov. 1998, préc.

203. Communication du 4 juill. 2001, *JOCE* n° C 188, 4 juill. 2001.

1989, distinctement de l'opération centrale, la concentration. Il est opéré dans le cadre de l'opération principale en application de l'article 8 du règlement (CE) n° 139/2004.

Il est alors nécessaire de distinguer les restrictions qui relèvent d'une opération centrale, de celles qui ne sont pas nécessaires et ne sont donc pas liées à l'opération. Dans ce cas, ces dernières relèvent des recours devant les juridictions nationales qui peuvent le cas échéant solliciter l'intervention de la Commission[204].

## §3. La dimension communautaire de la concentration

**779.** Toutes les opérations de concentration ne sont pas soumises à un contrôle de l'Union. En effet, seules s'y prêtent les opérations qui répondent à un critère précis, leur dimension communautaire. Il s'agit là d'un critère déterminant car il permet de répartir les compétences entre autorités nationales et communautaires.

### A. Les seuils requis

**780.** Le critère relatif à la dimension communautaire repose sur des éléments concrets et factuels. Ils renvoient à la détermination de seuils à partir desquels s'apprécie l'opération de concentration. Ces seuils ont été établis par le premier règlement de 1989 et confortés par le règlement (CE) n° 139/2004.

#### 1. Des seuils relatifs au chiffre d'affaires des entreprises

**781.** L'opération de concentration est soumise à des seuils qui ont fait l'objet, par la suite, d'un abaissement par le règlement du 30 juin 1997[205].

Une opération doit répondre à une double exigence pour être réputée avoir une dimension communautaire : le chiffre d'affaires total réalisé au niveau mondial par l'ensemble des entreprises concernées représente un montant supérieur à 5 milliards d'euros et le chiffre d'affaires total réalisé individuellement dans l'Union par au moins deux des entreprises concernées représente un montant supérieur à 250 millions d'euros, à moins que chacune des entreprises concernées réalise plus des deux tiers de son chiffre d'affaires total dans l'Union à l'intérieur d'un seul et même pays. Ces seuils ont pour intérêt de s'assurer de la dimension transnationale de l'opération et de son impact sur l'espace concurrentiel de l'Union.

En revanche, le contrôle de la Commission n'est pas opposable aux opérations qui n'ont qu'un impact national. C'est le cas lorsque les opérations de concentration sont menées par des entreprises qui réalisent chacune, dans

204. Communication de la Commission relative aux restrictions directement liées et nécessaires à la réalisation des opérations de concentration, *JOUE* n° C 56, 5 mars 2005.

205. Règl. (CE) n° 1310/97 préc.

un seul État membre, plus des deux tiers de leur chiffre d'affaires total au sein de l'Union.

## 2. L'abaissement des seuils initiaux dans l'hypothèse d'une opération sur au moins trois États membres

**782.** Aux seuils initiaux, le règlement du 30 juin 1997, applicable depuis le 1er mai 1998, a introduit de nouveaux seuils supplémentaires qui conduisent à un certain abaissement des seuils. L'objectif est de cerner davantage le champ de compétences nationales et communautaires.

En réalité, un véritable bras de fer s'est engagé entre les États membres et la Commission qui était appelée, en vertu du règlement (CEE) n° 4069/89, à réviser le seuil tous les quatre ans. À cette occasion, celle-ci était favorable à un abaissement afin d'appréhender un large éventail de situations.

En revanche, les États membres sont restés longtemps rétifs à une telle extension du champ des compétences de la Commission, craignant de voir échapper un certain nombre d'opérations au niveau national, du fait des nouveaux seuils. Ces concentrations auraient dès lors un caractère transnational.

Or, l'intérêt d'un abaissement des seuils est certain. En effet, dans le contexte des seuils précédents, les autorités nationales étaient confrontées à une multiplication des notifications par les opérateurs. Étaient concernées par la notification au niveau national les entreprises qui n'étaient pas tenues, selon les textes en vigueur, de notifier auprès de la Commission et dont l'opération de concentration ne correspondait pas au seuil établi par les textes de l'Union.

Par conséquent, pour surmonter ce phénomène d'amplification administrative, le règlement du 30 juin 1997 a établi des seuils abaissés dans l'hypothèse où l'opération de concentration intervient sur le marché d'au moins trois États membres.

Dans ce cas (au moins trois États), les seuils sont abaissés de 5 à 2,5 milliards d'euros pour le chiffre d'affaires mondial, et de 250 à 100 millions d'euros pour le chiffre d'affaires réalisé individuellement dans l'Union par au moins deux entreprises.

## 3. Les dispositifs de compensation

**783.** Deux nouveaux seuils ont été introduits en compensation des seuils abaissés. D'une part, le chiffre d'affaires total des entreprises concernées doit être supérieur, dans ces trois États, à 100 millions d'euros. D'autre part, le chiffre d'affaires total réalisé individuellement par au moins deux des entreprises concernées doit être supérieur à 25 millions d'euros sur le territoire de chacun des trois États membres. Enfin, comme d'ordinaire, les entreprises concernées ne doivent pas réaliser individuellement plus des deux tiers de leur chiffre d'affaires à l'intérieur d'un seul État membre.

Pour permettre aux États membres et aux entreprises concernées d'établir correctement le chiffre d'affaires, la Commission a adopté une communication du 2 mars 1998 dans laquelle elle expose les règles de calcul du chiffre d'affaires[206].

## B. La répartition des compétences entre autorités nationales et autorités de l'Union

**784.** Dans le souci de faciliter l'exercice du contrôle des concentrations, notamment au regard de sa célérité, s'applique le principe du guichet unique. Il permet de conférer le contrôle à une autorité nationale ou de l'Union. Le contrôle relève de l'une ou de l'autre selon que l'opération de concentration atteint ou non l'un des seuils requis.

### 1. Les assouplissements : les renvois possibles

**785.** Le règlement n'établit pas une application rigide des seuils car il est l'élément déclencheur de la répartition des compétences. En effet, deux dispositifs distincts, établis par le règlement (CEE) n° 4064/89 et consolidés par le règlement ultérieur (CE) n° 139/2004, permettent d'assouplir l'application des seuils. Le premier se situe en amont, c'est-à-dire préalablement à la notification de la concentration tandis que le second intervient après la notification.

#### a. Les renvois avant notification

**786.** Le premier dispositif se compose de deux types de renvoi, introduits par le nouveau règlement (CE) n° 139/2004. À la différence des tempéraments existants, ils se situent préalablement à la procédure de notification.

L'article 4 paragraphe 4 autorise les entreprises, auteurs d'une opération de concentration, à saisir la Commission à des fins d'information sur un projet de concentration de dimension communautaire. Celui-ci affecterait en réalité de manière sensible la concurrence sur le marché à l'intérieur d'un seul État, ce marché étant un marché distinct.

L'État concerné dispose d'un droit d'opposition. S'il n'est pas exercé, la Commission sera en mesure de statuer de manière discrétionnaire et de décider du renvoi ou non de l'affaire auprès de l'autorité nationale. Le renvoi peut être partiel ou total.

Inversement, en application de l'article 4 paragraphe 5, les entreprises, auteurs une opération de concentration qui n'est pas de dimension communautaire, ont la faculté, avant toute notification, de saisir la Commission. En effet, elles peuvent l'informer du fait que la concentration est susceptible d'affecter significativement la concurrence, et ce dans le cadre de l'Union, c'est-à-dire sur l'ensemble du marché à l'intérieur d'un État membre.

Cependant, même si l'opération n'est pas de dimension communautaire, elle doit être susceptible d'être examinée, en vertu du droit national, par au moins trois États membres. En somme, l'opération de concentration doit

206. *JOCE* n° C 66, 2 mars 1998, préc.

connaître des effets sur le commerce intracommunautaire. La Commission instruit alors la demande et adresse communication du dossier à l'ensemble des États membres.

Seuls les États compétents pour examiner la concentration disposent d'un droit d'opposition qui doit être exercé dans un délai de quinze jours. En cas de désaccord d'un des États, l'affaire n'est pas renvoyée. En revanche, à défaut d'une opposition émanant d'un des États membres concernés, la concentration est réputée avoir une dimension communautaire. Elle doit être notifiée à la Commission. Dans ce cas, aucun État membre n'applique son droit national de la concurrence à cette concentration et l'affaire est examinée par la seule Commission.

## b. Les renvois après notification

**787.** Le second dispositif s'articule de la même manière autour de deux renvois, initialement prévus par le règlement (CEE) n° 4064/89. Ils interviennent après la notification.

L'article 9 du règlement (CE) n° 139/2004, dénommé la « clause allemande », permet de conférer le contrôle d'une opération de concentration dépassant particulièrement les seuils, non à l'autorité de l'Union mais à l'autorité interne. Sur le plan pratique, il s'agit d'un renvoi opéré par la Commission à un ou plusieurs États membres.

En effet, un État membre, de sa propre initiative ou sur invitation de la Commission, peut demander à la Commission de lui renvoyer l'examen de l'affaire. Pour cela, il doit parvenir à démontrer que l'opération de concentration est susceptible d'affecter de manière significative la concurrence sur le territoire national.

Plus précisément, l'État, auteur de la demande de renvoi, doit s'attacher à établir que la condition de l'affectation de la concurrence s'opère sur un marché qui présente les caractéristiques d'un marché distinct sans que ce marché en cause ne constitue une partie substantielle du marché commun. Il s'agit en réalité principalement d'un marché national qui serait affecté. Il appartient ensuite à la Commission d'apprécier le bien-fondé de la demande et de décider du renvoi de l'affaire auprès de l'autorité nationale ou de refuser ce renvoi et de retenir ainsi le contrôle.

Le deuxième renvoi est envisagé par l'article 22, appelé la « clause néerlandaise ». Il autorise un État, de sa propre initiative ou sur demande de la Commission, de renvoyer l'opération de concentration pour examen auprès de la Commission dans le cadre d'une opération qui ne présente pas une dimension communautaire, c'est-à-dire qui ne répond pas aux seuils.

L'État membre, auteur de la demande de renvoi, doit démontrer que l'opération de concentration affecte ou menace d'affecter de manière significative le commerce entre États membres.

## 2. L'appréciation de fond de l'opération de concentration

**788.** L'appréciation portée sur l'opération de concentration consiste à examiner sa compatibilité avec le marché commun. L'examen porte sur l'atteinte à la concurrence au regard d'un bilan dit concurrentiel.

Les articles 2, paragraphe 2, et 3 du règlement (CE) n° 139/2004 décrivent en des termes généraux les conditions de fond en vertu desquelles l'opération de concentration est compatible avec le droit de l'Union. Selon la lettre de ces dispositions, sont incompatibles les concentrations qui entraveraient de manière significative une concurrence effective dans le marché commun ou une partie substantielle de celui-ci, notamment du fait de la création ou du renforcement d'une position dominante.

### a. Le critère d'analyse : la création ou le renforcement d'une position dominante

**789.** L'opération de concentration est considérée comme compatible si elle ne crée pas ou ne renforce pas une position dominante ayant pour conséquence que la concurrence effective soit entravée.

#### α. *Une entrave significative à la concurrence*

**790.** La concentration est déclarée incompatible dès l'instant qu'elle équivaut à une entrave significative à la concurrence sur le marché commun ou une partie substantielle de celui-ci.

L'article 2 insiste spécifiquement sur l'existence ou le renforcement d'une position dominante à laquelle aboutirait l'opération de concentration comme tend à le réprimer l'article 102 TFUE en cas d'exploitation abusive de l'opération. En d'autres termes, le fait d'instaurer ou de renforcer une position dominante entraîne l'incompatibilité de l'opération. Sur ce point, la Commission a toujours insisté sur la proximité des deux infractions à travers l'applicabilité du règlement en cas de position dominante collective[207].

La Cour rejoint la Commission dans cette approche[208]. Elle considère que la notion de position dominante collective fait partie de la notion de position dominante telle qu'elle est évoquée par le règlement *Concentrations*[209].

#### β. *L'existence de doutes sérieux*

**791.** Lorsque la Commission analyse une concentration au sens de l'article 2 du règlement n° 139/2004, elle effectue une première phase d'investigation. Elle doit établir si la concentration soulève des doutes sérieux quant à sa compatibilité avec le marché intérieur. Si elle conclut que tel est le cas, la Commission ouvre alors une seconde phase d'investigation qui lui permettra de décider si la concentration entrave de façon

207. CJCE, 10 juill. 2008, *Sony Corporation*, aff. C-413/06.

208. CJCE, 31 mars 1998, *France c/ Commission*, aff. jtes C-68/94 et C-30/95, *Rec.* p. I. 1375.

209. CJCE, 10 juill. 2008, *Sony Corporation*, préc.

significative la concurrence sur le marché intérieur. La Commission doit se fonder dans les deux cas sur les mêmes critères d'appréciation[210].

**792.** Soulignons que l'article 6, paragraphe 1, sous c), du règlement (CE) n° 139/2004 ne confère à la Commission aucun pouvoir discrétionnaire quant à l'ouverture de la seconde phase d'investigation. En effet, lorsque la Commission éprouve des doutes sérieux, elle est dans l'obligation d'ouvrir une deuxième phase d'investigation.

Toutefois, même si la notion de « doutes sérieux » revêt un caractère objectif, avant d'adopter une décision au titre de l'article 6, elle doit effectuer des appréciations économiques complexes. Elle dispose, à cet égard, d'une certaine marge d'appréciation dont le juge de l'Union doit tenir compte[211].

## b. L'examen du bilan concurrentiel de l'opération

**793.** Le bilan concurrentiel de l'opération est distinct du bilan économique qui commande un examen d'ensemble, notamment relatif au progrès économique ou technique et à l'intérêt des consommateurs. Le bilan est donc différent de celui appliqué dans le cadre des ententes qui peuvent être tolérées si elles favorisent par exemple le progrès économique. Dans le cadre des concentrations, ce bilan ne tient pas compte de l'appréciation économique de l'opération, et ce même si l'article 2, paragraphe 1, lettre b du règlement fait référence à des apports comme le progrès technique ou l'intérêt des consommateurs.

**794.** Le mode d'appréciation de la Commission revêt un caractère familier. En effet, elle procède, dans un premier temps, à une délimitation du marché en cause, à l'instar de l'examen auquel elle se livre dans le cadre de l'article 102 TFUE.

Elle apprécie, dans un second temps, les effets d'une telle opération de concentration sur l'équilibre concurrentiel du marché en raison d'une atteinte sensible[212] à la concurrence sur le marché ou une partie substantielle de celui-ci. Pour ce faire, elle aura à sa disposition différents éléments tels que les parts de marché[213] détenues par les auteurs de la concentration qui, si elles sont égales ou dépassent 50 %, emporteront une incompatibilité[214].

## c. Une obligation de motivation

**795.** Il apparaît que les termes généraux employés par les dispositions de fond permettent de conférer à la Commission un large pouvoir d'appréciation dont elle ne se prive pas au demeurant. Or, il est de jurisprudence établie que le contrôle exercé par le juge de l'Union sur les

210. Trib. UE, 11 déc. 2013, *Cisco Systems*, aff. T-79/12.

211. TPICE, 3 avr. 2003, *Royal Philips Electronics*, aff. T-119/02, *Rec.* p. II. 1433.

212. Décision du 2 oct. 1991, *De Havilland*, *JOCE* n° L 334, 5 déc. 1991.

213. Lignes directrices sur l'appréciation des concentrations horizontales au regard du règlement du Conseil, relatif au contrôle des concentrations entre entreprises, *JOUE* n° C 31, 5 févr. 2004.

214. V. en ce sens TPICE, 28 avr. 1999, *Endemol*, aff. T-221/95, *Rec.* p. II. 1299.

appréciations économiques complexes de la Commission, doit se limiter à la vérification du respect des règles de procédure et de motivation, de l'exactitude matérielle des faits ainsi que de l'absence d'erreur manifeste d'appréciation et de détournement de pouvoir[215].

C'est ainsi que ce pouvoir d'appréciation se prête, dans la phase contentieuse, à un contrôle de légalité étendu au profit du juge de l'Union quant à l'obligation de motivation.

Celui-ci se montre particulièrement intransigeant sur la motivation de la décision au regard des éléments de preuve. En effet, ceux-ci sont importants car ils permettent de soutenir l'appréciation de la création ou du renforcement d'une position dominante, élément déclencheur de l'incompatibilité, et ce selon des éléments très techniques. À ce titre, à défaut d'une motivation suffisante et établie de manière exhaustive, le juge de l'Union n'hésitera pas à censurer la Commission qui peut voir, comme le démontre régulièrement la jurisprudence, sa décision annulée[216].

### d. La recherche d'un dialogue direct : les mesures correctives

**796.** La pratique décisionnelle de la Commission, toujours eu égard au large pouvoir d'appréciation qu'elle détient, a fait ressentir la nécessité d'une concertation entre l'autorité communautaire et les participants à la concentration.

Un dialogue direct permet à la Commission d'examiner l'incompatibilité de l'opération à la lumière d'un certain nombre de conditions ou de charges exprimées sous la forme d'engagements dénommés « mesures correctives »[217]. Celles-ci sont acceptées par les entreprises dans l'objectif de maintenir une concurrence effective, ce qui emporte des modifications parfois sensibles au projet de concentration[218].

En d'autres termes, il est essentiel pour les auteurs de la concentration de tempérer l'effet restrictif du projet de concentration sur la concurrence. Ils peuvent ainsi le faire, soit de leur propre initiative, soit à l'initiative de la Commission sous la forme de ces mesures correctives et ce afin que le projet puisse être validé.

---

215. CJCE, 15 févr. 2005, *Tetra Laval*, aff. C-12/03 P, *Rec.* p. I. 987, point 39 ; Trib. UE, 11 déc. 2013, *Cisco Systems*, aff. T-79/12.

216. TPICE, 6 juin 1992, *Air Tours*, aff. T-342/29, *Rec.* p. II. 2585 ; TPICE, 22 oct. 2002, *Schneider Legrand*, aff. T-310/01, *Rec.* p. II. 4071 ; TPICE, 25 oct. 2002, *Tetra Laval Sidel*, aff. T-80/02, *Rec.* p. II. 4521.

217. V. Décision du 29 sept. 2003, *Alcan-Pechiney (II)*, aff. IV. M. 3225 ; décision du 28 août 2009, *Lufthansa-Austrian Airlines*, aff. COMP/M.5440.

218. Décision du 29 sept. 199, *BP Amoco*, *JOCE* n° L 18, 19 janv. 2001 ; v. également l'obligation faite aux auteurs d'une concentration de soumettre tous litige relatif aux engagements à une instance arbitrale chargée de statuer dans un délai de trois mois, décision du 25 janv. 2000, *Carrefour*, aff. IV.M.1684. V. de manière générale la Communication de la Commission du 2 mars 2001 concernant les mesures correctives recevables conformément au règlement (CE) n° 4064/89 du Conseil, et au règlement (CE) n° 447/98 de la Commission, *JOCE* n° C 68, 2 mars 1991. La Communication du 2 mars 2001 a été remplacée, du fait de l'entrée en vigueur du règlement (CE) n° 1/2003, par une nouvelle Communication de la Commission relative aux mesures correctives, *JOUE* n° C 267, 22 oct. 2008.

**797. Bibliographie**

P. Ahrel, « Le nouveau règlement "Concentration" européen », *JCP* E 2004, p. 249.

B. Berlin, *Contrôle des concentrations, Commentaire Mégret*, Éd. de l'ULB, 3e éd., 2009.

M. Menjucq, *Droit international et européen des sociétés*, LGDJ, 3e éd., 2011.

S. Peruzzetto-Poillot, « Concentrations », *Répertoire Dalloz Droit européen*.

C. Vilmart, « Les nouvelles lignes directrices sur le contrôle des concentrations », *Contrats Conc. Consom.* nº 10, oct. 2013, étude 13.

## CHAPITRE 2

# Les procédures de contrôle des pratiques déloyales

**798.** Les pratiques déloyales, à savoir l'entente, l'abus de position dominante et la concentration restrictive de concurrence, font l'objet d'un contrôle vigoureux qui peut être assorti de lourdes sanctions. Il s'agit là d'une garantie fondamentale quant à l'effectivité du droit européen de la concurrence.

La procédure de contrôle des pratiques anticoncurrentielles a vu le jour au travers d'un acte fondateur, le règlement (CEE) n° 17/62 du 6 février 1962[1]. S'y sont ajoutés différents règlements d'application.

Jusqu'à récemment, le mode de contrôle a toujours eu pour trait majeur de conférer la quasi-exclusivité des pouvoirs au profit de l'autorité de l'Union qui centralisait la procédure dès l'initiative du contrôle jusqu'à son terme. Une telle concentration investissait de fait la Commission d'un certain nombre de prérogatives et surtout la conduisait à s'intéresser à un nombre démesuré d'affaires au risque d'affecter son efficacité et sa diligence. En somme, la verticalité du contrôle est apparue pesante sur le bon fonctionnement de la Commission.

L'étendue de ses pouvoirs exigeait naturellement en contrepartie une reconnaissance la plus ferme possible des droits, notamment les droits de la défense[2] au profit des opérateurs économiques. Notons que cette préoccupation a perduré même lorsque la Commission a accepté de partager son pouvoir de contrôle avec les autorités nationales. À cet égard, des règles

1. *JOCE*, 6 févr. 1962.

2. Rappelons que l'Union européenne est liée par l'obligation de respect des droits fondamentaux tels qu'ils résultent notamment des instruments internationaux comme la Convention européenne des droits de l'homme, à laquelle l'Union est mesure d'adhérer depuis le traité de Lisbonne. En outre, l'obligation de respect des droits fondamentaux résulte de la Charte des droits fondamentaux. Celle-ci a désormais force obligatoire depuis l'entrée en vigueur du traité de Lisbonne. Sur l'ascension des droits fondamentaux dans l'ordre juridique de l'Union européenne, v. P. Pescatore, « Les droits de l'homme et l'intégration européenne », *CDE* 1968, p. 629 ; J. Vergès, « Droits fondamentaux de la personne et principes généraux du droit communautaire », *in Mélanges Jean Boulouis*, Dalloz, 1991, p. 513.

procédurales ont été récemment adoptées en vue d'établir ou de renforcer les mécanismes de sauvegarde des droits procéduraux des parties[3].

**799.** Une rupture avec le mode de contrôle existant s'est opérée à partir du 1er mai 2004, date d'entrée en vigueur du règlement (CE) n° 1/2003 du 16 décembre 2002 du Conseil relatif à la mise en œuvre des règles de concurrence prévue aux articles 101 TFUE et 102 TFUE[4].

Il s'agit d'une réforme de premier plan dans l'histoire du droit européen de la concurrence. Celle-ci a pour double conséquence, d'une part, de consacrer un principe d'exception légale au profit des ententes ne faisant plus désormais l'objet d'une notification préalable et obligatoire et, d'autre part, de décentraliser le contrôle des pratiques infractionnelles au sein d'un réseau européen de concurrence.

En réalité, cette réforme a pris naissance à l'occasion du Livre blanc sur la modernisation du droit de la concurrence communautaire[5]. Celui-ci mettait déjà en avant plusieurs pistes de réflexion, notamment la nécessité d'accorder davantage de compétences aux autorités nationales appelées à participer pleinement, en tant qu'autorités nationales de contrôle, à l'application des règles de concurrence, eu égard notamment au respect du principe de subsidiarité.

La réforme introduite répond à la nécessité de responsabiliser les opérateurs économiques et à celle de permettre à la Commission de se concentrer sur les affaires les plus délicates.

Le règlement (CE) n° 1/2003 abroge un certain nombre de dispositions de l'ancien règlement et en maintient d'autres ; il remplace désormais le règlement (CE) n° 17/62 et dresse le nouveau cadre du contrôle européen des pratiques anticoncurrentielles. Le règlement (CE) n° 1/2003 a été complété par le règlement (CE) n° 773/2004 du 7 avril 2004 de la Commission, qui énonce les règles précises relatives aux procédures engagées par la Commission (auditions, plaintes et accès au dossier)[6].

## Section 1
## Le contrôle des ententes et abus de position dominante

**800.** Jusqu'au 1er mai 2004, le contrôle des ententes et abus de position dominante était organisé par le règlement (CEE) n° 17/62 qui décrivait la procédure à suivre dans le cas des deux infractions.

3. Communication de la Commission concernant les bonnes pratiques relatives aux procédures d'application des articles 101 et 102 du TFUE, *JOUE* n° 308, 20 oct. 2011.

4. *JOUE* n° L 1, 4 janv. 2003.

5. *JOCE* n° C 132, 12 mai 1999.

6. *JOUE* n° L 123, 27 avr. 2004.

Une application appuyée de ce premier règlement d'application et la jurisprudence importante de la Cour, notamment concernant les droits de la défense, ont permis de déterminer avec une certaine acuité la portée des dispositions pertinentes.

Le règlement (CE) n° 1/2003 a apporté une impulsion nouvelle à la procédure de contrôle. Il a pour intérêt majeur d'intégrer l'apport des pratiques décisionnelle et contentieuse ainsi que la question de la participation des autorités nationales. Comme sous l'empire de l'ancien système, établi par le règlement (CEE) n° 17/62, la procédure de contrôle se décline autour de trois temps forts : la saisine de la Commission, l'instruction qui s'articule elle-même autour d'une enquête et d'une phase administrative, et la décision finale.

## §1. La saisine de la Commission

**801.** La saisine de la Commission constitue la première étape de l'ensemble de la procédure. Il existe deux formes de saisines, la saisine d'office et la saisine sur plainte.

En application de l'article 7, paragraphe 1, du règlement (CE) n° 1/2003, la Commission peut s'autosaisir. L'auto-saisine peut être directe à la suite d'une enquête menée par les services de la Commission dans des secteurs économiques spécifiques ou pour certains types d'accords. Les informations peuvent être recueillies de manière formelle ou anonyme.

Mais la Commission peut également être saisie sur plainte ; cette saisine soulève de nombreuses problématiques sur le plan du droit, qui retiendront plus particulièrement notre attention. Notons d'ores et déjà que certains éléments de procédure liés à la saisine ont été nécessairement aménagées du fait de l'application du règlement (CE) n° 1/2003, et ce compte tenu de la responsabilisation des opérateurs économiques.

### A. La saisine sur plainte

**802.** La Commission est saisie sur plainte, présentée au moyen d'un document spécifique (le formulaire C), par un tiers qui soulève une infraction aux règles de concurrence établies par les articles 101 et 102 TFUE.

Le plaignant peut être une personne physique ou morale qui, selon le règlement (CE) n° 1/2003, fait valoir un intérêt légitime. Il peut s'agit des opérateurs économiques directement visés par la pratique concurrentielle, mais aussi des entreprises concurrentes et, de manière plus générale, des tiers comme les fournisseurs ou clients auxquels le comportement litigieux porte préjudice. Un État membre peut également saisir la Commission, s'il s'estime lésé par l'opération litigieuse.

## 1. Un pouvoir discrétionnaire entier au profit de la Commission

**803.** La Commission dispose d'un pouvoir discrétionnaire[7] dans le traitement des plaintes concernant des violations présumées de l'article 102 TFUE. Il lui appartient notamment d'apprécier l'importance de l'infraction alléguée pour le fonctionnement du marché intérieur[8]. Elle doit néanmoins mettre en balance cette importance avec la probabilité technique d'établir son existence et l'étendue des mesures d'investigation nécessaires, en vue de remplir, dans les meilleures conditions, sa mission de surveillance du respect des articles 101 TFUE et 102 TFUE.

Par conséquent, la saisine de la Commission ne signifie pas qu'elle doit donner une suite favorable à la saisine[9]. De plus, elle n'est tenue d'instruire la demande que si elle l'estime fondée[10]. Ce pouvoir d'appréciation lui appartient de manière souveraine.

En outre, lorsque, en exerçant ce pouvoir discrétionnaire, la Commission décide d'accorder des degrés de priorité différents aux plaintes dont elle est saisie, elle peut non seulement arrêter l'ordre dans lequel les plaintes seront examinées, mais également rejeter une plainte pour défaut d'intérêt de l'Union suffisant à poursuivre l'examen de l'affaire[11]. Dans la mesure où l'évaluation de l'intérêt de l'Union présenté par une plainte est fonction des circonstances de chaque espèce, la Commission peut donner la priorité à un seul critère d'appréciation[12]. Son attitude dépendra de l'intérêt communautaire de l'opération, qui doit être établi.

## 2. L'examen de « l'intérêt de l'Union »

**804.** Par l'examen de l'intérêt de l'Union, la Commission doit rechercher si l'opération revêt un caractère majeur, si elle est singulière[13] et si ses effets sur l'équilibre concurrentiel sont suffisants[14]. Si Commission considère que la possibilité d'établir la preuve d'une infraction est très limitée, une telle constatation suffit[15] pour conclure à l'absence d'intérêt de l'Union à poursuivre l'enquête. Cela justifie le rejet de la plainte.

---

7. TPICE, 26 janv. 2005, *Piau*, aff. T-193/02, Rec. p. II. 209 ; TPICE, 12 juill. 2007, *AEPI*, aff. T-229/05 ; Trib. UE, 15 déc. 2010, *CEAHR*, aff. T-427/08, *Rec.* p. II. 5865.

8. TPICE, 18 sept. 1992, *Automec*, aff. T-24/90, *Rec.* p. II. 2277 ; TPICE, 12 sept. 2007, *UFEX*, aff. T-60/05, *Rec.* p. II. 3397.

9. Les principes applicables au traitement des plaintes ont été publiés par la Commission dans une Communication du 27 avr. 2004 relative au traitement des plaintes, *JOCE* n° C 101, 27 avr. 2004.

10. TPICE, 25 mai 2000, *UFEX et DHL*, aff. T-77/95, *Rec.* p. II. 2167.

11. Trib. UE, 15 déc. 2010, *CEAHR*, préc.

12. CJUE, 17 mai 2001, *IECC*, aff. C-450/98 P, *Rec.* p. I. 3947.

13. V. par exemple Trib. UE, 30 mai 2013, *Omnis Group*, aff. T-74/11, à propos du rejet d'une plainte contre Microsoft.

14. Sur la notion de dysfonctionnement important dans le marché commun, v. par ex. CJCE, 23 avr. 2009, *AEPI*, préc.

15. Trib. UE, 16 oct. 2013, *Vivendi*, aff. T-432/10.

Toutefois, la Commission est tenue d'examiner attentivement les éléments de fait et de droit pertinents sur lesquels le juge de l'Union exerce un contrôle de légalité[16]. Elle doit notamment examiner avec attention l'ensemble des éléments portés à sa connaissance par le plaignant[17]. En revanche, la Commission n'est en aucun cas tenue de compléter ces informations par des enquêtes ou investigations supplémentaires[18].

## 3. Les droits procéduraux du plaignant

**805.** En cas de rejet de la demande[19], la Commission doit communiquer sa décision à son auteur. Elle doit prendre soin de lui indiquer les motifs de sa décision sous la forme d'une communication des motifs, et ce dans un délai raisonnable[20].

### a. La communication des motifs

**806.** L'obligation d'informer le plaignant a été introduite formellement dans le règlement (CE) n° 773/2004 de la Commission[21], qui constitue ainsi une garantie formelle supplémentaire. La Commission doit accorder un délai suffisant à la partie plaignante pour présenter de nouvelles observations[22].

**807.** Par ailleurs, lorsqu'un plaignant introduit des éléments supplémentaires, il doit pouvoir avoir accès aux différents documents dont dispose la Commission. La décision de rejet intervient uniquement après la recherche d'un dialogue. Selon la réponse du plaignant, si des faits nouveaux ont été apportés, la Commission instruit une fois encore la demande et statue de manière définitive par voie de décision.

Et c'est ainsi qu'à la lumière des éléments présentés, la Commission prend la décision d'engager la procédure dite également décision d'ouverture de la procédure.

### b. Le principe du délai raisonnable

**808.** Selon une jurisprudence établie, le principe du délai raisonnable est applicable dans le cadre des procédures administratives en matière de politique de concurrence devant la Commission[23]. En effet, rappelons que l'article 6, paragraphe 1, de la CEDH prévoit que toute personne a droit à

16. TPICE, 18 sept. 1992, *Automec*, préc.

17. CJCE, 17 mai 2001, IECC, préc.

18. TPICE, 18 sept. 1992, *Automec*, préc. ; Trib. UE, 15 déc. 2010, *CEAHR*, préc.

19. Par ex., TPICE, 12 sept. 2007, *UFEX*, préc.

20. CJCE, 23 mai 1990, *Asia Motor France*, aff. C-72/90, *Rec.* p. I. 2181. V. aussi Trib. UE, 16 sept. 2013, *CEPSA*, préc. ; Trib. UE, 16 sept. 2013, *PROAS*, aff. T-495/07.

21. *JOUE* n° L 123, 27 avr. 2004.

22. TPICE, 18 sept. 1992, *Asia Motor I*, aff. T-28/90, *Rec.* p. II. 2285 ; TPICE, 9 déc. 1999, *UPS*, aff. 127/98, *Rec.* p. II. 2633.

23. CJCE, 21 sept. 2006, *Vereniging*, aff. C-105/04 P, *Rec.* p. I. 8725 ; Trib. UE, 5 juin 2012, *Imperial Chemical Industries*, préc.

ce que sa cause soit entendue équitablement, publiquement et dans un délai raisonnable, par un tribunal indépendant et impartial, établi par la loi, qui décidera soit des contestations sur ses droits et obligations de caractère civil, soit du bien-fondé de toute accusation en matière pénale dirigée contre elle. De plus, ce droit est un principe général du droit de l'Union. Il est dès lors applicable dans le cadre d'un recours juridictionnel contre une décision de la Commission. Ce principe est par ailleurs réaffirmé par l'article 47 de la Charte des droits fondamentaux de l'Union européenne, relatif à la protection juridictionnelle effective[24].

À cet égard, la Cour fait régulièrement valoir la compatibilité du système de mise en œuvre des articles 101 et 102 TFUE avec la Charte des droits fondamentaux, notamment avec son article 47[25].

Mais le caractère raisonnable de ce délai doit être apprécié en fonction des circonstances propres de chaque affaire. Entrent notamment en compte l'enjeu du litige pour l'intéressé, la complexité de l'affaire ainsi que le comportement de l'intéressé et de celui des autorités compétentes[26].

## 4. Les voies de recours

**809.** Les voies de recours possibles à l'encontre des actes de la procédure administrative demeurent limitées en raison notamment de son caractère préparatoire.

### a. L'irrecevabilité des recours contre les actes préparatoires

**810.** Selon la jurisprudence *IBM*[27], ni l'engagement de la procédure ni la communication des griefs ne sont considérés, de par leur nature et leurs effets juridiques, comme des décisions au sens de l'article 288 TFUE contre lesquelles un recours peut être ouvert. Dès lors, étant des actes de procédure préparatoire, un recours contentieux ne peut être introduit à leur encontre.

En effet, la Cour fait valoir, dans le même arrêt, que dans le cadre de la phase administrative, l'engagement d'une procédure et une communication des griefs sont des actes de procédure préparatoires par rapport à une décision qui en constitue le terme ultime. Elle ajoute qu'un recours en annulation dirigé contre de tels actes pourrait obliger la Cour à apprécier des questions sur lesquelles elle n'a pas encore eu l'occasion de se prononcer. Cela la conduirait à anticiper des débats au fond et opérer une confusion des différentes phases de procédures administratives et judiciaires, incompatibles avec la répartition des compétences entre la Commission et la Cour.

24. CJCE, 16 juill. 2009, *Der Grüne Punkt*, aff. C-385/07 P, *Rec.* p. I. 6155.

25. CJUE, 18 juill. 2013, *Schindler Holding*, aff. C-501/11 P ; CJUE, 24 oct. 2013, *Kone Oyj*, aff. C-510/11.

26. CJCE, 17 déc. 1998, *Baustahlgewebe*, aff. C-185/95 P, *Rec.* p. I. 8417 ; CJCE, *FIAMM*, aff. jtes C-120/06 P et C-121/06 P, *Rec.* p. I. 6513 ; Trib. UE, 5 juin 2012, *Imperial Chemical Industries*, préc.

27. CJCE, 11 nov. 1981, *IBM*, aff. 60/81, *Rec.* p. 2639.

### b. La recevabilité du recours en action en annulation contre la décision de rejet

**811.** Le plaignant peut former une action en annulation contre la décision de rejet, l'acte ultime, si aucune instruction n'a été menée ou a été menée incorrectement. En effet, étant tenue de motiver sa décision, la Commission doit se livrer en amont à un examen des éléments de fait et de droit avancés par le plaignant. Dès lors, sa décision peut se prêter à un contrôle de légalité de la part du juge de l'Union si elle manque à une telle obligation[28]. De plus, comme le rappelle régulièrement la Cour, l'intérêt à agir doit perdurer jusqu'au prononcé de la décision juridictionnelle[29].

De jurisprudence constante, lorsque les institutions disposent d'un large pouvoir d'appréciation, le respect des garanties conférées par l'ordre juridique de l'Union dans les procédures administratives revêt une importance fondamentale. Et, parmi ces garanties, figure notamment l'obligation, pour l'institution compétente, d'examiner avec soin et impartialité tous les éléments pertinents du cas d'espèce[30].

Néanmoins, le contrôle du juge de l'Union ne doit pas le conduire à substituer son appréciation de l'intérêt de l'Union à celle de la Commission. Ce contrôle vise à vérifier seulement que la décision litigieuse ne repose pas sur des faits matériellement inexacts. Il s'assure également qu'elle n'est entachée d'aucune erreur de droit, ni d'aucune erreur manifeste d'appréciation ou de détournement de pouvoir[31].

En revanche, le plaignant ne peut pas introduire une action en carence. En effet, celle-ci n'est envisageable que lorsque le traité prévoit une obligation d'agir. Or, tel n'est pas le cas dans la situation présente[32]. Au contraire, l'engagement de la procédure est laissé à l'entière discrétion de la Commission.

## B. Les innovations du règlement 1/2003

**812.** Le règlement (CE) n° 1/2003 a eu pour conséquence majeure de supprimer la notification préalable de l'entente. Celle-ci bénéficie désormais d'une exemption légale.

### 1. La suppression de la notification préalable

**813.** L'entente doit rester conforme aux articles 101, paragraphe, 1 et 101, paragraphe 3, TFUE quant aux conditions de validité. Si tel n'est pas le cas, il appartient aux autorités nationales ou à la Commission de démontrer la violation de l'article 101, paragraphe 1, TFUE. En revanche, si, pour sa défense, l'entreprise invoque l'article 101 paragraphe 3, TFUE,

28. TPICE, 18 sept. 1992, *Automec*, préc.
29. V. par exemple, CJUE, 20 juin 2013, *Guillermo Canas*, aff. C-269/12P.
30. TPICE, 17 déc. 2008, *HEG*, aff. T-462/04, *Rec.* II. 3685.
31. Trib. UE, 15 déc. 2010, *CEAHR*, préc.
32. CJCE, 10 juin 1982, *Lord Bethell*, aff. 246/81, *Rec.* p. 2277.

c'est-à-dire qu'elle fait valoir que l'entente en réunit les conditions, il lui appartient alors d'en apporter la preuve.

Concernant la demande d'attestation négative qui permettait aux opérateurs de s'assurer que les articles 81 et 82, nouvellement 101 et 102 TFUE, étaient inapplicables, elle n'est pas en revanche supprimée. Elle devient seulement facultative pour les entreprises soucieuses d'une plus grande sécurité juridique.

Par ailleurs, le règlement (CE) n° 1/2003 prévoit un nouvel outil à caractère préventif, établi par le considérant n° 38 : la demande de lettre d'orientation. Celle-ci n'est certes pas une décision au sens de l'article 288 TFUE. Mais elle permet d'offrir une sécurité juridique aux entreprises quant à l'application de l'article 101, paragraphe 1, TFUE ou l'article 102 TFUE. En effet, si une situation crée une incertitude réelle, c'est-à-dire qu'elle soulève des questions nouvelles et non résolues, les entreprises concernées peuvent demander à la Commission des orientations informelles. La lettre d'orientation informelle a été confirmée dans son principe par la Commission dans une communication du 27 avril 2004[33].

### 2. La responsabilisation des opérateurs économiques

**814.** Dans le cadre d'un tel régime d'exception légale, on assiste à une forte responsabilisation des opérateurs économiques. En effet, ces derniers sont tenus de procéder à une auto-évaluation de leur comportement sur le marché. Ils doivent s'interroger sur sa compatibilité ou incompatibilité avec le droit de l'Union.

Or, l'auto-évaluation n'est pas chose aisée. Les opérateurs ont tout intérêt à s'appuyer sur les maintes sources informatives que propose le droit de l'Union, qui sont principalement de trois ordres, d'une part, la pratique décisionnelle de la Commission, tant par le biais des exemptions individuelles que par catégorie, d'autre part, les nombreuses communications, notamment les lignes directrices de la Commission en matière de concurrence, documents importants qui consolident sa doctrine et, enfin, la jurisprudence de la Cour et du tribunal.

## §2. L'instruction

**815.** L'instruction se déroule en deux temps : l'enquête au caractère fortement inquisitoire, et la phase administrative qui, au contraire, tend à surmonter le caractère non contradictoire de la phase préliminaire.

La phase administrative occupe une partie essentielle dans le dispositif général car elle permet une confrontation directe entre la Commission et les opérateurs économiques mis en cause. En même temps qu'il conforte les pouvoirs de la Commission, le juge de l'Union tient toujours à cette occasion à consolider les droits de la défense reconnus aux entreprises incriminées.

---

33. *JOCE* n° C n° 101, 27 avr. 2004.

Cette tendance, à savoir la sauvegarde des droits procéduraux, ressort nettement de l'économie du règlement (CE) n° 1/2003. En effet, celui-ci codifie les acquis dans ce domaine parallèlement à l'accroissement des pouvoirs d'enquête de la Commission, qui impose évidemment un renforcement des garanties à cet égard[34].

## A. L'enquête : des pouvoirs inédits au profit de la Commission

**816.** Dès l'instant que la Commission est saisie d'un cas d'infraction, elle doit ouvrir une enquête Celle-ci a pour finalité de fonder ou d'invalider l'infraction alléguée au travers des éléments de preuve que la Commission recueillera.

Dès le départ, le règlement (CEE) n° 17/62 conférait à la Commission de larges pouvoirs d'investigation sans commune mesure avec ceux qui existent pour une autorité internationale. Ils étaient plutôt assimilables à ceux détenus par les autorités internes de concurrence. Ces pouvoirs d'enquête ont été confortés par la jurisprudence. Néanmoins, ils ont été rapidement et heureusement contrebalancés par des garanties consacrées par le juge de l'Union. Le règlement (CE) n° 1/2003 apporte en somme une assise solide à la fois au pouvoir d'investigation de la Commission et aux garanties procédurales. Il est possible de relever deux types de pouvoirs au profit de la Commission : un pouvoir d'information et un pouvoir d'inspection.

### 1. Le pouvoir d'information

**817.** La Commission dispose d'un pouvoir d'information étendu. Il lui permet, en application de l'article 17 du règlement (CE) n° 1/2003, de procéder à une enquête si la Commission considère qu'il existe une présomption d'atteinte à la concurrence. L'enquête peut porter sur un secteur économique spécifique ou sur un type particulier d'accord dans différents secteurs.

#### a. La demande de renseignements par voie simple ou par décision

**818.** Afin de s'assurer de la correcte application des articles 101 et 102 TFUE, la Commission a recours à des demandes de renseignement. De manière générale, on observe qu'elle exerce son pouvoir d'information principalement par voie de demande de renseignements. Elle est ainsi en droit, en vertu de l'article 18 du règlement (CE) n° 1/2003, de demander des renseignements auprès des autorités nationales compétentes ainsi que des entreprises et associations d'entreprises.

Avant de formuler la demande, la Commission adresse dans un premier temps une demande simple, dépourvue de toute force obligatoire mais

34. CJCE, 29 oct. 1989, *Fedetab*, préc.

assortie d'un délai de réponse. Ce n'est qu'à l'expiration de ce délai et à défaut de réponse, ou en présence d'une réponse inadaptée, insuffisante ou erronée, que la Commission adresse à l'entreprise interrogée une demande par voie de décision. Il s'agit alors d'un acte à caractère contraignant, qui pourra être assortie de sanctions financières, en cas de non-respect, sous la forme d'amendes (jusqu'à 5 000 euros), mais aussi sous la forme d'astreintes par jour d'inexécution de ladite décision.

### b. Le contenu de la demande

**819.** La demande d'information est entendue largement. En effet, la Commission peut demander toute information susceptible d'établir les faits. L'État sur le territoire duquel la demande a lieu est informé de la demande de renseignements.

À cet égard, le règlement (CE) n° 1/2003 introduit un nouveau type d'information que peut obtenir la Commission. En vertu de l'article 19 du règlement (CE) n° 1/2003, elle peut recueillir des déclarations de toute personne physique ou morale sous réserve d'acceptation. L'autorité nationale de concurrence doit être tenue informée de la demande de déclaration et peut, si besoin est, assister les agents de la Commission.

## 2. Le pouvoir d'inspection

**820.** La Commission peut procéder à des vérifications (art. 20), c'est-à-dire des visites sur place par ses propres agents dans les locaux mêmes des entreprises concernées. Le droit de vérification comprend le contrôle des livres et documents professionnels, la possibilité d'en prendre copie ou des extraits, l'accès aux différents locaux professionnels, terrains et moyens de transport des entreprises, la demande d'explication orale ainsi que la possibilité d'apposer des scellés durant l'inspection.

Le domicile des dirigeants, notamment du chef d'entreprise, ou des membres du personnel, peut également faire l'objet d'une inspection s'il existe un soupçon raisonnable susceptible de fonder la violation de l'article 101 ou 102 TFUE.

### a. Le mandat aux fins d'inspection

**821.** À des fins d'inspection, les agents de la Commission doivent être mandatés formellement par celle-ci.

Si le mandat, demande simple, n'est pas suffisant en cas de résistance de la part de l'entreprise, la Commission peut adopter un acte contraignant, une décision qui oblige alors l'entreprise sous peine de sanction[35]. Et, en cas d'opposition persistante de l'intéressé, les autorités nationales doivent alors prêter assistance afin de « garantir l'efficacité de l'action de la Commission »[36].

35. Trib. UE, 26 oct. 2010, *CNOP*, aff. T-23/09.

36. CJCE, 22 oct. 2002, *Roquette Frères*, aff. C-94/00, *Rec.* p. I. 9011.

Toutefois, le droit de vérification, notamment la visite des locaux et la saisine des documents, doit s'exercer dans le respect des garanties des procédures nationales. Lorsque la Commission se trouve dans l'obligation de recourir à l'assistance des autorités nationales de l'État sur le territoire duquel l'inspection doit être effectuée, une telle procédure déclenche la mise en œuvre des mécanismes de contrôle, le cas échéant judiciaires, propres à l'État membre concerné.

**822.** Lorsque le concours de l'autorité nationale compétente est sollicité, l'État membre concerné doit à la fois assurer l'efficacité de l'action de la Commission et respecter différents principes généraux du droit de l'Union. Il s'agit notamment de la protection des personnes physiques et morales contre les interventions arbitraires et disproportionnées de la puissance publique dans la sphère privée[37]. L'instance nationale compétente, qu'elle soit judiciaire ou non, doit examiner si les mesures de contrainte envisagées ne sont pas arbitraires ou excessives par rapport à l'objet de la vérification. Pour sa part, la Commission doit veiller à ce que l'instance nationale concernée dispose de tous les éléments nécessaires pour lui permettre de s'acquitter de ce contrôle et s'assurer du respect des règles du droit national dans le déroulement des procédures de contrainte.

## b. Les obligations procédurales

**823.** Il va de soi que l'exercice de tels pouvoirs d'inspections est fortement encadré par la jurisprudence. L'article 20, paragraphe 4, du règlement (CE) n° 1/2003 définit les éléments essentiels devant figurer[38] dans une décision de la Commission ordonnant une inspection.

### α. *L'absence de caractère arbitraire d'une décision d'inspection*

**824.** Au regard du contrôle de légalité, le juge de l'Union peut effectuer le contrôle d'une décision prise en vertu de l'article 20. Il s'assure que celle-ci ne présente pas un caractère arbitraire, c'est-à-dire qu'elle n'a pas été adoptée en l'absence de toute circonstance de fait susceptible de justifier une inspection. Dans le cadre d'un tel contrôle, le juge de l'Union doit s'assurer de l'existence d'indices suffisamment sérieux permettant de suspecter une infraction aux règles de concurrence par l'entreprise concernée[39].

**825.** Pour s'assurer du caractère justifié de l'intervention envisagée, le juge de l'Union s'appuie tout particulièrement sur le principe général du droit de l'Union[40] que constitue l'exigence d'une protection contre des

37. CJCE, 21 sept. 1989, *Hoechst*, préc. ; CJCE, 22 oct. 2002, *Roquette Frères*, préc. ; Trib. UE, *Deutsche Bahn*, aff. jtes T-289/11, T- 290/11 et T-521/11.

38. L'article 20 § 4 dispose : « Les entreprises et associations d'entreprises sont tenues de se soumettre aux inspections que la Commission a ordonnées par voie de décision. La décision indique l'objet et le but de l'inspection, fixe la date à laquelle elle commence et indique les sanctions prévues aux articles 23 et 24, ainsi que le recours ouvert devant la Cour de justice contre la décision (...) ».

39. CJCE, 22 oct. 2002, *Roquette Frères SA*, préc.

40. CJCE, 22 oct. 2002, *Roquette Frères SA*, préc.

interventions de la puissance publique dans la sphère d'activité privée d'une personne physique ou morale, qui seraient arbitraires ou disproportionnées. Ce principe a été consacré à l'article 7 de la Charte des droits fondamentaux de l'Union européenne, proclamée à Nice le 7 décembre 2000[41], aux termes duquel « toute personne a droit au respect de sa vie privée et familiale, de son domicile et de ses communications ».

#### β. *La préservation des droits de la défense*

**826.** Les droits de la défense des entreprises concernées doivent être préservés et respectés par la Commission tant pendant les procédures administratives susceptibles d'aboutir à des sanctions, que pendant le déroulement des procédures d'enquête préalable.

Il importe d'éviter que ces droits ne puissent être irrémédiablement compromis dans le cadre de procédures d'enquête préalable. C'est notamment le cas des inspections qui peuvent avoir un caractère déterminant pour l'établissement des preuves du caractère illégal de comportements d'entreprises de nature à engager leur responsabilité[42].

#### γ. *L'observation d'un délai raisonnable*

**827.** Dans la conduite des procédures administratives en matière de politique de la concurrence, l'observation d'un délai raisonnable constitue un principe général du droit de l'Union. La juridiction de l'Union doit en assurer le respect.

Le droit au délai raisonnable est repris comme une composante du droit à une bonne administration, par l'article 41, paragraphe 1, de la Charte des droits fondamentaux[43]. Toutefois, si l'écoulement excessif du temps n'a pas affecté la capacité des entreprises concernées de se défendre, le non-respect du principe du délai raisonnable est sans incidence sur la validité de la procédure administrative. Il ne peut donc être analysé que comme une cause de préjudice susceptible d'être invoquée devant le juge de l'Union[44].

#### δ. *L'obligation de motivation de la décision d'inspection*

**828.** Le juge de l'Union considère que l'obligation imposée à la Commission d'indiquer l'objet et le but de l'inspection constitue une exigence fondamentale. Elle, permet de faire apparaître le caractère justifié de l'intervention envisagée à l'intérieur des entreprises concernées, mettant celles-ci en mesure de saisir la portée de leur devoir de collaboration et, de préserver leurs droits de la défense[45].

41. *JOCE* n° C 364 du 18 déc. 2000. Rappelons que la Charte a désormais force contraingante depuis le traité de Lisbonne.

42. CJCE, 21 sept. 1989, *Hoechst*, préc.

43. TPICE, 13 janv. 2004, *JCB Service*, aff. T-67/01, *Rec.* p. II. 49 ; Trib. UE, 17 déc. 2015, *SNCF*, aff T 242/12.

44. Trib. UE, 17 déc. 2015, *SNCF*, préc.

45. CJCE, 17 oct. 1989, *Dow Chemical Ibérica*, aff. jtes 97/87 à 99/87, *Rec.* p. 3165.

**829.** Mais la portée de l'obligation de motivation des décisions d'inspection ne peut pas être restreinte en fonction de considérations tenant à l'efficacité de l'investigation.

Par conséquent, même si la Commission n'est pas tenue de communiquer au destinataire d'une décision d'inspection toutes les informations à propos d'infractions présumées, ni de procéder à une qualification juridique rigoureuse de ces infractions, elle doit en revanche indiquer clairement les présomptions qu'elle entend vérifier[46]. Néanmoins, la motivation d'une décision d'inspection ne doit pas comporter nécessairement une délimitation précise du marché en cause.

Pour autant, la Commission est tenue de faire apparaître dans cette décision les éléments essentiels et une description des caractéristiques majeures de l'infraction suspectée, en indiquant notamment le marché présumé en cause et les secteurs couverts[47]., Rappelons que ces informations ne sont pas un artifice mais permettent à l'entreprise en cause de limiter sa collaboration aux activités relatives aux secteurs concernés.

### c. La compatibilité des inspections avec les droits de la défense : la jurisprudence *Deutsche Bahn*

**830.** Le juge de l'Union a fait valoir, dans l'arrêt *Deutsche Bahn* du 6 septembre 2013[48], que le système des inspections par décision est compatible avec la présomption d'innocence garantie par l'article 6 paragraphe 2 de la CEDH et l'article 47 de la Charte des droits fondamentaux. De telles inspections n'imposent donc pas le recours à un mandat judiciaire préalable pour celles effectués aux sièges des entreprises.

#### α. *L'étendue du pouvoir d'investigation de la Commission*

**831.** Dans son arrêt *Deutsche Bahn*[49], le juge rappelle que l'absence de mandat judiciaire préalable n'emporte pas nécessairement l'illégalité de la décision, dès l'instant que le système, mis en place par le règlement (UE) n° 1/2003, offre des garanties procédurales suffisantes des opérateurs économiques dans le cadre des inspections. Il s'agit de la motivation des décisions d'inspection, des limites imposées à la Commission lors du

46. CJCE, 17 oct. 1989, *Dow Chemical Ibérica*, préc.

47. Trib. UE, 8 mars 2007, *France Télécom*, aff. T-340/04, *Rec.* p. II. 573 ; Trib. UE, *Nexans France*, aff. T-135/09.

48. Trib. UE, *Deutsche Bahn*, aff. jtes T-289/11, T-290/11 et T-521/11. Pour revenir aux faits de l'espèce, la Commission avait adopté en 2011 une décision d'inspection des locaux de Deutsche Bahn. Elle menait une enquête sur de potentiels rabais préférentiels intra-groupe pour la fourniture d'énergie électrique de traction. Et, c'est au cours de l'inspection que les agents de la Commission ont identifié des documents relatifs à une autre infraction éventuelle concernant une filiale de Deutsche Bahn. Lors la deuxième journée d'inspection, la Commission a pris alors une deuxième décision d'inspection concernant les pratiques de la filiale de Deutsche Bahn. Elle sera de nouveau suivie par une troisième décision d'inspection quelques mois plus tard concernant ces pratiques.

49. En effet, Deutsche Bahn a introduit trois recours devant le Tribunal, tendant à l'annulation des décisions litigieuses, des actes pris par la Commission au cours des inspections et à la condamnation de cette dernière à procéder à la restitution de l'ensemble des copies des documents réalisées dans le cadre de ces inspections. Le Tribunal rejettera l'ensemble de ces recours.

déroulement de l'inspection, de l'impossibilité pour la Commission d'imposer l'inspection par la force, de l'intervention des instances nationales, et de l'existence de voies de recours *a posteriori*.

Par ailleurs, il est précisé que la Commission est en droit d'ouvrir une procédure d'enquête dans le but de vérifier l'exactitude ou de compléter des informations. Ce sont des données dont elle aurait eu incidemment connaissance au cours d'une inspection antérieure.

Le fait que la Commission ait obtenu, pour la première fois, des documents dans une affaire donnée n'empêche pas que ces documents soientl également demandés dans une autre affaire et utilisés comme preuve. C'est ainsi que le juge confirme la légalité des inspections.

En outre, c'est uniquement en cas d'opposition formelle des entreprises visées que la Commission est tenue de faire appel à la force publique. Mais elle doit obtenir une autorisation judiciaire.

L'autorité judiciaire nationale est en droit de s'assurer que la décision de la Commission est authentique et que les mesures envisagées ne sont ni arbitraires ni excessives. Dans ce cas uniquement, le juge national pourra s'assurer que la mesure coercitive préconisée est fondée. Il s'interdit cependant d'aller plus loin. Il ne peut notamment mettre en cause la nécessité de l'inspection ou demander la communication du dossier. En effet, le contrôle de la légalité de la décision de la Commission est réservé à la Cour de justice.

Si le juge interne considère qu'au regard des informations existantes, notamment celles fournies par la Commission, l'assistance sollicitée auprès de l'État revêt un caractère arbitraire, il peut dans ce cas rejeter la demande[50].

### β. *Les limites du pouvoir d'investigation*

**832.** La Cour a confirmé, dans son arrêt du 18 juin 2015[51], que la Commission peut bel et bien effectuer des inspections sans autorisation judiciaire préalable. En effet, le contrôle juridictionnel de la décision d'inspection, diligenté devant les juridictions de l'Union, constitue en soi une garantie suffisante du respect de la compatibilité d'une décision d'inspection avec les droits fondamentaux de l'opérateur en cause.

Concernant les documents relatifs à la seconde infraction, la Cour rappelle que la Commission ne dispose pas du droit de procéder à des opérations dites de « *fishing* », point sur lequel nous reviendrons C'est ainsi que les informations recueillies lors des inspections ne peuvent pas être utilisées à d'autres fins que celles établies dans la décision d'inspection. Cependant, lorsque la Commission fait une découverte incidente au cours d'une inspection, elle dispose alors du droit de procéder à une nouvelle enquête.

En l'espèce, la Cour estime que la première inspection est entachée d'une irrégularité. Elle annule les deux décisions de la Commission ordonnant des

50. CJCE, 22 oct. 2002, *Roquette Frères SA*, préc.

51. La Cour sera saisie d'un recours de Deutsche Bahn et six de ses filiales contre les trois décisions de la Commission de 2011 ordonnant des inspections au sein des locaux de DB. Le juge de l'Union acceuillera en partie le recours en annulation, v. CJUE, 18 juin 2015, *Deutsche Bahn*, aff. C-583/13 P.

inspections incidentes au motif que celles-ci sont fondées sur des documents identifiés de manière irrégulière lors de la première inspection. En effet, la première décision d'inspection ne faisait nullement référence à une potentielle infraction additionnelle dont les agents de la Commission effectuant les inspections avaient été préalablement informés. De plus, les documents saisis se situaient hors champ de l'enquête.

## 3. L'impossibilité de mener des enquêtes exploratoires (« *fishing expeditions* »)

**833.** Comme nous avons déjà eu l'occasion de l'évoquer, la Commission n'est pas en droit de mener les enquêtes exploratoires, les « *fishing expeditions* ». En effet, si la Commission n'était pas soumise à cette limitation, elle aurait en pratique la possibilité, à chaque fois qu'elle est en possession d'un indice, d'effectuer une inspection ayant pour but de déceler l'existence de toute infraction. Ceci est incompatible avec la protection de la sphère d'activité privée des personnes juridiques garantie en tant que droit fondamental dans un État de droit.

De plus, l'obligation de la Commission d'indiquer le but et l'objet de l'inspection dans les décisions prises au titre de l'article 20, paragraphe 4, du règlement (CE) n° 1/2003, aurait une finalité purement formelle[52].

**834.** Pour autant, la Commission a toujours considéré que ses facultés d'enquête seraient dépourvues d'utilité si elle devait se limiter à demander la production de documents qu'elle serait à même d'identifier au préalable de façon précise. Toujours selon la Commission, un tel droit implique, au contraire, la faculté de rechercher des éléments d'information divers qui ne sont pas encore connus ou pleinement identifiés.

Sans une telle faculté, il serait impossible, selon elle, de recueillir les éléments d'information nécessaires à l'inspection au cas où elle se heurterait à un refus de collaboration ou encore à une attitude d'obstruction de la part des entreprises concernées[53]. Une telle possibilité permet ainsi d'éviter que l'entreprise en cause ne dissimule à la Commission des éléments de preuve pertinents pour l'enquête.

Il reste que lorsque la Commission effectue une inspection, cette dernière doit limiter ses recherches aux secteurs indiqués dans la décision ordonnant l'inspection. Une fois qu'elle a constaté, après examen, qu'un document ou une information ne relevait pas de ces activités, elle est tenue de s'abstenir de l'utiliser aux fins de son enquête.

52. Trib. 14 nov. 2012, *Prysmian*, aff. T-140/09.

53. CJCE, 21 sept. 1989, *Hoechst*, préc. ; Trib. UE, 11 déc. 2003, *Ventouris*, aff. T-59/99, *Rec.* p. II. 5257.

## 4. L'établissement de la preuve des infractions

**835.** Le contentieux en matière de preuve et de valeur probante de certains éléments est récurrent[54]. Selon l'article 2 du règlement (CE) n° 1/2003 et une jurisprudence constante, il appartient à la Commission de rapporter la preuve des infractions constatées. Elle doit établir les éléments de preuve propres à démontrer suffisamment l'existence des faits constitutifs d'une infraction[55].

### a. Des éléments de preuve précis et concordants

**836.** La Commission est tenue de réunir des éléments de preuve précis et concordants pour établir que l'infraction alléguée a eu lieu[56].

#### α. *Un faisceau d'indices apprécié dans sa globalité*

**837.** Chacune des preuves ne doit pas nécessairement répondre à ces critères par rapport à chaque élément de l'infraction. Il suffit que le faisceau d'indices invoqué par l'institution, apprécié globalement, réponde à cette exigence[57].

En effet, il est classique que les activités relatives aux pratiques et aux accords anticoncurrentiels se déroulent de manière clandestine. En effet, les réunions se tiennent secrètement et la documentation qui s'y rapporte est réduite au minimum. Même si la Commission découvre des pièces attestant de manière explicite une prise de contact illégitime entre des opérateurs, celles-ci ne seront normalement que fragmentaires et éparses. Par conséquent, il est souvent nécessaire de reconstituer certains détails par des déductions. Dans la plupart des cas, l'existence d'une pratique ou d'un accord anticoncurrentiel doit être inférée d'un certain nombre de coïncidences et d'indices qui, considérés ensemble, peuvent constituer, en l'absence d'une autre explication cohérente, la preuve d'une violation des règles de la concurrence[58].

**838.** Par ailleurs, de jurisprudence constante, rappelons qu'il suffit que la Commission démontre que l'entreprise concernée a participé à des réunions au cours desquelles des accords de nature anticoncurrentielle ont été conclus, sans s'y être manifestement opposée, pour prouver sa participation à l'entente. Lorsque la participation a été établie, il incombe à cette entreprise d'avancer l'absence de tout esprit anticoncurrentiel dans sa démarche. Elle doit démontrer qu'elle avait indiqué à ses

54. V. par exemple, Trib. UE, 27 juin 2012, *Coasts Holding*, aff. T-439/07, *Berning*, aff. T-445/07, *YKK*, aff. T-448/07.

55. CJCE, 17 déc. 1998, *Baustahlgewebe*, aff. C-185/95 P, *Rec.* p. I. 8417 ; CJCE, 6 janv. 2004, *Bayer*, aff. jtes C-2/01 P et C-3/01 P, *Rec.* p. I. 23 ; Trib. UE, 17 sept. 2007, *Microsoft*, aff. T-201/04, *Rec.* p. II. 3601.

56. CJCE, 28 mars 1984, *CRAM*, aff. jtes 29/83 et 30/83, *Rec.* p. 1679 ; CJCE, 31 mars 1993, *Ahlström*, aff. C-89, *Rec.* p. I. 1307 ; TPICE, 21 janv. 1999, *Riviera Auto Service*, aff. jtes T-185/96, T-189/96 et T-190/96, *Rec.* p. II. 93.

57. Trib. UE, 8 juill. 2004, *JFE*, aff. jtes T-67/00, T-68/00, T-71/00 et T-78/00, *Rec.* p. II. 2501.

58. CJCE, 25 janv. 2007, *Sumitomo*, aff. jtes C-403/04 P et C-405/04 P, *Rec.* p. I. 729.

concurrents qu'elle participait à ces réunions dans une optique différente de la leur[59].

### β. *Les preuves documentaires*

**839.** Lorsque la Commission a réussi à réunir des preuves documentaires suffisantes pour démontrer l'existence d'un accord de nature anticoncurrentielle, il n'est pas nécessaire d'examiner si l'entreprise accusée avait un intérêt commercial à l'accord[60].

Précisément, en cas d'éléments de preuve documentaires, il incombe aux entreprises concernées non pas simplement de présenter une alternative plausible à la thèse de la Commission, mais de soulever l'insuffisance des preuves retenues[61].

**840.** Pour autant, l'existence d'un doute dans l'esprit du juge doit profiter à l'entreprise destinataire de la décision constatant une infraction[62]. Conformément au principe de la présomption d'innocence, le juge ne peut conclure que la Commission a établi l'existence d'une infraction si un doute subsiste encore dans son esprit[63].

## b. La crédibilité et la valeur probante des éléments de preuve

**841.** Le seul critère pertinent pour apprécier les preuves produites réside dans leur crédibilité[64]. Et, selon les règles généralement applicables en matière de preuve, la crédibilité et la valeur probante d'un document dépendent de son origine, des circonstances de son élaboration, de son destinataire et du caractère sensé et fiable de son contenu[65].

La Commission doit également accorder une importance à la circonstance qu'un document a été établi en liaison immédiate avec les faits[66] ou par un témoin direct de ces faits[67].

Selon une jurisprudence établie, aucune disposition ni aucun principe général du droit de l'Union n'interdit à la Commission de se prévaloir, à l'encontre d'une entreprise, des déclarations d'autres entreprises incriminées. Une certaine méfiance à l'égard de dépositions volontaires des principaux participants à une entente illicite est certes compréhensible. En effet,

59. CJCE, 8 juill. 1999, *Hüls*, aff. C-199/92 P, *Rec.* p. I. 4287 ; CJCE, *Anic*, aff. C-49/92 P, *Rec.* p. I. 4125 ; CJCE, 7 janv. 2004, *Aalborg Portland*, aff. C-204/00 P, *Rec.* p. I. 123.

60. CJCE, 25 janv. 2007, *Sumitomo*, préc.

61. TPICE, 15 mars 2000, *Cimenteries CBR*, dit arrêt « *Ciment* », aff. T-25/95, *Rec.* p. II. 491 ; TPICE, 8 juill. 2004, *JFE*, préc. ; CJCE, 8 juill. 1999, *Montecatini*, C-235/92 P, *Rec.* p. I. 4539.

62. CJCE, 14 févr. 1978, *United Brands*, aff. 27/76, *Rec.* p. 207.

63. Trib. UE, 8 juill. 2004, *JFE*, préc.

64. TPICE, 8 juill. 2004, *Mannesmannröhren-Werke*, aff. T-44/00, *Rec.* p. II-2223 ; TPICE, 8 juill. 2004, *Dalmine*, aff. T-50/00, *Rec.* p. II. 2395 ; TPICE, 8 juill. 2004, *JFE*, préc.

65. TPICE, 15 mars 2000, *Cimenteries CBR*, dit arrêt « *Ciment* », préc.

66. TPICE, 11 mars 1999, *Ensidesa*, aff. T-157/94, *Rec.* p. II. 707, point 312 ; TPICE, 16 déc. 2003, *Vereniging*, aff. jtes T-5/00 et T-6/00, *Rec.* p. II. 5761.

67. TPICE, 8 juill. 2004, *JFE*, préc.

ceux-ci pourraient être tentés de minimiser l'importance de leur contribution à l'infraction et maximiser celle des autres.

Toutefois, le fait pour une personne d'avouer qu'elle a commis une infraction implique *a priori*, en l'absence de circonstances particulières de nature à indiquer le contraire, que cette personne a pris la résolution de dire la vérité. Il demeure que les déclarations faites par des entreprises concernées dans le cadre de demandes doivent être appréciées avec prudence. En général, elles ne sont pas considérées comme des éléments de preuve particulièrement fiables si elles n'ont pas été corroborées par d'autres éléments[68].

## 5. Les garanties procédurales

**842.** Les nombreux droits conférés à la Commission dans le cadre de son enquête sont entourés d'importantes garanties. Il s'agit notamment du respect de la vie privée[69], de l'inviolabilité du domicile[70], du secret professionnel[71], du droit d'accès au dossier au cours de la procédure administrative[72] et du respect des droits de la défense[73], particulièrement la possibilité pour l'intéressé de contester la légalité de la décision, en saisissant le tribunal par un recours en annulation[74] ou un recours de pleine juridiction.

Il convient néanmoins de prendre soin de mettre en balance le droit à l'accès aux pièces de la Commission avec les intérêts protégés par le droit de l'Union[75], notamment sur le fondement du règlement (UE) n° 1049/2001[76] relatif à l'accès aux documents des institutions de l'Union[77].

68. TPICE, 8 juill. 2004, *JFE*, préc. ; TPICE, 25 oct. 2005, *Groupe Danone*, aff. T-38/02, *Rec.* p. II-4407 ; TPCIE, 26 avr. 2007, *Bolloré*, aff. T-109/02, *Rec.* p. II. 947 ; TPICE, 8 juill. 2008, *Lafarge*, T-54/03.

69. CJCE, 26 juin 1980, *National Panasonic*, aff. 136/79, *Rec.* p. 2033.

70. CJCE, 21 sept. 1989, *Hoechst*, préc.

71. V. par exemple Trib. UE, ord. 16 nov. 2012, *Akzo Nobel*, aff. T-341/12 R ; Trib. UE, ord. 29 nov. 2012, *Alstom*, aff. T-164/12.

72. CJUE, 25 oct. 2011, *Solvay*, aff. C-109/10 et C-110/10.

73. CJCE, 21 sept. 1989, *Hoechst*, préc.

74. TPICE, 9 nov. 1994, *Scottish Football Association*, aff. T-46/92, *Rec.* p. II.1039.

75. V. CJUE, 14 juin 2011, *Pfleiderer*, aff. C-360/09. Dans cet arrêt, la Cour admet la possibilité d'accéder aux documents et informations fournis dans le cadre d'un programme national de clémence, tout en mesurant les effets nuisibles éventuels de l'accès des tiers à de tels documents sur l'efficacité et le bon fonctionnement de la coopération entre les autorités formant le Réseau européen de la concurrence. La Cour considère que toute personne, lésée par une infraction au droit de la concurrence de l'Union et cherchant à obtenir des dommages et intérêts, peut obtenir l'accès aux documents relatifs à une procédure de clémence concernant l'auteur de cette infraction. Néanmoins, il appartient aux juridictions des États membres, sur la base de leur droit national, de déterminer les conditions dans lesquelles un tel accès doit être autorisé ou refusé, en mettant en balance les intérêts protégés par le droit de l'Union. V. aussi sur la mise en balance des intérêts en présence, CJUE, 6 juin 2013, *Donau Chemie*, aff. C-536/11.

76. Règlement du Conseil et du Parlement du 30 mai 2001, *JOCE* n° L 145, 5 juin 2001.

77. Pour des applications du règlement (CE) n° 1049/2001 à une demande d'accès au dossier de la Commission v. Trib. UE, 15 déc. 2011, *Claims, aff. T-147/08*, Trib. UE, 22 mai 2012, *EnBW*, aff. T-344/08. La Cour a néamoins marqué un coup d'arrêt, dans deux affaires, à l'application généralisée dudit règlement au dossier de la Commission et ce en matière de concentration, v. CJUE, 28 juin 2012, *Odile Jacob*, aff. C-404/10 P ; CJUE, 28 juin 2012, *Agrofert*, aff. C-477/10 P.

De même, les droits d'information et d'inspection ont pour limite le principe de protection de la confidentialité de la correspondance échangée entre l'entreprise et ses avocats[78], et celle antérieure ou postérieure à l'ouverture de la procédure administrative[79]. Constitue également une limite le droit de ne pas répondre à des questions si la réponse incite admettre l'existence d'une infraction et ce, au regard du respect du principe général des droits de la défense[80]. La Commission est certes en droit d'obliger une entreprise à lui fournir tous les renseignements nécessaires portant sur les faits dont elle peut avoir connaissance, mais elle ne peut lui imposer l'obligation d'apporter des réponses par lesquelles celle-ci serait amenée à admettre l'existence de l'infraction[81]. Pour autant, pour être en présence d'une violation du droit de ne pas contribuer à sa propre incrimination, il est nécessaire que l'entreprise concernée ait été, en effet, contrainte à fournir des informations ou des éléments susceptibles de prouver l'infraction[82].

En dernier lieu, en cas d'information ou de vérification par demande simple ou par voie de décision, la Commission doit être précise. Elle doit indiquer clairement la base juridique applicable, l'objet et le but de la demande, ainsi que les sanctions auxquelles s'expose l'entreprise en cas de manquement à l'obligation prescrite (renseignements insuffisants ou opposition à une inspection).

## B. La phase contradictoire

**843.** À la suite de l'enquête permettant à la Commission de recueillir les informations nécessaires pour fonder les allégations, s'ouvre alors la troisième étape de la procédure, essentielle, la phase contradictoire. Ce moment est important car il permet de contrebalancer le caractère inquisitoire de l'enquête.

### 1. La communication des griefs

**844.** La phase contradictoire s'ouvre par une première étape qui repose sur la communication des griefs[83] aux entreprises mises en cause. Celle-ci doit s'opérer sous la forme d'une lettre recommandée.

#### a. Un exposé clair et précis des griefs

**845.** La Commission doit clairement indiquer les griefs retenus à l'encontre des entreprises concernées. Elle ne doit pas s'abstenir de motiver, sous peine d'invalidité prononcée par le juge, ce qui l'obligera à adopter

78. TPICE, 17 sept. 2007, *Akzo Nobel*, aff. jtes T-125/03 et T-253/03, *Rec.* p. II-3523.

79. CJCE, 18 oct. 1989, *Orkem*, aff. 374/87, *Rec.* p. 3283.

80. CJCE, 29 juin 2006, *Carbon*, aff. C-301/04, *Rec.* p. I. 5915.

81. CJCE, 14 juill. 2005, *ThyssenKrupp*, aff. jtes C-65/02 P et C-73/02 P, *Rec.* p. I. 6773.

82. CJCE, 15 oct. 2002, *Limburgse*, aff. jtes C-238/99 P, C-244/99 P, C-245/99 P, C-247/99 P, C-250/99 P à C-252/99 P et C-254/99 P, *Rec.* p. I. 8375.

83. Rappelons que la communication des griefs est un acte de procédure préparatoire, qui ne peut dès lors faire l'objet d'un recours contentieux, v. CJCE, 11 nov. 1981, *IBM*, préc.

une nouvelle décision après avoir corrigé le vice de procédure[84]. Selon une jurisprudence bien établie, la communication des griefs doit contenir un exposé des griefs libellés dans des termes suffisamment clairs, même s'ils sont sommaires[85].

Cette exigence permet aux intéressés de prendre effectivement connaissance des comportements reprochés par la Commission et de faire valoir utilement leur défense avant que la Commission n'adopte une décision définitive[86].

### b. La concordance entre la communication des griefs et la décision finale

**846.** Les éléments de la motivation sont d'autant plus importants que la Commission ne pourra établir sa décision finale que sur lesdits éléments[87]. Elle est liée par ceux indiqués précisément lors de la communication des griefs[88].

En effet, la décision ne doit pas mettre pas à la charge des intéressés des infractions différentes de celles visées dans la communication des griefs. La raison en est que la Commission ne doit retenir que des faits sur lesquels les intéressés ont eu l'occasion de s'expliquer[89]. Dès lors, les droits de la défense sont violés du fait d'une discordance entre la communication des griefs et la décision finale si un grief retenu dans celle-ci n'y a pas été exposé d'une manière suffisante pour permettre aux destinataires de se défendre[90]. Pour autant, toujours selon la jurisprudence, la décision ne doit pas nécessairement être une copie textuelle exacte de la communication des griefs[91]. De plus, il reste possible à la Commission d'écarter dans sa décision finale certains griefs qu'elle avait pourtant retenus au départ[92]. En outre, la qualification juridique des faits retenue dans la communication des griefs ne peut être, par définition, que provisoire. Une décision ultérieure de la Commission ne peut être annulée au seul motif que les conclusions définitives tirées de

84. V. par exemple pour une deuxième décision reprise à la suite de l'annulation d'une première décision pour insuffisance de précision de communication des griefs, CJUE, 27 juin 2012, *Bolloré*, préc. Pour un autre exemple de rédaction d'une décision annulée pour vice de procédure, CJCE, 15 oct. 2002, *Limburgse*, aff. C-238/99. La Commission est en droit de reprendre une procédure au point précis auquel l'illégalité a été constatée.

85. Dès lors, en présence d'une communication sommaire des griefs, sont admissibles des ajouts tant que les droits de la défense ne sont pas remis en cause, Trib. UE, 18 juin 2013, *Fluorsid*, aff. T-404/08.

86. CJCE, 3 juill. 1991, *Akzo*, aff. C-62/86, *Rec.* p. I. 3359 ; Trib. UE, 27 juin 2012, *Coasts Holding*, aff. T-439/07, *Berning*, aff. T-445/07, *YKK*, aff. T-448/07.

87. Sur le défaut de motivation et l'insuffisance de preuves, v. Trib. UE, 15 sept. 2011, *Koninklijke*, aff. T-234/07, arrêt par lequel le Tribunal a annulé l'amende de 31,7 millions, infligée à Grolsch par la Commission en 2007 pour sa participation alléguée à un cartel sur le marché de la bière néerlandaise entre février 1996 et novembre 1999.

88. V. en ce sens TPICE, 22 oct. 2002, *Schneider-Legrand*, aff. T-310/01, *Rec.* p. II. 4075.

89. TPICE, 14 mai 1998, *Domsjö*, aff. T-352/94, *Rec.* p. II. 1989 ; TPICE, 19 mars 2003, *CGM*, aff. T-213/00, *Rec.* p. II. 913 ; TPICE, 29 avr. 2004, *Tokai Carbon*, arrêt dit « Tokai I », aff. T-236/01, *Rec.* p. II. 1181.

90. TPICE, 8 juill. 2004, *Corus*, aff. T-48/00, *Rec.* p. II. 2325.

91. CJCE, 29 oct. 1980, *Landewyck*, aff. jtes 209/78 à 215/78 et 218/78, *Rec.* p. 3125.

92. CJCE, 10 juill. 2008, *Sony Corporation*, préc.

ces faits ne correspondent pas de manière précise à la qualification intermédiaire[93].

## 2. Les droits de la défense

**847.** Lors de la communication des griefs, la Commission est tenue d'impartir aux entreprises mises en cause un délai qui doit être suffisant – au moins quatre semaines[94] – afin de leur permettre de se défendre et de répondre aux différentes allégations établies par la Commission. Ces entreprises peuvent déposer des observations écrites, notamment des documents, et disposent d'un droit d'accès au dossier de la Commission[95]. De même, il est possible pour les tiers, dès l'instant qu'ils justifient d'un intérêt suffisant, de présenter des observations.

À cet égard, la Commission doit être en mesure de tenir compte, dans sa décision, des réponses des entreprises concernées à la communication des griefs.

Elle doit pouvoir non seulement accepter ou rejeter les arguments des entreprises concernées, mais aussi procéder à sa propre analyse des faits avancés par celles-ci, soit pour abandonner des griefs qui se seraient révélés mal fondés, soit pour aménager ou compléter, tant en fait qu'en droit, son argumentation à l'appui des griefs qu'elle maintient[96].

Ce n'est que dans l'hypothèse où la décision finale met à la charge des entreprises concernées des infractions différentes de celles visées dans la communication des griefs ou retient des faits différents, qu'une violation des droits de la défense pourra faire l'objet d'une contestation[97].

Cette première étape relative à la communication des griefs soulève, de manière générale, la question de l'accès au dossier au regard du droit des entreprises à la protection de leur secret d'affaires[98]. Le règlement (CEE) n° 17/62, en vertu de l'article 59, assurait déjà sur ce point la protection du secret professionnel. Aujourd'hui, le règlement (CE) n° 773/2004 permet certes l'accès au dossier des entreprises en cause, mais leur interdit l'accès aux éléments relevant du secret d'affaires ou aux informations confidentielles.

## 3. L'audition

**848.** Après la première étape écrite de la communication des griefs, succède une étape orale au cours de laquelle est organisée une audition des intéressés et des tiers.

93. TPICE, 8 juill. 2004, *Mannesmannröhren-Werke*, aff. T-44/00, *Rec.* p. II. 2223 ; TPICE, 8 juill. 2008, Lafarge, préc. ; pour un arrêt plus récent, Trib. UE, 16 juin 2011, *SNIA*, aff. T-194/06, aff. *Rec.* p. II. 3119.

94. CJCE, 14 févr. 1978, *United Brands*, préc.

95. CJCE, 29 oct. 1980, *Fedetab*, préc.

96. CJCE, 15 juill. 1970, *ACF Chemiefarma*, aff. 41/69, *Rec.* p. 661 ; CJCE, 16 déc. 1975, *Suiker*, aff. 40/73, *Rec.* p. 1663.

97. CJCE, 15 juill. 1970, *ACF Chemiefarma*, préc. ; TPICE, 23 févr. 1994, *Europay*, aff. jtes T-39/92 et T-40/92, *Rec.* p. II. 49.

98. TPICE, 18 sept. 1996, *Postbank*, aff. T-353/94, *Rec.* p. II. 921.

L'audition se déroule à huis clos et sous la présidence d'un conseiller-auditeur qui est membre de la Direction générale de la concurrence. Haut fonctionnaire, le conseiller-auditeur jouit d'une grande indépendance puisqu'il n'est pas hiérarchiquement placé sous l'autorité du directeur de la Direction générale de la concurrence, mais sous celle du Commissaire. Le conseiller-auditeur est chargé d'organiser les auditions et d'assurer leur bon déroulement ainsi que la bonne conduite des débats. Il contribue au caractère objectif de l'audition et de toute décision ultérieure. Il s'assure également du respect des formes régulières et des droits de la défense des parties.

Le conseiller-auditeur a également pour mission de résoudre les différends opposant les services de la Commission aux parties concernées. Ceux-ci portent sur le caractère confidentiel des documents et sur le droit d'accès au dossier dont peuvent se prévaloir une ou plusieurs parties pour préparer leur défense. Il fait un rapport au Commissaire en charge de la concurrence et émet un avis sur l'affaire pendante. Son rapport final sur l'affaire pendante est joint à la décision et publié au *Journal officiel de l'Union européenne*. Le mandat et les fonctions du conseiller-auditeur sont définis par une décision de la Commission[99].

## C. La promotion de nouveaux outils : procédure de transactions et programme de clémence

**849.** Depuis quelques années, se développe un nouveau type d'outils qui tend soit à simplifier et accélérer la procédure, soit à détecter l'infraction. Il s'agit, d'une part, des transactions et, d'autre part, de la conduite d'un programme général de clémence[100]. La procédure de transaction et le programme de clémence sont deux dispositifs distincts et ce à plusieurs égards.

### 1. Un outil de simplification de la procédure : les transactions

**850.** La Commission a instauré une procédure de transaction dans le domaine des ententes, qui lui permet de traiter les affaires par une procédure simplifiée. La procédure de transaction a été instituée par le règlement (CE) n° 622/2008 du 30 juin 2008[101].

99. V. Décision de la Commission du 23 mai 2001 relative au mandat des conseillers-auditeurs dans certaines procédures de concurrence (*JOCE* n° L 162 du 19 juin 2001), en ce qui concerne le respect des droits fondamentaux, notamment du droit d'être entendu et du droit d'accès au dossier, dans le contexte des mesures d'application prises par la Commission dans les affaires de concurrence.

100. Sur le sujet, P. Desbrosse, « Les programmes de clémence à l'épreuve de la globalisation des marchés », *RIDE* 2010, p. 211.

101. *JOUE* n° L 171, 1er juill. 2008.

## a. Le dispositif mis en place

**851.** La transaction a pour objet de simplifier et d'accélérer la procédure dont l'aboutissement est l'adoption d'une décision finale. La Commission est alors en mesure de concentrer plus de moyens sur des affaires complexes. C'est ainsi que par la simplification des procédures administratives qu'elles introduisent, les transactions ont vocation à réduire la durée des procédures contentieuses en matière d'ententes, libérant opportunément le temps pour d'autres affaires.

Outre la recherche de la célérité de la procédure, il faut également souligner que, compte tenu des montants extrêmement élevés auxquels s'exposent les auteurs d'une pratique anticoncurrentielle, la Commission a été encouragée à développer un tel programme[102]. En effet, celui-ci peut conduire à réduire les sanctions pour l'auteur de l'infraction puisque la procédure de transactions encourage les entreprises participant à une entente à coopérer avec la Commission, notamment en lui fournissant des informations.

**852.** La transaction est différente de la procédure d'engagement qui permet à l'entreprise, *avant* la notification des griefs, de s'engager à adopter des mesures comportementales ou structurelles dans le souci de rétablir la situation concurrentielle[103], sous peine, en cas de non-respect desdits engagements, de s'exposer à une sanction financière infligée par la Commission[104]. Naturellement, les engagements sont placés sous le contrôle du juge de l'Union qui en apprécie la proportionnalité au regard de l'infraction[105].

La transaction intervient *après* la notification des griefs, pour permettre à l'auteur de l'infraction de ne pas contester les griefs qui lui sont reprochés en échange d'une réduction sensible de l'amende à laquelle il s'expose. Il peut obtenir une réduction à hauteur de 10 % du montant de l'amende infligée.

---

102. Communication de la Commission sur l'immunité d'amendes et la réduction de leur montant dans les affaires portant sur des ententes, *JOUE* n° C 298, 8 déc. 2006 ; pour un ex., TPICE, 8 oct. 2008, *Carbon*, aff. T-68/04, *Rec.* p. II. 2511.

103. V. Pour un ex. de décision de la Commission du 10 avr. 2013, *CEZ*, aff. 39. 727. Par cette décision, la Commission accepte les engagements de cette entreprise tchèque qui intervient dans le secteur de l'énergie.

104. V. l'infliction par la Commission d'une amende de 561 millions d'euros à Microsoft pour le non-respect des engagements établis et visés par une décision du 16 déc. 2009 à propos de pratiques liées, décision du 6 mars 2013, *Microsoft*, aff. COMP/39.530.

105. Sur le contrôle juridictionnel, TPICE, 11 juill. 2007, *Alrosa*, aff. T-170/06, *Rec.* p. II. 20601. ; v. aussi, Trib. UE, 9 sept. 2011, *Deltafina*, aff. T-12/06. V. sur la possibilité de demander des mesures provisoires devant le juge de l'Union en cas d'inexécution des engagements, CJUE, ord. 7 mars 2013, *Électricité de France*, aff. C-551/12 R, à propos d'un recours en annulation assortie d'une demande de mesures provisoires formé par EDF à l'encontre d'une décision de la Commission quant à une prolongation du délai fixé pour l'exécution des engagements (cession d'actifs). La demande a été rejetée car EDF n'a pas apporté la preuve qu'elle était susceptible de subir un préjudice grave en l'absence des mesures provisoires demandées.

### b. La distinction avec les accords de *plea bargaining* américains

**853.** La procédure de transaction n'est pas comparable aux accords de *plea bargaining* américains. En effet, dans le système américain, une société ou une personne peut admettre une infraction et accepter une sanction au cours d'un processus de négociation. En fait, les parties s'accordent pour que l'intimé plaide coupable devant le juge et renonce à son droit de faire appel.

Il s'agit également d'un outil d'enquête à la différence de la procédure de transaction dans le cadre de l'Union, qui n'est pas précisément utilisée pour rassembler des éléments de preuve. La transaction est davantage un outil de simplification de la procédure afin de dégager les ressources de la Commission. De plus, les décisions de la Commission issues de la procédure de transaction sont susceptibles de recours devant le juge de l'Union.

### c. Le respect des droits de la défense

**854.** La question du respect des droits de la défense se pose nécessairement en ce qui concerne les parties lors d'une procédure de transaction.

D'une part, il convient de rappeler que les décisions adoptées selon la procédure de transaction sont susceptibles de recours par les parties devant le tribunal de l'Union. D'autre part, les parties bénéficient des mêmes garanties procédurales que celles en cours dans le cadre de la procédure ordinaire en matière d'ententes. Cela signifie notamment qu'elles doivent être tenues informées des griefs de la Commission à leur encontre ainsi que des éléments de preuve à leur appui. De plus, elles peuvent exposer leurs positions. Elles sont également informées de la fourchette d'amendes probables avant l'adoption de la décision finale.

Il faut bien comprendre que les parties ne sont nullement obligées ni de prendre part à des discussions en vue de parvenir à une transaction, ni de soumettre une proposition de transaction à l'issue des discussions.

Autre garantie procédurale requise, que nous retrouvons dans les affaires ordinaires, les parties peuvent faire appel au conseiller-auditeur au cours de la procédure de transaction. En outre, le service juridique et les services du conseiller-auditeur sont invités à participer aux réunions avec les parties.

## 2. Un outil de détection des infractions : le programme de clémence

**855.** C'est en 1996, date du premier programme, que la politique de clémence a pris naissance au sein de l'Union. Elle s'inspire dans une large mesure de la pratique du droit anti-trust des États-Unis. Le programme de clémence est un outil d'enquête qui permet de détecter des affaires d'entente et de rassembler les preuves nécessaires. En effet, sont récompensés les participants qui révèlent de manière volontaire à la

Commission l'existence d'une entente et apportent des éléments de preuve pour établir l'existence de l'infraction.

## a. Déstabilisation des ententes et détection des cartels

**856.** L'objet des programmes de clémence est de contribuer à la lutte contre les ententes, notamment les ententes secrètes et les cartels. Ils permettent de renforcer les instruments de détection traditionnels de la politique de concurrence, et ce même si la Commission dispose d'autres outils de détection et d'enquête.

En fait, par un effet dissuasif sur la constitution de l'entente, la politique de clémence parvient à perturber le déroulement des ententes existantes et à remettre en cause les agissements des participants. L'effet est d'autant plus remarquable que, comme nous avons eu l'occasion de le souligner, par leur nature même, les ententes secrètes sont difficiles à détecter et à instruire sans la coopération de l'un de leurs participants.

**857.** Rappelons que les cartels permettent aux participants de maintenir ou d'accroître leur pouvoir de marché de manière artificielle, et non selon leurs mérites[106]. Ils peuvent conduire à des augmentations de prix, ou à une limitation de la quantité ou de la variété des produits disponibles sur le marché. Mais les cartels sont un type d'ententes fort particulier. En effet, toute la difficulté repose sur leur détection puisque les participants agissent de manière clandestine[107]. Ils prennent des précautions importantes pour maintenir le secret de leurs activités illicites, bénéficiant souvent, de surcroît, d'un cadre transnational sinon international[108], ce qui ne fait qu'accroître l'opacité de leurs agissements. Dans un tel contexte, la politique de clémence de la Commission incite alors les entreprises, impliquées dans l'entente, à procéder à une auto-évaluation de leur agissement et à obtenir soit une *immunité d'amendes* soit une *réduction des amendes* que la Commission leur infligerait si l'entente était avérée.

## b. L'immunité d'amendes

**858.** Il peut arriver qu'un participant à une entente souhaite la dénoncer. Il demande alors à bénéficier d'une immunité totale d'amende et ce dans la mesure où il est le premier à apporter des éléments de preuve de l'entente qui ne sont pas connus par la Commission. Il est important que l'entreprise soit la première à lui apporter les éléments de preuve.

Il est à noter que le niveau de preuve requis est fortement lié aux renseignements nécessaires à la Commission pour procéder à une inspection ciblée. Cependant, il peut arriver que la Commission soit amenée à accepter

106. Sur le sujet, v. G. Decocq, « La concurrence par les mérites », *Contrats, conc. consom.* 2010, n° 4, repère n° 4, p. 1.

107. Pour des exemples de cartels, v. Trib. UE, 16 sept. 2013, *CEPSA*, aff. T-487/07 ; Trib. UE, 16 sept. 2013, *Repsol*, aff. T-496/07 ; CJUE, 26 sept. 2013, *Alliance*, aff. C-668/11 P ; Trib. UE, 16 sept. 2013, *Laufen*, aff. T-411/10.

108. A. Lyon-Caen, « Entreprises multinationales et droit de la concurrence », *in* C. Lazarus, C. Leben, A. Lyon-Caen et B. Verdier, *L'entreprise multinationale face au droit*, Litec, 1977, p. 383.

une demande d'immunité à partir d'éléments d'informations dont la portée est modeste. Dans ce cas, la Commission accorde à l'entreprise ce que l'on nomme un *marqueur*. Celui-ci protège l'entreprise dans son rang au regard de l'ordre d'arrivée des demandes pour un certain délai au cours duquel elle est tenue de rassembler les renseignements et éléments de preuve requis.

Si une entreprise a contraint d'autres entreprises à participer à une entente ou à y rester, celle-ci ne pourra pas se voir accorder une immunité d'amendes.

### c. La réduction d'amendes

**859.** La réduction d'amendes concerne une autre hypothèse, celle dans laquelle une entreprise ne peut prétendre, eu égard aux conditions d'éligibilité, à une immunité totale. Elle demande alors à bénéficier d'une réduction d'amende dans la mesure où elle fournit des éléments de preuve qui apportent une *valeur ajoutée significative* au regard de ceux dont dispose la Commission.

Sont considérés comme ayant une *valeur ajoutée significative* tous les éléments de preuve qui ont vocation à renforcer, eu égard à leur nature et/ou leur degré de précision, la capacité de la Commission à établir l'existence de l'entente. Cela signifie que le degré de corroboration influe désormais sur la valeur d'un élément de preuve. En effet, des éléments qui ne nécessitent pas d'être corroborés seront considérés comme dotés de plus de valeur que les preuves qui doivent être confirmées ou étayées.

La première entreprise remplissant ces conditions pourra obtenir une réduction de l'amende se situant entre 30 et 50 % de l'amende qui lui aurait été autrement infligée, la deuxième entre 20 et 30 % et les autres jusqu'à 20 %. L'appréciation du montant précis de la réduction à l'intérieur de ces fourchettes dépend du moment auquel les éléments de preuve ont été fournis et de leur degré de valeur ajoutée.

Les éléments de preuve permettant d'établir des éléments de fait supplémentaires qui renforcent la gravité ou la durée de l'infraction, sont également récompensés en étant exclus du calcul de l'amende infligée à l'entreprise qui les a fournis.

### d. Conditions ouvrant droit à l'immunité et à la réduction d'amendes

**860.** Le bénéfice d'une immunité ou d'une réduction d'amende reste soumis à trois conditions. Avant tout, l'entreprise doit faire preuve d'une coopération totale, permanente et rapide tout au long de la procédure. À cette première condition, s'ajoute celle d'une coopération qui doit être véritable. En effet, l'entreprise est tenue de fournir des informations précises, non trompeuses et complètes. Elle ne doit pas notamment avoir détruit, falsifié ou dissimulé des éléments de preuve de l'entente pendant la période où elle envisageait d'adresser une demande de clémence.

Enfin, troisième condition, l'entreprise doit également avoir mis un terme immédiat à sa participation à l'entente.

Notons qu'en dépit de leur différence de nature, la réduction de l'amende dans le cadre du programme de clémence et la réduction accordée au titre de la transaction sont cumulables. Dans ce cas, la réduction de l'amende accordée aux parties au titre de la transaction viendra s'ajouter au montant de la récompense accordée au titre de la clémence. En pratique, cela signifie que la réduction de 10 % au titre de la transaction est calculée sur la base du montant final de l'amende avant l'application de la réduction au titre de la clémence.

#### e. La constitution progressive d'un guichet unique

**861.** Le programme de clémence au niveau du Réseau européen de la concurrence (REC) est un programme dit *modèle*. En effet, il présente techniquement les principaux éléments de la procédure qu'une entreprise est tenue d'observer si elle souhaite bénéficier d'une immunité ou d'une réduction d'amende. Ces dernières années, on a pu observer un alignement des programmes de clémence sur le modèle du REC, fortement encouragé par la Commission, ce qui aboutit progressivement à la constitution d'un *guichet unique*.

À cet égard, les directeurs des autorités nationales de la concurrence sont appelés à favoriser l'alignement de leurs programmes respectifs sur le programme modèle à la faveur d'une harmonisation des procédures et des conditions des demandes de clémence. L'objectif est la création à terme d'un guichet unique afin de faciliter l'introduction de demandes de clémence par les entreprises. Celles-ci ne doivent pas être dissuadées par la complexité des procédures.

## D. La décision

**862.** Après la phase d'instruction, il appartient à la Commission de prendre position, de manière formelle, par voie de décision. La prise de décision constituera l'ultime étape de la procédure de contrôle.

### 1. Les exigences de forme

**863.** La décision doit répondre à un certain nombre d'exigences formelles qui sont des formalités substantielles de l'acte. À défaut, celui-ci peut faire l'objet d'une annulation par le juge de l'Union au titre des moyens de légalité externe.

#### a. Une décision statuant à titre provisoire ou définitif

**864.** La Commission peut statuer de deux manières, à titre provisoire ou définitif. En effet, la Commission peut d'abord demander l'adoption de mesures provisoires. C'est la jurisprudence qui a au départ reconnu une telle faculté pour faire face au silence du règlement (CEE) n° 17/62. Cette faculté est aujourd'hui formellement consacrée par l'article 8 du règlement (CE) n° 1/2003. La Commission peut ainsi recourir aux mesures conservatoires si elle l'estime nécessaire et si l'urgence l'impose.

Dans l'arrêt *La Cinq* du 14 janvier 1992, le juge estime que les mesures provisoires sont justifiées au regard de deux conditions : si la pratique en cause est de nature à constituer une violation des règles de l'Union et s'il existe une « urgence établie, imposant de parer à une situation de nature à causer un préjudice grave et irréparable à la partie qui sollicite les mesures ou intolérable pour l'intérêt général »[109].

La Commission est donc en droit de demander de faire cesser une infraction avant toute décision finale[110]. Elle agit d'office, ce qui n'autorise pas les parties à exiger de sa part des mesures conservatoires. Le pouvoir d'office implique également l'impossibilité pour les intéressés de former un recours en carence.

La Commission peut aussi prendre une décision de nature définitive, conséquence logique de la procédure préalable.

La décision, quelle qu'elle soit, ne peut être prise sans que la Commission ait au préalable consulté le *comité consultatif en matière d'ententes et de position dominantes*, organe composé de fonctionnaires compétents en matière d'ententes et de positions dominantes. Celui-ci est tenu de rendre un avis qui est de portée déclaratoire.

### b. Un acte dûment motivé

**865.** La décision est un acte normatif au sens de l'article 288 TFUE. À ce titre, elle doit faire l'objet d'une motivation suffisante et ce d'autant qu'elle porte grief. La Commission doit établir clairement les éléments de preuve qui ont permis d'emporter qualification de l'infraction[111].

En cas d'auteurs multiples de l'infraction, la motivation doit être suffisante pour chacun d'entre eux[112]. L'intérêt est de mesurer individuellement l'étendue de la responsabilité de chacun, et de définir précisément l'imputation des comportements infractionnels et, s'il y a lieu, la responsabilité solidaire[113].

### c. Notification et publication de l'acte

**866.** Outre les qualités substantielles de l'acte requises, la décision est notifiée au destinataire et prend effet à compter de la notification. Elle fait également l'objet d'une publication au *Journal officiel de l'Union européenne.* Elle a lieu dans la limite, comme l'impose l'article 30 du règlement (CE) n° 1/2003, du respect du secret professionnel.

109. TPICE, 24 janv. 1992, *La Cinq*, aff. T-44/90, *Rec.* p. II. 1.

110. CJCE, 28 févr. 1984, *Ford*, aff. jtes C-228/82 et C-229/82, *Rec.* p. 1179.

111. TPICE, 24 oct. 1991, *Rhône-Poulenc*, aff. T-1/89, *Rec.* p. II. 867.

112. TPICE, 28 avr. 1994, *AWS*, aff. T-38/92, *Rec.* p. II. 211.

113. Pour un ex. de condamnation solidaire, Trib. UE, 3 mars 2011, *Siemens AG*, aff. T-110/07, *Areva*, aff. T-117/07 et *Alstom*, aff. T-121/07.

### d. Un acte susceptible de recours

**867.** Naturellement, la décision de la Commission, dans la mesure où il s'agit d'un acte de portée décisoire, peut être contestée par le destinataire auprès du Tribunal de l'Union. Celui-ci est seul compétent pour les recours portés par les personnes physiques ou morales. Le requérant peut introduire un recours en annulation contre la décision. Il peut également former un recours de pleine juridiction tendant à demander l'annulation de la sanction financière infligée par la Commission, amende ou astreinte. Celle-ci peut alors être réduite[114] ou, au contraire, majorée.

Par ailleurs, toute personne peut intervenir devant les juridictions de l'Union si elle justifie d'un intérêt à la solution du litige. Néanmoins, selon la Cour, la notion d'« intérêt à la solution du litige », au sens de l'article 40, alinéa 2, du statut de la Cour, se définit au regard de l'objet même du litige. Elle s'entend comme un intérêt direct et actuel au sort réservé aux conclusions elles-mêmes[115]. À cet égard, l'intervenant doit être touché directement par l'acte attaqué et son intérêt à l'issue du litige doit être certain.

## 2. Le fond de la décision

**868.** La décision de la Commission peut présenter plusieurs contenus. Ils sont alternatifs selon la nature de l'infraction, son étendue, les exigences avec le droit de l'Union et celles dégagées par la Commission lors de la procédure.

### a. Une décision constatant l'infraction

**869.** Lorsque la Commission constate l'infraction, plusieurs possibilités juridiques se présentent à elle sur le fond afin de parvenir à la conformité au droit.

#### α. *Constatation et cessation de l'infraction*

**870.** La Commission peut constater l'infraction à l'article 101 ou 102 TFUE et contraindre les auteurs à y mettre fin sans qu'il soit nécessaire pour elle d'adopter une nouvelle injonction. La présente décision vaut injonction.

La Commission peut également adopter une décision constatant l'infraction et obliger à son exécution en imposant un certain nombre d'engagements. Liant les entreprises concernées, ceux-ci sont souvent le fruit d'âpres négociations avec la Commission. Ces engagements facilitent la cessation de l'infraction. Il peut s'agir, par exemple, de la cession d'actifs ou la suppression de clauses contractuelles anticoncurrentielles. Le règlement (CE) n° 1/2003

---

114. V. par exemple le montant de l'astreinte (899 millions pour la période allant du 21 juin 2006 au 21 octobre 2007) infligée par voie de décision par la Commission à Microsoft pour ne pas avoir permis à ses concurrents d'accéder aux informations relatives à l'interopérabilité à des conditions raisonnables, et abaissée à 860 millions par le Tribunal, Trib. UE, 27 juin 2012, *Microsoft*, aff. T-167/08. V. aussi Trib. UE, 14 mars 2013, *Del Monte*, aff. T-587/08.

115. CJCE, ord. 6 avr. 2006, *An Post*, aff. C-130/06 P.

formalise la pratique des décisions assorties d'engagements, développée antérieurement. Il existe deux types d'engagement : l'engagement substantiel qui pénalise davantage et l'engagement complémentaire, moins contraignant.

#### β. *L'infliction de sanctions pécuniaires : amendes et astreintes*

**871.** La décision peut être assortie de sanctions pécuniaires afin d'obliger davantage l'auteur de l'infraction. Elles permettent ainsi d'accélérer la conformité avec le droit de l'Union.

La sanction pécuniaire peut prendre deux formes, l'amende ou/et l'astreinte. La première permet de sanctionner l'infraction, c'est-à-dire qu'elle vise à punir et à dissuader tandis que la seconde assure l'application du droit, c'est-à-dire celle de l'acte.

La décision infligeant amende et astreinte est prise sous forme exécutoire dans les ordres juridiques nationaux auprès des intéressés. Ceux-ci disposent en moyenne d'un délai de trois mois pour s'acquitter de la sanction.

#### γ. *Le mode de calcul*

**872.** Lors de la détermination des amendes, la Commission bénéficie d'un large pouvoir d'appréciation pour ce qui est de la méthode de calcul applicable[116]. En effet, celle-ci comporte différents éléments de flexibilité qui lui permettent d'exercer un pouvoir discrétionnaire[117].

- Un large pouvoir d'appréciation au profit de la Commission

**873.** Les amendes sont l'un des moyens permettant de veiller à ce que les entreprises n'adoptent pas un comportement anticoncurrentiel. Pour ce faire, leur montant doit être suffisamment dissuasif. Cela suppose que les amendes ne doivent pas se limiter à sanctionner des agissements antérieurs, mais également dissuader toute entreprise de se livrer à des actions illégales dans l'avenir.

Le montant sera établi en fonction de deux éléments : la gravité et la durée de l'infraction. Mais la Commission prend également en compte des éléments connexes ou pertinents tels que la valeur des ventes issues de ladite infraction, le profit enregistré par les protagonistes, les caractéristiques du secteur économique en cause, notamment les difficultés qu'il peut traverser, et la coopération des auteurs de l'entente lors de la procédure.

La pratique décisionnelle antérieure de la Commission ne sert pas de cadre juridique pour les amendes en matière de concurrence. En effet, les décisions concernant d'autres affaires ont un caractère indicatif[118]. C'est ainsi que la circonstance que la Commission a, dans le passé, pour certains types d'infraction, infligé des amendes d'un niveau déterminé ne l'empêche

116. CJUE, 19 déc. 2012, *Bavaria*, aff. C-445/11.

117. CJCE, 3 sept. 2009, *Koehler*, aff. jtes C-322/07 P, C-327/07 P et C-338/07 P, *Rec.* p. I. 7191 ; CJUE, 19 déc. 2012, *Bavaria*, préc.

118. CJCE, 24 sept. 2009, *Erste*, aff. jtes C-125/07 P, C-133/07 P, C-135/07 P et C-137/07 P, *Rec.* p. I. 8681.

pas de relever ce niveau, et ce dans les limites du règlement (CE) n° 1/2003, et si cela est nécessaire[119].

**874.** De même, la Commission n'est pas tenue, lors de la détermination du montant des amendes, de s'assurer, dans le cas où des amendes sont infligées à plusieurs entreprises impliquées dans une même infraction, que les montants finaux des amendes traduisent une différenciation entre les entreprises concernées quant à leur chiffre d'affaires global. La différence de pourcentage que peut représenter l'amende dans le chiffre d'affaires total des entreprises concernées n'est pas un motif suffisant pour justifier que la Commission s'écarte de la méthode de calcul qu'elle s'est elle-même fixée[120].

• Les lignes directrices

**875.** Les lignes directrices définissent le mode de calcul des amendes par la Commission. Celles-ci ont été adoptées pour la première fois en 1998[121], l'idée étant d'améliorer la transparence dans la politique que mène la Commission en la matière. De nouvelles lignes directrices ont été adoptées en 2006[122] afin de renforcer l'effet dissuasif des amendes. En effet, en vertu des nouvelles lignes directrices, le montant de l'amende peut aller, dans cette limite, jusqu'à 30 % des ventes annuelles concernées par l'infraction, multiplié par le nombre d'années de sa durée. Par ailleurs, une fraction de l'amende dite « droit d'entrée » peut être perçue, quelle que soit la durée de l'infraction. Enfin, des amendes plus élevées sont désormais infligées en cas de récidive.

**876.** Selon les lignes directrices pour le calcul des amendes infligées en application de l'article 23, paragraphe 2, sous a), du règlement (CE) n° 1/2003, le point de départ de l'amende est le pourcentage de chiffre d'affaires annuel d'une entreprise du produit concerné par l'infraction (jusqu'à 30 %). Ce chiffre est ensuite multiplié par le nombre d'années et de mois durant lesquels l'infraction a duré. Quant à l'astreinte, elle s'élève à 5 % du chiffre d'affaires moyen journalier de l'exercice précédent. Notons que le niveau maximum de l'amende infligée par la Commission est plafonné à 10 % du chiffre d'affaires réalisé par l'entreprise lors de l'exercice social précédent.

119. CJCE, 28 juin 2005, *Dansk*, aff. C-189/02 P, *Rec.* p. I. 5425.

120. CJUE, 7 sept. 2016, *Pilkington Group*, aff. C-101/15P, à propos d'un certain nombre d'entreprises, dont Pilkington, qui ont participé à un ensemble d'accords et de pratiques concertées dans le secteur du verre automobile. L'entente consistait en une répartition de la fourniture de vitrages automobiles, visant à maintenir une stabilité globale des positions des parties sur le marché en question.

121. Lignes directrices pour le calcul des amendes infligées en application de l'article 15, paragraphe 2, du règlement n° 17 et de l'article 65, paragraphe 5, du traité CECA, *JOCE* n° C 9, 14 janv. 1998.

122. Lignes directrices pour le calcul des amendes infligées en application de l'article 23, paragraphe 2, sous a), du règlement (CE) n° 1/2003, JOCE n° *JOUE* n° C 210, 1er sept. 2006.

### δ. *Les cas de variation de l'amende*

**877.** En droit de l'Union, à la différence du droit français dans le cadre duquel la constatation de l'infraction est suffisante pour infliger une sanction, l'infraction doit avoir été commise de façon délibérée ou par négligence, sachant toutefois que la négligence se prête à une large interprétation par la Cour.

La Cour considère qu'il y a négligence lorsque l'entreprise en cause ne peut ignorer le caractère anticoncurrentiel de son comportement, qu'elle ait eu ou non conscience d'enfreindre les règles de concurrence du traité[123].

Pour autant, certaines circonstances peuvent augmenter ou diminuer l'amende. De plus, les lignes directrices de 2006 ont introduit un mécanisme qui repose sur un « droit d'entrée » afin de dissuader davantage les entreprises qui envisagent de se livrer à une pratique déloyale.

• Les circonstances aggravantes

**878.** Sont des circonstances aggravantes la récidive[124], le comportement de l'entreprise au cours de la procédure administrative, notamment un refus de coopération[125] ou des tentatives d'obstruction pendant le déroulement de l'enquête[126] ou encore les qualités de meneurs ou d'indicateurs[127].

**879. Le cas de la récidive. –** La notion de récidive doit s'entendre comme visant les cas où une même entreprise, après avoir été sanctionnée pour une infraction, commet une infraction similaire[128].

Elle constitue une circonstance qui agit dans une optique de dissuasion. En effet, elle justifie une augmentation considérable du montant de base de l'amende. Elle démontre pleinement que la sanction antérieurement imposée n'a pas été suffisamment dissuasive[129].

Il est à noter que l'empire des lignes directrices de 1988, la Commission augmentait de 50 % l'amende infligée dans le cas d'une entreprise ayant déjà commis une ou plusieurs infractions similaires. Les nouvelles lignes directrices de 2006 renforcent sensiblement les mécanismes de sanctions et ce à trois égards : la Commission tient compte à la fois de ses décisions antérieures et de celles prises en application de l'article 101 ou 102 ; la majoration

123. CJCE, 8 nov. 1983, *IAZ*, aff. 96/82, *Rec.* p. 3369 ; CJCE, 9 nov. 1983, *Michelin*, aff. 322/81, *Rec.* p. 3461 ; CJUE 14 oct. 2010, *Deutsche Telekom*, aff. C-280/08 P, *Rec.* p. I. 9555 ; Ainsi, un avis juridique d'un cabinet d'avocats ou une décision d'une autorité nationale de concurrence n'exonère pas une entreprise d'un comportement anticoncurrentiel ni de l'infliction d'une amende, CJUE, 18 juin 2013, *Schenker,* aff. C-681/11.

124. CJCE, 8 févr. 2007, *Groupe Danone*, aff. C-3/06, *Rec.* p. I. 1331 ; CJUE, 8 mai 2013, *Eni,* préc.

125. *A contrario*, v. Trib. UE, 14 mars 2013, *Del Monte*, aff. T-587/08, arrêt dans lequel le juge de l'Union réduit de 20 % le montant de l'amende en raison d'une participation partielle de l'entreprise en cause à l'entente et de sa participation à la procédure.

126. CJCE, 11 janv. 1990, *Sandoz*, aff. C-277/87, *Rec.* p. I. 45 ; CJCE, 16 nov. 2000, *Finnboard*, aff. C-298/98 P, *Rec.* p. I. 10157 ; Trib. UE, 27 sept. 2012, *Stevin*, préc.

127. Trib. UE, 27 sept. 2012, *Stevin*, préc.

128. Trib. UE 30 sept. 2003, *Michelin*, préc. ; Trib. UE, 27 sept. 2012, *Shell*, aff. T-343/06.

129. Trib. UE 30 sept. 2003, *Michelin*, aff. T-203/01, *Rec.* p. II. 4071.

peut atteindre 100 % ; toute infraction antérieure entraîne un alourdissement de l'amende.

**880. Le rôle d'incitateur ou de meneur. –** Lorsqu'une infraction a été commise par plusieurs entreprises, il est nécessaire d'examiner la gravité relative de la participation de chacune d'entre elles, ce qui implique en particulier d'établir les rôles respectifs dans l'infraction[130]. C'est alors que le rôle d'incitateur ou de meneur joué par une ou plusieurs entreprises dans le cadre d'une entente doit être pris en compte aux fins du calcul du montant de l'amende. La raison tient au fait que les entreprises ayant joué un tel rôle doivent, de ce fait, porter une responsabilité particulière par rapport aux autres entreprises[131].

Pour être qualifiée d'incitateur d'une entente, une entreprise doit avoir poussé ou encouragé d'autres entreprises à mettre en place l'entente ou à s'y joindre. Il ne suffit pas, en revanche, d'avoir simplement figuré parmi les membres fondateurs de l'entente. Cette qualification devra être réservée à l'entreprise qui, le cas échéant, a pris l'initiative, par exemple en suggérant à l'autre l'opportunité d'une collusion ou en tentant de la convaincre d'y procéder[132].

Le juge de l'Union n'impose cependant pas à la Commission de détenir des éléments relatifs à l'élaboration ou à la conception des détails de l'entente. De plus, le juge précise que le rôle d'incitateur a trait au moment de l'établissement mais aussi de l'élargissement de l'entente.

• Les circonstances atténuantes

**881.** Selon la jurisprudence, le rôle passif d'une entreprise au sein d'une entente se mesure à l'aune de plusieurs éléments : le caractère sporadique de ses participations aux réunions par rapport aux membres ordinaires de l'entente, son entrée tardive sur le marché, indépendamment de la durée de sa participation à celle-ci, ou encore l'existence de déclarations expresses émanant de représentants d'entreprises tierces ayant participé à l'infraction[133].

Néanmoins, le fait qu'une entreprise a été le membre le moins assidu aux réunions de l'entente ou s'est limitée à recevoir des informations communiquées unilatéralement par un concurrent, sans avoir manifesté aucune réserve ou opposition, ne permet pas d'établir son rôle passif. En effet, la simple non-contestation des faits par l'entreprise ne constitue pas une circonstance atténuante[134].

En outre, toujours selon la jurisprudence, la cessation de l'infraction dès les premières interventions de la Commission constitue une circonstance

130. Tribunal du 17 décembre 1991, *Anic*, aff. T-6/89, *Rec.* p. II. 1623.

131. Trib. UE, 14 mai 1998, *Mayr-Melnhof*, aff. T-347/94, *Rec.* p. II-1751 ; pour un autre exemple, v. Trib. UE, 16 sept. 2013, *Repsol*, préc.

132. Trib. UE, 15 mars 2006, *BASF*, aff. T-15/02, *Rec.* p. II. 497.

133. Trib. UE, 8 juill. 2008, *BPB*, aff. T-53/03, *Rec.* p. II. 1333 ; Trib. UE, 9 juill. 2003, *Cheil Jedang*, aff. T-220/00, *Rec.* p. II. 2473 ; Trib. UE, *Guardian Industries*, aff. T-82/08.

134. Trib UE, 23 janv 2014, *Degussa*, aff. T-391/09.

atténuante seulement si les entreprises en cause ont été incitées à arrêter leurs comportements par les interventions de la Commission[135]. En somme, il doit exister un lien de causalité entre les interventions et la cessation de l'infraction concernée[136].

• Un « droit d'entrée »

**882.** Les lignes directrices de 2006 ont mis en place un mécanisme, dit de « droit d'entrée » afin de dissuader toute entreprise de se livrer à des agissements illicites. Concrètement, il s'agit de la possibilité pour la Commission d'ajouter à l'amende calculée une somme comprise entre 15 % et 25 % des ventes annuelles, quelle que soit la durée de l'infraction. En d'autres termes, la simple circonstance pour une entreprise, de participer à une entente, pourrait représenter entre 15 % et 25 % du chiffre d'affaires annuel qu'elle réalise sur le produit concerné. Il est certain qu'une telle majoration de l'amende constitue un élément de dissuasion important.

### b. Une décision ne constatant pas l'infraction

**883.** Au terme du travail d'instruction, la Commission peut être amenée à considérer que l'infraction n'est pas constituée. Elle adresse dans ce cas une décision favorable aux entreprises concernées.

Rappelons que depuis le règlement (CE) n° 1/2003, les opérateurs économiques bénéficient désormais d'une exemption légale des ententes. Auparavant, la Commission pouvait statuer favorablement après notification individuelle d'une entente. Elle pouvait le faire à la suite d'une demande d'attestation négative en vertu de laquelle la Commission déclarait inapplicables les articles 81 et 82 CE, ou en vertu d'une décision d'exemption au titre l'article 81, paragraphe 3, CE qui permettait à l'entente de subsister légalement sous réserve de la satisfaction de certaines conditions.

Néanmoins, la Commission se réservait le droit de réexaminer le dossier et de réviser son appréciation au regard de circonstances ou d'éléments nouveaux. Certains documents, comme la demande d'attestation négative, n'ont plus lieu d'être aujourd'hui compte tenu des innovations du règlement (CE) n° 1/2003. En effet, la demande d'attestation négative est aujourd'hui seulement facultative.

## §3. La nouvelle répartition des compétences communautaires et nationales : l'essor d'un contrôle horizontal

**884.** La répartition des compétences entre l'Union et ses États membres a été bouleversée au regard de l'application des articles 101 et 102

135. CJUE, 26 sept. 2013, *Alliance One International*, C-679/11 P.

136. Trib. UE, 17 dec. 2015, *Orange Polska*, aff. T-486/11.

TFUE. Elle démontre l'essor d'un contrôle horizontal des pratiques anticoncurrentielles.

## A. Un bouleversement de la répartition initiale des compétences

**885.** La décentralisation opérée dans le cadre des ententes et abus de position dominante est en réalité une conséquence logique de la suppression de la notification et de l'application d'un principe de présomption légale des ententes. Elle devient désormais la règle d'or du contrôle des pratiques en ce domaine.

### 1. Responsabilisation des opérateurs et participation des autorités nationales

**886.** Jusqu'à présent, l'autorité de l'Union était investie de l'exclusivité du contrôle des pratiques anticoncurrentielles. Celles-ci relevaient de la compétence communautaire, selon les conditions et limites établies par le traité et le droit dérivé.

Assez tôt, s'est fait ressentir le besoin d'une responsabilisation accrue des opérateurs et d'une meilleure participation des autorités nationales dans la mise en œuvre des règles de concurrence. L'idée a été d'insuffler progressivement les contours d'un contrôle national et de remettre en cause la centralisation du contrôle. La raison en est principalement que les tâches de la Commission, dans le cadre de la surveillance, s'étaient alourdies au point de l'empêcher de s'attacher à la définition d'une politique de concurrence au niveau de l'Union et à la poursuite des infractions majeures.

La modernisation du droit de la concurrence passe désormais par de nouvelles règles de compétences entre l'Union et les autorités nationales. Néanmoins, leur exercice ne s'affranchit pas de difficultés relatives notamment au respect du principe d'autonomie institutionnelle et procédurale des États[137].

### 2. Le texte fondateur de la réforme : le règlement (CE) 1/2003

**887.** Le règlement (CE) n° 1/2003 constitue un texte crucial. En effet, il établit que les autorités nationales de concurrence (ANC) et les juridictions nationales sont désormais reconnues compétentes pour assurer la mise en œuvre des articles 101 et 102 TFUE et de l'article 101 CE, paragraphe 3, TFUE en matière d'exemptions. La décentralisation a ainsi pris forme. Y ont contribué d'autres textes comme le règlement (CE) n° 773/2004 du 7 avril 2004 de la Commission[138] relatif aux procédures d'application des articles 101 et 102 TFUE. À cet ensemble normatif, s'ajoutent diverses

137. V. CJUE, 14 juin 2011, *Pfeiderer*, préc.

138. *JOUE* n° L 123, 27 avr. 2004, modifié en dernier lieu par le règlement (CE) n° 622/2008 de la Commission du 30 juin 2008, *JOUE* n° L 171, 1er juill. 2008.

communications qui tendent à apporter une interprétation des textes de la réforme[139].

La nouvelle lecture qu'offre le règlement (CE) nº 1/2003 quant à l'application des articles 101 et 102 TFUE traduit deux tendances majeures, une volonté de décentralisation du contrôle au profit des autorités nationales de concurrence, et une coopération plus intense entre la Commission et les juridictions nationales[140].

## B. Une décentralisation du contrôle au profit des ANC

**888.** En vertu de l'article 11, paragraphe 1, du règlement (CE) nº 1/2003, la Commission et les autorités nationales de concurrence sont appelées à appliquer « les règles communautaires de concurrence en étroite collaboration ». Elles forment ainsi le Réseau européen de concurrence (REC).

### 1. La constitution de structures internes de droit public

**889.** Les États membres ont été tenus de se doter de structures de droit public s'il n'en existait pas. Chargées de l'application de la concurrence, elles peuvent être de nature administrative ou juridictionnelle. Au regard du principe de l'autonomie procédurale, ces nouvelles autorités appliquent les règles de procédure nationales dans la mesure où celles-ci ne mettent pas en péril les objectifs des traités.

En France, depuis l'entrée en vigueur de la loi de modernisation de l'économie du 4 août 2008[141] et de l'ordonnance de modernisation de la régulation de la concurrence du 13 novembre 2008[142], l'Autorité de la concurrence est la seule ANC au sens du droit de l'Union. Elle remplace l'ancien système dans lequel cette fonction était partagée entre le Conseil de la concurrence et la Direction générale de la concurrence et de la répression des fraudes (DGCCRF).

**890.** L'Autorité de la concurrence se compose d'un collège de 17 membres pour un mandat de cinq ans, renouvelable. Il est constitué de six magistrats ou anciens magistrats (membres ou anciens membres du Conseil d'État, de la Cour de cassation, de la Cour des comptes ou d'autres juridictions), cinq personnalités choisies en raison de leurs compétences en matière économique, de concurrence ou de consommation et cinq personnalités exerçant ou ayant exercé leurs activités dans le secteur de

139. V. par ex. la Communication relative au traitement par la Commission des plaintes déposées au titre des articles 81 et 82 du traité CE, *JOUE* nº C 101, 27 avr. 2004 ; v. aussi la Communication sur la coopération entre la Commission et les juridictions nationales pour l'application des articles 81 et 82 du traité CE, *JOUE* nº C 101, 27 avr. 2004.

140. Sur le bilan de cinq années d'application du règlement (CE) nº 1/2003, v. Rapport de la Commission sur le fonctionnement du règlement 1/2003, 29 avr. 2009, SEC (2009) 574, pour un commentaire, L. Idot, *Europe*, juin 2009.

141. *JORF*, 5 août 2008.

142. *JORF*, 14 nov. 2008.

la production, de la distribution, de l'artisanat, des services ou les professions libérales.

Seuls le président et les quatre vice-présidents exercent leurs fonctions à temps plein, ce qui signifie que le collège comporte douze membres non permanents. Le président est nommé par décret du Président de la République sur avis des commissions de l'Assemblée nationale et du Sénat, compétentes en matière de concurrence. Les vice-présidents et les membres non permanents sont nommés sur décret du Président de la République. Au sein de l'Autorité de concurrence, siège une commission permanente composée du président et des quatre vice-présidents.

Le ministre de l'Économie nomme un commissaire du gouvernement auprès du Conseil qui est le directeur général de la DGCCRF, ainsi que le rapporteur général sur proposition du conseil. Le rapporteur général nomme les autres rapporteurs, qui exposeront le litige et l'affaire devant l'Autorité de la concurrence.

**891.** Selon la loi de modernisation de l'économie, ainsi que l'ordonnance du 13 novembre 2008, l'Autorité de la concurrence est informée avant leur déclenchement des investigations que la DGCCRF envisage de mener. Cette dernière doit s'attacher à rassembler les preuves d'une pratique anticoncurrentielle et peut en prendre la direction. Plus précisément, les agents de la DGCCRF disposent de pouvoirs d'enquête étendus : accès aux locaux professionnels, constatations utiles à l'enquête et recueil des déclarations, droit de perquisition, droit de visite, pouvoir de transaction et/ou injonction. L'Autorité de concurrence est obligatoirement informée des résultats des investigations menées par la DGCCRF et peut décider de s'en saisir.

## 2. Les compétences des ANC

**892.** Selon l'article 5 du règlement (CE) n° 1/2003, relatif aux compétences des ANC, celles-ci sont habilitées à appliquer les articles 101 et 102 TFUE dans des cas individuels.

### a. Une compétence propre

**893.** Les ANC peuvent être saisies sur plainte ou d'office. Elles sont compétentes pour ordonner la cessation d'une infraction ou des mesures provisoires. Elles peuvent également accepter des engagements, infliger des amendes, astreintes ou toute autre sanction prévue par leur droit national.

En outre, toujours selon l'article 5, si une ANC considère, sur la base des informations dont elle dispose, que les conditions d'une interdiction ne sont pas réunies, elle peut décider qu'il n'y a pas lieu pour elle d'intervenir.

En revanche, le règlement (CE) n° 1/2003 ne confère pas aux ANC la faculté d'adopter des décisions dites négatives. Ce sont des décisions qui constatent l'absence de violation des articles 101 et 102 TFUE. Ces dernières sont réservées à la Commission. Selon la Cour, autoriser les autorités nationales de concurrence à prendre des décisions négatives risquerait de porter atteinte à l'application uniforme des règles de concurrence instaurées par le traité[143].

### b. La collaboration avec la Commission

**894.** La collaboration entre les ANCet la Commission revêt plusieurs formes, ce qui ne peut que témoigner de l'étendue des attributions de ces dernières.

En premier lieu, à l'occasion de la mise en œuvre des articles 101 et 102 TFUE, peut avoir lieu un échange d'informations, notamment informel, entre les ANC et la Commission sur les éléments de l'affaire. Dès l'instant qu'une ANC envisage de prendre une décision, notamment l'ouverture d'une procédure, elle est tenue de communiquer l'information à la Commission. Inversement, en vertu d'un devoir d'information mutuelle, lorsque la Commission entend prendre une décision ou détient des documents utiles au traitement du dossier, elle doit en informer l'ANC compétente, notamment au regard de tout élément de fait ou de fond et en matière d'informations confidentielles. À cet égard, le juge de l'Union est de plus en plus saisi sur l'échange d'informations confidentielles. Et il n'hésite pas à qualifier le secret d'affaires de droit fondamental[144].

De manière plus générale, selon les termes de l'article 11 paragraphe 5, il est toujours possible aux ANC de « consulter la Commission » sur tout cas impliquant l'application du droit de l'Union. Les ANC sont également dans l'obligation de prêter assistance à la Commission en matière d'enquêtes.

Notons que la coopération est également valable entre les différentes ANC entre elles. Elle vaut aussi entre les ANC et la Direction générale de la concurrence.

## 3. Un maintien du rôle de la Commission

**895.** En dépit de la forte décentralisation du contrôle, inédite, la Commission reste encore la pièce maîtresse au sein du Réseau européen. Elle est dotée d'un rôle régulateur que lui confère naturellement son pouvoir de surveillance ordinaire.

### a. Une large marge d'appréciation

**896.** La Cour reconnaît certes un large pouvoir d'appréciation aux autorités de concurrence afin d'assurer une attribution optimale des affaires. Elle précise, s'agissant de l'article 13, paragraphe 1, du règlement, que chaque autorité a la possibilité et non l'obligation de rejeter une plainte dont elle est saisie, lorsqu'une autre autorité traite déjà la même affaire[145].

Pour autant, compte tenu du rôle attribué à la Commission pour définir et mettre en œuvre la politique de la concurrence, la Commission dispose

143. CJUE, 3 mai 2011, *Polska*, aff. C-375/09.

144. Trib. UE, ord. 11 mars 2013, *Pilkington*, aff. T-462/12.

145. CJUE, 14 févr. 2012, *Toshiba Corporation*, aff. C-17/10 ; CJUE, 21 janv. 2015, *easyJet Airline*, aff. T-355/13.

également d'une large marge d'appréciation dans l'application de l'article 13 du règlement (CE) n° 1/2003.

Son pouvoir discrétionnaire n'est cependant pas sans limites. En effet, la Commission doit prendre en considération tous les éléments de droit et de fait pertinents afin de décider de la suite à donner à une plainte[146].

De plus, de jurisprudence constante, lorsque les institutions disposent d'un large pouvoir d'appréciation, le respect des garanties conférées par l'ordre juridique de l'Union dans les procédures administratives revêt une importance fondamentale. Et parmi ces garanties, figure notamment l'obligation, pour l'institution compétente, d'examiner avec soin et impartialité tous les éléments pertinents du cas d'espèce[147].

Toutefois, le contrôle du juge de l'Union ne doit pas le conduire à substituer son appréciation à celle de la Commission, mais vise à vérifier que la décision litigieuse ne repose pas sur des faits matériellement inexacts. Et il s'assure également qu'elle n'est entachée d'aucune erreur de droit, ni d'aucune erreur manifeste d'appréciation ou de détournement de pouvoir[148].

### b. Les cas d'application

**897.** De manière plus précise, dans l'hypothèse où la Commission décide de se saisir d'un dossier et d'ouvrir une enquête[149], l'ANC est aussitôt informée. Elle est alors dessaisie de l'enquête. De surcroît, l'ANC ne peut pas remettre en cause une décision de la Commission.

Par ailleurs, aux termes de l'article 13, paragraphe 2, du règlement n° 1/2003, lorsqu'une autorité de concurrence d'un État membre ou la Commission est saisie d'une plainte qui a déjà traitée par une autre autorité de concurrence, elle peut la rejeter. Cette disposition ne s'oppose pas à la possibilité, reconnue à la Commission par la jurisprudence, de rejeter une plainte pour défaut d'intérêt communautaire, même lorsque aucune autre autorité de concurrence n'a indiqué son intention de traiter l'affaire.

## C. La coopération entre la Commission et les juridictions nationales

**898.** Le règlement (CE) n° 1/2003 formalise l'état des relations existantes entre la Commission et les juridictions nationales, tout en introduisant quelques nouveautés.

### 1. Les modes de coopération

**899.** En application de l'article 15, paragraphe 1, du règlement, est instituée une procédure de demande d'avis qui émane des juridictions

146. CJCE, 17 mai 2001, *IECC*, aff. C-450/98P, *Rec.* p. I. 3875.

147. TPICE, 17 déc. 2008, *HEG*, aff. T-462/04, *Rec.* p. II. 3685.

148. CJUE, 15 déc. 2010, *CEAHR*, aff. T-427/08, *Rec.* p. II. 5865 ; CJUE, 21 janv. 2015, *easyJet Airline*, préc.

149. TPICE, 8 mars 2007, *France Telecom*, aff. T-339/04, *Rec.* p. II. 521.

nationales. Le mode de coopération est relativement innovant même s'il entérine certains éléments de la pratique précédente, déjà explicitée à l'occasion d'une communication relative à la coopération entre la Commission et les juridictions nationales[150]. Inversement et comme le prévoit la communication du 13 février 1993, la Commission est tenue de transmettre aux juridictions des États membres toutes les informations qui sont en sa possession. Elle doit notamment répondre à toute demande d'avis relative à l'application des règlements communautaires de concurrence.

En France, les décisions de l'Autorité de concurrence sont susceptibles de recours en appel devant la Cour d'appel de Paris et en cas de pourvoi devant la Cour de cassation.

À cet égard, un mode de coopération est défini lorsque sont mis en œuvre les articles 101 et 102 TFUE. Dans ce cas, les juridictions des États membres sont tenues de transmettre à la Commission la copie des jugements ou des arrêts prononcés par les juridictions nationales dans le cadre de l'application des articles 101 et 12 TFUE, ainsi que tout document nécessaire à l'appréciation de l'affaire. La communication du dossier permet à la Commission et aux autorités nationales de concurrence de présenter des observations écrites, ou d'accéder aux documents en agissant d'office, ou des observations orales devant la juridiction nationale sur son autorisation lorsque celle-ci est appelée à statuer sur le fondement des articles 101 et 102 TFUE.

## 2. Les prérogatives de la Commission

**900.** Au-delà de ces innovations, le règlement (CE) n° 1/2003 conforte certaines prérogatives en matière procédurale au profit de la Commission, notamment afin de contrebalancer avec le principe d'autonomie institutionnelle et procédurale qui autorise le juge national à appliquer d'office les articles 101 et 102 TFUE.

On peut ainsi observer que la suprématie de la Commission dans l'examen d'une affaire est systématique[151]. Par exemple, si la juridiction nationale est amenée à statuer sur une affaire qui a déjà fait l'objet d'une décision de la part de la Commission, la juridiction ne peut pas statuer au fond sur la décision. La seule possibilité pour elle est de former un renvoi préjudiciel en appréciation de validité de la décision devant le juge de l'Union. De plus, si la procédure est en cours, la juridiction nationale ne devra pas porter atteinte à l'initiative de la Commission pendant ce temps-là. Elle doit s'interroger sur la nécessité de suspendre la procédure par un sursis à statuer dans l'attente d'une décision de la Commission, ou interroger la Commission avant toute prise de décision.

150. *JOCE* n° C 39, 13 févr. 1993 ; sur l'étroite collaboration qui doit se développer entre la Commission et les juges nationaux et sur la facilitation des saisines au niveau national, v. Livre blanc du 2 avr. 2008 sur les actions en dommages et intérêts pour infraction aux règles communautaires sur les ententes et les abus de position dominante ; sur le droit à réparation du préjudice subi du fait d'une entente ou d'un abus de position dominante, v. CJCE, 13 juill. 2006, *Manfredi*, aff. jtes C-295/04 à 298/04, *Rec.* p. I. 6619.

151. CJCE, 14 déc. 2000, *Masterfoods*, aff. C-344/98, *Rec.* p. I. 11369.

**901. Bibliographie**

J.-B. Blaise, « Autonomie procédurale et accès au dossier d'une ANC. Règlement n° 1/2003. Articulation de la procédure de clémence devant l'Autorité de la concurrence et d'une procédure privée devant une juridiction ordinaire », *RTDE* 2011, p. 844.

J.-B. Blaise et L. Idot, « Règlement 1/2003 du 16 décembre 2002 », *RTDE* 2003, p. 287.

R. M. Borges, « Pratiques restrictives de concurrence, procédure, saisine et restriction », *Juris-Classeur Europe*, fasc. 1430 et « Procédure, décisions et recours », fasc. 1431.

C. Boutard-Labarde, G. Canivet, E. Claudel, V. Michel-Amsellem et J. Vialens, *L'application en France du droit des pratiques anticoncurrentielles*, LGDJ, 2008.

F. Brunet et G. Canivet, *Le nouveau droit communautaire de la concurrence*, LGDJ, 2008.

P. Desbrosse, « Les programmes de clémence à l'épreuve de la globalisation des marchés », *RIDE* 2010, p. 211.

L. Idot, « Le futur règlement d'application des articles 81 et 82 du Traité CE : chronique d'une révolution annoncée », *D.* 2001, chron. p. 1370.

L. Idot, « Le nouveau règlement communautaire de mise en œuvre des ententes 81 et 82 CE », *CDE* 2003, p. 283.

L. Idot, *Le nouveau système communautaire de mise en œuvre des articles 81 et 82 CE*, Bruylant, 2004.

N. Jalabert-Doury, *Les inspections de concurrence*, Bruylant, 2013.

C. Lousberg, *Droit européen de la concurrence : institutions et procédures*, Larcier, 2013.

N. Petit, *Droit européen de la concurrence*, LGDJ, 2013.

A. Pliakos, « La protection des droits de la défense et les pouvoirs de vérification de la Commission des Communautés européennes : une issue heureuse », *RTDE* 1995, p. 449.

# Section 2
# La procédure de contrôle en matière de concentrations

**902.** Le contrôle de concentrations repose sur une procédure régie par plusieurs textes. Ce sont des règlements, principalement le règlement (CEE) n° 4069/89[152] remplacé par le règlement (CE) n° 139/2004. À ces deux textes fondamentaux, s'ajoutent le règlement (CE) n° 447/98[153] du 1$^{er}$ mars 1998 relatif aux notifications, aux délais et aux auditions, et le règlement d'application (CE) n° 802/2004 adopté par la Commission le

152. Une première modification intervenue par le règlement (CE) n° 1310/97 du Conseil du 30 juin 1997, préc.

153. *JOCE* n° L 61, 2 mars 1998.

7 avril 2004, lui-même modifié par le règlement d'exécution (UE) n° 1269/2013 du 5 décembre 2013[154].

La procédure s'appuie également sur la pratique décisionnelle. En effet, celle-ci a permis de mettre en lumière, avant d'être clairement formalisées par le règlement (CE) n° 139/2004, certaines garanties telles que le respect des droits de la défense lors du déroulement de la procédure, l'accès aux documents des institutions[155], ou encore la protection du secret d'affaires.

La procédure de contrôle présente naturellement, compte tenu de sa vocation à protéger l'espace concurrentiel, de fortes similitudes avec la procédure applicable aux articles 101 et 102 TFUE. Il s'agit notamment des pouvoirs de la Commission, de la distinction entre procédure administrative et procédure contradictoire, ou encore de la consultation d'un comité consultatif.

## §1. L'obligation de notification

**903.** Le contrôle de concentration repose sur une obligation de notification préalable d'une opération de concentration de dimension communautaire dès lors que certaines conditions sont satisfaites.

### A. Une notification préalable à l'opération de concentration

**904.** Aux termes du règlement (CE) n° 139/2004, les auteurs de la concentration disposent du choix de décider du délai de notification. Mais ils doivent notifier l'opération avant la réalisation de celle-ci.

Est également visée l'hypothèse d'une opération de concentration qui est seulement projetée et dont les auteurs ont fait une annonce publique.

Auparavant, le règlement (CE) n° 4064/89 obligeait les entreprises à notifier dans un délai d'une semaine à compter de la réalisation de l'accord. Ce délai restrictif a été supprimé.

La notification repose sur une documentation formelle, appelée CO, qui est impérativement utilisée par les auteurs du projet. Ce document au contenu contraignant permet de disposer de nombreuses informations, notamment sur les entreprises concernées, l'opération et le secteur économique visés. Il fait l'objet d'une publication sommaire au *Journal officiel de l'Union européenne.*

**905.** Le défaut de notification fait courir aux auteurs du projet des sanctions pécuniaires importantes à hauteur de 10 % du chiffre d'affaires[156]. Le risque d'encourir une amende conduit souvent les entreprises à multiplier les demandes d'autorisation auprès de la Commission sous la forme de pré notifications informelles. Cette pratique incite ainsi

154. *JOUE* n° L 336, 14 déc. 2013.

155. CJUE, 21 juill. 2011, *Mytravel*, aff. C-506/08. L'accès aux documents du Parlement, du Conseil et de la Commission, est régi par le règlement (CE) n° 1049/2001, *JOUE* n° L 145, 31 mai 2011.

156. Décision du 18 janv. 1998, *Samsung*, *JOCE* n° L 225, 26 août 1999.

les entreprises à prendre contact auprès de la Commission afin de s'enquérir de la légalité de l'opération. Cela permet aussi de préparer la proposition de notification formelle.

### B. L'effet suspensif de la notification

**906.** La notification d'une opération de concentration a un effet suspensif. En effet, elle permet de suspendre la réalisation de l'opération jusqu'à la prise de décision de la Commission, sous réserve de dérogation accordée par celle-ci, en application de l'article 7 du règlement. Le but est de ne pas léser une ou plusieurs entreprises concernées par l'opération. À cet égard, le fait d'avoir notifié tardivement l'acquisition d'un contrôle exclusif constitue une infraction grave à l'obligation de suspension imposée par l'article 7 du règlement[157].

## §2. Procédure d'examen

**907.** Le particularisme de la procédure de contrôle réside dans les délais impartis à la Commission afin de valider l'opération. Ces délais contrastent avec ceux prévus pour la procédure en matière d'ententes et d'abus de position dominante. Ce sont des délais impératifs qui s'expliquent par la nécessité pour la Commission d'être diligente et de protéger les intérêts des entreprises en cause.

La procédure se décompose en deux phases : la première repose sur un examen préliminaire du dossier, la seconde s'oriente vers un examen plus approfondi.

### A. La phase préliminaire

**908.** La première phase se déroule sur une période de 25 jours ouvrables. Ce délai a été assoupli par le règlement (CE) n° 139/2004 puisqu'il était auparavant d'un mois. Cette phase permet à la Commission de publier au *Journal officiel de l'Union européenne* des éléments essentiels du dossier sous la forme d'une information sommaire. À ce titre, les tiers sont invités à déposer des observations.

À l'issue de cet examen, la Commission peut prendre différentes décisions. Elle peut considérer que l'opération de concentration ne présente aucun doute sérieux au regard de l'application du droit de l'Union. Par ailleurs, elle peut estimer qu'elle ne constitue pas une opération de dimension communautaire. Elle déclare alors inapplicable le règlement (CE) n° 139/2004. L'opération est dans ce cas compatible avec le droit de l'Union.

En revanche, en cas de doute sérieux, la Commission peut décider d'ouvrir une seconde phase, beaucoup plus complexe, l'examen.

157. Trib. UE, 12 déc. 2012, *Electrabel*, aff. T-332/09.

## B. La phase d'examen

**909.** Laphase d'examen est beaucoup plus longue. Elle s'étend sur un délai normal de 90 jours ouvrables à compter de la date d'ouverture de la procédure.

### 1. Des délais impératifs

**910.** L'ouverture de la procédure permet un examen au fond de l'opération. Cette phase est enfermée dans un délai impératif au terme duquel la Commission adopte une décision de compatibilité ou d'incompatibilité.

Le délai est prorogeable. En effet, il peut s'étendre à 105 jours en cas d'engagement particulier pris par les parties à compter du 55e jour (art. 8 § 3). Il peut également être prolongé de 20 jours sur demande des parties ou de la Commission et sous réserve d'un accord de l'ensemble des parties.

En cas de demande de renseignement prise par voie de décision non respectée, en application de l'article 10, paragraphe 4, du règlement, les différents délais sont suspendus.

À défaut d'une décision rendue par la Commission dans les délais impartis, l'opération est reconnue compatible avec le marché commun.

### 2. L'instruction

**911.** L'instruction du dossier est dans une large mesure analogue à celle à laquelle procède la Commission dans le cadre des ententes et abus de position dominante. Afin d'examiner au fond le dossier, la Commission peut demander aux parties des renseignements, et ce de manière formelle, c'est-à-dire par voie de décision. Elle peut aussi procéder à des inspections, organiser des auditions par le biais de conseillers-auditeurs, et prendre des mesures provisoires dans des situations d'urgence.

Parallèlement à ces pouvoirs d'investigation, sont assurées, classiquement, les garanties relatives à la procédure. Il s'agit notamment de l'accès au dossier et de la possibilité pour toute personne, justifiant d'un intérêt suffisant à être entendue, de présenter ses observations par écrit ou au cours de l'audition ou de l'enquête du conseiller-auditeur, ou de se prévaloir du secret professionnel.

Néanmoins, la Commission peut s'opposer à un accès aux documents invoqué sur le fondement du règlement (CE) n° 1049/2001 par les parties. Il est nécessaire que la demande porte « gravement atteinte à son processus décisionnel » et qu'il n'existe pas « d'intérêt public supérieur susceptible d'en justifier tout de même la divulgation »[158]. Néanmoins, la Commission est tenue de justifier son refus. Elle doit exposer dûment les raisons spécifiques pour lesquelles elle estime que la divulgation de certains documents en cause porterait gravement atteinte au processus décisionnel de l'institution[159].

---

158. TPICE, 9 sept. 2008, *MyTravel*, aff. T-403/0.

159. CJUE 21 juill. 2011, *MyTravel*, C-506/08 P.

**912.** Récemment, la Cour a marqué un coup d'arrêt à l'application généralisée du règlement (CE) n° 1049/2001 au dossier de la Commission en matière de concentrations[160]. Il faut savoir que les demandes d'accès aux procédures individuelles de concurrence se sont fortement multipliées ces dernières années. À cet égard, la Cour considère qu'un accès généralisé, sur la base du règlement (CE) n° 1049/2001, aux documents échangés dans le cadre d'une telle procédure, entre la Commission et les parties notifiantes ou les tiers, serait de nature à mettre en péril l'équilibre que le législateur européen a voulu assurer, au sein du règlement sur les concentrations, entre l'obligation pour les entreprises de communiquer à la Commission des informations commerciales et la garantie de protection du secret professionnel et du secret des affaires.

## 3. La décision finale

**913.** À l'issue de la procédure, après consultation du comité consultatif en matière de concentrations entre entreprises, la Commission est tenue de se prononcer (art. 8).

### a. Son contenu

**914.** Comme le souligne la Cour dans sa jurisprudence, il n'appartient pas à la Commission de mettre en place un système de concurrence parfaite et de décider, à la place des acteurs économiques, qui devrait opérer sur le marché.

La Commission doit cependant tenir compte de la nécessité de préserver et de développer une concurrence effective dans le marché commun. Il s'agit d'une exigence qui constitue un élément important dans l'appréciation à laquelle doit se livrer la Commission[161].

Deux hypothèses peuvent se présenter. Elle peut considérer que l'opération présente une compatibilité avec le marché commun. Elle adopte une décision en ce sens, qui peut être toutefois assortie de conditions et charges pour garantir l'exécution d'un certain nombre d'engagements contraignants pour les parties. Ces engagements sont largement négociés avec la Commission. À l'inverse, la Commission peut considérer que l'opération ne répond pas aux conditions établies par le règlement (CE) n° 139/2004. Elle est dès lors incompatible avec le marché intérieur. Elle adopte dans ce cas une décision d'incompatibilité.

Dans la mesure où la notification connaît un effet suspensif, l'opération n'a pas pu, en principe, être réalisée. En cas de violation de la procédure, si l'opération a été illégalement réalisée, la décision d'incompatibilité emporte une obligation de dissolution de l'opération, c'est-à-dire une déconcentration[162].

---

160. CJUE, 28 juin 2012, *Odile Jacob*, préc. ; CJUE, 28 juin 2012, *Agrofert*, préc.

161. CJUE, 6 nov. 2012, *Odile Jacob*, aff. C-551/10P.

162. V. par ex. CJCE, 16 juill. 2009, *Schneider*, aff. C-440/07, *Rec.* p. 2009 I. 6413 ; décision du 30 janv. 2002, *Tetra Laval*, 30 janv. 2002, aff. M. 1416 ; décision du 10 juin 2009, *Electra-CNR*, aff. M. 4994.

### b. La procédure simplifiée

**915.** La procédure simplifiée est une innovation introduite par une Communication de la Commission du 5 mars 2005 relative à une procédure simplifiée de traitement de certaines opérations de concentration en application du règlement (CE) n° 139/2004[163]. Celle-ci vient d'être remplacée par une nouvelle Communication de la Commission en date du 14 décembre 2013[164].

• Un allègement des contraintes administratives

**916.** Lors de la pré notification, les entreprises peuvent demander à la Commission la mise en œuvre d'une procédure simplifiée d'une opération de concentration. Pour bénéficier de la procédure simplifiée, l'impact de l'opération de concentration sur le marché commun doit être faible.

Il importe de bien comprendre que les concentrations traitées dans le cadre d'une procédure simplifiée relèvent entièrement du système de contrôle des concentrations prévu par le règlement « concentrations ». Dès lors, elles doivent être notifiées à la Commission pour appréciation. Elles ne peuvent être mises en œuvre qu'au terme de la prise de décision de la Commission les autorisant.

Toutefois, dans le cadre de la procédure simplifiée, la procédure s'effectue de manière moins contraignante pour les entreprises concernées. En effet, elles peuvent utiliser un formulaire de notification abrégé. De même, la Commission peut approuver ces opérations sans procéder à une enquête de marché.

La décision devra être rendue par la Commission dans les 25 jours ouvrables à compter de la notification.

• Le double apport de la nouvelle Communication du 14 décembre 2013

**917.** La nouvelle Communication étend le champ d'application de la procédure simplifiée, d'une part, en modifiant les seuils de parts de marché requis, d'autre part, en introduisant un nouveau critère d'éligibilité.

Concernant les nouveaux seuils, l'opération relève désormais de la procédure simplifiée :

- lorsque deux entreprises parties à une concentration sont en concurrence sur un même marché (« chevauchement horizontal ») et la part de marché cumulée des parties inférieure à 20 % (au lieu des 15 % établis par la Communication de 2005) ;
- pour une concentration associant une entreprise qui vend un produit sur un marché sur lequel l'autre entreprise se fournit (« marchés liés

163. *JOUE* n° C 56, 5 mars 2005.

164. Communication de la Commission relative à une procédure simplifiée du traitement de certaines opérations de concentration en application du règlement (CE) n° 139/2004 du Conseil, *JOUE* n° C 366, 14 déc. 2013.

verticalement »[165]), lorsque la part de marché cumulée des parties est inférieure à 30 % (au lieu des 25 % établis par la Communication de 2005).

Quant au nouveau critère d'éligibilité, l'opération peut désormais également être appréciée dans le cadre de la procédure simplifiée si la part de marché cumulée de deux entreprises qui fusionnent est comprise entre 20 % et 50 %. Mais il est nécessaire que l'accroissement de cette part de marché résultant de la concentration soit faible.

L'élargissement du champ d'application de la procédure simplifiée doit permettre à la Commission d'augmenter de 10 % le traitement actuel des opérations de concentration dans le cadre de la procédure simplifiée de réexamen, qui se situerait ainsi entre 60 et 70 %.

## c. Les droits de recours

**918.** Quelle que soit la décision de la Commission, celle-ci est soumise classiquement à un contrôle de légalité. Le requérant peut introduire un recours en annulation de droit commun devant le Tribunal de l'Union, dans des conditions analogues à celles applicables aux ententes et abus de position dominantes. Cette voie de droit lui permettra d'obtenir l'annulation de la décision. Le requérant peut également former un recours de pleine juridiction. En effet, il peut demander un droit à réparation, même s'il est difficile à établir eu égard au large pouvoir d'appréciation de la Commission dans ce domaine.

**919. Bibliographie**

P. Ahrel, « Le nouveau règlement "concentration" », *JCP* E 2004, p. 246.

J. Schwarze, « Les sanctions imposées pour les infractions au droit européen de la concurrence selon l'article 23 du règlement 1/2003 CE à la lumière des principes généraux du droit », *RTDE* 2007, p. 1.

165. Comme une concentration entre un producteur de composants automobiles et un constructeur automobile.

## Titre 2

# La soumission des opérateurs publics à l'espace concurrentiel

**920.** Le droit de l'Union européenne présente la particularité d'étendre les règles de concurrence au secteur public, avec toutes les incidences qu'une assimilation de l'opérateur public à un opérateur ordinaire peut emporter sur l'exercice des missions de service public ou même l'existence d'un secteur public national.

Les opérateurs publics sont entendus largement. En effet, ils renvoient à l'État œuvrant dans le cadre de ses prérogatives économiques au travers de l'entreprise publique ou du monopole national. Toutes ces entités participent à la promotion d'un secteur public. Celui-ci se voit traditionnellement accorder un statut spécifique car il répond précisément à une mission supérieure ou bénéficie d'un rattachement pertinent, souvent historique, avec la puissance publique.

**921.** Or, ce statut dérogatoire, commun au secteur public de nombreux États membres, bouscule la logique d'intégration des marchés nationaux voulue par les traités. Ces derniers commandent en effet la stricte application d'un principe de non-discrimination, en imposant un traitement identique pour les entreprises dans une situation comparable. À partir d'une telle exigence, un ensemble de règles, qu'il convient d'étudier, exprimées sous forme d'obligations de faire ou de ne pas faire, pèse sur les États membres : le contrôle en amont des aides d'État, l'encadrement des relations entre l'autorité nationale et l'entreprise publique ou assimilée, l'aménagement des monopoles nationaux à caractère commercial et la réglementation de la commande publique (marchés publics et concessions).

# CHAPITRE 1

# La maîtrise de l'initiative publique : le contrôle des aides d'État

**922.** Jusqu'en 1957, les États membres étaient souverains pour décider de l'opportunité d'apporter un soutien financier, principalement sous la forme d'une aide d'État, à un opérateur économique interne, qu'il soit au demeurant de statut de droit public ou de droit privé.

En ce sens, l'aide a toujours constitué un instrument classique d'intervention de l'État pour redresser certains secteurs industriels, souvent dans un contexte de crise et de repli économiques. Or, l'aide d'État génère en soi une rupture de l'égalité de traitement au travers de la discrimination qu'elle instaure, et de la faveur ou l'avantage[1] qu'elle procure à son destinataire.

Le traité régit d'emblée le droit des aides, en n'abandonnant pas pour autant, comme le démontre l'existence de dérogations, la nécessité dans certaines circonstances de soutenir des entreprises. C'est le cas lorsque l'aide répond à un intérêt supérieur, dépassant le strict cadre national pour profiter à l'ensemble des États. Il reste que l'encadrement des aides d'État par le droit de l'Union marque certainement la fin de la souveraineté nationale sur ce point. Les autorités nationales sont tenues de rompre avec la pratique qui était la leur et de ne plus octroyer de leur propre chef de telles aides. Au contraire, elles sont tenues d'en solliciter l'autorisation auprès des instances de l'Union.

**923.** Le droit des aides est régi par les articles 107 à 109 TFUE. Il s'appuie aujourd'hui sur un dispositif dont trois ressorts en assurent

1. Notons d'ores et déjà qu'un avantage sera qualifié d'aide d'État à condition qu'il soit naturellement suivi d'un transfert des ressources d'État, v. Trib. UE, 21 mai 2010, *France, France Télécom*, aff. jtes T-425/04, T-444/04, T-450/04 et T-456/04. Le Tribunal de l'Union considère que de simples déclarations gouvernementales qui apportent un avantage à une entreprise n'engagent pas de ressources d'État en raison de leur caractère ouvert, imprécis et conditionnel en ce qui concerne la nature, la portée et les conditions d'une éventuelle intervention étatique. Nous reviendrons, dans les lignes qui suivent, sur la qualification de l'aide d'État.

incontestablement l'effectivité : d'une part, une approche élargie de la notion d'aide d'État, véritable support de l'encadrement communautaire, d'autre part, l'affirmation par le traité d'un principe d'incompatibilité des aides d'État avec le droit de l'Union, qui peut connaître des dérogations selon des conditions restrictives et, en dernier lieu, une procédure de contrôle des aides d'État, fortement centralisée et focalisée sur la Commission.

# Section 1
# La qualification de l'aide d'État

**924.** Selon une méthode devenue familière, le traité ne définit nullement la notion d'aide d'État. Il se contente d'en établir l'incompatibilité. En effet, l'article 107, paragraphe 1, TFUE, première disposition de fond en la matière, énonce que sont incompatibles « les aides accordées par les États ou au moyen de ressources d'État sous quelque forme que ce soit ». Cette définition sommaire, heureusement enrichie par la jurisprudence et la pratique de la Commission, impose, pour emporter qualification de l'aide, un double critère : l'un relatif à l'origine de l'aide, extrêmement large, l'autre rattaché à la forme de l'aide, critère au contenu également étendu. De manière générale, l'on observe que dans la pratique, dès lors que certaines conditions sont remplies (une aide à une entreprise, d'origine étatique, lui procurant un avantage sélectif), la Commission présume une distorsion de la concurrence et une affectation des échanges entre États membres[2].

## §1. L'origine de l'aide

**925.** L'origine de l'aide est indifférente. L'élément pertinent réside dans la circonstance que l'aide doit avoir une origine étatique. En effet, elle doit être financée par l'État ou au moyen de ressources d'État.

### A. Une origine étatique

**926.** Les autorités publiques sont celles ayant été impliquées dans l'adoption de la mesure[3]. Cette dernière doit alors entraîner une charge pour les finances publiques sous la forme d'une dépense ou d'une réduction de recettes. Elle est considérée comme accordée au moment où le droit de la recevoir est conféré au bénéficiaire en vertu de la règle nationale applicable[4]. Les seules ressources qui échappent à la collecte de la

2. CJCE, 17 mars 1993, *Sloman*, aff. jtes C-72/91 et C-73/91, *Rec.* p. I. 887 ; CJUE, 30 mai 2013, *UKL-ARREE*, aff. C-677/11 ; CJUE, 19 déc 2013, *Association Vent de Colère*, aff. C-262/12. V. aussi CJUE, 16 juill. 2015, *BVVG*, aff. C-39/14.

3. CJCE, 16 mai 2002, *France c/Commission*, aff. C-482/99, *Rec.* p. I. 4397.

4. CJUE, 21 mars 2013, *Magdeburger*, aff. C-129/12.

puissance publique et dès lors à la qualification d'aide d'État sont les ressources d'origine communautaire[5].

## 1. Une appréhension large

**927.** Les autorités de l'Union ont été amenées à interpréter largement la notion d'État. Elle comprend l'administration centrale[6] des États membres ainsi que les démembrements territoriaux que sont les collectivités locales[7] (régions, départements et communes).

Les aides accordées par des entités régionales et locales, en somme les entités infra-étatiques[8], « quels que soient leur statut et la désignation de celles-ci »[9], sont ainsi soumises à l'examen de conformité à l'article 107 TFUE. En fait, ce que la Cour retient est le degré d'autonomie de l'entité régionale ou locale[10].

661-1. Il s'agit également des entreprises publiques[11] ou privées si elles sont investies d'un service d'intérêt économique général[12], mais aussi de toute entreprise de statut de droit privé ou public dès l'instant que l'autorité publique exerce sur elle une influence déterminante. De nouveau, le juge s'attache à examiner le degré d'autonomie dont se prévaut l'entreprise par rapport à l'État.

## 2. L'imputabilité de l'aide à l'État

**928.** Pour que des avantages puissent être qualifiés d'aides au sens de l'article 107, paragraphe 1, TFUE, ils doivent être imputables[13] à l'État. En effet, le financement au moyen de ressources d'État est un élément constitutif de la notion d'aide d'État.

---

5. CJCE, 13 oct. 1982, *BALM*, aff. jtes 213/81 à 215/81, *Rec.* p. 3583 ; TPICE, 5 avr. 2006, *Bahn*, aff. T-351/02, *Rec.* p. II. 1047.

6. CJCE, 20 nov. 2003, *Gemo*, aff. C-126/01, *Rec.* p. I. 3769.

7. CJCE, 19 sept. 2000, *Allemagne c/ Commission*, aff. C-156/88, *Rec.* p. I. 6857.

8. Pour une entité territoriale, v. par ex. TPICE, 10 sept. 2009, *Banco Comercial dos Acores*, aff. T-45/03, *Rec.* p. II. 143.

9. CJCE, 14 oct. 1987, *Allemagne c/Commission*, aff. 248/84, *Rec.* p. 4013. V. aussi TPICE, 24 sept. 2008, *Kahla*, aff. T-20/03, *Rec.* p. II. 2305 ; TPICE, 11 juin 2009, *Italie c/ Commission*, aff. T-222/04, *Rec.* p. II-1877 ; TPICE, 9 sept. 2009, *Alava*, aff. T-30/01, *Rec.* p. II. 2919.

10. CJCE, 11 sept. 2008, *UGT*, aff. jtes C-428/06 à 434/06, *Rec.* p. I. 10821 ; CJCE, 9 sept. 2009, *Álava*, aff. jtes T-230/01 à T-232/01 et T-267/01 à T-269/01, *Rec.* p. II. 139.

11. CJCE, 11 juill. 1996, *SFEI*, aff. C-39/94, *Rec.* p. I. 3577 ; v. aussi sur des aides allouées par une entreprise publique à ses filiales dès l'instant que cette entreprise agit pour le compte de l'État et dans le cadre des missions assignées : TPICE, 14 déc. 2000, *UFEX*, aff. T-613/97, *Rec.* p. II. 3547, à propos de l'assistance logistique offerte par La Poste à sa filiale Chronopost, qui était susceptible de constituer une aide d'État. En effet, la rémunération de la prestation était en dessous des prix pratiqués sur le marché ; v. cependant, CJCE, 3 juill. 2003, *Chronopost*, aff. jtes C-83/01, C-93/01 et C-94/01, *Rec.* p. I. 6993 ; CJCE, 1er juill. 2008, *Chronopost*, aff. jtes C-341/01 et C-342/06, jurisprudence qui reconnaît la qualité de SIEG à la Poste, ce qui peut l'autoriser à rémunérer différemment Chronopost au regard d'autres entreprises de statut de droit privé.

12. TPICE, 26 juin 2008, *SIC*, aff. T-442/03, *Rec.* p. II. 1161.

13. CJUE, 30 mai 2013, *UKL-ARREE*, préc.

La question de l'imputabilité de l'aide à l'État est un point difficile que la Cour s'est attaché à clarifier.

## a. Les mesures d'aide prises par une entreprise publique

**929.** Selon la Cour, il n'est pas nécessaire de démontrer, notamment par les soins de la Commission dans le cadre de la phase d'instruction, que les autorités publiques ont incité concrètement l'entreprise publique à prendre les mesures d'aide en cause.

### α. *Le recours à un faisceau d'indices*

**930.** La Cour avance quelques éléments afin de fonder son interprétation. D'une part, lorsque les relations entre l'État et les entreprises publiques sont étroites, il existe un risque réel que des aides d'État soient octroyées par l'intermédiaire de celles-ci de façon peu transparente et en méconnaissance du régime des aides d'État prévu par le traité[14]. D'autre part, il est très difficile pour un tiers, précisément à cause des relations privilégiées existant entre l'État et une entreprise publique, de démontrer dans un cas concret que des mesures d'aide prises par une telle entreprise ont effectivement été adoptées sur instruction des autorités publiques[15].

Par conséquent, l'imputabilité à l'État d'une mesure d'aide prise par une entreprise publique peut être déduite d'un ensemble d'indices résultant des circonstances de l'espèce et du contexte dans lequel cette mesure est intervenue. Ainsi, la Cour peut prendre en considération le fait que l'organisme en question ne pouvait pas prendre la décision contestée sans tenir compte des exigences des pouvoirs publics. Elle peut également estimer que, outre des éléments de nature organique liant les entreprises publiques à l'État, celles-ci, par l'intermédiaire desquelles les aides avaient été accordées, devaient tenir compte des directives émanant d'un comité interministériel[16].

**931.** La Cour peut faire appel à d'autres indices pertinents permettant de conclure à l'imputabilité à l'État d'une mesure d'aide prise par une entreprise publique. Il peut s'agir par exemple de son intégration dans les structures de l'administration publique, de la nature de ses activités et leur exercice sur le marché dans des conditions normales de concurrence avec des opérateurs privés, du statut juridique de l'entreprise, celle-ci relevant du droit public ou du droit commun des sociétés, de l'intensité de la tutelle exercée par les autorités publiques sur la gestion de l'entreprise ou de tout autre indice indiquant, dans le cas concret, une implication des autorités publiques ou l'improbabilité d'une absence d'implication dans l'adoption d'une mesure[17].

14. CJUE, 16 mai 2002, *France c/Commission*, préc.
15. Trib. UE, 27 févr. 2013, *Vegyipari*, aff. T-387/11.
16. CJUE, 16 mai 1982, *France c/Commission*, préc.
17. Trib. UE, *Vegyipari*, préc.

### β. *Le degré d'autonomie accordé par l'État*

**932.** Pour autant, selon la jurisprudence, l'imputabilité d'une mesure à l'État ne peut être déduite de la seule circonstance que la mesure en cause a été prise par une entreprise publique. En effet, même si l'État est en mesure de contrôler une entreprise publique et d'exercer une influence dominante sur les opérations, l'exercice effectif de ce contrôle dans un cas concret n'est pas automatiquement présumé. Une entreprise publique peut agir avec plus ou moins d'indépendance, en fonction du degré d'autonomie laissé par l'État.

Le seul fait qu'une entreprise publique soit sous contrôle étatique ne suffit donc pas pour imputer des mesures prises par celle-ci à l'État. Il est nécessaire d'examiner si les autorités publiques doivent être considérées comme ayant été impliquées, d'une manière ou d'une autre, dans l'adoption de ces mesures[18].

## b. La frontière entre l'aide d'État et l'investissement public

**933.** Il n'est pas toujours aisé de faire le départ entre l'aide d'État, qualifiée comme telle et soumise dès lors à une obligation de notification de la part de l'État, et l'investissement public auquel peut procéder une autorité nationale sans devoir obtenir l'autorisation prévue par l'article 107 TFUE. C'est pour cette raison que la Commission a éprouvé le besoin d'adopter une nouvelle Communication, en date du 19 mai 2016[19], sur la notion d'aide d'État au sens de l'article 107, paragraphe 1, TFUE.

### α. *La Communication du 19 mai 2016 sur la notion d'aide d'État*

**934.** La nouvelle Communication constitue la dernière partie de l'initiative de modernisation de la politique en matière d'aides d'État lancée en 2012. Elle décrit les orientations définissant les cas dans lesquels les dépenses publiques relèvent du contrôle des aides d'État par l'Union, ou au contraire y échappent. Dans ce cas, ces dépenses ne requièrent pas un examen préalable de la part de la Commission si les autorités nationales maintiennent des conditions d'équité au sein du marché unique ou ne risquent pas d'évincer l'investissement privé.

Sur le fond, ce document présente un double intérêt. Dans un premier temps, la Communication clarifie les différents éléments considérés comme constitutifs d'une aide d'État et ce à la lumière de la jurisprudence des juridictions de l'Union ainsi que de la pratique décisionnelle de la Commission. Ces éléments y sont opportunément recensés : existence d'une entreprise (indifférence du statut légal des opérateurs économiques au regard des règles de l'Union), imputabilité de la mesure à l'État, financement au moyen de ressources d'État, octroi d'un avantage, sélectivité de la mesure, qui fausse ou qui menace de fausser la concurrence en favorisant certaines entreprises ou

18. CJUE, 28 janv 2016, *Slovénie c/Commission*, aff T-507/12.

19. Communication de la Commission relative à la notion d'aide d'État visée à l'article 107, paragraphe 1, du traité sur le fonctionnement de l'Union européenne, *JOCE* n° 262, 19 juill. 2016.

certaines productions, affectant les échanges entre États membres. Dans un second temps, la Communication aborde la question de l'investissement public en précisant les cas dans lesquels ces investissements ne constituent pas une aide d'État. Ils ne sont pas dès lors soumis à notification préalable à la Commission.

#### β. *Trois clarifications majeures sur les investissements publics*

**935.** La Communication apporte trois clarifications importantes sur les investissements. – D'une part, elle établit que les investissements publics destinés à la construction ou à la modernisation d'infrastructures ne sont pas constitutifs d'une aide d'État si les infrastructures financées ne sont pas en concurrence directe avec d'autres infrastructures du même type. De plus, lorsqu'une infrastructure est construite à l'aide d'un financement public qui comporte des éléments d'aides d'État au regard des règles de l'Union, les autorités publiques doivent veiller à ce que l'aide ne profite pas à l'exploitant ou aux utilisateurs de cette infrastructure. Il s'agit de manière générale des infrastructures routières, ferroviaires, fluviales et des réseaux d'adduction d'eau et de traitement des eaux usées.

En revanche, les infrastructures dans des domaines comme l'énergie, le haut débit, les aéroports ou les ports sont la plupart du temps en situation de concurrence avec des infrastructures similaires. Dans de tels secteurs, dès lors qu'un projet est financé par des fonds publics alors que des projets concurrents doivent fonctionner sans soutien public, cela peut conférer au projet subventionné un avantage économique sélectif par rapport à ses concurrents. Par conséquent, ce type de financement est soumis à un examen préalable de la Commission au titre des règles relatives aux aides d'État.

D'autre part, le contrôle des aides d'État porte principalement sur les investissements publics ayant des effets transfrontaliers. En effet, il est précisé que les financements octroyés à des infrastructures ou à des services à l'échelle locale ne relèvent pas des règles relatives aux aides d'État. En effet, ces financements sont peu susceptibles d'attirer des clients en provenance d'autres États membres et n'ont qu'un effet marginal sur les investissements transfrontières.

Enfin, l'achat de biens ou services par des autorités publiques au moyen d'appels d'offres réguliers suffit à garantir que l'opération est exempte d'éléments d'aide d'État.

## B. La référence à la notion de « ressources d'État »

**936.** Selon la jurisprudence, seuls les avantages accordés directement ou indirectement au moyen de ressources d'État sont considérés comme des aides au sens de l'article 107, paragraphe 1, TFUE.

## 1. Les avantages accordés directement ou indirectement

**937.** Il n'y a pas lieu de distinguer l'aide octroyée directement par l'État de celle accordée par des organismes publics ou privés que l'État institue pour gérer l'aide. En effet, l'essentiel est que l'aide soit décidée et financée par la puissance publique et sa mise en œuvre subordonnée à l'approbation des pouvoirs publics. Elle correspond dans ce cas à une aide étatique ordinaire[20].

Des mesures ne comportant pas un transfert de ressources d'État peuvent relever de la notion d'aide[21]. En effet, la référence habile de l'article 107 TFUE aux « ressources d'État » élargit notablement la notion d'aide d'État. Ce type d'aides, qui s'oppose aux aides d'État *stricto sensu*, est soumis *in fine* à un régime équivalent et tombe sous le coup de l'article 107 TFUE. Selon la jurisprudence *Preussen Elektra*[22], la distinction établie par l'article 107, paragraphe 1, TFUE entre les « aides accordées par les États » et les aides accordées « au moyen de ressources d'État » ne signifie pas que tous les avantages consentis par un État constituent des aides, qu'ils soient ou non financés au moyen de ressources étatiques. Elle vise à inclure dans cette notion les avantages accordés directement par l'État ainsi que ceux qui le sont par l'intermédiaire d'un organisme public ou privé, désigné ou institué par cet État[23]. Même si ces aides sont financées par des fonds privés, elles peuvent être cependant accordées par l'État ou sur intervention de celui-ci.

## 2. Un acte de puissance publique

**938.** Il peut s'agir d'un transfert de fonds d'origine privée mais prélevés ou affectés au moyen d'un acte de puissance publique, comme dans le cas des taxes ou redevances. Dans ce cas, il n'y a pas pour l'État de dépenses ou diminution de recettes, mais un acte de puissance publique. Celui-ci a pour objet d'ordonner un prélèvement et une redistribution par le truchement d'un organisme, de statut de droit public ou privé, qui est affecté à une telle fonction.

La seule présence de la puissance publique dans la collecte des fonds est suffisante pour emporter qualification de l'aide[24]. Ainsi, l'interdiction de l'article 107, paragraphe 1, TFUE peut inclure des aides accordées par des organismes publics ou privés institués ou désignés par l'État en vue de gérer l'aide[25].

20. CJCE, 30 janv. 1985, *Commission c/ France*, aff. C-290/83, *Rec.* p. 439, à propos d'aides accordées aux agriculteurs français pour les excédents de gestion de la Caisse nationale du Crédit Agricole.

21. CJCE, 15 mars 1994, *Banco Exterior de España*, aff. C-387/92, *Rec.* p. I. 877 ; CJCE, 19 mai 1999, *Italie c/Commission*, aff. C-6/97, *Rec.* p. I. 2981.

22. CJCE, 13 mars 2001, *Preussen Elektra*, aff. C-379/98, *Rec.* p. I. 2099.

23. CJCE, 22 mars 1977, *Steinike et Weinlig*, aff. 78/76, *Rec.* p. 595 ; CJCE, 17 mars 1993, *Sloman*, préc. ; CJUE, 30 mai 2013, *UKL-ARREE*, préc.

24. CJCE, 30 janv. 1985, *Commission c/ France*, préc. ; CJCE, 2 févr. 1988, *Van der Kooy*, aff. jtes 67/85, 68/85 et 70/85, *Rec.* p. 263.

25. CJCE, 15 juill. 2004, *Pearle*, aff. C-345/02, *Rec.* p. I. 7139.

**939.** À cet égard, de jurisprudence constante de la Cour, les taxes n'entrent pas dans le champ d'application des dispositions du traité en matière d'aides d'État sauf si elles constituent le mode de financement d'une mesure d'aide, faisant ainsi partie intégrante de la mesure[26]. Dès lors, lorsqu'une taxe spécifiquement destinée à financer une aide se révèle contraire à d'autres dispositions du traité, la Commission ne peut pas déclarer le régime d'aides, dont la taxe fait partie, compatible avec le marché intérieur[27]. En d'autres termes, l'examen d'une aide ne peut être séparé de son mode de financement[28].

**940.** Il importe de noter pour qu'une taxe soit considérée comme faisant partie intégrante d'une mesure d'aide, qu'il doit exister un lien d'affectation contraignant entre la taxe et l'aide en vertu de la réglementation nationale pertinente. En fait, le produit de la taxe est nécessairement affecté au financement de l'aide et influence directement l'importance de celle-ci et, par voie de conséquence, l'appréciation de la compatibilité de l'aide avec le marché intérieur[29].

## 3. Le degré d'intervention de l'autorité publique

**941.** Le critère pertinent afin d'apprécier l'existence de ressources publiques, quelle que soit leur origine initiale, est celui du degré d'intervention de l'autorité publique[30] dans la définition des mesures en cause et de leurs modalités de financement.

À cet égard, le fait que les contributions des opérateurs économiques destinées au financement partiel des mesures en cause n'ont qu'un caractère facultatif, ne peut avoir d'effet sur la qualification d'aide d'État. En effet, le degré d'intervention de l'autorité publique sur ces contributions peut être important, même lorsque ces contributions n'ont pas de caractère obligatoire[31].

De même, sur la notion de ressources étatiques, l'article 107, paragraphe 1, TFUE englobe tous les moyens pécuniaires que les autorités publiques peuvent effectivement utiliser pour soutenir des entreprises. Il n'est pas nécessaire que ces moyens appartiennent ou non de manière permanente au patrimoine de l'État. Même si les sommes en cause ne sont pas de façon permanente en possession des autorités publiques, le fait qu'elles restent constamment sous contrôle public, et dès lors à la disposition des autorités

26. CJCE, 13 janv. 2005, *Streekgewest*, aff. C-174/02, *Rec.* p. I. 85 ; CJUE, 10 nov. 2016, *DTS Distribuidora de Televisión Digital*, aff. C-449/14 P.

27. CJCE, 21 oct. 2003, *van Calster*, aff. jtes C-261/01 et C-262/01, *Rec.* p. I.12249.

28. CJCE, 14 avr. 2005, *AEM et AEM Torino*, aff. jtes C-128/03 et C-129/03, *Rec.* p. I. 2861 ; CJUE, 10 nov. 2016, *DTS Distribuidora de Televisión Digital*, préc.

29. CJCE, 15 juin 2006, *Air Liquide Industries Belgium*, aff. jtes C-393/04 et C-41/05, *Rec.* p. I. 5293 ; CJCE, 22 déc. 2008, *Régie Networks*, aff. C-333/07, *Rec.* p. I. 10807 ; CJUE, 10 nov. 2016, *DTS Distribuidora de Televisión Digital*, préc.

30. Trib. UE, 27 sept. 2012, *Fedecom*, aff. T-243/09.

31. Trib. UE, 27 sept. 2012, *France c/Commission*, préc.

nationales compétentes, suffit pour qu'elles soient qualifiées de ressources d'État[32].

C'est ainsi, par exemple, que les sommes correspondant au produit de l'augmentation du péage qui transitent directement et exclusivement entre sociétés privées, sans qu'un quelconque organisme public en acquière, serait-ce de manière passagère, la possession ou le contrôle, ne peuvent pas être qualifiées de ressources étatiques[33].

## §2. La forme de l'aide

**942.** L'intervention économique des États par le biais des aides est polymorphe et ce, notamment dans un contexte de globalisation et de forte sophistication technologique. Elle reçoit dès lors de nombreuses et subtiles expressions car les circuits financiers sont ramifiés et souvent dématérialisés.

Il n'est pas toujours aisé pour la Commission de définir avec justesse la forme de l'aide qui est appréhendée dans le cas d'une présomption d'aide d'État.

Toutefois, la jurisprudence considère, à l'instar du critère de l'origine, que la forme de l'aide est là aussi indifférente. Il doit seulement s'agir d'un acte de puissance publique dans le secteur économique procurant une faveur. Il s'agit en somme du critère essentiel afin de qualifier l'aide et de saisir au mieux les situations économiques les plus diverses ou imprévisibles. Dès lors, la forme de l'intervention étatique ne revêt pas un caractère déterminant dans la qualification de l'aide d'État.

### A. L'aide sous sa forme active ou passive

**943.** La forme est certes indifférente dans la qualification de l'aide. Néanmoins, il reste pertinent, à la lumière de la pratique décisionnelle de la Commission, et de la jurisprudence, de distinguer selon que l'aide, au travers de l'avantage qu'elle procure à son bénéficiaire, s'opère de manière active ou passive. En effet, d'après une jurisprudence constante, la notion d'aide comprend non seulement des prestations positives, mais également les interventions qui, sous des formes diverses, allègent les charges qui normalement grèvent le budget d'une entreprise. Sans être des subventions au sens strict du mot, ces dernières sont de même nature et ont des effets identiques[34].

32. CJCE, 16 mai 2000, *Ladbroke*, aff. C-83/98 P, *Rec.* p. I. 3271 ; CJCE, 16 mai 2002, *France c/Commission*, aff. C-482/99, *Rec.* p. I. 4397 ; CJUE, 30 mai 2013, *UKL-ARREE*, préc. ; CJUE, 19 déc 2013, *Association Vent de Colère*, préc.

33. Trib. UE, 15 janv. 2013, *Aiscat*, aff. T-182/10.

34. CJCE, 8 mai 2003, *SIM 2 Multimedia*, aff. jtes C-328/99 et C-399/00, *Rec.* p. I. 4035 ; CJCE, 15 juin 2006, *AirLiquide*, aff. jtes C-393/04 et C-41/05, *Rec.* p. I. 5293 ; CJUE, 19 mars 2013, *Bouygues SA*, aff. jtes C-399/10 P et C-401/10 P. V. comme exemple une garantie illimitée de l'État en faveur d'une entreprise dont la forme juridique exclut la possibilité d'une procédure de faillite ou d'insolvabilité. Cette garantie, car elle procure un avantage immédiat à l'entreprise bénéficiaire, constitue une aide d'État, CJUE, 3 avr. 2014,

## 1. L'octroi d'un avantage économique

**944.** Afin d'apprécier si une mesure étatique constitue une aide, il convient, selon une jurisprudence constante, de déterminer si l'entreprise bénéficiaire reçoit un avantage économique qu'elle n'aurait pas reçu dans des conditions normales de marché[35]. Il est alors important pour la Commission d'établir l'existence d'un avantage[36].

Sont considérées comme des aides d'État les interventions qui, sous quelque forme que ce soit, sont susceptibles de favoriser directement ou indirectement des entreprises, ou qui doivent être considérées comme un avantage économique que l'entreprise bénéficiaire n'aurait pas obtenu dans des conditions normales de marché[37]. Pour que des avantages puissent être qualifiés d'aides, ils doivent être, comme indiqué plus haut, accordés directement ou indirectement au moyen de ressources d'État et être imputables à l'État[38].

### a. La première hypothèse : la forme active ou le transfert de ressources publiques

**945.** La prestation active ou positive consiste ordinairement en l'octroi d'une subvention ou en différentes formes d'interventions qui allègent les charges pesant normalement sur le budget d'une entreprise[39]. Il s'agit d'un avantage consenti par les autorités publiques qui « sous des formes diverses, faussent ou menacent de fausser la concurrence en favorisant certaines entreprises ou certaines productions »[40]. Dans ce cas, l'État intervient ainsi de manière active au travers d'une dépense. Il opère un transfert des ressources publiques au profit d'opérateurs économiques.

La Cour insiste sur la circonstance que la Commission doit établir, afin de pouvoir constater l'existence d'une aide d'État, un lien suffisamment direct entre, d'une part, l'avantage accordé au bénéficiaire et, d'autre part, une diminution du budget étatique, voire un risque économique suffisamment concret de charges le grevant[41]. En revanche, il n'est pas nécessaire qu'une telle diminution ou un tel risque corresponde ou soit strictement équivalent à l'avantage en cause. Il n'est pas non plus nécessaire que ce dernier ait une contrepartie ni qu'il soit de même nature que l'engagement de ressources d'État[42].

---

*France c/Commission*, aff. C-559/12P. Autre exemple, le cas d'un traitement fiscal avantageux qui, bien que ne comportant pas un transfert de ressources d'État, place les bénéficiaires dans une situation financière plus favorable que les autres contribuables, CJUE, 9 oct. 2014, *Navantia*, aff. C-522/13.

35. CJCE, 11 juill. 1996, *SFEI*, préc. ; CJUE, 8 sept. 2011, *Commission c/ Pays-Bas*, préc.

36. CJUE, 24 juill. 2003, *Altmark*, aff. C-280/00, *Rec.* p. I. 7747 ; Trib. UE, 22 févr. 2006, *Le Levant*, aff. T-34/02, *Rec.* p. II. 267.

37. Trib. UE, 28 janv 2016, *Autriche c/Commission* aff. T-427/12 ; CJUE, 9 oct. 2014, *Navantia*, préc.

38. CJCE, 16 mai 2002, *France c/Commission*, aff. C-482/99, *Rec.* p. I. 4397.

39. CJCE, 23 févr. 1961, *Steenkolenmijnen*, aff. 30/59, *Rec.* p. 39.

40. CJCE, 23 févr. 1961, *Steenkolenmijnen*, préc. ; CJCE, 2 juill. 1974, *Italie c/ Commission*, aff. 173/73, *Rec.* p. 709.

41. CJUE, 8 sept. 2011, *Commission c/Pays-Bas*, aff. C-279/08 P.

42. CJUE, 19 mars 2013, *Bouygues*, préc.

Les applications sont nombreuses : il peut s'agir, par exemple, d'une bonification d'intérêt sur prêt bancaire[43], de remises d'arriérés[44], d'une prise de participation tacite dans le capital d'une entreprise[45], d'une subvention à fonds perdus, d'une souscription en capital, d'une garantie d'indemnisation[46], de l'exonération d'une taxe[47], d'une prise en charge des salaires dans le cadre de la recherche et du développement, de la transformation d'un prêt en subvention si l'État cesse d'en demander le remboursement total ou s'il fait preuve d'une mansuétude anormale dans le recouvrement des créances[48], d'un réaménagement de prêts[49], de l'octroi d'un tarif préférentiel pour une matière première[50], d'un prix préférentiel pour l'achat d'un terrain[51] ou de manière générale de la fourniture de biens ou de services à des conditions préférentielles[52], d'un prêt sans sûreté consenti par des collectivités territoriales à une entreprise en difficultés[53], d'un régime d'avantages fiscaux[54], du financement de la construction d'infrastructures aéroportuaires comme celle d'une nouvelle piste[55] ou encore de la mise en place d'un système d'échanges entre entreprises de droits d'émission de gaz[56].

### b. La seconde hypothèse : la forme passive ou la diminution des ressources publiques

**946.** Dans la seconde hypothèse, la forme passive ou négative, l'aide s'exprime autrement, non plus sous la forme d'une dépense, mais sous celle d'une diminution des ressources publiques. Il s'agit par exemple de la réduction des charges sociales normalement supportées par les entreprises, de la réduction d'impôts divers[57] ou de taxes comme des droits d'accise[58], d'une garantie implicite et illimitée accordée à une entreprise

43. TPICE, 27 nov. 2003, *Regione Siciliana*, aff. T-190/00, *Rec.* p. II. 5015 ; Déc. n° 2012/320/UE du 25 janv. 2012, *JOUE* n° L 164, 23 juin 2012.

44. Déc. 2013/150/UE, 9 janv. 2012, *JOUE* n° L 92, 3 avr. 2013 (sur une aide d'État accordée par la Hongrie à d'une compagnie aérienne hongroise).

45. Trib. UE, 3 juill. 2013, *MB System*, aff. T-209/11.

46. Trib. UE, 10 nov. 2011, *Elliniki*, aff. T-384/08.

47. V. par exemple sur l'exonération par l'Italie d'une taxe municipale sur les immeubles, Déc. n° 2013/284/UE du 19 déc. 2012, *JOUE* n° L 166, 18 juin 2013.

48. Décision du 2 mai 1990, *Halkis*, *JOCE* n° L 73, 20 mars 1991.

49. Déc. n° 2012/307/UE du 19 oct. 2011, *JOUE* n° L 143, 14 juin 2012 (régimes d'aide d'État de la Grèce).

50. CJCE, 2 févr. 1988, *Van der Kooy*, préc. ; Déc. n° 2012/321/UE du 13 juill. 2011, *JOUE* n° L 166, 27 juin 2012.

51. CJUE, 2 sept. 2010, *Scott*, aff. C-290/07 P, *Rec.* p. I. 7763 ; v. aussi à propos de la vente d'un terrain par une commune à un prix inférieur au prix du marché, Déc. n° 2013/247/UE du 23 janv. 2013, *JOUE* n° L 148, 1er juin 2013.

52. TPICE, 16 sept. 2004, *Valmont*, aff. T-274/01, *Rec.* p. 3145 ; Trib. UE, 9 déc. 2015, *Grèce c/Commission*, aff jtes T-233/111 et T-262/11.

53. Trib. UE, 12 mai 2011, *Communauté d'agglomération du Douaisis*, aff. jtes T-267/08 et T-279/08.

54. Trib. UE, 4 sept. 2009, *Italie c/ Commission*, aff. T-211/05.

55. CJUE, 19 déc. 2012, *Flughafen*, aff. C-288/11 P.

56. TPICE, 10 avr. 2008, *Pays-Bas c/ Commission*, aff. T-233/04, *Rec.* p. II. 591.

57. TPICE, 9 sept. 2009, *Álava*, préc.

58. Trib. UE, 13 sept. 2012, *Commission c/Italie*, préc.

dotée d'un statut particulier comme La Poste[59], d'un régime de réalignement fiscal pour certains établissements bancaires[60], des facilités de paiement de cotisations de sécurité sociale[61], de la prise en charge de risques qui doivent être normalement encourus par les entreprises (le risque de change par exemple), d'un différé de remboursement, du rachat par l'État de créances, de l'abandon d'une créance par l'État[62], ou encore de la location[63] ou vente[64] de terrains ou de bâtiments à un prix inférieur à celui du marché.

## 2. Le caractère sélectif de la mesure étatique

**947.** Le caractère sélectif d'une mesure étatique constitue un élément déterminant dans la qualification d'aide d'État[65] au sens de l'article 107, paragraphe 1, TFUE. En effet, la condition relative à la sélectivité de l'avantage est constitutive de la notion d'« aide d'État », au sens de l'article 107, paragraphe 1, TFUE. Il est nécessaire que la mesure soit de nature à favoriser « certaines entreprises ou certaines productions ». Les avantages résultant d'une mesure générale applicable sans distinction à tous les opérateurs économiques ne constituent pas des aides d'État[66].

Pour apprécier la sélectivité d'une mesure, le juge examine si, dans le cadre d'un régime juridique donné, la mesure constitue un avantage économique sélectif c'est-à-dire pour certaines entreprises par rapport à d'autres se trouvant dans une situation factuelle et juridique comparable au regard de l'objectif poursuivi par la mesure concernée[67], qui subissent ainsi un traitement différencié pouvant être qualifié de discriminatoire[68]. Il importe de noter que c'est lors de l'examen portant sur l'existence même d'une aide d'État que l'avantage sélectif doit être établi et non pas au stade où la Commission apprécie, en aval, si l'aide est compatible avec le marché intérieur[69].

La condition de sélectivité n'est pas remplie par la mesure qui, même si elle est constitutive d'un avantage pour son bénéficiaire, se justifie par la

59. Trib. UE, 20 sept. 2012, *France c/Commission*, aff. T-154/10.

60. CJUE, 21 juin 2012, *BNP Paribas*, préc.

61. CJCE, 29 juin 1999, *DM Transport*, aff. C-256/97.

62. Trib. UE, 15 déc. 2009, *EDF*, aff. T-156/04.

63. Décision du 11 févr. 1987, *JOCE* n° L 295, 20 oct. 1987, à propos de la location d'un terrain.

64. Décision du 12 juill. 2000, *Scott Paper*, *JOCE* n° L 12, 15 févr. 2002.

65. CJCE, 1er déc. 1998, *Ecotrade*, aff. C-200/97, *Rec.* p. I. 7907. V. par ex. sur le caractère sélectif d'une mesure (exonération de droit d'accise) qui est réservée à certaines entreprises dans le secteur agricole, en l'espèce des serristes, Trib. UE, 13 sept. 2012, *Commission c/Italie*, aff. T-373/09.

66. CJCE, 15 déc. 2005, *Italie c/Commission*, aff. C-66/02, *Rec.* p. I. 10901.

67. CJCE, 22 déc. 2008, *British Aggregates*, préc. ; CJCE, 8 sept. 2011, *Paint Graphos*, aff. jtes C-78/08 à C-80/08, *Rec.* p. I. 761 ; v. par exemple à propos de dispositions fiscales applicables à certains accords mis en place pour le financement et l'acquisition de navires, Trib. UE, 17 déc. 2015, *Lico Leasing*, aff. jtes T-515/13 et T-719/13.

68. CJUE, 15 nov. 2011, *Commission et Espagne c/Government of Gibraltar et Royaume-Uni*, aff. jtes C-106/09 P et C-107/09 P, *Rec.* p. I. 11113 ; CJUE, 14 janv. 2015, *Eventech*, aff. C-518/13 ; CJUE, 30 juin 2016, *Belgique c/Commission*, aff. C-270/15 P.

69. Trib. UE, 16 sept. 2013, *BT Pension Scheme Trustees*, aff. jtes T-226/09 et T-230/09.

nature ou l'économie générale du système dans lequel elle s'inscrit[70]. C'est ainsi que la notion d'aide d'État ne vise pas les mesures étatiques introduisant une différenciation entre entreprises, qui sont *a priori* sélectives. Mais cette différenciation résulte de la nature ou de l'économie du système dans lequel elles s'inscrivent[71].

### 3. Une notion objective

**948.** La notion d'aide d'État est une notion objective. La Cour ne manque pas de rappeler régulièrement que l'aide d'État présente un caractère juridique et doit être interprétée sur la base d'éléments objectifs. Aussi, l'existence d'un avantage est-elle examinée au regard des effets anticoncurrentiels causés par la mesure d'aide. Elle n'est pas appréciée au regard d'autres éléments tels que la légalité de la mesure par laquelle l'aide est octroyée. Sur ce point, le juge de l'Union doit, en principe, exercer un entier contrôle en ce qui concerne la question de savoir si une mesure entre dans le champ d'application de l'article 107, paragraphe 1, TFUE[72]. Néanmoins, le contrôle juridictionnel est limité lorsque les appréciations portées par la Commission présentent un caractère technique ou complexe[73].

## B. La théorie de l'État en tant qu'investisseur privé

**949.** Au regard de la forme de l'aide, s'est posée, de manière délicate, la question de la prise de participation des autorités publiques dans le capital des entreprises. À l'examen de chaque cas d'espèce, il convient d'apprécier si, dans des circonstances similaires, un opérateur privé aurait été conduit à opérer à un tel apport en capital. L'opérateur aurait agi dans l'espoir raisonnable d'un profit dans le cadre d'une « politique structurelle », et serait « guidé par des perspectives de rentabilité à plus long terme »[74] et ce même dans le cadre d'une économie sociale de marché[75].

---

70. Trib. UE, 5 févr. 2015, *Aer Lingus*, aff. T-473/12.

71. CJCE, 22 déc. 2008, *British Aggregates*, préc. ; Trib. UE, 9 sept. 2014, *Lübeck*, aff. T- 461/12. CJUE, 4 juin 2015, *MOL*, aff. C-15/14 P ; CJUE, 21 déc. 2016, *World Duty Free Group*, aff. C-20/15 P. V. par exemple sur une mesure fiscale nationale qualifiée de « sélective » qui suppose, dans un premier temps, l'identification et l'examen préalables du régime fiscal commun ou normal applicable dans l'État membre concerné, et dans un second temps, d'apprécier et d'établir l'éventuel caractère sélectif de l'avantage octroyé. Il est nécessaire de démontrer que celle-ci déroge au système commun car elle introduit des différenciations entre les opérateurs se trouvant dans une situation factuelle et juridique comparable ; CJUE, 9 oct. 2014, *Navantia*, préc.

72. CJCE, 22 déc. 2008, *British Aggregates*, aff. C-487/06 P, *Rec.* p. I. 10515 ; CJCE, 21 juin 2012, *BNP Paribas*, aff. C-452/10 P ; CJUE, 30 nov. 2016, *France et Orange*, aff. C-486/15P.

73. CJCE, 21 juin 2012, *BNP Paribas*, préc. ; CJUE, 30 nov. 2016, *France et Orange*, préc.

74. CJCE, 21 mars 1991, *Italie c/ Commission*, préc ; Trib. UE, 15 déc. 2009, *EDF*, préc ; Trib. UE, 3 mars 2010, *Banken*, aff. T-163/05, *Rec.* p. II. 387 ; Trib. UE, 10 nov. 2011, *Elliniki*, préc.

75. V. à propos de coûts additionnels compte tenu du versement d'indemnités complémentaires de licenciement dans le souci de maintenir un dialogue social apaisé et pour conserver l'image de marque de groupe. Mais, pour être recevables, de tels arguments doivent cependant s'inscrire dans le cadre du test de l'investisseur privé en économie de marché à la lumière des activités économiques exercées par

Il faut savoir que la Commission a été le véritable maître d'œuvre du principe de l'investisseur en économie de marché, qu'elle a exposé précocement au sein de la Communication de 1984 sur les participations des autorités publiques dans les capitaux des entreprises[76], et de la Communication du 13 novembre 1993 sur l'application des articles 92 et 93 du traité CEE et de l'article 5 de la directive n° 80/723/CEE aux entreprises publiques du secteur manufacturier[77].

## 1. Le critère de l'opérateur rationnel

**950.** La jurisprudence de la Cour prend grand soin de distinguer entre le rôle de l'État membre actionnaire d'une entreprise et celui de l'État agissant en tant que puissance publique. L'applicabilité du critère de l'investisseur privé dépend de ce que l'État membre concerné accorde non pas en sa qualité de puissance publique, mais en sa qualité d'actionnaire, un avantage économique à une entreprise[78].

### a. L'applicabilité du critère de l'investisseur privé

**951.** En cas de prise de participation, une présomption d'aide prévaut même s'il est parfaitement concevable que dans une économie de marché, l'État soit en mesure, comme tout opérateur économique, de se comporter comme un investisseur privé dans le cadre d'une entreprise. Néanmoins, sous couvert de vouloir se comporter comme un simple investisseur qui escompte des dividendes, l'État est susceptible de dissimuler des aides d'État ayant vocation à extirper les entreprises de leurs difficultés financières[79].

Notons que lorsque le critère de l'investisseur privé peut être applicable, il appartient à la Commission de demander à l'État membre concerné de lui fournir toutes les informations pertinentes. Elles lui permettent de vérifier si les conditions d'applicabilité du critère sont remplies.

### b. Une analyse fine des circonstances économiques

**952.** Chaque examen implique une analyse fine et une interprétation des circonstances économiques dans lesquelles agit la personne publique[80]. À cet égard, selon la jurisprudence, lorsque la Commission doit appliquer le critère de l'investisseur privé avisé dans une économie de marché, l'usage de ce critère implique, en général, de la part de la

---

d'autres entreprises étant dans la même situation. Le risque de troubles sociaux et la contagion possible avec d'autres entreprises ne sont pas des justifications suffisantes, Trib. UE, 11 sept. 2012, *Corsica Ferries*, aff. T-565/08.

76. *Bulletin des Communautés européennes*, 9-1984, p. 98.

77. *JOCE* n° C 307, 13 nov. 1993.

78. CJCE, 14 sept. 1994, *Espagne c/Commission*, aff. jtes C-278/92, C-279/92 et C-280/92, *Rec.* p. I. 4103.

79. Pour deux exemples récents de non-satisfaction du critère de l'investisseur privé en économie de marché, Déc. 2013/150/UE, 9 janv. 2012, préc. ; Déc. 213/126/UE du 8 mai 2012, *JOUE* n° L 85, 23 mars 2013 (aide accordée par l'Espagne à un complexe cinématographique).

80. Trib. UE, 15 déc. 2009, *EDF*, préc.

Commission une appréciation économique complexe[81]. Il est, en effet, nécessaire de prendre en considération la situation économique de l'opérateur destinataire de l'aide par rapport à ses concurrents, l'ensemble des circonstances de l'espèce[82], les caractéristiques du marché ou les perspectives d'évolution.

C'est de cette manière qu'est apprécié si, dans des circonstances similaires, un investisseur privé, d'une taille comparable à celle des organismes gérant le secteur public, aurait pu être amené à procéder à des apports de capitaux de la même importance[83]. Seuls les bénéfices et les obligations liés à la situation de l'État membre concerné en qualité d'actionnaire, à l'exclusion de ceux liés à sa qualité de puissance publique, sont pris en compte[84].

Et dans l'hypothèse où il n'y a pas possibilité de comparer la situation d'une entreprise publique avec celle d'une entreprise privée, les « conditions normales de marché » doivent s'apprécier par référence aux éléments objectifs et vérifiables qui sont disponibles[85].

### c. Le recours à la directive *Transparence*

**953.** Les autorités de l'Union ont adopté une position ferme sur les interventions des États dans le capital des entreprises privées ou publiques. Par la directive dite *Transparence* du 16 novembre 2006[86], la Commission prend soin d'isoler les situations et les relations financières qui appellent particulièrement une surveillance du comportement de l'État. Il faut en assurer la transparence, en leur appliquant le principe de l'investisseur privé en économie de marché.

Ces situations sont la compensation des pertes d'exploitation, la renonciation à une rémunération normale des ressources publiques engagées, les apports en capital ou en dotation, les apports à fonds perdu ou les prêts à des conditions privilégiées, l'octroi d'avantages financiers sous forme de non-perception de bénéfices ou de non-recouvrement de créances, ou la compensation de charges imposées par les pouvoirs publics.

#### α. *L'obligation de comptes séparés*

**954.** La Commission pose une obligation pour certaines entreprises de tenir des comptes séparés. Cette obligation permet d'assurer la transparence de la structure financière et organisationnelle des entreprises

81. CJUE, 2 sept. 2010, *Scott*, préc. ; CJUE, 30 nov. 2016, *France et Orange*, préc.

82. Trib. UE, 13 déc. 2011, *Konsum*, aff. T-244/08. V. également à propos d'une participation tacite d'une banque publique allemande dans le capital d'une entreprise, qui doit être considérée comme un prêt à la lumière du critère de l'investisseur privé en économie de marché, Trib. UE, 3 juill. 2013, *MB System*, préc.

83. CJCE, 8 mai 2003, *SIM 2 Multimedia*, préc

84. CJUE, 5 juin 2012, *EDF*, aff. C-124/10 P.

85. CJCE, 3 juill. 2003, *Chronopost*, préc. ; CJUE, 5 juin 2012, *EDF*, préc. ; CJUE, 4 sept. 2014, *SNCM*, aff. C-533/12P.

86. Directive n° 2006/111/CE relative à la transparence des relations financières entre les États membres et les entreprises publiques ainsi qu'à la transparence financière dans certaines entreprises, *JOUE* n° L 318, 17 nov. 2006. La directive n° 2006/111/CE remplace la directive n° 80/723/CEE du 25 juin 1980, *JOCE* n° L 195, 29 juill. 1980.

publiques et privées auxquelles sont accordés des droits spéciaux ou exclusifs, ou chargées de l'exploitation d'un service d'intérêt économique général pour lequel elles reçoivent une compensation. La Commission s'attache à vérifier qu'il n'y a pas de surcompensation, ni de subventions croisées vers les autres activités économiques de l'entreprise.

La directive prévoit cependant un certain nombre d'exemptions. En effet, elle n'est pas applicable notamment à certaines entreprises publiques ou privées prestataires de services qui ne sont pas susceptibles d'affecter sensiblement les échanges, aux banques centrales, ou aux établissements de crédit publics en ce qui concerne les dépôts par les pouvoirs publics de fonds publics aux conditions normales du marché.

#### β. *L'obligation de mise à disposition des données*

**955.** La Commission doit disposer des données détaillées lui permettant de s'assurer que les États membres n'accordent pas aux entreprises publiques ou privées des aides incompatibles avec le marché intérieur. Dès lors, les États membres doivent prendre les mesures nécessaires pour que les données relatives à la structure financière et organisationnelle des entreprises concernées restent à la disposition de la Commission pendant cinq ans.

À la demande de la Commission, les États membres sont tenus de lui communiquer ces données. Ils doivent fournir, annuellement, pour toute entreprise concernée, le rapport de gestion, les comptes annuels, les convocations des assemblées d'actionnaires et toute autre information pertinente. En outre, les États sont tenus de communiquer à la Commission, au plus tard le 31 mars de chaque année, la liste des entreprises concernées.

Les comptes séparés doivent refléter les différentes activités exercées par la même entreprise, en faisant ressortir les produits et les charges associés à ces différentes activités ainsi que la méthode de leur imputation ou répartition.

Des dispositions spécifiques s'appliquent aux entreprises publiques opérant dans le secteur manufacturier, dès lors que leur chiffre d'affaires annuel dépasse les 250 millions d'euros. En effet, des aides dans ce domaine sont susceptibles d'entraîner d'importantes distorsions de concurrence.

À la lumière des différents éléments mis à sa disposition, la Commission peut considérer qu'il n'y a pas aide d'État si l'apport en capital est réalisé dans les circonstances qui seraient acceptables pour un investisseur privé opérant dans des conditions normales de marché.

Or, tel n'est précisément pas le cas lorsque la structure et le volume de l'endettement sont tels qu'il n'est pas raisonnable d'escompter un rendement normal en dividendes ou en valeur des capitaux investis dans un délai raisonnable.

### d. L'apport de la jurisprudence : l'arrêt *Intermills*

**956.** La Cour de justice a été amenée à confirmer l'analyse de la Commission. En effet, elle a reconnu à son tour qu'une prise de participation publique dans le capital d'une entreprise peut être constitutive d'une aide d'État, ou contenir un élément d'aide.

Plus précisément, dans l'arrêt *Intermills*[87], la Cour considère qu'une prise de participation ou un apport en capital public sont des aides dès l'instant qu'ils ont pour objet d'apporter un soutien financier à l'entreprise bénéficiaire. Il peut s'agit indifféremment d'une entreprise privée ou publique[88].

La circonstance qu'un investisseur privé placé dans les mêmes circonstances n'aurait pas procédé à un tel investissement constitue en ce sens un indice majeur[89]. Afin d'apprécier si la même mesure aurait été adoptée dans les conditions normales du marché par un investisseur privé se trouvant dans une situation la plus proche possible de celle de l'État, rappelons que seuls les bénéfices et les obligations liés à la qualité d'actionnaire, à l'exclusion de ceux liés à sa qualité de puissance publique, sont à prendre en compte[90].

L'applicabilité du critère de l'investisseur privé dépend dès lors de ce que l'État membre concerné accorde, en sa qualité d'actionnaire, et non pas en sa qualité de puissance publique, un avantage économique à une entreprise lui appartenant. De nouveau, c'est l'avantage qui est ici apprécié et non sa forme. Celle-ci est indifférente[91]. Il faut bien comprendre que l'applicabilité du critère à une intervention publique dépend de la qualification de l'intervention en tant que décision prise par un actionnaire de l'entreprise en question. Elle ne dépend nullement de la forme sous laquelle l'avantage a été octroyé

Dans un arrêt rendu en Grande chambre, *Commission c/ EDF* du 5 juin 2012[92], la Cour a renforcé la portée du critère. Elle a en effet considéré que lorsqu'un État membre confère un avantage économique à une entreprise lui

87. CJCE, 14 nov. 1984, *Intermills*, aff. 323/82, *Rec.* p. 3830. Dans ses conclusions, l'avocat général Verloren Van Themaat explique que, « [d]ans la présente affaire, il est clairement question d'une prise de participation dans le capital d'une entreprise en difficulté qui (...) a déjà été considérée par la Commission comme une aide au sens de l'article 92. (...) [L]a présente prise de participation dans le capital des entreprises du groupe Intermills est en outre essentiellement destinée à couvrir des pertes. Il ne semble faire aucun doute qu'une telle forme de couverture très importante des pertes qui maintient artificiellement une entreprise en vie doit être qualifiée, elle aussi, d'aide au sens de l'article 92. Cela vaut d'autant plus que le caractère non temporaire de cette prise de participation dans le capital ainsi que le fait que, quatre ans après l'octroi des aides, la rentabilité des sièges d'exploitation toujours en activité n'a même pas encore été rétablie obligent à en déduire que ce capital n'aurait pas pu être obtenu sur le marché privé des capitaux ». V. aussi les arrêts *Belgique c/Commission*, v. CJCE, 10 juill. 1986, *Belgique c/Commission*, aff. 234/84, *Rec.* p. 2263, et aff. 40/85, *Rec.* p. 2321 ; v. par la suite pour une ligne jurisprudentielle constante, CJCE, 21 mars 1991, *Italie c/ Commission*, C-305/89, *Rec.* p. I. 1603 ; TPICE, 14 déc. 2000, *UFEX*, préc. ; TPICE, 9 juill. 2008, *Alitalia*, aff. T-301/01 ; Trib. UE, 13 sept. 2010, *Grèce c/Commission*, aff. jtes T-415/05, T-416/05 et T-423/05, *Rec.* p. II. 45.

88. V. par ex. TPICE, 25 juin 1998, *British Airways*, aff. jtes T-371/94 et T-394/94, *Rec.* p. II. 2405 ; TPICE, 30 nov. 2009, *France Telecom*, aff. jtes T-427/04 et T-17/05, *Rec.* p. II. 4315 ; Trib. UE, 1er juill. 2010, *Métropole Télévisions*, aff. jtes T-568/08 et T-573/08.

89. CJCE, 21 mars 1991, *Italie c/Commission*, aff. préc. ; CJCE, 16 mai 2002, *France c/ Commission*, aff. C-482/99, *Rec.* p. I. 4397 ; CJUE, 9 juin 2011, *Comitato « Venezia vuole vivere »*, aff. jtes C-71/09 P, C-73/09 P et C-76/09 P ; CJUE, 5 juin 2012, *EDF*, aff. C-124/10 P.

90. CJCE, 10 juill. 1986, *Belgique c/Commission*, préc. ; CJCE, 14 sept. 1994, *Espagne c/Commission*, aff. jtes C-278/92 à C-280/92, *Rec.* p. I. 4103 ; CJCE, 28 janv. 2003, *Allemagne c/Commission*, aff. C-334/99, *Rec.* p. I. 1139.

91. CJUE, 5 juin 2012, *EDF*, préc.

92. CJUE, 5 juin 2012, *EDF*, aff. C-124/10 P.

appartenant, le caractère fiscal du procédé employé n'est pas de nature à écarter d'emblée l'applicabilité du critère de l'investisseur privé. Il est possible de conclure à l'applicabilité du critère de l'investisseur privé dans le cadre de moyens de nature fiscale alors même qu'ils relèvent de la puissance publique.

## 2. La charge de la preuve

**957.** Lorsqu'un État membre invoque, au cours de la procédure administrative, le critère de l'investisseur privé, il lui incombe, en cas de doute, d'établir sans équivoque et sur la base d'éléments objectifs et vérifiables, que la mesure mise en œuvre relève de sa qualité d'actionnaire.

### a. Les éléments soumis par l'État membre

**958.** Les éléments présentés doivent faire apparaître que l'État membre a pris, préalablement ou simultanément à l'octroi de l'avantage économique, la décision de procéder, par la mesure mise en œuvre, à un investissement dans l'entreprise en cause.

Peuvent notamment être demandés des éléments faisant apparaître que sa décision est fondée sur des évaluations économiques comparables à celles qu'un investisseur privé rationnel aurait fait établir, avant de procéder à l'investissement, afin de déterminer la rentabilité future de l'opération. En revanche, des évaluations économiques établies après l'octroi de l'avantage, le constat rétrospectif de la rentabilité effective de l'investissement réalisé par l'État membre, ou des justifications ultérieures du choix du procédé retenu, ne suffisent pas à établir que cet État membre a pris, préalablement ou simultanément à cet octroi, une telle décision en sa qualité d'actionnaire.

### b. Une appréciation économique complexe

**959.** Si l'État membre fait parvenir ces éléments à la Commission, celle-ci doit effectuer une appréciation globale. La charge de la preuve des conditions d'application du critère du créancier privé en économie de marché pèse sur la Commission, Elle prend en compte tout élément pertinent lui permettant de déterminer si l'entreprise bénéficiaire n'aurait manifestement pas obtenu des facilités comparables d'un créancier privé. Elle doit apprécier, outre les éléments fournis par l'État, tout autre élément pertinent lui permettant de déterminer si la mesure en cause relèvede sa qualité d'actionnaire ou de celle de puissance publique. En particulier, peuvent être pris en compte la nature et l'objet de la mesure, le contexte dans lequel elle s'inscrit, ainsi que l'objectif poursuivi et les règles auxquelles elle est soumise[93].

93. CJUE, 5 juin 2012, *EDF*, préc.

**960.** Cet examen requiert une appréciation économique complexe[94] sur laquelle le juge de l'Union ne peut effectuer qu'un contrôle restreint. En effet, dans le cadre du contrôle que les juridictions de l'Union exercent sur les appréciations économiques complexes faites par la Commission dans le domaine des aides d'État, il n'appartient pas au juge de substituer son appréciation économique à celle de la Commission[95].

Le juge peut cependant vérifier l'exactitude matérielle des éléments de preuve invoqués, leur fiabilité et leur cohérence. Il peut contrôler si ces éléments constituent l'ensemble des données pertinentes devant être prises en considération pour apprécier une situation complexe, et s'ils sont de nature à étayer les conclusions qui en sont tirées[96].

La Commission est tenue de s'assurer que les renseignements dont elle dispose, même fragmentaires et incomplets, constituent une base suffisante pour conclure qu'une entreprise a bénéficié d'un avantage constitutif d'une aide d'État[97].

### 3. La jurisprudence *Altmark* et le paquet législatif post-*Altmark*

**961.** Le critère de l'investisseur privé peut rencontrer, dans certaines circonstances, des limites et n'avoir qu'une portée relative. En effet, il va de soi que l'État ne peut pas être complètement assimilable à un opérateur économique ordinaire. Il peut et souvent doit opérer un investissement dans un objectif d'intérêt général ou supérieur à des considérations purement marchandes.

#### a. Les limites du critère de l'investisseur privé : l'arrêt *Altmark*

**962.** L'important arrêt *Altmark* du 24 juillet 2003[98] a pu à cet égard révéler les limites du critère de l'investisseur privé en économie de marché au regard de certaines entreprises. Il s'agit notamment des SIEG qui sont dans une relation d'étroite proximité avec l'État.

La Cour a considéré que le fait pour l'État d'octroyer une compensation financière en contrepartie de l'exécution par le prestataire d'une mission de service public n'est pas constitutive d'une aide d'État. Ce n'est pas dès lors

94. CJCE, 22 nov. 2007, *Lenzing*, aff. C-525/04 P, *Rec.* p. I. 9947.

95. CJUE, 2 sept. 2010, *Scott*, préc.

96. CJCE, 15 févr. 2005, *Tetra Laval*, aff. C-12/03 P, *Rec.* p. I. 987 ; CJUE, 2 sept. 2010, *Scott*, préc. ; CJUE, 24 janv. 2013, *Frucona* aff. C-73/11.

97. CJCE, 17 sept. 2009, *MTU*, aff. C-520/07 P, *Rec.* p. I. 8555.

98. CJCE, 24 juill. 2003, *Altmark*, préc.

une surcompensation si l'octroi répond à certaines conditions. Les quatre critères requis sont cumulatifs dans l'appréciation de la compensation[99] :

- les obligations de mission de service public doivent être précisément et clairement établies[100] ;
- les conditions de la compensation en faveur de l'entreprise doivent être établies de manière objective, transparente et au préalable. Cette condition permet de discerner l'existence d'un avantage économique[101] ;
- le financement public doit répondre à un principe de nécessité, c'est-à-dire qu'il doit s'élever à ce qui est strictement requis pour couvrir les coûts de l'exécution des obligations de service public. Néanmoins, ilest concevable que l'entreprise tire un profit mesuré de l'exécution de ses obligations ;
- l'entreprise doit faire supporter son service au moindre coût pour la collectivité. Elle doit prendre comme élément de comparaison une entreprise moyenne du même secteur, correctement gérée et équipée, qui remplirait des missions semblables.

Il convient également de souligner qu'en cas de compensations nouvelles[102] à celles existantes, il s'agirait dans ce cas d'aides d'État classiques. Elles restent alors soumises à une notification auprès de la Commission avant tout versement[103].

À la suite de l'arrêt *Altmark*, la Commission a adopté, en 2005, trois textes constituant le Paquet *Monti Kroes*[104] communément appelé le Paquet *Altmark*. Cet ensemble de textes[105] a pour objet d'encadrer avec acuité les financements versés à certaines entreprises par les États en compensation des charges de service d'intérêt économique général. Il s'agit d'éviter la surcompensation qui serait alors qualifiée d'aide d'État tombant sous le coup de l'article 107 TFUE.Ce paquet législatif établit qu'une compensation de service public n'est pas considérée comme une aide d'État, si elle répond aux quatre critères cumulatifs issus de la jurisprudence *Altmark* que nous venons d'examiner.

---

99. Pour un nouveau rappel de ces conditions, v. par exemple, CJUE, 8 mai 2013, *Libert*, préc.

100. V. CJCE, 27 avr. 1994, *Commune d'Almelo*, préc. ; TPICE, 12 févr. 2008, *BUPA*, aff. T-289/03, *Rec.* p. II. 81 ; TPICE, 26 juin 2008, *SIC*, préc. ; CJUE, 20 avr. 2010, *Federutility*, aff. C-265/08, *Rec.* p. I. 3377.

101. TPICE, 12 févr. 2008, *BUPA*, préc.

102. CJCE, 7 mai 2009, *Antrop*, aff. C-504/07, *Rec.* p. I. 3867.

103. TPICE, 20 juin 2007, *Tirrenia*, aff. T-246/99, *Rec.* p. II. 65. V. plus récemment Trib. UE, 16 oct. 2013, *Télévision française 1 (TF1)*, aff. T-275/11. Dans cet arrêt, le juge de l'Union considère qu'il n'existe pas en l'espèce de risque de surcompensation des coûts nets de la mission de service public de France Télévisions. La Commission n'a dès lors commis aucune erreur de droit en ne prenant pas en compte, dans le cadre de l'examen de la compatibilité de la mesure d'aide, l'efficacité économique de France Télévisions dans l'exécution de sa mission de service public.

104. Du nom des deux anciens commissaires à la Concurrence, M. M. Monti et M^me N. Kroes.

105. Il s'agit de la décision n° 2005/842/CE de la Commission du 28 nov. 2005 (*JOUE* n° L 312, 29 nov. 2005), de l'encadrement communautaire des aides d'État sous forme de compensations de service public 2005/C 297/04 du 28 nov. 2005 (*JOUE* n° C 297, 29 nov. 2005) et de la directive n° 2005/81/CE du 28 nov. 2005 relative à la transparence des relations financières entre les États membres et les entreprises publiques ainsi qu'à la transparence financière dans certaines entreprises, laquelle est, rappelons-le, remplacée par la directive n° 2006/111/CE du 16 nov. 2006. Concernant la décision n° 2005/842/CE, celle-ci établit les types de compensations de service public qui sont considérés comme des aides d'État mais compatibles avec le marché intérieur, et dans ce cas, exemptées d'une notification auprès de la Commission.

## b. La révision du paquet *Altmark* : le paquet *Almunia*

**963.** Le paquet *Altmark* a récemment fait l'objet d'une révision. En effet, la Commission a adopté un nouveau paquet législatif, dit paquet *Almunia* du nom du Commissaire à la concurrence M. J. Almunia. Ce paquet, composé de trois textes[106] adoptés le 20 décembre 2011 et applicables depuis le 31 janvier 2012, et d'un projet de règlement[107], a pour objet de définir et conforter de manière précise les conditions dans lesquelles les aides d'État sous la forme de compensations de service public peuvent être considérées comme compatibles avec les traités. Il est à noter que la directive *Transparence* du 16 novembre 2006 demeure applicable.

Le paquet *Almunia* repose sur quatre instruments, qui s'appliquent aux États dès l'instant que ceux-ci accordent des compensations pour la fourniture de SIEG.

Parmi ces instruments, figure une nouvelle Communication. Celle-ci précise et consolide des notions fondamentales relatives aux SIEG, comme notamment les notions d'aide, de SIEG, d'activité économique, ou encore la question de la convergence des procédures de marchés publics.

Le paquet *Almunia* comprend également une décision qui permet d'exempter les États membres de l'obligation de notification auprès de la Commission pour les compensations de service public accordées à certaines catégories de SIEG. En effet, il s'agissait jusqu'alors d'une exemption réservée aux hôpitaux et au logement social. Désormais, l'exemption s'applique à un champ plus large de services sociaux[108] et ce indépendamment du montant de la compensation reçue et du chiffre d'affaires de la structure chargée de la mise en œuvre du service. En revanche, il est nécessaire qu'un acte officiel de mandatement ait été adopté et que l'aide ait pour objet d'assurer les coûts de fourniture des services. De plus, cette même décision abaisse le seuil à partir duquel les compensations des autres SIEG doivent être notifiées. Ce seuil a été ramené de 30 à 15 millions d'euros. En effet, il a été considéré que le seuil précédent permettait de soustraire à l'examen de la Commission des secteurs importants au sein du marché intérieur.

Le nouveau paquet présente également une Communication qui établit un cadre permettant d'apprécier les montants de compensation élevés accordés à des opérateurs en dehors du secteur des services sociaux. Ces compensations doivent faire l'objet d'une notification à la Commission. Elles peuvent

106. Communication du 20 déc. 2011 de la Commission sur l'application des règles de l'Union européenne aux aides d'État à l'indemnisation accordée pour la fourniture de services d'intérêt économique général, *JOUE* n° C 8, 11 janv. 2012 ; décision de la Commission du 20 déc. 2011 sur l'application de l'article 106 (2) du TFUE aux aides d'État sous forme de compensations de service public octroyées à certaines entreprises chargées de la gestion des services d'intérêt économique général, *JOUE* n° L 7, 11 janv. 2012 ; Communication du 20 déc. 2011 de la Commission, « Encadrement de l'Union européenne applicable aux aides d'État sous forme de compensations de service public », *JOUE* n° C 8, 11 janv. 2012.

107. Ce projet de reglèment a été adopté ultérieurement.

108. Selon la décision, les services concernés doivent répondre à des besoins sociaux concernant les soins de santé et de longue durée, la garde d'enfants, la réinsertion sur le marché du travail, le logement social, les soins et l'inclusion sociale des groupes vulnérables.

être déclarées compatibles avec le marché intérieur si elles satisfont à certains critères.

Enfin, le paquet *Almunia* contenait une proposition de règlement *de minimis*, permettant aux compensations dont le montant est inférieur à un certain seuil de ne pas relever du contrôle des aides d'État. Un seuil de 500 000 euros sur trois ans a été adopté par le règlement (UE) n° 360/2012 de la Commission[109], qui est en vigueur jusqu'au 31 décembre 2018. Il est supérieur aux seuils de *minimis* applicables aux aides d'États qui est de 200 000 euros sur trois ans[110]. Le paquet *Almunia* est désormais complet.

# Section 2
# L'incompatibilité des aides d'État avec le droit de l'Union européenne

**964.** À la différence des dispositions de fond en matière d'ententes ou d'abus de position dominante, l'article 107, paragraphe 1, TFUE ne pose pas un principe d'interdiction. En effet, les auteurs du traité ne pouvaient pas adresser aux États membres une injonction ferme dans un domaine aussi sensible, et ce d'autant qu'ils disposaient jusqu'alors d'une pleine souveraineté en matière d'interventions publiques.

## §1. Le principe d'incompatibilité

**965.** Le traité a opté pour un principe d'incompatibilité des aides d'État, qui dissimule subtilement une interdiction.

L'article 107 TFUE dispose que, sauf dérogations prévues par les traités, sont incompatibles avec le marché intérieur, dans la mesure où elles affectent les échanges entre États membres, les aides accordées par les États ou au moyen de ressources d'État sous quelque forme que ce soit qui faussent ou menacent de fausser la concurrence en favorisant certaines entreprises ou certaines productions.

Comme dans de nombreux domaines en droit économique de l'Union, et compte tenu de sa porosité avec le droit interne des interventions publiques, le droit des aides repose sur un contrôle soutenu. Il est ainsi permis d'évoquer une véritable maîtrise de l'initiative publique.

109. Règl. 25 avr. 2012 relatif à l'application des articles 107 et 108 du traité sur le fonctionnement de l'Union européenne aux aides *de minimis* accordées à des entreprises fournissant des services d'intérêt économique général, *JOUE* n° L 114, 26 avr. 2012.

110. Règlement (UE) n° 1407/2013, préc. ; *JOUE* n° L 24, déc. 2013.

## A. La distinction entre aides incompatibles et aides illicites

**966.** Il importe d'établir la distinction entre l'aide incompatible et l'aide illicite. La première ne répond pas aux conditions de fond requises alors que l'aide illicite est qualifiée comme telle car elle a été accordée en violation des règles de procédures, c'est-à-dire avant l'accord de la Commission qui aurait dû s'exprimer par voie de décision[111].

En effet, selon une jurisprudence constante, une mesure d'aide mise à exécution en méconnaissance des obligations procédurales découlant de l'article 108, paragraphe 3, TFUE (notamment la notification), est illégale[112]. Dans pareille hypothèse, la Commission est néanmoins tenue d'examiner la compatibilité de l'aide projetée avec le marché intérieur. En cas de décision de compatibilité d'une aide, celle-ci n'affecte pas l'illégalité de l'aide car une autre interprétation conduirait à favoriser l'inobservation, par l'État membre concerné, de l'article 108, paragraphe 3, dernière phrase, TFUE et le priverait de son effet utile[113].

À cet égard, la Cour met en avant dans sa jurisprudence la notion d'opérateur *diligent* qui vient consolider l'obligation de remboursement pesant sur ce dernier. Elle fait valoir qu'un opérateur bénéficiaire d'une aide d'État ne peut avoir une confiance légitime dans le caractère licite de l'aide sauf s'il s'est assuré qu'elle a été octroyée dans la régularité[114].

## B. La verticalité du principe d'incompatibilité

**967.** Le principe d'incompatibilité des aides d'État accuse, depuis toujours, une forte verticalité. Celle-ci se manifeste par deux tendances défendues par la Commission et la Cour : une sévérité dans l'encadrement de l'aide d'État, notamment au regard de ses modalités, et une conceptualisation très fine en amont de certaines notions, comme précisément l'aide d'État ou d'autres notions connexes. Pourtant sommairement évoquées par le traité, ces dernières sont au cœur de l'ensemble du dispositif. À cet égard, la Commission fait preuve de constance et ténacité dans la surveillance qu'elle mène dans le domaine des aides d'État et l'application du principe d'incompatibilité. Il suffit de se montrer attentif à son discours, toujours aussi intransigeant depuis le premier rapport sur la politique de concurrence[115].

---

111. CJCE, 14 févr. 1990, *France c/ Commission*, aff. C-301/87, *Rec.* p. I. 307.

112. CJUE, 8 déc. 2011, *Residex*, aff. C-275/10, *Rec.* p. I. 13043.

113. CJCE, 21 nov. 1991, *Syndicat national des négociants et transformateurs de saumon*, aff. C-354/90, *Rec.* p. I. 5505 ; CJCE, 12 févr. 2008, CELF, aff. C-199/06, *Rec.* p. I. 469 ; CJUE, 5 mars 2015, *Banco Privado Português*, aff. C-667/13.

114. CJCE, 20 sept. 1990, *Commission c/ Allemagne*, aff. C-5/89, *Rec.* p. I. 3437 ; v. également sur le principe de confiance légitime, CJCE, 19 juin 2008, *Commission c/ Allemagne*, aff. C-39/06, *Rec.* p. I. 93.

115. Le premier rapport sur la politique de concurrence a été publié en 1971.

**968.** Néanmoins, les effets de la crise économique et financière mondiale sur le système financier européen ont conduit la Commission à assouplir, de manière ponctuelle, sa politique en matière d'aides d'État[116]. Elle veille à ce que les projets d'aides soient fondés sur l'article 107, paragraphe 3, lettre c (pour les aides individuelles) ou, de manière plus restrictive, en fonction de l'évolution de la crise, sur l'article 107, paragraphe 3, lettre b (régimes d'aides dans l'hypothèse de crise systémique).

Au regard des règles de procédure, elle s'engage à traiter les dossiers de validation de manière très rapide, dans les 24 heures si nécessaire et au cours d'un week-end.

De même, à l'occasion de trois Communications adoptées en 2010 et 2011, la Commission a révisé un certain nombre de textes afin d'adapter le droit des aides au contexte de crise économique et financière[117].

## §2. Conditions d'incompatibilité

**969.** Les aides d'État sont réputées incompatibles si elles répondent à deux conditions classiques en droit de l'Union que nous retrouvons en matière d'ententes et d'abus de position dominante.

### A. Deux conditions cumulatives : l'affectation des échanges et l'atteinte à la concurrence

**970.** Pour être déclarée incompatible, l'aide doit avoir pour effet d'affecter les échanges entre les États membres et porter atteinte à la concurrence[118].

#### 1. Le renforcement de la position de certaines entreprises au regard des échanges et de la concurrence

**971.** L'aide doit renforcer la position de certaines entreprises par rapport à celle d'autres entreprises concurrentes dans les échanges entre les États membres. En fait, ces derniers sont considérés comme influencés par l'aide. Il n'est pas nécessaire que les entreprises bénéficiaires participent elles-mêmes aux échanges entre les États membres. En effet,

116. V. parmi les textes récents, communication de la Commission concernant l'application, à partir du 1er août 2013, des règles en matière d'aides d'État aux aides accordées aux banques dans le contexte de la crise financière, *JOCE* n° 216, 20 juill. 2013.

117. Pour le secteur bancaire et financier et l'économie réelle, v. Communication de la Commission modifiant les lignes directrices communautaires concernant les aides d'État visant à promouvoir les investissements en capital-investissement dans les petites et moyennes entreprises *JOUE* n° C 329, 7 déc. 2010 ; Communication de la Commission concernant l'application, à partir du 1er janv. 2011, des règles en matière d'aides d'État aux aides accordées aux banques dans le contexte de la crise financière, *JOUE* n° C 329, 7 déc. 2010 ; Communication relative au cadre temporaire de l'Union pour les aides d'État destinées à favoriser l'accès au financement dans le contexte de la crise économique et financière actuelle, *JOUE* n° C 6, 11 janv. 2011, pour un cas d'application, Trib. UE, 27 févr. 2013, *Vegyipari*, préc.

118. Trib. UE, 18 janv. 2012, *Djebel-SGPS*, aff. T-422/07.

lorsqu'un État membre octroie une aide à des entreprises, l'activité intérieure se trouve maintenue ou augmentée, avec la conséquence que les chances des entreprises établies dans d'autres États membres de pénétrer le marché de cet État membre en sont diminuées[119].

Quant à la condition de la distorsion de la concurrence, l'aide vise, par définition, à libérer une entreprise des coûts qu'elle aurait normalement dû supporter dans le cadre de sa gestion courante ou de ses activités normales, ce qui fausse les conditions de concurrence[120]

## 2. Une analyse *in concreto* des effets de l'aide

**972.** De manière générale, concernant les deux conditions, la Cour se montre d'une grande intransigeance quant à la motivation des décisions de la Commission.

Cette dernière doit démontrer avec acuité les effets de l'aide, cumulativement sur les échanges et la concurrence. Elle ne peut pas omettre l'examen d'une des conditions[121]. Par ailleurs, elle ne peut pas se contenter de reproduire l'énoncé de l'article 107, paragraphe 1, TFUE. Elle doit être précise dans la formulation des griefs et se livrer à un examen *in concreto* de l'aide en cause, à défaut duquel sa décision encourt le risque d'être annulée par la Cour. Cette dernière exerce un contrôle réel[122].

**973.** À titre d'exemple, la Commission doit décrire les caractéristiques de l'aide ainsi que celles du secteur et des concurrents pour permettre d'apprécier au mieux la pertinence de l'effet de l'aide sur le marché.

Pour autant, une analyse approfondie du marché concerné n'est pas nécessaire pour déterminer l'existence d'un avantage au sens de l'article 107, paragraphe 1, TFUE. En effet, selon la jurisprudence, la Commission n'est pas tenue d'effectuer une analyse économique pointue de la situation réelle des marchés concernés, de la part de marché des entreprises bénéficiaires des aides, de la position des entreprises concurrentes et des courants d'échanges entre États membres[123] ou encore de définir les marchés de référence[124].

## 3. La potentialité des effets retenue

**974.** Même si l'effet peut être réel, l'effet potentiel peut être retenu[125]. De jurisprudence constante, la Commission n'est pas tenue de démontrer l'effet réel.

---

119. 21 déc. 2016, *Vervloet*, aff. C-76/15.

120. CJUE, 26 oct. 2016, *Orange*, aff. C-211/15 P.

121. TPICE, 6 juill. 1995, *AITEC*, aff. T-447/93, T-448/93 et T-449/93, *Rec.* p. II. 1971.

122. CJCE, 13 mars 1985, *Leeuwarder*, aff. jtes 296/82 et 318/82, *Rec.* p. 809.

123. CJCE, 29 sept. 2000, *CETM*, aff T-55/99, *Rec.* p. II. 3207.

124. CJCE, 8 janv 2015, *Loutraki*, aff. T-58/13.

125. Trib. UE, 16 déc. 2010, *Pays-Bas c/Commission*, aff. jtes T-231/06 et 237/06.

Il suffit que l'effet réel soit présumé. Il n'est pas nécessaire d'établir une incidence réelle[126] de l'aide sur les échanges entre États membres ni une distorsion effective de concurrence. Mais la Commission doit seulement examiner si l'aide est susceptible d'affecter ces échanges et de fausser la concurrence. La Commission est uniquement tenue d'établir que la mesure est susceptible de produire de tels effets[127]. C'est particulièrement le cas lorsqu'une aide accordée par un État membre renforce la position d'une entreprise par rapport à d'autres entreprises concurrentes dans les échanges intracommunautaires considérés comme influencés par l'aide[128].

Il n'est pas nécessaire non plus que les entreprises bénéficiaires participent elles-mêmes aux échanges intracommunautaires. En effet, lorsqu'un État membre octroie une aide à des entreprises, l'activité intérieure peut s'en trouver maintenue ou augmentée, avec pour conséquence que les chances des entreprises établies dans d'autres États membres de pénétrer le marché de cet État membre en sont diminuées[129].

En outre, selon la jurisprudence de la Cour, il n'existe pas de seuil ou de pourcentage au-dessous duquel il est possible de considérer que les échanges entre les États membres ne sont pas affectés. En effet, la taille relativement modeste de l'entreprise bénéficiaire n'excluent pas *a priori* l'éventualité que les échanges entre les États membres soient affectés[130].

## 4. L'identification du caractère économique de l'entité bénéficiaire

**975.** L'identification du caractère économique d'une activité constitue un préalable nécessaire à l'application ou non de la réglementation relative aux aides d'État dans le cadre de l'octroi d'un financement public. Nous savons que l'activité économique d'une entité se définit par l'offre de biens ou services[131] sur un marché pertinent, celui-ci pouvant être réel ou simplement potentiel. Le nombre de concurrents ou leur existence importe peu également. Ils doivent être *a minima* potentiels.

**976.** En réalité, l'appréciation du caractère économique d'une activité se fait au cas par cas, la Cour et la Commission retenant une conception extensive de la notion d'activité économique.

Il s'agit de toutes les activités susceptibles d'être qualifiées comme telles[132] à l'exception de celles relevant de prérogatives de puissance publique[133].

126. Trib. UE, 20 sept. 2012, *France c/Commission*, aff. T-154/10 ; CJUE, 8 mai 2013, *Libert*, préc.

127. CJCE, *Unicredito Italiano*, aff. C-148/04, *Rec.* I. 11137 ; CJUE, 14 janv 2015, *Eventech*, aff. C-518/13 ; CJUE, 5 mars 2015, *Banco Privado Português*, aff. C-667/13.

128. Trib. UE, 10 sept. 2009, *Banco Comercial dos Açores*, aff. T-75/03 ; Trib. UE, 13 sept. 2012, *Commission c/Italie*, préc. ; Trib. UE, 27 févr. 2013, *Vegyipari*, préc. ; CJUE, 8 mai 2013, *Libert*, préc.

129. CJUE, 8 mai 2013, *Libert*, préc.

130. CJUE, 24 juill. 2003, *Altmark*, préc. ; CJUE, 14 janv 2015, *Eventech*, préc.

131. CJCE, 25 oct. 2001, *Glöckner*, préc.

132. CJCE, 23 avr. 1991, *Höfner et Elser*, préc.

133. CJCE, 19 janv. 1994, *Eurocontrol*, préc.

Ainsi, la construction d'une infrastructure sera considérée comme une activité économique si elle est destinée à être exploitée commercialement[134]. *A contrario*, certaines activités de nature sociale, comme la gestion des caisses d'assurance maladie poursuivant un objectif exclusivement social et fonctionnant selon le principe de solidarité, sont considérées comme des activités non économiques[135].

Les personnes physiques peuvent être considérées comme des entreprises. C'est notamment le cas par exemple des agriculteurs dans le secteur agricole. S'agissant des associations, certaines qui œuvrent pour de protection de l'environnement ont également été considérées comme exerçant partiellement des activités économiques[136].

## B. Une application du principe *de minimis*

**977.** La Commission et la Cour ne retiennent néanmoins que l'effet sensible sur les échanges et la concurrence. En effet, le principe *de minimis* applicable au droit des aides a été établi en application du règlement (CE) n° 1998/2006 de la Commission du 15 décembre 2006 concernant l'application des articles 107 et 108 TFUE aux aides *de minimis*[137]. Celui-ci modifie le règlement (CE) n° 69/2001 du 12 janvier 2001[138].

Le règlement étant en vigueur jusqu'au 31 décembre 2013, la Commission a adopté, le 18 décembre 2013, un nouveau règlement *de minimis*[139]. Il concerne toutes les catégories d'entreprises, quelle que soit leur taille, et est accompagné d'une analyse d'impact. Il est applicable depuis le 1er janvier 2014.

**978.** En vertu du nouveau règlement *de minimis*, les aides dont le montant est inférieur à 200 000 euros versées sur une période de trois exercices fiscaux auprès d'un même bénéficiaire, ne constituent pas des aides d'État au sens du droit de l'Union[140]. En effet, il est considéré que celles-ci n'ont aucune incidence sur la concurrence et les échanges au sein du marché intérieur, sauf dans l'hypothèse d'un cumul d'aides pour une même entreprise, ou de plusieurs activités pour une même entreprise auquel cas un examen de chaque activité s'impose.

Le règlement s'applique aux aides octroyées aux entreprises de tous les secteurs dont la transformation et la commercialisation des produits agricoles sous certaines conditions.

---

134. CJUE, du 19 déc. 2012, *Leipzig-Halle*, aff. C-288/11.

135. CJCE, 17 févr. 1993, *Poucet et Pistre*, préc.

136. Comme celles liées à la vente de bois ou aux baux de chasse et de pêche Trib. UE, 12 sept. 2013, *Allemagne c/Commission*, aff. T-347/09.

137. *JOUE* n° L 379, 28 déc. 2006. V. aussi la Communication de la Commission du 16 juin 2009 relative à une procédure simplifiée de traitement de certains types d'aides d'État, *JOCE* n° C 136, 16 juin 2009.

138. Règl. (CE) n° 69/2001, *JOCE* n° L 10, 13 janv. 2001.

139. Règl. (UE) n° 1407/2013, *JOUE* n° L 24, déc. 2013.

140. Le plafond, initialement de 100 000 euros dans le règlement (CE) n° 69/2001, a été doublé.

Cependant, compte tenu de leur impact sensible sur le marché, ne sont pas visées par la règle *de minimis* la pêche et l'aquaculture, la production primaire des produits agricoles, les aides liées à l'exportation[141], les aides soumises à la préférence de produits nationaux, les aides à l'exportation ou celles en faveur de l'agriculture, des transports ou de la pêche.

Ainsi, hormis ces cas, les mesures qui remplissent les critères posés par ce règlement ne doivent pas être notifiées à la Commission pour approbation avant d'être mises en œuvre.

Le règlement simplifie, par ailleurs, le traitement des aides *de minimis* afin d'alléger les contraintes administratives. Toutefois, la règle *de minimis* n'exonère pas le bénéficiaire de l'aide à une obligation d'information afin de garantir une mise en œuvre transparente de l'aide.

## §3. Le dualisme des dérogations au principe d'incompatibilité

**979.** L'article 107, paragraphes 2 et 3, TFUE tempère sensiblement le principe d'incompatibilité. Il prévoit un certain nombre de dérogations au travers d'aides considérées comme « compatibles avec le marché intérieur ». Celles-ci se distinguent selon qu'il s'agit d'aides compatibles de plein droit, sans examen au fond, ou d'aides susceptibles d'être déclarées compatibles au terme d'un examen approfondi et minutieux de la Commission et ce, selon des conditions précisées par la même disposition, et enrichies par la jurisprudence de Cour et la pratique décisionnelle.

La première catégorie d'aides couvre un champ résiduel. Ces aides sont automatiquement validées mais assorties d'un examen préalable et formel permettant de s'assurer que les conditions de dérogations sont réunies. La seconde catégorie vise des aides exceptionnellement compatibles à la faveur d'un examen préalable appuyé, et dont le contenu tend à se densifier. Ces deux catégories d'aides d'État présentent des éléments de distinction majeurs se rattachant au fond et à la procédure.

### A. Les aides compatibles de plein droit : l'exigence d'une solidarité nationale

**980.** L'article 107, paragraphe 2, TFUE répute compatibles de plein droit avec le droit de l'Union trois catégories d'aides spécifiques. Elles se distinguent des aides qui peuvent être exceptionnellement compatibles, au regard à la fois de leur objet et leurs destinataires.

Ces aides sont, en réalité, l'expression d'une solidarité nationale, celle de l'État envers des destinataires spécifiques dans ces circonstances particulières. En effet, ce sont des aides qui visent des populations, des consommateurs ou des citoyens ayant pour caractéristique commune d'être en difficultés

141. V. par exemple, Trib. UE, 27 sept. 2012, *WAM*, aff. 303/10.

économiques ou sociales. Il ne s'agit nullement d'aide en faveur d'opérateurs économiques.

Pour ces trois catégories d'aides, l'examen de la Commission est formel dans la mesure où elle doit seulement s'assurer que les conditions sont réunies[142]. Elle ne peut pas se prononcer sur le fond, c'est-à-dire sur la compatibilité de l'aide en cause.

## 1. Les aides à caractère social octroyées aux consommateurs individuels

**981.** La première catégorie vise les aides à caractère social octroyées aux consommateurs individuels, à condition qu'elles soient accordées sans discrimination liée à l'origine du produit (lettre a). Généralement, l'avantage ici consenti est très indirect.

Le caractère social d'une aide résultera notamment de la circonstance qu'elle ne vise que certaines catégories de bénéficiaires – enfants, handicapés, personnes résidant dans une région défavorisée[143].

Par ailleurs, pour ce type particulier d'aide, le bénéfice doit profiter au consommateur final, et non à une entreprise intermédiaire. Dès lors, il sera nécessaire de s'assurer que l'aide est accordée sans discrimination liée à l'origine des produits, c'est-à-dire que les consommateurs bénéficient de l'aide, quel que soit l'opérateur économique fournissant le produit ou le service susceptible de remplir l'objectif social invoqué par l'État membre concerné[144]. À cet égard, cette condition fait l'objet d'une stricte appréciation de la part de la Commission et du juge de l'Union.

À titre d'illustration, il s'agira des aides apportées à des consommateurs, comme les réductions accordées dans les transports publics aux familles nombreuses[145], ou l'octroi de bons alimentaires pour les populations en précarité. C'est également cette dérogation qui sert de fondement au régime bénéficiant à certaines catégories de passagers des liaisons aériennes reliant la Guadeloupe à la France métropolitaine[146], ou encore aux exonérations fiscales sur des contrats d'assurance-maladie dits « solidaires »[147].

---

142. V. par ex. TPICE, 5 août 2003, *European Ferries*, aff. jtes T-116/2001 et 118/2001, *Rec.* p. II. 2957, à propos d'aides à caractère social.

143. V. par exemple, le « Fonds de continuité territoriale », qui permet de réduire le prix des déplacements de certaines catégories de résidents, ultramarins, étudiants ou poursuivant une formation entre l'outre-mer et la métropole, v. décision de la Commission du 5 oct. 2010 (aide d'État N 159/2010), et décision du 12 févr. 2015 autorisant des modifications de ce régime d'aides, *JOUE* n° C 169, 22 mai 2015.

144. TPICE, 5 août 2003, *European Ferries*, aff. T-116/01 et T-118/01, *Rec.* p. II. 2957.

145. V. par exemple pour le Danemark à propos d'une aide dont le but était de s'assurer que les enfants, étudiants et personnes retraitées bénéficient de tarifs réduits pour leurs trajets de longue distance en bus, *JOUE* n° C 46, 25 févr. 2009.

146. *JOUE* n° C 7, 13 janv. 2009.

147. *JOUE* n° C 126, 25 mai 2005.

## 2. Les aides destinées à remédier aux dommages causés par les calamités naturelles ou d'autres événements extraordinaires

**982.** La deuxième catégorie vise les aides destinées à remédier aux dommages causés par les calamités naturelles ou par d'autres événements extraordinaires[148], comme les tremblements de terre ou les inondations (lettre b). Le secteur agricole a été le principal bénéficiaire de cette catégorie d'aides[149]. Ces aides ont une destination précise, celle de rétablir la situation économique qui existait avant la catastrophe. Elles ne soulèvent pas de problème de distorsion de concurrence.

Néanmoins, le montant de l'aide ne doit pas dépasser ce qui est nécessaire pour compenser le dommage subi[150]. C'est ainsi qu'en 2010, la Commission a autorisé le régime d'aides destiné à remédier aux dommages provoqués par les inondations et les glissements de terrain survenus en mai et juin 2010 en Pologne[151]. De même, en 2012[152], la Commission a validé un régime d'aides destiné à éliminer les conséquences des catastrophes naturelles en Slovénie (tremblements de terre, glissements de terrain, inondations et avalanches).

En revanche, la Commission a considéré que les aides accordés par le gouvernement français, sous forme d'allégement des cotisations sociales, ne pouvaient entrer dans le cadre des aides compatibles de plein droit. Elles étaient dès lors incompatibles avec le traité car les autorités françaises n'avaient pas démontré que ces aides étaient nécessairement et exclusivement liées aux pertes dues au blocus routier de 1992.

**983.** Il est important de noter que désormais, les aides destinées à remédier aux dommages causés par les calamités naturelles peuvent être exemptées de notification préalable, sur le fondement du nouveau RGEC[153], et ce sous réserve que les autorités nationales compétentes aient reconnu de manière officielle l'événement comme une calamité naturelle, et qu'il existe un lien de causalité direct entre celle-ci et le

148. V. TPICE, 25 juin 2008, *Olympiaki*, aff. T-268/06, *Rec.* p. II. 1091, à propos des conséquences financières des attentats du 11 sept. 2001 sur les compagnies aériennes. Celles-ci pouvaient ainsi bénéficier d'aides considérées de plein droit, compte tenu du caractère extraordinaire de l'événement.

149. V. Décision du 3 juin 2009 concernant le régime d'aide destiné à secourir les forêts du Sud-Ouest de la France sinistrées par la tempête *Klaus* du 24 janvier 2009, C (2009) 4024 final. V. Décision concernant les mesures en faveur des agriculteurs grecs dont les exploitations ont été affectées par des calamités naturelles et des conditions climatiques défavorables de janvier à décembre 2006, *JOUE* n° C 294, 18 nov. 2008.

150. CJUE, 14 juill. 2011, *Commission c/ Italie*, aff. C-303/09, à propos de la condamnation de l'Italie pour ne pas avoir exécuté une décision de la Commission déclarant incompatible avec le marché commun un régime d'aides à l'investissement destiné à indemniser des entreprises du fait des dommages subis par des calamités naturelles. Dans sa décision, la Commission avait estimé que le montant des aides octroyées n'avait aucun rapport avec le dommage subi.

151. Décision de la Commission du 6 août 2010 concernant l'aide d'État mise en œuvre par la Pologne, *JOUE* n° C 283, 20 oct. 2010.

152. Décision de la Commission du 4 sept. 2012 (aide d'État SA 34680).

153. Réglement (UE) n ° 651/2014 de la Commission du 17 juin 2014 déclarant certaines catégories d'aides compatibles avec le marché intérieur en application des articles 107 et 108 du traité, *JOUE* n° L 187, 26 juin 2014. V. *infra*, n° 1072 et s.

préjudice subi par l'entreprise concernée. De plus, les régimes d'aides liés à une calamité naturelle doivent alors avoir été mis en place dans les trois années qui suivent la survenance de l'événement.

### 3. Les aides à l'économie de certaines régions de l'ex-RFA

**984.** La dernière catégorie d'aides vise celles octroyées à l'économie de certaines régions de l'ex-République fédérale d'Allemagne, qui ont été affectées économiquement par la division de l'Allemagne (lettre c). La réunification allemande a rendu cette disposition caduque, même si la disposition n'a pas été abrogée.

Cette disposition a permis par le passé de déclarer compatibles des aides couvrant des coûts persistants résultant de la division de l'Allemagne. La Cour considère cependant que les aides en faveur des régions de l'ex-RFA relèvent davantage de la catégorie des aides exceptionnellement compatibles évoquées par l'article 107, paragraphe 3, TFUE, que de celle des aides de plein droit, prévue par l'article 107, paragraphe 2, TFUE[154]. C'est ainsi que les aides accordées aux nouveaux *Länder* ne peuvent bénéficier de cette dérogation. De même, lors de l'examen de l'aide octroyée par le *Land* de Saxe à Volkswagen, la Commission a refusé d'admettre cette aide au bénéfice de l'article 107, paragraphe, 2, lettre c). Cette décision a été confirmée par le Tribunal et la Cour[155].

Cette dérogation pourrait à terme être abrogée puisque le traité de Lisbonne prévoit, au sein de cette même disposition, que cinq ans après l'entrée en vigueur du traité de Lisbonne, le Conseil, sur proposition de la Commission, peut adopter une décision abrogeant le présent point.

## B. Les aides exceptionnellement compatibles : l'exigence d'une destination spécifique

**985.** L'article 107, paragraphe 3, lettres a à d TFUE prévoit, de manière analogue dans le libellé, un certain nombre d'aides susceptibles d'être considérées, de manière exceptionnelle, comme compatibles avec le marché intérieur par la Commission. Le Conseil dispose également de la faculté de prévoir d'autres catégories d'aides, sous la forme d'aides catégorielles en application de l'article 107, paragraphe 3, lettre e) TFUE.

### 1. L'ébauche d'une classification des aides par l'article 107 § 3 TFUE

**986.** Ces aides, aux objets très divers, sont rangées au sein de la même disposition, l'article 107, paragraphe 3, TFUE. Elles ont pour caractéristique commune de recevoir une destination précise, soit environnementale,

154. CJCE, 19 sept. 2000, *Allemagne c/ Commission*, préc.

155. TPICE, 15 déc. 1999, *Freistaat Sachsen*, aff. jtes T-132/96 et T-143/96, *Rec.* p. II. 3663, ; CJCE, 30 sept. 2003, *Freistaat Sachsen*, aff. jtes C-57/00 et C-61/00, *Rec.* p. I. 9975 ; CJCE, 30 sept. 2009, *Allemagne c/Commission*, aff. C-301/96, *Rec.* p. I. 9919.

régionale ou encore un soutien à un projet. On observera que la condition de compatibilité réside précisément dans la destination à laquelle tend le projet d'aide.

### a. L'éventail des aides

**987.** Selon les termes de l'article 107, paragraphe 3, TFUE, il s'agit d'aides particulières. Elles ont pour objet le développement de certaines régions caractérisées par un niveau de vie économique anormalement bas ou un sous-emploi (lettre a)[156], ou d'aides destinées à promouvoir la réalisation d'un important projet européen d'intérêt commun ou à remédier à une perturbation grave de l'économie (lettre b).

**988.** Il peut également s'agir d'aides destinées à faciliter le développement de certaines activités ou certaines régions économiques (lettre c) ou, en dernier lieu, innovation du traité de Maastricht, d'aides destinées à promouvoir la culture et la conservation du patrimoine (lettre d). Cette nouvelle dérogation permet uniquement de justifier des aides visant à financer des projets culturels spécifiques, tels que le prêt d'œuvres entre musées[157], le plan de numérisation d'œuvres cinématographiques du patrimoine[158] et le soutien au cinéma et à la production audiovisuelle[159].

**989.** À cet égard, il n'est pas possible pour un État d'invoquer cette dernière disposition afin de justifier des subventions générales dans le domaine culturel comme le financement des télévisions publiques. À titre d'illustration, la réduction de charges sociales accordées aux entreprises situées dans la lagune de Venise a été qualifiée d'aide incompatible. En effet, il n'était pas établi le rapport entre l'avantage accordé et les coûts supplémentaires relatifs à la sauvegarde du patrimoine que cet avantage était supposé compenser. Le juge de l'Union a confirmé la décision de la Commission[160].

**990.** Notons d'ores et déjà que pour pouvoir bénéficier d'un tel régime dérogatoire au titre de ces différentes dispositions (lettre a à d), l'État doit notifier son projet qui est soumis à l'examen approfondi de la Commission exerçant dans ce domaine un pouvoir discrétionnaire entier. Elle

156. Il faut souligner que le traité de Lisbonne renforce à nouveau le dispositif dérogatoire en matière d'aides régionales puisqu'il introduit au paragraphe 3 lettre a) de l'article 107 les aides destinées à favoriser le développement des régions visées à l'article 349 TFUE, c'est-à-dire la Guadeloupe, la Guyane française, la Martinique, la Réunion, Saint-Barthélemy, Saint-Martin, les Açores, Madère et les îles Canaries, compte tenu de leur situation économique et sociale structurelle.

157. Par exemple, décision de la Commission du 22 juillet 2010 concernant l'aide apportée par l'Autriche au Musée Albertine, afin de soutenir l'organisation d'une exposition. L'aide visait pour l'État à garantir et assurer les œuvres prêtées le temps de cette exposition. La Commission a apprécié l'importance culturelle que revêt l'exposition concernée, ainsi que la dimension d'intérêt européen de l'événement.

158. Décision C(2012) 1743 final du 21 mars 2012, Plan de numérisation d'œuvres cinématographiques du patrimoine concernant la France.

159. Décision C(2011) 9430 final du 20 décembre 2011, Prolongation des régimes d'aides au cinéma et à l'audiovisuel concernant la France.

160. TPICE, 28 nov. 2008, *Hôtel Cipriani*, aff. jtes T-254/00, T-270/00 et T-277/00, *Rec.* p. II. 3269.

statue par voie de décision, susceptible de recours par une action en annulation formée par l'État concerné.

### b. Le travail d'interprétation de la Commission

**991.** La Commission a été amenée à préciser les critères qu'elle retient pour apprécier la compatibilité de différents types. Ceux-ci sont exposés au sein de règlements, de directives, de communications, d'encadrements, de lignes directrices, voire de lettres adressées aux États membres et ce dans le respect des traités. On peut néanmoins observer que la Commission a le plus souvent recours aux lignes directrices, encadrements et communications. En effet, ils demeurent les instruments privilégiés, même si le choix d'un instrument particulier est sans incidence sur le plan pratique.

**992.** Il convient de noter que les orientations imposées par la Commission dans l'exercice de ses pouvoirs d'appréciation doivent être conformes au traité[161]. En effet, ni les encadrements communautaires des aides d'État, ni les lignes directrices ne doivent affecter la portée du droit primaire ou dérivé[162]. Nous reviendrons de manière précise sur ces différents instruments dans les paragraphes qui suivent[163].

## 2. Les critères de licéité nés de la pratique décisionnelle

**993.** Lors de l'examen de l'aide, la Commission s'attache à apprécier certains caractères de l'aide. Ils sont devenus, au fil de sa pratique, de véritables conditions de licéité.

Il est à noter que la Communication de la Commission relative à la modernisation de la politique en matière d'aides d'État du 8 mai 2012[164] préconise une harmonisation de l'examen de compatibilité. À cette fin, elle pose des principes communs applicables à l'ensemble des mesures d'aide. Ces principes étaient certes déjà connus de la Commission dans le cadre de sa méthode d'analyse. Mais, ils le sont aujourd'hui de manière formelle pour l'évaluation des aides. Chaque critère fait l'objet d'une interprétation spécifique pour les différents types d'aide.

### a. La transparence de l'aide

**994.** La transparence dans le domaine des aides d'État se fonde en réalité sur la pratique en vigueur dans le cadre des Fonds structurels et d'investissement européens ou de la politique agricole commune. Avant tout examen, les États membres doivent faire preuve, dans la demande de compatibilité et la constitution du dossier d'aide, de la plus grande transparence.

161. CJCE, 29 avr. 2004, *Grèce c/Commission*, aff. C-278/00, *Rec.* p. I. 3997.

162. TPICE, 7 juin 2001, *Agrana Zucker*, aff. T-187/99, *Rec.* p. II. 1587 ; TPICE, 14 janv. 2009, *Kronoply*, aff. T-162/06, *Rec.* p. II. 1.

163. V. *infra* n° 1014 et s.

164. COM(2012) 209 final.

En effet, la Commission n'accorde le bénéfice de la dérogation qu'aux aides dites transparentes. L'auteur de l'aide doit présenter les éléments sans opacité et insister avec clarté sur les modalités de l'aide, notamment son intensité financière et sa durée. Celles-ci doivent être définies avec précision[165].

Une aide est dite transparente lorsque toutes les informations utiles sont accessibles aux États membres, à la Commission, aux opérateurs économiques et au public. Il doit être possible de calculer avec précision et préalablement l'avantage accordé à l'entreprise (l'équivalent-subvention brut, dit ESB) et ce sans recourir à une analyse de risque.

Les exigences en matière de transparence sont déjà intégrées formellement dans certaines règles relatives aux aides d'État, comme les lignes directrices relatives au haut débit, aux aides à finalité régionale, au cinéma, au financement des risques ou encore les lignes directrices concernant le secteur de l'aviation.

**995.** La Commission a récemment introduit de nouvelles exigences en matière de transparence pour l'octroi des aides d'État dans le cadre de la modernisation de la politique en matière d'aides d'État[166]. En effet, pour certaines aides, la Commission a adopté une Communication en juin 2014[167] ayant pour objet l'insertion des dispositions sur la transparence dans les lignes directrices concernées.

Pour chaque octroi d'une aide d'État d'un montant supérieur à 500 000 euros, les États membres doivent transmettre certaines informations. En effet, les autorités nationales sont tenues de préciser si le bénéficiaire est une PME ou une grande entreprise, son lieu d'établissement et le secteur dans lequel il exerce ses activités. Ellesd oivent également mentionner l'instrument d'aide, la date d'octroi et sa base juridique. Ces différentes informations sont publiées sur des sites internet nationaux ou régionaux dans les six mois qui suivent l'octroi de l'aide. La publication de l'intégralité des informations demandées dans le délai imparti constitue une condition de validité de l'aide. Les États membres disposent de deux ans pour mettre en place le site internet visé ainsi qu'un système approprié de collecte des informations.

## b. La transversalité de l'aide

**996.** L'aide doit avant tout viser un projet destiné à l'ensemble de l'Union. Il doit s'agir d'un but d'intérêt commun défini avec précision par l'État membre. En effet, l'État membre ne peut invoquer le régime dérogatoire si le projet d'aide tend à la promotion exclusive d'intérêts nationaux.

---

165. Pour un exemple de décision de la Commission qui insiste sur le fait de bien notifier et avec précision le projet d'aide, v. Décision n° 2013/151/UE, *JOUE* n° L 92, 3 avr. 2013 (aide d'État de la République tchèque en faveur d'une entreprise aérienne).

166. Communication de la Commission du 21 mai 2014, C(2014) 3349/2.

167. Communication de la Commission modifiant plusieurs communications, *JOUE* n° C 198, 27 juin 2014.

La plupart du temps, l'objectif d'intérêt commun consiste à remédier à une défaillance du marché. Seules seront valablement appréciées les aides qui répondent à un intérêt communautaire et ce, dans une approche d'ensemble de l'objectif invoqué, comme, par exemple, une stratégie industrielle. L'intérêt en cause ne peut être apprécié que dans le seul contexte national. Cette condition sera examinée avec davantage d'acuité dans le cadre d'aides régionales ou d'aides à un secteur de production. En effet, pour ce type d'aides, la Commission veille à ce que ne s'opère pas un « transfert des difficultés » traversées par l'État au niveau national, vers les autres États membres.

### c. Les tests de nécessité, proportionnalité et d'adéquation de l'aide

**997.** La Commission exerce un contrôle de nécessité sur le projet en cause. En effet, elle s'assure qu'à défaut de l'aide, l'objectif invoqué ne peut pas être satisfait sans l'apport de l'État qui est déterminant. Ce contrôle de nécessité, que nous retrouvons lors de l'examen des mesures restrictives sur les échanges, amène la Commission à vérifier qu'il existe un lien de causalité pertinent entre la mesure d'aide et le projet.

Dans la même lignée, outre le contrôle de nécessité, la Commission exerce classiquement un contrôle de proportionnalité sur la nature du projet d'aide. Elle s'attache à examiner les modalités du projet d'aide afin de vérifier que celui-ci demeure strictement proportionné à l'ampleur de l'objectif poursuivi. La Commission doit alors se pencher sur les caractéristiques de l'aide. Celles-ci renvoient à l'intensité, la durée et le degré d'affectation des échanges ou d'atteinte à la concurrence. L'aide d'État est considérée comme proportionnée dès l'instant que son montant est limité au minimum nécessaire pour satisfaire l'objectif poursuivi.

Concernant l'intensité de l'aide, chaque régime d'aide fixe des intensités maximales d'aide. Et c'est précisément au regard du principe de proportionnalité que les intensités d'aide maximales sont établis. Pour calculer l'intensité de l'aide, il faut prendre en compte soit le montant de la subvention accordée, soit l'équivalent-subvention brut pour les autres formes d'aide.

De même, l'incitativité de l'aide sera appréciée. L'aide doit avoir un effet incitatif, c'est-à-dire que son attribution doit modifier le comportement de l'entreprise concernée. Elle doit inciter son bénéficiaire à créer de nouvelles activités qu'il n'exercerait pas sans l'aide ou qu'il exercerait de manière limitée ou différente.

Afin de mesurer davantage la proportionnalité de l'aide, la Commission s'attarde aussi sur la dégressivité du projet qui permet de garantir la précarité de l'aide. En effet, une aide dégressive a vocation à décliner au fur et à mesure de l'accomplissement des objectifs par l'État et l'entreprise bénéficiaire. Les aides dégressives se prêtent plutôt à une lecture bienveillante.

De plus, la mesure d'aide doit revêtir un caractère approprié. En effet, le choix de la forme de l'aide par l'État membre doit demeurer adapté à l'objectif poursuivi. L'instrument retenu doit permettre de satisfaire l'objectif visé de la manière la plus optimale, c'est-à-dire en créant le moins de distorsions de concurrence possible.

### d. Un bilan coût/avantages

**998.** La Commission veille à ce que l'aide génère le moins de distorsions de concurrence possible dans les échanges intracommunautaires.

Afin de procéder à l'évaluation des effets qu'elle produit sur le marché, la Commission dresse un bilan coût/avantages. En pratique, elle met en balance les effets négatifs et positifs de la mesure d'aide. Elle s'attache à observer si les effets positifs sont de nature à contrebalancer les effets négatifs afin de contribuer à l'objectif d'intérêt commun invoqué par l'État.

À cet égard, la Commission prend soin d'examiner si l'aide poursuit une vocation structurante. En effet, la pratique de la Commission met en avant l'exigence d'une restructuration de l'entreprise, qui doit être étroitement liée à l'aide et ce afin de rétablir la viabilité d'un secteur.

Elle proscrit les aides qui auront pour seul effet de maintenir, de manière artificielle, des entreprises dans des secteurs condamnés, et dont la conséquence ne sera pas précisément de rétablir les conditions de concurrence. Dans le même sens, la Commission rejette les aides dans des secteurs qui connaissent une prospérité. Dance cas, l'octroi de l'aide n'est naturellement pas fondé.

### e. La détection des aides au fonctionnement

**999.** Les aides au fonctionnement sont des aides qui visent à libérer une entreprise des coûts normalement supportés dans le cadre de sa gestion courante ou de ses activités normales[168]. Ces aides sont en principe proscrites. Elles ne peuvent relever du champ d'application de l'article 107, paragraphe 3 TFUE dans la mesure où elles faussent les conditions de concurrence dans les secteurs où elles sont octroyées. De surcroît, elles ne sont pas en mesure, par leur nature même, d'atteindre un des buts fixés par les dispositions dérogatoires prévues par le traité[169].

Néanmoins, certaines exceptions sont admises. En effet, originairement, certaines aides au fonctionnement ont été justifiées en raison d'un conteste concurrentiel particulier dans le cadre des entreprises établies dans les États tiers (par exemple, aides au fonctionnement pour les navires inscrits au registre des États membres et ce pour soutenir la compétitivité de la flotte communautaire sur le marché mondial[170]). Et, de manière progressive, les aides

168. TPICE, 27 nov. 2003, *Regione siciliana*, aff. T-190/00, *Rec.* p. II. 5015.

169. Parmi les nombreux arrêts en la matière, v. notamment TPICE, 27 nov. 2003, *Regione siciliana*, aff. T-190/00, *Rec.* p. II. 5015 ; TPICE, 9 sept. 2009, *Territorio historico de Alava*, aff. T-230/01 à T-232/01, T-267 à T-269/01, *Rec.* p. II. 139 ; CJCE, 6 nov. 1990, *Italie c/Commission*, aff. C-86/89, *Rec.* p. I. 3891 ; CJUE, 14 févr. 1990, *France c/Commission*, aff. C-301/87, *Rec.* p. I. 307.

170. Orientations communautaires sur les aides d'État au transport maritime, *JOCE* n° C 205, 5 juill. 1997 ; Orientations communautaires sur les aides d'État au transport maritime, Communication C (2004) 43 de la Commission, *JOUE* n° C 13, 17 janv. 2004.

au fonctionnement ont été étendues à d'autres hypothèses. C'est ainsi qu'elles peuvent être octroyées dans les régions très défavorisées, à condition :
- d'être justifiées par leur contribution au développement régional ;
- d'être d'un niveau proportionné aux obstacles qu'elles sont appelées à surmonter ;
- d'être limitées dans le temps et dégressives ;
- de n'avoir pas pour objet de promouvoir les exportations entre les États membres.

En outre, depuis l'adoption du nouveau RGEC[171], de nouvelles catégories d'aides au fonctionnement peuvent être déclarées compatibles, sous certaines conditions, en franchise de notification à la Commission. C'est notamment le cas des aides au fonctionnement à finalité régionale, des aides au fonctionnement en faveur de la promotion de l'énergie produite à partir de sources renouvelables, des aides au fonctionnement en faveur de la culture et de la conservation du patrimoine, ou encore des aides en faveur des infrastructures sportives et des infrastructures récréatives multifonctionnelles.

## 3. L'obligation d'une évaluation *ex post*

**1000.** Certains régimes d'aides, soumis à une obligation de notification, ou exemptés sur le fondement du RGEC[172], peuvent faire désormais l'objet d'une évaluation *ex post* sous la forme d'un contrôle *a posteriori*. La Commission peut en effet exiger qu'ils fassent l'objet d'un réexamen lorsque le potentiel de distorsion de la concurrence est jugé très élevé. Elle pourra solliciter, dans un délai de 20 jour ouvrable, tous les renseignements qu'elle juge nécessaires pour contrôler l'application des dispositions du RGEC.

Elle peut ainsi limiter la durée du régime en deçà du maximum normalement autorisé. Elle peut également contraindre l'État membre à le notifier une nouvelle fois pour pouvoir le prolonger.

Sur le plan pratique, l'État membre doit notifier, conjointement avec le régime d'aides, un projet de plan d'évaluation. Celui-ci fera partie intégrante de l'appréciation du régime réalisée par la Commission. Pour les régimes exemptés, le plan d'évaluation est joint à l'information communiquée à la Commission sur ces régimes[173].

Le rapport d'évaluation final est établi par un expert indépendant. Il est ensuite transmis à la Commission en temps utile qui sera ainsi en mesure d'apprécier de l'opportunité de prolonger le régime d'aide. La Commission préconise que le rapport soit communiqué au moins six mois avant

171. Régl. (UE), préc., n ° 651/2014 de la Commission du 17 juin 2014 déclarant certaines catégories d'aides compatibles avec le marché intérieur en application des articles 107 et 108 du traité, *JOUE* n° L 187, 26 juin 2014.

172. Régl. (UE) n ° 651/2014 de la Commission du 17 juin 2014 déclarant certaines catégories d'aides compatibles avec le marché intérieur en application des articles 107 et 108 du traité, *JOUE* n° L 187, 26 juin 2014.

173. V. article 1.2. a) du règlement général d'exemption par catégories.

l'expiration du régime[174]. Si aucune prorogation de régime n'est envisagée, le rapport peut être remis à l'expiration du régime d'aides à expiration. La portée et les modalités précises de chaque évaluation sont décrites au sein de la décision autorisant le régime d'aides.

Et dès l'instant qu'une mesure d'aide ultérieure ayant un objectif similaire au régime d'aide est envisagée, celle-ci devra tenir compte des résultats de l'évaluation.

# Section 3
# La centralisation de la procédure de contrôle

**1001.** La mise en œuvre du système de contrôle des aides d'État incombe à la Commission et aux juridictions nationales. Leurs rôles respectifs sont complémentaires mais distincts[175].

## §1. Une compétence exclusive au profit de la Commission

**1002.** La Commission dispose d'une compétence exclusive, sous le contrôle des juridictions de l'Union, pour apprécier la compatibilité d'une aide avec le marché intérieur[176]. Pour autant, le règlement de procédure, le règlement (CE) n° 659/1999, modifié par le règlement (UE) n° 734/2013 du 22 juillet 2013[177] et désormais abrogé par le règlement (UE) 2015/1589 du 13 juillet 2015[178], ainsi que l'article 108 TFUE prennent soin de distinguer deux catégories d'aides qui obéissent à un contrôle différent[179], celui des aides existantes et celui des aides nouvelles.

### A. Les sources textuelles

**1003.** La procédure de contrôle des aides d'État est régie par l'article 108 TFUE qui confère à la Commission le contrôle des aides d'État. Mais la procédure y est décrite en termes sommaires. Il a fallu la

174. V. Document de travail de la Commission sur la méthodologie commune pour l'évaluation des aides d'État, 2014, p. 11.

175. CJUE, 21 nov. 2013, *Deutsche Lufthansa*, aff. C-284/12.

176. CJCE, 21 oct. 2003, *van Calster*, préc. ; CJCE, 5 oct. 2006, *Transalpine*, préc.

177. *JOUE* n° L 204, 31 juill. 2013.

178. *JOUE* n° L 248, 24 sept. 2015.

179. Sur la distinction que présente la procédure applicable pour chacune des deux catégories d'aides, v. TPICE, 9 juin 2009, *NDSHT*, aff. T-152/06, *Rec.* p. II. 1517.

contribution de la Cour pour affiner les conditions de mise en œuvre du contrôle.

Le règlement (CE) n° 659/1999 du 22 mars 1999[180], entré en vigueur le 15 avril 1999, apporte de son côté les outils suffisants pour mettre en œuvre la procédure de contrôle. Après une dernière modification par le règlement (UE) n° 734/2013, il est aujourd'hui remplacé par un nouveau règlement de procédure, le règlement n° (UE) 2015/1589. Celui-ci vise à améliorer le traitement des plaintes en rendant l'examen plus rapide, plus prévisible et plus transparent. De plus, un code de bonnes pratiques pour la conduite des procédures de contrôle des aides d'État précise la coopération entre les États et la Commission. Il tend ainsi à améliorer le traitement des aides d'État[181].

## B. L'omniprésence de la Commission

**1004.** La procédure est marquée par l'omniprésence de la Commission. En effet, en détenant un large pouvoir d'appréciation quant à la compatibilité de l'aide, elle centralise sur elle les différentes étapes, notamment lors de l'examen des modalités de l'aide et l'appréciation de validité au regard de l'article 107 TFUE. L'exercice de son pouvoir connaît pour seule limite l'erreur d'appréciation manifeste[182]. Sur le fond, la prédominance de la Commission est nourrie par deux facteurs.

D'une part, la mission générale de surveillance conférée à la Commission la place dans une position privilégiée. Elle lui permet assurément d'être au plus près du comportement des États, et ce d'autant plus qu'ils sont tenus de lui notifier tout projet dans ce domaine. Il en ressort dès lors une maîtrise de la procédure qui se caractérise précisément par un encadrement serré de l'initiative nationale.

D'autre part, la centralisation du pouvoir a progressé du fait de l'absence d'effet direct de l'article 107 TFUE. En effet, les règles de fond en matière d'aide d'État en sont dépourvues, ce qui mérite d'être souligné car exceptionnel en droit de l'Union.

La Cour considère que le contrôle de compatibilité des aides d'État résulte, sous le contrôle du juge de l'Union, d'une procédure appropriée dont la mise en œuvre relève de la responsabilité de la Commission[183]. Les particuliers ne peuvent pas invoquer directement l'article 107 TFUE pour faire valoir une incompatibilité avec le droit de l'Union devant les juridictions nationales. Ils ne peuvent pas non plus demander à celles-ci de se prononcer, à titre principal ou incident, sur une incompatibilité éventuelle. Seule la Commission détient le droit de décider de la compatibilité d'une aide, ce qui restreint sensiblement les possibilités d'invocabilité.

180. *JOCE* n° L 83, 27 mars 1999, modifié par le règlement (CE) n° 794/2004 de la Commission du 21 avr. 2004, *JOUE* n° L 140, 30 avr. 2004 ; v. aussi le règlement d'application de la Commission du 21 avr. 2004, *JOUE* n° L 140, 30 avr. 2004, modifié par le règlement (CE) n° 271/2008 du 30 janv. 2008, *JOUE* n° L 82, 25 mars 2008.

181. *JOUE* n° C 136, 16 juin 2009.

182. TPICE, 15 avr. 2008, *Société internationale de diffusion et d'édition (SIDE)*, aff. T-348/04, *Rec.* p. II. 625.

183. CJCE, 22 mars 1977, *Steinike et Weinlig*, préc.

Toutefois, les juridictions restent compétentes pour apprécier si une mesure soulevée devant elles présente ou non les caractéristiques d'une aide au sens de l'article 107 TFUE. Elles sont également en mesure d'apprécier si la mesure doit être soumise à la procédure de notification prévue par l'article 108 TFUE.

Portée par un tel contexte favorable, un pouvoir de surveillance aiguisé et l'absence d'effet direct de l'article 107 TFUE, une lecture centralisée de la procédure ne pouvait que s'imposer.

## §2. Le contrôle permanent des aides existantes

**1005.** Dans le cadre du système de contrôle des aides étatiques, la procédure diffère selon que les aides sont existantes ou nouvelles. En effet, les aides existantes peuvent, conformément à l'article 108, paragraphe 1, TFUE, être régulièrement exécutées dans la mesure où la Commission n'a pas constaté leur incompatibilité. En revanche, l'article 108, paragraphe 3, TFUE prévoit que les projets tendant à instituer des aides nouvelles ou à modifier des aides existantes doivent être notifiés, en temps utile, à la Commission et ne peuvent être mis à exécution avant que la procédure n'ait abouti à une décision finale[184]. La qualification d'aide existante est dès lors essentielle afin de savoir la procédure applicable.

### A. La qualification d'aide existante

**1006.** Selon les termes de l'article 108, paragraphe 1, TFUE, la Commission procède avec les États membres à l'examen permanent des régimes d'aides existant dans ces États. Ceux-ci sont dans l'obligation d'informer la Commission de l'application concrète des aides existantes. Cette surveillance permanente suppose alors une collaboration étroite entre ces derniers et la Commission.

#### 1. Un régime déjà en vigueur

**1007.** L'aide existante est définie comme celle dont le régime est en vigueur et ce, selon plusieurs hypothèses :

- soit l'aide a été versée antérieurement à l'avènement des Communautés européennes et est maintenue. L'hypothèse est également applicable pour les États nouvellement membres de l'Union européenne à l'occasion de leur adhésion[185] ;
- soit l'aide a été reconnue compatible par la Commission par voie de décision, ou de manière tacite si la Commission n'a pas donné suite dans les deux mois suivant la notification de l'aide ;

184. CJUE, 19 mars 2015, *OTP Bank*, aff. C-672/1.

185. CJUE, 18 juill. 2013, *P Oy*, aff. C-6/12.

- soit la mesure n'a pas été qualifiée au départ par la Commission comme constitutive d'une aide d'État. Or, elle a subi des modifications substantielles qui en altèrent la nature[186] ;
- soit l'aide est réputée compatible du fait d'une exemption par catégorie ;
- enfin, il peut s'agir d'une intervention économique de l'État qui au départ n'apparaissait pas comme une aide avant l'avènement du droit de l'Union, situation qui peut sembler proche de la toute première hypothèse. Cette dernière forme peut recevoir la qualification d'aide d'État ou celle de mesure qui n'a pas été notifiée en tant qu'aide d'État[187].

## 2. La modification d'une aide existante

**1008.** Selon les termes de l'article 4, paragraphe 1, du règlement (CE) n° 794/2004[188], on entend par modification d'une aide existante tout changement autre que les modifications de caractère purement formel ou administratif qui ne sont pas de nature à influencer l'évaluation de la compatibilité de la mesure d'aide avec le marché commun

À cet égard, de jurisprudence constante[189], la prolongation de la durée de validité d'une aide existante est considérée comme une modification d'une aide existante. Elle constitue, dès lors, une aide nouvelle qui est distincte de l'aide prolongée. En fait, la notion d'aide d'État répond à une situation objective qui s'apprécie à la date à laquelle la Commission prend sa décision[190]

Or, l'évaluation par la Commission de la compatibilité d'une aide avec le marché intérieur se fonde sur l'appréciation des données économiques et des circonstances qui se présentent sur le marché en question. Pour ces raisons, la Cour considère que la durée de validité d'une aide existante constitue un élément de nature à influencer l'évaluation, par la Commission, de la compatibilité de cette aide avec le marché intérieur.

Néanmoins, l'apparition d'une aide nouvelle ou la modification d'une aide existante doit être appréciée par référence aux dispositions qui la prévoient, à leurs modalités et à leurs limites. C'est donc seulement dans l'hypothèse où la modification affecte le régime initial dans sa substance même que ce régime se trouve transformé en un régime d'aides nouveau[191].

186. V. par ex. pour un changement de qualification d'aides existantes en aides nouvelles compte tenu de modifications substantielles apportées à des mesures ; celles-ci n'avaient pas été qualifiées d'aides nouvelles par la Commission, et le seront ensuite, CJUE, 21 juill. 2011, *Alcoa*, aff. C-194/09 ; v. aussi pour un autre cas de modifications substantielles, CJUE, 20 mai 2010, *Todaro*, aff. C-138/09, *Rec.* p. I. 4561.

187. CJCE, 21 mars 2002, *Espagne c/ Commission*, aff. C-36/00, *Rec.* p. I. 3243 ; TPICE, 12 déc. 2007, *Irlande et autres c/ Commission*, aff. jtes T-50/06, T-56/06, T-60/06, T-62/06 et T-69/06, *Rec.* p. II. 172.

188. Pour rappel, règlement (CE) n° 794/2004 de la Commission du 21 avr. 2004 concernant la mise en œuvre du règlement (CE) n° 659/1999 du Conseil portant modalités d'application de l'article 93 du traité CE, *JOCE* n° L 140, 30 avr. 2004.

189. CJUE, 4 déc. 2013, *Commmission c/Conseil*, aff. jtes C-111/10, et C-121/10 ; et plus récemment, CJUE, 26 oct. 2016, *Dimosia Epicheirisi Ilektrismou AE (DEI)*, aff. C-590/14 P.

190. CJCE, 10 juill. 1986, *Belgique c/Commission*, préc. ; CJCE, 1er juill. 2008, *Chronopost*, préc. ; CJUE, 26 oct. 2016, *DEI*, aff. C-590/14P.

191. CJUE, 20 mai 2010, *Todaro Nunziatina*, aff. C-138/09, *Rec.* p. I. 4561 ; Trib. UE, 8 oct. 2014, *Aloumínioum*, aff. T-542/11.

### B. Le déroulement de la procédure

**1009.** L'examen permanent se fait en trois étapes.

Dans un premier temps, l'État, auteur de l'aide existante, informe la Commission des modalités d'application de l'aide. En effet, le règlement (UE) n° 2015/1589 oblige les États membres à communiquer à la Commission, sous la forme de rapports annuels, l'état des régimes d'aides existants (art. 26). Au cours de cette phase, les consultations sont menées entre l'État membre et la Commission qui, de manière amiable, propose à l'État les mesures les plus appropriées pour rendre l'aide compatible avec les prescriptions communautaires. Ce sont des mesures visant soit à modifier, soit à supprimer l'aide. Les mesures préconisées par la Commission sont ensuite arrêtées par voie de recommandation qui n'est pas, soulignons-le, un acte contraignant au sens de l'article 288 TFUE.

Si, au terme de ces négociations et en dépit des préconisations de la Commission, l'État membre ne se conforme à la recommandation, ou si aucun accord n'a pu être entériné, la Commission peut alors engager une autre phase, la procédure, qui se déroulera toujours devant elle. Durant cette phase précontentieuse, dont le délai ne doit pas être excessif à dix-huit mois, la Commission doit, avant toute prise de décision, informer les intéressés et les mettre en demeure de présenter leurs observations. La mise en demeure doit être publiée au *Journal officiel de l'Union européenne* sous la forme d'une communication.

C'est au terme de cette procédure que la Commission se prononcera et validera ou non l'aide par voie de décision, comme dans le cas des aides nouvelles. En tant qu'acte contraignant, la décision est susceptible d'un recours en annulation.

## §3. Le contrôle préalable des aides nouvelles

**1010.** L'article 108, paragraphe 3, TFUE institue un contrôle préventif sur les projets d'aides[192]. Le contrôle est ainsi institué sur les aides dites nouvelles. Il est certainement celui qui témoigne de l'acuité de l'encadrement par l'Union sur les interventions publiques internes, et ce particulièrement sur un point, l'obligation de notification.

Aux termes de l'article 1er, sous c), du règlement (CE) n° 2015/1589 du 13 juillet 2015, on entend par aide nouvelle toute aide, c'est-à-dire tout régime d'aides ou toute aide individuelle, qui n'est pas une aide existante, y compris toute modification d'une aide existante.

### A. Le contrôle diligenté par la Commission

**1011.** Le contrôle de la Commission se décline à son tour en plusieurs temps, initiés par une enquête préliminaire afin d'aboutir, *in fine*, si la situation l'exige, à une prise de décision.

192. CJCE, 11 déc. 1973, *Lorenz*, préc. ; CJCE, 12 févr. 2008, *CELF*, aff. C-199/06, *Rec.* p. I. 469.

## 1. Un pouvoir discrétionnaire entier au profit de la Commission

**1012.** La compatibilité des aides nouvelles ne revêt pas un caractère automatique. En effet, elle reste subordonnée à l'appréciation de la Commission.

### a. Une appréciation souveraine

**1013.** La Commission dispose, de jurisprudence constante, « d'un pouvoir discrétionnaire dont l'exercice implique des appréciations d'ordre économique et social qui doivent être effectuées dans un contexte communautaire »[193]. Les décisions de la Commission sont certes soumises à l'examen de la Cour qui n'exerce néanmoins en la matière qu'un contrôle de l'erreur manifeste d'appréciation. Aussi la Commission dispose-t-elle d'une large marge d'appréciation. Au regard de l'examen au fond, si la Commission constate qu'un de ces critères n'est pas satisfait, elle ne peut autoriser l'aide. Il appartient ensuite à l'État de démontrer, devant le juge, que la Commission s'est livrée à une appréciation erronée de la nécessité d'une aide[194].

### b. Les actes d'encadrement ou d'orientation de la Commission

**1014.** Afin d'orienter l'État dans l'élaboration de son projet et lui donner les outils pour en établir le bien-fondé, la Commission adopte de nombreux actes, très variables. Elle y dresse régulièrement des lignes directrices[195] ou orientations, faisant état de sa politique d'encadrement, ce qui permet, de surcroît, de codifier la pratique dans ce domaine. À la faveur de ces documents, la Commission définit les objectifs auxquels doivent tendre les projets d'aide et surtout un cadre au sein duquel les États sont tenus de les élaborer.

#### α. *Une porte juridique relative*

**1015.** La portée des actes adoptés par la Commission varie selon leur nature juridique. Nous savons que les règlements et les directives sont dotés d'une force obligatoire. Ceux-ci sont opposables aux États membres et aux tiers.

En ce qui concerne les lignes directrices et les différentes formes d'encadrements en matière d'aides d'État, la plupart du temps par voie de communication, lettre d'orientation, ou rapport d'activités, ceux-ci sont également

193. CJCE, 17 sept. 1980, *Philip Morris*, aff. 730/79, *Rec.* p. 2671 ; CJCE, 14 févr. 1990, *France c/Commission*, aff. C-301/87, *Rec.* p. I. 307.

194. TPICE, 14 janv. 2009, *Kronoply*, préc.

195. V. par ex., « Lignes directrices concernant les aides à finalité régionale pour la période 2014-2020 », *JOUE* n° C 209, 23 juill. 2013 ; « L'encadrement des aides d'État pour la protection de l'environnement », *JOCE* n° C 37, 3 févr. 2001 ; v. aussi les « Lignes directrices communautaires pour l'application des règles relatives aux aides d'État dans le cadre du déploiement rapide des réseaux de communication à haut débit », *JOUE* n° C 235, 30 sept. 2009.

opposables aux États et à la Commission. En revanche, ils ne sont pas opposables aux tiers.

Or, il convient de souligner qu'au regard de l'article 288 TFUE qui établit la nomenclature des actes dérivés, notamment ceux à portée obligatoire, et en définit le régime, cet ensemble d'actes se situe hors nomenclature. Il soulève dès lors des questions relatives à leur portée car ils sont, en principe, dépourvus de toute force contraignante. Ils ne lient que l'institution auteur de l'acte. La jurisprudence considère, à cet égard, que par l'adoption de telles lignes de conduite, la Commission procède à une autolimitation de son pouvoir d'appréciation. Elle ne peut alors se départir de ces règles sous peine de s'exposer à une sanction de la part du juge de l'Union[196].

**1016.** Il reste que la réponse à ces questions n'a pas été immédiate. En effet, un flou relatif a régné pendant longtemps autour de la portée exacte de ces lignes directrices ou autres. La Cour s'est finalement prononcée pour leur reconnaître une portée juridique qui est néanmoins relative. C'est ainsi qu'elle considère, selon une jurisprudence désormais établie[197], que la Commission et les États membres sont tenus d'observer les lignes directrices et orientations générales. Celles-ci ne sont pourtant pas édictées par un acte contraignant au sens de l'article 288 TFUE.

Afin de consacrer la portée obligatoire des lignes directrices, la Cour se fonde sur l'article 108, paragraphe 1, TFUE. Il dispose que la Commission procède avec les États membres à l'examen permanent des régimes d'aides existant dans ces États. Elle propose aux États « les mesures utiles exigées par le développement progressif ou le fonctionnement du marché intérieur ». À la lumière desdites dispositions, la Cour en conclut que l'article 108, paragraphe 1, TFUE implique une obligation de coopération régulière et périodique à la charge de la Commission et des États membres, dont ils ne sauraient s'affranchir[198] pour une période indéfinie dépendant de la volonté unilatérale des deux parties.

En d'autres termes, ces documents ont une force obligatoire à la faveur d'un pouvoir normatif reconnu au profit de la Commission, et opposable aux États. Ces mêmes États sont soumis à l'obligation de coopération découlant de l'article 108, paragraphe 1, TFUE et ont accepté les règles énoncées dans les lignes directrices arrêtées par la Commission. Ils sont dès lors tenus de les appliquer[199].

À cet égard, l'on peut considérer que l'obligation de coopération posée par l'article 108, paragraphe 1, TFUE puise sa source dans l'article 4, paragraphe 3, TUE relatif à l'obligation de coopération loyale des États et de l'Union (ex. art. 10 CE).

196. CJCE, 4 févr. 1975, *Compagnie Continentale*, aff. 169/73, *Rec.* p. 117 ; CJUE, 28 juin 2005, *Dansk Rørindustri*, aff. jtes C-189/02 P, C-202/02 P, C-205/02 P à C-208/02 P et C-213/02 P, *Rec.* p. I. 5425.

197. V. tout particulièrement CJCE, 24 mars 1993, *CIRFS*, aff. C-313/90, *Rec.* p. I. 1125 ; CJCE, 15 oct. 1996, *Combinatie*, aff. C-311/94, *Rec.* p. I. 5023 ; TPICE, 14 déc. 2005, *Sardegna*, aff. T-200/04, *Rec.* p. II. 34.

198. CJCE, 15 oct. 1996, *Ijssel-Vliet*, aff. C-311/94, *Rec.* p. I. 5023.

199. CJCE, 15 oct. 1996, *Combinatie*, préc.

Il faut également savoir que ces différents actes sont préparés et présentés par la Commission aux États membres dans le cadre de réunions multilatérales. La Cour estime alors que, dès l'instant que les règles contenues dans les lignes directrices ou les encadrements sont connues, discutées et acceptées par les États membres, ces textes doivent recevoir un effet contraignant même si par leur nature, ce ne sont pas des actes juridiques directement applicables en droit interne et opposables à des tiers. Les autorités nationales sont dès lors tenues d'adopter les mesures requises afin d'assurer le respect des règles établies par les lignes directrices.

**1017.** C'est ainsi que la Cour de justice accepte d'interpréter des lignes directrices, alors qu'elles sont dépourvues de valeur normative. À cet égard, elle a estimé que les lignes directrices sur les aides à finalité régionale et les lignes directrices sur les aides à l'emploi n'étaient pas dépourvues d'effets juridiques, puisqu'il appartient aux juridictions nationales de les prendre en considération dans le cadre des litiges dont elles sont saisies.

Selon la Cour, de tels actes sont susceptibles d'éclairer l'interprétation de dispositions nationales adoptées aux fins de leur mise en œuvre. Ce peut être également des actes qui visent à compléter des dispositions de l'Union qui ont elles un caractère contraignant[200].

Notons que la Cour avait déjà considéré dans une jurisprudence classique[201] qu'il était possible d'interpréter, par la voie préjudicielle, des instruments de *soft law* adoptés en application du traité.

### β. *Une portée pratique certaine*

**1018.** Indépendamment de leur nature juridique, les actes d'encadrement ou d'orientation de la Commission exercent une influence notable dans l'examen des aides d'État. En effet, la Commission peut déclarer incompatible toute aide accordée en violation des lignes directrices et encadrements communautaires.

Or, les encadrements sectoriels et horizontaux sont fort nombreux et s'enchevêtrent de sorte qu'il n'est pas toujours aisé de délimiter avec précision le texte applicable dont relève l'aide en cause. À cet égard, une aide peut relever du champ d'application de plusieurs textes ou encadrements, tout en reposant sur un seul fondement dans le traité.

Il y a donc une réelle complexité dans la délimitation de nombreux textes selon le champ d'application. Cela n'est pas sans incidence sur les règles de cumul car il existe des plafonds applicables aux aides, qui sont déterminants dans l'examen de compatibilité.

200. CJCE, 2 avr. 2009, *Lodato Gennaro, aff.* C-415/07, *Rec.* p. I. 2599.

201. CJCE 13 déc. 1989, *Grimaldi*, aff. C-322/88, *Rec.* p. 4407.

## 2. Une obligation de notification à la charge de l'État membre

**1019.** Tout projet d'aide élaboré par un État membre doit faire l'objet d'une notification auprès de la Commission et en temps utile[202]. Il s'agit en effet d'un contrôle préalable à toute mise en œuvre du projet.

Dans le cas contraire, c'est-à-dire si l'État octroie l'aide sans en informer dûment la Commission, il s'agit alors d'une aide illicite. Cela implique une obligation de restitution de l'aide, prononcée par voie de décision par la Commission, et confortée, le cas échéant, par la Cour de justice.

### a. L'ouverture de l'examen préliminaire

**1020.** En application de l'article 4 du règlement (CE) n° 2015/1589 du Conseil du 13 juillet 2015, est instaurée une phase préliminaire d'examen des mesures d'aide notifiées. Elle a pour objet de permettre à la Commission de se former « une première opinion »[203] sur la compatibilité de l'aide en cause avec le marché intérieur.

Lorsque la Commission reçoit communication du projet d'aide, elle ouvre aussitôt l'examen préliminaire (art. 4 § 1 du règlement de procédure) qui la conduira éventuellement à demander à l'auteur de l'aide davantage de renseignements, toujours par voie de décision. Elle peut assortir sa demande d'un délai de réponse.

**1021.** Selon les termes du règlement du 13 juillet 2015 qui appuie la jurisprudence en ce sens[204], le délai de notification est de deux mois lorsque la Commission estime que la notification est complète. Le délai de réponse de la Commission peut aller jusqu'à dix-huit mois en cas d'ouverture de la procédure formelle d'examen (art. 9), délai qui peut être prorogé d'un commun accord entre la Commission et l'État membre concerné. À cet égard, sur la question des délais et de leur caractère raisonnable, source d'un contentieux récurrent, selon une jurisprudence constante, la procédure prévue à l'article 108, paragraphe 2, TFUE revêt un caractère indispensable dès lors que la Commission éprouve des difficultés sérieuses pour apprécier si une aide est compatible avec le marché intérieur.

La Commission ne peut donc s'en tenir à la phase préliminaire d'examen visée à l'article 108, paragraphe 3, TFUE pour prendre une décision favorable à une aide que si elle est en mesure d'acquérir la conviction, au terme d'un premier examen, que cette aide est compatible avec le marché intérieur[205].

En pratique, la Commission demande de manière presque systématiquement des informations complémentaires aux États membres, ce qui allonge

202. CJCE, 11 déc. 1973, *Lorenz*, préc.

203. CJUE, 24 janv. 2013, *Forbund*, aff. C-646/11 P.

204. CJCE, 11 déc. 1973, *Lorenz*, préc.

205. CJCE, 2 avr. 2009, *Bouygues Télécom*, aff. C-431/07 P, *Rec.* p. I. 2665 ; CJCE, 27 oct. 2011, *Scheucher-Fleisch*, aff. C-47/10 P.

la durée de l'examen préliminaire. En moyenne, l'examen de l'aide par la Commission nécessite une durée de neuf à douze mois.

## b. L'expiration de l'examen préliminaire

**1022.** À l'expiration de l'examen préliminaire, la Commission dispose de quatre options ; il peut y avoir un accord tacite de la Commission qui vaut décision implicite de compatibilité (art. 4 § 6 du règlement). En effet, si la Commission n'a pas pris de décision à l'expiration du délai des deux mois, l'aide est réputée avoir été autorisée par la Commission. L'État membre concerné peut alors mettre à exécution les mesures en cause après en avoir avisé préalablement la Commission, sauf si celle-ci prend une décision en application de l'article 4 et ce dans un délai de quinze jours ouvrables suivant la réception de cet avis.

La Commission peut considérer, deuxième hypothèse, qu'à l'examen du dossier, il ne s'agit pas d'une aide d'État au sens de l'article 107 TFUE. Elle le fait savoir par voie de décision (art. 4 § 2 du règlement). La mesure projetée par l'État peut être alors adoptée.

À l'inverse, elle considère, troisième hypothèse, que la mesure notifiée constitue une aide d'État, qui ne présente pas de doutes quant à sa compatibilité (art. 4 § 3 du règlement) et entre dans le cadre d'une des dérogations prévues. Elle adopte une décision qui précise quelle dérogation prévue par le TFUE a été appliquée. Ainsi, la mesure peut être mise à exécution.

Enfin, quatrième hypothèse, la Commission peut estimer au contraire qu'il existe des doutes et des difficultés sérieuses sur la compatibilité du projet, ce qui l'oblige à ouvrir une phase formelle d'examen (art. 4 § 4 du règlement)[206]. Elle adopte alors une décision ouvrant la procédure prévue par l'article 108, paragraphe 2, du TFUE qui est entourée de nombreuses garanties au profit des intéressés.

**1023.** En effet, la Commission doit bien s'assurer que l'ouverture de la procédure est portée à la connaissance des intéressés. La décision, qui récapitule les éléments de faits et de droit du dossier et expose l'analyse préliminaire de la Commission et les raisons pour lesquelles elle doute de la compatibilité de la mesure, est communiquée à l'État membre et aux autres parties intéressées qui disposent d'un délai déterminé, normalement pas plus d'un mois, pour y répondre. La décision fait également l'objet d'une publication au *Journal officiel de l'Union européenne*.

Les intéressés sont l'auteur de l'aide, les autres États membres ainsi que les entreprises bénéficiaires de l'aide ou celles qui, au contraire, s'estiment lésées. En somme, il peut s'agir de tout concurrent dès l'instant qu'il parvient à démontrer qu'il est directement et individuellement affecté par le projet d'aide au regard d'un certain nombre d'éléments relatifs à l'analyse du marché[207].

206. Trib. UE, 10 juill. 2012, *TF1*, aff. T-520/09.

207. CJCE, 22 nov. 2007, *Lenzing*, aff. C-525/04, *Rec.* p. I. 9947.

## 3. La demande d'informations par voie de décision

**1024.** Avant d'adopter la décision, la Commission peut demander à l'État de lui fournir des informations sur l'aide illégalement octroyée. Cette demande de renseignement est la plupart du temps formulée de manière contraignante, c'est-à-dire par voie de décision. De plus, le nouveau règlement de procédure du 13 juillet 2015 permet à la Commission de demander à un État membre, autre que celui à l'origine de l'aide, de lui fournir tous les renseignements concernant le marché nécessaire pour pouvoir achever l'examen d'une mesure. Ce nouveau règlement l'autorise également à exiger de toute entreprise ou association d'entreprises qu'elle lui fournisse ces informations et lui donne le pouvoir d'infliger des amendes ou des astreintes en cas de transmission d'informations inexactes, incomplètes ou dénaturées. Il peut également s'agir de l'hypothèse d'informations transmises hors délai fixé.

Les amendes ne dépassent pas 1 % du chiffre d'affaires total réalisé au cours de l'exercice social précédent tandis que les astreintes ne dépassent pas 5 % du chiffre d'affaires journalier moyen de l'entreprise ou association d'entreprises, réalisé au cours de l'exercice social précédent, par jour d'inexécution. Pour fixer le montant de l'amende ou de l'astreinte, la Commission doit prendre en considération la nature, la gravité et la durée de l'infraction, tout en tenant dûment compte des principes de proportionnalité et d'adéquation, en particulier en ce qui concerne les petites et moyennes entreprises.

Néanmoins, avant d'adopter une telle décision, la Commission fixe un délai ultime de deux semaines pour la réception des renseignements manquants et donne aux destinataires l'occasion de faire connaître leur point de vue.

## 4. L'examen sur plainte

**1025.** La Commission peut également être saisie sur plainte. De plus, l'obligation d'examen est déclenchée dès lors que la Commission est en possession d'informations concernant une aide prétendue illégale.

### a. Le dépôt de plainte auprès de la Commission

**1026.** L'article 24, paragraphe 2, du règlement (CE) n° 2015/1589 dispose que toute partie intéressée peut déposer une plainte auprès de la Commission contre toute aide illégale prétendue et de toute application prétendue abusive de l'aide.

Lorsque la Commission estime, sur la base des informations dont elle dispose, qu'il n'y a pas de motifs suffisants pour se prononcer sur le cas, elle en informe la partie intéressée. Si elle prend une décision sur un cas concernant la teneur des informations fournies, elle envoie une copie de cette décision à la partie intéressée.

La transmission des informations au sens du règlement (CE) n° 659/1999, aujourd'hui abrogé, n'était, jusqu'à présent, soumise à aucune condition de forme. En dépit de son caractère succinct, une lettre, par la nature et la formulation des éléments transmis, pouvait être considérée comme permettant à la Commission d'identifier avec suffisamment de précision, notamment, le bénéficiaire supposé, la nature de l'avantage litigieux ou encore le mécanisme par lequel cet avantage aurait été accordé[208].

Aujourd'hui, le nouveau règlement de procédure, le règlement (UE) n° 2015/1589 du Conseil du 13 juillet 2015, impose désormais un certain nombre d'exigences de forme aux termes de et 24, paragraphe 2.

### b. Les exigences de forme introduites par le règlement (UE) 2015/1589

**1027.** Le règlement fait valoir que les plaintes constituent une source d'information essentielle pour la détection des infractions aux règles de l'Union en matière d'aides d'État. Afin d'améliorer leur qualité et d'augmenter la transparence et la sécurité juridique, le nouveau règlement précise les conditions que devrait remplir une plainte

Rappelons que la simplification des procédures est un des objectifs du programme de la Commission visant à moderniser la politique de l'Union en matière d'aides d'État.

Les informations transmises à la Commission par des tiers doivent répondre à deux critères, l'utilisation obligatoire d'un formulaire de plainte, et le dépôt par une partie intéressée, avant de pouvoir être enregistrées en tant que plainte officielle.

#### α. *L'utilisation obligatoire d'un formulaire de plainte*

**1028.** Désormais, l'utilisation d'un nouveau formulaire de plainte est obligatoire. Il permet aux plaignants de fournir en une fois à la Commission tous les éléments qui lui sont nécessaires pour enquêter sur de possibles aides illégales. Les informations doivent être soumises de manière complète et structurée. À cet égard, un certain nombre d'informations est requis au moyen du formulaire.

Les informations communiquées qui ne respecteront pas les conditions établies sont traitées en tant que renseignements d'ordre général concernant le marché. Elles ne peuvent pas en principe nécessairement entraîner l'ouverture d'enquêtes d'office.

#### β. *Les parties intéressées*

**1029.** Les informations doivent être présentées par une partie intéressée. En effet, seuls les États membres ainsi que toute personne, entreprise ou association d'entreprises dont les intérêts pourraient être affectés par l'octroi d'une aide présumée illégale, peuvent déposer une plainte auprès de la Commission. Lorsque la Commission estime que la partie intéressée ne respecte pas l'obligation de recourir au formulaire de plainte ou que les éléments de fait et de droit invoqués par la partie intéressée ne suffisent pas à démontrer l'existence d'une aide d'État illégale ou l'application

208. CJUE, 16 mai 2013, *Ryanair*, aff. C-615/77 P.

abusive d'une aide, elle en informe la partie intéressée. Elle l'invite à présenter ses observations dans un délai déterminé qui ne dépasse pas normalement un mois. Si la partie intéressée ne fait pas connaître son point de vue dans le délai fixé, la plainte est réputée avoir été retirée. La Commission en informe alors l'État membre concerné.

### 5. Les enquêtes par secteur économique

**1030.** La Commission est autorisée à ouvrir des enquêtes par secteur économique ou par instrument d'aide (art. 25). Cette possibilité avait été introduite par le règlement de procédure, n° 734/2013, du 22 juillet 2013, aujourd'hui abrogé par le règlement (UE) n° 2015/1589.

#### a. Des motifs raisonnables

**1031.** La Commission peut mener une enquête dans différents États membres lorsque les informations disponibles donnent des motifs raisonnables de penser que des mesures d'aides d'État sont susceptibles de restreindre ou de fausser sensiblement la concurrence, ou que des aides existantes ne sont pas ou ne sont plus compatibles avec le marché intérieur.

Au cours de cette enquête, la Commission peut demander aux États membres et/ou aux entreprises ou aux associations d'entreprises concernées de lui fournir les renseignements nécessaires à l'application des articles 107 et 108 du TFUE. Elle doit tenir compte du principe de proportionnalité.

#### b. La publication des résultats de l'enquête

**1032.** La Commission publie un rapport sur les résultats de son enquête. Et elle invite les États membres ainsi que toute entreprise ou association d'entreprises concernée à présenter des observations. C'est ainsi que les informations obtenues dans le cadre des enquêtes sectorielles peuvent parfaitement être utilisées dans le cadre des procédures.

## B. La prise de décision par la Commission

**1033.** Au terme de la procédure d'examen formelle, la Commission doit prendre position, au plus tard dans les dix-huit mois qui suivent son ouverture (prorogeable sur accord commun entre la Commisison et l'État membre). À défaut d'une prise de décision, elle s'expose à un recours en carence introduit soit par l'État membre, auteur de l'aide, soit par d'autres États membres.

### 1. Les obligations procédurales

**1034.** De manière générale, la Commission demeure liée par un certain nombre d'obligations procédurales qui pèsent sur elle dans la mise en œuvre des articles 107 et 108 TFUE. Ce sont des obligations que la Cour se plaît à rappeler de manière constante dans sa jurisprudence[209].

## a. Une stricte obligation de motivation

**1035.** Le choix de la décision par l'article 107 TFUE pose une obligation de motivation et de notification auprès des intéressés[210]. La Cour veille au respect scrupuleux de l'obligation de motivation. Il ne suffit pas pour la Commission de reprendre le texte de l'article 107, paragraphe 1, TFUE ou d'affirmer une incompatibilité sans apporter une démonstration suffisante.

C'est ainsi, par exemple, que le Tribunal a récemment annulé une décision de la Commission qualifiant d'aide d'État la garantie implicite illimitée accordée par l'État français à l'Institut français du pétrole[211]. En effet, la Commission n'a pas suffisamment expliqué ni démontré dans quelle mesure cette garantie avait pour effet de conférer un avantage économique réel à son bénéficiaire. La Commission n'a pas apporté la preuve qu'en présence de la garantie, les fournisseurs de l'IFP sont susceptibles d'accorder aux autorités françaises un traitement plus favorable, notamment en baissant les prix de leurs produits ou de leurs services[212].

## b. Le principe du contradictoire

**1036.** De manière générale, le nouveau règlement de procédure du 13 juillet 2015 renforce le principe du contradictoire. En effet, il garantit davantage les droits des parties.

### α. *L'obligation de demander à l'État « son point de vue »*

**1037.** Avant d'adopter une décision infligeant une amende ou une astreinte, la Commission donne à l'État membre concerné l'occasion « de faire connaître son point de vue », dans un délai qui ne dépasse normalement pas un mois, sur les renseignements obtenus par la Commission et fournis à l'État membre (art. 8 § 5).

### β. *La prise en compte de l'intérêt légitime des entreprises*

**1038.** En outre, le nouveau règlement prend sensiblement en compte l'intérêt légitime des entreprises en ce qui concerne le secret des affaires et les informations confidentielles transmises (art. 9 § 10). La Commission doit s'abstenir d'utiliser, dans une décision, les informations confidentielles fournies en réponse à une demande de renseignements qui ne peuvent pas être protégées ni rendues anonymes, à moins qu'elle n'ait

---

209. V. par ex. CJUE, 9 juin 2011, *Comitato « Venezia vuole vivere »*, préc.

210. CJCE, 14 oct. 1987, *Allemagne c/ Commission*, aff. 248/84, *Rec.* p. 4013.

211. Trib. UE, 26 mai 2016, *France et IFP Énergies nouvelles*, aff. jtes T-479/11 et T-157/12.

212. Il est à noter que le Tribunal rappelle que la garantie implicite et illimitée de l'État en faveur des EPIC est inhérente au statut de ces établissements et découle, notamment, du fait qu'ils ne sont pas soumis aux procédures d'insolvabilité de droit commun.

obtenu des intéressés l'autorisation de divulguer ces informations à l'État membre concerné.

Néanmoins, la Commission peut adopter une décision motivée, qu'elle notifie à l'entreprise ou à l'association d'entreprises concernée, constatant que les informations désignées comme confidentielles ne sont pas protégées. Elle fixe le délai à l'expiration duquel ces informations seront divulguées. Ce délai ne peut être inférieur à un mois.

De plus, la Commission est désormais tenue de prendre en compte l'intérêt légitime des entreprises. En effet, celles-ci peuvent demander à ce que le secret d'affaire et autres informations confidentielles soient protégés.

Une entreprise ou une association d'entreprises qui n'est pas bénéficiaire de la mesure d'aide d'État en question et qui fournit des renseignements peut exiger que son identité ne soit pas révélée à l'État membre concerné. Elle peut faire valoir un préjudice potentiel.

## 2. L'adoption de la décision

**1039.** Il existe quatre types de décisions que peut prendre la Commission au terme de son examen, une décision constatant l'absence de qualification d'aide d'État, une condition positive qui prononce la compatibilité de la mesure avec le droit de l'Union, une décision conditionnelle, c'est-à-dire favorable mais assortie de réserves, ou une décision négative, qui établit l'incompatibilité de l'aide. La Commission peut également être amenée, dans certaines circonstances, à prendre une décision dite de rectification ou d'extension de la procédure pendante. D'autres hypothèses (retrait ou révocation) peuvent par ailleurs se présenter.

### a. Les quatre formes de décision

**1040.** La Commission peut tout d'abord considérer que finalement la mesure envisagée par l'État n'est tout simplement pas constitutive d'une aide d'État, le cas échéant après modification par l'État membre concerné (décision constatant que la mesure notifiée n'est pas une aide - art. 9 § 2 du règlement). Ensuite, conformément à l'article 107, paragraphe 3, TFUE, la Commission peut au contraire considérer qu'il y a qualification d'aide d'État. Mais elle peut la considérer comme compatible avec le marché intérieur (décision de compatibilité - art. 9 § 2 du règlement). La décision positive peut être assortie de réserves permettant de s'assurer de la pérennité de la compatibilité (décision conditionnelle - art. 9 § 4 du règlement). En effet, la Commission peut établir certaines conditions qu'elle définit clairement[213]. Elle peut se réserver le droit, si les conditions ne sont plus réunies, d'ordonner ultérieurement la suppression ou la

213. V. par exemple la décision de compatibilité du régime des retraites de France Télécom sous conditions. En effet, la décision de la Commission est subordonnée à l'alignement complet du calcul de la contribution annuelle de France Télécom au titre de son personnel fonctionnaire sur celui de ses concurrents sur le marché français, décision n° 2012/540/UE du 20 déc. 2011 concernant la réforme du mode de financement des retraites des fonctionnaires de l'État rattachés à France Télécom mise à exécution par la France en faveur de France Télécom. V. aussi pour une autre décision de compatibilité sous conditions,

modification de l'aide. Elle peut également ordonner la cessation temporaire de l'aide pendant une durée déterminée. Généralement, la décision implique certaines charges qui peuvent être perçues comme de lourdes contraintes pour l'État, auteur de l'aide. Il s'agit par exemple d'une obligation imposée à l'État de transmettre un rapport annuel sur la mise en œuvre de l'aide. En outre, il peut être tenu de procéder auprès de la Commission à la notification des cas individuels d'application. En somme, le contrôle de la Commission perdure au-delà de la décision de compatibilité. L'État est toujours tenu de rendre des comptes auprès de celle-ci.

Enfin, la Commission peut adopter une décision négative qui prononce l'incompatibilité de l'aide avec l'article 107 TFUE (décision d'incompatibilité – art. 9 § 5 du règlement). Elle demande alors à l'auteur du projet de le retirer ou de le modifier dans un délai imparti. En tant qu'acte contraignant, la décision oblige l'auteur du projet d'aide à s'y conformer.

### b. L'éventuelle décision de rectification ou d'extension

**1041.** Selon la jurisprudence, dans le cadre spécifique des procédures en matière d'aides d'État, l'appréciation juridique initialement retenue par la Commission peut être corrigée à la suite de la découverte d'un élément de fait antérieurement inconnu. Ce peut être aussi le cas à l'issue d'une étude plus approfondie des éléments se trouvant déjà dans la possession de la Commission[214]. Dans une telle hypothèse, la Commission adopte une décision dite de rectification ou d'extension de la procédure pendante. Ce type de décision est considéré comme licite par la Cour dès lors que celle-ci ne porte pas atteinte aux droits procéduraux des parties.

### c. Autres hypothèses : retrait ou révocation

**1042.** Deux autres hypothèses peuvent se présenter au cours ou à l'issue de l'examen par la Commission : le retrait de la notification par l'État membre, ou la révocation d'une décision.

#### α. *Le retrait d'une notification*

**1043.** L'État membre concerné peut décider de retirer sa notification avant que la Commission ne prenne une décision définitive. Il peut également apporter des modifications à une aide déjà notifiée et approuvée. Ces modifications peuvent être notifiées à l'aide du formulaire de notification simplifiée figurant à l'annexe II du règlement (CE) n° 794/2004, lorsqu'elles ne sont pas de nature à modifier l'évaluation de la compatibilité de la mesure d'aide avec le marché intérieur (art. 4 du règlement (CE) n° 794/2004). Ces modifications sont les suivantes :

a) augmentation de plus de 20 % du budget d'un régime d'aides autorisé ;

décision n° 2015/542/UE du 21 mars 2012 sur la mesure que le Royaume-Uni envisage de mettre en œuvre pour Royal Mail Group, *JOUE* n° L 279, 12 oct. 2012.

214. V. en ce sens, CJUE, 13 juin 2013, *HGA*, aff. jtes C-630/11 à C-633/11P.

b) prolongation d'un régime d'aides existant autorisé de six ans au maximum, avec ou sans augmentation budgétaire ;

c) renforcement des critères d'application d'un régime d'aides autorisé, réduction de l'intensité d'aide ou réduction des dépenses admissibles.

Dans le cas où la Commission a déjà ouvert la procédure formelle d'examen, celle-ci est alors clôturée.

#### β. *La révocation d'une décision*

**1044.** Autre cas de figure, la Commission peut révoquer une décision dans le cas où cette dernière serait fondée sur des informations inexactes transmises au cours de la procédure et d'une importance déterminante pour la décision. Avant de révoquer une décision et de prendre une nouvelle décision, la Commission ouvre la procédure formelle d'examen conformément à l'article 4, paragraphe 4.

## 3. Les droits de recours ouverts

**1045.** Les décisions de la Commission, en tant qu'actes obligatoires au sens de l'article 288 TFUE, d'autant qu'elles peuvent porter grief, sont susceptibles de faire l'objet d'une contestation devant le Tribunal de l'Union, juridiction compétente en la matière. Le pourvoi, limité aux questions de droit, peut être formé devant la Cour contre la décision du Tribunal, dans un délai de deux mois à compter de sa notification.

### a. Le droit de recours des destinataires de la décision

**1046.** Les destinataires de la décision peuvent former un recours en annulation pour en contester la légalité, en invoquant des moyens de fond ou de forme[215].

Pour sa part, la Commission peut également introduire un recours en manquement d'État si l'État, destinataire de l'acte, se montre indifférent à la décision et notamment, dans le cas d'aide illicite, s'il ne récupère pas l'aide.

### b. Le droit de recours des tiers

**1047.** Plus délicat est certainement le droit de recours des tiers, c'est-à-dire les sujets autres que les destinataires d'une décision, pour lesquels la jurisprudence a défini de strictes conditions pour former un recours.

#### α. *Un sujet individuellement concerné*

**1048.** Selon une jurisprudence constante, les tiers sont considérés comme individuellement concernés si la décision de la Commission les atteint en raison de certaines qualités qui leur sont particulières, ou d'une situation de fait qui les caractérise par rapport à toute autre

215. TPICE, 10 mai 2006, *Air One*, aff. T-395/04, *Rec.* p. II. 1343.

personne et les individualise d'une manière analogue à celle dont le destinataire d'une telle décision le serait[216].

En effet, dans le domaine des aides d'État, les sujets autres que les destinataires mettant en cause le bien-fondé d'une décision d'appréciation de l'aide, sont considérés comme individuellement concernés par la décision si leur position sur le marché est substantiellement affectée par l'aide faisant l'objet de la décision en cause[217]. Toujours de jurisprudence constante, lorsque la décision affecte un groupe de personnes identifiées ou identifiables au moment où l'acte a été pris et en fonction de critères propres aux membres du groupe, ces personnes peuvent être individuellement concernées. Elles sont considérées comme faisant partie d'un cercle restreint d'opérateurs économiques[218].

Pour autant, la simple possibilité de déterminer, avec plus ou moins de précision, le nombre ou même l'identité des sujets de droit auxquels s'applique une mesure n'implique nullement que ces sujets doivent être considérés comme étant individuellement concernés. En effet, l'application de la mesure est effectuée en vertu d'une situation objective de droit ou de fait définie par l'acte en cause[219].

#### β. *L'affectation substantielle de la position*

**1049.** S'agissant de l'« affectation substantielle de la position » du requérant sur le marché en cause, la seule circonstance qu'un acte est susceptible d'exercer une certaine influence sur les rapports de concurrence dans le marché pertinent et que l'entreprise concernée se trouvait dans une relation de concurrence avec le bénéficiaire de cet acte, ne suffit pas pour que l'entreprise puisse être considérée comme affectée par l'acte[220].

En somme, une entreprise ne peut se prévaloir uniquement de sa qualité de concurrente par rapport à l'entreprise bénéficiaire. Elle doit en outre établir qu'elle est dans une situation de fait qui l'individualise d'une manière analogue à celle du destinataire[221].

## C. La récupération des aides d'États illégalement versées

**1050.** Il peut arriver qu'une aide soit illégalement octroyée, parce qu'elle a été versée sans avoir été notifiée, ou versée antérieurement à

216. CJCE, 15 juill. 1963, *Plaumann*, aff. 25/62, *Rec.* p. 197 ; CJCE, 13 déc. 2005, *Aktionsgemeinschaft*, aff. C-78/03 P, *Rec.* p. I. 10737 ; CJCE, 22 nov. 2007, *Lenzing*, aff. C-525/04 P, *Rec.* p. I. 9947.

217. CJCE, 22 nov. 2007, *Lenzing*, préc.

218. CJCE, 13 mars 2008, *Infront WM*, aff. C-125/06 P, *Rec.* p. I. 1451 ; CJUE, 27 févr. 2014, *Woonpunt*, aff. C-132/12 P.

219. CJCE, 19 déc. 2013, *Telefónica*, aff. C-274/12P.

220. CJCE, 10 déc. 1969, *Eridania*, aff. jtes 10/68 et 18/68, *Rec.* p. 459 ; CJCE, 22 nov. 2007, *Lenzing*, préc. ; CJCE, 22 déc. 2008, *British Aggregates*, aff. C-487/06 P, *Rec.* p. I. 10515.

221. CJCE, 23 mai 2000, *Comité d'entreprise de la Société française de production*, aff. C-106/98 P, *Rec.* p. I. 3659 ; CJCE, 22 nov. 2007, *Lenzing*, préc. ; CJCE, 22 déc. 2008, *British Aggregates*, préc.

la notification, ce qui constitue une violation de l'article 107 TFUE. En effet, rappelons que l'intérêt de la notification réside précisément dans l'effet suspensif du projet d'aide.

## 1. L'obligation de récupération

**1051.** En application du principe de restitution, si l'aide a été illégalement octroyée, la Commission peut en imposer un remboursement dans sa décision. Ainsi, l'État auteur de l'aide illégale est tenu de récupérer l'aide. Il doit tout faire[222] pour obtenir une restitution de l'aide, sauf dans l'hypothèse où cette récupération irait à l'encontre d'un principe général du droit de l'Union ou se heurterait à une impossibilité absolue[223].

Le principe de la restitution constitue certainement la sanction la plus lourde et la plus symptomatique de l'encadrement des interventions publiques par le droit de l'Union[224].

### a. Le fruit d'une lente évolution

**1052.** Le principe de la récupération des aides illégales est le fruit d'une lente évolution initiée par la jurisprudence, particulièrement depuis l'arrêt du 12 juillet 1973, *Commission c/ Allemagne*[225]. Cette évolution a été par la suite confortée par une Communication de la Commission du 24 novembre 1989[226] et le règlement de procédure du 22 mars 1999, aujourd'hui abrogée.

Ce principe n'est pas expressément prévu par l'article 108 TFUE qui ne vise que l'obligation pour l'État de supprimer ou de modifier la mesure, ce qui n'était pas explicitement entendu comme une suppression à effet rétroactif. C'est en réalité la Commission, toujours soucieuse d'enserrer la pratique des États en ce domaine, qui a instauré une telle obligation. En effet, elle fait valoir qu'une décision d'incompatibilité qui ordonne la suppression ou la modification de l'aide implique le remboursement de l'aide illégalement versée.

### b. Une conséquence de l'illégalité de l'aide

**1053.** La jurisprudence considère que la suppression d'une aide illégale par voie de récupération est « la conséquence logique de la

222. CJUE, 21 mars 2013, *Commission c/Italie*, aff. C-613/11.

223. CJUE, 5 mai 2011, *Commission c/Italie*, aff. C-305/09 ; CJUE, 20 oct. 2011, *Commission c/ France*, aff. C- 549/09.

224. CJUE, 22 déc. 2010, *Commission c/Italie*, aff. C-304/09, et *Commission c/ Slovaquie*, aff. C-507/08.

225. CJCE, 12 juill. 1973, *Commission c/ Allemagne*, aff. 70/72, *Rec.* p. 813.

226. Communication de la Commission relative aux aides illégalement versées, *JOCE* n° C-318, 24 nov. 1983. V. aussi parmi les autres textes encadrant avec acuité les aides d'État : plan d'action dans le domaine des aides d'État. Des aides d'État moins nombreuses et mieux ciblées : une feuille de route pour la réforme des aides d'État 2005-2009, COM (2005) 107 final ; Communication de la Commission relative à l'application des règles en matière d'aides d'État par les juridictions nationales, *JOUE* n° C 85, 9 avr. 2009 ; Communication relative à la coopération entre la Commission et les juridictions nationales dans le domaine des aides d'État, préc.

constatation de son illégalité »[227]. Cette conséquence ne dépend nullement de la forme dans laquelle l'aide a été octroyée.

En cas de non-respect par l'État, la Commission ne doit pas manquer d'ouvrir une procédure en manquement devant la Cour de sorte qu'aujourd'hui, les demandes de restitution sont systématiques.

Selon une jurisprudence tout aussi constante de la Cour, l'État membre destinataire d'une décision l'obligeant à récupérer des aides illégales est tenu de prendre toutes les mesures propres à assurer l'exécution de cette décision. Il doit à terme parvenir à une récupération effective des sommes dues[228]. L'obligation pour l'État de supprimer l'aide vise le rétablissement de la situation antérieure. Cet objectif est atteint lorsque les bénéficiaires ont restitué la somme versée au titre de l'aide illégale. En fait, il doit être démontré qu'ils perdent l'avantage dont ils avaient bénéficié sur le marché par rapport à leurs concurrents. En somme, la situation antérieure au versement de l'aide doit être rétablie[229].

## c. Une application soutenue

**1054.** L'obligation de récupération des aides d'État fait l'objet d'une application soutenue de la part de la Commission[230]. Elle est relayée par une interprétation ferme de la Cour[231].

À titre d'illustration de la rigueur avec laquelle la Commission s'emploie à appliquer le principe du remboursement de l'aide illégale, nous évoquerons l'affaire *Commission c/France* du 9 juillet 2015, à propos de la SNCM.

En mai 2013, la Commission a qualifié d'aides d'État les compensations financières versées par la France à la SNCM (Société nationale Corse Méditerranée) et à la CMN (Compagnie méridionale de navigation) pour les années 2007-2013 et ce dans le cadre d'une convention de service public. La Commission a estimé incompatibles avec les règles relatives aux aides d'État les compensations versées à la SNCM pour les services fournis pendant la saison touristique. Il s'agissait de subventions au titre d'un service dit « complémentaire » pourtant déjà fourni par le marché privé, pour la liaison maritime entre Marseille et la Corse. Elle a alors ordonné la récupération des aides incompatibles, considérant que la SNCM avait perçu un avantage économique indu, d'une valeur d'environ 220 millions d'euros, par rapport à ses concurrents. Elle devait donc le rembourser. Cette récupération devait s'effectuer dans les quatre mois suivant la date de notification de la décision, soit au plus tard le 3 septembre 2013.

227. CJCE, 14 avr. 2011, *Commission c /Pologne*, aff. C-331/09, *Rec.* p. I. 2933.

228. CJUE, 28 juin 2012, *Commission c/Grèce*, aff. C-485/10. CJCE, 5 oct. 2006, *Commission c/France,* aff. C-232/05, *Rec.* p. I. 10071.

229. CJCE, 17 juin 1999, *Belgique c/Commission*, aff. C-75/97, *Rec.* p. I. 3671 ; Trib. UE, 13 févr. 2012, *Budapesti*, aff. jtes T-80/06 et T-182/09 ; Trib UE, 5 févr. 2015, *Aer Lingus,* aff. T-473/12.

230. CJUE, 9 juill. 2015, *Commission c/France,* aff. C-63/14.

231. CJUE, 28 juill. 2011, *Vizcaya,* aff. jtes C-474/09 à C-476/09 ; pour un cas de non-récupération, v. CJUE, 6 oct. 2011, *Commission c/ Italie,* aff. C-302/09 ; pour un cas de récupération tardive, v. CJUE, 13 oct. 2011, *Commission c/Italie,* aff. C-454/09 ; CJUE, 8 déc. 2011, *France Télécom,* aff. C-81/10 ; CJUE, 8 déc. 2011, *Résidex,* aff. C-275/10.

**1055.** La France et la SNCM ayant introduit chacune un recours devant le Tribunal de l'Union pour obtenir l'annulation de cette décision, le Tribunal a récemment confirmé que l'apport en capital et les mesures de privatisation en cause étaient des aides d'État illégales et incompatibles avec le marché intérieur[232].

Or, les recours devant le Tribunal n'ayant pas d'effet suspensif, la France était tenue de se conformer à la décision du 2 mai 2013 dans les délais impartis. Plus de six mois plus tard, la France n'ayant toujours pas mis en œuvre cette décision, la Commission saisit, en novembre 2013, la Cour, en raison de leur non-recouvrement par le gouvernement français. La France a soutenu, en vain, qu'il lui était impossible d'exécuter la décision litigieuse car la SNCM aurait fait l'objet d'une liquidation judiciaire, entraînant de graves troubles à l'ordre public

Dans son arrêt du 9 juillet 2015, la Cour a accueilli le recours en manquement de la Commission. En effet, elle a considéré que la France avait manqué aux obligations lui incombant. La France n'a pas pris, à l'expiration du délai prescrit par la Commission, les mesures nécessaires pour récupérer les aides illégales. Or, toujours selon la Cour, la France n'était pas dans l'impossibilité absolue de récupérer les aides. L'arrêt sur le fond a été rendu par le Tribunal qui vient confirmer la décision de la Commission et, dès lors, l'obligation pour la France de récupérer l'aide de 220 millions d'euros[233].

Cette saga jurisprudentielle souligne une nouvelle fois la constance, tant de la part de la Commission que du juge de l'Union, dans l'application du principe de restitution des aides illégalement versées.

## 2. Une seule limite sévèrement appréciée

**1056.** L'obligation de récupération ne connaît qu'une seule limite, celle de l'existence d'une impossibilité absolue d'exécution. Celle-ci fait l'objet d'une sévère appréciation à la fois de la part de la Commission et de la Cour. Elle ne peut notamment constituer une justification éventuelle d'un retard considérable[234].

La Commission a l'obligation d'établir l'existence d'un manquement à l'obligation de récupération. Pour autant, elle ne peut se fonder sur une présomption quelconque[235].

### a. L'impossibilité absolue d'exécution

**1057.** L'impossibilité absolue peut être de nature juridique lorsqu'elle découle de décisions prises par des juridictions nationales pourvu que ces

232. Trib. UE, 6 juill. 2017, *France c/Commission*, aff. T-74/14 ; Trib. UE, 6 juill. 2017, *SNCM c/Commission*, aff. T-1/15.

233. Trib. UE, 1er mars 2017, *France c/Commission*, aff. T-366/13 ; Trib. UE, 1er mars 2017, *SNCM c/Commission*, aff. T-454/13.

234. CJCE, 2 févr. 1989, *Commission c/Allemagne*, aff. 94/87, *Rec.* p. 175 ; CJCE, 18 oct. 1987, *Commission c/France*, aff. C-441/06, *Rec.* p. 8887.

235. CJCE, 12 déc. 2002, *Commission c/ Allemagne*, aff. C-209/00, *Rec.* p. I. 11695.

décisions soient conformes au droit de l'Union. En revanche, cette condition n'est pas satisfaite si l'État membre se limite à faire part à la Commission des difficultés juridiques, politiques ou pratiques de la mise en œuvre de la décision, sans entreprendre une véritable démarche auprès des entreprises en cause afin de récupérer l'aide, et sans proposer à la Commission des modalités alternatives pour surmonter les difficultés[236].

La Cour considère également qu'un État membre qui, lors de l'exécution d'une décision de la Commission, rencontre des difficultés imprévues et imprévisibles ou prend conscience de conséquences non envisagées par la Commission, doit soumettre ces problèmes à l'appréciation de celle-ci, en proposant des modifications appropriées de la décision. Dans pareille hypothèse, l'État membre et la Commission doivent, en vertu de l'article 4, paragraphe 3, TUE, collaborer de bonne foi en vue de surmonter les difficultés dans le plein respect des dispositions du traité et, notamment, de celles relatives aux aides[237].

## b. Des justifications circonstanciées

**1058.** L'État ne peut se contenter de fournir des affirmations générales et abstraites, mais doit délivrer des données précises et concrètes[238]. De même, l'État membre est tenu de justifier les raisons pour lesquelles la récupération ne serait pas requise en ce qui concerne certains bénéficiaires.

C'est ainsi que la Cour a récemment confirmé l'obligation pour l'État grec de récupérer auprès de ses agriculteurs l'aide d'État illégale de 425 millions d'euros versée à la suite de mauvaises conditions climatiques[239]. Elle relève que la Grèce n'a pas démontré l'existence decirconstances spécifiques exceptionnelles dans le secteur agricole grec, qui se seraient distinguées de celles prévalant, dans le même secteur, dans autres États membres similairement affectés par la crise économique.

## c. Le cas des entreprises liquidées et démantelées

**1059.** Le fait que des entreprises bénéficiaires sont en difficulté ou en faillite n'affecte pas non plus l'obligation de récupération de l'aide. En fait, il est demandé à l'État membre de provoquer la liquidation de la société, de faire inscrire sa créance au passif de l'entreprise ou de prendre toute autre mesure permettant le remboursement de l'aide[240].

---

236. CJUE, 1er mars 2012, *Commission c/Grèce,* aff. C-354/10 ; CJUE, 5 mai 2011, *Commission c/Italie,* aff. C-305/09, *Rec.* p. I. 3225.

237. CJUE, 28 juin 2012, *Commission c/Grèce,* préc. ; CJUE, 22 déc. 2010, *Commission c/Italie,* aff. C-304/09 ; CJUE, 12 déc 2013, *Commision c/Italie,* aff. C-411/12.

238. CJUE, 12 févr. 2015, *Commission c/France,* aff. C-37/14.

239. CJUE, 8 mars 2016, *Grèce c/Commission,* aff. C-431/14 P. Nous citerons également le récent arrêt *SNCF c/Commission,* par lequel le tribunal confirme l'obligation de récupération d'aides accordées par la France pour la restructuration d'une filiale détenue à 100 % par la SNCF, la société Sernam et dont la Commission avait précisément ordonné la récupération soit plus de 642 millions d'euros, Trib. UE, 17 déc. 2015, *SNCF c/Commission,* préc.

240. CJUE, 21 mars 2013, *Commission c/Italie,* préc.

En outre, l'enregistrement de la créance relative aux aides dans le tableau des créances ne suffit pas pour faire disparaître la distorsion de concurrence créée[241]. L'inscription au tableau des créances répond en fait à l'obligation de récupération seulement si, dans le cas où les autorités ne peuvent récupérer l'intégralité du montant des aides, la procédure de faillite aboutit à la liquidation de l'entreprise bénéficiaire des aides illégales, c'est-à-dire à la cessation définitive de son activité[242].

## 3. Les délais pour ordonner la récupération de l'aide

**1060.** La récupération de l'aide, ordonnée par la Commission, doit avoir lieu dans les conditions prévues à l'article 13 du règlement (UE) n° 2015/1589, en vertu duquel la récupération d'une aide doit s'effectuer sans délai et conformément aux procédures prévues par le droit national de l'État membre concerné. Ces dernières doivent permettre l'exécution immédiate et effective de la décision[243]. À cette fin et en cas de procédure devant les tribunaux nationaux, les États membres concernés prennent toutes les mesures prévues par leurs systèmes juridiques respectifs, y compris les mesures provisoires. Un recours ultime contre une décision de la Commission est possible auprès de la Cour de Justice. Pour autant, ce recours n'est pas suspensif des obligations de récupération de la part de l'État membre.

Selon le règlement (CE) n° 2015/1589, lorsque la Commission a en sa possession des informations concernant une aide prétendue illégale, quelle qu'en soit la source, elle les examine sans délai. La Cour a également jugé que, même en l'absence de délai de prescription fixé par le législateur de l'Union, l'exigence fondamentale de sécurité juridique s'oppose à ce que la Commission puisse retarder indéfiniment l'exercice de ses pouvoirs[244].

Néanmoins, comme le souligne la Cour, la notification des aides d'État par les États membres est un élément central du dispositif communautaire en vue de leur contrôle. En l'absence de notification, les entreprises qui bénéficient de ces aides ne peuvent se prévaloir d'une confiance légitime dans leur régularité si elles n'ont pas été accordées dans le respect de la procédure.

**1061.** Le retard mis par la Commission à exercer ses pouvoirs de contrôle et à ordonner la récupération de l'aide peut dans certains cas entacher la décision de récupération d'illégalité. Néanmoins, il doit s'agir de circonstances qui traduisent une carence manifeste de la Commission et une violation évidente de son obligation de diligence. Ces manquements doivent être établis devant le juge de l'Union[245]. C'est ainsi que le Tribunal a récemment confirmé la décision de la Commission ordonnant le remboursement des exonérations fiscales accordées par la France,

241. CJUE, 11 déc. 2012, *Commission c/Espagne*, aff. C-610/10 ; Trib. UE, 17 déc. 2015, *SNCF*, préc.
242. Trib. UE, 17 déc. 2015, *SNCF*, préc.
243. CJUE, 20 oct. 2011, *Commission c/France*, aff. C-549/09.
244. CJCE, 14 juill. 1972, *Geigy*, aff. 52/69, *Rec.* p. 787 ; CJUE, 22 avr. 2008, *Salzgitter*, aff. C-408/04.
245. Trib. UE, 22 janv. 2013, *Salzgitter*, aff. T-308 (renvoi).

l'Irlande et l'Italie en faveur de la production d'alumine[246]. En effet, il a été considéré que la Commission n'a pas violé le principe de la confiance légitime bien qu'elle ait adopté la décision litigieuse dans un délai déraisonnable[247]. Ce retard n'est pas une circonstance exceptionnelle de nature à avoir fait naître, dans l'esprit des entreprises concernées, une confiance légitime dans la régularité des aides litigieuses[248]. Les entreprises concernées ne pouvaient donc raisonnablement pas croire, malgré le retard pris dans la procédure d'examen, que les doutes de la Commission ne subsistaient plus et que les exonérations litigieuses ne rencontraient pas d'objection.

Pour orienter les États dans la mise en œuvre de l'obligation, la Commission a décrit, dans une Communication relative à la coopération avec les juridictions nationales dans le domaine des aides d'État[249], les règles à suivre pour appliquer au mieux le principe de la récupération. Elle prend également soin de rappeler aux opérateurs économiques, bénéficiaires d'une aide d'État, le caractère précaire d'une aide illégalement versée.

## 4. Une récupération de l'aide selon les règles procédurales internes

**1062.** Compte tenu de l'absence de voies d'exécution en droit de l'Union, la récupération de l'aide doit s'opérer selon les règles procédurales qui relèvent du droit interne. Mais, naturellement, l'État doit faire en sorte de faciliter une telle récupération dont la mise en œuvre ne doit pas être rendue impossible par le droit national[250]. En effet, le principe de la récupération commande aux autorités internes d'écarter et de laisser au besoin inappliquées les règles internes si cette application entraîne l'impossibilité juridique de récupération de l'aide[251]. Une récupération tardive, postérieure aux délais impartis, est contraire au traité[252].

L'État membre est libre de choisir les moyens par lesquels il exécutera l'obligation de récupération et ce dans la mesure où les moyens choisis ne portent pas atteinte à la portée et à l'efficacité du droit de l'Union[253]. La Cour a précisé que cette liberté est limitée car ces moyens ne peuvent pas

246. Trib. UE, *Irlande, France, Italie, Eurallumina et Aughinish Alumina c/Commission*, aff. jtes T-50/06, T-56/06, T-60/06, T-62/06 et T-69/06.

247. Il s'est en effet écoulé 49 mois entre l'ouverture de la procédure et l'adoption de la décision litigieuse.

248. Et ce dans la mesure où, d'une part, les exonérations ont été octroyées après l'ouverture de la procédure formelle d'examen par la Commission et, d'autre part, les régimes d'aides n'avaient de toute manière pas été notifiés à la Commission.

249. Communication du 23 nov. 1995, *JOCE* n° C 312, 23 nov. 1995.

250. CJCE, 12 déc. 2002, *Commission c/ Allemagne*, préc.

251. CJCE, 20 mars 1997, *Alcan*, aff. C-24/95, *Rec.* p. I. 1591.

252. CJUE, 22 déc. 2010, *Commission c/Italie*, aff. C-304/09, *Rec.* p. I. 13903 ; CJUE, 14 juill. 2011, *Commission c/Italie*, préc.

253. CJUE, 20 mai 2010, *Scott et Kimberly Clark*, aff. C-210/09, *Rec.* p. I. 4613.

aboutir à rendre impossible en pratique la récupération exigée par le droit de l'Union[254].

La date d'exécution de la restitution de l'aide est celle fixée par la décision de la Commission sous réserve de prolongations éventuelles consécutives aux procédures de référé[255]. Mais il est extrêmement difficile[256] pour les opérateurs d'obtenir auprès de la Cour un sursis à exécution de la décision de restitution de l'aide[257].

De même, selon une jurisprudence constante, la Commission n'est pas tenue de fixer le montant exact de l'aide à restituer. En effet, il suffit que la décision de la Commission comporte des indications permettant à son destinataire de déterminer lui-même, sans difficultés excessives, ce montant[258]. La raison est simple : lorsqu'elle est confrontée à un régime d'aides, la Commission n'est généralement pas en mesure d'identifier précisément le montant d'aide perçu par chacun des bénéficiaires individuels[259]. Néanmoins, elle doit s'efforcer de déterminer, au regard des circonstances de l'affaire, la valeur de l'aide dont l'entreprise a bénéficié[260].

## D. L'intervention des juridictions nationales

**1063.** Nous savons que l'appréciation de la compatibilité des mesures d'aide avec le marché intérieur relève de la compétence exclusive de la Commission. Elle agit néanmoins sous le contrôle des juridictions de l'Union (Cour et Tribunal de l'Union).

Pour leur part, celles-ci veillent à la sauvegarde, jusqu'à la décision finale de la Commission, des droits des justiciables face à une méconnaissance éventuelle, par les autorités étatiques, de l'interdiction visée à l'article 108, paragraphe 3, TFUE[261].

En écho à cette collaboration juridictionnelle, la Commission encourage, dans le cadre d'une Communication du 23 novembre 1995[262], les juridictions nationales à coopérer avec elle. Elles ne doivent pas hésiter à la solliciter sur l'application de l'article 107 TFUE.

254. CJUE, 13 févr. 2014, *Mediaset*, aff. C-69/13.

255. CJCE, 1er juin 2006, *Commission/Italie*, C-207/05, Rec. p. I. 70 ; CJUE, 5 mai 2011, *Commission c/Italie*, préc. ; CJUE, 14 juill. 2011, *Commission c/Italie*, aff. C-303/09.

256. V. pour une ordonnance accordant un sursis à exécution d'une décision de récupération d'aides incompatibles (ce qui est très rare) en raison notamment de la situation économique et sociale de la Grèce, Trib. UE, 19 sept. 2012, *Grèce c/Commission*, aff. T-52/12 R.

257. Pour un exemple de rejet, Trib. UE, ord. 11 mars 2013, *Elan*, aff. T-27/11 R.

258. CJCE, 12 oct. 2000, *Espagne c/Commission*, aff. C-480/98, *Rec.* p. I. 8717 ; CJUE, 8 déc. 2011, France Télécom, aff. C-81/10 P, *Rec* p. I. 12899.

259. V. en ce sens, CJCE, du 7 mars 2002, *Italie c/Commission*, aff. C-310/99, *Rec.* p. I. 2289 ; CJUE, 13 févr. 2014, *Mediaset*, préc. ; 11 sept. 2014, *Commisiosn c/Allemagne*, aff- 527/12.

260. TPICE, 29 mars 2007, *Scott*, aff. T-366/00, *Rec.* II. 797.

261. CJCE, 21 oct. 2003, *van Calster*, aff. jtes C-261/01 et C-262/01, *Rec.* p. I. 12249.

262. Communication de la Commission du 23 nov. 1995 relative à la coopération entre la Commission et les juridictions nationales en matière d'aides d'État, *JOCE* n° C 312, 23 nov. 1995.

## 1. L'étendue du contrôle par le juge national

**1064.** L'intervention des juridictions nationales résulte de l'effet direct qui est reconnu à l'interdiction de mise à exécution des projets d'aide[263]. Celle-ci est édictée à l'article 108, paragraphe 3, dernière phrase, TFUE. Le caractère immédiatement applicable de l'interdiction s'étend à toute aide qui aurait été mise à exécution sans être notifiée[264]. La reconnaissance de l'effet direct de l'article 108, paragraphe 3, dernière phrase[265] autorise ainsi la juridiction nationale à apprécier si la mesure présente ou non les caractéristiques d'une aide au sens de l'article 107 TFUE. Dans ce cas, elle peut déterminer si elle requiert la notification imposée par l'article 108, paragraphe 3, TFUE. Il n'y a nullement obligation pour le juge interne de surseoir à statuer et de poser une question préjudicielle à la Cour, sauf en cas de doute.

En outre, les juridictions nationales peuvent qualifier une aide d'illicite si elle a été octroyée sans attendre l'accomplissement de la procédure[266]. À cet égard, elles sont tenues d'adopter les mesures propres à remédier à l'illégalité de la mise à exécution des aides. En effet, elles doivent faire en sorte que le bénéficiaire ne conserve pas la libre disposition des fonds pour le temps restant à courir jusqu'à la décision de la Commission[267].

Dans l'hypothèse où la Commission n'a pas encore ouvert la procédure formelle d'examen, les juridictions nationales peuvent également être amenées à interpréter et à appliquer la notion d'aide en vue de déterminer si ces dernières auraient dû être notifiées à la Commission[268]. Elles doivent vérifier si la mesure en cause constitue un avantage et si elle est sélective, c'est-à-dire si elle favorise certaines entreprises ou certains producteurs au sens de l'article 107, paragraphe 1, TFUE[269].

Lorsqu'elles éprouvent des doutes, par exemple sur le point de savoir si la mesure constitue une aide d'État, les juridictions nationales peuvent classiquement demander à la Cour de justice de l'Union des éclaircissements. Et, selon les cas, elles peuvent ou doivent déférer une question préjudicielle à la Cour[270]. Le juge peut également saisir directement la Commission, seule compétente pour apprécier la compatibilité d'une aide d'État avec le marché intérieur.

De même, le juge national peut être saisi à la suite d'un recours exercé par un concurrent de l'entreprise bénéficiaire de l'aide. Autre hypothèse, le concurrent d'une entreprise bénéficiaire d'une aide versée dans des

263. CJCE, 11 déc. 1973, *Lorenz,* aff. 120/73, *Rec.* p. 147.

264. CJCE, 11 déc. 1973, *Lorenz,* préc. ; CJCE, 21 nov. 1991, *FNCE,* aff. C-354/90, *Rec.* p. I. 5505.

265. CJCE, 11 déc. 1973, *Lorenz,* préc.

266. CJCE, 12 févr. 2008, *CELF,* préc.

267. CJCE, 11 mars 2010, *CELF,* aff. C-1/09, Rec. p. I. 2099.

268. CJCE, 11 juill. 1996, *SFEI,* préc.

269. CJCE, 5 oct. 2006, *Transalpine,* aff. C-368/04, *Rec.* p. I. 9957.

270. CJCE, 10 janv. 2006, *Cassa di Risparmio,* aff. C-222/04, *Rec.* p. I. 289 ; CJUE, 21 nov 2013, *Deutsche Lufthansa,* aff. C-284/12.

conditions irrégulières peut rechercher la responsabilité de l'État. Il doit être en mesure d'établir l'existence d'un préjudice directement lié au versement de l'aide illégale. De même, l'entreprise bénéficiaire est susceptible d'engager pareille action si l'obligation de restituer l'aide lui cause un préjudice allant au-delà de la seule privation de l'aide.

### 2. La récupération des montants versés

**1065.** Il faut bien comprendre que l'ouverture par la Commission de la procédure formelle d'examen ne décharge pas les juridictions nationales de leur obligation de sauvegarder les droits des justiciables en cas de méconnaissance de l'article 108, paragraphe 3, TFUE[271].

En effet, dans ce cas, la juridiction nationale, saisie d'une demande tendant à la cessation de l'exécution de la mesure et à la récupération des sommes versées, est tenue d'adopter toutes les mesures nécessaires.

À cette fin, la juridiction nationale peut décider de suspendre l'exécution de la mesure en cause et d'enjoindre la récupération des montants versés (récupération intégrale - montant initial et intérêts - ou seulement les intérêts). La juridiction peut également empêcher le versement d'une aide illégale.

À ce titre, elle peut décider d'ordonner des mesures provisoires. En effet, par de telles mesures, le juge national tend à sauvegarder les intérêts des parties concernées et l'effet utile de la décision de la Commission d'ouvrir la procédure formelle d'examen.

## §4. Le droit d'intervention du Conseil

**1066.** À la différence de la Commission, qui est investie de la compétence de principe en matière d'encadrement des aides, le Conseil n'intervient que de manière subsidiaire.

Il dispose, en vertu du traité, du droit d'intervenir à l'occasion du contrôle des aides d'État et ce, selon deux modes fondamentalement distincts. Le Conseil peut ainsi intervenir au titre de l'article 108, paragraphe 2, TFUE qui lui reconnaît le droit d'accorder de nouvelles dérogations, et en vertu de l'article 109 TFUE lequel lui permet d'arrêter des règlements d'exemption.

### A. Un pouvoir de validation des aides d'États

**1067.** L'article 108, paragraphe 2, alinéa 3, TFUE permet au Conseil de participer au contrôle et, le cas échéant, à la validation des aides d'État. Il s'agit cependant d'une participation modeste au regard des pouvoirs prééminents de la Commission en la matière, qui subsistent.

271. CJCE, 11 juill. 1996, *SFEI*, préc.

## 1. Une disposition dérogatoire : l'article 108 § 2 alinéa 3 TFUE

**1068.** Selon l'article 108, paragraphe 2, alinéa 3, TFUE, le Conseil peut, statuant à l'unanimité, décider de la compatibilité d'une aide existante ou nouvelle et ce sur demande d'un État et par dérogation à l'article 107 TFUE et des règlements d'exemption qui ont été adoptés. Néanmoins, l'article 108, paragraphe 2, alinéa 3, TFUE fait l'objet d'une interprétation stricte[272]. En effet, la compétence de la Commission s'exerce à titre principal, le Conseil n'étant compétent que dans des circonstances exceptionnelles.

Au regard de la procédure, la demande ne peut émaner que d'un État membre qui souhaite en réalité, par ce biais, contourner la décision de la Commission.

Par ailleurs, la saisine du Conseil connaît un caractère suspensif sur la procédure ouverte devant la Commission. Celle-ci doit surseoir jusqu'à la prise de décision par le Conseil. La saisine du Conseil par un État membre suspend ainsi l'examen en cours au sein de la Commission durant un délai de trois mois.

La Commission recouvre sa compétence si le Conseil ne se prononce pas dans le délai de trois mois ; le Conseil n'est alors plus compétent pour adopter une décision au titre dudit troisième alinéa à l'égard de l'aide concernée[273].

De manière générale, dès que la Commission ou le Conseil a définitivement statué sur la compatibilité d'une aide en question, l'autre ne peut plus adopter une décision en sens contraire.

La Cour a souligné que l'édiction d'une limitation temporelle à la compétence du Conseil permet de préserver la cohérence et l'efficacité de l'action de l'Union et ce, en évitant la prise de décisions contradictoires. Elle contribue ainsi à la sécurité juridique et préserve le caractère définitif d'une décision administrative, acquis à l'expiration de délais de recours raisonnables ou par l'épuisement des voies de recours. Ceci empêche que la décision d'une institution de l'Union devenue définitive puisse, en dehors de tout délai et en méconnaissance du principe de sécurité juridique, être contredite par celle d'une autre institution[274].

## 2. Des applications limitées

**1069.** Cette procédure, que l'on pourrait qualifier de voie de recours, reçoit des applications limitées, principalement en matière agricole[275]. Cette parcimonie peut être expliquée par les deux conditions restrictives de l'article 108, paragraphe 2, TFUE, qui en enferment le recours : d'une

272. CJCE, 29 juin 2004, *Commission c/Conseil*, aff. C-110/02, *Rec.* p. I. 6333.

273. CJCE, 29 juin 2004, *Commission c/Conseil*, préc.

274. CJCE, 29 juin 2004, *Commission c/Conseil*, préc. ; CJUE, 4 déc. 2013, *Commmission c/Conseil*, aff. jtes C-111/10, C-117/10, C-118/10 et C-121/10.

275. V. Décision de 1987 en faveur d'un projet d'aide du gouvernement français en matière de quotas laitiers ; v. aussi décision de 1984 pour les agriculteurs allemands.

part, l'exigence de l'unanimité, difficile à obtenir, pour statuer dans le cadre de cette procédure et, d'autre part, la nécessité de circonstances exceptionnelles qui seules permettent de justifier le recours à l'article 108, paragraphe 2, TFUE. De surcroît, ce sont des circonstances dont l'appréciation relève du seul Conseil[276].

En dépit de leur portée modeste, il demeure que de tels pouvoirs, exercés par l'instance intergouvernementale, permettent indéniablement aux États membres de provoquer le dessaisissement de la Commission qui aurait engagé une procédure. Cette procédure permet parallèlement au Conseil de valider une aide qui présente pourtant une incompatibilité avec l'article 107 TFUE, mais dont la mise en œuvre est justifiée au regard de circonstances exceptionnelles.

### B. Le pouvoir d'édiction de règlements utiles

**1070.** Conformément à l'article 109 TFUE, le Conseil est également compétent pour adopter des règlements qui sont dits « utiles » en vue de l'application des articles 107 et 108 TFUE. Dans ce cas, il statue sur proposition de la Commission et après consultation du Parlement européen.

L'article 109 TFUE impose un type d'acte contraignant pour les États qui ne disposent alors d'aucune marge de manœuvre. En effet, il s'agit du règlement, acte obligatoire dans tous ses éléments et directement applicable, ne nécessitant aucune transposition.

Le Conseil a exercé cette compétence en 1988 lorsqu'il a adopté le règlement (CE) n° 994/98 sur l'application des articles 107 et 108 TFUE à certaines catégories d'aides d'État horizontales[277]. Et c'est dans ce cadre que la Commission a pu adopter plusieurs règlements d'exemption par catégorie sur la base du règlement (CE) n° 994/98, notamment pour les aides *de minimis* et les aides accordées aux PME, à l'emploi et à la formation.

## Section 4
## La mise en œuvre d'une politique d'encadrement des aides d'État

**1071.** Très tôt, parallèlement à son contrôle, déjà vigoureux, la Commission a œuvré à la mise en œuvre d'une véritable politique d'encadrement des aides d'État. Celle-ci lui a permis d'agir, de manière certaine et à long terme, selon deux grandes orientations : le maintien des exigences inhérentes au régime des aides d'État, et la valorisation de certaines problématiques auxquelles l'Union entend répondre.

276. CJCE, 29 févr. 1996, *Commission c/ Conseil*, aff. C-122/94, *Rec.* p. I. 881.

277. Règl. 7 mai 1998, *JOCE* n° L 142, 14 mai 1998.

De l'action régulatrice de la Commission en la matière, est née une forte catégorisation des aides d'État ; cela a permis d'identifier de grands axes d'action de l'Union en faveur de certains types d'aides.

## §1. Un double instrument

**1072.** La Commission s'appuie sur deux instruments majeurs qui lui permettent de dresser le cadre de son action, d'une part les règlements d'exemption par catégorie, d'autre part les lignes directrices. Les règlements d'exemption ont pour objet d'exempter certaines catégories d'aides de l'obligation de notification. Pour leur part, les lignes directrices visent à fournir aux États membres les outils d'appréciation en ce qui concerne les aides soumises à notification.

### A. Le RGEC : le règlement général d'exemption par catégorie

**1073.** En adoptant le règlement d'habilitation[278], le Conseil permet à la Commission de définir des exemptions par l'adoption de règlements généraux d'exemption (à la procédure de notification) par catégorie applicables aux aides d'État, communément appelés RGEC. Le règlement du Conseil habilitant la Commission à adopter des règlements d'exemption a été modifié par le règlement n° 733/2013 du 22 juillet 2013 (dit règlement d'habilitation)[279].

#### 1. L'objet du RGEC

**1074.** Un nouveau règlement général d'exemption par catégorie, le règlement (UE) n° 651/2014, a été adopté par la Commission le 17 juin 2014[280]. Celui-ci déclare certaines catégories d'aides compatibles avec le marché intérieur en application des articles 107 et 108 TFUE[281]. Il a été complété par le règlement (UE) n° 702/2014, déclarant certaines

278. Règl. (CE) n° 994/98 du Conseil du 7 mai 1998.

279. Règl. (UE) n° 733/2013 du 22 juill. 2013 modifiant le règlement n° 994/98 sur l'application des articles 92 et 93 du traité instituant la Communauté européenne à certaines catégories d'aides d'État horizontales, *JOUE* n° L 204, 31 juill. 2013.

280. Régl. (UE), préc., n ° 651/2014 de la Commission du 17 juin 2014 déclarant certaines catégories d'aides compatibles avec le marché intérieur en application des articles 107 et 108 du traité, *JOUE* n° L 187, 26 juin 2014.

281. Le RGEC pour la période 2014-2020 prévoit 13 catégories d'aides : aides à finalité régionale, aides en faveur des PME, aides en faveur de l'accès des PME au financement, aides à la recherche, au développement et à l'innovation, aides à la formation, aides aux travailleurs défavorisés et aux travailleurs handicapés, aides à la protection de l'environnement, aides destinées à remédier aux dommages causés par certaines calamités naturelles, aides sociales au transport en faveur des habitants de régions périphériques, aides en faveur des infrastructures à haut débit, aides en faveur de la culture et de la conservation du patrimoine, aides en faveur des infrastructures sportives et des infrastructures récréatives multifonctionnelles, aides en faveur des infrastructures locales. Nous en avons choisi quelques unes pour les étudier de manière plus fine dans les paragraphes qui suivent, v. *infra* n° 1080 et s.

catégories d'aides, dans les secteurs agricole et forestier et dans les zones rurales, compatibles avec le marché intérieur[282].

L'objet d'un RGEC est d'exempter de notification à la Commission certaines aides qui sont réputées compatibles. La nature de ces aides est précisée dans le règlement. Mais surtout, les aides sont ainsi présentées et recensées au sein d'un document unique. Concrètement, les critères énumérés dans le règlement général d'exemption par catégorie déterminent tout particulièrement les bénéficiaires admissibles, les intensités d'aide maximales, c'est-à-dire la part maximale des coûts admissibles d'un projet pouvant bénéficier d'une aide d'État, et les dépenses admissibles. Ces critères sont établis à la lumière de l'expérience acquise par la Commission sur le fonctionnement du marché, et de sa pratique décisionnelle.

Le premier RGEC, adopté en 2008[283] étant abrogé, le règlement n° 651/2014 est applicable jusqu'au 31 décembre 2020.

Il faut noter que ce nouveau RGEC s'inscrit dans un contexte particulier ; en effet, le 8 mai 2012, la Commission a entrepris une vaste modernisation de la politique en matière d'aides d'État[284] dans l'objectif de favoriser une croissance dite intelligente, durable et inclusive au sein de la stratégie *Europe 2020*[285]. La Commission a décidé à cette occasion de procéder à la révision des règles du contrôle des aides d'État dans le cadre de cette politique précisément de modernisation. C'est ainsi qu'en 2013, une grande partie des lignes directrices et des encadrements, ainsi que le RGEC ont été mis en révision.

## 2. L'exemption de notification préalable

**1075.** Comme indiqué plus haut, le règlement d'exemption permet de déclarer certaines catégories d'aides d'État compatibles avec le marché intérieur à la lumière d'un certain nombre de conditions. Celles-ci ne sont pas alors soumises à l'obligation de notification préalable. Pour autant, le règlement d'exemption ne peut être appliqué sans qu'une information ne soit transmise au préalable à la Commission. Cela signifie que toute aide octroyée ou tout régime mis en place sur le fondement de ce règlement doit faire l'objet d'une information à la Commission, et ce dans les 20 jours suivant leur octroi ou leur entrée en vigueur (en France via le logiciel SANI – système de notification interactive des aides d'État – géré par le SGAE – Secrétariat général des affaires européennes).

282. *JOUE* n° L 193, 1er juill. 2014.

283. Règl. (CE) n° 800/2008 de la Commission 6 août 2008 déclarant certaines catégories d'aide compatibles avec le marché commun en application des articles 87 et 88 du traité (Règlement général d'exemption par catégorie), *JOCE* n° L 214, 9 août 2008. Le règlement (CE) n° 800/2008 était initialement applicable jusqu'au 31 décembre 2013, mais il a été par la suite prolongé par le règlement (UE) n° 1224/2013 de la Commission du 29 novembre 2013 modifiant le règlement (CE) n° 800/2008 en ce qui concerne sa durée de validité, *JOUE* n° L 320 du 30 nov. 2013. Le règlement (CE) n° 800/2008 a ainsi pu expirer le 30 juin 2014.

284. « Modernisation de la politique de l'Union européenne en matière d'aides d'État » (COM(2012) 209 du 8 mai 2012).

285. Communication de la Commission « Europe 2020 – Une stratégie pour une croissance intelligente, durable et inclusive », COM(2010) 2020 final du 3 mars 2010.

Néanmoins, lorsque certains régimes d'aides exemptés nationaux peuvent servir de cadre national directement applicable par les autorités publiques pour l'octroi de leurs aides individuelles ou de leurs dispositifs, dans ce cas, ces derniers peuvent ne pas faire l'objet d'une information individuelle à la Commission. Il reste qu'à l'exception des aides d'un montant mineur, la règle générale veut que les mesures d'aide d'État octroyées par les États membres aux entreprises soient préalablement notifiées à la Commission pour autorisation.

Toutefois, il importe de noter que les aides d'État qui ne sont pas automatiquement exemptées par le RGEC de l'obligation de notification préalable ne sont pas nécessairement incompatibles avec les règles du traité. En effet, elles doivent simplement être notifiées par les États membres à la Commission, qui examine ensuite si elles sont conformes aux lignes directrices et encadrements existants.

## 3. L'élargissement des seuils d'exemption par le RGEC révisé

**1076.** La Commission a étendu de manière considérable, dans le cadre du RGEC révisé, le champ d'application des exemptions de l'obligation de notification préalable des aides d'État.

### a. De nouveaux seuils

**1077.** Les nouveaux seuils doivent permettre à la Commission de se concentrer sur les mesures d'aides ayant la plus forte incidence sur le marché intérieur. Ils permettent également aux États membres d'octroyer un plus grand nombre d'aides sans notification préalable. Il s'agit d'une simplification procédurale importante.

En vertu du nouveau RGEC, les États membres peuvent désormais octroyer un plus grand nombre de mesures d'aide pour des montants plus importants sans avoir à les notifier au préalable à la Commission pour autorisation. La raison en est que de telles aides sont moins susceptibles d'entraîner des distorsions de concurrence indues au sein du marché unique. Cet élargissement des seuils d'exemption entraîne une diminution sensible de la charge administrative qui pèse sur les États membres et les autorités locales. Il améliore également la sécurité juridique pour les bénéficiaires des aides.

Pour certaines catégories d'aides, le champ d'application a également été étendu en assouplissant les conditions d'admissibilité des aides, en prévoyant des intensités d'aide maximales plus favorables et en autorisant des montants d'aide plus élevés. C'est ainsi que la Commission estime qu'environ les 3/4 des mesures d'aide d'État octroyées aujourd'hui et les 2/3 du montant total des aides sont exemptés en application du RGEC révisé. Les mesures d'aides qui ne sont pas couvertes par le RGEC continuent d'être appréciées par la Commission au regard des lignes directrices en matière d'aides d'État qui s'y appliquent.

### b. Une plus grande responsabilisation des États membres

**1078.** L'élargissement des seuils s'accompagne d'une plus grande responsabilité des États membres. Les nouvelles mesures exemptées feront l'objet d'un contrôle *a posteriori* plus étendu. Ainsi, deux ans suivant l'entrée en vigueur du règlement, les États membres sont tenus de rendre accessibles les informations sur les aides par le biais d'un site national ou sur des sites régionaux.

Les contrôles *ex post* prennent la forme d'évaluations effectuées par les États membres. Elles portent sur les effets de certains régimes d'aides de grande ampleur. Leur objet est de mieux apprécier leur incidence réelle et de faciliter de futures améliorations.

La transparence des mesures d'aide est également accrue avec la demande faite aux États membres de publier la liste des bénéficiaires d'aides.

## B. Les lignes directrices

**1079.** En complément du RGEC, la Commission a recours à un deuxième type d'instrument par lequel elle fournit de précieuses orientations. Il s'agit des lignes directrices pour les mesures d'aide soumises à l'obligation de notification.

À cet égard, dans le cadre de la modernisation de la politique en matière d'aides d'État[286], l'idée est d'améliorer la qualité des dépenses publiques, en décourageant les aides qui n'apportent pas de réelle valeur ajoutée et faussent la concurrence. De cette manière, la Commission entend concentrer son contrôle sur les cas qui ont la plus forte incidence sur la concurrence. Cette démarche implique de sa part un examen plus minutieux des aides d'un montant élevé et susceptible d'entraîner des distorsions de concurrence. Elle doit également mener des enquêtes sectorielles dans l'ensemble des États membres.

Et c'est précisément dans le cadre de cette initiative que la Commission a adopté de nouvelles lignes directrices concernant les différentes catégories d'aides suivantes et sur lesquelles nous reviendrons dans les développements ultérieurs : aides d'État au développement régional, au haut débit, au cinéma, aux aéroports et aux compagnies aériennes, au financement des risques, à l'énergie et à l'environnement, à la recherche, au développement et à l'innovation.

# §2. Une catégorisation des aides d'État

**1080.** La politique d'encadrement menée par la Commission à la faveur des deux instruments, le RGEC et les lignes directrices, a fait émerger un processus de catégorisation des aides. Celui-ci reflète en réalité les grands champs d'action de l'Union. Il s'agit en fait d'une classification,

286. Communication sur la modernisation de la politique en matière d'aides d'État.

tantôt sectorielle tantôt horizontale, qui recoupe en général plusieurs catégories d'aides visées à l'article 107, paragraphe 3, TFUE.

## A. Les aides régionales

**1081.** La politique régionale de l'Union se manifeste à deux reprises dans le cadre de l'article 107 paragraphe 3, d'une part, au travers des dérogations prévues en faveur des régions défavorisées et, d'autre part, à travers celles qui visent les aides dites sectorielles. En effet, ces dernières sont en faveur de certains secteurs ou régions dès lors qu'elles n'altèrent pas les conditions des échanges.

Dans ce cadre, certaines formes d'aides peuvent être considérées comme compatibles avec le marché intérieur, au sein de certaines régions. De telles aides, appelées aides à finalité régionale, ont pour objectif d'encourager le développement économique et la création d'emplois.

Actuellement, sont applicables les lignes directrices concernant les aides d'État à finalité régionale pour la période 2014-2020. Elles ont été adoptées par la Commission le 19 juin 2013 et sont entrées en vigueur le 1er juillet 2014[287]. Ces lignes directrices s'appliquent aux régimes d'aides à finalité régionale notifiés et aux aides individuelles.

### 1. La distinction établie par l'article 107 § 3 TFUE

**1082.** Le traité introduit une dualité au sein des aides régionales puisqu'il distingue formellement les champs d'application respectifs des articles 107, paragraphe 3, lettre a) et 107, paragraphe 3, lettre c) TFUE. Ce sont donc les deux alinéas relatifs aux aides régionales. Ces régimes d'aides d'État à finalité régionale ont fait l'objet de nombreuses communications en vue de définir avec précision les critères d'espace et de volume retenus dans l'appréciation de la Commission. Mais ces différents documents, fortement hétérogènes, ont également pu nuire à la lisibilité de ce régime d'aide. Cette arborescence textuelle a rendu nécessaire l'adoption d'un texte unique en mars 2006[288].

Les aides à finalités régionales peuvent bénéficier, dans certaines conditions, d'une exemption de notification. Par exemple, en ce qui concerne la France, les aides à finalité régionale sont, le plus souvent, autorisées au titre de l'article 107, paragraphe 3, lettre c) TFUE[289].

---

287. Lignes directrices concernant les aides d'État à finalité régionale pour la période 2007-2013 (2006/C 54/08).

288. Lignes directrices concernant les aides d'État à finalité régionale pour la période 2007-2013, *JOUE* n° C 54, 4 mars 2006.

289. Par exemple, dans sa décision du 3 juin 2009 concernant le régime d'aide destiné à secourir les forêts du Sud-Ouest de la France sinistrées par la tempête Klaus du 24 janvier 2009, la Commission a considéré que les aides envisagées pouvaient bénéficier de la dérogation prévue à l'article 107, § 2, point b) et § 3, point c) TFUE. En effet, elle

a estimé que les aides étaient soit destinées à remédier aux dommages causés par les calamités naturelles ou par d'autres événements extraordinaires, soit à contribuer au développement d'un secteur (la filière du bois).

## a. L'article 107 § 3 lettre a)

**1083.** L'article 107, paragraphe 3, lettre a) prévoit une dérogation pour les aides visant à favoriser le développement économique des régions. Celles-ci se caractérisent par un niveau de vie anormalement bas ou un grave sous-emploi.

### α. *Les régions européennes les plus défavorisées*

**1084.** Les aides d'État à finalité régionale ainsi tolérées ont pour but d'encourager le développement économique et la création d'emplois dans les régions européennes les plus défavorisées. Il faut savoir que les États membres, notamment en période de crise, n'hésitent pas à faire une application extensive de l'alinéa a) d'autant que même s'il existe une politique régionale de l'Union et des fonds structurels (Fonds européen de développement régionale : FEDER ; Fonds social européen : FSE ; Fonds européen d'orientation et de garantie agricole : FEOGA, dont la section orientation accorde également pour sa part des subventions importantes au titre du renforcement de la cohésion économique et sociale de l'Union), il reste que les politiques régionales propres à chaque État membre demeurent un élément pertinent du développement.

Pour autant, cette dérogation ne concerne que les régions où la situation économique est extrêmement défavorable par rapport à l'ensemble de l'Union. En ce sens, elle se distingue de la dérogation établie par l'article 107, paragraphe 3, lettre c) TFUE, qui est destinée notamment à promouvoir le développement de certaines régions économiques.

Les éléments de distinction portent principalement sur deux aspects :

- les critères pertinents sont le niveau de vie et le sous-emploi, alors que la dérogation prévue à l'article 107, paragraphe 3, lettre c) TFUE, d'une portée plus étendue, accorde davantage de marge de manœuvre afin de déterminer les difficultés d'une région que l'autorité nationale veut résorber à travers des aides ;
- le cadre de référence approprié, pour l'évaluation les difficultés, est l'Union dans son ensemble, alors qu'il peut ne s'agir que de l'État membre concerné pour les aides prévues à l'article 107, paragraphe 3, lettre c) TFUE.

### β. *L'examen mené par la Commission*

**1085.** La Commission se livre à un examen attentif à la fois de la région considérée, du marché économique concerné et de la finalité de l'aide. À titre d'illustration, la Commission a refusé de considérer l'application de tarifs d'électricité préférentiels à certaines entreprises en Sardaigne comme une aide compatible, après avoir procédé à un examen du marché de l'électricité sarde, de sa spécificité éventuelle par rapport au marché de l'électricité national, ainsi que de la contribution de l'aide au développement régional[290].

290. Décision de la Commission du 19 novembre 2009, *JOUE* n° L 22, 28 août 2010.

Par ailleurs, dans un arrêt de principe du 14 octobre 1987, *Allemagne c/ Commission*[291], la Cour a également rappelé aux États membres que les aides aux régions défavorisées sont d'application restrictive. En effet, elle a fait observer que l'emploi des termes « anormalement » et « grave » démontrent que cette dérogation ne concerne que les régions où la situation économique est extrêmement défavorable par rapport à l'ensemble de l'Union.

Dans un autre arrêt du 21 mars 1991, *Italie c/Commission*[292], la Cour a ajouté à cette restriction une autre condition : l'aide ne doit pas représenter une aide au sauvetage mais contenir des mesures en vue de réaliser l'objectif de développement de la région dans laquelle sévit un grave sous-emploi. Et la dérogation ne doit pas altérer les échanges dans une mesure contraire à l'intérêt commun. À cet égard, nous rappellerons que lors de l'examen des dérogations fondées sur l'article 107 TFUE, la Commission dispose d'un large pouvoir d'appréciation dans le contexte communautaire. Elle doit notamment s'assurer que les aides sont concentrées dans les régions en réelles difficultés. En effet, des aides accordées aux régions les plus prospères sont susceptibles de fausser la concurrence. Il convient dès lors de limiter les aides aux régions les plus pauvres.

Dans le même sens, la Commission n'admet pas les aides subordonnées à un investissement ou à la création d'emploi, lesquelles constituent en réalité un soutien apporté au fonctionnement de l'entreprise.

### b. L'article 107 § 3 lettre c)

**1086.** La deuxième catégorie de dérogations prévue par la lettre c) envisage le cas des aides destinées à favoriser le développement de certaines régions économiques. Ces aides sont admises si elles n'altèrent pas les conditions des échanges dans une mesure contraire à l'intérêt commun.

Mais pour que cette disposition soit applicable, il est nécessaire que l'aide accordée soit régionale, ce qui exclut les aides accordées à une entreprise ou à une activité sans la localisation régionale.

En ce sens, dans l'arrêt précité du 14 octobre 1987, *Allemagne c/Commission*, la Cour fait observer que la lettre c) confère à la Commission le pouvoir d'accorder des aides destinées à promouvoir le développement économique d'une région d'un État membre défavorisée par rapport à la moyenne nationale. En conséquence, la Commission est tenue d'examiner de manière attentive le contenu du programme d'aide. En revanche, il n'est pas requis que la situation de la région soit extrêmement défavorable mais seulement inférieure à la moyenne nationale.

À cet égard, la Commission a recours à un examen comparatif entre le PIB ou la valeur ajouté par habitant avec la moyenne nationale. Le niveau de l'aide est ensuite apprécié en fonction de la gravité de la situation, autant du point de vue national que communautaire. La Commission applique

291. CJCE, 14 oct. 1987, *Allemagne c/Commission*, aff. 248/84, *Rec.* p. 4013.

292. CJCE, 21 mars 1991, *Italie c/Commission, Rec.* p. I. 1433.

généralement d'autres données telles que les soldes migratoires, le nombre de travailleurs assujettis à la sécurité sociale, et les fermetures d'usines prévisibles.

En réalité, la dérogation de la lettre c) est difficile à mettre en œuvre car il est doit être démontré que le niveau des aides est adapté à la gravité de la situation.

## 2. L'intensité du contrôle de la Commission

**1087.** De manière générale (art. 107 § 3 TFUE, lettres a et c), la Commission s'assure que l'aide régionale ne dissimule pas une aide au sauvetage ni une aide de fonctionnement. À cette fin, elle exige que l'État membre établisse et qualifie le bien-fondé de la mesure envisagée et les difficultés particulières nouvelles auxquelles est confrontée la région bénéficiaire.

On observe qu'en matière d'aides régionales, le contrôle de la Commission est des plus poussés. Il dépasse son pouvoir discrétionnaire pour devenir un pouvoir quasi normatif. Le renforcement de ce pouvoir peut s'expliquer à la faveur de l'Acte unique européen (art. 130 A). En effet, celui-ci souligne l'objectif de réduction de l'écart de développement entre les différentes régions de l'Union. Or, cet écart s'est aggravé par les adhésions successives.

De surcroît, lorsque la Commission admet la compatibilité d'un projet d'aide et fait appliquer les modifications souhaitées, elle en contrôle ensuite l'application de manière concrète. C'est ainsi qu'elle peut être amenée à émettre des réserves à l'égard d'un cas d'application très concret. Et elle peut demander par conséquent à l'État membre de nouvelles modifications. À titre d'exemple, la Commission avait refusé, par décision du 27 juin 1984[293], l'aide accordée au développement régional par le gouvernement français au profit de l'installation d'une entreprise de textile, située en dehors de la zone où l'investissement était normalement envisageable. La Commission avait motivé son refus par le fait que la région ne connaissait aucun problème d'une gravité exceptionnelle.

La Commission n'approuve pas non plus le cumul d'aide en cas de difficultés particulières. En effet, lorsqu'une région bénéfice d'un système d'aide spécifique, elle ne peut en principe prétendre recourir à un autre type d'aide qui viendrait s'ajouter à la première.

## 3. La carte régionale de l'Union

**1088.** Afin de guider les États membres dans la conduite de leur politique régionale, la Commission a opéré, à partir de 1971, un premier classement des régions européennes entre les régions dites centrales (industrialisées) et celles dites périphériques (défavorisées). Ce recensement permet également d'assurer une harmonie entre les actions à l'échelle nationale et celles entreprises par l'Union.

293. *JOCE* n° L 214, 11 sept. 1984.

### a. L'identification de zones de développement inégal

**1089.** La carte régionale de l'Union permet d'identifier des zones de développement inégal. Au sein de ces territoires, l'intervention économique de l'État doit correspondre au niveau de développement de la région. Les zones sont classées des plus défavorisées aux moins favorisées à partir d'une combinaison du PIB par habitant et du taux de chômage comparé à la moyenne communautaire.

Une nouvelle carte des zones d'aides d'État à finalité régionale (dite AEFR) pour la période 2014-2020 a été dressée récemment. Elle précise les zones, conditions et limites dans lesquelles les États membres pourront allouer aux entreprises des aides à l'investissement et à la création d'emplois.

### b. Les plafonds d'intensité d'aide

**1090.** Les taux plafonds d'aide à l'investissement établis varient selon la fragilité des territoires : 10 % du coût des investissements productifs pour les grandes entreprises en métropole, 45 à 70 % du coût des investissements productifs pour les grandes entreprises dans les DOM. En revanche, des bonifications de taux de 10 % pour les moyennes entreprises et de 20 % pour les petites entreprises sont prévues dans chacune de ces zones.

Le critère retenu est un taux de PIB régional par habitant inférieur à 75 % de la moyenne de l'Union. Néanmoins, les nouvelles règles autorisent le dépassement de ce seuil afin de permettre aux États de résorber leurs disparités régionales.

Les zones éligibles aux AEFR sont valables jusqu'au 31 décembre 2020. Il faut savoir que ces plafonds sont régulièrement révisés et modulables sur dérogations spéciales dans les termes de l'article 107 paragraphe 3. Il va de soi que le respect des plafonds implique par définition une transparence de l'aide en termes qualificatif et quantitatif.

C'est ainsi que chaque État membre doit recenser les zones qui remplissent les conditions fixées à l'article 107, paragraphe 3, lettres a) et c) (dites zones « a » et « c »), ainsi que les niveaux maximaux d'intensité d'aide, sur la carte des aides à finalité régionale. Par la suite, ces cartes doivent être communiquées à la Commission pour approbation, afin que les aides à finalité régionale soient accordées aux entreprises établies dans les zones désignées.

## 4. Les lignes directrices 2014-2020

**1091.** Les lignes directrices établissent les règles de base pour l'élaboration des cartes des aides à finalité régionale. Les États membres sont alors en mesure de définir les zones dans lesquelles les entreprises peuvent recevoir des aides d'État à finalité régionale, et l'intensité des aides.

### a. Le champ d'application

**1092.** Les lignes directrices s'appliquent, en principe, à tous les secteurs d'activité économique. Certaines activités sont exclues du champ d'application :

- les secteurs dans lesquels les aides à finalité régionale ne sont pas compatibles avec le marché intérieur ;
- les activités liées à la sidérurgie et aux fibres synthétiques ;
- les secteurs dans lesquels les aides relèvent d'instruments juridiques spécifiques et/ou d'autres lignes directrices : pêche et aquaculture, agriculture (avec quelques exceptions), transports, aéroports, énergie ;
- les activités considérées comme non compatibles avec le marché intérieur, sauf lorsque les conditions générales énoncées dans les lignes directrices et des conditions spécifiques complémentaires sont remplies : réseaux à haut débit et infrastructures de recherche.

**1093.** En outre, les aides aux grandes entreprises et les aides au fonctionnement font l'objet d'une attention particulière. En effet, les aides à finalité régionale aux grandes entreprises ne sont pas compatibles avec le marché intérieur, au titre de l'article 107, paragraphe 3, lettre c), TFUE, à moins d'être octroyées pour des investissements initiaux. De même, les aides aux entreprises visant à réduire des dépenses (aides au fonctionnement) ne sont pas compatibles avec le marché intérieur, sauf si elles sont accordées pour remédier à des handicaps spécifiques ou permanents dans des régions défavorisées (par exemple, pour résoudre certaines difficultés rencontrées par les PME, compenser les surcoûts survenant dans les régions ultrapériphériques ou encore empêcher ou réduire la dépopulation dans des zones à très faible densité de population).

### b. L'analyse de la Commission

**1094.** Classiquement, comme indiqué plus haut, les aides à finalité régionale notifiées sont soumises à l'appréciation de la Commission. Elle est tenue d'analyser si leurs effets positifs liés à la réalisation d'un objectif d'intérêt commun l'emportent sur les effets négatifs pour les échanges et la concurrence.

Cet examen porte sur un certain nombre d'éléments tels que la contribution à un objectif d'intérêt commun bien défini, conformément à l'article 107, paragraphe 3, TFUE ; la nécessité de l'intervention de l'État (situations dans lesquelles le marché ne peut apporter certaines améliorations significatives) ; le caractère approprié de la mesure d'aide pour atteindre l'objectif d'intérêt commun ; l'effet incitatif par la modification du comportement des entreprises (comme la création de nouvelles activités pour les entreprises) ; la proportionnalité de l'aide (l'aide est limitée au minimum nécessaire pour susciter des investissements ou des activités supplémentaires) ; la prévention des effets négatifs non désirés sur la concurrence et les échanges ; la transparence (facilité d'accès à l'information sur les aides accordées).

Rappelons que les régimes d'aides susceptibles de fausser la concurrence de manière significative peuvent également être soumis à des évaluations *ex post*. Et la Commission peut limiter leur durée. Les évaluations *ex post* ne peuvent être effectuées que pour des régimes d'aides portant sur des montants d'aide élevés. De surcroît, ces régimes doivent présenter des caractéristiques nouvelles ou viser des changements importants en ce qui concerne le marché, la technologie ou la réglementation.

### c. L'apport des nouvelles lignes directrices

**1095.** À la lumière des nouvelles lignes directrices, un certain nombre d'éléments méritent d'être soulignés. D'une part, la proportion globale des régions susceptibles de bénéficier d'aides à finalité régionale passe de 46,1 % de la population de l'Union à 47,2 % actuellement. Les mesures d'aide seront moins nombreuses à être soumises au contrôle de la Commission. En effet, davantage de catégories d'aides seront exemptées de l'obligation de notification préalable à la Commission, ce qui permet de réduire la charge administrative des États membres lorsqu'ils dépensent des montants plus faibles. Ainsi, la Commission est en mesure de se concentrer sur les cas les plus susceptibles de fausser la concurrence, qu'elle soumet à un contrôle plus strict afin de garantir le maintien de conditions équitables dans le marché unique.

D'autre part, les mesures d'aide de grande ampleur sont soumises à une évaluation approfondie. Elle porte sur leur effet incitatif, leur proportionnalité, leur contribution au développement régional et leurs effets sur la concurrence.

La Commission examine ces aides en détail pour veiller à ce qu'elles soient octroyées uniquement, et dans la mesure où cela est nécessaire, pour des investissements qui n'auraient pas été effectués sans aide. Elle s'assure également que l'argent public soit dépensé de la manière la plus efficiente possible.

**1096.** À la faveur de l'expérience acquise par la Commission, les lignes directrices adoptent une approche plus stricte des aides aux investissements réalisés par les grandes entreprises dans les zones assistées les plus développées. En effet, rappelons que ces aides ne seront autorisées que pour les investissements qui créent une nouvelle activité économique et les investissements initiaux. En effet, il est considéré que ces investissements sont plus vraisemblablement réalisés grâce à la subvention accordée.

Dans les régions les plus pauvres (dont le PIB est inférieur à 75 % de la moyenne de l'Union), les lignes directrices continuent d'autoriser également les aides pour d'autres types d'investissements réalisés par des grandes entreprises. Les dispositions visant à prévenir les délocalisations sont renforcées. En effet, les aides à finalité régionale qui entraînent la délocalisation d'une activité identique ou similaire au sein de l'Espace économique européen ne seront pas autorisées.

**1097.** Afin d'accroître la transparence et l'obligation de rendre compte, les États membres doivent publier en ligne les données relatives au montant et aux destinataires des aides à finalité régionale qu'ils octroient.

Il est par ailleurs important de s'assurer que les États membres couvrent les régions considérées comme défavorisées par l'Union. À cette fin, la Commission a prédéfini des régions admissibles sur la base de leur niveau de développement relatif (régions dont le PIB est inférieur à 75 % du PIB par habitant de l'Union) et de leurs handicaps permanents (régions ultrapériphériques, régions à faible densité de population). La couverture de population des cartes des aides à finalité régionale permet ainsi que les aides continuent de se concentrer sur les régions considérées comme moins développées à l'échelle de l'Union, tout en laissant suffisamment de latitude aux États membres pour remédier à leurs propres disparités régionales internes.

La couverture de population restante est répartie entre autorités nationales en fonction de critères socio-économiques. Ceux-ci prennent en compte les disparités régionales, notamment en ce qui concerne le chômage, à la fois au niveau de l'Union et au niveau national. Il appartient alors à chaque État membre de décider de la meilleure manière d'utiliser cette marge de manœuvre pour définir plus de zones admissibles afin de répondre à ses disparités régionales internes, conformément au principe de subsidiarité.

## B. Les aides horizontales

**1098.** Outre les aides régionales, l'article 107, paragraphe 3, lettre b) vise deux autres types d'aides, celles qui tendent à promouvoir la réalisation d'un projet important d'intérêt européen et celles destinés à remédicr à une perturbation grave de l'économie d'un État membre.

Ces deux hypothèses désignent en réalité des aides dites horizontales. Ce sont pour l'essentiel des aides à l'emploi, les aides à la recherche et au développement, les aides aux PME et les aides à l'environnement. Ces aides sont actuellement régies par le règlement (UE) n° 2015/1588 du Conseil du 13 juillet 2015[294].

### 1. Le soutien à une politique d'intérêt commun

**1099.** La notion communautaire d'aides horizontales reflète une politique d'intérêt commun dans des domaines hétérogènes. En ce sens, elles se rapprochent des aides à vocation générale. D'un contenu large, les aides horizontales tendent à se définir par opposition aux aides régionales ou sectorielles. En effet, ce sont des aides qui concernent l'ensemble des entreprises, quels que soit leur situation géographique et leur secteur d'activité, en se concentrant sur un seul aspect spécifique du processus de production (recherche et développement) sur un type d'entreprise

294. Règlement sur l'application des articles 107 et 108 du traité sur le fonctionnement de l'Union européenne à certaines catégories d'aides d'État horizontales, *JOUE* n° L 248, 24 sept. 2015.

(PME) ou encore sur un problème économique majeur à caractère général (l'emploi ou encore la protection de l'environnement).

Alors qu'elle se montre réservée à l'égard des aides régionales ou sectorielles, la Commission est davantage favorable à l'égard des mesures nationales susceptibles de promouvoir des projets horizontaux et tout particulièrement les projets d'intérêt commun. Dans l'arrêt *Exécutif régional Wallon* du 8 mars 1998, la Cour a défini la notion de projet d'intérêt commun : pour être qualifié d'intérêt commun, un projet doit faire partie d'un programme transnational européen souhaité conjointement par différents États membre en vue de lutter contre une menace commune, telle par exemple la pollution de l'environnement.

Dès lors, un État ne peut prétendre justifier, par la réalisation d'un projet d'intérêt européen, une aide qu'il accorde de manière unilatérale et pour la réalisation d'un projet dont il est l'unique auteur.

## 2. Les aides à un projet d'intérêt européen commun (PIEEC)

**1100.** La Commission a défini, dans le cadre d'une nouvelle Communication en date du 13 juin 2014[295], les critères en vertu desquels les États membres peuvent soutenir financièrement des projets transnationaux. Ceux-ci doivent présenter un intérêt stratégique pour l'Union et la réalisation des objectifs de la stratégie *Europe 2020*. De nouveau, l'idée majeure en ce domaine est d'inciter les États membres à orienter leurs dépenses publiques vers de grands projets qui apportent une contribution notable à la croissance économique, à l'emploi et à la compétitivité à l'échelle de l'Union.

Dès lors que des initiatives privées ne peuvent se concrétiser en raison des risques importants et de la coopération transnationale qu'impliquent de tels projets, les États membres peuvent combler le déficit de financement. Ils peuvent alors combler les défaillances du marché et stimuler la réalisation de tels projets qui n'auraient pas pu voir le jour.

### a. La nouvelle Communication PIEEC

**1101.** La nouvelle communication relative aux projets importants d'intérêt européen commun (PIEEC), dont les règles sont entrées en vigueur le 1er juillet 2014, introduit de nouveaux éléments d'appréciation pour ce type d'aides.

D'une part, les dispositions actuelles sur les PIEEC sont étendues à tous les secteurs de l'économie. En effet, désormais, les nouvelles dispositions sont indifférentes aux secteurs dans lesquels les PIEEC sont réalisés. Cette neutralité permet en fait de soutenir beaucoup plus facilement des projets intersectoriels importants qui, dans des domaines tels que la R&D, le transport transfrontalier et l'énergie, seraient, en l'absence de cette nouvelle

295. Communication de la Commission, Critères relatifs à l'analyse de la compatibilité avec le marché intérieur des aides d'État destinées à promouvoir la réalisation de projets importants d'intérêt européen commun, *JOUE* n° C 188, 20 juin 2014.

possibilité juridique, appréciés sur la base de plusieurs ensembles de règles disparates[296].

D'autre part, la communication insiste sur la diversification des formes de soutien. En effet, les États membres peuvent octroyer aux PIEEC des avances remboursables, des prêts, des garanties ou des subventions. En outre, lorsque l'intervention de l'État se justifie, le soutien public peut couvrir jusqu'à 100 % du déficit de financement, sur la base d'un large éventail de coûts admissibles. En d'autres termes, l'intensité de l'aide peut être augmentée.

Autre élément nouvellement introduit, sont désormais autorisées les aides en faveur du premier déploiement industriel d'un projet de R&D, c'est-à-dire pendant le passage à l'échelle industrielle des installations pilotes et la phase d'expérimentation.

## b. La diversité des aides aux PIEEC

**1102.** Les projets importants d'intérêt européen commun ont pour caractéristique de présenter une grande diversité dans leur contenu. La raison en est simple. Par cette typologie, les PIEEC tendent en réalité à traduire, dans le champ des aides, les problématiques majeures et contemporaines, sur le plan économique, sociale ou sociétale, auxquelles les États membres sont confrontés.

### α. *Les aides à l'emploi*

**1103.** Dans ce domaine, la Commission opère une distinction majeure entre les aides destinées à la création d'emplois nouveaux liés à un plan de restructuration, et les « fausses aides », qui en réalité dissimulent des aides au fonctionnement. Ces dernières aides ont pour unique effet de réduire le coût de la main-d'œuvre sans répondre à des objectifs de l'Union. Elles ne peuvent dès lors être déclarées comme compatibles avec le droit de l'Union.

Eu égard à ce principe directeur, la Commission approuve les régimes d'aides à l'emploi de chômeurs de longue durée en raison de ce fléau au sein de l'Union. À cet égard, la Commission adopte généralement une position souple en la matière. En effet, elle tend à accorder des dérogations dans deux domaines : d'une part, lorsque les projets concernent des régions particulièrement atteintes par rapport à la moyenne communautaire, comme certaines régions d'Irlande, du Sud de l'Italie ou du Nord de la France par exemple et, d'autre part, lorsque le chômage affecte des catégories de populations sensibles comme les jeunes sans formations, les femmes ou les PME.

De même, dans les secteurs de l'économie fortement affectés par le chômage, la Commission admet des aides au maintien d'emploi. L'objectif est d'éviter des perturbations économiques qui auraient de graves conséquences

296. Il est à noter que les règles de l'Union relatives aux aides d'État dans le domaine de la recherche et de l'environnement contenaient déjà certaines dispositions concernant les PIEEC, qui sont remplacées par la nouvelle Communication.

sociales. Il reste que ces aides doivent demeurer temporaires et exceptionnelles[297].

La Commission s'emploie également à accorder des dérogations à des aides beaucoup plus constructives. Ce sont les aides à la reconversion par l'acquisition d'une meilleure ou d'une nouvelle qualification, les aides au personnel hautement qualifié affecté à la recherche et au développement, ou les aides à la création d'emplois.

#### β. *Les aides en faveur des aéroports et des compagnies aériennes*

**1104.** Les aides d'État en faveur des investissements dans les infrastructures aéroportuaires sont autorisées s'il existe un réel besoin en matière de transport, et si l'octroi d'une aide publique est nécessaire pour garantir l'accessibilité d'une région.

Les premières lignes directrices dans le secteur de l'aviation ont été adoptées en 1994 et ce dans un contexte de libéralisation du marché des services de transport aérien. Elles ont été complétées en 2005 par des lignes directrices sur le financement public des aéroports et le démarrage de services de transport aérien au départ d'aéroports régionaux. De nouvelles lignes directrices ont été adoptées en 2014[298]. Elles remplacent à la fois les lignes directrices de 1994[299] et celles de 2005[300].

Plusieurs innovations ont été introduites. Les nouvelles lignes directrices fixent les intensités d'aide maximales autorisées afin d'assurer un juste équilibre entre les investissements publics et privés. Celles-ci sont établies en fonction de la taille des aéroports. Il existe alors plus de possibilités d'octroi d'aides pour les petits aéroports qu'il n'en existe pour les grands.

Pour pouvoir bénéficier de telles aides, les aéroports doivent établir un plan d'affaires prévoyant une couverture intégrale des coûts de fonctionnement dès la fin de la période transitoire. Néanmoins, pour les aéroports enregistrant un trafic de moins de 700 000 passagers annuels, qui pourraient avoir des difficultés à assurer une telle couverture, les lignes directrices prévoient un régime spécial. Celui-ci comporte des intensités d'aide supérieures et une réévaluation de la situation après cinq ans.

Les aides au démarrage en faveur des compagnies aériennes qui ouvrent une nouvelle liaison aérienne sont autorisées tant qu'elles restent limitées dans le temps.

Il convient de noter que la Commission a récemment élargi le champ d'application du RGEC afin d'accorder pour la première fois une exemption de

297. V. Décision de compatibilité concernant le maintien du personnel qualifié dans l'industrie houillère, *JOCE* n° L 110, 28 avr. 1987.

298. Lignes directrices sur les aides d'État aux aéroports et aux compagnies aériennes, *JOUE* n° C 99, 4 avr. 2014.

299. Application des articles 92 et 93 du traité CE et de l'article 61 de l'accord EEE aux aides d'État dans le secteur de l'aviation, *JOCE* n° C 350, 10 déc. 1994.

300. Lignes directrices communautaires sur le financement des aéroports et les aides d'État au démarrage pour les compagnies aériennes au départ d'aéroports régionaux, *JOCE* n° C 312, 9 déc. 2005.

l'obligation de notifier aux mesures d'aide en faveur des aéroports[301]. Il doit s'agir d'aides à l'investissement en faveur des aéroports accueillant jusqu'à 3 millions de passagers par an. Les aides ne doivent pas être accordées aux aéroports situés dans la zone d'attraction (100 kilomètres de distance ou 60 minutes de temps de parcours) d'un autre aéroport. Pour les petits aéroports accueillant jusqu'à 200 000 passagers par an, le règlement fixe des règles plus souples pour les aides à l'investissement et autorise également les aides destinées à couvrir les pertes d'exploitation.

### γ. *Les aides à l'accès au financement des risques*

**1105.** La Commission a adopté là aussi de nouvelles lignes directrices en 2014[302]. Ces dernières établissent les conditions auxquelles les États membres peuvent accorder des aides destinées à faciliter l'accès au financement pour les PME et les entreprises à moyenne capitalisation. Ces nouvelles lignes directrices remplacent les « lignes directrices sur le capital-investissement » adoptées en 2006[303], et modifiées en décembre 2010.

Certaines PME et entreprises à moyenne capitalisation éprouvent des difficultés à obtenir des financements. Il s'agit en particulier des PME innovantes, qui ont des perspectives de croissance, mais en sont aux premières phases de leur développement. Il apparaît aisément que les PME restent fortement tributaires des prêts bancaires. Or, ces financements sont limités pour des raisons liées à la capacité de refinancement des banques, ainsi qu'à leur attitude face à la prise de risques et à leurs obligations en matière d'adéquation des fonds propres. La crise financière a amplifié le problème : ces dernières années, un tiers environ des PME n'ont pas été en mesure d'obtenir les financements dont elles avaient besoin, ce qui s'est traduit par un « déficit de financement ».

La Commission met donc en place un dispositif qui permet aux entreprises de franchir les étapes les plus critiques de leur cycle de vie (dite « la vallée de la mort » ou l'« *equity gap* ») afin de mettre sur le marché de nouveaux produits et concepts. Ces aides d'État peuvent alors contribuer à combler le déficit de financement. Leur objet n'est pas de remplacer les sources de financement existantes mais de permettre d'attirer des capitaux dans de nouvelles entreprises grâce à des instruments financiers et des mesures fiscales bien conçus.

**1106.** Les nouvelles lignes directrices ont un champ d'application considérablement élargi, qui intègre désormais les PME, les petites entreprises à moyenne capitalisation et les entreprises à moyenne capitalisation innovantes. Elles définissent également des critères en matière de compatibilité pour les montants supérieurs à 15 millions d'euros par entreprise.

301. Règl. n° (UE) 2017/1084 de la Commission du 14 juin 2017, *JOUE* n° L 156, 26 juin 2017.

302. Lignes directrices relatives aux aides d'État visant à promouvoir les investissements en faveur du financement des risques, *JOCE* n° C 19, 22 janv. 2014.

303. Lignes directrices concernant les aides d'état visant à promouvoir les investissements en capital-investissement dans les petites et moyennes entreprises, *JOCE* n° C 194, 18 août 2006.

L'éventail des instruments financiers admissibles, lequel comprend les fonds propres, les quasi-fonds propres, les prêts et des garanties, s'est élargi afin de tenir compte des pratiques du marché. Les intermédiaires financiers et les fonds de placement concernés sont donc en mesure de proposer aux entreprises le montant et la forme de financement adaptés à leur stade de développement et au secteur dans lequel elles exercent leur activité.

De plus, les lignes directrices consacrent la participation obligatoire des investisseurs privés en fonction du stade de développement et du niveau de risque de l'entreprise. Cette nouvelle possibilité permet de garantir que les mesures d'aide serviront à attirer et non à remplacer des financements privés. Le pourcentage minimal de participation des investisseurs privés est désormais compris entre 10 et 60 %, en fonction de l'ancienneté et du niveau de risque de l'entreprise, ce qui permet un soutien public plus important à la création d'entreprises, lorsque les marchés privés du financement des entreprises sont les plus réticents à fournir le financement nécessaire. L'exigence relative à la participation des investisseurs privés n'est plus désormais que de 10 % pour les entreprises en phase d'amorçage et de démarrage, avant leur première vente commerciale.

Parmi les autres changements apportés, figurent des formes plus souples de soutien aux plateformes de négociation alternatives : les lignes directrices autorisent les subventions en faveur de la mise en place de ces plateformes, ainsi que l'octroi d'incitations fiscales destinées aux investisseurs qui achètent les actions des PME cotées sur ces plateformes.

De même, on note une plus grande flexibilité pour les incitations fiscales offertes aux investisseurs : les incitations fiscales bénéficiant aux investisseurs ayant la qualité de personnes physiques ne devront pas être notifiées. Les lignes directrices précisent les conditions d'octroi des incitations fiscales en faveur des investisseurs institutionnels.

#### δ. *Les aides dans le secteur du haut débit*

**1107.** La Commission a adopté des lignes directrices en 2013[304] concernant l'application des règles relatives aux aides d'État dans le secteur du haut débit, afin de mettre en œuvre la stratégie numérique de l'Union. Elles prévoient notamment un renforcement des obligations de libre accès et des règles de transparence améliorées.

La stratégie numérique définit des objectifs pour le déploiement des infrastructures haut débit, à savoir notamment mettre le haut débit classique à la disposition de tous les Européens et faire en sorte que, d'ici à 2020, tous les Européens aient accès à des vitesses de connexion supérieures. Les pouvoirs publics peuvent financer de tels investissements dans le respect des règles du droit des aides d'État. Déjà, afin de faciliter des investissements favorables à la concurrence, la Commission avait adopté en 2009 les premières lignes directrices relatives au haut débit.

304. Lignes directrices pour l'application des règles relatives aux aides d'État dans le cadre du déploiement rapide des réseaux de communication à haut débit, *JOUE* n° C25, 26 janv. 2013.

Les nouvelles lignes directrices visent à la « neutralité technologique », c'est-à-dire que les réseaux d'accès de nouvelle génération (« réseaux NGA ») très haut débit peuvent s'appuyer sur des plateformes technologiques différentes. À cette fin, les lignes directrices révisées autorisent des financements publics dans les zones urbaines, tout en les soumettant à des conditions très strictes qui favoriseront la concurrence.

Afin de protéger l'investissement privé, les lignes directrices exigent également que tout investissement public se fasse par palier : une infrastructure financée par des fonds publics n'est autorisée que si elle constitue une amélioration importante des réseaux existants et non une simple amélioration marginale de la connectivité des citoyens.

En matière de transparence, de nouvelles dispositions prévoient la publication de documents, l'établissement d'une base de données centralisée pour les infrastructures existantes et l'obligation de fournir des rapports *ex post* à la Commission.

### ε. Les aides à l'industrie cinématographique

**1108.** La nouvelle communication sur le cinéma[305] autorise les aides d'État en faveur d'un éventail plus large d'activités. Elle souligne également l'étendue de la marge de manœuvre des États membres quant à la définition des activités culturelles susceptibles d'être soutenues. Elle prévoit, en outre, la possibilité d'accorder des aides plus élevées aux productions transfrontalières dans un contexte de promotion du patrimoine cinématographique.

Les nouvelles règles étendent la portée de la Communication sur le cinéma de 2001[306]. En effet, celle-ci ne s'appliquait qu'aux aides d'État accordées à la production cinématographique. Sont désormais intégrées les différentes étapes d'une œuvre audiovisuelle, c'est-à-dire depuis sa conception jusqu'à sa diffusion auprès du public.

L'intensité de l'aide qui peut être accordée à un film reste néanmoins limitée en principe à 50 % du budget de production. Les coûts de distribution et de promotion peuvent bénéficier d'une aide d'une même intensité. Toutefois, les coproductions financées par plus d'un État membre peuvent maintenant bénéficier d'aides jusqu'à 60 % du budget de la production. Aucune limite n'est en revanche imposée aux aides à l'écriture des scénarios ou au développement de projets cinématographiques, ni aux aides visant des œuvres audiovisuelles difficiles, définies par chaque État membre conformément au principe de subsidiarité.

**1109.** En vertu des nouvelles règles, les États membres peuvent continuer à imposer des conditions de territorialisation des dépenses aux bénéficiaires d'aides en faveur d'œuvres audiovisuelles. En effet, une telle

305. Communication de la Commission sur les aides d'État en faveur des œuvres cinématographiques et autres œuvres audiovisuelles, *JOUE* n°C 332, 15 nov. 2013. Elle a été modifiée en 2014, JOUE n° C 198, 27 juin 2014.

306. Communication concernant certains aspects juridiques liés aux œuvres cinématographiques et autres œuvres audiovisuelles, *JOCE* n° C 43, 16 févr. 2002.

restriction aux règles du marché unique est justifiée par la promotion de la diversité culturelle, qui requiert la préservation des ressources et du savoir-faire de l'industrie au niveau national ou local. Néanmoins, les obligations de territorialisation des dépenses doivent rester proportionnées à ces objectifs.

C'est ainsi que les États membres peuvent exiger que 160 % du montant de l'aide accordé soit dépensé sur leur territoire. Ils peuvent aussi exiger, indépendamment du montant de l'aide accordé, qu'une part minimale de l'activité de production soit effectuée sur leur territoire pour que les projets puissent bénéficier d'une aide. Ce niveau ne peut toutefois jamais dépasser 50 % du budget de production. Dans tous les cas, comme antérieurement, l'obligation de territorialisation des dépenses ne peut pas dépasser 80 % du budget de production.

La nouvelle communication sur le cinéma souligne aussi l'importance des objectifs relatifs au patrimoine cinématographique. En effet, ceux-ci visent au rassemblement, à la préservation et à la mise à disposition des films européens. Ainsi, l es États membres devraient encourager et aider les producteurs à déposer une copie des œuvres bénéficiant des aides, en vue de leur préservation et d'une utilisation non commerciale.

### ζ. *Les aides à la RDI : recherche, développement et innovation*

**1110.** Pendant longtemps, notamment durant la décennie 1980, la Commission était davantage favorable à l'aide ou l'acquisition de connaissance de base. Il s'agit en fait d'une recherche fondamentale qui est éloignée du marché et de sa logique marchande à la différence de la recherche appliquée, davantage proche de la mise sur le marché.

Mais cette position initiale a sensiblement évolué, notamment sous l'effet des dispositions de l'Acte unique européen (anc. art. 130 F). En effet, la Commission a progressivement accepté de privilégier les aides à la recherche appliquée et d'encourager le passage au stade compétitif et industriel et ce afin de surmonter la concurrence internationale, notamment japonaise et américaine.

Récemment, la Commission a adopté de nouvelles règles établissant les conditions auxquelles les États membres peuvent accorder des aides aux entreprises à l'appui de leurs activités de RDI. En effet, les règles relatives aux aides d'État à la RDI sont désormais énoncées dans deux textes complémentaires : le nouveau RGEC, le règlement (UE) n° 651/2014[307], entré en vigueur le 1er janvier 2015 et applicable jusqu'au 31 décembre 2020. Celui-ci fixe les conditions auxquelles des aides d'État peuvent être octroyées sans notification préalable à la Commission. Quant au second texte, il s'agit d'un encadrement[308] qui définit les critères selon lesquels la Commission

307. Nous en rappelons les références : règl. (UE) n ° 651/2014 de la Commission du 17 juin 2014 déclarant certaines catégories d'aides compatibles avec le marché intérieur en application des articles 107 et 108 du traité, *JOUE* n° L 187, 26 juin 2014.

308. Communication de la Commission – Encadrement des aides d'État à la recherche, au développement et à l'innovation, *JOUE* n° C 198, 27 juin 2014.

appréciera les aides à la RDI. Celles-ci doivent être notifiées par les États membres car elles sont davantage susceptibles de fausser la concurrence. Le régime d'aide vise l'octroi des aides aux projets de recherche et de développement, aux investissements en faveur des infrastructures de recherche, aux pôles d'innovation, aux innovations en faveur des PME, aux innovations de procédé et d'organisation, et à la recherche et au développement dans le secteur de la pêche et de l'aquaculture.

**1111.** Les nouvelles règles relatives aux aides d'État à la RDI, énoncées dans le RGEC et l'encadrement RDI, se caractérisent principalement par une réduction des contraintes administratives pour les autorités nationales. En effet, en vertu du RGEC, les seuils en dessous desquels les aides sont exemptées de l'obligation de notification ont été relevés de manière significative. Cela laisse une plus grande marge de manœuvre aux États membres et le processus de mise en œuvre des aides à la RDI s'en trouve accéléré.

À titre d'exemple, les États membres peuvent désormais accorder des aides au développement expérimental jusqu'à concurrence de 15 millions d'euros par projet et par bénéficiaire, sans l'autorisation préalable de la Commission, contre 7,5 millions d'euros au titre des règles antérieures. En outre, le champ d'application des aides aux projets de RDI susceptibles d'être exemptées de l'obligation de notification, au titre du RGEC, a également été élargi. À présent, sont visés les projets pilotes et prototypes, les pôles d'innovation et les aides à l'innovation de procédé et d'organisation.

Par ailleurs, les niveaux d'aide admissibles dans l'industrie ont été élevés. En effet, l'encadrement RDI autorise, pour les mesures notifiées à titre individuel, des aides représentant jusqu'à 70 % des coûts admissibles pour les grandes entreprises et jusqu'à 90 % pour les petites entreprises menant des activités de recherche appliquée.

Ces niveaux d'aide plus élevés peuvent être autorisés s'il existe un réel déficit de financement. La Commission procédera à une analyse détaillée, fondée sur les critères de l'encadrement, pour confirmer la nécessité d'octroyer ces niveaux d'aide plus élevés, de manière à éviter les distorsions indues de la concurrence au sein du marché unique.

En outre, afin de simplifier l'évaluation des aides de grande ampleur en faveur de projets qui revêtent clairement un intérêt commun européen, les projets de R&D cofinancés par l'Union sont désormais présumés être des aides d'État nécessaires et appropriées. De manière générale, la pratique de la Commission tend à condamner les fausses aides à la R&D. Elles dissimulent des investissements productifs et de modernisations techniques ou structurelles des installations, entrant dans la politique normale de l'économie de marché.

**1112.** Sous peine d'essuyer une décision d'incompatibilité, l'État doit suffisamment motiver le caractère innovant du projet. Il doit démontrer l'inexistence de produits ou procédés analogues sur le marché intérieur[309].

309. V. par exemple décision n° 87/16/CEE de la Commission du 23 avr. 1986 relative à un projet d'aide du gouvernement italien en faveur d'une entreprise opérant dans le secteur de la chimie, JOCE n° 12,

La Commission rappelle que seule l'innovation véritable peut faire l'objet d'une aide. Il s'agit de la mise au point ou de l'introduction de technique n'existant pas encore au sein de l'Union.

À titre d'exemple, la Commission a considéré que l'aide du gouvernement français à destination d'un constructeur automobile concernant la mise au point d'énergie alternative à la faveur d'un programme R&D avait pour réel objet de développer un ensemble de techniques permettant d'égaliser les constructeurs japonais. Cet objet était légitime. Et il était d'autant plus profitable que le procédé avait été acquis par d'autres constructeurs européens[310].

En revanche, toujours en guise d'illustration, la Commission a pu déclarer illicite une aide des Pays-Bas à la recherche portant sur divers problèmes non résolus concernant l'élevage de bétail. Cette aide était financée par une taxe parafiscale prélevée sur les produits locaux et les produits d'importation. La Commission a estimé que les résultats de la recherche auraient profité davantage aux éleveurs néerlandais même si ces résultats sont mis à la disposition des autres États membres[311].

En outre, la Commission a refusé d'autoriser le projet de subvention directe à l'investissement et l'exonération fiscale que le gouvernement belge se proposait d'octroyer pour aider à la construction d'un laboratoire de recherche sur les techniques pétrochimiques. La Commission a justifié son refus par la circonstance que l'aide était destinée à la construction d'un laboratoire et non d'un projet de recherche déterminé. Or, le laboratoire faisait partie intégrante d'un groupe industriel qui aurait été ainsi directement favorisé par rapport à ses concurrents. De plus, les projets de recherche du laboratoire étaient tournés vers des travaux de développement classiques plus que des recherches de base, La Commission faisait également valoir que la situation financière de la société mère aurait pu conduire au financement de la construction du laboratoire par le seul jeu des forces du marché[312].

### η. *Les aides aux PME*

**1113.** Les PME occupent une place privilégiée dans le droit des aides. En effet, elles sont considérées comme présentant un intérêt primordial pour le fonctionnement sain de la libre concurrence et également en raison du fait qu'elles connaissent des difficultés qui leur sont spécifiques. Dès lors, les aides aux PME bénéficient d'un régime de faveur de la part de la Commission qui approuve les aides d'importance mineure à

---

14 janv. 1987. Le projet d'aide visait à soutenir en réalité une modernisation de l'entreprise, c'est-à-dire une amélioration sur le plan technique et structurel.

310. Décision n° 89/305/CEE de la Commission du 21 déc. 1988 relative aux aides accordées par le gouvernement français à Peugeot, *JOCE* n° L 123, 4 mai 1989. V. également les nombreuses aides octroyées dans le cadre du programme intergouvenemental *Eureka*. Crée à l'intiative de la France et l'Allemagne, ce programme vise à améliorer la compétitivité européenne par un soutien aux projets pan-européens de développement de produits et services présentant un caractère innovant.

311. Décision n° 90/188/CEE de la Commission du 11 oct. 1989, concernant des aides octroyées aux Pays-Bas financées au moyen des prélèvements perçus par une association professionnelle pour les aliments du bétail (voor Veevoeder), *JOCE* n° L 101, 21 avr. 1990.

312. Décision n° 89/254/CEE de la Commission du 15 nov. 1988 relative aux aides accordées par le gouvernement belge à une entreprise du secteur pétrochimique (SA Belgian Shell), *JOCE* n° L 106,18 avr. 1989.

condition que l'entreprise bénéficiaire compte au moins 100 personnes. En outre, l'intensité de l'aide à la recherche et au développement peut dépasser le plafond lorsque celle-ci est destinée aux PME.

Le régime d'aide relatif aux aides en faveur des PME pour la période 2014-2020, exempté de notification à la Commission, est entré en vigueur le 1er janvier 2015. Il s'applique jusqu'au 31 décembre 2020. Ce régime d'aide, adopté classiquement sur la base du RGEC révisé, sert de fondement à l'octroi des aides aux PME en faveur notamment de leurs investissements, leurs recours à des services de conseil et leurs innovations.

### θ. *Les aides à l'environnement et à l'énergie*

**1114.** La Commission apporte un intérêt particulier à ce type d'aide car l'environnement, notamment depuis l'Acte unique européen, constitue pour l'Union un terrain d'action majeur.

L'Union a pris très tôt conscience que la destruction de l'environnement représente une grave menace qui appelle une coordination des actions. Dans cette optique, la Commission a adopté, dès 1974, une Communication intitulée « Encadrement communautaire des aides d'États à l'environnement »[313]. Elle y pose le principe pollueur-payeur qui incite les États membres à obliger les entreprises à respecter l'environnement, et dès lors à prendre en charge les dépenses d'environnement dont elles sont à l'origine. Cette mesure était assortie d'une période de transition compte tenu du retard accumulé en la matière. Cette période a été prolongée à deux reprises pour permettre aux États membres d'aider les entreprises à se mettre en conformité avec les principes communautaires.

**1115.** Pour qu'une aide à l'environnement soit admise, elle doit réunir trois conditions : il doit s'agir d'une entreprise existante et non d'une entreprise nouvelle ni d'une extension. L'aide doit être transparente, c'est-à-dire décrite avec précision quant à son objet, le secteur bénéficiaire, la région et autres caractéristiques ou les modalités. Enfin, l'aide ne peut être une aide au fonctionnement.

C'est ainsi que, parmi les premiers régimes d'aides admis en la matière, nous retiendrons les projets d'aides allemands et néerlandais pour faire bénéficier d'avantages fiscaux les acheteurs de voitures non polluantes. De même, nous pouvons relever la décision favorable de la Commission pour le régime d'aide allemand en faveur des entreprises prêtes à modifier leurs installations techniques de manière à être moins polluantes que ce qu'exigent les normes légales.

---

313. Communication de la Commission du 7 nov. 1974 (*JOCE* L 194, 25 juill. 1975). Elle sera prorogée en 1980 et en 1986, avant d'être remplacé par un nouvel encadrement communautaire des aides d'État pour la protection de l'environnement en 1994 (*JOCE* n° C 72, 10 mars 1994) puis en 2001 (*JOCE* n° C 37, 3 févr. 2001), et par des lignes directrices en 2008 (Lignes directrices concernant les aides d'État à la protection de l'environnement, *JOCE* n° C 82, 1° avr. 2008).

**1116.** Les lignes directrices de 2008[314] avaient pris soin d'énoncer les critères permettant d'apprécier les aides d'État dans douze domaines différents, parmi lesquels l'amélioration des performances environnementales au-delà des normes obligatoires de l'Union ou en l'absence de telles normes, la gestion des déchets, les économies d'énergie ou l'assainissement des sites contaminés.

Au fil des ans, les autorités nationales ont accordé des aides à l'énergie pour lesquelles les lignes directrices ne prévoyaient pas de critères de compatibilité avec le marché intérieur. Il s'agissait notamment des aides à des projets d'infrastructures énergétiques ou à des mesures visant à garantir la sécurité d'approvisionnement. En l'absence de critères spécifiques, la Commission examinait ces aides au regard de l'article 107 TFUE.

Dès lors, elle a été amenée à adopter de nouvelles lignes directrices concernant conjointement les aides en faveur de la protection de l'environnement et de l'énergie[315]. Celles-ci sont applicables depuis le 1er juillet 2014 jusqu'à la fin de 2020, et ce afin de soutenir les États membres à atteindre leurs objectifs liés au climat à l'horizon 2020. Ces nouvelles orientations permettent de remédier aux distorsions du marché qui peuvent résulter des subventions accordées aux sources d'énergie renouvelables.

Pour ce faire, les lignes directrices favorisent une évolution progressive vers des mécanismes de soutien aux énergies renouvelables fondées sur le marché. Elles établissent également des critères sur la base desquels les États membres peuvent dispenser les entreprises grandes utilisatrices d'énergie des redevances prélevées pour soutenir les énergies renouvelables. De plus, elles contiennent de nouvelles dispositions applicables aux aides en faveur des infrastructures énergétiques et des capacités de production d'énergie destinées à renforcer le marché intérieur de l'énergie et à garantir la sécurité d'approvisionnement.

Les petites installations sont soumises à un régime spécial. Elles peuvent encore bénéficier d'un soutien sous la forme de prix de rachat ou d'autres mesures équivalentes. En outre, les nouvelles règles n'affectent pas les régimes déjà en place qui ont été autorisés en vertu des règles existantes.

De même, les redevances prélevées pour financer le soutien accordé aux énergies renouvelables peuvent être prises en charge pour un nombre limité de secteurs énergivores définis pour l'ensemble de l'Union. Les États membres seront également autorisés à la réduire pour les entreprises très énergivores d'autres secteurs.

En outre, les nouvelles lignes directrices prévoient des critères applicables aux aides en faveur des infrastructures énergétiques. Il s'agit notamment des aides destinées à soutenir des projets qui améliorent les flux d'énergie transfrontaliers et favorisent la construction d'infrastructures dans les régions moins développées d'Europe.

314. Lignes directrices concernant les aides d'État à la protection de l'environnement, préc., *JOCE* n° C 82, 1er avr. 2008.

315. Communication de la Commission – Lignes directrices concernant les aides d'État à la protection de l'environnement et à l'énergie pour la période 2014-2020, *JOUE* n° C 200, 28 juin 2014.

Autre nouveauté, les lignes directrices autorisent les aides visant à garantir une production électrique suffisante lorsqu'il existe un risque réel de déficit de capacité de production d'électricité. Cela permet aux États membres de mettre en place des mécanismes portant sur les capacités afin, par exemple, d'encourager les producteurs à créer de nouvelles capacités de production ou de les empêcher de fermer des installations existantes. Il peut également être question de récompenser les consommateurs qui réduisent leur consommation d'électricité aux heures de pointe.

## 3. Les aides destinées à remédier à une perturbation grave de l'économie d'un État

**1117.** En ce qui concerne la deuxième catégorie d'aides horizontales, celles destinées à remédier à une perturbation grave de l'économe d'un État, ces aides avaient jusqu'à présent fait l'objet de peu de cas d'application. Nous citerons pour l'essentiel les mesures adoptées par les États membres à la suite du premier choc pétrolier de 1974 : avantages financiers sous forme de déductions fiscales, prêts à taux réduits, aides de trésorerie. Ces aides ont toutes été appuyées par la Commission.

Or, la crise économique et financière qui s'est déclaré en 2008 a fait renaître leur intérêt. En effet, de nombreuses aides ont été autorisées par la Commission sur ce fondement, à destination notamment des établissements financiers, dans le cadre des plans de relance nationaux.

C'est ainsi que comme partie intégrante du plan européen pour la relance économique, la Commission a adopté, le 17 décembre 2008, une Communication fixant un cadre communautaire temporaire pour les aides d'État destinées à favoriser l'accès au financement dans le contexte de la crise économique et financière des années 2009 et 2010[316]. Les mesures temporaires avaient pour objet de débloquer l'octroi de prêts par les banques aux entreprises ainsi que de les encourager à continuer d'investir, en particulier dans une économie caractérisée par une croissance durable.

Ces mesures d'aide temporaires ne sont pas cumulables avec des aides relevant du champ d'application du règlement de *minimis* pour les mêmes coûts admissibles. Dès lors, si l'entreprise a déjà bénéficié d'une aide de *minimis*, la somme des aides reçues devra être déduite des aides à recevoir au titre des mesures temporaires.

Il convient de souligner que les aides aux entreprises en difficulté ne peuvent relever de l'article 107, paragraphe 3, lettre b) TFUE que dans l'hypothèse d'une dégradation grave de la conjoncture économique. À défaut, la compatibilité de ces dispositions est appréciée par la Commission au titre des dérogations sectorielles prévues par l'article 107, paragraphe 3, lettre c) TFUE.

316. *JOCE* n° C 16, 22 janv. 2009.

## C. Les aides sectorielles

**1118.** L'article 107, paragraphe 3, lettre c) prévoit également la possibilité d'aides destinées à faciliter le développement de certaines activités. Ces dispositions ont également connu, compte tenu de la crise économique et financière depuis 2008, un champ d'application vaste car plusieurs secteurs d'activité ont été affectés dans les différents États membres.

Toutefois, la Commission précise que, même dans un contexte de crise, l'octroi d'une aide en ordre dispersé et sans une connaissance suffisante des besoins nécessaires aboutirait à une dislocation du marché intérieur[317].

### 1. Un encadrement multisectoriel

**1119.** Depuis 2002, la Commission estime que les encadrements sectoriels spécifiques doivent être intégrés dans un encadrement multisectoriel. Elle a dès lors adopté un encadrement multisectoriel des aides à finalité régionale en faveur de grands projets d'investissement, y compris les secteurs de la sidérurgie, de l'automobile et des fibres synthétiques. Cet encadrement prévoit que les aides en faveur de grands projets d'investissement qui n'atteignent pas certains seuils ne doivent pas faire l'objet d'une notification préalable. Néanmoins, elles doivent être attribuées en vertu d'un régime d'aide à finalité régionale déjà approuvé par la Commission.

### 2. Les principes applicables

**1120.** Les principes applicables en la matière sont les principes généraux communs à toutes les aides dont certains sont davantage mis en relief : la nécessité d'une contrepartie au regard de l'intérêt commun, le respect des mécanismes du marché, ou encore le respect du principe de proportionnalité[318].

En somme, les aides ne sont admises que dans les secteurs où elles sont nécessaires et si elles présentent des garanties sérieuses quant à la compétitivité future de leur bénéficiaire.

Ainsi, les aides à la production sont interdites sauf si elles sont temporaires et dégressives. En effet, elles doivent aboutir à long terme à la réalisation des adaptations indispensables.

Sont également interdites les aides destinées à des projets d'investissement qui conduisent à une augmentation des capacités de production.

---

317. Communication sur la politique en matière d'aides sectorielles, adressé au Conseil le 28 mai 1978, COM(78)221 final, mai 1978.

318. V. Décision n° 89/58/CEE de la Commission du 13 juill. 1988 concernant les aides accordées par le gouvernement britannique au groupe Rover, *JOCE* n° L 25, 28 janv. 1989 ; Décision n° 88/454/CEE de la Commission, du 29 mars 1988, concernant les aides accordées par le gouvernement français au groupe Renault, *JOCE* n° L 220, 11 août 1988.

En revanche, les aides au sauvetage ou de fonctionnement sont admissibles à titre exceptionnel pour la durée strictement nécessaire à la mise en œuvre des mesures d'assainissement ou de promotion d'activités de remplacement.

La Commission a adopté une approche verticale, c'est-à-dire secteur par secteur. Ce sont des secteurs en crise ou dont la compétitivité est insuffisante : sidérurgie, construction navale, textile et habillement, charbon, automobile...

## 3. Un cas particulier : les aides au sauvetage

**1121.** Lorsqu'on observe de manière attentive la structuration des aides sectorielles, on s'aperçoit qu'elles sont la porte ouverte aux aides au sauvetage. Celles-ci sont fréquentes en période de crise Or, la Commission adopte à leur égard une politique très sévère. En effet, elles font l'objet d'un examen minutieux de sa part et doivent répondre à des conditions strictes.

### a. Un examen minutieux opéré par la Commission

**1122.** Les aides au sauvetage sont celles accordés sous forme de crédit à des entreprises pendant une durée illimitée à l'étude de leur possibilité de restructuration ou de reconversion. Elles se distinguent des aides d'accompagnement. En effet, ces dernières permettent à leur bénéficiaire de se maintenir durant un certain temps afin que l'opération de restructuration ou de conversion donne des résultats.

Dans une lettre adressée aux États membres en date du 24 janvier 1979, la Commission posait déjà les nombreuses conditions auxquelles ce type d'aide devait répondre. Elles ne peuvent avoir pour objectif ou finalité de maintenir artificiellement une activité, ou une entreprise qui ne serait pas viable. En ce sens, elles ne doivent pas préserver le *statu quo* et différer les décisions ou les changements inéluctables. Bien au contraire, elles doivent restaurer la viabilité à long terme, en résolvant les problèmes. En outre, elles ne peuvent être justifiées que par des raisons sociales qui représentent une certaine gravité. Elles doivent être limitées dans le temps à six mois afin de rechercher les causes des difficultés et les solutions à apporter. Elles doivent être octroyées sous forme de prêts ou garanties de prêts remboursables aux taux du marché et limitées dans leur montant à ce qui est strictement nécessaire pour poursuivre l'exploitation. Elles ne peuvent pas avoir d'effets négatifs sur l'économie des autres États membres. En d'autres termes, si une entreprise bénéficiant d'une aide peut par ce moyen développer ses exportations vers les autres États membres, il y a affectation des échanges[319].

319. Décision n° 87/585/CEE de la Commission, 15 juill. 1987, relative aux aides accordées par la France à un fabricant de textiles, d'habillement et de produits à base de papier, Boussac Saint Frères, *JOCE* n° L 352, 15 juill. 1987 ; *a contrario* décision n° 88/283/CEE de la Commission, 3 février 1988, relative à l'aide de la France en faveur de la société Pechiney, *JOCE* n° L 121, 11 mai 1988.

Notons que la Commission a également redéfini les aides d'accompagnement : elles sont subordonnées à la réalisation d'un programme précis de restructuration ou de reconversion capable de rétablir à terme la compétitivité de la production visée.

La Cour a avalisé la démarche de la Commission. Elle a notamment considéré que sont admissibles les aides qui favorisent l'assainissement du secteur économique visé, et sa restructuration par le développement de productions nationales sans surcapacité[320].

En somme, il s'agit d'éviter que les aides étatiques aient pour effet d'opérer un transfert des problèmes sociaux ou difficultés d'un État membre vers d'autres États, en ralentissant les adaptations structurelles pourtant requises.

Si de telles aides sont incontournables, elles doivent alors être intégrées dans une politique communautaire d'assainissement économique. Elles ne doivent pas être accordées en considération de préoccupations exclusivement nationales[321].

### b. Les nouvelles lignes directrices

**1123.** Dans le contexte de son initiative visant à moderniser sa politique en matière d'aides d'État, la Commission a révisé ses règles pour l'appréciation des aides au sauvetage et à la restructuration d'entreprises en difficulté accordées par les États membres.

Les nouvelles lignes directrices[322] ont pour but de faire en sorte que le financement public soit accordé aux entreprises qui en ont le plus besoin. La Commission souligne que les investisseurs dans les entreprises défaillantes sont tenus d'assumer leur juste part des coûts de restructuration.

Les règles adoptées ne s'appliquent qu'aux entreprises en difficulté autres que les établissements financiers, étant donné que des règles distinctes existent déjà pour ces derniers.

Les nouvelles lignes directrices, entrées en vigueur le 1er août 2014, remplacent les précédentes, adoptées en 2004 et relatives aux aides d'État au sauvetage et à la restructuration[323]. Néanmoins, certains de leurs grands principes restent inchangés.

---

320. V. Décision n° 87/506/CEE de la Commission du 25 mars 1987 relative aux aides accordées par la France à deux groupes sidérurgiques (Usinor et Sacilor), *JOCE* n° L 290, 14 oct. 1987 ; v. aussi décision *Pechiney*, préc.

321. À titre d'exemple, la Commission empêchera les injections de capital du gouvernement français en faveur d'une société informatique car celle-ci n'avait aucun plan de restructuration, v. Décision n° 94/1073/CEE de la Commission, du 12 octobre 1994, concernant l'aide d'État de la France au groupe Bull sous la forme d'une augmentation de capital, *JOCE* n° L 386, 31 déc. 1994. En revanche, la Commission autorisera en juillet 1994 la recapitalisation d'Air France par l'État français sous certaines conditions, notamment celles que le gouvernement français garantisse que le processus de privatisation de l'entreprise soit engagé lorsque la situation économique et financière sera rétablie en conformité avec le plan de restructuration et en prenant en considération la situation des marchés financiers, v. Décision n° 94/653/CE de la Commission, 27 juill. 1994, concernant l'augmentation de capital d'Air France, *JOCE* n° L 254, 30 sept. 1994.

322. Communication de la Commission – Lignes directrices concernant les aides d'État au sauvetage et à la restructuration d'entreprises en difficulté autres que les établissements financiers, *JOUE* n° C, 31 juill. 2014.

323. Lignes directrices communautaires concernant les aides d'État au sauvetage et à la restructuration d'entreprises en difficulté, *JOUE* n° C, 1er oct. 20114.

**1124.** Les aides aux entreprises qui connaissent des difficultés financières peuvent être octroyées temporairement pour une période de six mois (aides au sauvetage). Au-delà de ce délai, les aides doivent être remboursées ou un plan de restructuration doit être notifié à la Commission pour autorisation au titre d'« aides à la restructuration ». Ce plan doit veiller à ce que la viabilité à long terme d'une entreprise soit rétablie sans aides d'État supplémentaires, que les distorsions de concurrence induites par l'aide d'État soient compensées par des mesures spécifiques, et que l'entreprise contribue aux coûts de restructuration.

Les aides à la restructuration ne peuvent être accordées qu'une seule fois sur une période de dix ans (principe de non-récurrence). En effet, il convient d'éviter que des entreprises qui ne sont pas viables soient maintenues artificiellement en vie à l'aide du soutien public.

Les nouvelles lignes autorisent également un soutien temporaire à la restructuration des PME. Celui-ci est en fait conçu pour simplifier l'octroi de fonds publics à la restructuration tout en réduisant les distorsions de concurrence. Pour cela, il favorise les mesures qui faussent moins la concurrence, comme les prêts et les garanties, plutôt que les aides structurelles telles que les subventions directes ou les apports de capitaux. Un tel soutien peut désormais être accordé pour au maximum 18 mois – soit une période trois fois plus longue que la période pendant laquelle il est possible de recevoir des aides au sauvetage – sur la base d'un plan de restructuration simplifié. Cela permet aux États membres de mieux aider les PME à résoudre les problèmes de liquidité, ce qui est particulièrement important dans le contexte économique actuel.

De meilleurs filtres sont mis en place afin de veiller à ce que les aides d'État profitent aux entreprises qui en ont réellement besoin. Les États membres doivent démontrer que l'aide est nécessaire pour éviter les situations difficiles, par exemple dans les zones où le chômage est élevé, et que l'octroi d'une aide à la restructuration fera la différence à cet égard, par exemple en réduisant les pertes d'emplois.

Les nouvelles lignes permettent de s'assurer que les investisseurs privés assument leur juste part des coûts de restructuration de l'entreprise (« répartition des charges »). Les investisseurs de l'entreprise sont en premier lieu responsables de la couverture des pertes subies avant que toute aide d'État ne soit octroyée. Et l'État obtiendra un juste retour sur son investissement si le plan de restructuration réussit. Ce concept a été en réalité élaboré pendant la crise financière, lorsque la répartition des charges est devenue nécessaire pour protéger les intérêts des contribuables et des consommateurs alors que des volumes importants de fonds publics étaient mis à la disposition des banques. Il est désormais étendu aux entreprises autres que les établissements financiers.

## D. Les aides générales

**1125.** Ces aides sont accordées dans le cadre d'intervention générale des États membres. Tout en ayant un champ d'application sélectif, elles concernent l'ensemble de l'économie, ou un vaste secteur de l'économie d'un État.

## 1. Un caractère indifférencié

**1126.** On observe que sous le poids des difficultés économiques, les États, dans le cadre leur politique économique et sociale, ont tendance à recourir au système d'aides générales. Celles-ci sont accordées aux entreprises indépendamment de leur région d'implantation ou de leur secteur d'activité de sorte que ces aides ont en réalité des objectifs présentant une grande diversité. Elles sont indifférenciées et sont dès lors susceptibles de bénéficier à l'ensemble des entreprises. La plupart d'entre elles visent les aides à l'emploi, l'investissement, l'exportation ou le développement et la recherche. En l'absence de tout renseignement sur le bénéfice de l'aide lors de l'élaboration du régime d'aide, l'aide est précisément octroyée globalement. Elle confère alors aux États une grande marge de manœuvre. Ce sont des aides qui, compte tenu de leur caractère indifférencié, ne correspondent pas aux critères de qualification proposé par l'article 107 TFUE.

**1127.** Il est alors difficile pour la Commission d'apprécier les effets ou de mesurer l'impact de ces aides sur la concurrence et les échanges. C'est en ce sens qu'elles suscitent le plus de difficultés par rapport aux autres aides qui présentent une plus grande lisibilité.

Dans ce contexte, il y a un double risque : les États peuvent être tentés de reprendre à leur compte la politique d'encadrement des aides, et de décider alors des modalités d'application, compte tenu du peu d'informations générales reçues par la Commission à ce sujet.

## 2. Le principe de la « justification compensatoire »

**1128.** Pour autant, la Commission exige que les États membres lui notifient les programmes concrets d'application sectorielles ou régionales des programmes d'aides générales. Les autorités nationales doivent s'employer à faire ressortir leurs caractéristiques majeures ou à défaut les cas individuels les plus significatifs. Ce sont ces applications qui feront l'objet d'un examen à la lumière de l'article 107 TFUE.

Afin de surmonter cette difficulté d'appréciation, la Commission a établi quelques lignes directrices qui reposent essentiellement sur le principe de « la justification compensatoire ». Il signifie qu'une aide ne peut être accordée que si le bénéficiaire approuve une compensation qui, allant au-delà des effets du jeu normal des forces du marché, facilite la réalisation des objectifs de l'Union, énoncés à l'article 107, paragraphe 3, TFUE.

**1129.** Cette approche de la Commission a précocement été approuvée par la Cour à l'occasion de l'arrêt *Philipp Moris* du 17 septembre 1980 dans lequel elle exige que l'aide en cause, l'accroissement des capacités de production, doit être appréciée dans un cadre communautaire et non sur le seul pan national.

L'intérêt de l'État mis en cause ou les avantages obtenus par les bénéficiaires ne justifient pas à eux seuls l'accord de la Commission pour le régime d'aides.

En matière d'aides à l'emploi d'un programme d'aides générales par exemple, la Commission se montre très sévère. Ces aides sont jugées susceptibles de fausser le jeu concurrentiel au sein de l'État mis en cause avec un effet sur le marché intérieur. On distingue généralement celles qui correspondent à la création d'emplois, généralement admises, de celles qui sont destinées à maintenir l'emploi, susceptible d'avoir des effets négatifs. Il peut s'agir notamment de la survie artificielle des productions non compétitives, en retardant leurs adaptations inévitables. La Commission observe attentivement « l'effet de déplacement » selon lequel les postes de travail maintenus dans l'entreprise ou le secteur en cause sont compensés par la disparition ou la non-création d'emplois nouveaux d'autres entreprises ou secteurs.

Enfin, rappelons que les aides à l'exportation peuvent relever de la présente catégorie, sous la forme par exemple de garanties de changes, accordées par l'État. Elles sont systématiquement considérées par la Commission comme incompatibles avec le marché intérieur dès l'instant qu'elles concernent les échanges entre États membres, ainsi qu'avec des États tiers.

### 1130. Bibliographie

C. Barthélemy, « La garantie implicite, gratuite et illimitée de l'État aux établissements publics : mythe ou réalité ? », *CJEG* 2004, n° 613, p. 423.

M. Bazex et S. Blazy, « Le statut d'établissement public recèle-t-il par nature une aide d'État ? », *Dr. adm.* 2005, n° 5, p. 16.

Y. Bernard, « Aides d'État : le temps de l'insouciance est-il révolu ? », *Revue de jurisprudence fiscale* 2007, 3/07, p. 195.

O. Bergeau, « L'adoption de mesures de simplification de la procédure de contrôle des aides d'État : une réponse pragmatique aux objectifs ambitieux du plan d'action de 2005 », *RMCUE* 2010, p. 472.

J.-M. Bélorgey, « La sécurité juridique des décisions d'octroi d'aides publiques au regard du droit communautaire », *AJDA* 2000, p. 371.

J.-M. Bélorgey, « Procédure aides d'État : la recherche du juste équilibre », *RLC* 2005, n° 4, p. 37.

J. Biancarelli, « Le contrôle de la Cour de justice des Communautés européennes en matière d'aides publiques », *AJDA* 1993, p. 412.

C. Blumann, « Contrôle des aides d'État et droit des tiers », *Revue de la concurrence et de la consommation* 2003, n° 133, p. 16.

J. De Beys, « Restructurations et contrôle des aides d'État », *RIDE* 2008, p. 171.

J.-Y. Chérot, « Le "plan d'action" de la Commission dans le domaine des aides d'État. Progrès et limites de l'analyse économique dans le contrôle communautaire des aides d'État », *AJDA* 2007, p. 2412.

J.-Y. Chérot, « Aides d'État et juge national : le rôle du juge national dans la perspective de la réforme communautaire », *Concurrences* 2006, n° 1, p. 75.

J.-M. Communier, *Le droit communautaire des aides d'État*, LGDJ, 2000.

L. Constantin « Aides d'État : nouvelles lignes directrices en faveur des aéroports et des compagnies aériennes », *Dalloz actualité* 8 avr. 2014.

A. Delion, « Les garanties d'État et leur évolution », *Revue juridique de l'économie publique* 2004, p. 417.
A. Delion, « De l'État tuteur à l'État actionnaire », *RFAP* 2007, p. 537.
J. Derenne et C. Kaczmarek, "Recovery of unlawful State aid : the role of national courts in the private enforcement of State aid rules", *Journal of the Academy of European Law*, 2009, n° 2, p. 251.
M. Dony (dir.), *Contrôle des aides d'État, Commentaire Mégret*, Éd. de l'ULB, 3e éd., 2007.
Th. Fouquet, « Les critères spécifiques d'identification des aides d'État aux entreprises en difficulté », *RMCUE* 2002, p. 532.
L. Grard, « Le droit des aides d'État, moteur auxiliaire de la solidarité communautaire », *in* C. Boutayeb (dir.), *La solidarité dans l'Union européenne. Éléments constitutionnels et matériels*, Dalloz, 2011, p. 205.
C. Henry, « Récupération des aides d'État illégales, suite... », *Revue des sociétés* 2013, p. 383.
L. Idot, « Les aides aux entreprises en difficulté et le droit communautaire », *RTDE* 1998, p. 295.
L. Idot, « Regard sur les mutations du droit des aides d'État », *Concurrences* 2010, n° 1, p. 79.
M. Karpenschif, « La récupération des aides nationales versées en violation du droit communautaire à l'aune du règlement n° 659/1999 : du mythe à la réalité ? », *RTDE* 2001, p. 551.
G. Karydis, « Le principe de l'opérateur économique privé, critère de qualification des mesures étatiques en tant qu'aides d'État au sens de l'article 87, § 1, du traité CE », *RTDE* 2003, p. 389.
H. Kazzi, « Aides d'État et compétitivité des entreprises communautaires », *RIDE* 2007, p. 441.
T. Kleiner et A. Alexis, « Politique des aides d'État : Une analyse économique plus fine au service de l'intérêt commun », *Concurrences* 2005, n° 4, p. 45.
H. Lesguillon, « L'intervention financière de l'État actionnaire d'une entreprise publique », *in Mélanges Marcel Fontaine*, Larcier, 2003, p. 473.
M. Lombard, « L'établissement public industriel et commercial est-il condamné ? », *AJDA* 2006, p. 79.
S. Martin et C. Strasse, « La politique communautaire des aides d'État est-elle une politique de concurrence ? », *Concurrences* 2005, n° 3, p. 52.
M. Merola et C. Medina, « De l'arrêt Ferring à l'arrêt Altmark : continuité ou revirement dans l'approche du financement des services publics », *CDE* 2003, p. 639.
A. Met-Domestici, « Aides d'État, service public et droit communautaire. Eléments de clarification sur la validité des compensations de service public », *AJDA* 2006, p. 1881.
C. Micheau, *Droit des aides d'État et des subventions en fiscalité : droit de l'Union européenne et de l'OMC*, Larcier, 2013.
S. Morson, « La récupération des aides octroyées par les États en violation du traité CEE », *RTDE* 1990, p. 409.
Ch. P. Moukiou, « La crise grecque et le droit public », *RFDA* 2016, p. 835.
D. Poupeau, « La Commission européenne édicte de nouvelles lignes directrices pour les aides d'État à finalité régionale », *AJDA* 2013, p. 245.

V. Rabassa, « Quelle place pour l'analyse économique des aides d'État ? », *Concurrences* 2006, n° 1, p. 65.
G. Rozet, « La notion d'aide d'État en question (un débat suscité par le financement public des services d'intérêt économique général) », *Gaz. Pal.* 12 juill. 2003, doctr. 193, p. 22.
*Vade-mecum des aides d'État*, La Documentation française, 2013.
L. Vogel, *Contrôle des aides d'État*, LawLex, 2009.
D. Triantaflyllou, « L'encadrement communautaire du financement du service public », *RTDE* 1999, p. 21.
J. A. Winter, « Re (de)fining the notion of state aid in article 87 (1) of the EC treaty », *CML Rev.* 2004, p. 475.
J. Wouters et B. Van Hees, « Les entreprises publiques et les règles européennes en matière d'aide d'État », *RMUE* 1999, n° 2, p. 35.

## CHAPITRE 2

# L'encadrement du secteur public : la surveillance des comportements économiques sur le marché

**1131.** La régulation de l'action économique des autorités nationales ne se limite pas à l'encadrement des aides d'État. Elle aborde un autre champ, certainement plus sensible et dès lors sujet à controverses, quant aux interprétations qu'offre le droit de l'Union et celles du droit interne, notamment au regard de la notion d'entreprise publique ou d'autorité publique.

Ce champ d'action de l'Union autorise une surveillance acérée des comportements de l'État et des entreprises, principalement publiques, dès l'instant que ceux-ci, État et entreprises, entretiennent des liens étroits. Dans ce contexte, le traité propose certains instruments qui sont, selon une intensité variable, de puissants leviers à l'action des autorités de l'Union à l'endroit des opérateurs économique de statut de droit public.

## Section 1
## Une obligation de soumission des opérateurs publics aux règles de concurrence

**1132.** Les droits ou les obligations résultant du droit de l'Union, primaire ou dérivé, sont opposables avec autant de vigueur aux opérateurs publics. Et, pour s'assurer de la parfaite assimilation de l'opérateur public à un opérateur ordinaire, sans égard particulier à son statut, le traité énonce une obligation, établie par l'article 106 TFUE. D'une large portée, cette disposition vise l'entièreté des entreprises publiques. Elle s'inscrit également dans la durée, de sorte qu'elle est aujourd'hui inachevée dans sa mise en œuvre. Elle ne cesse, en effet, de s'accomplir. On peut considérer qu'elle constitue à l'heure actuelle l'instrument majeur de la régulation de l'action étatique.

L'analyse de l'article 106 TFUE impose dès lors un examen appuyé de l'égalité concurrentielle entre les opérateurs destinataires de la disposition, de l'entreprise publique et des entreprises bénéficiant de droits spéciaux ou exclusifs, de la nature des mesures prohibées et réputées anticoncurrentielles, de la réserve introduite en faveur des services d'intérêt économique général ainsi que du rôle de surveillance spécifique de la Commission.

## §1. L'égalité concurrentielle entre les opérateurs

**1133.** De jurisprudence établie, le principe d'égalité de traitement ou de non-discrimination exige que des situations comparables ne soient pas traitées de manière différente et que des situations différentes ne soient pas traitées de manière égale, à moins qu'un tel traitement ne soit objectivement justifié[1]. Il faut insister sur le fait que l'article 18 TFUE, qui consacre le principe général de non-discrimination en raison de la nationalité, n'a vocation à s'appliquer de manière autonome que dans des situations régies par le droit de l'Union. Ce sont des cas pour lesquels le traité ne prévoit pas de règles spécifiques de non-discrimination[2].

**1134.** En matière économique, l'égalité reçoit deux applications au travers des articles 106 et 345 TFUE. Le principe de non-discrimination, qu'il s'agisse de l'égalité de traitement ou de la neutralité du régime de propriété des États, constitue ainsi le fil conducteur de l'action menée par les autorités de l'Union. Il est un moyen pertinent pour endiguer les comportements anticoncurrentiels émanant des entités publiques.

### A. L'égalité de traitement : l'article 106 TFUE

**1135.** L'égalité concurrentielle est formulée indirectement par les articles 101 et 102 TFUE, mais surtout de manière explicite avec l'article 106 TFUE. Composé de plusieurs paragraphes, celui-ci forme le socle de la réglementation applicable aux entreprises publiques. Riche d'enseignements, il s'articule autour de trois séries de dispositions qui ont pour

1. CJCE, 19 oct. 1977, *Moulins et Huileries de Pont-à-Mousson*, aff. jtes 124/76 et 20/77, *Rec.* p. 1795.

2. CJUE, 11 mars 2010, *Group*, aff. C-384/08, *Rec.* p. I. 2055 ; *CJUE*, 5 févr. 2014. *Divatkereskedelmi*, aff. C-385/12 ; CJUE, 4 sept. 2014, *Schiebel Aircraft*, aff. C-474/12.

objet d'imposer à l'État de soumettre les opérateurs relevant du secteur public au régime de concurrence établi par le traité.

## 1. Une large opposabilité des règles de concurrence : le 1er paragraphe

**1136.** L'article 106, paragraphe 1, TFUE établit que les règles de concurrence énoncées par le traité sont opposables aux entreprises publiques au même titre que les entreprises privées. Cette disposition a pour objet de contenir toute volonté des États membres d'utiliser, de manière détournée, certains modes d'intervention économique (nationalisations ou privatisations) pour échapper aux prescriptions posées par le droit de l'Union.

En outre, ce même premier paragraphe définit l'opposabilité du droit de la concurrence à un ensemble d'opérateurs publics qui se décline en deux catégories d'opérateurs.

Sont visées les entreprises publiques, et les entreprises dotées de droits spéciaux ou exclusifs. Ce sont deux sous-ensembles du secteur public qui nécessiteront un effort de définition de la part de la Commission et de la Cour face au silence du traité.

## 2. Un aménagement des règles de concurrence : le 2e paragraphe

**1137.** Pour sa part, l'article 106, paragraphe 2, TFUE souligne indirectement qu'une application aride du principe de soumission aux règles de concurrence peut conduire à des difficultés d'application, notamment chez les États porteurs d'une tradition de service public.

Aussi convient-il de prévoir un régime particulier qui nuance le principe de soumission en faveur des entreprises investies d'une mission d'intérêt économique général. Cette notion fera à son tour l'objet d'une interprétation fine de la part de la Commission et du juge de l'Union. Il s'agit notamment de savoir dans quelle mesure celle-ci se greffe à la notion interne de service public ou, au contraire, s'en détache.

## 3. La mise en œuvre de la surveillance : le 3e paragraphe

**1138.** L'article 106, paragraphe 3, TFUE décrit sommairement la mise en œuvre de l'ensemble desdites dispositions de fond. La Commission se voit confier le soin de veiller à leur application. La mission semble quelque peu redondante puisqu'elle est déjà investie par les traités d'une mission générale de surveillance. En réalité, cette redondance n'est pas fortuite car les rédacteurs du traité ont tenu, de manière insistante, à placer la Commission au cœur du dispositif d'application et de surveillance. En effet, elle dispose notamment de la faculté d'adresser, si besoin est, les directives ou décisions appropriées aux États membres, sans recourir à une habilitation du Conseil.

### B. La neutralité du régime de propriété étatique : l'article 345 TFUE

**1139.** Le principe de non-discrimination s'exprime également en vertu de l'article 345 TFUE, à travers la volonté des auteurs du traité de ne pas préjuger le régime de propriété des États membres.

L'article 345 TFUE peut se prêter à deux lectures. Il peut être interprété comme une indifférence du droit de l'Union à l'égard des interventions économiques internes qui émanent de la personne publique, notamment par voie de nationalisation ou de privatisation. En effet, de telles interventions n'enfreignent pas les règles de concurrence posées par les traités. Elles sont dès lors autorisées, avec pour seule limite le respect des règles du droit de l'Union.

Mais l'article 345 TFUE peut recevoir une autre interprétation, plus subtile. Elle postule l'indifférence du statut des opérateurs agissant sur le marché, statut motivé par une mission de service public. L'indifférence du régime de propriété a alors pour conséquence de les soumettre aux règles de concurrence. C'est ce que nous appelons l'assimilation de l'opérateur public, pourtant juridiquement et historiquement lié à la personne publique, à un opérateur ordinaire. Il s'agit d'un processus qui se heurte aux droits dont bénéficient ces entreprises au statut particulier. Il va sans dire qu'il a fait naître de sérieuses résistances dans les ordres juridiques nationaux.

## §2. Les entreprises visées

**1140.** L'article 106 TFUE oppose l'application des règles de concurrence à deux catégories d'opérateurs, les entreprises publiques et les entreprises auxquelles les États accordent des droits exclusifs ou spéciaux. Selon une démarche familière des auteurs du traité, aucune de ces notions ne fait l'objet d'une définition. De nouveau, la contribution la plus importante émane des autorités de l'Union, au principal la Commission dont l'approche est confortée par la jurisprudence.

### A. Les entreprises publiques

**1141.** Optant de nouveau pour une démarche qui lui est coutumière, la Commission, en tant que principal artisan de la notion d'entreprise publique, démontre une grande indifférence quant aux qualifications internes.

En effet, il s'agit exclusivement d'une notion propre au droit de l'Union qui ne s'aligne pas nécessairement sur les conceptions internes.

## 1. La qualification préalable d'entreprise à la lumière de l'arrêt *Höfner et Elser*

**1142.** La notion d'entreprise publique exige au préalable de prendre soin de définir la notion d'entreprise. Nous savons que celle-ci a fait l'objet d'une jurisprudence féconde de la Cour, s'attachant à dégager certains critères, principalement dans le cadre du contentieux soulevé par les articles 101 et 102 TFUE.

En effet, rappelons qu'à la lumière de la jurisprudence *Höfner et Elser*[3], l'entreprise au sens du droit de l'Union repose fondamentalement sur une approche économique. Il s'agit de toute entité qui poursuit une activité de fabrication, de vente ou de distribution de produits ou de services[4], indépendamment de son statut juridique et de son mode de fonctionnement[5]. En revanche, n'est pas visée l'hypothèse où l'entité exerce des activités qui relèvent de prérogatives de puissance publique comme des prérogatives de contrôle ou de police[6], ou bien celle où les activités s'inscrivent dans la poursuite d'un objectif à caractère social indépendant de toute considération économique[7].

## 2. La qualification d'entreprise publique à la lumière de la directive *Transparence*

**1143.** Pour tomber sous le coup de l'article 106 TFUE, l'entreprise ainsi définie doit ensuite être une entreprise publique. Cette notion a surtout été mise en lumière par la Commission à l'occasion de la directive n° 80/723/CEE de la Commission du 25 juin 1980 relative à la transparence des relations financières entre les États membres et les entreprises publiques, dite directive *Transparence*. Elle est aujourd'hui abrogée et remplacée par la directive n° 2006/11/CE du 16 novembre 2006[8].

### a. L'élément qualificatif : une influence directe ou indirecte de l'État

**1144.** En application de la directive *Transparence*, la Commission retient une approche extensive de la notion d'entreprise publique. En effet, l'élément qualificatif réside dans l'existence d'une influence directe ou indirecte, même potentielle, mais dominante, de l'État qui est largement visé au travers de l'expression « pouvoirs publics ».

3. CJCE, 23 avr. 1991, *Höfner et Elser*, préc.
4. CJCE, 20 mars 1985, *Italie c/ Commission*, préc.
5. CJCE, 23 avr. 1991, *Höfner et Elser*, préc.
6. CJCE, 19 janv. 1994, *Eurocontrol*, préc.
7. CJCE, 21 sept. 1999, *Brentjens*, aff. jtes C-115/97 à C-117/97, *Rec.* p. I. 6025 ; V. aussi CJUE, 3 mars 2011, *AG2R*, aff. C-437/09.
8. La directive n° 80/723/CEE (*JOCE* n° L 95, 29 juill. 1980) a été, en effet, remplacée par la directive n° 2006/111/CE du 16 nov. 2006 (*JOUE* n° L 318, 27 nov. 2006). Celle-ci abroge et codifie non seulement la directive n° 80/723/CEE mais aussi quatre autres directives modificatives de cette dernière.

La prépondérance de la puissance publique est établie à partir de trois critères alternatifs, que sont la propriété, la participation financière ou les règles régissant l'entreprise en cause. Pour la Commission, ce sont trois éléments plus ou moins symptomatiques d'une influence déterminante de l'autorité nationale.

La directive *Transparence* établit, en outre, les cas précis de présomption : la détention par les pouvoirs publics de la majorité du capital souscrit, la majorité des voix rattachées aux parts émises par l'entreprise et la faculté de désigner plus de la moitié des membres de l'organe d'administration, de direction ou de surveillance.

### b. L'indifférence du droit de l'Union quant aux formalismes juridiques internes

**1145.** La jurisprudence de la Cour est venue conforter le caractère extensif de la notion d'entreprise publique, retenu par la Commission dans la directive n° 2006/111/CE, d'autant que le juge insiste sur l'indifférence du droit de l'Union quant aux différents formalismes juridiques internes. En effet, seule doit être appréhendée l'influence dominante susceptible de conduire l'État à imposer des orientations. Par exemple, au regard de la nature juridique de l'entreprise, il n'est pas nécessaire que l'entreprise soit dotée d'une personnalité juridique distincte de celle de l'État ou de la collectivité, ou pourvue d'une forme juridique déterminée. L'article 106 TFUE et la directive *Transparence* s'appliqueront ainsi à un organe intégré à l'administration ou indépendant de celle-ci[9].

## B. Les entreprises destinataires de droits exclusifs ou spéciaux

**1146.** Une seconde catégorie d'entreprises est visée par l'article 106, paragraphe 1, TFUE : celles qui bénéficient de droits exclusifs ou spéciaux de la part de l'autorité publique.

Il est vrai que le droit exclusif ou spécial octroyé à une entreprise peut être source d'une influence déterminante de l'autorité publique sur l'entreprise dont le comportement contrevient aux règles de concurrence. Ce sont ordinairement des entreprises de statut de droit privé qui se voient investies de prérogatives de puissance publique : une concession de service public, par exemple le service public des pompes funèbres[10], ou une concession d'ouvrage public, comme l'occupation exclusive d'une dépendance domaniale[11].

9. CJCE, 16 juin 1987, *Commission c/ Italie*, aff. 118/85, *Rec.* p. 2599, à propos d'une régie non personnalisée ; v. aussi CJCE, 27 oct. 1993, *Decoster*, aff. C-69/91, *Rec.* p. I. 5335.

10. CJCE, 4 mai 1988, *Bodson*, préc.

11. CJCE, 14 juill. 1971, *Port de Mertet*, préc.

### 1. Notion de droit exclusif

**1147.** La notion de droits exclusifs vise l'octroi, sur le fondement des règles de droit public, d'une faveur ou d'un bénéfice qui présente la caractéristique d'être exclusif au destinataire, et ce sur assentiment de l'autorité publique interne. Un tel droit peut être conféré à une entreprise dans l'objectif de fabriquer ou de vendre un produit ou d'offrir un service de manière exclusive sur un territoire national ou local déterminé[12]. Il s'agit d'un droit qui ne peut être exercé par d'autres entreprises.

### 2. Notion de droit spécial

**1148.** Pour sa part, la notion de droits spéciaux, plus difficile à appréhender, diffère du droit exclusif. En effet, le droit spécial est accordé, non de manière exclusive à un bénéficiaire, mais à plusieurs bénéficiaires en vue de l'exercice d'une activité déterminée sur le fondement des règles nationales. Il s'agit principalement d'une autorisation, d'une concession ou d'une licence octroyée à plusieurs bénéficiaires.

Toutefois, la jurisprudence se montre vigilante sur le nombre de bénéficiaires du droit spécial. Elle ne retient pas une telle qualification dans le cas d'un droit accordé de manière indéterminée et impersonnelle. Le droit est en réalité accordé à l'ensemble des entreprises qui ne bénéficieraient pas précisément d'un droit, mais d'une faculté offerte à tout intéressé[13].

## C. Un régime dérogatoire : les monopoles fiscaux et les services d'intérêt économique général

**1149.** L'article 106, paragraphe 2, TFUE établit un régime dérogatoire au profit de deux catégories d'entreprises, les entreprises présentant le caractère de monopole fiscal, et celles chargées de la gestion d'un service d'intérêt économique général. Le régime, décrit sommairement par l'article 106, paragraphe 2, TFUE, traduit l'opposition entre la logique économique portée par le traité et les exigences inhérentes aux missions de service public dévolues à de nombreuses entreprises nationales.

### 1. La dualité entre logique économique et exigences de mission de service public

**1150.** La dualité est parfaitement explicite dans le paragraphe 2 qui énonce la soumission de principe de ces entreprises particulières aux règles de concurrence, tout en affirmant qu'une telle soumission ne doit pas faire obstacle à l'accomplissement en droit ou en fait de la mission de service public qui leur est assignée. Le même paragraphe poursuit en indiquant que, dans l'hypothèse d'une dérogation au profit d'une telle entreprise, ce régime dérogatoire ne devra pas affecter le développement

12. CJCE, 10 févr. 2000, *DeutschePost*, aff. jtes C-147/97 et C-148/97, *Rec.* p. I. 825.

13. CJCE, 16 nov. 1977, *Inno*, aff. 13/77, *Rec.* p. 2115.

des échanges dans une « mesure contraire à l'intérêt de l'Union ». Difficile compromis à l'évidence !

En d'autres termes, l'application de l'article 106, paragraphe 2, TFUE impose aux autorités de l'Union la recherche d'un juste équilibre entre les exigences du marché et celles liées à la satisfaction de l'intérêt général, portées par bon nombre de services publics nationaux. Cet équilibre est difficile à atteindre dans certains secteurs d'activité qui sont imprégnés d'une forte tradition de service public, fondement de nombreux statuts dérogatoires.

## 2. Le monopole fiscal

**1151.** Le monopole fiscal ne se prête à aucune difficulté quant à sa définition. Il s'entend comme une entreprise qui, en vertu de l'exploitation exclusive de certaines activités comme la fabrication ou la vente d'un produit ou la prestation d'un service, a pour mission de dégager des recettes de nature fiscale au profit de l'État. Il s'agira, par exemple, du monopole des tabacs en France ou en Italie.

Toutefois, l'application de l'article 106, paragraphe 2, TFUE invite indirectement à opérer la distinction entre le monopole fiscal qui relève exclusivement de la présente disposition, et le monopole commercial qui, lui, est régi par l'article 37 TFUE. Celui-ci pose une obligation d'aménagement, notamment l'interdiction de toute discrimination entre fournisseurs. Dès lors, si le monopole fiscal revêt un caractère commercial, il devra dans ce cas se soumettre à l'obligation d'aménagement, tout en poursuivant son activité exclusive, certes restrictive de concurrence, mais source de recettes fiscales pour l'État.

## 3. L'entreprise chargée de la gestion d'un service d'intérêt économique général

**1152.** À la différence du monopole fiscal, la deuxième catégorie d'entreprises, bénéficiaire d'un régime particulier, est plus difficile à saisir. En effet, la notion de service d'intérêt économique général ne se rapproche pas de celle de service public, notion interniste, large et propre à la filiation historique de certains États membres. De même, elle dépasse la notion de service public à caractère industriel ou commercial. En réalité, toute tentative de comparaison ou d'assimilation ruinerait l'essai de définition d'une notion qui est avant tout inhérente au droit de l'Union.

Et compte tenu du laconisme de l'article 106, paragraphe 2, TFUE qui se contente simplement de l'évoquer, la principale contribution a émané de la Commission, au travers de sa pratique administrative, et de la Cour, selon une approche naturellement restrictive et exigeante puisqu'il s'agit là d'un régime dérogatoire aux règles de concurrence.

### a. Deux éléments qualificatifs du SIEG

**1153.** Indépendamment de la condition invariable relative à la notion d'entreprise qui renvoie, de manière constante, à une entité économique poursuivant une activité de production ou de service sur le marché, sans égard quant à sa forme ou son statut juridique[14], la Cour a pu dégager deux éléments dans la qualification du SIEG, l'une tenant à l'existence d'un acte de puissance publique, et l'autre, à la délimitation précise d'une mission d'intérêt économique général.

#### α. *L'existence d'un acte de puissance publique*

**1154.** L'entreprise concernée doit être légalement chargée de la poursuite d'une mission particulière. Cette charge doit être décrite de manière formelle au travers d'un acte de puissance publique, un acte unilatéral ou une concession de service public. Le régime dérogatoire ne peut être appliqué en présence de liens ténus. Il doit exister des « liens spécifiques et étroits »[15] entre l'entreprise et l'autorité publique interne.

#### β. *La délimitation de la mission d'intérêt économique générale*

**1155.** Le second élément qualificatif porte sur le caractère impérativement particulier[16] de la mission d'intérêt économique général assignée à l'entreprise qui ne doit pas être assimilable à une entreprise ordinaire[17]. En effet, afin de mener à bien sa mission d'intérêt économique général, l'entreprise doit disposer de prérogatives de puissance publique lui permettant de se démarquer d'un simple opérateur ordinaire dans une situation de marché. C'est le cas par exemple de la Poste[18] ou des entreprises chargées de la distribution de l'électricité, du gaz ou de l'eau. Ces entreprises se sont vues reconnaître la qualité de services d'intérêt économique général.

### b. Un examen au cas par cas

**1156.** À partir de ces deux éléments qualificatifs, s'opère un examen au cas par cas de la part de la Commission dans le cadre de son pouvoir de surveillance, ou du juge en cas de contentieux. Cet examen exige une grande attention portée à la spécificité de la mission d'intérêt général, qui doit être distincte des activités spécifiques ne relevant pas dans ce cas de l'article 106, paragraphe 2, TFUE[19]. Sont également analysées, de manière fine, lesprérogatives particulières dévolues à l'entreprise. Cet examen s'appuie par exemple sur un contrôle de proportionnalité entre le montant de l'apport financier, sous forme d'aides, et les obligations de service public. Le juge de l'Union s'attache à apprécier la proportionnalité de la

14. CJCE, 16 juin 1987, *Commission c/ Italie*, préc. ; v. aussi CJCE, 24 oct. 2002, *Aéroports de Paris*, préc.

15. CJCE, 14 juill. 1971, *Port de Mertet*, préc. ; CJCE, 27 mars 1974, *Sabam*, aff. 123/73, *Rec.* p. 313.

16. CJCE, 19 mai 1993, *Corbeau*, aff. C-320/91, *Rec.* p. I. 2533 ; CJCE, 19 janv. 1994, *Eurocontrol*, préc. ; CJCE, 18 mars 1997, *Diego Cali*, aff. C-343/95, *Rec.* p. I. 1547 ; CJCE, 27 avr. 1997, *Commune d'Almelo*, préc. ; TPICE, 12 févr. 2008, *BUPA*, préc. ; CJCE, 26 mars 2009, *SELEX*, aff. C-113/07, *Rec.* p. I. 2207.

17. CJCE, 17 mai 2001, *Traco*, aff. C-340/99, *Rec.* p. I. 4109.

18. CJCE, 19 mai 1993, *Corbeau*, préc.

19. Décision du 7 oct. 2008, *Loi postale slovaque*, *JOUE* n° C 322, 17 déc. 2008.

compensation qui doit réellement répondre au coût des charges de service public[20].

Rappelons que la directive relative à la libéralisation des services, adoptée le 12 décembre 2006, confère aux SIEG un statut dérogatoire, en vertu de l'article 2, qui les exclut dès lors du champ d'application de ladite directive (art. 2 al. 2 lettre a).

## §3. Les obligations imposées aux États dans leurs relations avec l'opérateur public

**1157.** L'article 106, paragraphe 1, TFUE décrit la nature des obligations pesant sur les États lorsque ceux-ci entretiennent des relations avec le secteur public, précisément les entreprises publiques et les entreprises bénéficiaires de droits spéciaux ou exclusifs. Par renvoi à d'autres dispositions de fond, il est interdit d'édicter ou de maintenir des mesures contraires aux règles du traité, particulièrement les règles résultant de l'article 18 TFUE et des articles 101 à 109 TFUE. Nous assistons alors à une banalisation de la relation entre l'État et l'opérateur, relation qui était jusqu'à présent privilégiée et atypique.

### A. Nature des obligations

**1158.** Le traité n'insiste pas sur le type de mesure interdite, ce qui permet de lui donner une large assise. La jurisprudence montre que sont appréhendées l'instauration d'une relation privilégiée entre l'autorité publique et l'opérateur économique et, de manière corollaire, une rupture du principe d'égalité de traitement.

#### 1. L'instauration d'une relation privilégiée

**1159.** L'élément pertinent est que l'objet de la mesure vise à instituer une relation privilégiée avec l'État sous la forme juridique d'un droit exclusif ou spécial. L'obligation posée par l'article 106 TFUE est d'une certaine intensité car il est demandé aux autorités nationales de respecter deux types de règles, celles posées par l'article 18 TFUE relatif au principe de non-discrimination, et celles relatives à l'espace concurrentiel qui présente ici une étendue significative, puisque sont visés les articles 101 à 109 TFUE.

Il peut s'agir d'une décision prise de manière unilatérale par l'autorité publique, acte à caractère législatif ou réglementaire.

20. Sur la consécration des compensations entre le montant de la subvention et les charges qui résultent du service public, CJCE, 24 juill. 2003, *Altmark*, préc. ; v. aussi TPICE, 26 juin 2008, *SIC*, préc. ; sur les surcompensations, TPICE, 20 juin 2007, *Tirrenia di Navigazione*, préc.

Mais la jurisprudence retient également le cas d'une décision bilatérale telle qu'une convention d'occupation du domaine public[21] ou une concession de service public[22].

## 2. Une rupture de l'égalité de traitement entre opérateurs

**1160.** Le principe de non-discrimination vise toute forme de discrimination dès l'instant qu'elle est fondée sur la nationalité. Il est applicable aux opérateurs économiques ressortissants des États membres. Il s'agit des hypothèses dans lesquelles l'État adopterait ou maintiendrait des mesures discriminatoires visant à favoriser la production nationale ou les ressortissants nationaux à l'occasion, par exemple, de l'accès à l'emploi ou de l'achat d'un matériel spécifique, en violation des règles de passation des marchés publics de fournitures.

De plus, la Cour a reconnu un effet direct[23] à l'interdiction énoncée par l'article 102, paragraphe 1, TFUE relatif à l'abus de position dominante, une des dispositions de renvoi. En effet, cette disposition confère aux justiciables des droits et des obligations qui intègrent directement leur patrimoine juridique et dont le respect doit être garanti par le juge interne. Par ricochet, le juge interne peut ainsi garantir de son propre chef l'application de l'article 106, paragraphe 1, TFUE, en censurant une mesure prise par l'autorité publique ayant pour effet de renforcer la position dominante d'un opérateur dont le comportement sur le marché deviendrait répréhensible au regard du traité.

# B. Les pratiques anticoncurrentielles visées

**1161.** Les relations entre l'autorité publique et les entreprises du secteur public sont, nous l'avons souligné, étroitement surveillées. La raison en est simple. L'autorité publique peut tenter de tirer profit de l'influence déterminante qu'elle exerce sur ces entreprises, en vertu du statut particulier ou des droits qu'elle leur accorde, pour leur permettre d'échapper aux règles de concurrence. L'idée est *in fine* de banaliser la relation entre l'État et l'opérateur, et de tempérer le caractère exorbitant du statut de l'entreprise concernée.

L'article 106, paragraphe 1, TFUE vise trois comportements qui sont familiers des opérateurs économiques ordinaires et dont l'interdiction est désormais étendue aux opérateurs de statut de droit public. En effet, elle s'impose cette fois-ci aux entreprises publiques ou assimilées, et ce de manière plus inhabituelle. Il s'agit de la prohibition des ententes, des abus de position dominante ou des aides d'État.

21. CJCE, 14 juill. 1971, *Port de Mertet*, préc.

22. CJCE, 4 mai 1988, *Bodson*, préc.

23. CJCE, 30 avr. 1974, *Sacchi*, préc.

## 1. Les ententes et abus de position dominante

**1162.** La relation privilégiée entre l'autorité nationale et les entreprises publiques ou assimilées n'apparaît plus comme un motif suffisant pour une lecture particulière de leur statut, même si celles-ci s'inscrivent dans l'accomplissement d'une activité supérieure et contribuent à la satisfaction de l'intérêt général. Les auteurs du traité s'appuient bien au contraire sur ce lien étroit pour récuser toute forme de rupture du principe d'égalité de traitement entre les opérateurs économiques.

Le lien privilégié est en réalité minoré par l'article 106, paragraphe 1, TFUE. Il est certes par la suite revalorisé dans le cadre du paragraphe 2, mais toujours selon des conditions restrictives. Ce qui est en cause est la tentation de l'État, par ces rapports étroits, de faire naître un comportement anticoncurrentiel imputable à l'entreprise publique. Sont ainsi interdites les pratiques visant à constituer des ententes. Ce peut être le cas des accords tarifaires qui ont fait l'objet d'une homologation par les autorités aéronautiques nationales. L'adoption d'une telle mesure est considérée comme une incitation à l'adoption de pratiques anticoncurrentielles[24].

**1163.** L'abus de position dominante des entreprises publiques, autre pratique ordinaire, est également appréhendé dans le cadre de l'article 106, paragraphe 1, TFUE. Seule est ici visée, classiquement, l'exploitation abusive de la position dominante d'une entreprise sur le marché ou sur une partie substantielle de celui-ci, et non la détention d'une position dominante.

La position dominante se définira par la puissance économique de l'entreprise publique qui dispose, de cette manière, du moyen d'adopter un double comportement : d'une part, la possibilité d'une indépendance sur le marché qui lui permet de se soustraire anormalement à la pression de la concurrence et, d'autre part, la possibilité d'empêcher les autres opérateurs d'accéder au marché en cause ou de s'y maintenir.

Il est aisément concevable qu'une entreprise, qui jouit d'une relation étroite avec l'État, soit conduite à user abusivement de la puissance économique dont elle bénéfice sur ce marché, grâce, la plupart du temps, à l'exploitation exclusive ou spéciale d'une activité économique consentie par l'autorité publique. En d'autres termes, la relation entre l'autorité publique et l'opérateur préjuge, dans certaines circonstances, d'une violation de l'article 102 TFUE et dès lors de l'article 106 TFUE.

Pour établir la violation de l'article 106 TFUE, il est essentiel de démontrer que l'autorité publique, au travers de l'adoption ou du maintien d'une mesure, contribue au renforcement économique de l'opérateur et ainsi à la détention d'une position de la dominante sur le marché. Tel est le cas dans l'hypothèse d'octroi de droits exclusifs ou spéciaux ou de délégation de mission de service public qui profitent par définition aux bénéficiaires au détriment des autres concurrents. En effet, ils créent, selon une intensité variable,

24. CJCE, 11 avr. 1989, *Ahmed Saeed*, préc.

une situation monopolistique relevant du champ de l'article 102 TFUE[25] et de l'article 106, paragraphe 2, TFUE.

Rappelons à nouveau que la détention de la position dominante n'est pas répréhensible en soi. Il faut, de surcroît, démontrer que l'opérateur qui a ainsi bénéficié de ce renforcement économique grâce à l'État, a abusé de cette puissance en adoptant un comportement contraire aux règles du traité.

**1164.** Selon la jurisprudence, un État membre enfreint l'article 106, paragraphe 1, TFUE, combiné avec l'article 102 TFUE, lorsqu'il prend une mesure législative, réglementaire ou administrative qui crée une situation dans laquelle une entreprise publique ou une entreprise à laquelle il a conféré des droits spéciaux ou exclusifs est amenée, par le simple exercice des droits privilégiés conférés, à exploiter sa position dominante de façon abusive. Il peut également s'agir de l'hypothèse où ces droits sont susceptibles de créer une situation dans laquelle cette entreprise est amenée à commettre de tels abus[26]. Il n'est pas nécessaire qu'un abus se produise réellement[27]. Il importe seulement que la Commission identifie une conséquence anticoncurrentielle, potentielle ou réelle, susceptible de résulter de la mesure étatique en cause. En somme, il y a violation des articles 106 et 102 TFUE lorsqu'une mesure imputable à un État membre crée un risque d'abus de position dominante[28]. Le système de concurrence non faussée ne peut être garanti que si l'égalité des chances entre les différents opérateurs économiques est assurée. Or, si l'inégalité des chances entre les opérateurs économiques est le fait d'une mesure étatique, celle-ci constitue une violation de l'article 106, paragraphe 1, TFUE, en combinaison avec l'article 102 TFUE[29].

La Cour a notamment précisé que le simple fait, pour un État membre, de créer une position dominante par l'octroi de droits exclusifs n'est pas incompatible avec l'article 102 TFUE. Néanmoins, le traité impose aux États membres de ne pas prendre ou maintenir en vigueur des mesures susceptibles d'éliminer l'effet utile de cette disposition[30]. Tel est le cas lorsque la mesure affecte la structure du marché en créant des conditions inégales de concurrence entre les entreprises, en permettant à l'entreprise publique ou à l'entreprise à laquelle ont été octroyés des droits spéciaux ou exclusifs de maintenir, de renforcer ou d'étendre sa position dominante sur un autre marché, restreignant ainsi la concurrence. Il n'est pas nécessaire de prouver l'existence d'une pratique abusive réelle[31].

---

25. CJCE, 8 juin 2000, *Giovanni Carra*, aff. C-258/98, *Rec.* p. I. 4217.

26. CJCE, 22 mai 2003, *Connect Austria*, aff. C-462/99, *Rec.* p. I. 5197 ; CJCE, 1er juil. 2008, *MOTOE*, préc.

27. CJCE, 1er juill. 2008, *MOTOE*, préc. ; CJCE, 13 déc. 1991, *GB-Inno-BM*, aff. C-18/88, *Rec.* p. I. 5941.

28. CJCE, 1er juil. 2008, *MOTOE*, préc.

29. CJCE, 22 mai 2003, *Connect Austria*, préc.

30. CJCE, 18 juin 1991, *ERT*, aff. C. 260/89, *Rec.* p. I. 2925 ; CJCE, 19 mai 1993, *Corbeau*, préc. ; CJCE, 10 févr. 2000, *Deutsche Post*, préc.

31. Trib. UE, 25 mars 2015, *Slovenská pošta*, aff. T-556/08 ; Trib. UE, 20 sept. 2012, *DEI*, aff. jtes T-169/08 ; Trib. UE, 17 juill. 2014, *DEI*, aff. C-553/12.

## 2. Les aides d'État

**1165.** En application des articles 107 et suivants TFUE, les aides d'État sont soumises à un contrôle intense ; les autorités nationales n'ont plus le pouvoir d'accorder souverainement une aide à un opérateur public ou assimilé.

Pour consolider la portée de l'article 107 TFUE, l'article 106, paragraphe 1 renvoie indirectement aux aides d'État pour le cas spécifique de ce type d'opérateurs publics. L'interdiction est d'autant plus contraignante que les autorités de l'Union retiennent une interprétation large des éléments constitutifs de l'aide.

Concernant spécifiquement la participation de l'État au capital des entreprises publiques, pour appuyer son contrôle, nous savons que la Commission a développé la théorie de l'État en tant qu'investisseur privé. Cette interprétation a été confortée par la jurisprudence de la Cour[32].

Il convient alors de distinguer entre une intervention financière de l'État dans le capital d'une entreprise et dont l'action est licite, l'État agissant comme le ferait un opérateur privé à la recherche d'un profit, et l'hypothèse d'une intervention publique dont les éléments démontrent qu'il s'agit d'une aide d'État et nullement d'un investissement ordinaire.

# Section 2
# Des pouvoirs étendus au profit de la Commission

**1166.** La Commission prend activement part à l'application de l'article 106, paragraphe 3, TFUE. Celui-ci prévoit qu'elle « veille à l'application des dispositions du présent article et adresse, en tant que besoin, des directives ou décisions appropriées aux États membres ». Cette disposition, au libellé ouvert, permet à la Commission d'en prôner une interprétation étendue puisqu'elle considère depuis toujours que l'article 106, paragraphe 3, TFUE la place au cœur du dispositif d'application.

La Commission exerce deux types de pouvoirs. Le premier est familier de ses attributions. Il s'agit du pouvoir de surveillance. Il est exacerbé dans le cas présent. Le second est plutôt inédit. Il s'agit d'un pouvoir normatif propre, qui ressort d'une interprétation extensive de l'article 106, paragraphe 3, TFUE.

---

32. V. *supra*, n° 949 et s. ; CJCE, 14 nov. 1984, *Intermills*, préc. ; v. aussi CJCE, 10 juill. 1986, *Belgique c/ Commission*, aff. jtes, préc.

## §1. Une attribution ordinaire : un pouvoir de surveillance

**1167.** Comme elle est amenée à l'exercer ordinairement pour l'ensemble des dispositions du droit de l'Union, primaire ou dérivé, la Commission s'est vue expressément confier, par l'article 106, paragraphe 3, TFUE, une mission de surveillance spécifique. Elle porte sur le respect des règles de concurrence par les entreprises publiques ou assimilées.

Lorsqu'elle constate une infraction à l'article 106 TFUE par une autorité nationale ou un opérateur public, elle notifie par voie de décision à l'État, auteur du manquement, les mesures nécessaires qu'il doit adopter pour entrer en conformité avec ses obligations.

### A. Une attribution pleine et entière

**1168.** Le pouvoir de surveillance de la Commission amène à établir trois observations. D'une part, l'article 106 TFUE est un outil pertinent pour la Commission qui peut ainsi intervenir en adoptant des actes de portée impérative. Il peut ainsi s'agir d'une décision à l'encontre d'un État qui s'exposerait à une violation de l'article 106, paragraphes 1 et 2, TFUE. La Commission est reconnue pleinement compétente pour constater la violation d'une telle obligation. Elle peut prescrire les mesures à adopter par l'État qui s'expose, en cas de non-respect persistant, à une nouvelle violation du droit de l'Union. Étant un acte obligatoire, la décision est susceptible de recours. Son destinataire, l'État, pourra ainsi en contester la légalité devant le juge de l'Union par une action en annulation.

D'autre part, par ce pouvoir de surveillance, la Commission n'est pas contrainte d'ouvrir la procédure d'action en manquement, qui présente une lourdeur que ne connaît pas l'adoption d'un acte unilatéral. Il s'agit, dans le cas présent, d'un mode d'application efficace pour la Commission qui s'affranchit ainsi des contraintes inhérentes à la procédure contentieuse.

Enfin, comme pour la surveillance des autres dispositions communautaires, la Commission peut non seulement s'autosaisir mais également être saisie par des particuliers ou des associations de défense d'intérêts collectifs. L'opportunité des poursuites appartient classiquement à la Commission.

### B. L'aval jurisprudentiel

**1169.** La Cour a conforté dans une large mesure le pouvoir de surveillance de la Commission. En effet, elle considère que celle-ci est appelée à exercer un contrôle sur le comportement des États. À cet égard, elle dispose du pouvoir « d'indiquer les mesures que l'État destinataire doit adopter pour se conformer aux obligations » communautaires et ce de sa propre initiative sans devoir former un recours en manquement[33].

33. CJCE, 12 févr. 1992, *Pays-Bas c/ Commission*, aff. jtes C-48/90 et C-66/90, *Rec.* p. I. 565.

Le juge de l'Union a cependant consacré des garanties de procédure[34] dans l'exercice de ce pouvoir de surveillance. Celles-ci sont opposables aux autorités de l'Union et à celles des États membres, comme le principe du respect des droits de la défense.

## §2. Une attribution inédite : un pouvoir de réglementation

**1170.** La Commission est investie d'un pouvoir d'édiction de règles générales, ce qui est particulièrement inédit au regard de la répartition des pouvoirs dans le système institutionnel de l'Union. Elle use de ce pouvoir avec constance.

### A. L'article 106 § 3 TFUE

**1171.** Selon les termes de l'article 106, paragraphe 3, TFUE, la Commission dispose du pouvoir « d'édicter des règles générales qui précisent les obligations » incombant aux différentes catégories d'entreprises visées par les paragraphes 1 et 2, TFUE. Il s'agit là d'un pouvoir propre de nature normative.

#### 1. Un pouvoir normatif propre au profit de la Commission

**1172.** La compétence de la Commission a fait l'objet de nombreuses critiques de la part des États membres. Ceux-ci ont estimé qu'il n'appartenait pas à la Commission d'exercer un tel pouvoir général, mais uniquement un pouvoir d'exécution, d'autant qu'elle intervient dans des domaines en proie aux sensibilités, à savoir la transparence des relations entre l'État et les entreprises publiques ou assimilées et l'adaptation du secteur public aux prescriptions de l'Union.

En dépit de la contestation et des recours formés à l'encontre des actes adoptés par la Commission à ce titre, la Cour a conforté le pouvoir normatif de la Commission[35]. En effet, elle a fait valoir que le pouvoir général du Conseil n'est nullement remis en cause par le pouvoir de réglementation de la Commission. Leurs pouvoirs respectifs ne sont ni antinomiques ni exclusifs l'un de l'autre. La Commission peut adopter des actes afin d'affiner les mesures générales arrêtées par le Conseil. Elle est également habilitée à compléter des actes adoptés par le Conseil dans le cadre d'autres dispositions, principalement l'article 114 TFUE qui confère au Conseil et au Parlement européen le pouvoir normatif général en matière de rapprochement des dispositions nationales.

34. CJCE, 14 févr. 1990, *France c/ Commission*, aff. C-301/87, *Rec.* p. I. 307.

35. CJCE, 19 mars 1991, *France c/ Commission*, aff. C-202/88, *Rec.* p. I. 1223.

### 2. Un instrument d'ouverture des marchés

**1173.** L'article 106, paragraphe 3, TFUE est rapidement devenu un instrument décisif de la politique d'ouverture des marchés, qui vient s'ajouter à un autre instrument, plus classique, l'article 114 TFUE. En effet, en vertu de cette compétence, la Commission a ainsi été amenée à adopter de nombreux textes. Ces derniers sont d'une portée considérable dans le cadre de l'ouverture des marchés et dans des secteurs jusqu'alors détenus de manière exclusive par certaines entreprises publiques ou entreprises bénéficiant de droits exclusifs ou spéciaux. Ces textes déterminent, selon une logique de libéralisation, les nouvelles conditions d'accès à ces marchés en faveur des opérateurs économiques ordinaires.

La Commission a ainsi pu adopter un texte de portée plus générale, la directive *Transparence*[36], et des textes de portée plus spécifique, comme les directives relatives à la concurrence dans les marchés de terminaux de télécommunication[37], de télécommunications[38] ou de la Poste[39].

## B. L'effort d'aménagement des règles de concurrence applicables au secteur public

**1174.** L'application rigide des règles de concurrence aux entreprises publiques, telle qu'elle fut menée au départ, s'est heurtée à la résistance de certains États membres porteurs d'une tradition de service public, comme la France et l'Italie. En effet, à la faveur de l'approche initiale adoptée par les autorités de l'Union, le statut d'entreprise publique semblait être davantage un obstacle qu'il convenait de surmonter pour mener à bien l'application des règles de concurrence, et ce sans égard à la spécificité de certaines entreprises investies de missions particulières.

**1175.** La réaction hostile et immédiate des États a conduit les autorités de l'Union à réviser leur appréciation première sur le sujet. La Commission[40] et la Cour[41] ont certainement été encouragées par l'article 106, paragraphe 2, TFUE qui tente de préserver certains aspects des activités d'intérêt général et dénote par là même une relative attention au service public. Elles ont alors réfléchi à un aménagement de l'application des règles de concurrence au secteur public, sans pour autant mettre en péril l'intégration économique.

36. *JOUE* n° L 318, 27 nov. 2006, préc.

37. *JOCE* n° L 131, 27 mai 1988.

38. Dir. n° 2002/77/CE, 16 sept. 2002 relative à la concurrence dans les marchés des réseaux et des services de communications électroniques, *JOCE* n° L 249, 17 sept. 2002.

39. Dir. n° 1997/67/CE, 15 déc. 1997 concernant des règles communes pour le développement du marché intérieur des services postaux de la Communauté et l'amélioration de la qualité du service, *JOCE* n° L 15, 21 janv. 1998, modifiée par la directive n° 2002/39/CE du 10 juin 2002, *JOCE* n° L 176, 5 juill. 2002.

40. Communication sur les services d'intérêt économique général, *JOCE* n° C 281, 26 sept. 1986, et la Communication du 20 sept. 2000 sur les services d'intérêt général en Europe, COM (2000) 580 final.

41. CJCE, 19 mai 1993, *Corbeau*, préc. ; CJCE, 27 avr. 1994, *Commune d'Almelo*, préc.

## 1. Une plus grande attention portée aux activités d'intérêt général

**1176.** Loin d'être imperméables aux critiques, les institutions de l'Union ont manifesté, ces dernières années, quelques signes pour rassurer les États. Elles se sont attelées à démontrer l'attachement de l'Union à la poursuite des activités d'intérêt général. Cet intérêt, certes tardif porté à la poursuite de missions d'intérêt général, se manifeste au cas par cas, c'est-à-dire au travers de la pratique décisionnelle ou de la jurisprudence.

Ont ainsi bénéficié d'un régime dérogatoire de nombreux secteurs d'activité mettant en présence des entreprises investies d'un service d'intérêt économique général, comme le transport[42], notamment maritime[43] ou routier[44], le service postal[45], la distribution de l'eau[46], le gaz et l'électricité.

En outre, la Commission a fondé certaines libéralisations, non sur l'article 106, paragraphe 3, TFUE qui lui confère un pouvoir important, mais sur l'article 114 TFUE qui, comme dans le cas par exemple du marché de l'électricité[47] et du gaz[48], exige le consentement du Conseil et du Parlement dans le cadre de la procédure législative ordinaire, anciennement procédure de codécision.

Et, toujours pour manifester son intérêt porté aux activités d'intérêt général, elle a, à l'occasion de communications spécifiques, notamment celle du 11 septembre 1996[49], fait valoir la place qu'occupe le service public érigé parmi les valeurs de l'Union. Elle y énonce également les obligations spécifiques de service public qui caractérisent les services d'intérêt économique général, en dépit de leur caractère marchand.

## 2. Les innovations textuelles

**1177.** Sur le plan textuel, les préoccupations portées au secteur public ont conduit à la rédaction de l'article 16 du traité CE, issu du traité d'Amsterdam. Il est devenu aujourd'hui l'article 14 TFUE à la faveur du traité de Lisbonne. De même, dès sa Communication de 1996 sur les services d'intérêt économique général[50], la Commission s'emploie à conceptualiser la notion de service universel, qui permet d'établir un point d'équilibre entre les différentes logiques en présence, parfois contradictoires.

42. Sur le sujet, B. Rajot, *Transport maritime et concurrence : la confrontation*, Economica, 2001.

43. CJCE, 18 juin 1998, *Corsica Ferries France*, aff. C-266/96, *Rec.* p. I. 3981.

44. CJCE, 1er oct. 1998, *Librandi*, aff. C-38/97, *Rec.* p. 5955

45. CJCE, 10 févr. 2000, *Deutsche Post*, préc. Sur le service public postal qui se définit au regard de la qualité de l'opérateur fournissant la prestation, et non au regard du type de prestation, CJCE, 23 avr. 2009, *TNT Post UK*, aff. C-357/07, *Rec.* p. I. 3025.

46. CJCE, 27 avr. 1994, *Commune d'Almelo*, préc.

47. Dir. n° 2003/54/CE, 26 juin 2003, *JOUE* n° L 176, 15 juill. 2003.

48. Dir. n° 2003/53/CE, 26 juin 2003, *JOUE* n° L 176, 15 juill. 2003.

49. *JOCE* n° C 281, 26 sept. 1996 ; v. aussi la Communication du 26 avr. 2006 sur les services sociaux d'intérêt général, COM (2006) 117 final, ainsi que la Communication sur les services d'intérêt général y compris les services sociaux d'intérêt général : un nouvel engagement, COM (2007) 725 final.

50. *JOCE* n° C 281, 26 sept. 1996, préc.

### a. L'article 16 CE du traité d'Amsterdam

**1178.** L'attention aux services publics, portée paradoxalement par la Commission qui a été le maître d'œuvre de nombreux textes de libéralisation, a été formalisée par l'article 16 du traité CE, issu du traité d'Amsterdam et devenu l'article 14 TFUE. Celui-ci place les services d'intérêt général parmi les valeurs communes de l'Union, et en tant que composante du projet européen.

Plus précisément, l'ex-article 16 CE souligne la place qu'occupent les services d'intérêt économique général parmi les valeurs communes de l'Union et leur contribution à la promotion de la cohésion sociale et territoriale de l'Union. À ce titre, il invite les États membres et l'Union à veiller à ce que les services puissent accomplir pleinement les missions qui leur sont assignées.

Le même souci est rappelé par l'article 36 de la Charte des droits fondamentaux, proclamée à Nice le 7 décembre 2000, qui insiste sur le lien étroit entre l'accès aux services d'intérêt économique général et la promotion de la cohésion sociale et territoriale. L'article 36 confirme également le respect des législations et des pratiques nationales qui organisent l'accès aux services d'intérêt économique général.

### b. Le travail d'interprétation de la Commission en faveur du service universel

**1179.** Afin d'assurer une pérennité des activités d'intérêt général, tout en s'efforçant de veiller à l'application effective des règles de concurrence, la Commission a développé, au fil de ses communications depuis 1996[51] et notamment à l'occasion de son Livre vert du 21 mai 2003 sur les services d'intérêt général[52], le concept de « service universel ». Né dans le sillage de l'Acte unique européen quant à la libéralisation du secteur des télécomunications, il a été par la suite étendu à d'autres secteurs comme la poste et l'électricité.

Le « service universel » a vocation à intégrer les différentes contradictions entre maintien de services d'intérêt général et logique de concurrence. Il permet notamment de définir, dans un contexte de libéralisation, un certain nombre d'exigences afin de s'assurer que les missions d'intérêt général sont exercées en garantissant un service de base à l'ensemble des usagers, un égal accès au service en termes de qualité qui doit être standard, et des prix qui doivent demeurer abordables[53].

À partir de ces critères, le service universel peut bénéficier d'un régime spécifique, échappant aux règles ordinaires de concurrence, tant que celui-

51. Communication du 26 avr. 2006 sur les services sociaux d'intérêt général, préc. ; Communication sur les services d'intérêt général y compris les services sociaux d'intérêt général : un nouvel engagement, préc.

52. COM (2003) 270.

53. *Ibid.*

ci ne se livre pas à des infractions au droit de la concurrence, comme la constitution d'ententes, d'abus de position dominante ou d'aides d'État.

### c. Le nouvel article 14 TFUE issu du traité de Lisbonne

**1180.** Dans la lignée des initiatives précédentes, le traité constitutionnel a nourri l'ambition de renforcer le statut des services d'intérêt économique général. Il leur conférait une parfaite autonomie au sein du traité. En effet, il supprimait le lien d'adjonction avec les dispositions relatives à la concurrence, puisqu'il prévoyait une disposition spécifique, l'article III-122. Celle-ci reprenait la formulation de l'ex-article 16 CE, relatif aux services d'intérêt économique général sauf que les principes et les conditions dans lesquels ceux-ci fonctionnent devaient être établis par une loi européenne. L'article III-122 permettait ainsi au législateur de l'Union d'intervenir dans ce domaine à la faveur de la loi, alors que par le passé, il devait, de manière plus laborieuse, recourir aux dispositions de fond relatives aux règles de concurrence ou à l'article 352 TFUE (ex. art. 308 CE).

La recherche de l'autonomie est maintenue par le traité de Lisbonne puisque le nouvel article 14 TFUE, enrichi (anc. art. 16 CE), confère compétence au législateur pour intervenir dans ce domaine.

En effet, en vertu des nouvelles dispositions de l'article 14 TFUE, le Parlement européen et le Conseil, statuant par voie de règlements conformément à la procédure législative ordinaire, établissent ces principes et fixent ces conditions, sans préjudice de la compétence qu'ont les États membres, dans le respect des traités, de fournir, de faire exécuter et de financer ces services.

En outre, à la demande de la France qui a rejeté massivement le traité constitutionnel, le TFUE s'est doté d'un protocole additionnel n° 26, relatif aux services d'intérêt général, qui vient conforter la place qu'occupe l'article 14 TFUE. Ce protocole, qui jouit en droit de la même valeur juridique que les traités, consolide la place des services qui n'ont pas de caractère économique et ne peuvent plus être assimilés à des entreprises. Il s'emploie ensuite à souligner le rôle essentiel des autorités nationales, régionales et locales pour fournir, faire exécuter et organiser les services d'intérêt économique général, la diversité des services d'intérêt économique général, les disparités au niveau des besoins et des préférences des utilisateurs en raison de situations géographiques, sociales ou culturelles différentes, la recherche d'un niveau élevé de qualité, de sécurité et l'égalité de traitement et la promotion de l'accès universel et des droits des utilisateurs.

Enfin, rappelons que, toujours à la demande de la France, l'article 3 a) TUE n'énonce plus la libre concurrence comme un des objectifs de l'Union, contrairement à ce que prévoyait explicitement le traité constitutionnel[54], non sans provoquer des remous dans les débats nationaux.

---

54. En effet, rappelons que l'article I-3 paragraphe 2 du traité établissant Constitution pour l'Europe, prévoyait parmi les objectifs de l'Union « un espace de liberté, de sécurité et de justice sans frontières intérieures, et un marché unique où la concurrence est libre et non faussée ». Le nouveau libellé de l'article 3 TUE issu du traité de Lisbonne dissipe la confusion sur le rang accordée à la concurrence.

**1181. Bibliographie**

T. Ballarino et L. Bellodi, « Contraintes étatiques en matière de concurrence », *RDUE* 2003, p. 555.
M.-L. Basilien-Gainche, « La libéralisation communautaire des marchés de l'électricité et du gaz : une reconfiguration des obligations de service public », *AJDA* 2007, p. 66.
M. Bazex, « Règles de concurrence applicables au secteur public », *Juris-Classeur Europe*, fasc. n° 1500.
M. Bazex, « La libre concurrence, nouvelle source de l'action administrative », *Gaz. Pal.* 2001, n° 207, p. 3.
M. Bazex, « La privatisation, stade suprême de l'interventionnisme ? », *RFDA* 1994, p. 285.
M. Bazex et S. Blazy, « Le statut d'établissement public recèle-t-il par nature une aide d'État ? », *DA* 2005, comm. n° 61.
E. Bernard, « L'activité économique, un critère d'applicabilité du droit de la concurrence rebelle à la conceptualisation », *RTDE* 2009, n° 3, p. 353.
C. Boutayeb, « Une recherche sur la place et les fonctions de l'intérêt général en droit communautaire », *RTDE* 2003, p. 587.
D. Casas, « Les personnes publiques et les règles de la concurrence : vers l'égale concurrence ? », *Cahiers de la fonction publique*, 2001, p. 15.
N. Charbit, *Le droit de la concurrence et le secteur public*, L'Harmattan, 2002.
J. Chevallier, *Le service public*, PUF, coll. « Que sais-je ? », 2012.
Conseil d'État, *Service public, services publics. Déclin ou renouveau ?*, EDCE n° 46, 1994.
Ph. Cossalter, « Les prestations internes à l'Administration à l'épreuve du droit communautaire des marchés publics », *Concurrences* 2006, n° 3, p. 61.
A. Decocq, « Les pouvoirs de la Commission selon l'article 90 § 3 du Traité CEE », *in Mélanges Roland Drago*, Economica, 1996, p. 203.
A. Delion, « L'insolvabilité des entités publiques autres que l'État », *RIDC* 2002, p. 604.
A. Delion, « La notion d'entreprise publique », *AJDA*, 1979, n° 4, p. 3.
B. Du Marais, *Droit public de la régulation économique*, Dalloz/Presses de Sciences Po, 2004.
L. Grard, « Sécuriser le service public avec Lisbonne », *Politeia* 2008, n° 13, p. 583.
J. Henry et M. Chauvière, « Quel statut pour les services sociaux dans l'Union européenne ? », *RDSS* 2011, p. 1043.
M. Karpenschif, « La privatisation des entreprises publiques : une pratique encouragée sous surveillance communautaire », *RFDA* 2002, p. 95.
J.-Ph. Kovar, « Droit communautaire et service public : esprit d'orthodoxie ou pensée laïcisée ? », *RTDE* 1996, p. 493.
J.-Ph. Kovar, « Le patriotisme économique à l'épreuve du droit communautaire », *JTDE* 2009, p. 265.
R. Kovar, « La peau de chagrin ou comment le droit communautaire opère la réduction des monopoles publics », *Europe* juill. 1992, p. 1.
R. Kovar et D. Simon, *Service public et Communauté européenne. Entre l'intérêt général et le marché,* Travaux de la CEDECE, 1998.

N. Lenoir, D. Roskis et C.-M. Dorémus, « L'Europe et l'achèvement du marché intérieur : en quoi l'article 86 du traité CE peut-il jouer un rôle utile ? », *Gaz. Pal.* 2006, n° 285, p. 2.

J.-V. Louis et S. Rodrigues (dir.), *Les services d'intérêt économique d'intérêt général et l'Union européenne*, Bruylant, 2006.

M. Merola et C. Medina, « De l'arrêt Ferring à l'arrêt Altmark : continuité ou revirement dans l'approche du financement des services publics », *CDE* 2003, p. 639.

A. Met-Domestici, « Les services postaux dans l'Union Européenne entre la poursuite de la libéralisation et la préservation de l'intérêt général », *RMCUE* 2001, p. 327.

A. Met-Domestici, « L'achèvement de la libéralisation des services postaux – Le service universel à l'heure de l'ouverture totale à la concurrence – », *RMCUE* 2008, p. 114.

C. Mongouachon, *Abus de position dominante et secteur public*, Bruylant, 2012.

L.-M. Pais Antunes, « L'article 90 du traité CEE, obligations des États membres et pouvoirs de la Commission », *RTDE* 1991, p. 187.

E. Szyszczak, *The Regulation of the State in Competitive Markets in the EU*, Oxford, Hart Publishing, 2007.

D. Tryantafillou, « Les règles de concurrence et l'activité étatique y compris les marchés publics », *RTDE 1996*, p. 57.

L. Vogel, *Droit européen des affaires*, Dalloz, 2012.

A. Wachsmann, « Les aides d'État doivent-elles encore avoir une origine étatique ? Le cas des aides versées par les entreprises publiques à travers l'arrêt Air France/CDC », *Europe* 1997, n° 4, p. 4.

## CHAPITRE 3

# L'aménagement des monopoles nationaux à caractère commercial

**1182.** Le traité prévoit un autre instrument qui permet d'assurer un encadrement des interventions publiques. Il s'agit de l'obligation d'aménager les monopoles nationaux présentant une activité commerciale, autrement dit ceux ayant un impact direct sur les échanges intracommunautaires. Cette obligation, posée par l'article 37 TFUE, trouve place dans le titre relatif à la libre circulation des marchandises puisqu'il clôt le chapitre consacré à l'élimination des restrictions quantitatives aux échanges. L'article 37 TFUE est doté d'effet direct.

Il importe de comprendre que le monopole d'État, aux racines souvent historiques, a été, dans la plupart des États membres, instauré afin de sauvegarder des intérêts essentiels de l'État comme la sécurité intérieure ou l'indépendance énergétique.

Compte tenu de leur spécificité et de leur enjeu, ces intérêts supérieurs ne pouvaient pas être soumis à un régime de droit commun. Néanmoins, leur place toute particulière et leur légitimité rendaient leur suppression inconcevable et n'autorisaient les auteurs du traité qu'à envisager un tempérament de leur exclusivité au travers d'une obligation d'aménagement.

## Section 1
## Le monopole national à caractère commercial

**1183.** Les monopoles nationaux à caractère commercial, visés par l'article 37 TFUE, se définissent comme « tout organisme par lequel un État membre, *de jure* ou *de facto*, dirige ou influence sensiblement, directement ou indirectement, les importations ou les exportations entre les États membres ». Cette définition, qui se veut inclusive, impose de distinguer la nature de l'activité en cause, de l'organisme investi d'un monopole. Pour autant, certaines exclusions sont prévues.

## §1. La nature de l'activité : une double exigence

**1184.** La qualification du monopole doit répondre à une double exigence relative à l'exercice de l'activité en cause : celle-ci doit être une activité de nature commerciale et intracommunautaire.

### A. L'exigence d'une activité de nature commerciale

**1185.** L'article 37 TFUE n'est applicable qu'aux monopoles qui exercent une activité commerciale. Selon la Cour, l'activité doit avoir pour objet des transactions commerciales sur un produit entre les États membres. De plus, elle doit jouer un rôle effectif dans ces échanges[1].

Une telle approche, certainement suggérée par l'emplacement de l'article 37 dans le traité, centre l'obligation sur les seuls échanges de marchandises. Elle permet ainsi d'écarter les activités de production et de services qui sont exercées sous forme de monopole. C'est le cas de l'émission de publicité commerciale qui ne relève pas de l'article 37 TFUE mais de la prestation de services[2], sauf s'il est démontré que de telles activités ont indirectement ou directement une incidence néfaste sur les échanges intracommunautaires[3], ou si elles instaurent des discriminations selon l'origine du produit[4].

Toutefois, rappelons que la Cour retient une définition large de la notion de marchandise qui est entendue comme tout bien susceptible de faire l'objet d'une transaction commerciale[5].

### B. L'exigence d'une activité intracommunautaire

**1186.** L'approche de la Cour induit que la notion de monopole ne vise que les échanges intracommunautaires, les échanges avec les États tiers étant dès lors exclus.

Le monopole doit avoir pour effet d'instaurer des obstacles aux échanges de marchandises uniquement entre les États membres ou de porter atteinte aux conditions de concurrence entre les différents opérateurs économiques de ces États. Dans l'hypothèse d'un monopole qui instaure des

1. CJCE, 15 juill. 1964, *Costa c/ENEL*, préc.
2. CJCE, 30 avr. 1974, *Sacchi*, préc. ; CJCE, 18 juin 1991, *ERT*, préc.
3. CJCE, 4 mai 1988, *Bodson*, préc.
4. CJCE, 27 oct. 1993, *Decoster*, aff. C. 69/91, *Rec.* p. I. 5335.
5. CJCE, 27 avr. 1994, *Commune d'Almelo*, préc., à propos de l'électricité considérée comme une marchandise.

discriminations ou, de manière plus générale, porte atteinte aux échanges avec des pays tiers, celui-ci relève alors des dispositions relatives à la politique commerciale commune[6]. Néanmoins, sont visées par l'article 37 TFUE les activités qui affectent les échanges de produits entrés en libre pratique et communautarisés qui se verraient opposer des entraves lors de leur circulation du fait de l'existence de monopoles nationaux. En effet, dès l'instant que le produit est entré en libre pratique, il est assimilable à un produit communautaire dont la liberté de mouvement ne peut dès lors être remise en cause[7].

## §2. La nature juridique de l'organisme : l'indifférence au critère organique

**1187.** Selon la définition extensive de l'article 37 TFUE, il s'agit de tout organisme qui se voit investi par l'autorité publique de la gestion d'un monopole. De nouveau, la nature juridique n'est pas déterminante dans la qualification du monopole commercial et dès lors dans la mise en œuvre de l'article 37 TFUE. En effet, au-delà des qualifications juridiques, l'obligation d'aménagement, détachée de tout formalisme, est opposable aux organismes par lesquels un État membre, *de jure* ou *de facto*, contrôle, dirige ou influence sensiblement, directement ou indirectement les importations ou les exportations entre les États membres.

Il pourra ainsi s'agir d'un monopole sous la forme d'une administration centrale de l'État[8]. Mais ce peut être également un monopole délégué au travers d'une personne morale de statut de droit privé, investie par l'État du pouvoir d'exercer de manière monopolistique certaines activités comme l'évoque explicitement l'article 37, paragraphe 1, alinéa 2, TFUE[9]. I l peut aussi s'agir d'un établissement public ou d'une société nationale.

## §3. Les monopoles exclus : une réponse à leur spécificité

**1188.** En dépit de sa formulation généreuse, l'article 37 TFUE exclut deux catégories de monopoles car ils répondent à de fortes spécificités. Il s'agit des monopoles relatifs au secteur agricole, et de ceux résultant des accords internationaux.

### A. L'exclusion temporaire : le monopole agricole

**1189.** L'article 37, paragraphe 3, TFUE vise les monopoles relatifs aux produits agricoles pour lesquels il établit un régime particulier. En effet, il

6. CJCE, 13 mars 1979, *Hansen*, aff. 91/78, *Rec.* p. 935.

7. CJCE, 15 juin 1976, *EMI record*, aff. 51/75, *Rec.* p. 811.

8. Comme le monopole des alcools, rattaché au service des alcools appartenant à l'administration centrale du ministère de l'Économie et des Finances.

9. Comme le monopole des hydrocarbures qui est un monopole délégué depuis 1928.

prévoit qu'en cas d'aménagement d'un monopole commercial « comportant une réglementation destinée à favoriser l'écoulement ou la valorisation des produits agricoles », il conviendra alors « d'assurer des garanties équivalentes pour l'emploi et le niveau de vie des producteurs intéressés ». À l'évidence, cette disposition ne peut pas être interprétée comme une dérogation à l'obligation générale d'aménagement mais plutôt comme un tempérament temporaire.

En effet, l'article 37, paragraphe 3, TFUE autorise les États membres à adopter certaines mesures protectrices des agriculteurs. Elles permettent en fait de compenser l'aménagement du monopole agricole au regard de leur niveau de vie et des avantages qu'ils en tirent[10]. Mais il prévoit parallèlement un aménagement effectif du monopole.

En outre, dès l'instant qu'une organisation commune de marché est instaurée, les autorités nationales ne sont plus en mesure d'invoquer l'article 37, paragraphe 3, TFUE. En effet, il est considéré que les mesures protectrices ne sont plus justifiées en présence précisément d'une réglementation de l'Union eu égard, rappelons-le, au principe de préemption communautaire. La Cour considère que le principe de libre circulation des marchandises est applicable aux produits agricoles même dans l'hypothèse où ceux-ci ne sont pas sous le régime d'une organisation commune de marché[11]. Cette approche limite sensiblement la portée de l'article 31, paragraphe 3, TFUE qui n'établit donc pas à ce titre un régime dérogatoire mais un régime transitoire au profit des monopoles agricoles.

## B. L'exclusion définitive : le monopole résultant d'un accord international existant

**1190.** L'article 37 paragraphe 5 vise le cas des monopoles résultant des accords internationaux conclus antérieurement à l'avènement des Communautés européennes. Il y est établi que les obligations posées par l'article 37 TFUE ne sont valables que dans la mesure où elles demeurent compatibles avec les engagements contractés par les États membres dans le cadre des accords internationaux existants, comme le rappelle de manière générale l'article 351 TFUE. En effet, celui-ci prévoit que les droits et obligations résultant de conventions conclues antérieurement au 1er janvier 1958, ou, pour les États adhérents, antérieurement à la date de leur adhésion, entre un ou plusieurs États membres, d'une part, et un ou plusieurs États tiers, d'autre part, ne sont pas affectés par les dispositions des traités.

Mais il est également précisé que dans la mesure où ces conventions ne sont pas compatibles avec les traités, le ou les États membres en cause recourent à tous les moyens appropriés pour éliminer les incompatibilités constatées.

10. CJCE, 17 févr. 1976, *Miritz*, aff. 91/75, *Rec.* p. 217.

11. CJCE, 10 déc. 1974, *Charmasson*, préc.

La dérogation autorisée par l'article 31 paragraphe 5 a été abrogée par le traité d'Amsterdam. Elle n'était valable en réalité que pendant un certain temps. Ce fut le cas de l'ex-RFA liée en 1930 par un accord avec une entreprise suédoise concernant le monopole des allumettes dont les recettes permettaient de rembourser un emprunt contracté auprès d'un groupe néerlandais. L'obligation d'aménagement ne concernait donc pas ce monopole né d'un accord existant, qui fut au demeurant supprimé en 1983 après le remboursement de la dette. De même, la Grèce n'était pas liée par l'obligation d'aménagement quant au monopole de l'opium car la Convention de New York de 1961 sur les stupéfiants obligeait tout État partie qui autorisait le monopole de l'opium, à mettre en place un organisme d'État pourvu du droit exclusif d'importation, d'exportation et de commercialisation de l'opium.

# Section 2
# Un aménagement des monopoles

**1191.** L'obligation pesant sur les États membres est formulée par l'article 37, paragraphe 1, TFUE. Son libellé contraste avec la terminologie employée dans le cadre des autres dispositions du traité, qu'il s'agisse de la libre circulation des marchandises ou de la libre concurrence. En effet, ces dernières édictent avec fermeté des principes d'interdiction ou d'incompatibilité qu'il appartient aux autorités nationales de respecter. Dans le cas présent, il s'agit exclusivement d'un aménagement, certes contraignant, dont le contenu sera précisé par le juge de l'Union.

## §1. Une obligation d'aménagement

**1192.** Il ne s'agit pas de mettre un terme aux monopoles, mais de les aménager de manière à éliminer toute possibilité de discrimination. L'objectif est de rendre les conditions d'exercice des monopoles moins restrictives pour les échanges de marchandises et l'espace concurrentiel.

### A. La recherche d'un compromis

**1193.** La jurisprudence insiste particulièrement sur l'existence d'une seule obligation d'aménagement. Elle indique que l'article 37 TFUE n'exige pas l'abolition totale des monopoles nationaux présentant un caractère commercial. Il prescrit leur aménagement de façon que soit assurée, dans les conditions d'approvisionnement et de débouchés, l'exclusion de toute discrimination entre les ressortissants des États membres[12].

Sur le fond, l'article 37 TFUE a en effet pour objet de concilier la possibilité, pour les États membres, de maintenir certains monopoles à caractère commercial, en tant qu'instruments de la poursuite d'objectifs d'intérêt public, avec les exigences de l'établissement et du fonctionnement du marché intérieur. Dès lors, l'article 37 impose que l'organisation et le fonctionnement du monopole soient aménagés de façon à exclure toute discrimination entre les ressortissants des États membres dans les conditions d'approvisionnement et de débouchés. Le commerce de marchandises en provenance des autres États membres ne doit pas être désavantagé ni en droit ni en fait par rapport à celui des marchandises nationales. Dans le même sens, la concurrence entre les économies des États membres ne doit pas être faussée[13].

## B. Cas d'application

**1194.** D'une manière générale, l'article 37 TFUE est applicable lorsque l'État accorde des droits d'achat ou de vente exclusifs, permet le contrôle des importations ou des exportations, ou encore lorsqu'il accorde des droits à une entreprise d'État, une institution d'État ou, par délégation, à un organisme privé. En revanche, il n'est applicable qu'aux marchandises. Il ne vise donc pas la libre circulation des services ou des capitaux[14].

Il convient de souligner que l'article 37 contient des dispositions uniquement applicables durant la période de transition (§ 3, 5 et 6). Celles-ci ont par la suite été abrogées par le traité d'Amsterdam. D'autres paragraphes ont été maintenus au-delà de la période de transition.

# §2. Une obligation forgée par la jurisprudence

**1195.** Succinctement évoqué par l'article 37, l'aménagement se définit comme la suppression de droits exclusifs d'importation, d'exportation et de commercialisation des produits. De nouveau, la jurisprudence de la Cour donnera un contenu relativement précis à cette obligation. Elle fait valoir tout particulièrement le respect du principe de libre circulation des marchandises et l'interdiction de pratiques discriminatoires entre les produits originaires des autres États membres et ceux rattachés aux monopoles.

## A. Le monopole d'importation ou d'exportation

**1196.** C'est dans l'arrêt *Manghera*[15], lequel portait sur le monopole en Italie des tabacs, que la Cour s'est employée à définir le monopole : il vise

12. CJCE, 3 févr. 1976, *Manghera*, aff. 59/75, *Rec.* p. 913 ; CJCE, 13 mars 1979, *Hansen*, aff. 91/78, *Rec.* p. 935 ; CJCE, 7 juin 1983, *Commission c/Italie*, 78/82, *Rec.* p. 1955.

13. CJCE, 7 juin 1983, *Commission c/Italie*, préc.

14. CJCE, 30 avr. 1974, *Sacchi*, préc.

15. CJCE, 3 févr. 1976, *Manghera*, préc.

le droit d'importation exclusif d'un produit au profit d'un organisme. Le monopole d'importation est par définition constitutif d'une discrimination entre opérateurs économiques, ce qui est contraire au traité. Par analogie avec les mesures d'effet équivalent à l'importation et à l'exportation, l'obligation d'aménagement vise également le mouvement inverse des marchandises, à savoir le droit exclusif que détient un organisme d'exporter certains produits à destination des États membres.

Néanmoins, la jurisprudence de la Cour, notamment à l'occasion des arrêts du 23 octobre 1997 relatifs à plusieurs monopoles d'importation et d'exportation du gaz et de l'électricité[16], tempère l'étendue de l'obligation d'aménagement. Cette position souple de la Cour témoigne d'un souci plus grand porté aux missions d'intérêt général.

Dès lors, certains monopoles peuvent subsister s'ils présentent les conditions requises pour la qualification d'un service d'intérêt économique général, en application de l'article 106, paragraphe 2, TFUE. Ils ont alors pour vocation d'accomplir une mission particulière. La combinaison de l'article 37 avec l'article 106, paragraphe 2, TFUE, devient un outil pertinent pour les États membres qui souhaitent maintenir certains monopoles d'importation et d'exportation. Les États doivent cependant établir la qualité de service d'intérêt économique général, notion particulièrement recentrée par la jurisprudence de la Cour mais aussi par la pratique décisionnelle de la Commission, pour éviter des applications abusives de l'article 106 paragraphe 2.

## B. Le monopole de commercialisation

**1197.** Dans la mesure où le droit exclusif de commercialisation d'un produit sur le territoire national peut être le prolongement d'un droit d'importation, ce monopole doit également faire l'objet d'un aménagement. Cette thèse est défendue par la Commission qui étend l'obligation d'aménagement jusqu'à la commercialisation pour le commerce de détail[17].

La Cour de justice se montre plus mesurée quant à la suppression du droit exclusif de commercialisation. En effet, elle préfère se livrer à un examen au cas par cas[18]. Elle apprécie notamment l'engagement de l'État au regard de l'application des règles de concurrence et des conditions dont il s'entoure pour en assurer le respect. Elle retient également l'attachement de l'État à ne pas instaurer de pratiques qui remettent en cause l'égalité de traitement entre les produits nationaux et ceux originaires des États membres.

16. CJCE, 23 oct. 1997, *Commission c/Pays-Bas,* aff. C-157/94, *Rec.* p. I. 5699 ; *Commission c/ Italie,* aff. C-158/94, *Rec.* p. I. 5789 ; *Commission c/France,* préc. ; *Commission c/Espagne,* aff. C-160/94, *Rec.* p. I. 5851.

17. V. pour un exemple d'interprétation extensive de la Commission, appliquée à l'occasion de la directive n° 88/30/CE du 16 mai 1988 relative à la concurrence dans les marchés de terminaux de télécommunications, *JOCE* n° L 131, 17 mai 1988.

18. Pour un exemple de droit exclusif de commercialisation admis, CJCE, 7 juin 1983, *Commission c/Italie,* aff. 78/82, *Rec.* p. 1995, à propos du monopole italien des tabacs manufacturés et de l'établissement d'une marge commerciale uniforme pour la vente au détail ; *a contrario,* CJCE, 21 juin 1983, *Commission c/France,* aff. 90/82, *Rec.* p. 2011, sur la condamnation de la fixation par la France du prix de vente au détail du tabac par arrêté ministériel.

## C. Le monopole de production

**1198.** Alors que le droit exclusif de commercialisation se prête à des interprétations contrastées, il est établi que n'entre pas dans le champ de l'obligation d'aménagement le monopole de production qui confère à un organisme le droit exclusif de fabrication d'un produit. En effet, en vertu de son article 345 TFUE, anciennement 295 CE, ne préjuge en rien le régime de propriété des États membres. Ceux-ci disposent d'un pouvoir discrétionnaire entier à cet égard.

# §3. L'articulation entre les articles 37 et 34 TFUE

**1199.** Lors de la rédaction des traités, il est apparu qu'il n'était pas suffisant de proscrire les restrictions quantitatives et les mesures d'effet équivalent pour instaurer un espace de libertés. En effet, bon nombre d'entreprises sont détentrices d'une exclusivité de production, de distribution, d'importation ou d'exportation de produits. Elles exercent, notamment au travers de l'attractivité du produit sur lequel elles détiennent un monopole, une influence sur le marché et sur le mouvement des marchandises et favorisent l'adoption de comportements néo protectionnistes. C'est en ce sens que l'obligation d'aménagement des monopoles, posée par l'article 37 TFUE, trouve place dans le titre relatif à la libre circulation des marchandises. En effet, il clôt le chapitre consacré à l'élimination des restrictions quantitatives aux échanges[19]. S'est alors posée à la Cour la question des rapports qu'entretiennent les deux dispositions pertinentes, les articles 37 et 47 TFUE.

## A. Des fondements cumulatifs

**1200.** La Cour a admis, relativement tôt, qu'un monopole pouvait faire l'objet d'une condamnation sur le fondement à la fois de l'article 37 TFUE et de l'article 34 TFUE[20].

En effet, dans l'arrêt *Franzén*[21], qui concernait le monopole suédois de vente au détail des boissons alcoolisées, la Cour a fait valoir qu'il résulte tant du texte de l'article 37 que de sa place dans le système du traité que cet article vise à assurer le respect de la règle fondamentale de la libre circulation des marchandises dans l'ensemble du marché commun. Il s'agit également, poursuit-elle, du maintien des conditions normales de concurrence entre les économies des États membres dans le cas où, dans l'un ou l'autre de ces États, un produit déterminé est soumis à un monopole national à caractère commercial. Elle considère alors que les règles relatives à l'existence et au fonctionnement du monopole national de nature commerciale, sont visées

19. CJCE, 13 févr. 1979, *Peureux*, aff. 119/78, *Rec.* p. 975.
20. CJCE, 23 oct. 1997, *Franzén*, aff. C-189/95, *Rec.* p. I. 5909.
21. CJCE, 23 oct. 1997, *Franzén*, préc.

par l'article 37 TFUE qui est applicable dans ce cas, notamment au regard des règles applicables à l'exercice de ses droits d'exclusivité[22]. En revanche, l'incidence, sur les échanges, des autres dispositions de la législation nationale en cause, détachables du fonctionnement du monopole bien qu'ayant une incidence sur ce dernier, doit être examinée au regard de l'article 34 TFUE. L'applicabilité simultanée des deux articles est donc admise.

Cette interprétation a été confirmée par l'arrêt *Hanner*[23], qui concernait le monopole suédois de vente au détail des médicaments ; dans cet arrêt, la Cour a estimé que l'article 37 TFUE vise l'élimination des entraves à la libre circulation des marchandises, à l'exception des effets restrictifs sur les échanges, qui sont inhérents à l'existence des monopoles en cause.

## B. Le mode d'examen de la mesure en cause

**1201.** Dans l'hypothèse d'une application simultanée, il convient d'examiner la réglementation relative au monopole d'État au regard de l'article 37 TFUE. Si la réglementation en cause est qualifiée de discriminatoire, un examen au regard des articles 34 et 35 TFUE n'est alors pas nécessaire.

En revanche, s'il est établi que la réglementation ne revêt pas un caractère discriminatoire au regard de l'article 37 TFUE, il faudra l'examiner au regard des dispositions générales régissant la libre circulation des marchandises. Cependant, comme indiqué un peu plus haut, la Cour peut ne faire prévaloir que la seule application de l'article 34 TFUE lorsque les mesures restrictives en cause ne se rattachent pas au monopole propre et ont des implications sur la libre circulation des marchandises[24]. Dans ces conditions, il convient de vérifier lors de chaque espèce si la mesure d'interdiction en cause au principal constitue une règle relative à l'existence ou au fonctionnement du monopole.

## C. Le dépassement de la libre circulation des marchandises

**1202.** L'obligation d'aménagement des monopoles dépasse en réalité le chapitre relatif aux marchandises pour s'inscrire également, en tant qu'instrument, dans la logique concurrentielle. En effet, le monopole national peut, par son maintien, affecter non seulement le mouvement des marchandises, mais aussi constituer un obstacle sensible à la mise en place d'un marché concurrentiel, ouvert et accessible. Le monopole opère naturellement une concentration du pouvoir économique au profit

22. CJCE, 23 oct. 1997, *Franzén*, préc. ; CJCE, 5 juin 2007, *Rosengren*, aff. C-170/04, *Rec.* p. I. 4071.

23. CJCE, 31 mai 2005, *Hanner*, aff. C-438/02, *Rec.* p. I. 4551.

24. V. sur l'applicabilité de l'article 34 TFUE en présence d'un monopole d'importation de boissons alcoolisées, CJCE, 5 juin 2007, *Rosengren*, préc. Pour une application récente de l'applicabilité de l'article 34 TFUE en présence cette fois-ci d'un monopole d'importation des produits du tabac, CJUE, 26 avr. 2012, *ANETT*, préc.

de quelques opérateurs. Dès lors, l'article 37 TFUE épouse pleinement l'application des règles de concurrence au secteur public et aux interventions publiques.

## §4. Une obligation aux applications progressives

**1203.** Le paragraphe 6, aujourd'hui abrogé, de l'article 37 TFUE instaurait une procédure d'aménagement sans calendrier précis, plutôt progressif. Il contrastait sensiblement avec l'échéancier contraignant qui prévoyait le démantèlement des entraves aux échanges.

### A. Une procédure d'aménagement souple

**1204.** Il était sommairement indiqué à l'article 37 TFUE que « la Commission fait, dès la première étape, des recommandations au sujet des modalités et du rythme selon lesquels l'adaptation prévue au présent article doit être réalisée ». De même, le paragraphe 3, dans sa formulation initiale et également aujourd'hui abrogé, indiquait que le rythme des mesures doit être « adapté à l'élimination des restrictions quantitatives pour les mêmes produits ». La seule contrainte reposait sur le fait que l'obligation d'aménagement devait être effective au lendemain de la période de transition. Tel ne sera pas le cas compte tenu de la lenteur dans la réactivité de certains États.

#### 1. La modeste portée de la recommandation

**1205.** Au regard de la procédure décrite à l'article 37 TFUE, il apparaît que la seule contrainte reposait sur l'obligation d'aménagement qui devait être effective au lendemain de la période de transition. Tel ne sera pas le cas compte tenu de la lenteur dans la réactivité de certains États.

Dès lors, dans ce contexte fort bienveillant, pour inciter les États à se conformer à l'obligation d'aménagement, la Commission a agi, à partir de 1962, par voie de recommandation. Or, celle-ci demeure un outil d'une portée modeste compte tenu de son caractère déclaratoire. Pour autant, loin d'être inhibée par les limites d'un tel instrument, la Commission n'a pas hésité à y recourir avec régularité afin de recommander aux États de procéder à un aménagement de leurs monopoles avant l'expiration de la période de transition[25]. Mais l'interventionnisme de la Commission n'a pas eu raison de la faible portée des recommandations.

25. V. par exemple concernant la France, la recommandation du 6 avril sur le monopole les tabacs manufacturés, *JOCE* n° 48, 23 juin 1962, ainsi que les deux recommandations du 22 décembre 1969 sur le monopole des alcools et celui des produits pétroliers, *JOCE* n° L 31, 9 févr. 1970.

### 2. Un bilan décevant au 1er janvier 1970

**1206.** À l'avènement des Communautés européennes, dix-huit monopoles étaient recensés au titre de l'article 37 TFUE, dont huit en France et en Italie et deux en Allemagne. Seul un monopole a fait l'objet d'un aménagement au 1er janvier 1970, c'est-à-dire à la fin de la période de transition. Le bilan était donc très insuffisant. Les États membres n'ont opéré les aménagements nécessaires des monopoles que tardivement. C'est le cas de la France qui a supprimé par voie législative[26] les droits exclusifs d'importation et de commercialisation en gros des tabacs originaires des autres États membres. La SEITA[27] n'a conservé que le monopole de production ainsi que les droits exclusifs d'importation ou de commercialisation en gros des tabacs en provenance des États tiers[28].

L'obligation d'aménagement s'est fait sentir avec vigueur à l'occasion des élargissements qui introduisaient sur le marché de nouveaux monopoles. Ceux-ci étaient concentrés particulièrement dans les États méridionaux, la Grèce, l'Espagne et le Portugal alors que le Royaume-Uni, l'Irlande et le Danemark n'en comptaient aucun. À cette occasion, la Commission n'a pas abandonné la procédure de recommandation. Au contraire, elle a redoublé de prudence et de fermeté dans la formulation des recommandations adressées aux nouveaux entrants[29].

De même, l'obligation est exprimée avec davantage de précisions dans les traités d'adhésion au sein des dispositions afférentes aux monopoles.

En outre, face à l'inertie persistante de certains États, la Commission, loin d'être démobilisée, n'a pas hésité pas à introduire des recours en manquement contre ces derniers. Elle s'est fondée sur une violation de l'article 37 et non de la recommandation puisque cette dernière n'a pas de force contraignante. Elle est dès lors insusceptible de recours[30].

## B. L'utile reconnaissance de l'effet direct de l'article 37 § 1 TFUE

**1207.** Hormis le cas des élargissements, la Commission a cessé, au lendemain de la fin de la période de transition, de recourir à la procédure de recommandation. La raison en est simple : l'article 37 lui attribuait une telle compétence uniquement durant la période de transition.

Mais, en réalité, la procédure de recommandation n'était plus nécessaire car la Cour de justice avait consacré l'effet direct de l'article 37, paragraphe 1,

26. L. n° 76-448, 24 mai 1976, *JORF*, 25 mai 1976.

27. Société pour l'exploitation industrielle des tabacs et allumettes.

28. V. également le décret du 26 juin 1979 sur la suppression des droits exclusifs d'importation ou de commercialisation des produits pétroliers, *JORF*, 29 juin 1979.

29. Concernant la Grèce, voir la recommandation du 29 juillet 1983, *JOCE* n° 293, 24 oct. 1983, et celles adressées à l'Espagne et le Portugal du 3 juillet 1987, *JOCE* n° 203, 24 juill. 1987.

30. CJCE, 7 juin 1983, *Commission c/Italie*, aff. 78/82, *Rec.* p. 1955 ; CJCE, 21 juin 1983, *Commission c/France*, aff. 90/82, *Rec.* p. 2011 ; v. aussi CJCE, 23 oct. 1997, *Commission c/Espagne*, aff. C-160/97, *Rec.* p. I. 5851.

TFUE à l'occasion de l'arrêt *Manghera*[31]. Cette reconnaissance tombait à point nommé. Elle permettait, après la période de transition, c'est-à-dire à partir du moment où il n'était plus possible pour la Commission d'agir par voie de recommandation, de maintenir un encadrement des monopoles qui subsistaient, et ce au travers de la justiciabilité de l'article 37.

En effet, l'effet direct permet à tout justiciable de se prévaloir de l'article 37 TFUE, notamment devant la juridiction nationale, dans le cas d'une pratique discriminatoire imputable à un monopole. Une telle reconnaissance introduit assurément une dynamique dans le respect par les autorités nationales de l'obligation d'aménagement qui connaissait un enlisement au regard de la faible portée de la procédure de recommandation.

## C. Le relatif effacement de l'article 37 TFUE

**1208.** On peut légitimement s'interroger sur la place qu'occupe aujourd'hui l'article 37 TFUE au sein des différents dispositifs prévus par les traités afin de surveiller et contrôler les comportements économiques de l'État sur marché. Il est certain que cet article occupe une place en retrait ou feutrée par rapport à d'autres mécanismes de surveillance, tels que ceux résultant de l'article 106, paragraphe 2, TFUE. Ce dernier connaît par exemple une forte stimulation dans son application par le biais du contentieux, ou au regard des pouvoirs de la Commission, qui sont d'une plus grande portée que ceux établis par l'article 37 TFUE.

Cet effacement peut s'expliquer par deux facteurs. D'une part, il convient de relever la disparition effective des monopoles, même si le processus d'aménagement fut laborieux. Cette suppression rendait nécessairement moins pertinent le recours pratique à l'article 37 TFUE. Pour autant, les traités ont estimé utile de maintenir une telle disposition qui a été seulement amendée, pour en rappeler l'intérêt aux États entrants ou aux États tentés de reconstituer de fait de tels monopoles d'État. L'application effective, même lente, de l'article 37 TFUE a progressivement éteint les cas de contentieux. Elle limite dès lors l'intérêt pratique de son invocabilité.

D'autre part, il faut noter le fort dynamisme, déjà souligné, de dispositions comme l'article 106, paragraphe 2, TFUE en matière concurrentielle. Elles ont focalisé l'attention des institutions sur la surveillance du comportement des États. Il convient également d'évoquer les dispositions relatives aux libertés de circulation, notamment celle des marchandises, qui ont ainsi marginalisé le recours à l'article 37 TFUE.

Portés par un contentieux constant et nourri, ces différents dispositifs ont en effet conquis une prévalence sur l'article 37 TFUE dont le champ d'application matériel est plus circonscrit, même s'il s'est prêté à une interprétation extensive de la jurisprudence. L'effacement de l'article 37 TFUE reste néanmoins relatif car cette disposition se maintient au gré des traités de révision. Elle reste indispensable pour rappeler aux États leurs obligations spécifiques dans ce champ précis des monopoles d'État à caractère commercial.

31. CJCE, 3 févr. 1976, *Manghera*, préc.

**1209. Bibliographie**

C.-A. Colliard, « L'obscure clarté de l'article 37 du Traité de la Communauté économique européenne », *D.* 1964, chron. 263.

J.-E. De Cockborne, *Les monopoles nationaux de caractère commercial, Commentaire Mégret*, Éd. de l'ULB, 2e éd., 1992.

C. Isidoro, *L'ouverture du marché de l'électricité à la concurrence communautaire*, LGDJ, Bibliothèque de droit public, 2006.

R. Kovar, « Monopoles publics », *Répertoire Dalloz Droit européen*.

J. Mégret, « L'aménagement des monopoles français en exécution de l'article 37 du Traité instituant la CEE », *RTDE* 1972, p. 558.

A. Pappalardo, « Les monopoles nationaux à caractère commercial et le Traité CEE », *CDE* 1973, p. 639.

A. Wachsmann et F. Berrod, « Les critères de justification des monopoles », *RTDE* 1994, p. 39.

M. Wise, « Droit et politique de la concurrence dans l'Union européenne », *Revue sur le droit et la politique de la concurrence* 2007, vol. 9, p. 7.

## CHAPITRE 4

# La réglementation de la commande publique

**1210.** Dans l'accomplissement de leurs missions, les pouvoirs publics sont amenés à conclure des contrats. Dénommés « marchés publics », ils ont pour objet l'exécution de travaux ou la fourniture de services, et sont conclus à titre onéreux avec un ou plusieurs opérateurs. Or, il faut savoir que ces marchés publics jouent un rôle majeur au sein de certains secteurs de l'économie. Prenons l'exemple du bâtiment et des travaux publics, de l'énergie, des télécommunications et de l'industrie lourde. Mais, les marchés publics se caractérisent généralement par une préférence appuyée pour des opérateurs nationaux qui sont des fournisseurs. Il en résulte dès lors un défaut de concurrence ouverte et effective, qui fait obstacle à l'application des règles du droit de l'Union au regard notamment des principes d'égalité et de transparence.

Il faut bien comprendre que l'obligation de transparence, corollaire du principe d'égalité, a essentiellement pour but d'assurer que tout opérateur intéressé puisse décider de soumissionner à des appels d'offres sur le fondement de l'ensemble des informations pertinentes, et de garantir de cette manière l'absence de risque de favoritisme et d'arbitraire de la part du pouvoir adjudicateur.

Par conséquent, une telle obligation implique que toutes les conditions et les modalités de la procédure d'attribution soient formulées de manière claire, précise et univoque. Cette transparence, précieuse, permet alors à tous les soumissionnaires raisonnablement informés et normalement diligents d'en comprendre la portée exacte et de les interpréter de la même manière. Elle permet également d'encadrer le pouvoir discrétionnaire de l'autorité concédante et de la mettre en mesure de vérifier si les offres des soumissionnaires correspondent aux critères régissant la procédure en cause[1].

1. CJUE, 4 févr. 2016, *Ince*, aff. C-336/14.

# Section 1
# Le cadre législatif du droit européen de la commande publique

**1211.** Dès la décennie 1960, l'Union s'est attachée à régir le champ des marchés publics. En effet, elle a procédé à une coordination des règles nationales relatives à la publicité des appels d'offres et à l'objectivité des critères d'examen des soumissions. Par la suite, elle simplifiera et rénovera sensiblement l'ensemble du dispositif en la matière.

## §1. Une forte évolution textuelle

**1212.** Le droit de la commande publique a traversé une forte évolution textuelle sur le plan législatif. Elle peut se scinder en deux grands temps : l'effort de simplification des outils alors existants, plutôt épars et non coordonnés, durant la décennie 1990 et ce jusqu'en 2009 ; et la réforme de fond, introduite en 2014, à la faveur d'un nouveau paquet législatif sur lequel nous nous attarderons.

### A. La simplification des outils existants

**1213.** L'Union a procédé à une simplification et une coordination de l'ensemble des outils existants au moyen de quatre directives adoptées par le Conseil : la directive nº 92/50/CEE du 18 juin 1992, portant coordination des procédures de passation des marchés publics de services[2], la directive nº 93/36/CEE du 14 juin 1993, portant coordination des procédures de passation des marchés publics de fournitures[3], la directive nº 93/37/CEE du Conseil du 14 juin 1993, portant coordination des procédures de passation des marchés publics de travaux[4], et la directive nº 93/38/CEE du Conseil, du 14 juin 1993, portant coordination des procédures de passation des marchés dans les secteurs de l'eau, de l'énergie, des transports et des télécommunications[5].

Par la suite, trois de ces directives ont été fusionnées, toujours à des fins de simplification et de clarification, au sein de la directive nº 2004/18/CE sur les marchés publics de travaux, de fournitures et de services[6] et de la directive nº 2004/17/CE sur les secteurs de l'eau, de l'énergie, des transports et des

2. *JOCE* nº L 209, 24 juill. 1992.
3. *JOCE* nºL 199, 9 août 1993.
4. *JOCE* nº L 199, 9 août 1993.
5. *JOCE* nº L 199, 9 août 1993.
6. Directive du Parlement européen et du Conseil du 31 mars 2004 relative à la coordination des procédures de passation des marchés publics de travaux, de fournitures et de services, *JOUE* L 134, 30 avr. 2004.

services postaux[7]. De plus, sera adoptée une nouvelle directive, n° 2009/81/CE[8]. Celle-ci a introduit des règles spécifiques pour les marchés publics de la défense, ce qui facilite l'accès des entreprises de défense aux marchés de la défense d'autres États membres.

## B. L'adoption d'un nouveau paquet législatif en 2014

**1214.** Un nouveau paquet législatif, de grande ampleur, a été adopté en 2014. Il comprend la directive n° 2014/24/UE du 26 février 2014 sur la passation des marchés publics[9], abrogeant la directive n° 2004/18/CE, et la directive n° 2014/25/UE du 26 février 2014[10] relative à la passation de marchés par des entités opérant dans les secteurs de l'eau, de l'énergie, des transports et des services postaux, abrogeant pour sa part la directive n° 2004/17/CE. Le paquet a été, en outre, complété par une nouvelle directive qui porte sur les concessions[11] (directive n° 2014/23/UE du 26 février 2014 sur l'attribution de contrats de concession). Elle met en place un cadre juridique garantissant aux agents économiques de l'Union un accès effectif et non discriminatoire au marché.

Les États disposaient d'un délai de vingt-quatre mois pour transposer ces différentes directives. Pour sa part, la France a rempli son obligation de transposition avec le décret n° 2014-1097 du 26 septembre 2014 portant mesures de simplification applicables aux marchés publics[12] et l'ordonnance n° 2015-889 du 23 juillet 2015[13].

# §2. Une volonté de modernisation née de la stratégie *Europe 2020*

**1215.** La directive n° 2014/24/UE ne manque pas de rappeler que les marchés publics jouent un rôle essentiel dans la stratégie *Europe 2020*. Cette dernière a été exposée au sein d'une Communication de la Commission en date du 3 mars 2010, intitulée « *Europe 2020, une stratégie pour une croissance intelligente, durable et inclusive* ». Il y est, en effet, rappelé que les marchés publics constituent l'un des instruments fondés sur le marché permettant de parvenir à une croissance intelligente, durable et inclusive, tout en garantissant l'utilisation optimale des fonds publics.

---

7. Directive du Parlement européen et du Conseil du 31 mars 2004 portant coordination des procédures de passation des marchés dans les secteurs de l'eau, de l'énergie, des transports et des services postaux, *JOUE* L 134, 30 avr. 2004.

8. Directive du Parlement européen et du Conseil du 13 juill. 2009 relative à la coordination des procédures de passation de certains marchés de travaux, de fournitures et de services dans les domaines de la défense et de la sécurité, *JOUE* L 216, 20 août 2009.

9. *JOUE* n° L 94, 28 mars 2014.

10. *JOUE* n° L 94, 28 mars 2014.

11. *JOUE* n° L 94, 28 mars 2014.

12. Décret n° 2014-1097 du 26 septembre 2014 portant mesures de simplifications applicables aux marchés publics, *JORF*, 28 sept. 2014.

13. Ord. n° 2015-899, 23 juill. 2015 relative aux marchés publics, *JORF*, 24 juill. 2015.

Les directives du 26 février 2014 entendent ainsi simplifier les règles applicables. Elles s'attachent également à assurer une participation plus élevée des petites et moyennes entreprises à la commande publique, et à généraliser le recours à la dématérialisation. L'idée est d'accroître l'efficacité de la dépense publique et une meilleure utilisation des marchés publics au service d'objectifs sociétaux communs.

De manière générale, ces directives tentent de répondre à une double préoccupation. La première est de renforcer la sécurité juridique, en mettant en lumière certaines faiblesses des directives antérieures et ce à la faveur notamment de la jurisprudence de l'Union. La seconde est de rendre la passation de la commande publique plus conforme aux objectifs d'efficacité de la dépense publique, ou de développement durable avec de nouvelles règles, considérées comme mieux adaptées à l'achat public

# Section 2
# La passation des contrats

**1216.** Le respect des procédures en matière de marchés publics est essentiel car elles permettent de garantir la transparence nécessaire à chaque étape. Cette transparence est notamment portée par la satisfaction de certaines exigences. Il s'agit en particulier de la publication des éléments essentiels de la procédure, la diffusion d'informations concernant les candidats et les soumissionnaires[14]ou encore de la fourniture d'une documentation suffisante éclairant toutes les étapes du processus.

## §1. Les contrats de marchés publics

**1217.** La directive « Marchés » n° 2014/24/UE[15] n'est applicable que dans la mesure où les seuils des montants prévisionnels qu'elle détermine sont atteints. Ces seuils, révisés tous les deux ans à compter du 30 juin 2013, sont les suivants :

- le seuil de référence, fixé à 135 000 euros, concerne principalement les marchés de fournitures et de services passés par les autorités publiques centrales ;
- le seuil de 209 000 euros s'applique aux marchés ayant le même objet et passés par des pouvoirs adjudicateurs sous-centraux, dont les collectivités territoriales ;
- le seuil de 5 225 000 euros concerne les marchés publics de travaux ;

14. Par exemple, les critères et les dispositions à appliquer pour la décision d'attribution du marché, des informations sur la conduite et l'avancement de la procédure, ou encore des informations expliquant le rejet d'une offre.

15. Dir. 26 févr. 2014 sur la passation des marchés publics, préc.

- le seuil de 750 000 euros s'applique aux marchés de services sociaux, culturels et de santé.

Notons que les méthodes de calcul du montant des seuils, qui visent à éviter les scissions d'achats, sont inchangées.

Le champ d'application de la directive intègre dans une large mesure les innovations introduites par la jurisprudence, notamment en matière de contrats conclus entre les personnes publiques.

## A. Notion de marché public

**1218.** Selon l'article 1er de la directive n° 2014/24/UE, la passation d'un marché est l'acquisition, au moyen d'un marché public de travaux, de fournitures ou de services par un ou plusieurs pouvoirs adjudicateurs auprès d'opérateurs économiques choisis par lesdits pouvoirs. Il importe peu que ces travaux, fournitures ou services aient ou non une finalité publique.

La directive précise, au sein de l'article 2, le champ d'application. Il concerne les contrats à titre onéreux conclus par écrit entre un ou plusieurs opérateurs économiques et un ou plusieurs pouvoirs adjudicateurs et ayant pour objet l'exécution de travaux, la fourniture de produits ou la prestation de services.

### 1. Le pouvoir adjudicateur

**1219.** Les personnes soumises à la directive sont définies à l'article 2.1.1 de la directive n° 2014/24/UE. Il dispose que les « pouvoirs adjudicateurs » sont l'État, les autorités régionales ou locales, les organismes de droit public ou les associations formées par une ou plusieurs de ces autorités ou un ou plusieurs de ces organismes de droit public.

Selon les termes de l'article 2.1.10, l'opérateur économique se définit comme toute personne physique ou morale ou entité publique, ou tout groupement de ces personnes et/ou entités, y compris toute association temporaire d'entreprises, qui offre la réalisation de travaux et/ou d'ouvrages, la fourniture de produits ou la prestation de services sur le marché.

Comme le souligne le considérant 10 de la directive, certaines dispositions[16] ont été inspirées de la jurisprudence de la Cour. Il est ainsi précisé qu'un organisme, qui opère dans des conditions normales de marché, poursuit un but lucratif et supporte les pertes liées à l'exercice de son activité, ne devrait pas être considéré comme un organisme de droit public. En effet, les besoins d'intérêt général pour lesquels il a été créé ou qu'il a été chargé de satisfaire peuvent être réputés avoir un caractère industriel ou commercial. Cette interprétation résulte de l'arrêt *University of Cambridge* du 3 octobre 2000[17].

16. Notamment au regard des pouvoirs adjudicateurs, de la notion d'organisme de droit public et du financement majoritaire.

17. CJCE, 3 oct. 2000, *H.M. Treasur*, aff. C-380/98, *Rec.* p. I. 8035.

### 2. La distinction entre pouvoirs adjudicateurs et entités adjudicatrices

**1220.** La distinction entre les « pouvoirs adjudicateurs » et les « entités adjudicatrices » a été maintenue. C'est en ce sens que les rédacteurs ont fait le choix de conserver deux directives : une dont le champ d'application est limité aux marchés passés par les pouvoirs adjudicateurs à savoir la directive n° 2014/24/UE, et une seconde directive, n° 2014/25/UE, réservée aux marchés des entités adjudicatrices[18], dont le premier considérant souligne la nécessité de maintenir des règles applicables aux procédures de passation de marchés par les entités opérant dans les secteurs de l'eau, de l'énergie, des transports et des services postaux. Le même considérant fait valoir que les autorités nationales restent en mesure d'influencer le comportement de ces entités, notamment par des participations dans leur capital ou une représentation dans leurs organes d'administration, de gestion ou de surveillance.

Une autre raison de continuer à réglementer les marchés dans ces secteurs est leur caractère hermétique, qui peut s'expliquer par l'octroi par les États membres de droits spéciaux ou exclusifs pour l'approvisionnement, la mise à disposition ou l'exploitation de réseaux fournissant le service concerné.

## B. Les marchés exclus

**1221.** Certains marchés sont exclus en raison de leur objet. D'autres le sont en raison de la qualité de leurs cocontractants.

### 1. Les exclusions en raison de l'objet du marché

**1222.** Comme indiqué plus haut, les marchés passés par des pouvoirs adjudicateurs exerçant des activités dans les secteurs de l'eau, de l'énergie, des transports et des services postaux sont exclus au sens de l'article 7 de la directive n° 2014/24/UE. Ils relèvent de la directive n° 2014/25/UE.

De même, l'article 8 précise que la présente directive ne s'applique pas aux marchés publics ni aux concours qui ont principalement pour objet de permettre aux pouvoirs adjudicateurs la mise à disposition ou l'exploitation de réseaux publics de communications, ou la fourniture au public d'un ou de plusieurs services de communications électroniques.

Les marchés passés en vertu des règles internationales, notamment par les organisations internationales, sont pour leur part exclus selon l'article 9 ; il en va également ainsi pour ceux attribués sur le fondement d'un droit exclusif selon l'article 11.

Par ailleurs, l'article 10 décrit une liste au contenu varié de marchés publics qui ne sont pas soumis à la directive. Citons notamment ceux relatifs

---

18. Dir. n° 2014/25/UE du Parlement européen et du Conseil, 26 févr. 2014, relative à la passation de marchés par des entités opérant dans les secteurs de l'eau, de l'énergie, des transports et des services postaux et abrogeant la directive n° 2004/17/CE, préc.

à l'acquisition ou à la location de terrains ou de bâtiments existants, à la production de programmes de radiodiffusion, aux services d'arbitrages et autres services juridiques, à certains services financiers... Ces exclusions matérielles sont justifiées par l'inadéquation des règles de passation des marchés à la spécificité de ces types de marché.

## 2. Les exclusions en raison de la qualité des cocontractants

**1223.** En application de son article 12, la directive n° 2014/24/UE exclut expressément de son champ d'application certains « marchés publics passés entre entités appartenant au secteur public ». En réalité, jusqu'à présent, il existait une importante insécurité juridique quant à la question de savoir dans quelle mesure les règles sur la passation des marchés publics devaient s'appliquer aux marchés conclus entre entités appartenant au secteur public ce d'autant que la jurisprudence de la Cour applicable en ce domaine faisait l'objet d'interprétations divergentes entre États membres et même entre pouvoirs adjudicateurs.

La seule circonstance qu'un marché soit conclu entre deux pouvoirs publics n'exclut pas en soi l'application des règles relatives à la passation des marchés publics. Néanmoins, l'application de ces règles ne doit pas interférer avec la liberté des pouvoirs publics d'exercer leurs missions de service public en utilisant leurs propres ressources ou de coopérer avec d'autres pouvoirs publics : soit dans le cadre d'un organisme « *in house* », soit dans le cadre d'un *accord de coopération* entre personnes publiques. Ces deux exceptions, d'origine jurisprudentielle[19], sont ainsi désormais codifiées à l'article 12, remédiant de la sorte à l'insécurité juridique dont il est fait référence au considérant 31 de la directive.

### a. Prestation *in house*

**1224.** La notion d'exception *in house* se définit comme une coopération au moyen d'entités juridiques distinctes, dite « coopération verticale ». Dégagée par la jurisprudence de la Cour[20], elle est désormais inscrite dans le droit dérivé de l'Union.

#### α. *Une notion jurisprudentielle désormais inscrite dans le droit dérivé*

**1225.** Dégagée par la jurisprudence de la Cour[21], la notion d'exception *in house* est désormais inscrite dans le droit dérivé de l'Union.

Les trois premiers paragraphes de l'article 12 détaillent les conditions de l'exception *in house*. Ceux-ci rappellent qu'un acheteur public est dispensé de la procédure de passation si trois conditions sont réunies. D'une part, il

19. CJCE, 18 nov. 1999, *Teckal*, aff. C-107/98, *Rec.* p. I. 2181. CJCE, 11 janv. 2005, *Stadt Halle*, aff. C-26/03 ; CJUE, 29 nov. 2012, *Econord*, aff. jtes C-182/11 et C-183/11.

20. CJCE, 18 nov. 1999, *Teckal, préc.*

21. CJCE, 18 nov. 1999, *Teckal, préc.*

est nécessaire que la collectivité exerce sur l'entité l'entreprise attributaire un contrôle analogue à celui qu'elle exerce sur ses propres services.

D'autre part, il faut que l'activité du cocontractant soit principalement consacrée au profit de l'acheteur public qui la contrôle. Plus exactement, la directive chiffre la situation de dépendance économique : plus de 80 % des activités de cette personne morale doivent être exercées dans le cadre de l'exécution des tâches confiées par le pouvoir adjudicateur qui la détient. Et, enfin, selon l'article 12-c, la personne morale contrôlée ne doit pas comporter de participation directe de capitaux privés. En revanche, ne sont pas visées des formes de participation de capitaux privés sans capacité de contrôle ou de blocage requises par les dispositions législatives nationales, qui ne permettent pas d'exercer une influence décisive sur la personne morale contrôlée.

### β. *Les critères de détermination du « contrôle analogue »*

**1226.** L'intérêt principal des paragraphes 1, 2 et 3 de l'article 12 réside dans les précisions apportées à la notion de contrôle analogue. Ils rappellent d'abord sa définition : un pouvoir adjudicateur est réputé exercer sur une personne morale un contrôle analogue à celui qu'il exerce sur ses propres services s'il a une influence décisive à la fois sur les objectifs stratégiques et sur les décisions importantes de la personne morale contrôlée. Ils précisent ensuite les modalités de son exercice : le contrôle analogue peut être exercé par le pouvoir adjudicateur qui contracte avec l'organisme prestataire ; il peut également l'être par une autre personne morale, qui est elle-même contrôlée de la même manière par le pouvoir adjudicateur ; il peut surtout être exercé conjointement par plusieurs pouvoirs adjudicateurs.

### γ. *Une ouverture à la concurrence paradoxalement mise à mal*

**1227.** On peut s'interroger sur la parfaite compatibilité de l'ensemble de ces nouvelles exclusions avec les règles générales du traité, à la lumière de la jurisprudence de la Cour, notamment les arrêts *Data Medical*[22] et *Rundfunke*[23].

En effet, le juge de l'Union ne manque pas d'y souligner que l'un des objectifs des règles de l'Union en matière de marchés publics est l'ouverture à la concurrence la plus large possible, qui est également dans l'intérêt propre du pouvoir adjudicateur impliqué. En effet, celui-ci dispose ainsi d'un choix élargi quant à l'offre la plus avantageuse et la mieux adaptée aux besoins de la collectivité publique concernée.

Dès lors, une interprétation restrictive de la notion d'« opérateur économique », comme dans le cadre de l'article 12 de la directive, a pour conséquence que les contrats conclus entre des pouvoirs adjudicateurs et des organismes qui n'agissent pas principalement dans un but lucratif ne seraient pas considérés comme des « marchés publics ». Ils pourraient être ainsi passés

22. CJUE, 18 déc. 2014, *Data Medical*, aff. C-568/13.

23. CJCE, 13 déc. 2007, *Rundfunk*, aff. C-337/06, *Rec.* p. I. 11173.

de gré à gré, en échappant à l'application des règles du droit de l'Union en matière d'égalité de traitement et de transparence, contrairement à la finalité de ces mêmes règles.

## b. Coopération public-public

**1228.** En matière de « coopération horizontale », c'est-à-dire entre pouvoirs adjudicateurs (coopération entre personnes publiques), la solution de principe a été affirmée par l'arrêt *Commission c/Allemagne* du 9 juin 2009[24].

### α. *L'arrêt Commission c/Allemagne du 9 juin 2009*

**1229.** Dans cette affaire, un pouvoir adjudicateur, la ville de Hambourg, avait confié à un opérateur une mission d'exploitation d'un équipement d'élimination des déchets. Quatre Landkreise (Comtés) avaient conclu avec la ville une convention relative à la prise en charge de leurs déchets au sein de l'équipement en cause. La question posée était donc celle de la soumission de cette convention au droit de la commande publique.

La Cour de justice a alors reconnu la spécificité de la coopération contractuelle visant l'exécution en commun de missions de service public. Elle a estimé que le droit de l'Union n'impose nullement aux autorités publiques, pour assurer en commun leurs missions de service public, de recourir à une forme juridique particulière. En outre, toujours selon la Cour, pareille collaboration entre autorités publiques ne remet pas en cause l'objectif principal des règles de l'Union en matière de marchés publics, à savoir la libre circulation des services et l'ouverture à la concurrence non faussée dans tous les États membres, dès l'instant que deux conditions sont respectées :

- d'une part, la mise en œuvre de la coopération doit uniquement être régie par des considérations et des exigences propres à la poursuite d'objectifs d'intérêt public ; en effet, la collaboration en cause doit poursuivre la prise en charge « en commun » d'une ou de plusieurs missions de service public et l'intérêt public, par opposition aux intérêts commerciaux, doit être au cœur de la relation entre les acteurs publics ;
- d'autre part, le principe d'égalité de traitement entre intéressés doit être garanti. Aucun opérateur privé (par exemple, l'opérateur privé intervenant pour l'un des pouvoirs adjudicateurs) ne doit être placée dans une situation privilégiée par rapport à ses concurrents[25].

### β. *L'exclusion de coopérations public-public par la directive 2014/24/UE*

**1230.** En tirant les conséquences de la jurisprudence de la Cour, les rédacteurs de la directive n° 2014/24/UE ont indiqué à l'article 12-4 la possibilité d'exclusion de telles coopérations public-public. Il est indiqué

24. CJCE, 9 juin 2009, *Commission c/Allemagne,* aff. C-480/06, *Rec.* p. I. 4747.

25. CJCE, 9 juin 2009, aff. C-480/06 préc., point 47.

qu'un marché conclu exclusivement entre deux pouvoirs adjudicateurs ou plus, ne relève pas du champ d'application de la présente directive, lorsque trois conditions cumulatives sont réunies :

- le marché établit ou met en œuvre une coopération entre les pouvoirs adjudicateurs participants dans le but de garantir que les services publics dont ils doivent assurer la prestation sont réalisés en vue d'atteindre les objectifs qu'ils ont en commun ;
- la mise en œuvre de cette coopération n'obéit qu'à des considérations d'intérêt public ;
- les pouvoirs adjudicateurs participants réalisent sur le marché concurrentiel moins de 20 % des activités concernées par la coopération.

## §2. Les contrats de concession

**1231.** L'absence de règles régissant l'attribution de contrats de concession a pu créer, par le passé, une certaine insécurité juridique. En effet, elle faisait naître des entraves à la libre prestation des services ainsi que des distorsions dans le fonctionnement du marché intérieur. La prise en compte de ces risques a conduit à l'adoption, certes tardive, de la directive n° 2014/23/UE du Parlement européen et du Conseil du 26 février 2014 sur l'attribution de contrats de concession.

### A. Notion de concession

**1232.** La directive sur l'attribution des contrats de concession constitue une innovation au niveau européen. En effet, jusqu'à présent, les concessions de travaux étaient soumises à des dispositions de base des directives relatives aux marchés publics. Les concessions de services étaient, quant à elles, régies par les seuls principes généraux du traité et une abondante jurisprudence. Néanmoins, en dépit de l'effort certain de la part du législateur, la directive nouvellement adoptée n'apporte pas de changements majeurs sur le fond.

#### 1. La marge de manœuvre au profit des États membres

**1233.** Très souvent, les concessions sont bien plus que de simples contrats. Elles constituent un mode de *management* d'activités d'intérêt général, parfois de services publics.

##### α. *Une forte spécificité*

**1234.** Le mode de gestion des concessions peut traduire un choix de société. Le droit de l'Union reconnaît fortement une telle spécificité, notamment avec l'article 4 intitulé « Liberté de définir les services d'intérêt économique général » de la directive n° 2014/23/UE. C'est également le cas pour le protocole n° 26 annexé au TFUE et consacré aux services d'intérêt économique, dont nous avons déjà fait état dans les chapitres précédents[26].

La notion de liberté attachée à celle des concessions est réaffirmée par la directive à l'article 4. Celui-ci établit que la présente directive ne porte pas atteinte à la faculté des États membres de définir, conformément au droit de l'Union, ce qu'ils entendent par services d'intérêt économique général, la manière dont ces services devraient être organisés et financés conformément aux règles relatives aux aides d'État ou les obligations spécifiques auxquelles ils devraient être soumis. De même, la directive n'a pas d'incidence sur la façon dont les États membres organisent leurs systèmes de sécurité sociale.

### β. *Une double expression*

**1235.** L'affirmation d'une large marge de manœuvre au profit des États, ainsi reconnue, s'exprime de deux manières au sein de la directive.

D'une part, l'article 2.2 de la directive rappelle que le droit de l'Union n'affecte pas les régimes de la propriété des États membres. En particulier, elle n'impose pas la privatisation d'entreprises publiques qui fournissent des services au public.

D'autre part, cette liberté concerne également le mode de gestion. En effet, l'article 2.1 précise que la directive reconnaît le principe de libre administration par les autorités nationales, régionales et locales, conformément au droit national et au droit de l'Union.

Ces autorités sont libres de décider du mode de gestion qu'elles jugent le plus approprié pour l'exécution de travaux ou la prestation de services, ainsi que pour assurer notamment un niveau élevé de qualité, de sécurité et d'accessibilité, l'égalité de traitement et la promotion de l'accès universel et des droits des usagers en matière de services publics.

Les autorités peuvent choisir d'exécuter leurs missions d'intérêt public en utilisant leurs propres ressources ou en coopération avec d'autres autorités, ou de déléguer ces missions à des opérateurs économiques. En d'autres termes, la directive reconnaît le droit des États membres et des pouvoirs publics de décider du mode de gestion qu'ils jugent le plus approprié pour exécuter des travaux et fournir des services. Ils restent libres de définir et de préciser les caractéristiques des services à fournir, et notamment les conditions relatives à leur qualité ou à leur prix, conformément au droit de l'Union, afin de pouvoir poursuivre leurs objectifs de politique publique. La consécration d'une telle liberté se fait dans le respect des traditions nationales, en particulier de la conception française des services publics.

---

26. V. *supra*, n° 1131 et s.

## 2. Les contrats visés

**1236.** La directive « Concessions »[27] s'applique, de manière générale, aux concessions de travaux et de services (art. 5). Leur définition ne diffère pas de celles des marchés de travaux et de services.

### a. Concessions de travaux et de services

**1237.** Selon les termes de l'article 5, la *concession de travaux* est un contrat conclu par écrit et à titre onéreux par lequel un ou plusieurs pouvoirs adjudicateurs ou entités adjudicatrices confient l'exécution de travaux à un ou à plusieurs opérateurs économiques.

Pour sa part, la *concession de services* est un contrat conclu par écrit et à titre onéreux par lequel un ou plusieurs pouvoirs adjudicateurs ou entités adjudicatrices confient la prestation et la gestion de services autres que l'exécution de travaux, à un ou à plusieurs opérateurs économiques.

### b. Le mode de rémunération du cocontractant : le droit d'exploitation

**1238.** Seul le mode de rémunération du cocontractant permet de distinguer les marchés des concessions. Il s'agit du droit, pour l'opérateur économique, d'exploiter les ouvrages ou les services En effet, l'attribution d'une concession de travaux ou d'une concession de services implique le transfert au concessionnaire d'un risque d'exploitation lié à l'exploitation de ces travaux ou services, comprenant le risque lié à la demande, à l'offre ou les deux.

La directive apporte des éclaircissements utiles sur la notion de droit d'exploitation. Elle reprend la jurisprudence selon laquelle la rémunération du prestataire de services provient non pas de l'autorité publique concernée, mais des montants versés par les tiers pour l'usage de la prestation. Ce mode de rémunération implique que le prestataire prend en charge le risque d'exploitation des services en question, ce qui caractérise ainsi une concession de services publics[28]. Le considérant 18 de la directive souligne bien que le droit d'exploitation de travaux ou de services, principale caractéristique d'une concession, implique toujours le transfert au concessionnaire d'un risque d'exploitation de nature économique. Il doit exister la possibilité qu'il ne permette pas d'amortir les investissements effectués et les coûts supportés lors de l'exploitation des travaux ou services attribués dans des conditions d'exploitation normales, même si une partie du risque continue d'être supportée par le pouvoir adjudicateur ou l'entité adjudicatrice.

**1239.** L'application de règles spécifiques régissant l'attribution de concessions ne serait pas justifiée si le pouvoir adjudicateur ou l'entité

27. Dir. nº 2014/23/UE du Parlement européen et du Conseil, 26 févr. 2014 sur l'attribution de contrats de concession, préc.

28. CJCE, 13 oct. 2005, *Brixen*, aff. C-458/03, *Rec.* p. I. 8585 ; CJUE, 10 sept. 2009, *Eurawasser*, aff. C-206/08, *Rec.* p. 8377 ; CJUE, 10 mars 2011, *Privater*, aff. C-274/09, *Rec.* p. 1335.

adjudicatrice évitait à l'opérateur économique tout risque de pertes, en lui garantissant un revenu minimal supérieur ou égal aux investissements effectués et aux coûts normalement supportés dans le cadre de l'exécution du contrat. Ainsi, la directive privilégie une conception qualitative de la notion de risque qui doit être lié au marché. Il s'agit d'un risque d'exploitation qui doit trouver son origine dans des facteurs sur lesquels les parties n'ont aucun contrôle.

Afin d'évaluer le risque d'exploitation, la valeur actuelle nette de tous les investissements, coûts et recettes du concessionnaire doit être prise en compte de manière homogène et uniforme. Autrement dit, il y a risque lorsqu'il existe une incertitude sur le fait que les recettes engendrées par l'exploitation, ajoutées aux éventuelles subventions fournies par le pouvoir adjudicateur, ne couvrent pas les investissements ou les coûts supportés pour cette exploitation. Cette incertitude peut être liée à la demande ou à l'offre.

## B. Les exclusions matérielles

**1240.** Certaines des exclusions matérielles de la directive « Concessions » sont communes avec celles de la directive « Marchés ». Il en va ainsi d'activités dans le domaine des télécommunications[29], des services de média audiovisuel[30], des acquisitions ou locations de terrains[31], des services d'arbitrage et de conciliation[32], des services financiers liés à l'émission, à la vente, à l'achat ou au transfert de titres[33], des prêts liés à l'émission, à la vente, à l'achat ou au transfert de titres ou d'autres instruments financiers[34].

Néanmoins, le champ des exclusions matérielles est plus large dans la directive « Concessions » que dans celle des « Marchés ». En effet, la directive « Concessions » ajoute un certain nombre d'exclusions. Citons par exemple certains services dans le domaine de la défense et de la sécurité conformément à l'article 10-6, les activités de loteries comme l'indique l'article 10-9, les services de transport aérien conformément à l'article 10-3, la distribution ou l'exploitation de réseaux d'eau potable ou pour l'alimentation de ces réseaux visées à l'article 12, avec une attention particulière pour cette dernière exclusion compte tenu de l'importance de l'eau en tant que bien public pour l'ensemble des citoyens de l'Union. Il faut savoir que les concessions dans le secteur de l'eau sont souvent soumises à des arrangements spécifiques et complexes comme le souligne au demeurant la directive.

---

29. Art. 8 de la directive n° 2014/24/UE ; art. 11 de la directive n° 2014/23/UE.
30. Art. 10, b) de la directive n° 2014/24/UE ; art. 10.8, b) de la directive n° 2014/23/UE.
31. Art. 10, a) de la directive n° 2014/24/UE ; art. 10.8, a) de la directive n° 2014/23/UE.
32. Art. 10, c) de la directive n° 2014/24/UE ; art. 10.8, c) de la directive n° 2014/23/UE.
33. Art. 10, e) de la directive n° 2014/24/UE ; art. 10.8, e) de la directive n° 2014/23/UE.
34. Art. 10, f) de la directive n° 2014/24/UE ; art. 10.8, f) de la directive n° 2014/23/UE.

# Section 3
# Les axes de la réforme de la commande publique

**1241.** La réforme de la commande publique s'inscrit dans le prolongement de la stratégie « *Europe 2020* ». Comme nous avons déjà pu le souligner, celle-ci insiste sur la nécessité pour l'Union, dans un monde en mutation, de devenir une économie dite « intelligente, durable et inclusive ». Ce sont trois priorités ainsi identifiées afin de consolider et améliorer le cadre de la commande publique.

## §1. La recherche d'un équilibre entre logique économique et non économique

**1242.** Les directives « Marchés » et « Concessions » tentent d'établir un équilibre entre les préoccupations concurrentielles ou économiques, légitimes dans le cadre d'un marché intégré comme celui que présente l'Union, et la réalisation d'objectifs non strictement concurrentiels. L'idée est de promouvoir des niveaux élevés d'emploi, de productivité et de cohésion sociale. Il s'agit là d'un difficile compromis que les institutions tentent d'établir dans maints domaines régis par le droit de l'Union en vue de l'accomplissement d'une économie sociale de marché.

### A. L'application de principes classiques issus des traités

**1243.** Les deux directives insistent sur l'importance des principes classiques issus des traités (libre circulation des marchandises, liberté d'établissement et libre prestation de services), ainsi que ceux qui en découlent comme l'égalité de traitement, la non-discrimination ou la transparence comme le rappelle le premier considérant de la directive n° 2014/24/UE. Toutefois, concernant les marchés publics dépassant un certain montant, des dispositions sont nécessaires pour coordonner les procédures nationales de passation. L'objectif est de garantir que les principes du droit de l'Union soient respectés en pratique et la passation des marchés publics ouverte à la concurrence.

Dans des termes différents, la directive n° 2014/23/UE rappelle également dans son considérant la nécessité d'un cadre juridique transparent. Celui-ci doit permettre d'assurer un accès effectif et non discriminatoire au marché pour tous les opérateurs économiques de l'Union, ainsi qu'une sécurité juridique. De telles garanties favorisent à terme les investissements publics dans les infrastructures et les services stratégiques pour le citoyen. Ce cadre juridique peut servir de base et d'instrument pour ouvrir davantage les marchés internationaux en matière de commande publique et renforcer les échanges commerciaux internationaux.

## B. Le recours à des critères innovants

**1244.** Aux côtés des objectifs d'ordre économique, les deux directives visent la promotion d'objectifs communs d'ordre environnemental et sociétal. Ces derniers occupent une place prépondérante au sein de la réforme de la commande publique.

### 1. Des critères environnementaux et sociétaux prépondérants

**1245.** Les directives énoncent des exigences applicables dans les domaines environnemental, social et du travail. Elles doivent être prises en compte de manière appropriée, dans les procédures de passation de marchés publics, par les États membres et les pouvoirs adjudicateurs.

Le respect des obligations en matière de droit environnemental, social et du travail s'applique au lieu où les travaux sont exécutés ou les services fournis. Ces obligations découlent de lois, règlements, décrets et décisions en vigueur au niveau national et au niveau de l'Union, ainsi que de conventions collectives, à condition que ces règles et leur application soient conformes au droit de l'Union[35].

Les directives prennent aussi en compte des objectifs d'emploi et de travail qui permettent l'insertion des individus au sein de la société. Cela vaut notamment pour certaines entreprises sociales ou ateliers de même nature. Il s'agit notamment de structures ayant pour objectif principal de soutenir l'intégration ou la réintégration sociale et professionnelle des personnes handicapées ou défavorisées telles que les chômeurs, les membres de minorités ou de groupes socialement marginalisés.

Or, on observe souvent que de telles entreprises ou ateliers pourraient ne pas être en mesure de remporter des marchés dans des conditions de concurrence normales. Dès lors, les États membres doivent prévoir la possibilité de réserver le droit de participer aux procédures de passation de marchés publics ou de certains lots de ceux-ci. Il peut également être question d'en réserver l'exécution dans le cadre de programmes d'emplois protégés[36].

La directive contient également toute une série de mesures tendant à lutter contre le dumping social et ce conformément à l'objectif d'une croissance durable et sociale. À ce titre, un opérateur économique est exclu de la participation à une procédure de passation de marché si le pouvoir adjudicateur a connaissance d'un manquement à ses obligations relatives au paiement d'impôts et taxes ou de cotisations de sécurité sociale. Néanmoins, il est nécessaire que ce manquement ait été établi par une décision judiciaire ayant force de chose jugée ou une décision administrative ayant un effet

35. V. considérant 37 de la directive n° 2014/24/UE.

36. V. considérant 36 de la directive n° 2014/24/UE.

contraignant. Une telle mesure permet ainsi d'exclure les candidats et les attributaires ne respectant pas la législation sociale d'un État membre (art. 57 « Motifs d'exclusion »).

Citons également la mesure selon laquelle « les pouvoirs adjudicateurs exigent que les opérateurs économiques expliquent le prix ou les coûts proposés dans l'offre lorsque celle-ci semble anormalement basse eu égard aux travaux, fournitures ou services » (art. 69).

### 2. Autres critères

**1246.** La recherche et l'innovation, y compris l'éco-innovation et l'innovation sociale, ont été placées, à leur tour, au cœur de la stratégie *Europe 2020*. Il faut dire que ces préoccupations comptent parmi les principaux moteurs de la croissance.

Une nouvelle fois, les pouvoirs publics sont appelés à faire le meilleur usage stratégique des marchés publics pour stimuler l'innovation. L'acquisition de produits, travaux et services innovants joue un rôle essentiel dans l'amélioration de l'efficacité et de la qualité des services publics, notamment pour faire face aux grands enjeux de société. L'innovation en ce domaine aide à parvenir à une utilisation optimale des deniers publics. Elle permet ainsi de dégager de plus larges avantages économiques, environnementaux et sociétaux[37].

D'autres objectifs figurent au sein des deux directives : citons par exemple la lutte contre les conflits d'intérêts, le favoritisme et la corruption qui font l'objet d'un article spécifique (art. 24) aux termes duquel les États membres veillent à ce que les pouvoirs adjudicateurs prennent les mesures appropriées permettant de prévenir, détecter et corriger de manière efficace des conflits d'intérêts survenant lors des procédures de passation.

## §2. La convergence entre droits européen et interne de la commande publique

**1247.** Les directives « Marchés » et « Concessions » marquent une étape importante dans la convergence entre les droits européen et interne de la commande publique. En effet, l'opposition traditionnelle entre un droit interne des marchés publics soucieux de la transparence, de la bonne utilisation des deniers publics, de la simplification et de l'accès des PME à la commande publique, et un droit européen à forte coloration économique et concurrentielle, s'estompe sensiblement à la faveur des nouvelles directives.

Les deux directives insistent sur le fait que les procédures de passation de marchés et de concessions au sein des États membres sont déjà soumises aux différents principes familiers du droit de l'Union. Doivent être citées la libre concurrence, les libertés de circulation, l'égalité de traitement, la non-

37. V. considérant 47 de la directive n° 2014/24/UE.

discrimination, la reconnaissance mutuelle, la proportionnalité et la transparence, la confidentialité ou encore l'efficience. Dès lors, il ne s'agit nullement de principes inédits ou méconnus dans les ordres juridiques nationaux.

## A. Allègement des procédures de négociation

**1248.** Au stade de la passation, les autorités nationales doivent mener un réel effort de rationalisation des procédures. Elles sont appelées à supprimer les contraintes procédurales inutiles. Le recours aux procédures négociées est alors fortement encouragé et les formalités requises de la part des opérateurs économiques allégées.

### 1. L'incitation aux procédures négociées

**1249.** Les appels d'offres correspondent à différents types de procédure. Celles-ci sont applicables selon un système de seuils combinés aux méthodes de calcul de la valeur estimée de chaque marché public. Toujours dans une logique de performance de la commande publique, les deux directives insistent sur la place de la négociation, avec ou sans mise en concurrence. Elle doit se développer tout en étant encadrée. Pour autant, l'appel d'offres reste la procédure de principe.

Dès lors, sans remettre en cause le principe du recours à l'appel d'offres, la directive « Marchés » affirme qu'il est absolument nécessaire que les pouvoirs adjudicateurs disposent de plus de souplesse pour choisir une procédure de passation de marchés prévoyant des négociations[38]. Un recours accru à ces procédures a également pour mérite de renforcer les échanges transnationaux[39].

#### a. Le maintien des procédures existantes

**1250.** Les procédures existantes sont maintenues :
- la procédure ouverte qui permet à tout opérateur économique intéressé de soumettre une offre (art. 27) ;
- la procédure restreinte au terme de laquelle seuls les candidats invités peuvent soumettre une offre (art. 28), qui est négociée sans publication préalable ;
- la procédure concurrentielle avec négociation par laquelle tout opérateur économique peut soumettre une demande de participation, mais seuls les candidats invités à la suite de l'évaluation des informations fournies peuvent soumettre une offre initiale, qui sert de base aux négociations ultérieures (art. 32) ;
- et le dialogue compétitif dans le cadre duquel tout opérateur économique peut soumettre une demande de participation, mais seuls les candidats invités peuvent participer au dialogue (art. 30).

38. Considérant 42 de la directive n° 2014/24/UE.
39. Considérant 42 de la directive n° 2014/24/UE.

### b. De nouvelles procédures facultatives

**1251.** De nouvelles procédures facultatives sont instaurées. Elles doivent permettre de faciliter les négociations entre pouvoirs adjudicateurs et opérateurs économiques. Il s'agit de la procédure concurrentielle avec négociation et du partenariat d'innovation

#### α. *La procédure concurrentielle avec négociation*

**1252.** Les pouvoirs adjudicateurs doivent recourir à « une procédure concurrentielle avec négociation » dans les cas où les procédures classiques sans négociation « ne sont pas susceptibles de donner des résultats satisfaisants ». En son considérant 44, la directive n° 2014/24/UE rappelle que la procédure concurrentielle avec négociation devrait également pouvoir être utilisée dans les situations où le recours à une procédure ouverte ou à une procédure restreinte n'a donné lieu qu'à des offres irrégulières ou inacceptables. Concrètement, cette nouvelle procédure se justifiera pour les marchés de travaux comportant une « solution innovante » et pour les services ou les fournitures nécessitant des efforts d'adaptation ou de conception.

#### β. *Les partenariats d'innovation*

**1253.** La directive « Marchés » établit au considérant 48 que les pouvoirs adjudicateurs doivent autoriser des variantes aussi souvent que possible, en définissant des exigences minimales. Elle prévoit dans son article 31 des partenariats d'innovations. Pour sa part, la directive « Concessions » prévoit la même possibilité à l'article 49.

Le partenariat d'innovation ne peut être mis en place que si le pouvoir adjudicateur définit un besoin relatif à un produit, à un service ou à des travaux innovants qui ne peuvent être satisfaits par l'acquisition de produits, services ou travaux déjà disponibles sur le marché. En outre, dans des cas particuliers, les pouvoirs adjudicateurs peuvent attribuer des marchés publics par une procédure négociée sans mise en concurrence préalable (art. 29) et le partenariat d'innovation.

## 2. Les garanties

**1254.** Les nouvelles procédures doivent néanmoins s'accompagner de garanties adéquates quant au respect des principes d'égalité de traitement et de transparence.

Pour la procédure concurrentielle avec négociation notamment, les pouvoirs adjudicateurs doivent indiquer d'emblée les exigences minimales relatives à la nature du marché. Elles ne devront pas être modifiées au cours des négociations. Les critères d'attribution et leur pondération doivent demeurer inchangés tout au long de la procédure. Ils ne doivent pas faire l'objet de négociations afin de garantir l'égalité de traitement de tous les opérateurs économiques.

## B. L'accès des petites et moyennes entreprises à la commande publique

**1255.** La directive n° 2004/24/UE, en son considérant 24, rappelle le potentiel de création d'emplois, de croissance et d'innovation que recèlent les petites et moyennes entreprises. À cet égard, il est important d'encourager leur participation à la passation de marchés publics. Des dispositions appropriées sont prévues par la directive. Mais, des initiatives doivent également être prises au niveau national.

### 1. Le principe du « *Think Small First* »

**1256.** Il faut savoir que la volonté de favoriser l'accès des petites et moyennes entreprises aux marchés publics n'est pas nouvelle. En témoigne la consultation lancée par la Commission en 2008 en faveur d'un *Small Business Act pour l'Europe*[40]. Elle visait à créer les conditions favorables à la croissance et à la compétitivité durable des petites et moyennes entreprises européennes.

Le « *Small Business Act* » repose sur l'idée selon laquelle les règles édictées doivent respecter la majorité de ceux auxquels elles seront applicables : il s'agit ici de l'expression du principe du « *Think Small First* », que l'on pourrait traduire par « Priorité aux PME ».

L'objectif majeur est d'améliorer l'approche stratégique globale de l'esprit d'entreprise, afin d'ancrer le principe « *Think Small First* » dans la définition des politiques, depuis la réglementation jusqu'au service public. Est également avancée la nécessité de promouvoir la croissance des PME, en les aidant à résoudre les problèmes qui entravent leur développement.

### 2. Les éléments novateurs

**1257.** La directive n° 2014/24/UE apporte un certain nombre d'éléments de réponse sur l'accès des PME à la commande publique. Les opérateurs économiques, les groupements d'opérateurs économiques, y compris les associations temporaires peuvent participer aux procédures de passation de marchés. Ils ne sont pas contraints par les pouvoirs adjudicateurs d'avoir une forme juridique déterminée pour présenter une offre ou une demande de participation[41].

Par ailleurs, est désormais prévue la création d'un document unique de marché européen, sur lequel nous reviendrons, lors de la présentation de demandes de participation ou d'offres. Cette innovation permet de simplifier ainsi considérablement le traitement administratif de la commande publique, souvent perçu comme un obstacle aux PME. Ce document doit remplacer les certificats et attestations à fournir par les entreprises candidates à un marché public.

40. Communication de la Commission – « *Think Small First* » : *Priorité aux PME – Un « Small Business Act » pour l'Europe,* COM/2008/0394 final.

41. Art. 19 de la directive n° 2014/24/UE.

**1258.** Certaines dispositions ont pour objet d'améliorer l'accès des PME aux marchés publics au regard de la situation financière des soumissionnaires.

Notons celles relatives à la sous-traitance[42] ou bien encore celles interdisant les exigences disproportionnées relatives à la capacité économique et financière de l'opérateur. Ces conditions constituent à leur tour un obstacle récurrent à la participation des PME aux marchés publics.

À cet égard, la directive fait valoir, dans son considérant 35, le fait que toute exigence de cet ordre devrait être liée et proportionnée à l'objet du marché. En particulier, les pouvoirs adjudicateurs ne devraient pas être autorisés à exiger que les opérateurs économiques aient un chiffre d'affaires minimum qui serait disproportionné par rapport à l'objet du marché[43].

Enfin, d'après l'article 46 de la directive n° 2014/24/UE, les pouvoirs adjudicateurs peuvent décider d'attribuer un marché sous la forme de lots distincts, dont ils peuvent déterminer la taille et l'objet. En effet, afin de renforcer la concurrence, ils sont encouragés à diviser en lots les marchés importants. Cette division peut être établie sur une base quantitative, en faisant mieux correspondre la taille des différents marchés à la capacité des PME. Mais elle peut également être opérée sur une base qualitative, en fonction des différentes branches d'activité et secteurs de spécialisations des PME[44].

## §3. La promotion de l'efficacité économique

**1259.** Selon l'économie des directives « Marchés » et « Concessions », l'idée est de moderniser le droit de la commande publique, en le rendant à la fois plus performant et protecteur des deniers publics. Cette promotion de l'efficacité s'explique tant par le contexte économique et financier que par les orientations posées par la stratégie *Europe 2020*.

### A. Une volonté de performance de la commande publique

**1260.** La procédure d'attribution d'un marché public doit permettre à l'acheteur d'obtenir le meilleur rapport qualité-prix.

La procédure passe par une sélection en deux étapes : dans un premier temps, il s'agit de sélectionner les candidats conformément aux articles 57 et suivants de la directive « Marchés », et 77 et suivants la directive « Concessions ». La seconde étape ouvre une phase de sélection des offres (art. 67 et s. pour la directive « Marchés » et art. 41 pour la directive « Concessions »).

42. Art. 71 de la directive n° 2014/24/UE.

43. Considérant 83 de la directive n° 2014/24/UE.

44. Considérant 78 de la directive n° 2014/24/UE.

## 1. Le critère de l'offre économiquement la plus avantageuse

**1261.** La directive « Marchés » introduit un nouveau critère d'attribution fondé sur le principe de l'offre économiquement la plus avantageuse (art. 67). Ce critère vise en fait à garantir le meilleur rapport qualité-prix (plutôt que le prix le plus bas). Désormais, les pouvoirs adjudicateurs se fondent, pour attribuer les marchés publics, sur l'offre économiquement la plus avantageuse. Elle est déterminée sur base du prix ou du coût, selon une approche fondée sur le rapport coût / efficacité.

Le recours à ce critère permet de prendre en compte la notion de qualité et le prix ou les coûts du cycle de vie des travaux, des marchandises ou des services en question. Cela favorise dès lors les passations de marchés publics davantage orientées vers la qualité. De même, cette approche accorde nécessairement une plus grande place aux critères sociaux et environnementaux, ainsi qu'à l'innovation. Néanmoins, les États membres peuvent prévoir que les pouvoirs adjudicateurs ne puissent pas utiliser le prix ou le coût comme seul critère d'attribution ou limiter leur utilisation.

## 2. L'approche transversale et éco-innovante de l'achat public

**1262.** Les deux directives font référence à l'analyse du cycle de vie qui tend à promouvoir une vision managériale de l'achat.

La directive « Marchés » souligne ainsi au considérant 92 que, afin de déterminer l'offre économiquement la plus avantageuse, la décision d'attribution du marché ne doit pas être fondée exclusivement sur des critères autres que le coût. Les critères qualitatifs doivent dès lors être assortis d'un critère de coût qui peut être, au choix du pouvoir adjudicateur, soit le prix, soit une approche coût/efficacité telle que le coût du cycle de vie.

Pour sa part, la directive « Concessions » insiste sur une approche transversale et éco-innovante de l'achat de la part des entités adjudicatrices.

Pour autant, la logique de la commande publique est maintenue, puisque les critères d'attribution n'ont pas pour effet de conférer une liberté de choix illimitée au pouvoir adjudicateur. Mais, ces critères doivent permettre de comparer et d'évaluer les offres de manière objective. Ils sont liés à l'objet du marché et plus généralement à la stratégie gestionnaire du pouvoir adjudicateur dans le cadre de la définition de ses besoins. Ils sont pondérés ou, à défaut, hiérarchisés, par ordre décroissant d'importance.

## 3. La bonne utilisation des deniers publics

**1263.** La directive avance l'objectif d'une meilleure utilisation des deniers publics. Elle favorise à cet égard les économies d'échelle par l'intermédiaire des centrales d'achats (art. 37 de la directive « Marchés »), ou de marchés conjoints occasionnels (art. 38). De manière plus précise, ces outils logistiques permettent à deux pouvoirs adjudicateurs ou plus de passer conjointement certains marchés spécifiques, mutualisant ainsi la gestion de l'achat public.

Ajoutons dans le même sens la simplification du *Système d'acquisition dynamique*, qui existait déjà. Il s'agit d'un outil informatique qui permet aux pouvoirs adjudicateurs de disposer d'une technique d'acquisition avec un éventail large d'offres. Il y a ainsi une utilisation optimale des deniers publics grâce à une large concurrence en ce qui concerne les produits, travaux ou services d'usage courant ou standards disponibles sur le marché[45].

## B. Une volonté de simplification de la commande publique

**1264.** La volonté affirmée par les rédacteurs des deux directives est de simplifier le droit de la commande publique. Globalement, les efforts de simplification, déjà entrepris par le passé, sont poursuivis dans deux directions : la réglementation et les procédures de la commande publique, pour faciliter l'accès des entreprises de toutes tailles à ces marchés, sans pour autant réserver des marchés aux plus petites.

### 1. Le document unique de marché européen : le DUME

**1265.** La directive « Marchés » établit le constat que de nombreux opérateurs économiques subissent des lourdeurs administratives nées de l'obligation de produire un nombre important de certificats ou documents relatifs aux critères d'exclusion et de sélection. Ces contraintes constituent l'un des principaux obstacles à leur participation aux marchés publics.

L'idée est alors de limiter les différentes exigences, en utilisant un document unique de marché européen (DUME). Celui-ci consiste en une déclaration sur l'honneur, actualisée. Cette simplification, jugée considérable, bénéficierait à la fois aux pouvoirs adjudicateurs et aux opérateurs économiques[46].

Désormais, selon l'article 59 de la directive « Marchés », lors de la présentation de demandes de participation ou d'offres, les pouvoirs adjudicateurs sont tenus d'accepter le DUME à titre de preuve *a priori* en lieu et place des certificats délivrés par des autorités publiques ou des tiers.

### 2. La dématérialisation des procédures

**1266.** La logique de simplification passe de nos jours par le développement de la dématérialisation. Les nouvelles directives encouragent à leur tour la dématérialisation de la commande publique. Les moyens électroniques d'information et de communication actuels permettent de simplifier sensiblement la publicité des concessions et de rendre les

45. Considérant 63 de la directive « Marchés ».

46. Considérant 84 de la directive « Marchés ».

procédures d'attribution de concessions plus efficaces, rapides et transparentes. Ces moyens techniques sont appelés à devenir usuels dans les procédures d'attribution de concessions, d'autant que les possibilités pour les opérateurs économiques de prendre part à de telles procédures dans l'ensemble du marché intérieur s'en trouvent accrues.

**1267.** La directive n° 2004/18/CE[47] avait déjà prévu des mesures incitant au développement de la dématérialisation des procédures. En effet, elle avait créé le *Système d'acquisition dynamique,* évoqué plus haut.

Désormais, les nouvelles directives prévoient le passage à la communication électronique, notamment aux articles 22 pour la directive « Marchés » et 29 pour la directive « Concessions ». Ces mêmes dispositions organisent la mise à disposition gratuite, sans restriction, complète et directe aux documents de marché par voie électronique. À cela s'ajoute le *Système d'acquisition dynamique* (art. 34 de la directive « Marchés ») et le *Système des enchères électroniques* (art. 35 de la directive « Marchés »).

À cet égard, plus particulièrement, les différents *Systèmes d'acquisitions dynamiques* sont renforcés et simplifiés. En effet, l'article 34 paragraphe 2 de la directive « Marchés » prévoit que pour passer un marché dans le cadre d'un système d'acquisition dynamique, les pouvoirs adjudicateurs suivent les règles de la procédure restreinte, ce qui éliminerait la nécessité des offres indicatives. Tous les candidats satisfaisant aux critères de sélection sont admis dans le système et leur nombre n'est pas limité conformément à l'article 65.

Lorsque les pouvoirs adjudicateurs ont subdivisé le système en catégories de produits, de travaux ou de services, ils précisent les critères de sélection applicables à chaque catégorie. Tout opérateur économique qui introduit une demande de participation et remplit les critères de sélection doit être autorisé à prendre part aux procédures de passation de marchés se déroulant selon le système d'acquisition dynamique pendant sa période de validité[48].

De façon plus innovante, l'article 36 prévoit que lorsque l'utilisation de moyens de communication électroniques est requise, les pouvoirs adjudicateurs peuvent exiger la présentation des offres sous la forme d'un catalogue électronique, ou bien que ces dernières comportent un catalogue électronique.

Enfin, l'article 61 réforme les conditions d'utilisation du système électronique *e*-Certis[49]. Il s'agit d'une base de données mise à la disposition des autorités nationales par la Commission depuis 2010. Elle permet de procéder aux vérifications des formes des documents de preuve ou des pièces justificatives des candidats aux marchés publics. L'article 61 prévoit qu'en vue de faciliter la soumission d'offres transnationales, les États membres veillent à ce que les informations introduites dans la base *e-Certis* soient tenues à jour en permanence.

47. Elle a été abrogée, rappelons-le, par la directive n° 2014/24/UE.

48. Article 34 de la directive « Marchés ».

49. Certificats en ligne.

**1268. Bibliographie**

M. Amilat, « Passation des marchés publics. Principes fondamentaux » *JCl. Administratif*, Fasc. 635.

S. Braconnier, « Regards sur les nouvelles directives marchés publics et concessions. Première partie : un cadre général renouvelé » *JCP G* 2014, p. 567.

S. Braconnier, « Deuxième partie : passation et exécution des marchés et concessions » *JCP G* 2014, p. 596.

P. Brunelli, *Marchés publics et Union européenne. Nouvelles règles communautaires*, Éd. Continent Europe, 1995.

A.-L. Durviaux, *La logique de marché et marché public en droit communautaire. Analyse critique d'un système*, Larcier, 2006.

A.-L. Durviaux « Les propositions de directives en matière de marché public », *RTDE* 2012, p. 652.

G. Eckert, « La directive sur l'attribution de contrats de concessions ou l'affermissement du droit de la commande publique », *Revue juridique de l'économie publique* 2014, étude 6.

O. Guézou, *Les comportements anticoncurrentiels dans la passation des marchés publics*, Thèse, Paris X, 1998.

H. Hoepffner, « La nouvelle directive Marchés publics : simple consolidation des acquis ou véritable modernisation ? » *Europe* 2014, étude 3.

P-Y. Monjal, « Le droit communautaire applicable aux marchés publics locaux français : quelques interrogations en forme d'inquiétude », *RDUE* 2008, n° 4, p. 729.

L. Richer, *L'Europe des marchés publics. Marchés publics et concessions en droit communautaire*, LGDJ, 2009.

# Bibliographie générale

## 1 – Manuels

J.-S. Bergé et S. Robin-olivier, *Droit européen*, PUF, 2e éd., 2011.

O. Blin, *Droit institutionnel, matériel et contentieux de l'Union européenne*, Larcier, 2e éd., 2016.

J.-L. Clergerie, A. Gruber et P. Rambaud, *L'Union européenne*, Dalloz, 11e éd., 2016.

M. Dony, *Droit de l'Union européenne*, Éd. de l'ULB, 6e éd., 2015.

G. Druesne, *Droit de l'Union européenne et politiques communautaires*, PUF, 8e éd., 2006.

L. Dubouis et C. Blumann, *Droit matériel de l'Union européenne*, LGDJ, 7e éd., 2015.

J. Dutheil de la Rochère, *Droit matériel de l'Union européenne*, Hachette, 3e éd., 2006.

M. Fallon, *Droit matériel général de l'Union européenne*, Bruylant, 2e éd., 2003.

J.-C. Gautron, *Droit européen*, Dalloz, 14e éd., 2012.

G. Godiveau et S. Leclerc, *Droit du marché intérieur de l'Union européenne, Les libertés de circulation et de concurrence*, Gualino, 2016.

L. Grard (dir.), *Le droit de l'Union européenne*, LGDJ, 2013.

N. de Grove-Valdeyron, *Droit du marché intérieur européen*, LGDJ, 4e éd., 2014.

C. Gavalda, G. Parleani et B. Lecourt, *Droit des affaires de l'Union européenne*, LexisNexis, 7e éd., 2015.

P. Le Mire, *Droit de l'Union européenne et politiques communes*, Dalloz, 4e éd., 2005.

Ph. Maubernard, *Droit matériel de l'Union européenne*, Ellipses, 2007.

C. Nourissat et B. de Claviere-Bonnamour, *Droit de la concurrence. Libertés de circulation (Droit de l'Union – Droit interne)*, Dalloz, 5e éd., 2016.

A.-M. Oliva, *Leçons de droit matériel de l'Union européenne*, Ellipses, 2013.

J. Pertek, *Droit matériel de l'Union européenne*, PUF, 2005.

R. Rhattat, *L'essentiel du droit et des politiques de l'Union européenne*, Gualino, 2015.

J. Schapira, G. Le Tallec, J.-B. Blaise et L. Idot, *Droit européen des affaires*, PUF, 5e éd., 1999.

F. Terpan, *Droit et politique de l'Union*, Larcier, 2e éd., 2014.

P. Van Cleynenbreugel, *Droit matériel de l'Union européenne*, Larcier, 2017.

L. Vogel, *Droit européen des affaires*, Dalloz, 2012.

## 2 – Dictionnaires, jurisclasseurs, encyclopédies et répertoires

T. Debard, B. Le Baut-Ferrarèse et C. Nourissat, *Dictionnaire du droit de l'Union européenne*, Ellipses, 2e éd., 2007.

C. Degryse, *Dictionnaire de l'Union européenne, politiques, institutions, programmes*, De Boeck, 2e éd., 1998.

*JurisClasseur* Europe, Éd. techniques.

*Dictionnaire permanent, Droit européen des affaires*, Éditions législatives et administratives.
*Dictionnaire du marché commun*, Éd. Joly.
*Encyclopedia of European Community Law*, Sweet and Maxwell.
*Encyclopédie Dalloz, Répertoire Droit européen*, Dalloz.
*Lamy Procédures communautaires.*

## 3 – Commentaires des traités

*Commentaire J. Megret et autres*, Éd. de l'ULB.
V. Constantinesco, R. Kovar et D. Simon, (dir.), *Traité sur l'Union européenne, commentaire article par article*, Economica, 1995.
V. Constantinesco, Y. Gautier et D. Simon (dir.), *Traités d'Amsterdam et de Nice, commentaire article par article*, Economica, 2007.
I. Pingel (dir.), *Commentaire article par article des traités UE et CE – De Rome à Lisbonne*, Bruylant, 2e éd., 2010.

## 4 – Textes ou jurisprudence commentés

J. Boulouis et R. M. Chevallier, *Grands arrêts de la Cour de justice des Communautés européennes*, tome 1, Dalloz, 6e éd., 1994.
C. Boutayeb (dir.), *Les grands arrêts du droit de l'Union européenne*, LGDJ, 2014.
L. Dubouis et Cl. Gueydan, *Les grands textes de droit de l'Union européenne*, Dalloz, 8e éd., 2010.
N. Karpenschif et C. Nourissat (dir.), *Les grands arrêts de l'Union européenne*, PUF, 3e éd., 2016.
F. Picod (dir.), *Jurisprudence de la CJUE 2015 : Décisions et commentaires*, Bruylant, 2016.
P. Rambaud, *Les grandes décisions de la jurisprudence communautaire*, Hachette Supérieur, 2002.

## 5 – Recueil de textes

M. Dony, *Après la réforme de Lisbonne – Les nouveaux traités européens*, Éd. de l'ULB, 4e éd., 2008.
N. Foster, *Blackstone's EU Treaties and Legislation 2013/2014*, Oxford University Press, 25e éd., 2014.
C. Kaddous et F. Picod, *Traité sur l'Union européenne, Traité sur le fonctionnement de l'Union européenne, Charte des droits fondamentaux, Traités MES et SCG*, LexisNexis, 7e éd., 2016.
F.-X. Priollaud et D. Siritzky, *Les traités européens après le traité de Lisbonne*, La Documentation française, 4e éd., 2016.

## 6 – Revues

### *En langue française*

*Cahiers de droit européen*, bimestriel.
*Europe*, mensuelle.
*Revue des affaires européennes*, trimestrielle.

*Revue du Marché commun* devenue *Revue du Marché commun et de l'Union européenne* (RMCUE), mensuelle, et, depuis 2012, *Revue de l'Union européenne.*
*Revue du Marché unique européen* (RMUE) devenue *Revue du droit de l'Union européenne* (RDUE), trimestrielle.
*Revue trimestrielle de droit européen.*

### En langue étrangère

*Common Market Law Review.*
*European Law Review.*
*Journal of Common Market Studies.*
*Yearbook of European Law.*
*Europarecht.*
*Rivista di diretto europeo.*

## 7 – Sources officielles

Bulletin de l'Union européenne, Commission, mensuel et suppléments
Journal officiel de l'Union européenne (*JOUE*) :
- série L (Législation) ;
- série C (Information et avis).
Rapport général sur l'activité de l'Union européenne, Commission, annuel.
Recueil de jurisprudence de la Cour de justice et du Tribunal.
Répertoire de la législation de l'Union européenne en vigueur.
Répertoire de la législation consolidée de l'Union européenne.

## 8 – Autres sources informatives

Portail d'accès au droit de l'Union européenne : http://eur-lex.europa.eu
Commission européenne : http://ec.europa.eu/index_fr.htm
Conseil de l'Union européenne : http://www.consilium.europa.eu/homepage.aspx?lang=fr
Conseil européen : http://www.european-council.europa.eu/home-page.aspx?lang=fr
Cour de justice de l'Union européenne : http://curia.europa.eu
Parlement européen : http://www.europarl.europa.eu/portal/fr
Législation et jurisprudence françaises : http://www.legifrance.gouv.fr

# Index

## A



## C



## D

## E



## F



## H



## I



## L



## M

## S



## T



## U



## V



## Z

# Table des matières

# MANUELS

## *Collection dirigée par Bernard AUDIT et Yves GAUDEMET*

D. Amson : *Histoire constitutionnelle française, De la prise de la Bastille à Waterloo*, t. 1, 2010.

D. Amson : *Histoire constitutionnelle française, De la bataille de Waterloo à la mort de Louis XVIII*, t. 2, 2014.

D. Amson : *Histoire constitutionnelle française, De la mort de Louis XVIII à l'installation du nouveau régime (1824-1830)*, t. 3, 2016.

Ph. Ardant et B. Mathieu : *Droit constitutionnel et institutions politiques*, 29e éd., 2017.

B. Basdevant-Gaudemet et J. Gaudemet : *Introduction historique au droit, XIIIe-XXe siècle*, 4e éd., 2016.

A. Batteur : *Droit des personnes, des familles et des majeurs protégés*, 9e éd., 2017.

N. Binctin : *Droit de la propriété intellectuelle*, 4e éd., 2016.

J.-B. Blaise et R. Desgorces : *Droit des affaires*, 9e éd., 2017.

R. Bonhomme : *Instruments de crédit et de paiement*, 12e éd., 2017.

C. Boutayeb, *Droit institutionnel de l'Union européenne. Les institutions, l'ordre juridique, les contentieux*, 2016.

C. Boussard et C. Le Berre, *Droit administratif des biens*, 2014.

M. Bouvier, M.-Ch. Esclassan et J.-P. Lassale : *Finances publiques*, 16e éd., 2017.

B. Brachet : *Le système fiscal français*, 7e éd., 1997.

Ph. Braud : *Sociologie politique*, 12e éd., 2016.

C. Broyelle : *Contentieux administratif*, 5e éd., 2017.

F. Buy, J.-M. Marmayou, D. Poracchia et F. Rizzo : *Droit du sport*, 4e éd., 2015.

F. Buy, M. Lamoureux et J.-C. Roda : *Droit de la distribution*, 2017.

O. Cachard : *Droit du commerce international*, 2e éd., 2011.

D. Carreau et P. Juillard : *Droit international économique*, 4e éd., 1998.

M. Chagny et L. Perdrix : *Droit des assurances*, 3e éd., 2014.

J.-P. Chauchard, J.-Y. Kerbourc'h et C. Willmann : *Droit de la sécurité sociale*, 7e éd., 2015.

J.-Ph. Colson et P. Idoux : *Droit public économique*, 8e éd., 2016.

G. Cuniberti : *Grands systèmes de droit contemporains*, 3e éd., 2015.

I. Dauriac : *Droit des régimes matrimoniaux et du PACS*, 5e éd., 2017.

A. Decocq et G. Decocq : *Droit de la concurrence, Droit interne et droit de l'Union européenne*, 7e éd., 2016.

A. Decocq et G. Decocq : *Droit européen des affaires*, 2e éd., 2010.

B. Delaunay : *Droit public de la concurrence*, 2015.

E. Derieux : *Droit de la communication*, 4e éd., 2003.

E. Derieux et A. Granchet : *Droit des médias (Droit français, européen et international)*, 7e éd., 2015.

P. Deumier : *Introduction générale au droit*, 3e éd., 2015.

J.-Y. Faberon et J. Ziller : *Droit des collectivités d'Outre-Mer*, 3e éd., 2007.

B. Fages : *Droit des obligations*, 7e éd., 2017.

F. Favennec-Héry et P.-Y. Verkindt : *Droit du travail*, 5e éd., 2016.
N. Fricero et P. Julien : *Procédure civile*, 5e éd., 2014.
M. Fromont et H. Maurer : *Droit administratif allemand*, 1995.
Y. Gaudemet : *Droit administratif*, 21e éd., 2015.
O. Gohin et J.-G. Sorbara : *Institutions administratives*, 7e éd., 2016.
G. Goubeaux et P. Voirin : *Droit civil*, 2 vol., t. 1, 37e éd., 2017, t. 2, 29e éd., 2016.
C. Grimaldi, *Droit des biens*, 2016.
F. Hamon et M. Troper : *Droit constitutionnel*, 38e éd., 2017.
J. Huet et E. Dreyer : *Droit de la communication numérique*, 2011.
J.-J. Israel : *Droit des libertés fondamentales*, 1998.
J.-C. Javillier, M. Moreau et J.-M. Olivier : *Droit du travail*, 7e éd., 1999.
P. Julien et G. Taormina : *Voies d'exécution et procédures de distribution*, 2e éd., 2010.
P. Kinder-Gest : *Droit Anglais*, vol. 1 : *Institutions politiques et judiciaires*, 3e éd., 1997.
J. Laroche : *Politique internationale*, 2e éd., 2000.
F. Leclerc : *Le droit des contrats spéciaux*, 2e éd., 2012.
D. Legeais : *Droit des sûretés et garanties du crédit*, 12e éd., 2017.
J. Leroy : *Droit pénal général*, 6e éd., 2016.
J. Leroy : *Procédure pénale*, 4e éd., 2015.
G. Lyon-Caen et J. Tillhet-Pretnar : *Droit social*, 5e éd., 1995.
B. Mathieu et M. Verpeaux : *Contentieux constitutionnel des droits fondamentaux*, 2002.
J. Mestre, M.-È. Pancrazi, I. Arnaud-Grossi, L. Merland et N. Tagliarino-Vignal : *Droit commercial*, 30e éd., 2016.
M.-L. Moquet-Anger : *Droit hospitalier*, 4e éd., 2016.
M.-L. Niboyet et G. de Geouffre de la Pradelle : *Droit international privé*, 6e éd., 2017.
H. Oberdorff : *Droits de l'homme et libertés fondamentales*, 6e éd., 2017.
F. Pérochon : *Entreprises en difficulté*, 10e éd., 2014.
J.-F. Renucci : *Droit européen des droits de l'homme*, 7e éd., 2017.
L. Richer et F. Lichère : *Droit des contrats administratifs*, 10e éd., 2016.
J. Rideau : *Droit institutionnel de l'Union européenne*, 6e éd., 2010.
J.-J. Roche : *Relations internationales*, 7e éd., 2014.
J.-C. Soyer : *Droit pénal et procédure pénale*, 21e éd., 2012.
F. Stasiak : *Droit pénal des affaires*, 2e éd., 2009.
L. Trotabas et P. Isoart : *Droit public (droit constitutionnel, droit administratif, finances publiques, droit administratif spécial)*, 24e éd., 1998.
D. Vidal : *Droit des sociétés*, 7e éd., 2010.

*Imprimé en France* - JOUVE, 1, rue du Docteur Sauvé, 53100 MAYENNE
N° 2618996J - Dépôt légal : septembre 2017